삼위일체 하나님과 시간

박순경 박사

감리교 신학교 졸업
서울대 철학과 졸업
미국 Emory 대학 신학부 졸업(B. D.)
미국 Drew 대학 대학원 졸업(Ph. D.)
이화여대 기독교학과 조직신학, 역사신학 교수 역임 후 정년퇴직
대전 목원대 대학원 초빙교수 역임
세계교회협의회(WCC) 신앙과직제위원회 위원 역임
아시아교회협의회(CCA) 신학위원회 위원 역임
한국여신학자협의회 초대회장 역임
한국여성신학회 초대회장 역임
자주평화통일 민족회의 상임공동의장 역임
6·15공동선언 이행을 위한 통일운동연대 명예대표

박사학위논문: Man in Karl Barth's Doctrine of Election

저서 : 『한국민족과 여성신학의 과제』, 기독교서회, 1983.
『하나님 나라와 민족의 미래』, 기독교서회, 1984.
『민족통일과 기독교』, 한길사, 1986.
『통일신학의 고통과 승리』, 한울, 1992.
『통일신학의 여정』, 한울, 1992.
『통일신학의 미래』, 사계절, 1997.
『과거를 되살려내는 사람들과 더불어』(原草 본디 풀 박순경 박사 팔순축하 간행위원회 위원들과 공저), 사계절, 2003.

역서 : K. Barth , "Evangelium und Gesetz," *Theologische Existenz heute* Heft 32, 허혁, 박순경, 이영빈 역, 『복음과 율법』, 금용도서주식회사, 단기4283, 1950.
L. Feuerbach, *Das Wesen des Christentum,* 『기독교의 본질』, 종로서적, 1982.
K. Barth, *Die Kirchliche Dogmatik* 1/1, 『교회교의학』 1/1, 대한기독교서회, 2003.

밀알 아카데미 22

제1권 구약 편

삼위일체 하나님과 시간

박순경 지음

신앙과지성사

| 서언

나는 피조물의 시간성 특히 역사 사회의 시간성을 삼위일체 하나님에 대한 신앙에 근거해서 해명해 보려는 과제를 오랫동안 생각해 왔는데, 이번 글은 1999년 당시 한국기독교장로회 신학연구소 소장직을 맡고 있던 정권모 박사로부터 계간지 「말씀과 교회」 1999년 봄 호에 실릴 시간론을 쓰라는 요청을 받고, 이 글을 황급하게 쓰기 시작하게 되었다. 새 천년을 여는 21세기를 맞이하면서 시간의 신학적인 글이 있어야 하겠다는 것이다. 나는 대체로 글을 쓸 때에 미리 준비가 되었다고 생각한 적이 없었다. 그때그때에 내게 주어지는 객관적 현실의 요청들에 따라 늘 미비한 상태에서 급급하게 글들을 써왔다. 그러한 객관적 요청들은 나에게 어떤 섭리처럼 느껴지곤 했으며, 그 요청들에 응답하는 일이 나의 즐거움이었으며, 정권모 박사의 강력한 요청도 내게는 즐거운 일로 느껴졌기 때문에, 나는 다른 일을 중단하고 이 글을 쓰게 된 것이다. 나는 꽤 오래전부터 『삼위일체 하나님과 시간』이라는 대주제 아래서 구약과 신약에서의 시간·역사 개념을 규명하려는 계획을 세웠다. 이 주제 규명은 예수 그리스도의 사건에 기초해서 우리의 논의가 전개되어야 하는데, 구약 창세기의 창조 이야기들에 대한 고찰에서 시작할 수밖에 없다. 성서 전체에 있어서 창조와 역사가 결부되어 있기 때문이다.

저 요청에 따라 21세기 혹은 새 천년이라는 우리에 의해서 투사된 미래시간에 관해서는 피조물 일반의 시간성의 근원, 즉 하나님의 영의 차원에 해당하며, 하나님의 영에 의해서 주어지는 피조물 일반의 시간성을 생각해 보려고 한 것이다.

우선 왜 또 어떻게 나 자신이 시간 문제와 더불어 씨름하게 되었는가를 간략하게 회고해 본다. 본래 나는 죽음과 허무의 인생 문제에 매달려 시간 문제를 생각하게 되었다. 1943년 나는 서울역 근처 세브란스고등간호학교(연세대 간호대학 전신)에 입학한 직후부터 수많은 환자들의 주검들을 씻기고 홑이불에 싸서 영안실로 옮기기 전의 처리를 하는 무섭고 우울한 경험들을 겪었던 것이다. 1944년과 45년 부모님의 죽음을 계기로 해서 나는 결정적으로 허무감과 고뇌에 떨어지곤 했다. 죽음이란 존재와 삶의 부정이고 과거로 사라지는 끝없는 인생의 심연이고 공허이다. 끝없는 심연과 공허 속에는 무수한 귀신들이 출몰한다. 이렇게 과거의 시공(時空)에, 아니 시공이라고 말할 수 없는 허무에 집착하고 슬퍼하는 한 현재의 존재와 삶은 내게 무의미하게 느껴졌던 것이다.

8·15 해방과 더불어 나는 비로소 공부하겠다는 결심을 했으나, 철학을 해야 할지 문학을 해야 할지 공부의 길이 전혀 보이지 않았다. 우선 일제 치하에서부터 해방되었으니 우리말을 제대로 배워야 한다는 생각에, 서울역 근처 세브란스병원에서 근무를 마치고 안국동 로터리에 있는 한글학원에 3일간 다니다가 그만 과로로 급성 늑막염에 걸려 병석에 누워 버렸다. 허무감이 나를 다시 엄습하곤 했다. 잠 못 이루던 1946년 초 어느 날 밤에 "하나님은 사랑이시라"(요한일서 4:8)는 성서 구절이 회상되던 순간, 나는

"사랑은 영원하다"고 소리 없는 환호성을 질렀다. 그다지도 애절하던 부모님의 사랑은 허무한 것이 아니라 하나님의 영원한 사랑에서 성취되었다는 생각에 나는 기쁨을 가늠하지 못했다. 부모님의 존재는 과거라는 허무 속으로 사라졌지만, 그럼에도 불구하고 그분들의 사랑은 영원하다는 확신이 내 신학공부 결단의 첫 계기가 되었다.

1946년 봄 나는 감신대에서 신학을 시작하기는 했으나, 신학이란 도대체 구름 잡는 일 같았고, 내게 회의만 연속되었다. 아브라함, 모세, 예수의 십자가와 부활이란 도대체 나와 무슨 상관이 있는지, 대답할 수 없는 의문들이 나를 우울하게 하곤 했다. 1949년 서울대 철학과 3학년 재학 당시 어느 날 비원 옆길을 걷다가 "다 이루었다"(요한복음 19:30)라는, 십자가에서의 예수의 말씀을 회상하는 순간, 나는 예수 그리스도에게서 모든 역사를 살았다는 순간적 즉각에 벅찼다. 나는 모든 역사, 모든 시간의 영원한 성취점을 즉각적으로 생각했으며, 그의 십자가와 부활이 나를 위한 사건이라고, 아브라함을 비롯한 이스라엘 역사가 바로 나의 역사라고, 내 부모의 삶과 모든 역사가 바로 나의 역사라고 소리 없이 외쳤던 것이다. 모든 역사의 의미가 예수 그리스도에게서 다 이루어졌다라는 것이 신학 공부의 결의를 다시 내리게 된 사건이었다. 그때부터 칼 바르트(Karl Barth)의 『로마서 주석』(*Der Römerbrief*, 1922년 판)이 이해되기 시작했다. 죽음의 문제, 유한성의 문제와 허무감은 여전히 내 의식 속에 잠복해 있었으나, 이제 그 역사의 성취점이 그러한 시간성 문제에 대한 해답을 주리라고 나는 확신하게 되었으며, 후일 나의 박사학위 논문의 예정론적 시간 개념은 그때의 체험에서 기인된 것이며, 칼 바르트의 선택론(『교회교의학』, *Die Kirchliche Dogmatik, KD*

II/2)과 인간학(*KD* III/2)에서 나는 그러한 종말론적 시간 개념과 역사이해의 기본 틀을 발견했던 것이다.[1] 바르트의 시간론은 R. 불트만, O. 쿨만 등과 같은 신학자들과의 연관에서 역사와 종말론이라는 주제 아래서 취급될 계기가 또 주어지리라고 예상한다.

「말씀과 교회」 1999년 봄 호에 내 글 "시간의 근원, 창조자 하나님의 영과 생명·역사·사회의 시간성"이 실렸다. 칼 바르트의 *Kirchliche Dogmatik* (「교회교의학」) I /1의 번역을 끝내려고 서두르던 참이어서 시간론을 집필하기 어려웠다. 그러나 새 천년을 앞두고 「말씀과 교회」가 시간론을 다루어야 한다고 정권모 박사가 내 글을 요청했을 때, 그 요청이 내 오랜 계획을 시작하도록 촉발했으며 나는 그 요청을 더 이상 지체할 수 없는 은혜로 받아들였으며 미비한 채 저 앞의 글을 썼던 것이다. 이 자리를 빌려서 정권모 박사에게 진심으로 감사를 표한다. 정 박사의 후임으로 한국기독교장로회 연구소 소장으로 수고하고 있으며, 「말씀과 교회」 지의 책임을 맡고 있는 이재천 박사와 그의 동역자들이 내 글을 얼마 동안 저 신학지에 연재하느라 수고함에 대하여 감사의 말씀을 전한다.

천체물리학적인 시간론이 고려되기는 했으나, 보다 더 깊은 고려는 과제로서 남겨둘 수밖에 없다. 창조의 시간을 쓰려고 성서와 신학사전들을 들여다보니, 서양신학자들의 성서연구에 대한 너무도 엄청난 업적에 나는 옛날처럼 또 다시 압도감과 감탄 때문에 많이 시달렸으며 한국의 맥

1) 박순경, 『하나님 나라와 민족의 미래』(서울: 기독교서회, 1984). 여기에 실린 "칼 바르트의 역사이해", 46~84 쪽 참조. 미국 Drew대학 대학원에 1965년에 제출한 나의 학위논문 *Man in Karl Barth's Doctrine of Election*은 아직 번역되어 있지 않으나, 인간의 시간·역사적 존재와 삶을 다룬 것이다.

락에서 신학한다는 일의 한계를 절감했으나, 부족한 대로 이 글을 발표하는 바이다.

요즘 무엇을 하느냐고 내게 묻는 사람들에게, 삼위일체론에 비추어 시간론을 구상하고 있다고 말하면, 신학하는 사람들이나 통일운동권의 사람들이나 다 자신들의 현실과는 무관한 추상적인 일이라고 생각하는 듯하다. 매 주일 교회에서 목회자에 의해 행해지는 삼위일체론적인 축도가 진리라고 시인된다면, 바로 그 축도의 순간이 현재 과거 미래 모든 시간의 근원이라고 시인된다면, 시간이 주어지지 않고는 우리가 존재할 수 없다는 것이 시인된다면, 삼위일체론적 시간 이해 없이 새 천년 새 세기라는 미래시간만을 설계하면 된다고 성급하게 생각해서는 안 될 것이다. 통일운동과 민주화운동도 미래시간이 주어지지 않고는 존속할 수 없다. 우리가 미래를 설계하지만 미래시간 자체를 좌우하는 것은 아니다. 미래가 계속 주어져야 민족사회와 지본주의 세계의 변혁도 설계될 수 있다. 미래는 어디로부터 오는가? 이것이 우리의 시간론의 주제이다. 시간의 삼위일체론적 근거는 신학적으로 아직 논해지지 않은 주제이다. 그러나 칼 바르트에게서 삼위일체 하나님 자체가 시간·역사의 차원의 원천이라는 것이 다시금 새롭게 밝혀져야 한다.

몰트만(Moltman)과 보프(Boff)가 하나님의 삼위일체적 인격적인 관계를 그들의 평등 사회론의 근거로서 설명하기를 시도했으나, 시간론을 다루지는 않았다. 어거스틴이 최초로 조직적인 역사신학(*Civitas Dei*, 『신의 도시』)을 구축했고 또 인간의 하나님 형상(*imago Dei*)을 삼위일체론적으로 설명했고 또 최초로 시간론을 다루었으나, 영원과 시간의 이원론적인 전제 때문에 그는 시간의 삼위일체론적 원천을 간과했다. 바르트의 방대한 삼위일체론적인 『교회교의학』의 구조에는 시간의 삼위일체론적 근거가 함축되어 있으나, 성서적인 기초에서 주제적으로 논의되지 않았다.

우선 『삼위일체 하나님과 시간』이라는 우리의 어려운 주제 설명이 필요하다. 제 I 권은 구약성서에 기초한 창조자·구원자, 하나님 아버지에 해당하며, 제 II 권은 신약성서에 기초한 창조와 구원의 중보·화해자 예수 그리스도, 아들 하나님과 시간·역사를 논할 것이다. 제III권은 아버지와 아들의 영원한 통일성을 이루는, 창조와 역사의 구원자 성령 어머니 하나님과 교회·민족·세계의 구원문제를 논할 것인데, 제III권은 나의 제자 한신대 김애영 교수의 몫이다. 하나님의 은혜로 내가 제 II 권까지 완수하기를 바라는 마음이 90세를 넘긴 내 나이에 너무도 벅차다. 그러나 감행할 생각이다.

삼위일체론 자체는 제 II 권의 맥락에서 본격적으로 논의될 것이다. 시간은 언제나 공간과 직결되어 있으나, 편의상 시간·역사 개념으로서 공간을 포괄하는 것으로 생각하면 좋겠다. 그래도 역사는 시간 질서가 우선하므로 시간 개념이 더 부각된 것이다. 요점은 도대체 시·공간이 무엇인가? 우리는 시·공을 창조자·구원자 하나님과 피조물 세계와 역사와의 관계질서들(Relationsordnungen) 혹은 신학 전통에서 논의되는 창조질서(Schöpfungsordnung)에 해당하는, 그의 의로운 법질서의 근원적 차원이라고 규정한 것이다. 시공은 삼위일체 하나님의 자체 내적 영원한 관계질서의 차원이며, 그에게서부터 피조물 우주와 역사에 주어지고, 시·공 안에서 피조물과 역사가 생동하고 변화하고 변혁하면서 그의 미래시간에로 진보하게 하는 은혜로운 차원이다. 하나님의 자체 내적 시·공의 관계질서는 영원하나, 피조물과 역사에 주어지는 시공은 한정적이고 유한하다. 삼위일체 하나님에 의한 시·공의 유한성과 한정성 없이는 미래에로 변혁하고 진보할 수 있는 계기는 발생하지 않으며, 따라서 시·공이 주어지지 않는다면 역사적 삶과 존재란 없다.

인간의 역사적인 삶의 한정성(finitude)이란 부정성으로 보이지만, 그 한정성이 그가 바로 하나님과 피조물 세계와의 관계질서들에서 주어지는 바, 인간의 자유의지가 촉발되고 제약된다는 데서 어떤 제한된, 구체화된 결단과 행위가 일어나게 되는데, 제약 조건들을 넘어서거나 파괴해 버리고 자신의 자유의지를 절대화시키고 제 욕심대로 행위함으로써 주어진 관계질서들을 파괴해 버린다. 예컨대 통치자는 예나 지금이나 자신의 권력의지를 절대화시키고 백성들과 국민들을 기만하고 노예화시키고, 다른 나라들을 지배하고 정복하여 예속화시키는 죄악의 계기로서 작용하기도 한다. 오늘의 세계사적으로 전형화된 예증은 지금까지 미국의 세계지배 전략의 일환인 반(反)조선인민공화국에 대한 한·미 전쟁훈련과 조선인민공화국 붕괴 정책이다. 그러한 정치·군사적 세계지배의 패권욕은 세계 자연 자원과 물질 독점욕과 직결되어 있다. 그것은 창조자·구원자 하나님과 피조물 세계와의 관계질서를 파괴하는 죄악이다.

나는 내 생명이 다하기 전에 구약과 신약성서를 관통하기 위해서 이 집필 계획을 세웠다. 우리 민족이 일본제국주의에 의한 식민주의의 고통에서부터 벗어나기 위한 항일운동기를 거쳐 독립을 하였건만 남북분단의 멍에를 지금까지 청산하지 못하고 있다. 이러한 역사적 질곡의 한복판에서 나는 1945년부터 기독교와 공산주의는 필연적으로 만나야 한다는 각성, 그 일념을 간직해 왔다. 지금 생각해 보니, 그것이 통일신학의 주제이다. 또한 이 책을 남한 그리스도 교회와 통일운동계와 사회운동계의 무신론자들이 마음을 열고 읽어 준다면, 한량없는 은혜라 생각하고 하나님께 감사드리리라. 이 책을 조선인민공화국, 그리스도교연맹의 평양신학원, 장충동성당을 위한 신학교재로 사용하도록, 또 김일성종합대학 종교학부와 사회과학 연구원을 위한 토론 자료로 사용하도록 함이 나의 간절한 바람이다. 이 집필계획은 통일신학의 성서적 정초로 의도된 것이다.

이제 마지막으로 이 글을 쓰는 과정에서 필자에게 격려가 된 은혜로운 몇몇 친지들과 후배들에게 감사를 표하고 싶다. 내가 힘겨워하고 자주 회의에 떨어지기도 했는데, 감리교신학대학 구약학 방석종 명예교수와 성공회대학 기독교윤리학 손규태 명예교수와의 가끔 긴긴 전화통화 담론들은 나에게 알게 모르게 격려가 된 것이다. 손 교수와는 칼 바르트 신학과 칼 마르크스에 관한 이야기를, 방 교수와는 『환단고기』와 구약학자들에 관한 이야기를 나누었다. 아주대학 전자공학과에서 전자파 산란분야 박사학위 취득을 목전에 둔 김지형 군이 내가 손으로 쓴 이 원고들의 대부분을 거의 오타 없이 꼼꼼하게 컴퓨터로 입력하는 작업을 수행하였고, 또한 신학을 이해하려고 노력한 것 같아 놀랍고 기쁘다. 김 군 이외에도 몇몇 젊은이들이 나의 원고를 컴퓨터로 입력해 주는 작업을 도와주었다. 나는

A4용지 이면지를 이용하여 볼펜으로 원고를 썼는데 이를 컴퓨터로 입력하기 위해 많은 비용을 지불하였기에, 아마도 그 비용이 출판 인세보다 더 많이 들 것이라고, 나와 함께 살고 있는 제자 한신대 신학과 김애영 교수는 나에게 무언의 압력을 넣기도 하였으나 나의 일생의 마지막 작업이라 생각하고 원고 작성에만 몰두하여 왔다. 아마도 김 교수의 도움 없이는 이 책의 완성이 갑절이나 힘들었을 것이다. 나는 이 글의 서언을 가장 마지막에 썼는데 김 교수가 바쁜 와중에도 내 원고를 총정리하고 교정 작업까지 하는 일을 맡아 고군분투하고 있다. 어려운 경제적 여건에도 불구하고 이 책의 출판을 맡아준 신앙과지성사 최병천 사장님을 비롯하여 심혈을 기울여 책을 만들어준 출판사 직원들과 이 책이 출판되기까지 수고를 아끼지 않은 모든 분들에게 심심한 감사를 표한다. 내가 관계하던 많은 여러 단체들의 활동을 거의 정리한 편이지만 지금까지도 6·15공동선언 남측위원회 학술본부와 한국여신학자협의회와의 관련성을 유지하고 있어서, 이 단체들의 주요 인사들은 내가 쓰고 있는 이 책이 도대체 무슨 책인가 하고 궁금해 한다. 이들의 관심에 격려 받아 오고 있으니 이에 대한 감사의 인사를 전한다.

필자가 사용한 성서는 주로 *Revised Standard Version* (RSV), *The Oxford Annotated Bible with the Apocrypha* (Oxford University Press)이고 그 이외에 *The Jerusalem Bible* (*JB*) (Doubleday), 마틴 루터의 *Die Bibel*, 구약과 신약 전체의 번역을 참조하였으며, 필요 시에는 구약 히브리 경전과 구약의 그리스어 70인 번역 LXX를 들여다보기도 하였다. *RSV*나 *JB* 혹은 루터의 번역은 우리말 번역본들보다 원 히브리 경전의 어휘들에 더 가깝다고 생각되고,

우리말로 개념화하기가 더 편리하다. 그러나 우리말 표현들을 위해서 때로는 공동번역성서를 참조했고, 인명·지명에 있어서는 히브리어 발음에 충실하게 표기하였다.

서언의 맨 처음에 밝혔듯이 3권으로 계획된 『삼위일체 하나님과 시간』이라는 나의 계획을 과연 수행할 수 있을까 생각하면서 제 I 권을 이제 마무리하게 되니 한량없는 하나님의 은혜에 다시금 감사드리며, 이러한 나의 계획을 마무리할 수 있도록 하나님께서 붙들어 주시고 힘 주시기를 기원하며 이 서문을 마친다.

기후 변동으로 인해 더욱 더 폭염이 기승을 부리는

2013년 8월 우면산 기슭의 아파트에서

본디 풀(原草) **박순경**

| 차례

I

창조와 구원의 시간·역사

1

창조자 하나님의 영과 말씀, 생명·역사·사회의 시간성

1) 시간의 근원, 창조자 하나님의 영

시간이 어디로부터 오며, 누가 사물들과 생물들의 시간 질서를 규정하는가 하는 물음은 시간의 근원 문제이며, 시간성의 근원 문제는 창조자 하나님의 영을 통하여 일어난 예수 그리스도의 종말적 사건, 즉 모든 역사의 종말적 성취점에서 해답되는 문제이다. 이러한 해답을 염두에 두고 피조물 일반의 시간성의 의미를 물어 나갈 때에 사물들과 생물들의 시간적인 부정적인 유한성, 즉 과거에로의 소멸을 넘어서는 긍정적인 영원한 의미가 발견될 것이다.

모든 사물들과 생물들이 시간 안에서(in time) 생성 소멸하고, 모든 역사와 사회의 사건들이 시간 안에서 일어난다는 것을 우리는 일반적으로 체험한다. 시간 안에서 전(前)과 후(後) 혹은 과거 현재 미래라는 시간질서의 시간 규정 안에서 사물들과 사건들이 시간 필연성 혹은 법칙성을 지니고 경과한다. 자연사물들의 시간 필연성과는 달리 역사 사회의 시간성은 인간의 자유 혹은 임의성을 내포하고 있으면서도 객관적인 시간 경과의 필연성의 제약을 받는다. 그래서 인간은 자기의 삶의 시간을 연장하고 싶어도 연장하지 못하고 죽을 수밖에 없다. 우리의 존재와 삶을 그렇게 객관적으로 한정하는 시간성 자체는 어디에서부터 오는가? 항시적으로 운동하는 우주의 운행 혹은 지구의 회전에서부터 시간성이 오는가? 자연사물들, 생물들, 역사와 사회의 사건들에서부터 오는가? 아니다. 이것들도 시간 안에서 시간 규정을 받으면서 일어나므로 시간의 근원이 아니다. 우주의 운행과 지구의 회전이 인간 문화사에 있어서 시간 측정 혹은 시계라는 기계 창출의 척도가 되어 왔으나, 우주의 그러한 운동들이 시간의 근원은 아니다. 어떻게 우리가 21세기 혹은 제3의 천년이라는 생명 역사 사회의 시간과 공간을 미래에로 투사하고 예상할 수 있는가? 우리는 우주의 존재와 운동의 존속과 생명 역사 사회의 존속에 대한 어떤 신념을 전제하고서 미래를 투사하는 것이다. 그런데 누가 그 존속을 보장하는가? 유한한 인간이 그 존속을 보장해 주는가? 아니다. 시간의 존속이나 규정이 우주나 인간에 의해서 근원적으로 규정되지는 못한다. 그러므로 우리는 시간의 어떤 객관적인 근원, 우주의 존속이나 인간의 자유를 넘어서는 객관적인 근원을 상정하지 않을 수 없다. 다시 말하자면 21세기 혹은 제3의 천년은 우주와 인간의 문화 역사의 과거와 현재에서 투사되지만, 이 투사에 의해서 주어지는 것이 아니라, 어떤 미래에서부터 주어지는 시간이다. 미래에서부터 시간이 계속 주어지지 않으면 우주와 인간의 문화사의 현 시간은 지속되지 못한다.

사물이 시간 안에서(in time) 존속하고 역사 사회의 사건이 시간 안에서 일어난다는 현상을 분석해 보자면, 세 차원들의 시간성이 파악된다. 우주와 역사 사회가 과거적인 선시간성(Vorzeitlichkeit)을 가지며, 동시에 미래에서부터 오는 어떤 후시간성(Nachzeitlichkeit)을 가지며, 현재는 이 두 시간들 사이에서 주어지는 시간성이다. 현재의 지속성, 즉 사물들, 생명체들, 역사 사회의 현재적 지속성은 미래에서부터 주어지는 시간에 달려 있다. 시간이 앞에 있고 뒤에 있어서 현재를 가능하게 하는 이러한 시간성의 근원은 무엇인가? 이 물음은 자연사물이나 역사 사회 혹은 문화사에 의해서 해답되지 않는다. 그 해답은 성서에서 구하자면 창조자 하나님의 영에게서 찾아져야 한다. 영 안에서의 예수 그리스도의 종말적인 죽음과 부활의 사건은 시간의 저 세 차원들의 근원적 통일성, 따라서 영원한 시간성의 의미를 지닌다. 창조자 하나님의 영의 근원적 시간성은 예수 그리스도의 사건의 종말적 성취점에서 찾아져야 한다. 그것 이외에는 달리 찾을 길이 없다.

휘트로(G. J. Whitrow)는 많은 과학적인 또 철학적인 시간론들을 연구한 학자이다. 그의 저서 『시간의 문화사』(*Time in History*)에서 그는 "시간이 역사적 산물" 즉 문화사의 산물이라는 것이다.[1] 우리가 시간 현상을 우주 사물, 역사의 사건에서 관찰하고 체험한다는 의미에서는 시간이 "역사의 산물"이라고 말할 수는 있으나, 우주 사물과 역사의 시간성이 시간 규정의 근원과 궁극적 목표를 말해 주지 못한다는 점에서 우리는 시간이 "역사의 산물"이라고 말할 수 없다. 신학적인 시각이 휘트로에게 결여되어 있기 때문에 그는 시간을 "역사의 산물"이라고 규정한 것이다. 창조자 하나님의 영의 근원적인 시간성은 모든 자연사물들의 생성 소멸과 역사의 시간성을 규정하는 객관적인 필연성을 가지며 동시에 사물들과 역사의 존속을 허용하는 은혜로운 것이며, 창조자 하나님의 영은 자유하고 모든 생명의 원천이므로 인간으로 하여금 역사 사회를 변혁하게 하는 또 소멸의 필연성을 넘어서서 영원한 삶에 이르게 하는 시간을 인간에게 허락하는 분이다.

---

1) G. J. Whitrow, *Time in History : Views of Time Prehistory to the Present Day* (London: Oxford, 1988), 이종인 역, 『시간의 문화사』(서울: 영림카디널, 1998), 296쪽. 이 책에서 나는 시간론에 관한 많은 소재를 얻어냈다. 그러나 신학적인 시간론은 여기서 발견되지 않는다. 『시간의 문화사』라고 번역하기보다는 직역으로 『역사에 있어서의 시간』이라고 번역됨이 좋을 것 같다. 왜냐하면 이러한 번역이 시간은 "역사의 산물"이라는 저자의 주장을 더 잘 나타내 주기 때문이다.

창조자 하나님의 영이 피조물 일반의 시간성 혹은 시간 규정의 근원이라는 것은 영이 피조물의 존재와 생명을 관장하는 영적인 근원이라는 것을 의미하며, 시간 안에서의(in time) 피조물의 존재양식은 바로 창조자 하나님 안에서의, 그와의 관계 안에서의 존재양식을 의미한다. 시간 안에서의 존재양식을 의미한다. 시간 안에서의 피조물의 존재양식은 생성 소멸하는 부정적인 유한성을 가지며, 그 유한성은 피조물의 존속이 창조자 하나님에게 달려 있다는 것, 창조자 하나님이 생과 사를 주재한다는 것을 의미한다. 한편 피조물의 유한성을 결정하는 창조자 하나님의 영이 바로 시간성의 근원이다. 피조물의 유한성은 창조자 하나님의 영이 피조물을 존재하게 하되, 자신으로부터 피조물을 구별하는 양식이다. 이러한 구별에 있어서 범신론 혹은 자연신론은 배제된다. 이러한 구별에 있어서 피조물의 개체성 혹은 개별성(individuality)이 성립된다. 다른 한편 피조물의 유한성은 긍정적인 의미에서 창조자 하나님과의 관계성의 표식이다. 피조물의 유한성의 표식으로서의 소멸과 죽음에 있어서도 인간이 허무에 떨어지지 않는 것은 바로 이러한 긍정적인 관계성 때문이다. 시간 안에서의 피조물의 존재의 긍정적인 존속은 바로 창조자 하나님과의 관계에서 가능하다.

창조자 하나님의 영은 삼위일체 하나님의 영원한 생명의 자유한 인격적인 주체이며 영원한 관계, 사랑의 관계의 차원으로서 피조물의 시간적인 존재 생명 운동의 원천이며, 삼위일체 하나님과 피조물의 관계를 성립시키는 능력이다. 피조물은 이 영원한 영 안에서 생성 소멸하고 또 부활할 수 있다. 생성 소멸도 창조자 하나님의 은혜이며 부활도 은혜 안에서 주어질 수 있다. 피조물 인간의 생명은 영원히 소멸할 수도 있고 영원한 생명, 영의 자유와 은혜 안에서 예수 그리스도의 부활의 영원한 생명을 은혜로

얻을 수도 있다. 피조물의 생성 소멸과 영원한 생명의 근원, 창조자 하나님의 영에 있어서 영원성과 시간성의 하나이다. 시간의 신비로운 지속성은 이러한 창조자 하나님의 영으로부터 오는 시간성이다.

2) 사물의 존재와 운동의 시간성

우리는 여기서 철학자들의 시간론을 대충 회상해 보면서 그 문제점들을 검토해 보기로 하자. 고대 희랍 철학자 파르메니데스(Parmenides, B.C. 5세기)에 의하면, 시간은 사물의 변화와 직결된 차원이므로 존재 자체는 시간성을 가진다고 생각될 수 없다. 즉 존재가 시간에서 존재하지 않게 된다는 것은 존재의 논리가 아니라는 것이다. 오로지 영원한 현재만이 불변의 존재의 시간이며, 존재는 창조된 시간도 가지지 않으며, 시간 속에서 소멸하지도 않는다.[2] 파르메니데스는 왜 이러한 존재를 상정하게 되었을까? 생성 소멸하는 시간적인 사물들 저편의 항존적인 존재 자체를 상정하지 않고서는 이러한 시간적인 사물들을 생각할 수 없기 때문이었을 것이다. 그 항존하는, 영원한 존재 자체는 모든 시간적인 사물들을 초월하는 어떤 영원한 이성의 논리를 전제하고 있는데, 그 존재 자체는 이 이성의 논리의 객관적인 현실로서 요청된 이성 이념 혹은 이데아 이외에 다른 것이 아니다. 존재 자체와 이데아의 이러한 동일성이 서구 관념론 철학의 근간에 놓여 있다. 그런데 파르메니데스에서의 무시간적인 그 존재는 시간적인 사물들을 산출할 수 없으며 그는 영원과 시간의 이원론에 떨어지게 된다.

2) G. J. 휘트로, 『시간의 문화사』, 76쪽.

플라톤은 영원한 이데아와 시간적인 사물들과의 이원론을 견지하면서도 이 양자를 관련시킨다. 이 관련성은 인간의 논리에 의해서 얻어질 수 없기 때문에, 그는 그의 *Timaeus*에서 신화적인 표상인 데미우르고스(Demiurgos), 세계 사물의 원형(Vorbild)에 의해서 영원한 이데아와 시간적인 사물들을 연결시켰다. 이 세계 이성에 의해서 사물들의 시간 질서가 영원한 이데아에 관여하는 것으로, 이데아의 모형(Abbild) 혹은 그림자로서 직관된다. 시간 측정의 척도는 천체의 회전과 생물의 순환에서 얻어진다는 것이다.3)

그러나 이데아 자체는 무시간적인 영원의 차원이다. 이데아와 세계 사물들을 연결시키는 데미우르고스는 예수 그리스도와 그의 영과 유사하나, 플라톤에 있어서는 데미우르고스가 신화적으로 생각되어 있음에 반하여 성서에 있어서는 예수 그리스도와 그의 영은 시간과 역사 안에서의 사건으로서의 역사 자체를 의미한다. 어쨌든 여기서 주목할 것은 시간의 근원이 영원한 이데아의 차원에 놓여 있다는 점이다. 창조자 하나님의 영을 모든 사물 생명 역사 사회의 시간성의 근원으로서 해명하려는 나의 노력이 형식상 플라톤의 사상에 접근한다는 사실이 부인될 수 없다. 그러나 시간의 근원으로서의 창조자 하나님의 영은 시간 안에서 일어난 예수 그리스도의 사건의 근원으로서 인간 이성의 이념이나 이데아가 아니라는 점이 우리가 서구 관념론 전통의 철학적 시간론을 고려할 때에 항상 염두에 두어야 할 점이다. 또 다른 문제는 천체와 생물의 순환운동에 시간성의 척도를 둔 플라톤의 시간 개념은 역사와 사회의 시간성, 목적론적인 시간성을 설명해 주지 못한다는 점이다.

---

3) *RGG(Religion und Geschite in Gegenwart)*, 3. Aufl., XI. Band, "Zeit" 참조. 여기서 *Timaeus* 37 c 6~38 b 5와 *Enneaden* III, 4 . 7 이 전거로 제시됨.

아리스토텔레스의 우주론(*Physik* IV)에 의하면 시간은 자연사물의 존재양식이며, 사물의 운동의 전후 관계에서의 수적(數的)인 질서를 의미한다. 시간은 지금이라는 현재를 의미하는데, 이것은 더 이상 아님(Nicht-mehr)이라는 과거와 아직 아님(Noch-micht)이라는 미래의 경계선이며, 시간은 이렇게 나누어지면서 지속성(Kontinnum)을 가지며, 그래서 지금이라는 시점에서 사물의 운동의 연장의 수적인 측정과 시간의 통일성이 파악되며, 이러한 시간의 통일성이 시간 척도로서 사용된다. 표본적인 시간척도는 천체의 항시적인 회전에서부터 얻어진다. 그런데 세계 사물의 시간적인 생성소멸은 이것을 넘어서는 영원한 근원을 지시하는데, 즉 스스로는 움직이지 않고 따라서 시간을 초월해 있으면서 세계사물의 시간질서를 산출하는 제일동자(第一動者)를 지시한다는 것이다. 이 제일동자는 이것을 사고하는 이성 자체와 동일화되어 있다.4)

제일동자는 세계 사물의 시간 질서의 근원이면서 동시에 시간 질서를 초월하는, 이성 이념과 동일화된, 무시간적인 영원성을 가진다. 여기서 제기되는 문제는, 플라톤에 있어서처럼, 우선 인간 이성의 이데아의 차원이 어떻게 세계 사물의 시간 질서를 산출하는 근원 혹은 제일동자일 수 있겠느냐 하는 문제이다. 궁극적으로는 인간 이성이 세계 사물의 시간성의 근원이라는 말이 된다. 그러나 시간 안에서 사고하는 인간 이성이 사물의 시간성의 근원일 수는 없다. 둘째 문제는 우리가 항시적인 천체의 운행에 의해서 시간의 지속성을 관찰할 수 있다 해도, 시간의 통일성이 파악될 수 없다. 왜냐하면 항시적인 천체의 운행도 시간 안에서 일어나며, 천체의 모든 과거 상태와 미래 상태가 측정될 수 없기 때문이다. 또한 지금이라는 현재

4) *RGG, Ibid*.

에서 더 이상 시간이 아닌 과거와 아직 아닌 미래가 생각될 수 있다고 해도, 이것은 시간의 현실적인 통일성이 아니다. 모든 선시간과 모든 후시간의 차원의 의미를 가지는 사건이 현재에서 일어날 때에 비로소 모든 시간의 통일성이 파악된다. 예수 그리스도의 종말적 사건이 바로 이러한 시간의 통일성을 가지며, 이러한 시간의 통일성은 바로 영원한 시간이라고 말해져야 한다. 셋째 문제는 플라톤이나 아리스토텔레스의 시간 개념은 자연사물의 순환운동에 입각해 있으며 인간의 결단과 행위의 차원인 역사사회의 시간성을 말해 주지 않는다는 점이다.

라이프니츠(W. Leibniz)에 의하면 시간은 사물들 혹은 사건들의 상호계기들의 순서로서만 있으며, 따라서 시간은 이것들에서부터 나온다. 사물들의 시간 경과는 창조자 신(神)에 의해서 설계된 우주의 질서이다. 세계는 시간 안에서의 유한한 원인들에 의해서 세계 내적으로 근거 지어져 있지 않으며, 시간을 초월하는 신에 의해서 정초되어 있으며, 시간 경과는 영원한 이데아 혹은 신의 현상이라는 것이다.[5] 라이프니츠는 천체의 순환운동에 근거한 종래의 우주론적 시간 개념을 넘어서는 근원시간 즉 창조자 신을 생각하기는 했으나, 여전히 종전의 관념론적·무시간적인 이데아 개념을 전제하고 있었으므로 시간이 세계 사물들의 상호 계기에서부터 나온다고 생각되었다. 어떻게 사물들의 존재와 계기하는 운동의 시간 질서 혹은 시간 규정이 사물들에게서부터 나온다고 생각될 수 있는가? 이러한 시간 규정이 창조자 신의 의도라면, 이에게서부터 시간이 나온다고 말해져야 하지 않겠는가? 라이프니츠는 무시간적 영원한 이데아를 창조자 신과 동일화했기 때문에, 따라서 무시간적인 창조자 신을 생각했기 때문에, 시

5) *Ibid*.

간이 창조자 신에게서 나온다고 생각할 수 없었던 것 같다. 여기서도 시간은 형이상학적 존재론의 성격을 가지고 있으며, 역사 사회의 시간성은 생각되어 있지 않다.

칸트는 그의 『순수이성비판』(*Kritik der reinen Vernunft*)에서 시간과 공간을 사물의 현상들에 대한 인식 주관의 직관 형식들, 인식하는 주관의 차원들로서 생각했으며, 시공은 물질 세계와 관계되어 있으면서도 시공은 사물이 아니라 주관의 직관 형식이라는 점에서 역시 관념론적인 성격을 가진다. 신, 인간의 이성, 영혼, 윤리적 행위의 근원적인 전제로서의 자유와 같은 물 자체들(Dinge an sich)은 감성적 사물들의 현상들처럼 시공이라는 주관 형식들로 직관되지 않는다. 이와 같이 칸트에 있어서는 시공이 객관적 현실성을 가지지 않는다. 여기서는 우리가 사물들의 존재와 운동의 시간 질서의 객관적인 근원을 생각할 수 없게 되어버리며, 시간 안에서 일어난 예수 그리스도의 종말적 사건의 객관적인 시간성도 이성의 사고에 속하지 않는다. 그럼에도 불구하고 사물들의 시간성과 공간성 규정이 근원적으로는 인식 주관 혹은 정신에 속해 있다는 점이 주목할 만하다. 우리는 칸트의 시공 개념을 그의 전체적인 사상 체계 내에서 더 탐구되어야 할 과제로 남겨 두어야 할 것 같다.

헤겔, 키에르케고르, 하이덱거 등의 시간 개념들은 역사 사회의 시간성을 다루는 맥락에서 고찰될 것이다. 이들의 시간 개념들은 두드러지게 역사와 관련되어 있다. 플라톤, 아리스토텔레스, 라이프니츠, 칸트의 시간 개념들은 역사 사회의 시간성보다는 자연사물의 존재와 운동의 시간성과 보다 더 관계되어 있다. 이들에 관련해서는 보다 더 자연과학적인 시간 개념이 고찰되어야 하는데, 나는 이 글에서 이러한 시간 개념을 고찰할 수 있는 준비가 되어 있지 않다. 다만 나는 휘트로의 저서 『시간의 문화사』(*Time in History*)에 의거해서 극히 제한된 범위에서 과학자들의 시간 개념을 짚고 넘어가고자 한다.

라이프니츠와 동시대인인 물리학자 뉴턴은 그의 저서 *Principia*에서 객관적인 시간을 상정했는데, 시간은 수학적인 절대적인 것으로서 외부적인 사물의 운동과 관계없이도 그 자체대로 흐른다는 것이다.[6] 사물의 운동에 달려 있지 않은 그러한 절대적인 시간을 뉴턴은 어떻게 상정할 수 있었는가? 뉴턴은 천체의 운동이나 지구의 회전이 시간의 절대적인 척도가 아니라는 것을 생각했으며 그래서 외부 사물과 상관없이 흐르는 절대적인 시간을 상정했다. 그는 혜성이 지구와 충돌할 뻔했다고 그래서 세계의 종말이 올 수 있다고 생각했다는 것이다.[7] 그렇다면 그는 그의 절대적인 시간 개념을 우주의 자연사물에서부터 이끌어내지 않았던 것 같다. "절대적인 시간"이란 결국 무한한 시간(infinite time) 혹은 영원한 시간일 수밖에 없을 것이다. 그는 시간 자체의 근원으로서의 신적인 절대 법칙을 전제하고 있었음에 틀림없다. 시간 자체는 신에게서 오는 객관적인 필연적인 법칙이라고 상정된 것 같다. 뉴턴은 우주의 법칙이나 시간성의 근원은 우주의 사물들에서부터 오는 것이 아니라 신에게서부터 온다고 생각했던 것 같으며, 이 점에서 그는 시간성의 신적 기원을 암시해 준다. 그러나 시간성이 창조자 하나님의 영의 자유한 규정이라면, 시간성이 그와 같이 절대적인 법칙성을 가진 것으로 생각되어서는 안 된다. 또한 인간의 역사 사회의 시간성에 들어 있는 자유, 임의성, 우연성, 운명과 같은 요인들이 절대적인 시간의 법칙으로 설명될 수는 없다.

---

6) 휘트로는 뉴턴 자신의 말을 인용한다. 즉 "Absolute, true and mathematical time, of itself and from its own nature, flows equably without relation to anything external." 휘트로, 전게서, 210~211쪽.

7) 전게서, 211, 214쪽.

휘트로에 의하면, “절대적인 시간의 순간들이 그 스스로 존재한다고 보는 생각은 이제 과학자나 철학자들에 의해 쓸모없는 가설로 받아들여지고 있다”는 것이며, “사건에서 사건이 나오는 것이지 시간에서 시간이 나오는 것은 아니라”는 것이다.[8] 이러한 주장은 한편 상대적으로 또 부분적으로는 옳다. 그러나 우리는 휘트로의 그러한 주장을 앞에서 수정했다. 즉 모든 자연사물과 역사 사회의 사건이 시간 안에서(in time) 존재하고 일어나며, 모든 생명이 시간 안에서 태어나고 소멸하며, 즉 이미 선험적으로 시간 규정을 지니고 있다는 점에서, 시간이 사물 생명 역사에서부터 나온다고 생각되어서는 안 된다. 사물과 생물의 존재와 운동이, 역사 사회의 사건이 시간성을 지니고 있다는 점에서는 시간이 이것들에서부터 나온다고 말해질 수는 있으나, 이것들의 선험적 시간 규정, 예컨대 생명이 시간 안에서 태어나고 시간 안에서 소멸하는 그 객관적인 시간 규정은 이것들 안에서 설명되지 않으며 이것들을 넘어서는 어떤 영원자에게서부터 온다. 희랍 전통의 관념이나, 라이프니츠와 뉴턴은 시간의 이러한 근원을 암시해 준다는 의미에서 고려되어야 한다.

물리학자 A. 아인슈타인은 그의 상대성 원리에 입각해서 상대적인 시간성을 제창했는데, 보편적인 하나의 시간은 생각될 수 없다는 것이다. 여기서 충분히 설명될 수는 없으나, 예컨대 한 사물 혹은 사건이 그 관측자와의 관계에서 관측된 그 사물 혹은 사건의 개별적인 특수한 시간은 보편적인 하나의 시간을 대표하는 것일 수 없다는 것이다.[9] 추측하건데, 사물의 운동의 성격과 관측자의 위치에 따라서 시간성의 특수한 의미가 경험될 수 있다고 생각되나, 천체의 항시적인 운동이 어느 관측자에게서든 관측

---

8) 전게서, 212쪽.
9) 전게서, 277쪽.

될 수 있다면, 하나의 보편적인 시간이 산정될 수 있을 것이다.

휘트로에 의하면 20세기의 우주 과학의 발전은 아인슈타인의 시간 개념의 상대성을 넘어섰다는 것이다. 즉 천문학자 E. P. 허블은 우주가 성운(星雲, galaxy)으로 이루어져 있다는 것과 성운의 운동 법칙을 발견했다. 이러한 우주과학에서 우주의 시간적인 연속 상태가 있다는 믿음이 생겨났으며 그래서 "우주는 각 성운에 대하여 기본적으로 등방적(等方的, isotropic)이다. 그러므로 우주적 시간이 존재한다고 보아야 할 것이다"라는 결론이 내려진다.[10] 또한 방사능의 발견과 핵물리학의 발달로 지구와 태양의 나이가 약 50억 년이라고 추산되었으며, 천체 물리학자들은 성운의 나이를 약 100~160억 년이라고 추산하기에 이르렀다는 것이다. 우주가 폭발한 것은 약 100~200억 년 사이일 것이라고 한다.[11]

종래의 철학은 시간성의 근본적인 의미와 근원을 묻고 대답하기를 시도해 왔으며, 자연과학은 시간 산정의 천문학적 근거, 정확도, 시계 산출에 기여해 옴으로써 세계의 시간 질서에 준한 삶의 통합을 위한 여건을 제공해 왔다. 그러나 역사 사회적인 시간성의 의미와 목표는 자연과학 혹은 천문학에 의해서 규명될 수는 없다. 종래의 형이상학적인 철학은 세계의 시간 질서의 관념적 근원을 암시해 주기는 했으나, 역시 대체로 역사 사회의 시간성의 문제, 의미와 목표를 규명해 주지 않았다. 내가 시간성의 근원을 창조자 하나님의 영에 대한 성서적 신앙에 입각해서 규명하고자 하는 이유는 첫째로 역사 사회의 종말론적 궁극적인 목표에 대한 인식이 시간성의 근원 인식을 전제해야 하기 때문이다. 둘째로 그와 같이 피조물의 시간성의 처음, 모든 시간의 선시간성(Vorzeitlichkeit)과 나중(Endzeitlichkeit)을 인식

10) 전게서, 280~282쪽 참조, 인용문 282쪽.
11) 전게서, 282쪽.

할 때에, 우리가 시간의 통일성을 인식할 수 있기 때문이다. 시간의 통일성 인식 없이는 우리가 영원성을 말할 수 없다. 모든 시간의 그러한 통일성을 지니는 사건이 바로 예수 그리스도의 탄생, 십자가와 부활의 사건이다. 이 사건의 근원과 나중이 하나님의 영의 시간성이다.

3) 생명·역사·사회의 시간성

생명이라는 개념은 자연 생물체 전체를 포괄하는 것인데, 나는 여기서 주로 역사 사회의 주체로서의 인간의 특수한 생명과 삶, 창조자 하나님의 영과의 관계에서의 또 자연사물과의 관계에서의 생명과 삶을 생각해 보면서 그 시간성의 의미와 목표를 논해 보고자 한다. 자연 생물체 일반과 그 시간성에 관한 생물학적 고찰은 나의 능력과 연구 분야 밖에 있는 문제이다. 그러나 인간의 생명의 시간성 혹은 역사 사회의 시간성의 의미와 목표 설정이 자연사물과 생태계 전체의 존속과 운명을 좌우하는 문제라고 생각된다.

(1) 피조물 인간의 생병의 시간성 개념을 창세기의 창조 설화들에서부터 이끌어내어 보자. 피조물 인간의 생명은 창세기 2장 설화에 의하면 이중적인 차원을 가진다. 즉 2:7에 의하면, 인간은 흙으로 빚어진 몸이라는 자연 물질의 차원과 창조자 하나님의 숨결을 불어넣어 받은 영적 차원을 가진 생물(nephesh)이다. 창조자 하나님의 숨결은 바로 그의 영 혹은 영원한 생명을 의미한다. 하나님의 영을 의미하는 말 ruach는 구약에 있어서 숨결 혹은 바람과 같은, 그의 자유한 생명력을 의미하는 말이다.[12] 인간의 흙덩

어리 몸이 그의 영의 숨결을 받아 숨쉬게 됨으로써 인간의 몸의 혼(psyche)이 생겨나고, 하나님의 영의 숨결을 받음으로써 몸과 혼의 통일성을 주관하는 혼령 혹은 영혼이 인간의 몸에 주어진다. 서구 관념론 전통에 있어서처럼 몸과 영혼의 이원론은 있을 수 없다. 인간 생명은 자연 물질의 공기를 마시고 숨 쉬면서 자연계 전체와의 관계에서 살며 동시에 하나님의 영의 숨결을 부단히 불어넣어 받음으로써 산다. 인간의 생명은 몸과 영혼의 통일성에서 존립한다. 하나님의 영의 숨결을 불어넣어 받음으로써 흙덩어리 몸이 숨쉬기 시작하는 탄생의 순간이 그 영으로부터 주어진다. 인간의 생명의 시간성은 하나님의 영 안에서 시작하므로 이 영의 선시간성을 전제하고 이 선시간성에서부터 주어지는 현재라는 순간에서 다른 순간에로의 지속성을 가진다. 인간의 숨결은 그의 맥박처럼 순간순간에로 이어지면서 숨 쉬고 산다. 이러한 살아있는 현재의 지속성은 한편 하나님의 영의 저 선시간성에서부터 주어지면서 그 영의 미래의 후시간성에 의해서 지속되는 것이다. 이 미래가 주어지지 않으면 인간의 생명의 지속성은 끝나고 따라서 인간의 생명은 죽는다. 죽음으로써 인간의 몸과 영혼의 통일성은 해체되어 버린다. 이것이 인간 생명의 유한성이다. 유한성은 객관적으로 하나님의 영에 의해서 결정된 필연의 법칙이다. 그러므로 인간 생명의 시간성은 유한성을 의미하며, 이것이 인간 생명의 시간성의 부정적인 의미이다.

인간의 유한성은 단순히 자연 필연의 법칙으로 생각되어서는 안 된다. 유한성은 인간의 범죄와 죄악과 얼크러져 있다. 사람이 죽을 수 있다는 것 때문에 악의 세력은 그를 살해할 수 있는 기회를 취하고 범죄한다.

---

12) 한국에서 어떤 신학자들이 성령을 기(氣)라고 말하며 중국이나 한국에서 홍행하는 기공학을 성령론과 혼동하는 경향을 갖는데, 하나님의 영은 바람 혹은 기를 사용하여 흙덩어리 인간의 몸에 침투할 수는 있지만, 바람, 기, 흙덩어리 자체가 그의 영이 되는 것은 아니다. 그의 영이 자유로 역사할 때에 바람, 기, 흙덩어리가 그 영의 매체 혹은 언어와 은유가 될 수 있다.

이에서 인간의 시간의 유한성은 죄악의 기회로 왜곡되어 버리고 시간성의 의미가 상실되어 버린다. 시간은 본래 삶의 차원이며, 하나님의 의를 실현할 수 있는 긍정적인 기회로서 주어진다. 또 인간의 유한성은 우연성을 내포하고 있기 때문에 허다한 우연한 일들이 생기는 계기가 된다. 예컨대, 특히 오늘의 자본주의적 기술 사회에 있어서는 허다한 우연한 불상사들과 인명 살상이 일어난다. 또 인간은 그의 몸의 차원인 자연 물질계를 남용하고 오염시키고 파괴한다. 삶의 기회로서의 인간의 시간성은 왜곡되고 상실되어 버린다. 피조물 전체가 이제 신음하면서 하나님의 영의 미래 구원을 고대한다(로마서 8:18~25). 구원의 미래, 새 미래가 주어진다는 것은 죄악과 사망의 권세로부터의 해방과 부활의 영원한 생명을 향해 간다는 것을 의미한다. 태어나고 죽고 하는 생명의 순환운동은 종말론적 구원의 미래를 향해 갈 때에 우리의 역사적 과정에 있어서 생명의 지속성을 위한 공간이 허락된다.

(2) 이제 우리는 역사와 사회의 주체로서의 인간 존재의 관계성을 생각해 보기 위하여 창세기 2장의 인간 창조 설화를 1:27과의 연관에서 생각해 보기로 하자. 창세기 1:26~27에 언급된 바 자연에 대한 인간의 주재권에 관해서는 논외로 하고, 하나님의 형상(*imago Dei*)에 따라 남자와 여자가 창조되었다는 기사가 우리의 고려의 초점이다. 우선 D. 본회퍼가 처음으로 그의 『창조와 타락』(*Schöpfung und Fall*)에서 남자와 여자의 창조를 하나님의 형상의 유비로서의 "관계의 유비"(*analogia relationis*)라는 개념을 도입했다. 즉 남자와 여자의 관계가 하나님 형상에 비유된다는 것이다. 중세기의 형이상학적 신학은 하나님의 형상을 존재론적으로 인간의 존재 개념, 즉 "존재의 유비"(*analogia entis*)에 근거해서 생각했다. 본회퍼의 "관계의 유비"

개념은 그러한 형이상학적 존재론을 대치한 역동적 역사성과 사회성을 내포하고 있다. 칼 바르트는 그의 『교회교의학』 III/1에서 본회퍼의 "관계의 유비" 개념을 이어받아 더 폭넓게 사용했다. 즉 창세기 1:27에서의 남자와 여자의 관계를 하나님과 인간의 관계에서의 유비와 삼위일체 하나님의 내적인 관계에서의 유비로서 해석해 냈다.

이러한 신학적인 배경을 염두에 두고 우리의 주제를 따라 창세기 1장과 2장에서 인간의 주체성과 관계성이 어떻게 성립되는지를 주시한다. 인간의 주체성은 그의 관계성 혹은 사회성에서 성립하고 시간성을 가진다.

인간의 생명 혹은 삶의 특수성은 자유한 주체성을 가진다는 점이다. 그의 주체성(Subject 혹은 Subjektivität, Subjectivity)은 그의 몸과 영혼의 관계성과 통일성을 관장하는 영혼 혹은 자유한 정신으로서의 '나', 나를 대상화시켜서 성찰할 수 있는 '나', 자연사물과의 관계성에서의 몸을 가진 '나'가 바로 주체 혹은 주체성이다. 이 주체성은 본래 창조자 하나님의 영에 의해서 시간적인 삶을 영위하도록 규정된 '나', 먼저 하나님과의 관계에서 자유한 '나'이다. 하나님과의 관계에서의, 자연사물과의 관계에서의 주체 '나'는 인간 대 인간과의 관계에서의 '우리'라는 주체성과 동일하다. 그러한 인간 생명과 존재의 관계성이 바로 그의 사회성이다. 나와 우리, 개인과 사회는, 몸과 영혼, 자연과 인간의 불가분성처럼 상호 침투한다. 우리의 삶은 이러한 사회적 관계에서 시간성을 가지며, 사회는 역사적으로 형성된다. 역사와 사회는 시간 안에서(in time) 일어나고 형성된다. 역사 시간과 사회 시간을 구별하자면, 전자의 시간 질서는 과거-현재-미래의 질서로 통시적이고, 후자의 시간 질서는 사회관계적으로 공시적이다. 이 공시성의 공간에서 사회관계는 삶, 문화, 종교, 과학 등의 체험들을 공유한다. 역사 시간 자체도 사회 시간의 공간을 내포하고 사회 시간 자체도 마찬가지이다.

시공은 둘이면서 하나이고 하나이면서 둘이다. 시간은 먼저와 나중이라는 질서의 관계이고, 공간은 인간 사회 관계나 인간과 자연과의 관계의 상호 연관의 차원으로서 역시 시간 질서를 내포한다. 더 설명을 하자면 한없이 계속될 것 같다.

시공의 이러한 관계의 신비는 도대체 어디에서부터 오는가? 시간이 창조자 하나님의 영으로부터 온다면, 시간성이 삼위일체 하나님 자체의 내재적 삶의 차원이 아니겠는가? 공간이 인간의 자신과의 관계와 인간 대 인간의 사회관계에서 생각되는 차원이라면, 공간 자체는 우선 창조자의 영과 인간과의 시간적인 선후 관계와 삼위일체 하나님 자체의 내재적 관계에서 기원하는 것이 아니겠는가? 즉 아버지 하나님과 아들 하나님의 시간적인 선후 관계와 공시성을 가지는 이 두 위격들의 통일성의 차원으로서의 성령은 특히 피조물의 역사적 사회적 관계성의 근원이라고 생각될 수밖에 없다. 그런데 우리의 시간과 사회관계는 범죄, 죄악, 사망이라는 문제를 지니고 있기 때문에, 우리는 삼위일체 하나님의 내재적 삶의 관계성과 우리의 역사, 사회는 직접적으로 비교불가능하며, 우리의 시공의 삼위일체론적 근원 인식은 하나님과 우리 인간 세계 사이의 중보자 혹은 화해자 예수 그리스도의 사건과 교회 공동체를 탄생시킨 성령에 대한 성서적 증언을 통해서만 가능하다.

(3) 이 글에서는 피조물 인간의 역사와 사회의 시간성 문제가 우리의 고려의 초점인데, 대체로 신학자들이 역사와 결부된 시간론을 제시해 주기 때문에, 우리는 역사적 시간 개념을 제시해 주는 어거스틴, 헤겔, 키에르케고르, 하이덱거 등의 시간론을 살펴보고 문제점들을 확인해 보고자 한다.

어거스틴에게 있어서 고대와 중세기의 우주론적인 시간 개념의 순환론, 항시적인 천체와 자연 생물들의 순환 현상들에 근거한 순환론과는 다른 역사적인 시간 개념과 구원사적인 시간 개념이 제시되었다. 역사는 자연사물의 순환운동에 의해서 설명될 수 없는 목적론적(telelogical) 성격을 가지므로, 종교개혁 이래 역사가 중심관심사로 떠오르면서 저 순환론은 대체로 신학적인 고려 외로 제쳐놓게 된 것이다. 어거스틴은 시간성을 하나님에 대한 인간 영혼의 관계에서의 정신적인 차원으로 생각함으로써 실존철학적인 또 구원사적인 시간성을 제시해 준다. 인간의 외적인 삶의 시간은 포착되지 않고 사라져 버리는 순간이며 한순간에서 다른 순간에로 분산되어 버린다. 시간의 지속 혹은 연장은 영혼 안에서 파악되는데, 영혼이 이미 있어 온 과거를 회상하고 미래적인 것을 대망함에서 시간의 지속성을 의식한다. 이러한 시간성에서 영혼이 세계 사건의 시간 경과와 관계하고 세계 사건의 의미를 파악하고 세계 사물들을 사용한다. 영혼이 세계 사물들의 유한한 본질을 깨닫지 못하고 이것들에 얽매이게 될 때에 영혼이 고통에로 떨어지게 되며 이것들의 한 부분으로 되며 이것들과 함께 소멸해 버린다. 소멸하는 사물의 시간성은 영혼에게 무(無)와 죽음의 심연으로 되어 버린다. 영혼은 하나님의 영원한 진리의 길에서, 그리스도의 몸으로서의 교회 안에서 영혼의 시간성의 영원한 의미를 찾게 된다.[13]

어거스틴은 피조물의 시간성의 근원을 창조자 하나님에게 두었고 또 구원사적 시간성이 하나님의 영의 차원이라는 것을 생각했다고 생각되나, 삼위일체 하나님의 시간성을 말해 주지 않기 때문에, 하나님의 영원성은 무시간적이 아닌가 하는 문제가 제기되기도 한다. 또 어거스틴은 외적인 사물들, 특히 우주의 항시적인 운동이 부단히 사라지는 순간이라는 시간

13) *RGG*, 3. Aufl. VI. Band, "Zeit"; Augustine의 *Confessions* XI, 14~31 참조.

성의 지속을 어느 정도 지탱해 준다는 객관적인 시간성을 고려하지 않았으며, 따라서 자연사물과의 관계에서의 영혼을 충분히 고려하지 않았다. 어쨌든 그가 고대에 있어서 역사 이해의 차원으로서의 시간 개념의 시초를 열어 놓았다는 점에서 주목되어야 한다.

헤겔은 그의 『정신현상학』(*Phenomenologie des Geistes*)에서 정신의 삶의 시간성과 역사의 시간성의 변증법적 과정을 말해 준다. 삶은 자체를 객관화시키고 객관화된 삶의 조건들로서의 타자들과의 관계를 통하여 자체를 인식함으로써 자체에로 되돌아가는 변증법적 자체 통일이 바로 삶의 과정이다. 즉 정신이 자체의 실현인 사회와 국가라는 객관적인 현실을 통해서 즉 객관을 통해서 자체를 인식함으로써 주관과 객관의 동일성을 되찾음으로써 미래에로 뻗어 나간다. 정신의 삶의 자유한 행위는 자체를 관습, 도덕, 법과 같은 사회와 국가 질서를 만들어냄으로써 정신, 즉 주관으로 하여금 자체를 객관을 통해서 인식하게 한다. 정신은 자체를 객관화시키고 통일성을 확립하는 자유한 주체이다. 그래서 "정신은 필연적으로 시간에서 나타난다." 그리고 "시간은 정신의 운명이고 필연성이다." 시간의 필연성 혹은 운명이란 여기서 생성 소멸하는 유한성을 의미한다. 그런데 역시 정신의 차원인 이성은 이러한 시간성의 필요성을 "개념"(der Begriff)으로써 파악함으로써 시간의 필연적 운명을 초월한다. 시간은 생성과 소멸의 세력이지만, 개념은 이러한 생성 소멸을 초월하게 하며, 개념적 인식은 유한한 정신의 삶으로 하여금 시간의 변증법적 과정을 거쳐서 절대 정신에로 초월하게 한다. 이러한 변증법적 과정을 반대로 말하자면, 절대 정신이 자체를 시간적인 상대적 정신의 삶에로 객관화시키면서 이 삶의 과정을 통해서 자체 인식과 통일성에로 이르는 과정이 바로 역사의 시간이다.[14]

"개념"이란 헤겔에게 있어서 절대정신 혹은 신(神)의 자아인식이며,

이 자아인식은 시간적인 세계 사물과 역사의 현실을 포괄하고 동시에 초월하는 영원한 이데아와 같은 것이다. 나는 헤겔의 이러한 관념론적 역사와 시간론을 곰곰이 생각하다 보니, 이것이 얼마나 "창조자 하나님의 영과 생명, 역사, 사회의 시간성"이라는 우리의 주제에 접근하는지를 새삼 발견했다. 헤겔의 시간, 역사 개념은 시간의 공간성을 함축하고 있으며, 하나님의 영이 시간의 근원이라는 것을 말해 준다. 그러나 헤겔에게 있어서 신학적인 근본문제는 그가 사변적인 논리와 개념으로써 우리의 유한한 정신이 시간적인 유한성과 소멸, 죄악과 사망의 운명을 초월할 수 있다고 생각했다는 사실이며, 그래서 절대 정신으로서의 신과 인간의 정신, 신과 관념을 동일화시켰다는 사실이다. 헤겔의 이러한 동일철학은 결국 인간의 영혼과 관념이 세계 사물의 시간성과 역사, 사회적인 시간성의 근원이라는 말이다. 이러한 문제는 고대로부터 내려온 서구 철학의 관념론 전통에 뿌리박고 있다. 성서적으로 말하자면 그러한 동일화는 차단되어야 한다. 관념론적 철학에서 생각되어온 것처럼, 인간의 유한성은 단순히 존재론적 유한성이나 자연적인 죽음을 의미하지 않으며, 관념론적으로 영원에로 초월하는 것을 의미하지 않는다. 역사, 사회에서의 죄악과 하나님의 심판과 영원한 죽음이라는 문제가 여기에 개재해 있으며, 하나님의 용서와 은혜 없이 혹은 예수 그리스도의 십자가와 부활 없이 역사, 사회에 있어서의 인간은 그의 영원한 삶에 참여하지 못한다. 어쨌든 헤겔은 신학적으로 비판되어야 함에도 불구하고, 우리가 시간과 역사를 생각할 때에 고려하지 않을 수 없는 것 같다.

실존주의 철학자 키에르케고르에게서 시간성 이해가 죄책 문제와 결

---

14) *RGG*, 3. Aufl., VI. Band, "Zeit" ; Hegel의 *Phenomenologie des Geistes* 참조.

부되어 있다. 실존한다는 것은 시간의 순간과 순간 사이의 존재를 의미하며, 시간적 존재란 죽음에 이르는, 죄책을 지니고 죽음에 이를 수밖에 없는 것이다. 하나님과의 관계에서의 신앙의 실존은 그의 영을 통해서 규정된 것이며, 순간순간 하나님 앞에서 인간 주체(Subjectivity)의 반복적인 신앙 결단에 의해서 존재하는 것이다. 이러한 신앙의 실존은 헤겔에 있어서처럼 객관적인 형이상학적 논리에 의해서 파악되는 것이 아니며, 오로지 영원한 하나님에 대한 시간적 인간 주체의 무한한 파토스와 신앙의 결단에 의해서만 파악되는 실존이다. 헤겔에서의 영원과 시간, 신과 인간의 사변적인 동일화에 반하여 키에르케고르는 신과 인간, 영원과 시간의 절대적인 구별을 역설했다. 하나님과 인간 사이에는 인간이 사변적으로 다리 놓을 수 없는 심연이 벌려 있다. 오로지 신앙의 무한한 결단만이 하나님 앞에서의, 그의 영에 의해서 이 심연을 넘어갈 수 있는 실존의 가능성이다.

그러한 단절은 인간의 죄악과 십자가의 죽음이라는 사건에 비추어 본 인간 실존의 문제를 심오하게 말해 주며 헤겔 철학에 대한 비판으로서 타당성을 가진다. 그럼에도 불구하고 그러한 단절은 역사에 주어지는 "순간"(der Augenblick)이라는 실존의 시간 개념을 설명할 수 없으며, 역사적 시간에서 일어난 예수 그리스도의 사건과 세계사와의 긍정적인 관계 혹은 역사의 구원사적인 의미를 설명할 수 없다. 영원과 시간의 연결 없이 우리는 창조자 하나님의 영을 피조물 일반의 시간성의 근원으로서 이해할 수 없게 된다.

하이데거는 그의 『존재와 시간』(*Sein und Zeit*)에서 고대 희랍 철학, 중세기 형이상학적 신학, 서구 근현대 철학에서의 무시간적인 이데아론 혹은 형이상학적 존재론에 반하여 시간성을 가지는 존재론을 해명하는 일에 많은 노력을 경주했다. 하이데거의 실존 개념은 키에르케고르를 연상시키기도 하고, 존재의 유한성 즉 "죽음에 이르는 존재"(Sein-zum-Tode)라는 그의 정식(定式)도 키에르케고르의 "죽음에 이르는 병"(Sickness unto Death)이라는 실존문제를 연상시키기도 한다. 그러나 하이덱거에 있어서는 죽음에 이르는 존재는 죄악의 문제와 상관없는 존재론적 성격을 가진다. 하이덱거에서의 실존 개념도 존재론적 성격을 가지며 키에르케고르의 실존 개념과 다르다.

하이덱거는 우선 세계 안에 던져져 있는 현존(Dasein)의 시간성에 관한 현상학적 해석으로서 존재 개념을 해명해 나간다. 근원적 시간(ursprüngliche Zeit)은 미래로부터 오는, 존재 자체의 시간화로서 현존의 유한성 혹은 부정성을 의미한다. 이 부정성은 존재 자체의 존재 양식의 부정적인 측면(das Nicht)을 규정하는, 즉 "죽음에로의 존재"의 측면이다. 그런데 여기서 존재 자체란 무엇인가 하는 문제가 신학자들에 의해서 제기된다. 존재 자체가 근원적 시간성을 가지고 모든 존재하는 것들(die Seiende)의 유한성을 규정하면서 이것들을 존재하게 하는 근원이라면, 그 존재 자체는 창조자 신이 아니겠는가 하는 문제가 제기되는데, 하이덱거는 그렇게 동일화시키지 않는다. 그러한 존재 개념이 세계 안에서의 존재하는 것들에서부터 도출될 수 없는, 이것들을 포괄하는 개념인 것같이 보이는데, 그 존재 개념의 연원이 내가 생각하는 한 불분명하다. 존재 자체의 개념이 불분명하며 그것의 "근원적 시간"이라는 개념도 불분명하다. 미래에서부터 오는 근원적 시간은 분명히 모든 시간의 근원을 담지하는 존재를 의미하는데, 이러한 시간 이해는 철학적 전통에서가 아니라 성서와 신학에서부터 이끌어낸 것같이 보인다. 순간순간의 시간 경과에 있어서 참된 실존함(ex-sistere)의 초월적 실존의 순간에 있어서 모든 시간의 통일성이 파악된다는 것이다. 이러한 실존 이해는 키에르케고르와 다르다. 문제는 무엇이 참된 실존인가? 죽음에 이르는 존재의 자기 부정의 실존인가? 그것이 자기 부정의 순간이라면, 이러한 부정적 순간에 시간의 통일성이 파악되는 것이 아니라, 시간의 박탈이 오히려 죽음에 이르는 존재의 실존에 합당하지 않겠는가? 이러한 문제 제기는 신학적으로 해답될 수밖에 없을 것이다. 창조자 하나님의 영으로부터 주어지는 시간성은 우선적으로 삶의 차원이며, 시간의 유한성은 존재론적 부정성보다는 죄악과 관련지어서 생각해야 한다. 불트만을 비롯하여 E. 훅스, H. 오트, E. 융엘 등이 하이덱거의 사상을 신학과 연관 지으려고 노력했고 나는 이들의 이러한 작업을 나의 신학 수업 시절에 상당히 추적하였으나, 아직도 풀리지 않는 문제점들이 연속 일어나며, 이들의 노력의 의의를 인정하기 어렵다. 어쨌든 하이덱거 철학의 해석 문제를 후배들에게 맡겨두기로 한다.

종합적으로 평하자면, 어거스틴, 헤겔, 키에르케고르의 시간성 이해는 역사적 주체성 혹은 정신에서부터 출발하여, 하나님과의 관계에서 시간성의 근원을 이해했다. 그런데 역사와 사회 혹은 시간과 공간의 관련성에 관해서는 저들은 모두 침묵했다. 시간성의 삼위일체론적 근거는 어거스틴에 암시되어 있기는 하나 명시적으로 논해져 있지 않다.

(4) 결론적으로 간략하게 고려해야 하는 것은 21세기 혹은 제3의 천년이라는 미래시간을 예상하고 역사 사회의 시간성에 함축되어 있는 변혁 혹은 혁명의 차원에 대한 고려이다. 미래시간이 주어진다는 것은 새로운 가능성이 주어진다는 것을 의미한다. 새로운 가능성은 역사 사회의 혁명의 가능성이 아닌가? 우주의 순환운동과 자연 생물의 진화운동은 역사 사회의 시간의 지속을 지탱해 주기는 하나, 이 지속은 미래시간이 주어진다는 전제 아래서만 가능하다. 미래시간은 역사 사회의 주체 인간에 의해

서 자동적으로 주어지는 것이 아니라 그리스도의 부활의 영, 영원한 하나님의 영으로부터 오는 시간이다. 미래의 새 시간이 주어진다는 것은 역사 사회로 하여금 변혁과 혁명에로 열어주는 기회가 허락된다는 것을 의미한다. 역사 사회의 시간성은 자유한 인간 주체에 의해서 임의적으로 왜곡되고 사용되기 때문에 범죄, 죄악 특히 사회 경제의 구조적 모순들을 지니고 있으며, 개혁, 변혁을 필요로 한다. 미래시간의 근본 의미는 변화와 변혁을 위한 기회이다. 자유하고 의로운 하나님의 영으로부터 주어지는 시간은 자유한 인간 주체로 하여금 역사와 사회를 개혁하고 변혁하면서 그의 자유와 정의와 사랑이 주재하는 종말적 나라의 도래에로 행진하도록 하는 동력을 제공해 준다.

제3의 천년이라는 주제는 예수 그리스도의 사건과 교회의 시간성에 결부시켜서 더 다루어져야 하며, 역사와 사회의 개혁과 변혁의 문제도 역사와 종말론이라는 주제 아래서 차후에 다루어질 기회를 예상한다. 사실 나는 역사와 사회의 변혁이라는 과제를 통일 신학의 여러 가지 주제들 아래서 취급해 왔다.

2

창조자·구원자 하나님의 영과 말씀, 시간 안에서의 창조

사제 P 문서 창세기 1:1~2:4a와 야위스트 J 문서 2:4b~3:24의 종합적 고찰

1) 하나님의 영과 말씀 안에서의, 태초의 시간 안에서의 창조

창조의 시간을 고찰함에 있어서 우리는 창세기 1, 2장의 창조 설화들을 기본 텍스트로 삼고 그 해석문제들을 고려해야 한다. 현대 종교사학파(Religionsgeschichtliche Schule)의 연구결과에 의하면 1장 설화는 B.C. 6세기경의 문서자료로서 제사문서(Priestly document)라고, 또 2장 설화는 B.C. 11~10/10~9세기경의 자료(Yahwist 혹은 Jehovist document 즉 J 문서)로 알려져 있는데, 이 두 설화들은 그 시대적인 배경에서 해석되어야 하지만 우리는 그러한 구애를 거의 받지 않고 종합적으로 고찰하고자 한다.

그런데 우선 '설화'(Sage 혹은 Sagen)라는 개념의 의미가 밝혀져야 한다. 종교사학파의 한 대표적인 구약학자 궁켈(H. Gunkel)은 그의 대대적인 창세기연구 *Genesis*에서 주장하기를 창세기 전체가 "설화들의 수집"이라고 하며, '설화'란 경험과 환상들의 "시적인 서술"(poetische Erzählung)을 의미하는데, 그는 설화를 원시 신화들과 동일시한다. 물론 창세기의 신화적 설화들 속에는 역사적인 사건들이 포함되어 있다고 하나, 창세기는 대체로 역사라기보다는 신화적 설화체로 쓰여 있다고 한다.[1] 성서에 대한 19세기 이래의 종교사적 혹은 역사과학적 연구학파에 입각한 해석은 궁켈의 그러한 견해를 대체로 공유한다. 바르트도 창조 설화들, 신약에서의 그리스도의 부활보도들을 비롯해서 성서의 많은 부분들이 설화적 성격을 가진다고 말한다. 그러나 바르트는 성서적 '설화'(Sage)와 '신화'(mythos)를 구별한다. 양자가 다 시적인 상상적인 서술양식이라는 점에서는 동일하나, 신화는 자연의 반복적인 순환현상들의 신적인 근원을 환상적으로 서술하는 무시간적인 성격을 가지는 데 반하여, 성서적 설화는 시간 안에서 일어난 사건들에 근거한 서술로서 시간성을 가진다는 것이다.[2] 우리는 좀 더 명확하게 성서적 설화와 신화를 구별해야 할 것 같다. 원시인들이 자연현상들의 신적인 근원을 환상적으로 서사시적으로 서술하는 신화들은 인간의 정신적인 직관력의 투사이며, 따라서 인간 자신의 정신을 신격화시키는 데 반하여, 성서적 설화들은 창조자·구원자 하나님을 피조물 우주 자연이나 인간과 엄격히 구별한다는 사실이며, 창조자·구원자 하나님과 피조물 세계와의 관계에서 일어나는 일들이 상상적인 언어로 서술됨에도 불구하고 하나님은 피조물 자연의 신격화가 아니다. 신화적 소재들과 설화체가 창조 설화들에 포함되어 있으나, 이 설화들은 창조의 시간을 제시해 주며 창조는 자연현상들의 투사가 아니라 이스라엘 역사에서 고백되는 구원자 하나님이 바로 태초의 창조자라는 것을 말해 준다. 만일 종교사학파 혹은 역사학파에서처럼 창조 설화들이 원시 근동의 신화들과 동일한 선상에서 해석되는 데에 우리가 머물러 있다면, 창조신앙은 물론이고 성서가 증언하는 구원 사건이나 계시사건이란 인간의 "자기 객관화", "자기 투사"(L. Feuerbach)로서 인간에게로 환원되어버릴 것이며, 창조의 시간의 실재성은 환상

1) Hermann Gunkel, *Genesis*, 제8판, 1969, Vandenhoeck & Ruprecht, Göttingen (차후로는 Gunkel의 *Genesis*로 표기됨), VII, VIII, XX 등 참조.

2) K. Barth, *K.D.* III/1에서의 창조 설화들의 해석, III/2 인간학에서의 그리스도의 부활 현현보도들에 대한 해석 참조.

물에 불과하게 될 것이다. 어떻게, 어떠한 근거에서 창조 설화들의 기자들은 태초의 창조를 엮을 수가 있었던가? B.C. 6세기경의 P 기자이든, B.C. 10세기경의 J 기자이든, 오늘의 우리와 마찬가지로 태초의 창조, 태초의 시간을 알 수 없다. 우리는 태초의 실시간(real time)을 과거에로 소급해 되돌아가서 확정할 수 없다. 창조의 시간은 피조물의 모든 시간을 상정하고서, 횡적으로 과거에로 소급해서 상정될 수 있는 시간이 아니다. 시간의 현재에서, 역사에서 우리가 창조자 하나님을 인식하지 못하면 영원히 그를 인식하지 못한다. 저 창조 설화자들은 이스라엘 역사 전체의 운명을 결정한 출애굽 사건과 그 역사의 구원자 하나님의 현재적 임재에 대한 신앙에 입각해서 태초의 창조의 시간을 상정할 수 있었고 창조 이야기들을 엮었던 것이다.

하나님이 그의 말씀과 영을 통해서 창조하신다는 명제는 이미 그 삼위일체론적인 성격을 암시한다. 우리는 신약에 근거해서 예수 그리스도의 시간을 고찰하기 이전에 시간의 삼위일체론적 근거를 명시할 수는 없으나, 창세기 1, 2장의 창조 설화들에서 하나님의 말씀에 의한 창조와 그의 영의 관여가 관찰되므로 그러한 명제를 이끌어낼 수 있다. 말씀에 의한 창조는 1장 설화의 전반적인 특징이며, 영은 1:2에서 피조물의 생명의 탄생에 관여하는 것처럼 보이니, 우주와 생물들의 창조에 관여한다고 해석될 수 있다. 2장 설화에서 묘사되는 인간 창조에서는 하나님의 숨결에 의해서 인간 생명이 탄생하는데, 하나님의 영은 숨결 혹은 바람을 의미한다. 숨결은 하나님의 생명력을, 바람은 그의 역동성을 암시하므로, 그의 영은 우주와 생명창조에 관여한다고 해석될 수 있다. 그의 말씀도 우주와 생명창조의 능력이지만 특히 1장 설화에 있어서 피조물세계의 사물들의 구별과 질서의 신적 권능으로 나타난다. 말씀과 영이 다 피조물의 운동력과 생명력의, 따라서 운동과 생명의 시간성의 근원으로서 해석될 수 있지만, 영은 하나님의 창조의 말씀을 인간 생명 내부에로 불어넣는 능력으로서 피조물 자체의 시간성의 근원으로서 이해될 수 있다.

하나님의 창조가 '태초에'(bereishith, 버레이쉬트) 일어났다는 창세기 1:1의 '태초에'라는 말은 창조가 시간 안에서(*in tempore*, in time) 일어났다는 것을 의미하며, 2:4의 '그날에'(bejom, 버욤) 천지창조가 이루어졌다는 '그날에'는 태초의 날을 의미함에 틀림없다.[3] 태초의 날은 하나님이 행위하는 시간이며 피조물의 시간을 앞서가는 또 열어주는 절대적인 시초, 원시간(Urzeit, primal time), 혹은 모든 피조물의 시간 이전의 전시간(Vorzeit, pretime)이라는 것을 의미한다. 2:4의 '그날'(욤)은 모든 날들의 근원으로서 모든 날들을 열어주는 날이며, 하나님의 날이다. 태초와 그날은 하나님의 시간으로서 우주의 발생과 운동과 더불어 시작하는 우주의 시간이나 생물들의 발생시간의 일부분이 아니라, 이러한 피조물의 시간들의 절대적인 전제로서 하나님의 창조의 말씀과 영의 시간이며 그의 영원성과 동일하다. 이러한 영원한 "시간 안에서", 태초의 날에 창조가 이루어진다.

태초의 날은 피조물의 모든 시간을 앞서가는 시간이며 동시에 역사와 사회에 임하는 하나님의 영원한 현재(*praesens*)이며 피조물의 모든 시간

3) Augustine은 그의 *Civitas Dei*, B.XI, Ch.VI에서 말하기를, 창조 이전에 어떤 시간이 있었다고, 하나님이 어떤 지나간 시간 이후에 세계를 창조했다고 생각될 수 없기 때문에, '태초에'라는 말은 "시간 안에서"(*in tempore*)가 아니라 "시간과 더불어"(*cum tempore*) 세계가 만들어졌다는 것이다. *Basic Writings of Saint Augustine,* Vol. II, Random House, New York, *The City of God* (이후 *The City of God* 으로), 148쪽. 창조 이전에 하나님은 무엇을 하고 있었는가 하고 묻는 사람들에게 Augustine이 하나님이 그렇게 묻는 사람들을 위해서 지옥을 만들고 계셨다고 대답했다는 사실은 한편 옳기는 하나, "시간과 더불어" 창조가 이루어졌다고 한다면, 창조의 시간 배후에는 공허만이 있는 것처럼 느껴진다. '태초에', 즉 "시간 안에서" 창조가 이루어졌다고 말한다면, 하나님의 시간 안에서라는 그의 시간성을 생각하게 된다. Augustine은 무시간적인 영원성을 전제하고 있었기 때문에 "시간 안에서"의 창조를 생각하지 않았다. 이에 반해서 Barth는 예수 그리스도의 "영원한 시간"을 고려해서 "시간 안에서"의 창조를 주장한다. *K.D.* III/1, § 41, 75ff.

의 종말을 결정하는 종말시(Endzeit, after the endtime 혹은 후시간 Nachzeit)를 지닌다. 구약에 있어서의 '올람'(עולם)이라는 말은 영원을 의미하기도 하고(시편 25:6; 90:2 등), 태초로부터의(잠언 8:23; 이사야 44:7) 창조자 하나님의 행위를 의미하기도 하고, 그 말은 오랜 역사를 가지는 이방 민족에게도 사용되고 있다(예레미아 5:15; 에제키엘 26:20).[4] '올람'의 이러한 시간성은 태초의 원시간이 피조물의 모든 시간을 측정하는, 모든 시간을 열어주는 근원적인 시간성이라는 것을 암시해 준다. 우리가 그 창조의 원시간을 오늘 우리에게 주어지는 시간에서 또 내일 주어지리라고 예상되는 시간에서 인지한다면, 창조의 원시간이 모든 시간의 근원이며, 모든 시간의 종말을 결정하는 종말시를 함축하고 있다는 것을 이해할 수 있을 것이다. 따라서 우주 발생과 생명체들에 관한 무시간적인 원시 신화들과는 달리, 창조의 원시간은 우주와 생물들, 역사와 사회의 운동존속 관계의 근본적인 차원인 시간의 근원이다.

2) 무로부터의 창조, 혼돈 공허 암흑의 부정

전통적으로 신학은 2 마카비 7:28에 근거해서 '無로부터의 창조'(*creatio ex nihilo*)를 주장해 왔는데, 창세기 1:2에서 '혼돈과 공허'(tohu와 bohu) 또 '암흑'(tehom)이라는 원시상태가 묘사되어 있으며, '無로부터의 창조'는 무엇을 의미하는지 또 이러한 원시상태와 어떻게 관계되어 있는지에 관한 해석문제들이 우리 앞에 놓여 있다. 옛 신학은 '無로부터의 창

4) Jenni-Westermann, *Theologisches Handwörterbuch zum Alten Testment,* zwei Bände, Chr. Kaiser Verlag München, 1971, 제2권, 230~231.

조'를 견지하기 위해서 저 원시상태를 혼돈스러운, 형태 없는 물질(*materia informis*), 말하자면 최초의 피조물이라고, 이것에서부터 질서 있는, 형태 있는 피조물들이 창조되었다고 해석하기도 했다. '無로부터의 창조'는 창조 이전에 그러한 원시상태가 있었다고 해석될 수 없기 때문에 그러한 *materia informis*가 상정되었던 것이다. 그런데 종교사학파의 궁켈은 그의 책 *Schöpfung und Chaos* (『창조와 혼돈』)에서 처음으로 히브리 성서에 바빌론 창조신화의 요소들이 반영되어 있다는 것을 주목했다는 것이다.[5] 창세기 1장 설화가 이스라엘이 바빌론 포로기의 문서자료라는 종교사적인 연구의 전제 아래서 '혼돈과 공허', 원시의 범람하는 물과 '암흑'과 같은 원시상태(Urstand)가 바빌론의 신화적 표상의 영향을 반영한다는 것이 대체로 현대의 해석자들의 입장이다. 문제는 이러한 해석이 우주 탄생에 관한 원시신화들과 창세기의 창조 설화들을 동일한 선상에서 신화적으로 해석한다는 데에 있다.[6] 창세기 1:2의 그러한 원시상태는 실제로 바빌론 신화

---

5) John Skinner, *The International Critical Commentary on Genesis,* 제2판 Edinbourgh, 48. (이하 *I.C.C., Gensis*로 표기함.)

6) 약 B.C. 2천년 전의 바빌론의 서사시 Enuma elis에 의하면 혼돈의 여신 티아맛(Tiamat)이 남신 마르둑(Marduk)과의 싸움에서 패배했고, 마르둑은 티아맛의 몸을 분산시켜서 우주를 만들어 냈다는 것이다(*I.C.C. Genesis*, 45쪽). Gunkel은 '암흑' 즉 '터홈'(tehom)이 어원적으로 그 혼돈의 여신 Tiamat과 같다고 보며, 그 암흑은 원시바다(Urmeer)를 의미한다고, '터홈'은 바빌론, 애굽, 인도, 페니키아, 희랍, 중국 등의 신화들에서도 발견된다고 한다. Gunkel의 *Genesis*, 203쪽 창세기 1:2에서 하나님의 영이 암흑의 원시바다의 수면 위에서 움직인다는 혹은 부하하고 있다는 묘사가 있는데, 이러한 묘사도 세계의 생명을 품고 있는 '세계 알'(Weldei, world egg)에 대한 원시 신화들의 표상이라고 해석된다. Gunkel의 *Genesis*, 104쪽, *I.C.C. Genesis*, 18 등. Jean-Claude Carrierre에 의하면 힌두교의 순환론에서도 우주의 시작이 있는데, 가장 전통적인 신화에 의하면, 최초에 음악이 있었고, 그 일련의 진동들이 소리를 형성하기 시작했고, 그 기본적인 '옴'(Aum)이라는 소리가 생겨났고, 그 변조를 통해서 힌두교의 경전 '베다'(Vedas)가 나타났다고, 그런데 그 이전에 '브라마의 달걀'이 우주에 나타나 폭발하면서 창조의 주체인 '프라자파티'(Prajapati)라는 존재가 솟아났는데, 그가 분해되어 그 사지들이 우주의 부분들을 형성했고, 이러한 사지들의 결합하려는 힘이 사랑이라는 것이다 (*Entretiens sur la Fin des Temps*, 1998, 문지영, 박재환 역, 『시간의 종말』, 끌리오, 175, 이하 『시간의 종말』로 표기함). 태초에 있었다는 그 음악은 창조자 하나님의 말씀을 연상시키는 것 같으나, 그 원초음은 피조물 우주의 소리 그대로이며, 피

의 영향을 반영한다고 생각될 수도 있다. 그러한 원시상태는 바빌론 신화에서나 1장의 창조 설화에서 우주 탄생의 부정적인 상태를 의미한다. 그러나 거기서는 그러한 원시상태가 우주 탄생의 소재이며 자연현상의 일부분인 데 반하여, 창세기 1:2에서는 전혀 창조의 소재로서 쓰여지지 않을 뿐만 아니라 창조에 대립되는 원시상태가 암시되어 있다. 그렇다면 그러한 원시상태가 창조 이전에 이미 있었다는 말인가? 또한 그렇다면 '無로부터의 창조'라는 말이 성립될 수 없을 뿐만 아니라 창조자 하나님을 한정하는 어떤 이원론적 상황을 전혀 암시하지 않는다. 우리는 그러한 부정적인 원시상태가 실제로 이스라엘의 역사에서 어떻게 해석되었는가를 고려해야 한다. 바빌론 포로기를 경험한 예언자인 제2 이사야는 하나님이 '혼돈'을 창조하지 않았다고 역설하며(이사야 45:18), 이사야 34:11에 의하면 땅의 '혼란'과 '혼돈'이 하나님의 심판 아래 놓인 상태로서 묘사되어 있으며, 바빌론 포로기 직전의 남유다 왕국이 직면한 땅의 '황폐화'와 '공허', 빛을 잃은 하늘의 암흑이 하나님의 심판 아래 있는 상태로서 묘사되어 있다(예레미아 4:23). 궁켈은 창세기 1:2의 원시상태가 이러한 예언서들에서 미래 혹은 종말시에로 옮겨졌다고 해석하는데,[7] 우리는 반대로 이러한 실제적인 역사의 상황이 태초에로 투사되었다고 해석해야 한다. 그렇다면 '혼돈과 공허', '암흑'과 같은 원시상내는 태초의 창조시부터 부정된 것으로 해석하는 것이 창세기 1장 설화에 더 접근하는 것이라고 생각된다. 창조의 원시간이 열어주는 피조물의 시간이 '혼돈과 공허', 혼돈의 심연을 암시하는

조물과 구별되는 자유한 창조자의 말씀이 아니며, 프라자파티도 역시 피조물 자연의 소재이며 범신론적 우주관의 표상이며 '無로부터의 창조'에 반대되는 것이다. 원시 달걀로부터 태어나는 건국 시조들은 우리 민족의 신화들에서도 발견된다 (장주근, 『한국신화의 민속학적 연구』, 집문당, 113쪽).

7) Gunkel, *Schöpfung und Chaos,* 138f.; *Genesis,* 203.

공허와 '암흑'에서부터 시작되었다고 생각될 수는 없다. 창세기 1:3에서 말해지는 첫 번째의 피조물 '빛'이 '날'이라고 일컬어지며, 이 빛의 날이 우주의 빛과 시간의 원형이라고 해석되어야 할 것이다. 그렇다면 태초의 시간에로 투사된 혼돈, 공허, 암흑은 창조에 의해서 부정된 어떤 것, '無로부터의 창조'에 있어서 그 '無'(*nihil*)에로 부정된 것과 결부된 어떤 것을 암시한다.

우리는 여기서 침멀리(W. Zimmerli)와 바르트의 해석을 주목한다. 침멀리에 의하면 1:2에 묘사되어 있는 혼돈과 암흑의 상태는 하나님의 창조를 통해서 부정된 "아무 것도 아닌 것"(das Nichts, nothing)이라고 규정했는데, 바르트는, 차후에 논하겠지만, 침멀리의 그러한 해석과 '無'(das Nichts) 개념을 대대적으로 전개했다.[8] 2 마카비 7:28에서 발단한 '無로부터의 창조'(*creatio ex nihilo*)라는 개념은 창세기 1장 설화의 시기보다 훨씬 후기, 북이스라엘 왕국과 남유다 왕국의 멸망을 경험한 시기에 속하는 개념이다. 그렇다면 역사의 죄악과 하나님의 종말적 심판 아래 놓여 있는 세계 상황의 부정성이 태초에로 투사된 그 부정적인 원시상태의 無라는 상태, *nihil*에 포함되어 있는 상태에 틀림없다. 그렇다면 우리는 '無로부터의 창조'에 있어서의 그 無를 이중적인 의미를 가지는 것으로 해석할 수 있다. 즉 '無로부터의 창조'는 우선 피조물의 존재 운동 생명의 절대적인 시초를, 따라서 피조물을 한정하는 즉 피조물의 유한성을 의미하는 부정성을 내포하고 있다. 이것은 피조물의 존재 운동 생명의 시간의 유한성을 의미한다. 둘째로 피조물의 이러한 유한성이 인간의 역사 사회의 범죄들에 의해서 '사망의 권세'로서, 피조물 세계의 파괴력의 기회로서 둔갑할 수 있고 또 그렇

---

8) *K.D.* III/1 §41, 119~121 참조. *K.D.* III/3, §50에서 다루어지는 '無'(das Nichtige, Nothingness)의 개념은 바로 창세기 1:2의 혼돈, 공허, 암흑의 세력을 가리키는 것이다. 327~342.

게 둔갑해 왔다는 세계상황과 이에 대한 하나님의 종말적 심판에 의해서 떠오르는 '無', 혼돈과 암흑의 심연과 공허가 태초의 창조시에로 투사되어 있다고 생각된다. 이러한 '無'는 피조물의 존재 운동 생명의 시간과 공간의 차원들의 긍정적인 차원들이 아니며 부정적인 그늘로서 피조물세계의 등뒤에 또 미래에 드리워지고 위협한다. 오늘날 피조물의 유한성을 기화로 해서 작용하는 사망의 권세와 파괴세력이 지구촌에 퍼지고 있으며 우주의 공간을 침투해 들어갈지도 모른다. 이스라엘 역사와 사회의 구원의 하나님이 태초의 창조자라는 창조신앙은 그가 피조물 세계를 '無'의 그러한 파괴세력에로 떨어지지 않도록 보존하고 지탱하는 근원이라고 고백하며, 이것이 창조 설화들에 담겨 있는 의미가 아니겠는가? 창세기 1:2은 그렇게 해석되어야 할 것이다.

3) 빛의 창조, 태초의 날

창세기 1:3에서부터 개체들로서의 피조물들의 탄생의 이야기가 전개된다. "하나님이 말씀하기를 빛이 있으라 하시니 빛이 있었다"(1:3). 이 빛이 첫 번째 피조물인데, 빛들을 발하는 하늘궁창(1:15)이 만들어지기 이전에 그 빛이 만들어졌으며, 그 빛은 '날'이라고 일컬어진다. '날'(יום, 욤)은 바로 시간의 한 단위를 의미하며, 그 빛의 날은 태초의 날과 같은 창조자의 시간이라고 생각된다. 그런데 그 빛은 밤이라고 규정되는 어둠으로부터 분리되는 날, 낮의 날(1:4) 즉 빛의 날이며, 피조물들의 하루는 밤과 낮이 교체하는, 밤과 낮을 합해서 정해지는 시간의 단위이다(1:5).[9] 그 '빛'은 순전히 빛으로서의 날이며, 피조물의 하루는 밤이라는 그늘을 포함한다. 이 그늘은 빛에 의해서 규정되지만 그 순전한 빛과는 구별되는, 말하자면 피조물의 시간의 유한성 혹은 '無' 의 그림자를 암시하는 것 같다.

잠언 8장에 의하면 '지혜'가 첫 번째의 피조물로서 땅의 창조 이전에 있었다고(22절), 하늘의 창조 때에 이미 그보다 앞서 있었다고(27절), 자기를 미워하는 자는 죽음을 사랑하는 자라고(36절) 말한다. 그 첫 번째의 피조물 '빛' 은 그렇다면 '지혜' 를 의미하며, 창조자 하나님의 말씀의 빛, 그 말씀의 지혜를 가리키는 형상이며, 피조물 천체들의 운동과 생물들의 시간 질서의 원리가 아니겠는가? 그 빛의 날은 태초의 날과 같이 피조물의 모든 시간의 신적인 척도임에 틀림없다.

4) 창조의 6일과 제7일

창세기 2:4 하반절에서 시작되는 2장 설화는 1장 설화와는 달리 창조의 시간질서를 명시해 준다. 1장 설화의 6일 창조는 피조물의 시간의 유한한 지속성을 말해 준다. 6일 동안의 창조역사(Schöpfungsgeschichte, creation history)가 어떻게 해석되어야 하는가? 창조역사의 시간성에 대한 해석들이

9) "저녁이 되고 아침이 되니 하루니라"는 날의 규정은 주석자들에 의하면 근동의 월력에 의한 시간 규정을 반영한다고 한다. 어쨌든 첫 번째의 피조물 '빛' 에 대한 신학적인 의미는 그러한 시대사적인 배경에서 밝혀지지 않는다. Augustine은 그 '빛' 을 천사들의 창조의 날로서 해석하는데, 그 빛은 천사들의 차원으로서, 하나님의 영원성과 동등하지는 않으나 그의 영원성에 참여하는 차원으로서 해석하며, 또 그 빛은 신적인 영원한 지혜에 관여하는 차원이라는 것이다(*The City of God*, B. XI, ch.IX, 151). 고대의 신학자들은 하늘의 빛들을 천사들의 차원이라고 상상했으며, 고대의 철학자들도 천체를 영원의 형상이라고 상상했다. 오늘의 우리는 그 '빛' 을 천사들의 빛이라고 생각하기 어렵다. Barth는 그 '빛' 을 "날의 원리"라고 해석한다(*K.D.* III/1, §41, 133). *I.C.C., Genesis*에 의하면 천체들의 창조 이전에 낮과 밤을 구별한다는 것은 현대과학에 배치된다는 것이다. 25쪽. 그러나 성서본문의 의미는 피조물의 시간인 낮과 밤의 하루가 천체들의 운동에 달려 있지만 그러한 시간 규정의 신적 근원이 그 '빛' 의 차원임을 말해 주는 것이다.

여기에서 우선 고려되어야 한다. 세계가 한순간에 만들어졌다고 주장한 사람들이 있었던 것 같은데, 칼뱅은 이러한 해석을 거부하고 6일 창조의 역사성을 주장한다.[10] 한순간의 창조라는 해석은 피조물의 시간의 지속성을 열어주는 창조역사를 이해할 수 없게 한다. 또 엄청난 창조역사가 한정된 시간 내에 이루어졌다고 볼 수 없다고 해서 '계속적인 창조'(*creatio continua*, continuing creation)가 주장되기도 했는데, 이러한 해석은 제7일의 하나님의 휴식에 의한 피조물의 시간의 한정성을 도외시할 뿐만 아니라, 하나님을 피조물 세계의 지속성의 틀 안에 얽매이게 하는 위험을 내포하고 있으며 또 창조역사와 구원사의 구별을 불가능하게 만든다. 다시 말하자면, 인간의 타락과 범죄가 여기서는 설명될 수 없으며, 구원의 시간이 피조물 자연의 차원에로 환원되어 버린다. 그렇다면 6일 창조의 시간이 어떻게 해석되어야 하는가?

그 엄청난 세계창조가 어떻게 6일 동안에 정초되고 완료되었다는 말인가? 베드로후서 3:8(시 90:4)에서 하나님에게는 "하루가 천 년과 같고 천 년이 하루와 같다"고 말해지는데, 이에 근거해서 어거스틴은 6일 창조를 6천 년이라고, 피조물 세계의 전 시간이 6천 년이라고 해석했다.[11] 궁켈은, 하루를 천 년이라고 간주하는 것은 창세기 1장 설화에의 "자의적인 주입"이라고, 하루는 문자 그대로 하루를 의미한다고 해석한다.[12] 그런데 6일 창조이든 6천 년 창조이든 우리에게는 불가사의하다. 어거스틴의 6천 년이라는 해석은 창조역사가 피조물의 모든 시간을 정초한다고 생각했

---

10) *Calvin's Old Testament Commentaries, Genesis,* Vol. I, Eerdmans Publishing Co., Michigan, 78 (이후 *Calvin's Genesis*로).

11) *The City of God,* B.XX, ch.VII, 518.

12) Gungkel의 *Genesis*, 106쪽; *I.C.C., Genesis,* 21. K. Barth도 6일은 문자 그대로 6일이라고 해석한다. *K.D.* III/1, §41, 139~149 참조.

기 때문이다. 하나님에게는 "천 년이 하루와 같다"는 말은 우주의 나이가 100~200억 년이라고 추정되든, 태양계의 나이가 50~60억 년이라고 추정되든 피조물의 모든 시간이 그의 창조의 6일에서 정초되었다는 말로 해석되어야 하지 않겠는가? 그러나 우리는 그렇게 상상적인 시간에로 빠져 들어가 헤맬 것이 아니라 창조의 6일을 문자 그대로 생각하면서 그 시간성의 의미를 해석해내야 한다.

6일은 제7일 안식일에서 시작하고 이날을 목표로 하는 피조물의 날들 혹은 시간 지속의 전형적인 단위이며 공간이다. 천체들이 순환하면서 생물들의 시간을 연장해 주듯이 6일은 순환하고 반복하면서 인간의 생명 역사 사회의 시간을 연장해 주는 공간의 시간이다. 6일 창조는 창조역사의 완료와 한정을, 따라서 피조물의 시간의 한정성 혹은 유한성을 정초하는 표식이다. 피조물의 6일의 시간은 제7일에 의해서 한정되듯이 태초의 원시간과 종말시, 알파와 오메가를 결정하는 하나님으로부터 주어지는 시간이다. 옛 이스라엘의 안식일은 토요일이었다고 하는데, 6일과 제7일의 제도적 결정이 문화사의 과정에서 언제 어떻게 이루어졌든, 그날들은 오늘의 일주일의 원형이다. 그렇게 6일과 제7일이라는 단위를 천체들의 순환운동이 물리적으로 밑받침해 주기 때문에 우리는 새 천년을 기대할 수 있다. 그러나 유한한 천체들이 우리의 시간의 근원이 아니다. 그것들은 창조자 하나님의 말씀의 형상인 그 '빛', '날', 인간의 삶과 노동시간을 인간 지성에게 전달해 주는 물질적 매체들이다. 시간을 누가 측정하는가? 천체들의 운동에 의거해서 인간의 지성이 측정해 왔다. 이러한 '지혜'가 어디로부터 오는가? 그 '빛'을 받는 천체의 빛들로부터 오지 않겠는가? 6일을 한정하는 제7일은 그 빛의 날, 태초의 날, 마지막 구원의 날과 같이 하나님의 날이다.

6일 창조를 끝내고 하나님이 제7일에 쉬시고 그날을 축복하고 거룩하게 만들었다는, 즉 6일과 구별했다고 창세기 2:2f.에서 말해지고 있다. 궁켈에 의하면 하나님의 휴식이란 피곤한 인간의 휴식처럼 너무도 의인론적인 표현(Anthropomorphismus, 擬人論)이라고, 안식일 제정은 유다 왕국의 붕괴와 바빌론 포로기에 있어서 유대인들의 정체성을 표식하기 위한 제정이라고, 여러 날들 중에서 한 날이 거룩한 날이라는 생각은 현대 그리스도인들에게는 더 이상 이해될 수 없다고 한다.[13] 여기서는 제7일이 가지는 특수한 시간의 의미가 간과되어 있다. 어거스틴은 제7일을 "완전한 날"이라고, "한 피조물이 아니라"고 말한다.[14] 그는 왜 이러한 날의 시간성을 그의 시간 개념에 포함시키지 않았는가? 포함시켰더라면 그는 그의 무시간적인 영원성 개념을 수정했었을 것이다. 제7일이 거룩하다는 것은 그날이 하나님의 날이라는 것을 의미하며, 피조물의 6일을 한정할 뿐만 아니라 이 6일이 그로부터 주어진다는 것을 의미한다. 그가 그날에 휴식했다는 것은, 바르트에 의하면, 그가 피조물 자연에 매어 있는 원리가 아니라 피조물 자연과 구별되는 하나님의 자유를 의미한다. 출애굽기 31:17에 하나님이 6일 창조 후 쉬시고 원기를 되찾았다는 묘사가 있는데, 바르트는 제7일을 하나님이 자신에게로 회기하여 새롭게 숨쉬는("Aufatmen" 하는) 날이라고, 그가 피조물과 자신을 표식하는 날이라고 해석한다. 또한 그 휴식의 날이 인간에게 주어진다는 것은 하나님의 사랑이라는 것이다.[15]

---

13) Gungkel의 *Genesis,* 115, 116. *I.C.C., Genesis*에 의하면 초기 이스라엘에 있어서는 바빌론에서처럼 안식일은 만월 축제였다는 것이다. 안식일 제정은 모든 피조물이 인간에게 유익하듯이 인간에게 유익하며, "하나님과의 특별한 관계"를 의미한다는 것이다. 35, 38, 39 참조. 제7일이 가지는 시간의 의미가 여기서도 간과되어 있다.

14) *The City of God,* B. XI, ch. XXXI, 173.

15) *K.D.* III/1, § 41, 250~258 참조.

하나님과 이스라엘의 계약관계의 표식인 안식일 계명에 의하면, 그날에는 식솔들, 남종과 여종, 가축들, 나그네 된 식객들도 휴식하라는 것이다(출애굽기 20:8~11). 여기서 안식일 휴식은 해방의 의미를 함축하고 있다. 제7일 안식일은 안식년의 원형이며, 안식년은 '희년'(Jubilee, 레위기 25장)의 원형이다. 레위기 25장 희년법에 의하면 빚의 탕감, 노예 해방, 이스라엘의 초기 계약사회 형성에서 분깃으로 받은 본래의 땅의 소유권 회복, 땅의 휴식과 해방을 포함하는 사회변혁의 해가 바로 '희년'이다. 이러한 연관에서 보자면 제7일은 구원의 날, 해방의 날이다. 그날은 6일이라는 피조물의 시간과 역사의 목표이다.

5) 우주창조와 시간성

오늘의 천체물리학적인 연구결과들에 관련해서 우주창조와 그 시간성이 고려되어야 한다는 사실이 내게 커다란 부담감을 주었기 때문에, 나는 신학적인 시간성 개념에 대한 집필을 미루어왔던 것이다. 여기서 나는 극히 제한된 지식의 한계 내에서 오늘의 천체물리학이 말하는 우주 발생론과 시간론을 고려하면서 우주창조의 시간성을 생각해 보고자 한다. 태초의 시간과 이 절대적 시간 안에서(*in tempore,* in time)의 우주창조, 즉 우주발생의 절대적 시초는 천체물리학에 의해서 입증될 수도, 부정될 수도 없을 것이다. 뉴턴이나 라이프니치가 우주와 사물들의 절대적인 시간의 시작점을 가정한 것은 그들이 어거스틴처럼 창조자 하나님을 전제하고 생각했다는 사실에서 비롯된 것이다. 우주의 또 생물들의 절대적인 발생시간의 시초를 우리가 모르기 때문에 예로부터 '무한한 시간'(infinite, endless time)이 상정되어 오기도 했는데, '무한한 시간'이란 시간 개념 자체에 모순된다. 우리의 시간은 시작과 끝이 있다는 것을 의미함에도 불구하고 그 절대적인 시작과 끝이 사변철학에 의해서나 자연과학에 의해서 입증될 수 없지만, 규칙적으로 움직이는 천체들의 순환운동과 사물들의 반복되는 소멸과 탄생에 비추어서 무한한 시간이 상정되기도 하고, 또 자연세계의 영원한 순환(eternal cycle), 따라서 영원한 자연이 스피노자(Spinoza)와 같은 철학자들과 힌두교에 의해서 상정되기도 한다. 우주와 자연세계의 영원한 순환운동은 물론 시간성을 내포하지만, 여기서 시간이란 영원한 자연의 운동양식 혹은 현상으로서 자연세계의 영원성에로 환원되어 버리는 그림자 혹은 가상(maya, schein)과 같은 것이다. 무한한 시간, 영원한 자연이란 '신 즉 자연'(*Deus sive natura*) 혹은 '생산하는 자연'(*natura naturans*)이라는 스피노자의 범신론은 힌두교의 일원론(一元論)적 우주관에도 깊이 내재해 있다. 이에 반하여 태초의 창조, 종말시를 함축하는 태초의 원시간은 우주와 자연사물의 유한성을 규정하는 것이며, 따라서 그러한 일원론적 범신론을 거부할 수밖에 없다.[16] 그런데 오늘의 천체물리학이 우주 발생의 시초를 입증할 수 있는 가능성을 제시한다. 물론 이러한 과학적 우주 발생론이 창

---

16) 한국의 일부 신학자들과 사상가들이 서양신학 혹은 서양사상이 이원론적이라고 단정해 버리고, 한국신학이나 사상은 그러한 이원론이 우리 동양에는 맞지 않으므로 극복되어야 한다고 막연하게 주장하곤 했는데, 그러한 단정이 부정확하다. 서양신학은 전통적으로 일원론이나 이원론을 주장하지 않으며, 또 서양사상이 총괄적으로 어느 하나에서 파악되는 것도 아니다. 태초의 창조를 말하는 신학전통은 이원론도 아니다. 모든 것이 유일자로부터 흘러나왔다는 고대의 Plotinus의 일원론적 유출설(Emanation theory)도 창조자와 피조물을 구별하는 신학에 합당하지 않으며, 스피노자의 일원론도 유대교와 그리스도교에서 거부되었다. 그렇다고 신학이 이원론을 용인하는 것은 아니다. 창조신앙은 어떤 근원적인 선악의 혹은 대등한 신-악의 세력들의 이원성을 인정하지 않으며, 정신과 물질의 혹은 창조자와 물질세계의 이원성과 정신의 우월성을 전제하는 서양의 관념론 전통이 신학 전통에서 상당히 작용해 왔으나, 신학은 이러한 관념론이 아니며, 하나님과 피조물의 구별은 이러한 관념론적 이원론이 아니다. 그러나 구별 없이는 우리는 범신론적 일원론에로 귀착해 버릴 것이며 창조신앙을 거부해 버릴 수밖에 없을 것이다.

조의 시간을 입증하는 것은 아니지만 우주의 유한성을 암시해 준다는 점에서, 우주의 시간과 공간의 본래적인 동일성 혹은 상호관련성을 말해 준다는 점에서 주목되어야 할 필요가 있다. 신학이 우주창조의 시간을 말하면서 물리학이 말하는 우주론을 도외시할 수는 없다. 이 두 학문들이 서로 일치할 수 있는가 하는 문제를 우리는 열어두고 그 가능성을 생각해 보고자 한다.

나는 여기서 오늘의 물리학자 스티븐 호킹(Stephan Hawking)의 『그림으로 보는 시간의 역사』(*The Illustrated, A Brief History of Time,* 김동광 역, 까치)가 말하는 우주의 '빅뱅'(big bang) 폭발 → 팽창설과 4차원 공간 즉 시간성을 가지는 공간 혹은 공간성을 가지는 시간 개념을 살펴보면서, 그러한 물리학적 개념이 내가 삼위일체론적으로 생각해 온 역사와 사회의 시간 개념, 공간성을 내포하는 시간 개념과 유사하다는 것을 다시금 확인하게 되었다. 저 창조 설화들은 물리학적으로 우주창조를 말하는 것이 아니므로, 전혀 물리학적 우주론과 비교될 수는 없으나 두 차원들의 상호접근의 가능성이 간취된다. 이러한 가능성은 현재로서는 가능성으로 머물러 있을 수밖에 없으나, 저 창조 설화들에서 우주창조의 의미는 실제적인 우주와의 관계에서 새롭게 해석될 수 있어야 할 것이며, 이러한 의미에서 호킹의 물리학이 단편적으로나마 여기서 고려된다. 물리학 자체의 폭넓은 고려가 내게는 가능하지 않기 때문에 나는 극히 제한적으로 그의 책에 의거한다.

미국의 천체물리학자 허블(Edwin Hubble, 1889~1953)의 관측에 의한 우주팽창설이 오늘의 천체물리학의 한 획기적인 계기를 만들었다고 하며, 우주의 시간 측정의 거점을 제공하게 된 것 같다. 허블망원경을 통한 관측에 의하면 우주가 팽창한다는 사실이 밝혀졌으며, 팽창하는 우주는 우주의 '빅뱅'에 의한 폭발과 팽창의 출발점의 시점과 시간을 추정할 수 있는 물리적 근거들을 제공한다는 것이다. 약 100억 년에서 200억 년 전에 중력에 의한 무한대의 밀도의, 무한대의 열기를 가진 우주의 빅뱅 폭발에 의해서 엄청난 공간에 펼쳐지게 된 수천억 개의 은하들이, 또 각각의 은하들이 수천억 개의 은하군을 거느리는 은하계가 생겨났다는 것이다. 태양계는 약 50억 년 전에 생겨났다고 한다. 물리학자들은 하늘의 어떤 별들의 빛은 태초를 암시하는 시간을 지니고 있다고도 말하는데, 그러한 별들이 실제로 관측된다고 해도 그 별들의 태초의 시간이 하나님의 창조의 태초를 말해주는 것은 아니다. 왜냐하면 추정된 태초의 별들이 창조의 원시간 안에서(*in tempore*)의 창조역사를 입증해줄 수 없으니, 태초의 원시간이 태초의 별들의 발생시간을 앞서 있기 때문이다. 어쨌든 발생 시초와 시간 혹은 시간성을 말할 수 있는 물리학적 관측이 주목되어야 한다.

1915년 아인슈타인이 일반 상대성이론(general theory of relativity)을 수립했는데, 호킹에 의하면 그 일반 상대성이론과 양자역학(quantum mechanics)을 통합해서 오늘의 물리학이 우주와 사물들, 시간과 공간을 설명한다는 것이다. 호킹은 갈릴레오와 뉴턴에게로 소급되는 중력이론을 기반으로 하고 일반 상대성이론과 양자역학을 통합해서 "양자 중력학"의 방법으로 우주와 사물들, 시간과 공간을 혹은 4차원 공간을 설명한다.[17] 1915년까지도 물리학이 우주는 정지된 '우주 상수'(cosmological constant)라는 정지점을 전제하고 이에 우주론을 맞추어 생각했다고 하는데, 이제 우주의 그러한 정지점은 추정될 수 없으며, 따라서 이전에 상정되었던 정지된 공간이나 이 공간과는 다른 것으로 생각되었던 시간이 아니라, 시간과 공간이 상호 관련적으로 물체들 혹은 입자들의 운동과 파장의 관계에서, 이것들과 관측

17) 일반 상대성이론과 양자역학의 완전한 통합이론은 아직 이루어지지 않았다고 한다. 호킹의 상게서, 18, 28, 32, 34, 67, 171f. 등 참조.

자들의 시공의 관계에서 측정되는 역동적인 차원들로서 즉 4차원으로서 파악되기에 이르렀다는 것이다. 시간과 공간은 우주의 시발점에서 동일한 것으로 파악된다. 물리적 운동에 있어서 시간이 공간에, 공간이 시간에 상호적으로 영향을 끼치고 영향을 받는다. 그래서 "오늘 시간과 공간은 동역학적인 양으로 간주된다. 각각의 개별 입자나 행성들은 그것들이 움직이는 위치나 방법에 따라서 각기 고유한 시간척도를 가지는 것이라고 한다."[18] 시간과 공간의 그러한 역동적인 상호관련성과 상대성은 물체들의 상호관련, 운동과 파장의 상호관계에서 시공이라는 차원들이 생겨나는데, 어떤 절대적인 시공에 의해서 물체들의 상호관계와 운동이 설명될 수 없지만, 과연 그것들의 시공이 근원적으로 그것들에 의해서 설명될 수 없다고 생각된다. 물체들과 그것들의 시공의 차원들의 근원적인 설명은 물리학의 한계를 넘어선다고 생각된다. 예컨대 우주의 빅뱅폭발에 의해서 엄청난 은하계가 펼쳐진 그 공간 자체, 무한대로 상상되는 광대무변의 공간 자체가 어디로부터 주어졌던가? 그러한 근원적인 공간이 주어졌기에, 우주의 팽창운동의 시간을 함축하고 있는 그 공간이 주어졌기에 시공의 근원적인 동일성이 추정될 수 있지 않은가? 이러한 물음에의 대답을 우리는 물리학에서부터 기대할 수 없는 것 같다. 그러한 시공은 창조자 하나님과 피조물과의 구별의 관계에서 생겨나지 않겠는가? 어쨌든 물리학이 말하는 역동적인 시공 개념이 창조자와 피조물의 관계성, 자유한 관계성을 암시해 주는 것처럼 생각된다.

우주의 빅뱅과 팽창에 대한 관측에 의해서 우주의 시간의 시작을 말

---

18) 호킹의 상게서, 45. Aristoteles는 우주의 정지점을 상정했는데, Newton은 정지점을 상정하기 어렵다는 것을 알았으나 이 전제를 버리지 않았으며 따라서 이들은 절대공간을 시간과 별도로 상정했던 것 같다.

할 수 있는 가능성이 상정된다면, 神의 개입(창조)을 인정할 수 있는 가능성이 암시된다고 해서, 그러한 빅뱅설에 반대하는 물리학자들은 물질의 '정상 상태 이론'(steady state theory)에 의해서 물질의 끊임없는 생성을 주장한다고 하는데, 호킹은 이러한 반론이 폐기될 수밖에 없다는 것이다.[19) 1969년 미국의 휠러(John Wheeler)의 관측에 의해서 말해지는 천체의 '검은 공동'(black hole) 이론에 관련해서 호킹과 그의 공역자 펜로즈(Roger Penrose)는 1965~70년 사이에 그 '검은 공동' 속에서 무한한 밀도와 무한 시공의 곡률을 가지는 '특이점'(singularity)을 입증했다는 것이며, 이 특이점은 시간이 시작된 때의 빅뱅과 유사한 것으로서 중력 붕괴에 의해서 생성되는 것이며, 우주의 빅뱅과 검은 공동의 그 특이점은 시간의 출발점, 흐름, 일련의 전개법칙들을 밝혀줄 수 있다는 것이다.[20) 그 특이점 이론은 "시간의 출발점의 밀도와 시공곡률이 모두 무한대인 하나의 점이었음을 보여준다. 그러한 하나의 점에서 지금까지 알려진 과학의 모든 법칙은 무너진다"는 것이며, 하나의 입자가 어느 특이점을 지나갈 때에 그 점을 지나가는 가능한 역사와 관련된 파동을 합하여 얻게 되므로, 그 파동의 크기와 위치가 법칙들에 의해서는 설명되지 않는다는 것이다. 실제로 측정될 수 있는 '실시간' 보다는 '허시간'(imaginary time)에 의해서 무한한 과거에로 돌아가 '허시간에서의 어느 특이점', 여기에서는 모든 과학법칙들이 해당되지 않는 특이점, 시간의 시초가 상정되는 혹은 시공이 하나로서 파악되는 특이점이 입증된다는 것이다.[21) 우주의 상정된 빅뱅과 '검은 공동'에서 관측되

19) 호킹의 상게서, 62f. 인도의 Narlicar라는 천체물리학자는 빅뱅이론에 반대하는데, 우주의 시간적 시작은 神의 존재를 암시하는 것 같다고 해서 반대하는 것 같다. 그는 인도의 우주순환론을 전제하고 있음에 틀림없다. 『시간의 종말』, 175f.

20) 호킹의 상게서, 114, 157.

21) *Ibid.*, 171f., 174.

는 특이점 혹은 특이점들에 근거해서, 이 특이점들을 부딪히고 지나가면서 그 특이점들을 앞서 부딪히고 지나간 모든 요인들을 흡수해 가지는 그 특이점들에 근거해서 우주 발생의 시간의 시작이 상상적인 과거시간에로 소급되어 상정되고 있다. 그렇다면 팽창하는 우주가 미래에 중력에 의하여 다시 무한대의 밀도에서 끝나는 특이점(big crunch)의 상태가 상정될 수 있다는 것이며, 우주의 시작과 끝은 동일하며 동일한 시공이 상정되고 있다. 그 끝의 특이점에서 우주가 다시 시작할 것인가? "신은 그 특이점에서 어떤 일이 일어나는지 그리고 우주가 어떻게 시작되는지에 대해서 여전히 완전한 선택의 자유를 가질 것"이라는 것이다.[22)]

우리는 여기서 호킹이 물리학적으로 창조자 하나님을 논증한다고 생각해서는 안 된다. 호킹이 그리스도교적 맥락에 호응해서 그렇게 창조자의 자유한 선택을 말하는 것뿐이다. 그는 현재적으로 또 물리적으로 관측되는 특이점들에 입각해서 우주의 빅뱅과 팽창의 까마득한 과거의 시초를 암시해 주는 특이점과 마찬가지로 까마득한 미래의 끝시간의 특이점, 시작과 끝의 동일한 특이점을 상정할 뿐이다. 지금까지의 과학법칙 이론들이 더 이상 설명할 수 없는, 그러나 관측되는 특이점들, 모든 시공의 차원들을 지니고 있다고 상정된 특이점들에 입각해서 시초와 끝의 특이점, 무한도의 밀도와 중력에 의해서 처음에 빅뱅과 팽창운동을 시작했던, 다시 끝시간의 특이점에서부터 우주가 어떻게 될 것인지를 과학적으로 설명할 수 없기 때문에, 호킹은 神의 선택의 행위를 상상적으로 말하는 것뿐이다. 저 창조 설화들도 형식적으로 보자면 물체들에 대한 이러한 물리적 설명

---

22) *Ibid.*, 232. 우리는 대체로 천체를 직접 관측할 수 없으나, 관측에 의해서 입증된 그 특이점 혹은 특이점들을 상상할 수는 있다. 모든 과학법칙 이론들이 해당되지 않는 그 특이점들이 보유하고 있는 시공의 차원들에서부터 우주의 시초와 그 연륜과 종말상태가 상정되고 있다.

과 상상이 그 설화들과 유사하다. 즉 이스라엘의 역사적 현재에서 미래의 구원을 성취시킬 구원자 하나님이 까마득한 과거시간의 시초에서의 창조자라고 고백하는 창조신앙이, 그의 창조역사와 날들을 신화적 역사적 소재들을 동원하여 엮는 창조 설화들이 그 종말시를 함축하고 있는 그 창조의 원시간을 입증하는 것이 아니라 상정하는 것이다. 호킹의 물리학이나 이 창조 설화들이 태초의 시간과 종말시에서의 하나님의 자유한 행위를 논증하는 것이 아니다. 피조물의 시간의 시초와 종말이 물리학에서나 또 창조 설화들에서 상상적으로 상정되고 있다는 사실에서 양자는 유사하다. 그런데 물체들의 시간의 시초가 물리학적으로 언젠가는 더 확실하게 입증될 수 있다고 해도, 이것이 창조자 하나님의 원시간, 하나님의 시간성과 공간성이 물리학적으로 입증될 수 있는 것은 아니다. 이것은 창조자·구원자 하나님과 인간의 만남에서, 현실적 관계의 현재에서 시인될 수 있는 것이며, 물리학자는 성서적 창조신앙에 비추어서 물리학적인 시간 혹은 시공의 신적인 근원을 시인할 수 있으며, 신학자는 물리학적인 연구결과들을 창조신앙에 비추어서 해석할 수 있으나, 이러한 해석의 시도는 시간의 과정에 있어서 잠정적인 성격을 가질 수밖에 없으며 미래의 새로운 관계와 해석에로 열려져 머물러 있을 수밖에 없다. 왜냐하면 물리학과 신학의 대화가 아직까지 거의 이루어지지 않고 있기 때문이며 또 물리학도 신학도 시간의 과정 중에 있기 때문이다.

마지막으로 호킹이 충분히 설명하지는 않으나 암시적으로 말하는 "무경계"(no boundary)의 시공이란 무엇을 의미하는지를 생각해 보아야 할 것 같다. 관측되는 천체의 '검은 공동' 안에서의 수많은 특이점들에 의하여 호킹은 "시간과 공간이 함께 특이점이나 경계 없는 유한한 4차원 …… 공간을 형성할지 모른다는 가능성"이 생겨난다고 말한다.[23] 언젠가 바티

칸의 가톨릭 회의에 참석한 호킹은 "어쩌면 시간과 공간이……, 크기에서는 유한하지만 아무런 경계나 가장자리도 가지지 않은 곡면(4차원)을 형성하고 있을지 모른다는 주장"을 했다고, "경계를 가지지 않으면서 유한할 것이라는 개념"을 제안했다고 한다.[24] "크기에서는 유한하다"는 말은, 추측컨대 시작과 끝의 특이점의 실제적 공간과 그것의 운동의 실제적 시간 즉 팽창의 시간이 유한하다는 말인 것 같다. 그렇기 때문에 그 특이점들의 관측에 의해서 우주의 시초와 끝이 상정될 수 있다. 그러나 호킹에 있어서 중력에 의한 무한대의 처음의 우주 자체 혹은 특이점은 "경계가 없는", 그러면서도 "유한한" 4차원 즉 시공의 차원으로서 생각되고 있다. 우주와 그 시공이 경계를 가지지 않는다면, 그것들이 무한하다는 것을 말해 준다. 우주의 사물들의 실제적인, 물리적으로 측정되는 시공은 이것들의 관계와 운동의 차원들로서 유한하다. 그러나 우주 자체의 시작과 끝을 상정할 때에 그것이 지니는 시공의 차원은 무경계, 따라서 무한하다고 상정되고 있다. 우주의 사물들의 존재와 관계의 차원으로서의 공간과 이것들의 관계를 발생시키는 운동의 차원으로서 시간은 유한하다고 생각될 수 있다. 그러나 우주 자체와 그 시공의 차원은 시초와 끝에 있어서 무경계라고 상정될 수 있다. 왜냐하면 허블의 망원경을 통해서 우주와 그 시공의 경계가 관측될 수 없기 때문이다.

그렇기 때문에 우주의 근원을 묻는 종교들이나 사상은 예로부터 우주의 무한한 순환(eternal cycle), 무한한 시간(endless time)을 상정해 왔다. 호킹의 "무경계"의 우주와 시공 개념도 그러한 순환의 방향에서는 원용될 수 있

---

23) *Ibid.*, 232.

24) *Ibid.*, 175. "경계를 가지지 않으면서 유한할 것이라는" 시공의 개념이 그 회의에 제안된 것에 불과하다고 호킹이 말하는데, 시공의 유한성이란 그리스도교의 창조론에 호응해서 말해진 것 같다.

다. 또 그 무경계는 욕정과 번뇌, 탐욕과 지배욕, 권력과 착취가 판치는 역사, 사회, 세계의 사슬을 넘어서서, 생과 사의 무한한 굴레로서의 시간을 넘어서서, 참된 초월과 자유한, 영원한 존재가 실현되는 어떤 무(無)의 차원을 생각하게 한다. 과연 무에로의 초월이 가능한가? 무라는 '공허'가 과연 존재의 차원인가? 아니다. 그 무경계의 무(無), 공허는 존재의 공간이 아니며, 존재와 시간의 부정이다. 우주와 시공의 유(有)를 부정하는 그 무경계의 무는 존재와 시간의 차원이 아니다. 그 무의 공허가 초월적 존재의 차원이라고 생각되는 것은 시공 안에서의 우주와 생명이 존속하기 때문이다. 유(有)는 무(無), 무(無)는 유(有)라는 도교의, 색즉시공(色卽是空), 공즉시색(空卽是色)이라는 화엄교의 양극의 동일화도 주어지는 시공과 우주 안에서 가능한 논리이며 무의 공허에서 즉 창조의 시간 이전에서 성립하는 논리가 아니다. 그러한 논리는 사고의 한계를 넓히고 한정된 개체 사물들의 구별들을 넘어서는 자유를 의미하나, 생과 사의 존재의 궁극적인 유와 무를 종합하고 초월할 수 없다. 유와 무를 종합할 수 있다면 우리가 생사(生死)를, 우주의 존재와 종말을 결정한다는 것을 의미하는데, 그렇게 할 수 있는가?

'무로부터의 창조'는 우주의 시공의 무경계를 눈앞에 떠오르게 한다. 맑은 밤하늘을 바라보자면, 우주가 무의 공허에 걸려 있는 것처럼 상상된다. 중력에 의해서 우주가 하나의 엄청난 그물망과 같은 끈으로 이어져 움직이고 존속한다고 해도, 어떻게 우주가 공허에 걸려 있을 수 있는가? 무의 공허가 우주의 그러한 운동과 존속의 시공의 근원인가? 아니다. '무로부터의 창조'의 그 무는 피조물 우주의 유한성의 표식, 즉 부정성의 표식이며, 창조자 하나님이 우주와 시공의 근원이라는 것을 말해 준다.

그렇다면 호킹이 말하는 우주의 시공의 저 '무경계'는 바로 피조성의 표식으로서, 즉 우주의 한계로서 이해되어야 할 것이다. 그 무경계의 무가 인간이 그리로 초월할 수 있는 궁극적인 존재의 차원으로 생각되어서는 안 된다. 그 무는 하나님과 피조물의 구별에 의해서 떠오르는 부정성의 심연, 거리이며, 동시에 이 구별에서 피조물 우주의 공간이, 공간과 더불어 존속의 시간이 주어진다. 호킹이 말하는 시공의 '무경계'라는 개념은 시공의 '유한성'이라는 말과 동일한 것으로 해석되어야 할 것이다. 피조물의 시공이 창조자로부터 주어지고 그에 의해서 한정되기 때문에, 물리적으로는 우주의 시공이 무경계로 보일 것이다. 우주의 시공이 '무경계'로 보이는 것은 시공 자체의 경계는 하나님 자체이기 때문이다.

6) 생물들과 인간 생명의 창조와 시간성

우리의 고찰은 창조 설화들에 입각해서 인간 생명의 창조와 시간성에 집중할 수밖에 없으나, 생물들에 관한 진화론적 보도들을 고려해야 한다. 그리스도교는 처음에 배척했으며, 지금도 진화론의 의의를 대체로 받아들이지 못하고 있는 셈이다. 창조 설화들에서 묘사되는 바 생물들과 인간 창조는 진화론에 의해서 긍정되거나 부정될 수 없는 의미를 가지지만, 진화론을 무조건 배척해서는 안 된다. 또 모든 생물들의 생명의 근원이 창조자 하나님이라는 창조 설화들의 신앙이 마치 생물학적인 '창조론'이 주장하듯이 태초의 생명창조가 생물학적으로 입증될 수 있다고 생각되어서는 안 된다. 그러나 생물과학의 연구결과들이 생명의 근원과 시간성을 고찰함에 있어서 소재들로서 고려될 수 있다.

다만 나의 생물학적 지식의 한계 때문에 그 연구결과들이 여기서 충분히 고려될 수 없으나, 생물들의 존속의 시간들이 인간 생명의 시간성 역사성 사회성을 고려함에 있어서 많은 암시점들을 제공해 준다는 사실 때문에, 인간의 생명 역사 사회가 모든 생물들과 운명을 함께하기 때문에, 우리는 이러한 관계 속에서 인간 생명의 창조와 시간성을 고찰할 수밖에 없다. 모든 생물들의 시간들이 인간 생명의 출현과 시간성 속에 함축되어 있음에 틀림없으나, 우리는 그러한 생물들 일반의 시간들의 의미를 충분히 고찰할 수 없으나 대략 그 시간들의 길이의 의미가 무엇인가 하는 물음을 우선 설정한다.

생명체들의 시간들에 대한 추정들이 오늘의 천체물리학이 추정하는 우주의 약 100~200억 년이라는 시간과 합일하지 않지만, 어쨌든 들어보자면, 종들의 진화에 의하면 개미는 100억 년 전에, 흰개미는 300억 년 전에 나타났다는 보도가 있으며, 중국에는 500억 년이나 된 유기체들의 흔적이 있다고도 한다.[25] 태양계가 약 50억 년 전에 형성되었다고 물리학에서 추정되는데, 저 생물체들이 태양계보다 먼저 나타났다는 추정이 과학적인 것이라고 생각될 수는 없으나 그러한 미물들의 생명의 존속이 놀랍게 여겨진다.

또 다른 보도에 의하면 생명역사의 6분의 5가 동물 형태였으며, 모든 생물들은 단일한 기원을 가지는 후손들이라고 하며, 여러 번의 대량멸종이 발생했다는 것이다.[26] 인간은 350만 년 전부터 존재해 왔다고 한다.[27] 그러나 모든 생물들이 동일한 생물체로부터 유래했다면, 인간 생명은 수억 년의 모든 동식물들의 유전자들과 시간들을 지니고 있음에 틀림없다. 생명의 분자들, 세포들, 유전지들이 결합하고 분화하고 재결합하는 오랜

---

25) 『시간의 종말』에 실려 있는 Jean-Claude Carriére의 글, 177.
26) 『시간의 종말』에 실려 있는 Stephen Jay Gould의 글, 39f., 47, 50.
27) 앞 Carriére의 글, 171.

생성과정에서 유기체들이 고차원적인 지성을 가진 인간 생명체를 대두하게 했을 것이다. 생명의 그러한 생성과정이 진화론적으로 설명될 수 있겠으나, 자유한 주체의식을 가지고 자신의 존재와 우주와 생명의 근원을 묻는 인간, 인생이 어디로부터 왔다가 어디로 가느냐며 자신의 유한성을 개탄하는 인간, 자신의 목표실현을 위하여 시간의 경륜을 설계하는 역사적 주체로서의 자유한 인간, 나와 너의 사회관계를 건설하고 정의와 불의를 판단하고 미래의 변혁을 시도하는 인간 존재와 지성이 생명분자들, 세포들, 유전자들의 결합 분화 재결합에 의한 진화과정의 산물이라고 규정될 수 있을까? 진화론이나 생물학에서도 생명의 근원과 특유한 유기체적인 생물들과 특히 고차원의 지성과 자유 의지를 행사하는 인간 생명의 출현이 규정될 수 없다고 생각되는 것 같다.

어쨌든 생명의 6분의 5가 동물 형태였다면, 이것들이 인간 존재와 생명의 근원인가? 이것들의 화석들과 그 유전인자들의 분석을 통해서 생명의 과거시간을 거슬러 되돌아간다면 모든 생명의 근원이, 인간 존재의 생명의 근원이 발견될 수 있을까? 아니다. 모든 생명의 분자들, 생명인자들과 유전인자들이 인간 생명의 출현에 작용했고, 인간 생명에 들어 있음에 틀림없으나, 그러한 생명체의 진화의 시간적 기원이 어느 정도 추정된다고 해도, 그러한 기원이 인간 존재와 생명의 근원이라고, 인간의 자유와 지성의 근원이라고 여겨질 수 없다. 이승의 동물들과 인간들과, 인간 대 인간의 사회관계의 인연들의 연줄을 찾아 우리가 전생의 시간들 속으로 들어가 헤맨들, 그 인연들의 의미와 시간의 근원이 발견될 수 있겠는가? 아니다. 전생을 상정한다는 것은 생명의 끝없는 윤회를 상정할 수밖에 없으나, 그러한 윤회는 괴롭고 무의미하다. 나도 어릴 적부터 이승의 인연들을 전생에로, 전생의 전생에로 이으려고 헤매다가 궤도를 잃고 내 상상을 포기해 버린 적이 있으며, 지금도 나는 가끔 전생의 인연들을 상상해 보곤 하며, 인간의 범죄와 실수로 못다 살고 죽어간 어린 생명들의 왕생(往生)을 바라기도 한다. 그러나 나 자신은 무지와 무명, 착오와 방황의 삶을 다시 태어나 반복하지 않으련다. 현재의 인간 생명이 그렇게도 오랜 연륜과 인연들을 지니고 있으니, 우리의 의식은 전생에로, 전생의 전생에로 그 인연들을 소급시켜 생각하지 않으면 커다란 공허, 사라져버린 시간들의 공허를 가지게 된다. 그러나 인간 생명의 시간적 근원과 의미는 그의 전생에서 해답되지 않는다. 생명의 윤회는 숙명론의 수레바퀴를 의미할 뿐이며, 역사의 시간의 의미를 변혁시킬 수 있는 인간의 자유는 그 수레바퀴에 갇혀 있을 수 없다.

우리의 주제의 본문인 저 창조 설화들은 천체물리학이나 진화론 혹은 생물학이 말해 줄 수 없는, 우주와 생물들의 근원과 시간을 말해 준다. 그러나 성서적 창조신앙과 물리학이 무관하다고, 양립 불가능하다고 규정될 수 없듯이, 창조신앙과 진화론 혹은 생물학이 양립 불가능하다고 규정될 수 없다. 창조 설화들의 서술양식은 우주 발생과 운동에 대한 물리학적 설명양식이나 생물학적 진화에 대한 설명양식과 다르다. 물론 저 창조 설화자들은 물리학이나 진화론적 생물학을 알 리 없었다. 물리학이 우주의 발생과 팽창의 시간 과정을, 생물학이 생명의 진화 과정을 어떻게 설명하든, 창조 설화들은 그러한 설명양식들과는 다르게 우주와 생명의, 특히 인간의 생명과 존재의 근원과 시간성을 창조자 하나님과의 관계에서 설명해 준다. 그 설화들에서 묘사되는 인간 존재는 B.C 6세기경 혹은 11~10/9세기경의 인간이며, 그의 육체적 형태와 지성, 열국들과의 관계에서의 정의에 대한 의식을 가진 인간으로서 오늘의 우리와 같다.

이러한 인간이 진화과정의 어느 단계에서 대두했든, 이러한 인간의 근원이 묘사되고 있다. 미생물들과 동물들이 인간의 생명의 조상들이라고 해도, 창조자 하나님과의 관계에서 인간의 존엄성과 자유가 삭감되지 않는다. 오히려 인간 존재의 생명을 탄생시키고 발전시키게 한 모든 동식물들과 시간을 연장시켜준 우주의 순환운동은 창조자의 은혜로서 받아들여져야 한다. 우주 발생의 시초와 끝을 추리하는 지성, 생명의 분자들 세포들 유전인자들의 결합 분화 재결합에 의한 유기체들의 출현을 추리하는 지성, 우주와 생물들의 근원과 궁극적인 미래를 말하는 저 창조 설화들의 지성은 도대체 어떻게 출현하게 되었는가? 천체들의 '빛'을 받으면서, 생명들의 유전인자들을 이어받으면서 출현하지 않았겠는가? 칸트는 하늘의 별들을 바라보고 인간의 자유한 이성의 도덕적 명령의 소리를 들으면서 경탄하곤 했으며, 옛 현자들 동방박사들은 별을 보고 예수의 탄생을 경배하러 찾아갔으며, 점성가들은 별들을 보고 시대의 징조를 알아냈다고 전해지지 않는가? 그럼에도 불구하고 별빛들이, 인간의 지성이 창조의 역사(Schöfungsgeschichte)를 입증해 주지 못한다. 창조자의 말씀을 역사의 현재에서 인간이 들을 때에, 그의 영이 인간의 귀를 열어줄 때에 그는 태초의 창조, 빛의 창조를 서술할 수 있다.

창세기 1장 설화에서는 땅의 동물들과 인간이 창조의 마지막 날인 제6일에 창조되는 것으로 묘사되어 있는데, 이들의 생명이 거의 동일한 시간에 출현했다는 것을 암시해 준다. 그러나 우리는 인간 창조에 집중해서 그 특수성과 시간성의 의미를 고찰한다. 2장 설화에서는 천지 창조가 간략하게 전제된 다음 인간 창조가 역시 특유하게 부각되어 있다.

1:26에 의하면 하나님이 인간을 '우리의 형상'으로, '우리와의 유사성'에 따라 만들자고 말씀한다.[28] 여기서 하나님의 '우리'라는 복수형 대

명사와 '하나님의 형상'(*Imago Dei*)에 대한 해석문제들이 검토되어야 한다. 옛 주석자들은 그 하나님의 '우리'를 삼위일체론적으로 하나님–예수 그리스도–성령을 지칭하는 인격적 대명사로서 해석했다. 그러나 삼위일체론을 곧장 여기에다 적용할 수 있는가 하는 문제가 제기되어 왔다. 또 다른 해석은 그 '우리'는 '복수형 존엄성'(*pluralis majestas*)으로 표현하는 것으로 해석되기도 했는데, 이러한 표현법은 옛 페르시아 통치자가 자신을 지칭하는 관습과 연관되어 있다고 추측하기도 한다.29)

그러나 현대의 해석은 '엘로힘'(Elohim)이라는 1장 설화의 특징적인 복수형 하나님 명칭에 근거해서 저 '우리'를 해석하는데, 이 '우리'는 하나님 자신과 다른 신적 존재들, 말하자면 하늘의 '천군 천사들'과의 "회의"를 암시하는 것으로 신화적으로 해석되는 경향이다.30) 그런데 1장 설화(P 문서)와는 다른 문서자료, 즉 2장 설화(J 문서)에 속하는 3:22의 타락 설화 맥락에서 또 11:7의 바벨탑 설화에서 또 이사야 6:8 등등의 구절들에서 하나님의 복수형 대명사들이 사용되고 있다. 즉 '야흐웨' 하나님의 명칭과 관련된 '우리'는 1장 설화의 '엘로힘'이라는 하나님의 복수형 이름에 입각해서 해석될 수 없다. 딜만(A. Dillmann)은 '엘로힘' 복수명칭에 관계된다고 보이는 '우리'가 '하늘의 회의'를 암시한다는 해석을 거부하고 이렇게 해석한다. 즉 그 '우리'는 '능력들과 권능들의 충만함의 살아있는 인격

28) 하나님과의 '유사성'(*similitudo*, likeness)과 '형상'(*imago*)이라는 두 가지 개념들은 히브리적인 병행표현, 즉 동일한 것을 반복해서 두 가지 말들로 말하는 병행표현(parallelism)이라고 대체로 해석된다.

29) Gunkel의 *Genesis,* 111.

30) Gunkel은 "하늘의 회의"(himlische Ratsversammlung)라고 말하는데, 이것은 다신론을 의미하는 것이 아니라는 것이다. '엘로힘'이라는 신적인 복수형 이름은 다신론적 소재로부터 유래했다고 추정되지만, 1장 설화에서는 다신론적 요소가 보이지 않는다는 것이다. *I.C.C., Genesis,* 30f.

적인 총괄'을 의미한다는 것이다.[31] 그러나 이러한 철학적인 해석은 성서 본문에 부적합하다고 일반적으로 비판되고 있다. 그 '우리'가 '하늘의 회의'를 가리킨다는 현대의 해석은 '하나님의 형상'으로서 인간 창조를 설명할 수 없고, 마치 인간이 하나님과 천상에 있는 다른 신적 존재들과의 합작품인 것으로 생각될 수 있는 가능성을 초래하고, 이러한 신화적인 해석은 구약의 창조신앙에 전혀 합당하지 않다.

우리는 여기서 본회퍼(D. Bonhoeffer)와 바르트의 해석을 주목할 필요가 있다. 특히 바르트는 1:26에서의 하나님의 '우리'를 하나님 자신의 관계성으로 해석하는데, 관계성 개념이 본회퍼의 '관계의 유비'(*analogia relationis*)라는 개념과 연관되어 있다. 본회퍼는 '남자와 여자'로서 창조된 인간관계가 바로 '하나님의 형상'으로서 하나님 인식의 유비(*analogia*)라는 것이다. 이러한 '관계의 유비'는 가톨릭적인 '존재의 유비'(*analogia entis*) 개념을 대치시킨다.[32] 바르트는 그 '관계의 유비' 개념을 포착해서 저 신적인 '우리'를 해석하는 데에 적용할 뿐만 아니라, 하나님 자신 안에서의 관계성, 하나님과 인간의 관계성을 특유하게 해석해 낸다. 저 '우리'는 하나님의 자유한 자아구별, 즉 자신을 자신으로부터 구별하는 자아구별과 자신을 자신에게 관계시키는, '자유한 구별과 관계'(freie Unterscheidung und Bezie-

31) A. Dillmann, *Die Genesis*; H. Gunkel의 *Genesis*, 111; *I.C.C., Genesis,* 30.
32) D. Bonhoeffer, *Schöpfung und Fall,* 1937; 영역 *Creation and Fall,* SCM Press, 36. '존재의 유비'는 Thomas Aquinas에 의하면 피조물 일반의 존재가 신적인 존재를 입증한다는 존재론적 개념인데, 이러한 신학적 존재론은 Aristoteles의 우주론적 형이상학, 즉 존재하는 사물들이 이것들의 근원으로서의 제1원인, 제1동자를 입증한다는 형이상학에 직결되어 있다. Bonhoeffer가 그러한 '존재의 유비' 개념을 '관계의 유비' 개념으로 대치시킨 것은 '존재의 유비' 즉 자연신학의 근본적 개념에 대한 Barth의 비판을 전제하고 있다. '존재의 유비'는 형이상학적 사변의 성격을 가지나, '관계의 유비'는 역사적이고 동적인 개념이다. Barth는 이러한 관계 개념을 포착해서 저 '우리'를 해석하는데, 본래 Barth의 *K.D.* I /1에서도 관계 개념이 삼위일체 하나님의 관계성을 해명함에 있어서 중요한 의미를 갖는다.

hung), 하나님 자신 내의 '나와 너'(Ich und Du)의 관계를 암시한다는 것이다.[33] 이와 같이 1:26f.에서 말해지는 '하나님의 형상'으로서의 '남자와 여자'의 창조는 하나님의 그 자아구별과 관계의 형상으로서 해석되고 있다. 하나님과 피조물 인간과의 관계와 인간과 인간의 관계가 바로 하나님 자신의 그러한 자유한 자아구별과 관계에서 유래한다.

우리는 본회퍼와 바르트의 그러한 관계 개념을 포착해서, 이들과는 달리 우리의 시간과 공간 개념으로써 해석해 나갈 것이다. 창조자 하나님과 피조물과의 구별과 관계에서 피조물의 존재의 공간이 주어지며, 그 관계가 바로 피조물의 시간을 열어준다. 시공이 본래 하나이며, 하나로서 두 차원들, 즉 피조물의 존재와 존속의 두 차원들이다. 저 태초의 날과 6일 창조 후의 제7일은 창조자와 피조물의 구별과 동시에 관계 설정의 시초를 내포하고 있다. '남자와 여자'의, 인간과 인간의 자유한 관계에서 이들의 삶의 공간과 시간이 주어진다. 우주의 시공도 천체들, 물체들의 상호관계들과 운동들의 차원들이 아닌가?

이제 '하나님의 형상'으로 창조된 인간에 대한 해석문제들을 검토하면서 시공의 의미를 고찰해 보기로 한다. 고대의 교부 암브로스(Ambrose)는 인간의 하나님 형상을 혼이라고 생각했으며, 어거스틴도 정신 혹은 혼으로서, 기억(*memoria*) 지성(*intellectus*), 의지의 차원인 사랑(*amor*)의 차원들을 가진 '합리적인 혼'으로서 해석했는데, 이러한 차원들은 다름 아니라 삼위일체론에 관계해서 해석된 인간의 하나님 형상을 의미한다. 인간의 하나님 형상은 하나님의 영원성과 동등하지는 않으나, 그래도 본성에 있어서 그에 가깝다는 것이며, '합리적 혼의 불멸성'(immortality of the rational soul)

---

33) Barth, *K.D.* III/1, § 41, 218~21. 이러한 관계 개념이 그의 삼위일체론에서 어떻게 작용하는지를 우리는 차후에 주목해야 할 것이다.

을 의미한다는 것이다.[34] 어거스틴의 그러한 정신 개념은 희랍철학의 영향을 반영하는데, 인간의 하나님 형상이 어떤 의미에서 그러한 정신적 차원을 포함하는 것으로 해석될 가능성이 없는 것은 아니지만, 그러한 해석은 성서본문에 적합하지 않다. 고대 닛사의 그레고리(Nyssa의 Gregory)나 크리소스톰(Chrisostom)과 같은 교부들은 하나님의 형상이 1:26, 28에서 말해지는, 땅과 땅의 생물들에 대한 인간의 지배권을 의미한다고 해석했다.[35] 그러나 땅과 땅의 생물들에 대한 인간의 주재권이 하나님의 자유를 반영하는 것으로 해석될 수는 있으나, 하나님과의 관계에서의 인간 대 인간의 관계를 말해 주는 하나님 형상의 의미를 근원적으로 설명해 주지 않는다. 종교개혁자들은 예수 그리스도와 성령에 비추어서 인간의 하나님 형상을 온전성, 순결성, 의로움, 거룩성과 같은 인간의 윤리적 차원으로 해석했는데, 칼뱅에 의하면 인간의 타락 후 하나님의 형상은 파괴되었으나 예수 그리스도를 통한 하나님의 '의인'(*justificatio*)과 하나님의 영을 통한 '성화'(*sanctificatio*)에 의해서 인간에게 새롭게 주어지는 '의'와 '거룩함'에서 성립한다는 것이며, 다시 말하자면 온전한 '지성'과 '올바름'의 합리적 정신이라는 것이다.[36] 인간의 하나님 형상이 그리스도론에 입각해서 그렇게 확대해석될 수는 있으나 그러한 해석은 성서본문의 맥락에 적합하지는 않다. 궁켈은 창세기 1장 설화의 계속인 5:3에서 아담의 아들 셋이 그의 아버지의 형상이라 말해진다는 사실에 입각해서 인간의 하나님 형상이 아버지

34) Augustine, *The City of God*, B.XI, ch.XXVI, 168; *On the Trinity*, B.XIV, ch, 2, 4, 6, 10.
35) *I.C.C., Genesis*, 31. 생태학에 관심하는 많은 사람들이 땅에 대한 인간의 지배권을 정당화해 온 그리스도교 정신은 자연을 파괴해 온 정신이라고 비판해 왔다. 그러나 저 성서본문이 자연에 대한 서양의 공격적인 점유욕과 전 세계를 지배하는 자본주의적 개발과 점유욕에 의해서 초래되는 생태학적 문제들을 정당화시켜준다는 식으로 해석되어서는 안 된다.
36) *Calvin's Old Testament Commentaries, Genesis,* Vol. I, Eerdmans, Michigan, 94f. 비교 참조.

와 아들의 유사성과 같은 것이라고 해석한다.[37] 이러한 해석은 성서본문에서의 '남자와 여자'의 관계의 신적 의미를 전혀 말해 주지 않으며, 하나님과 인간의 관계에서 말해지는 하나님 형상이 아담과 셋의 부자 관계와 동일한 것은 아니다. 부자 관계에도 적용될 수는 있으나 창세기 1:26 이하는 부자 관계보다 우선한다. 헤겔은 그의 종교철학(*Philosolohie der Religion*)에서 인간의 하나님 형상을 인간의 참된 영원한 존재의 차원으로서 해석했으며, 비더만(A. E. Biedermann)은 하나님 형상이 신적인 절대적 삶과 조화를 이루는 인간의 영적인 삶이라고 규정했으며, 트뢸취(E. Troeltsch)는 하나님 형상이 하나님과의 인간 영혼의 유사성으로서 "완성을 향해 달리는 동경이며 따라서 역사적 발전의 원리"라고 주장했다.[38] 헤겔, 비더만, 트뢸취의 해석들은 관념론적인 존재론과 관념론적인 역사발전의 원리를 말하는데, 과연 인간의 이성 혹은 지성 그 자체가 창조자와 인간의 관계로서의 하나님 형상, 인간 대 인간의 관계의 근원으로서의 하나님 형상을 입증해줄 수 있겠는가? 저 1장 설화는 전혀 그러한 관념론적 전제에서 이해될 수 없다. 앞에서 살펴본 고대의 교부들과 종교개혁자들도 인간의 하나님 형상을 하나님과의 인간의 관계에서 해석한다는 사실은 분명하다. 그러나 그들은 인간의 하나님 형상을 주로 정신의 차원에서 해석하며, 남자와 여자, 인간 대 인간의 관계성의 의미를 간과했던 것이다. 하나님 형상은 그러한 정신차원을 포함하는 것으로 확대해석될 수는 있으나, 우선적으로 관계성에서 해석되어야 할 것이다.

하나님과의 인간의 관계는 자유한 하나님에 의해서 허락되는 인간의 자유, 그 앞에서의 인간의 자유에서 성립되며, 하나님의 의와 사랑에 대한

37) Gunkel, *Genesis*, 112.

38) Troeltsch의 *Glaubenslehre*, 1925, 295f.쪽에서부터의 Barth의 인용, *K.D.* III/1, § 41, 216, 217.

인간의 응답에서 성립하며, 이러한 관계는 남자와 여자, 인간 대 인간의 관계의 원형이다. 자유와 의와 사랑이 없이는 그러한 관계가 성립되지 않는다. 이러한 관계가 바로 인간 사회의 원형, 하나님 형상이 아니겠는가? 창조자 하나님과 피조물 인간의 관계에서 공간이 주어지듯이, 인간의 사회 공간이 출현한다. 이러한 관계의 시공이 바로 창조역사에서 열려진다. '남자와 여자' 의 창조는 인간의 사회 관계의 원초적인 형상이다.

이제 우리는 창세기 2:7, 22 즉 2장 설화에서 묘사되는 인간창조, 에덴 정원, 하나님의 계명과 인간의 복종관계를 고려하고 근원적인 시공의 의미를 생각해 보기로 한다. 2장 설화는 천지창조를 총괄적으로 언급한 다음 곧 인간창조와 에덴정원 이야기에 집중한다. 하나님이 천지를 창조했지만, 땅이 황폐하고 나무도 풀도 자라지 못하고 땅을 경작할 사람도 없었는데 그가 비를 내려주고는(2:5, 6) 땅의 먼지로부터 인간을 만들고, 그의 코에 숨결을 불어넣으니, 땅의 인간 '아담' 이 '생물', '살아있는 혼' 네페쉬(נפש, nephesh)로 되었다는 것이다(2:7). 여기서 황폐한 땅의 상태는 1:2에서의 '혼돈과 공허' 의 상태에 비교될 수 있다. '아담' 은 우선 땅을 갈고 나무와 풀을 가꾸어야 하는 신적인 뜻을 지니고 창조되었으며, 다른 피조물들과는 달리 하나님의 숨결을 불어넣어 받은 특수한 피조물이다. 여기서 신적인 숨결은 하나님의 영(רוח, ruach)을 가리킨다. '루아흐' 는 구약에서 여러 의미들을 가지지만, 기본적인 의미로서 '숨결' 혹은 '바람' 을 의미한다.39) 영

39) Jenni-Wetermann, *Theologische Handwöterbuch zum Alten Testament,* 제II권, 728ff. 인간의 코를 통해서 그의 혼이 들락날락하고 인간을 소생하게 하며(열왕기하 4:35), 또 고대의 Josephus에 의하면 악마도 인간의 코를 통해서 들락날락한다고 표상되었다는 것이다. Gunkel의 *Genesis*, 6쪽 참조. 이러한 표상이 원시 신화적인 것으로 여겨지겠지만, 우리가 주목할 것은 하나님의 영의 생명력이 생명 없는 땅, 몸, 물체들에 침투해 들어가는 능력을 가진다는 점이다. 그러나

의 숨결은 여기서 하나님의 생명력, 피조물 인간의 '네페쉬'와는 구별된다. 그의 영에 의해서 인간의 코에 불어넣어진 생명은 '생명의 바람'(LXX에는 Πνοὴ ζωής로 번역됨), 인간의 '몸의 혼'(anima)으로서 땅의 먼지로부터 생겨난 인간의 몸이 그 영에 직결되는, 따라서 '영혼'이라고 일컬어질 수 있는 인간의 네페쉬의 근원이다. 어거스틴은 '네페쉬'를 인간의 영적인 차원으로서의 "합리적 혼"(rational soul)으로 해석하는데, 이것은 1장 설화에서의 인간의 하나님 형상에 대한 해석과 동일하다.[40] 국제성서주석 창세기(*I.C.C., Genesis*)에 의하면 대체로 해석들이 '네페쉬'를 인간의 '전적인 인격성', 육체와의 연합을 통한 '삶의 원리' 등 정신적 차원으로서 생각한다.[41] 그러나 '네페쉬'가 한편 그러한 정신적인 차원으로서 해석될 수 있으나, 인간의 생명과 존재의 관계성, 자체 내적 관계, 땅과 우주자연, 다른 생물들과의 관계에서 해석되어야 할 것이다. 인간의 생명과 존재의 관계성이 바로 시공의 차원들에서 성립된다. 영을 가지는 인간의 주체성도 그러한 관계들에서 성립된다.

바르트의 '네페쉬' 해석이 우리의 주제에 가깝기 때문에, 그의 해석을 간략하게 말하자면, 아담의 '네페쉬'는 하나님의 직접적인, 인격적인, 특수한 숨결에 의해서 땅에서부터 "불러일으켜진, 정초된, 보존된 혼"(이스라엘의 구원사적인 해석임), 다른 피조물로부터 구별되고 고양된 특수한 탁월성을 가지는 혼이다. 이러한 탁월성은 하나님의 영으로부터 주어지는 은

한국 신학계 일부에서 밀해지듯이, 하나님의 영이 바람이라는, 기라는, 영과 기의 동일화는 많은 혼란을 야기시킬 수 있다. '땅의 먼지'로 구성된 몸이 하나님의 영이 아니듯이, 피조물 바람, 기, 공기는 그의 영이 아니다. 바람과 숨결, 공기와 기는 그의 영의 창조적인 생명력의 표상들 혹은 표징들로서 혹은 매체들로서 하나님의 자유에 따라서 사용될 수 있으나, 그것들이 그의 자유한 영과 동일화되어서는 안 된다.

40) *The City of God*, B. XIII, ch. XXIV, 235, 236 참조.

41) *I.C.C., Genesis*, 56f. 비교 참조.

혜이며, 인간 자신은 땅으로부터 창조된 다른 생물들과 마찬가지로 땅으로 돌아가야 하는 유한한, 따라서 하나님의 영원한 영 자체와 구별되는 피조물이다. 그러한 인간 창조는 두 가지 목표들을 담지하는데, 즉 인간은 실로 메말라 있고 결실 없는 죽은 땅에 하나님이 심은 초목들을 심고 가꾸는 "땅의 경작자(Bauer)와 정원사(Gärtner)로서 종사하도록 구성되어" 있으며, "전 피조물의 희망", "생명의 약속", 땅의 모든 피조물에 대한 "봉사와 노동을 위임받은 자의 존재"이며, 그와 같이 인간은 "하나님과 인간에 대한 책임"을 지닌다. 이와 같이 바르트는 인간 창조의 의의를 이스라엘의 구원사의 맥락에서부터 해석한다.[42] 바르트가 이 구원사의 맥락에서 인간 창조의 목표를 하나님과의 계약 상대자로서 또 전 피조물을 위한 봉사자로서 해석하는 그 관계성을 우리의 시간이라는 주제 아래서 우리는 피조물 일반의 의미에서 해명해야 한다.

아담 창조는 그의 반려자 이브 창조와 고려되어야 하므로, 우리는 인간 생명과 존재의 관계성을 더 고찰하기 전에 이브 창조를 생각해 본다. 창세기 2:21f.에 의하면 하나님이 아담을 잠들게 하고 그의 갈비뼈 하나를 취하여 이브를 탄생시킨다. 이러한 묘사는 이브가 땅의 먼지로부터 출현하지 않았다는 것이 아니다. 그런데 여자가 남자의 갈비뼈로부터 나왔으니, 남자에게 소속되는 열등한 피조물이라든지, 남자보다 나중에 창조되었으니 서열상 저급하다든지 하는 해석은 부당하다. 인간이 다른 피조물들보다 나중에 창조되었다는 것이 인간의 열등성을 의미하지 않으며, 오히려 모든 피조물의 목표라는 의미를 지니듯이 여자는 남자의 반려자이며 동시

42) Barth, *K.D.* III/1, §41, 268ff. 그의 이러한 해석은 III/1 창조론에 있어서 대대적으로 논해져 있는 바, 이스라엘의 구원사의 주제인 하나님과 인간의 "계약의 외적 근거로서의 창조"(§41, 2, 창세기 1장 설화의 의미)와 "창조의 내적 근거로서의 계약"(§41, 3, 2장 설화의 의미)이라는, 창조와 계약 혹은 계약과 창조에 대한 그의 특유한 해설의 맥락에서 파악되어야 한다.

에 온전한 인간됨의 목표라고 해석될 수도 있다. 남자는 여자 창조에 전혀 관여하지 않았다는 사실은 여자가 독자적인 피조물임을 말해 준다. 남자의 갈비뼈에서부터 여자가 나왔다는 것은 이 둘이 한 몸이라는 것을 표식하는 것이지 여자의 열등성을 의미하지 않는다. 아담이 이브를 만나자 '내 뼈 중의 뼈, 내 살 중의 살' 이라고 환호한다는 묘사(2:23)는 오히려 여자가 남자됨의 성취라는 것을 말해 준다. 이러한 원초적인 관계가 바로 사회 관계의 공간성이며 역사의 시초를 열어주는 시간성이다. 둘이 다 땅의 먼지로부터 생겨나서 하나님의 영의 숨결을 불어넣어 받은 '네페쉬' 이다. 영이 둘의 관계성의 원천이다.

인간 생명의 존재 자체가 내적 관계성에서 성립한다. 하나님의 숨결을 불어넣어 받은 인간의 숨결은 영과의 직접적인 관계에서, 우주의 공기를 호흡하면서 생물체로 되는, 즉 우주와의 관계에서 존립한다. 이에서 인간에게 우주공간과 시간이 주어진다. 인간의 숨결은 몸과 혼의 통일성으로서의 생명을 존속시킨다. 숨을 쉬면서 몸의 혼으로서의 '나' 라는 혼의 주체, 즉 나의 몸에 대한 관계에서의 주체 또 인간 타자와의 관계에서의 주체가 성립된다. 이 '나' 라는 주체 안에 의미 내적인 공간이, 또 타자와의 관계에서의 사회적 공간이, 또 우주와의 관계에서의 자연 공간이 주어진다. 이러한 피조물 공간은 하나님의 창조의 태초에서 시작되는, 하나님이 피조물을 자신으로부터 구별하는 시간적 표식으로서의 제7일에 의해서 주어지는 공간이다. 인간의 호흡하는 생명의 존속 그 자체가 공간성을 지니는 시간에서 가능하며, 그 주체가 사회와 역사를 만드는 수체이다. 그러므로 창조자 하나님의 영은 피조물 생명, 역사, 사회의 시간성의 근원이다. 인간의 생명, 역사, 사회는 우주와 다른 생물들의 시간성의 운명과 의미를 담지하고 있다.

7) 태초의 원시간·원공간, 에덴정원

이제 우리는 창세기 2:8~17에서 묘사되는 에덴정원, 거기에 심어진 선과 악의 지혜의 나무, 인간에게 금지된 그 나무의 열매와 관련해서 복종이냐 불복종이냐 하는 선택의 계기를 열어주는 에덴정원의 의미를 생각해 본다. 다음 타락, 범죄, 시간 상실이라는 주제를 다룰 때에 에덴정원의 의미가 다시 고려되어야 하므로 여기서는 간략하게 생각해 본다. '에덴' 이라는 어의는 '기쁨'(Wonne, delight)을 의미한다고 한다. '에덴' 은 한 구체적인 장소로서, 강들이 흐르는 동쪽의 어느 특정한 장소로서 묘사되기 때문에, 옛 해석자들은 그 지점을 확인하려고 노력했으나. 그 지점은 확인되지 않고 있다. 그럼에도 불구하고 '에덴' 은 하나님이 자유로 임재하는 공간, 그의 영원한 생명나무가 심어져 있는 공간, 즉 하나님 자신의 현존의 공간이다. 1장 설화에서의 제7일이 그의 휴식의 날이듯이 피조물 인간의 공간과 구별되는 공간이다. 그러한 공간이 피조물의 땅의 공간 가운데 세워졌다는 것은 피조물 세계의 공간의 신적 근원, 하나님과 피조물과의 관계에서 주어지는 공간의 신적 근원을 표식하는 것 같다. 시공은 하나님의 자유와 사랑에 의해서 주어지는 것이다. 그 정원의 지점이 확인될 수 없는 것은 인간의 불복종과 타락에 의하여 그가 거기에 접근할 수 없게 되었기 때문이다. '에덴' 에의 인간의 접근은 구원의 미래목표이며, 태초의 에덴은 종말시의 목표라는 시간성을 가진다. 이러한 미래표상에서부터 '에덴' 이 태초에로 투사되었다고 해석될 수밖에 없다. 왜냐하면 이스라엘의 현재와 미래표상 없이 '에덴' 이 과거로 한없이 소급되어 투사될 수는 없기 때문이다. 사람들이 흘러간 과거시간의 어느 '황금시기'(golden age)를 상정하거나 과거 어느 시대, 말하자면 복희(伏犧), 신농(神農)의 시기를 이상화시켜서 역사의 어떤 패러다임과 같은 시대를 상정한다 해도, 그러한 과거가 세계의 현재와 미래의 시공을 열어준다고 해석될 수는 없다. 역사에서 현재와 미래의 운명을 결정하는 사건이 일어날 때에 일어난다고 인식될 때에, 이 시점에서부터 시간의 근원이 물어질 수 있으며, 이스라엘은 구원자 하나님과의 관계에서, 즉 구원사적 맥락에서 그가 태초에 임재한 '에덴'을 투사했던 것이다.

인간은 에덴정원에 있는 모든 나무들의 과일을 따먹어도 된다는 하나님의 무한한 허락의 은혜 아래 세워진다. 그러나 그는 선악을 아는 지혜의 나무 열매를 먹어서는 안 된다는 명령 아래 세워진다(2:17). '선악의 지식의 나무'에 대한 고찰은 다음으로 미루어져야 하겠지만, 이 명령은 우선 인간을 복종이냐 불복종이냐, 즉 선이냐 악이냐 하는 선택의 결단 앞에 세운다. 즉 그 명령은 인간의 자유를 일깨워주는, 행위하게 하는 태초의 명령이다. 자유하고 의롭고 선한 하나님과의 관계에서의 인간은 자유하고 의롭고 선하라는 첫 계명 아래 선다. 그 명령에의 복종이 자유와 의와 선이며, 불복종이 악이며 죽음을 가져오는 악이다. 하나님과 인간의, 인간과 인간의, 인간사회와 우주와의 관계에서 인간의 자유와 의와 선이 어떻게 수행되어야 하는가 하는 물음이 그 태초의 계명 안에 포함되어 있다. 자유와 의와 선을 아는 지혜가 인간에게 금지된 것이 아니라, 그 계명은 인간이 자신의 자유를 불복종의 계기로, 악행의 계기로 만들지 말라는 것이다.

인간이 그러한 지혜를 어떻게 습득하는가? 천체의 빛들과 순환운동을 통해서 역사의 시간을 측성하면서, 계속적으로 주어지는 시간과정에서 우주와 생물들에 관한 지식이 습득되었을 뿐만 아니라, 인간사회와 역사의 불의 속에서 자유와 의와 선 혹은 사랑의 명령이 들려지게 되었으며, 이제 인간은 하나님과의 관계에서 그 명령을 하나님의 명령으로서 듣게 된다. 첫 번째의 피조물 '빛'이 '날'을 의미한다는 것은 시간의 지혜를 알려주는 것이다. 그 '빛'은 창조자의 말씀의 지혜이며, 인간의 '네페쉬', 창조자의 영의 숨결을 받은 영혼은 그 우주적 '빛'에 상응하는 인간 존재 내의 빛으로서 주어져 있다. 숨쉬는 혼의 시간성은 그 우주적 빛에 상응하며 우주로부터 주어지는 시간에 의해서 존속성을 가지나 유한하다. 시간성은 유한성을 의미한다.

새 천년이 주어진다면, 인간들의 지혜는 이 새 천년을 어떠한 기회로 사용할 것인가, 죄악의 씨를 우주공간에 퍼뜨릴 것인가, 유전공학으로 생명을 어떻게 조작해낼 것인가, 사람들은 지구와 물과 공기를 얼마나 오염시킬 것인가? 걱정스럽다. 자본주의 세계는 세계 도처에서 가난한 민중을 얼마나 더 산출해 낼 것인가? 새 천년에 자유와 의와 선이 지배하는 새 민족 새 사회 새 세계 창출을 위하여 민중들이 변혁을 성취할 수 있을 것인가? 새 천년은 우리에게 이러한 물음들을 던져준다. 새 천년은 우리가 투사하는 시간, 공간이 가지는 시간이며, 시·공간의 근원 창조자·구원자 하나님으로부터 주어질 것이라는 신앙에서 미래에로 투사하는 시간이다. 천년이 지났으니, 새 천년이 있으리라는 예상은 가상이다. 그에게서부터 미래의 천년이 주어지리라는 시간 역사가 곧 신앙에서 성립한다.

19세기 이래 종교사학파의 역사과학적 성서연구는 이전의 신학 전통과는 다른 엄청난 새로운 연구결과들을 가져왔으나 동시에 많은 신학적 문제점들을 야기시켰다.

(1) 종교사학적 구약학자들은 대체로 창조 설화들을 근동의 원시신화들과의 동일선상에서 해석하는데, 그러한 신화들은 시간의 근원 존속 의미를 전혀 밝혀주지 않으며 무시간적이다. 우주 발생에 관한 원시신화들

은 우주자연의 순환운동과 인간의 생사의 순환반복과 같은 자연현상들의 신적 기원을 상상적으로 엮어내는 이야기들이며, 어떤 결정적인 역사적 사건, 즉 한 역사 사회적 삶과 존속의 운명과 의미를 결정하는 사건의 근원적 시간성을 정초해 주지 못한다. 우주의 순환운동이나 인간의 생사의 순환반복과 같은 자연현상들은 이러한 역사 사회적 시간성을 측정함에 있어서 시기 결정과 같은 외적인 조건들로서 작용하지만, 이 시간성의 근원과 미래의 의미를 밝혀주지 못한다. 시간성의 근원은 태초의 원시간(Urzeit)에로 소급되어 생각될 수밖에 없으며, 시간성의 미래는 궁극적으로 종말시(Endzeit)를 내다볼 수밖에 없다. 앞으로 계속 논하겠지만 이러한 시간성이 구약의 구원사적 혹은 예언자적 역사 이해에서부터 도출된다. 구원사적 사건은 하나님이 역사 사회에 오시고 행위하고 임재할 때에, 인간의 역사 사회와의 관계에서 어떤 변화·변혁으로서 일어나는 사건이며, 이러한 사건의 시간성 해명이 우리의 주제이다. 구원사적 사건 혹은 사건들의 시간성이 신학 전통에 있어서 별로 다루어지지 않았으며, 칼 바르트에서 구원의 시간 혹은 하나님의 시간성이 폭넓게 다루어져 있고 타락에 의한 인간의 시간 상실("die verlorene Zeit", K.D. III/2)이 폭넓게 다루어져 있으나 인간의 시간성 자체의 신학적인 규명이 미흡하다고 생각된다. 구약학자들은 창세기의 창조 설화들에 대한 해석에 있어서 그러한 구원사적 사건 혹은 사건들의 시간성과 시간성 상실의 문제를 전혀 설명해 주지 않는다.

궁켈은 그의 대단한 연구업적인 *Genesis*(창세기)에서 창조 설화들을 '창조사'(Schöpfungsgeschichte) 혹은 '원역사'(Urgeschichte)라고 칭하는데, 그는 창조 설화들을 무시간적인 원시 신화들과의 동일선상에서 고려하기 때문에 '창조사' 혹은 '원역사'라는 개념이 문제적이다. 이 개념은 창조의 시간성, 따라서 창조 설화들의 시간성을 전제해야만 성립할 수 있는데, 이러한 시간성이 그에게 있어서 모호할 뿐만 아니라 해소되어 버리는 것같이 보인다. '창조사' 혹은 '원역사'가 이스라엘의 구원사적 사건 혹은 사건들에 뿌리박고 있는 시간성을 고려하지 않는다면 원시 신화들과 동일화되어 버릴 수밖에 없으며, 따라서 '창조사' 혹은 '원역사'라는 개념이 성립할 수 없다. 창조 혹은 창조 설화들은 이스라엘의 구원사에 관련해서만 '창조사', '원역사'라고 일컬어질 수 있다.

마찬가지로 이스라엘 족장들에 관한 설화들도 출애굽 사건과 같은 이스라엘 구원사의 결정적인 사건과 궁극적인 미래의 구원, 미래시간에서부터 주어지는 하나님의 구원의 약속과 이스라엘의 희망에 관련해서 고려하지 않으면 허구적으로 보이거나 신화들과 동일시되어 버릴 수 있다. 구원사적 사건 혹은 사건들과 관련해서만 족장들의 설화들은 구원의 시간성을 담지하는 구원사의 '전역사'(Vorgeschichte)의 성격을 가진다.

(2) 구원사이든 일반 역사이든 인간의 역사는 시간 안에서만(*in tempore*), 즉 시간이 주어져 있다는 전제 아래서만 일어날 수 있고 기록될 수 있다. 우리는 앞에서 창조가 "시간 안에서" 이루어졌다는 명제 아래서 창조가 "시간과 더불어"(*cum tempore*) 이루어졌다는 어거스틴의 주장을 수정했다. "시간과 더불어"는 피조물 인간의 시간의 근원을 설명할 수 없으며 창조자 하나님의 영원은 무시간적인 것이 되어 버리기 때문이다(칼 바르트). 하나님의 창조는 창세기 1, 2장 설화들을 개괄적으로 보건대 그의 말씀과 영 안에서(1:2; 2:7) 이루어진다. "시간 안에서의 창조"는 바로 말씀과 영 안에서의 창조를 의미한다. 그렇다면 피조물 인간의 시간의 근원은 그 영원한 말씀과 영이다. 그러므로 인간의 시간은 하나님의 영원성에서부터 주어지는 것이다. 그러나 인간의 타락에 의해서 그의 시간은 창조자 하나님

의 말씀과 영의 영원에서부터 분리되고 그는 죽음과 시간 상실의 문제를 초래한다.

또 여기서 보완 설명되어야 할 것은 나의 처음의 글 "창조자 하나님의 영과 인간의 생명·역사·사회의 시간성"에서 언급한 휘트로(G. J. Whitrow)의 주장, "시간이 역사의 산물"이라는 즉 문화사의 산물이라는 주장에 관한 것이다. 시간의 다양한 의식, 측정 제도와 같은 문화사적 발전과정에서 보자면, 우리의 시간이 "역사적 산물", 문화사적 산물이라고 주장될 수 있으나, 역사 자체를 가능하게 하는 시간은 역사적 산물이 아니다. 시간이 역사적 산물이라면, 우주 창조와 인간의 생사를 궁극적으로 인간이 좌우한다는 말이 될 것이다. 역사가 시간을 측정하고 제정하고 천문학적인 12궁도(zodiac)를 만들어 낸다고 해도, 이러한 측정 제도는 시간 자체를 이미 전제하고 있으며 주어지는 시간 안에서만 가능하다. 천체의 시간·공간적인 물리적 운동도 주어지는 시간 안에서 가능하다.

(3) 구원사의 시간은 인간의 타락과 범죄와 결부해서 대두하는 시간이며, 이 시간은 인간의 생명·역사·사회의 시간과 다른 별개의 시간이 아니다. 구원의 시간은 인간의 타락과 범죄에 의해서 파괴되는 시간질서를, 그 근원에서부터 분리되어 상실되는 시간성을 그 근원에서부터 재정립하면서 인간의 생명·역사·사회성을 파괴하는 죄악의 세력을 극복하게 하도록 계속 주어지는 구원의 시간, 미래에서부터 오는 시간이다.

구원의 시간은 전형적으로 미래시간이다. 구약의 예언자적 선포와 신앙에 의해서 증언되는 구원사적 사건 혹은 사건들에서 우리는 구원사적 시간의 의미의 패러다임을 읽어낼 수 있다. 이 구원사적 시간은 이스라엘 역사에만 한정되는 것이 아니라 인간의 보편사적 시간 문제를 조명해주며 미래에로 역사와 사회를 새롭게 변혁하게 하는 궁극적인 미래시간의 의미를 밝혀준다. 예언자적 역사이해에 전제되는 시간성은 바로 궁극적인 미래시간에서부터 조명되는 것이다. 구원사적 시간을 고려함에 있어서 우리는 우선 선택적으로 창세기의 소재들을 고려할 수밖에 없는데, 여기서 우리는 이스라엘 족장들에게 주어지는 창조자·구원자 하나님의 구원의 약속과 저들의 구원사적 의미를 고찰해 보고자 한다.

창세기 1장 설화에서의 6일 창조의 6일이 피조물의 생명과 존재의 모든 시간을 정초하고 열어주는 태초의 신적인 원시간·원공간이듯이, 2장 설화의 에덴정원도 피조물의 모든 시간의 신적인 원시간·원공간(Urzeit·Urraum)이다. 2장 설화는 천지 창조가 '그날에'(ביום, 2:4), 마치 하루에 이루어진 것처럼 말하는데, 그날은 6일과 마찬가지의 시간과 공간이다. 피조물의 생명과 존재의 시공은 창조자와의 관계에서 주어진다. '에덴'은 즐거움을 의미하며,[43] 야웨 하나님이 임재하고, 그의 영원한 생명이 거하고(22절), 그가 거닐고, 인간과 담화하는, 창조의 원시간·원공간이다. 이것은 이스라엘의 역사 사회에서의 구원자 하나님의 영원한 임재에 대한 신앙의, 태초의 시공에로 소급적으로 투사된 상상적인 시공이다. 상상적이라는 것은 역사적 시간 속에서 존재하는 인간은 모든 역사적 시간에 선행하는 태초의 원시간·원공간을 모르기 때문이다. 상상적이라고 해도 이 시공은, 신화들과는 달리, 역사에 오시는 구원자 하나님의 임재의 시간성이라는 점에서 실재성을 가지는 영상이다.

---

43) 희랍어 LXX에는 παραδεισος(paradise)로 번역되어 있다.

창세기 2:8~14의 설화를 여기에서 재서술하자면, 야웨 하나님이 에덴 정원을 만들고, 아름답고 먹기 좋은 나무들을 자라게 하고, 정원 가운데에는 자신의 영원한 생명과 영원한 지혜를 표식하는 '생명나무'와 '선악의 지식의 나무'도 세워 두었다. 이 나무들이 둘이냐 하나냐 하는 문제가 학자들 사이에서 논의되어 왔으나 둘이라고 추정되어도 무방하다. 정원은 네 줄기로 갈라지는 하나의 강의 발원지이며, 첫째 강 '비손'이 흐르는 땅은 금 향료 보석들이 나는 곳이며, '기혼' 강, 아시리아 동쪽에 흐르는 티그리스 강, 넷째의 유프라테스 강이 흐르는, 물이 풍부한 아름다운 땅이다. 이어서 야웨 하나님은 인간에게 에덴정원의 모든 나무 열매들을 자유로 먹어도 된다고 허락하되, '선악의 지식의 나무' 열매를 먹지 못하도록, 먹으면 죽으리라는 금지계명을 부여한다(15~17절).

궁켈에 의하면 수메르의 구데아(Gudea) 비문에 신적인 두 속성들, 즉 불멸성과 인식을 표식하는 두 나무들의 이야기가 새겨져 있다는 것이며, 이에서 에덴신화의 기원을 바빌론 혹은 메소포타미아에서 형성된 것으로 추정한다.[44] 서언에서 말한 것처럼, 에덴 설화가 신화적 상상물에 불과하다면 구원사적인 시간의 실재성을 가지지 못한다는 것을 궁켈을 비롯한 현대의 종교사학파는 완전히 도외시해 버린다. 2:8~14에서 구체적으

44) Hermann Gunkel, *Genesis*, 제8판, Vandenhoeck & Ruprecht, Göttingen, 1969(이하에서 Gunkel의 상게서), 8, *International Critical Commentary, Genesis*, Vol. I, 제2판, Edinburgh, T.&T. Clark, 1930(이하에서 *ICC* Vol. I), 66 비교 참조. Gunkel에 의하면 B.C. 6세기 이스라엘의 바빌론 포로기 이전에도 가나안 땅에서 바빌론의 영향이 매우 강하게 작용했다는 것이다. 상게서 39f. *ICC* Vol. I 에 의하면 바빌론 신화에는 인간의 타락이 말해져 있지 않으나, 영국 박물관에 보관된 원통형 돌도장(Seal-Cylinder)에 의하면 에덴 설화와 매우 유사한 전설이 바빌론에도 있었다고 추정된다는 것이다. 에덴 설화의 궁극적 원자료는 바빌론의 서사시 Gilgameŝ에 나오는 신화에서 발견된다는 것이다. 또 B.C.15세기에 팔레스타인에서 알려진 Tel-Amarna Tablets에 나타난 신화에서도 에덴 설화와 매우 유사한 설화가 발견된다는 것이다. *ICC* Vol. I, 90ff. 현대의 구약학자들은 그와 같이 비교종교사적으로 에덴 설화를 근동의 신화들과 동일선상에서 해석하는 경향을 가진다.

로 묘사되는 에덴정원의 지점은 어디를 가리키는가? '비손'(Pishon)과 '기혼'(Gihon) 강들은 인도의 갠지스와 인더스 강들을 가리킨다고 추정되기도 한다.[45] 에덴정원이 이스라엘 구원사적 맥락에서 태초에로 투사된 상상적인 장소라면, 우리는 그것의 사실적인 지점을 확인 확정할 수 없을 것이다. 그 지점이 성서본문에서 땅 위에서의 구체적인, 따라서 실재적인 지점을 말해 주는 것 같다. 그러나 그 지점은 어떤 특정한 공간에 한정지어질 수 없는, 신적인 구원사적으로 규정된 원시간·원공간이다. 그 지점이 바빌론 동북쪽의 어느 산맥을 가리킨다고 생각되지만 이 지점 자체가 에덴과 동일화될 수는 없는 것 같다. 설화자는 어쩌면 동북쪽의 해돋이 높은 산을 상상한 것 같다. 그러나 에덴정원이 그 지점에 한정될 수는 없다. 궁켈은 에덴에 대한 구약성서의 다른 구절들에 비추어서 에덴이 '종말론적 표상으로서의 낙원'(Paradies als eschatologisches Grösse)이라는 것을 주목하며, 원시간이 종말시에로 옮겨져 있다고 말한다.[46] 우리는 궁켈의 이 말을 좀 수정해서, 원시간이 종말시에로 옮겨져 있다고 말하기보다는 종말적 구원의 표상이 태초에로 즉 종말적 미래시간에서부터 태초에로 옮겨져 투사되었다고 말해야 할 것이다. 왜냐하면 태초의 원시간·원공간은 구원의 미래대망 없이 자연현상들의 신적 기원을 엮어낸 원시 신화들의 무시간적이고 비역사적인 상상물이 아니기 때문이다.

구원사적 맥락에서의 에덴정원에 대한 해석과 종말론적인 의미를 다른 성서구절들에서 읽어보자면, 이사야 2:2은 "마지막 날들에 야웨의 집

45) *ICC* Vol. I, 64ff.
46) Gunkel의 상게서, 36. 돌이켜 보니, 궁켈의 추정의 의의를 메소포타미아–바빌론의 우주론의 근원을 밝히는 맥락에서 재론해야 할 것이다. 필자의 결론 부분 참조.

의 산이 산들의 가장 높은 곳에 세워지리라"고 하며, 시편 48:1f.에는 야웨 하나님의 '거룩한 산', 높고 아름다운 산, 모든 땅의 기쁨, 시온 산, 북쪽에 있는 산이 묘사되어 있으며, 미가 4:1은 마지막 날들에 "야웨의 집의 산이 산들의 가장 높은 곳에 세워지리라"고 말하며, 이사야 14:13f.은 북극에 있는 어떤 높은 산을 말한다. 에제키엘 40:1에 의하면 하나님이 예언자 에제키엘을 이스라엘의 땅, '매우 높은 산'에 데려가서 바빌론 포로기에 허물어진 성전의 재건 비전을 보게 하는데, 그 '매우 높은 산'은 하나님이 임재하는 곳이라는 의미를 함축하고 있으며 하나님이 임재할 성전과 동일한 의미를 가진다. 에제키엘 36:35은 이스라엘 포로기에 황폐화된 땅이 "에덴정원처럼 되었다"고 선포한다. 이사야 53:3은 야웨 하나님이 황폐화된 시온을 위로하시리니, 사막과 같은 시온을 야웨의 에덴정원으로 만드시리라고 선포한다. 이상의 성서구절들에서 우리는 에덴정원이 어느 특정한 장소에 한정되어 있는 지리적 지점이 아니라는 것, 종말시의 구원의 표상이라는 것, 하나님이 임재하는 곳이라는 것, 이스라엘의 땅과 결부되어 있다는 것을 읽어낼 수 있다. 하나님의 임재하는 공간은 그가 자유로 이리저리 이동하는 공간이다. 원시간·원공간으로서의 하나님이 임재하는 에덴은 구원의 사건이 일어날 때에 또 일어나는 곳에, 어느 시간 어느 곳에서든, 하나님이 현재적으로 자유로 실재한다. 역사에서의 그의 이러한 실재적 현재에 원시간과 종말시간이 함축되어 있으며, 여기에서 피조물의 모든 시간이 통일적으로 파악된다. 궁켈은 원시간에 종말시가 함축되어 있다는 것을 주시하지만, 에덴 설화를 근동의 원시 신화들과 동일시하기 때문에 구원사적 시간의 그러한 실재성과 통일성, 원시 신화들에서부터 도출될 수 없는 그러한 실재성과 통일성을 통찰하지 못한다. 인간의 타락에 의해서 상실된 에덴의 원시간·원공간의 종말적 구원의 미래에로의 투사는 구원자 하나님이 시간과 역사에 오신다는 예언자적 시간·역사 이해의 특징이다.

에덴정원에서의 인간의 타락은 창조자 하나님과의 관계 파괴를 의미하며, 이 관계의 파괴는 인간의 죽음과 시간 상실을 의미한다. 인간의 시간은 이 관계에서 열려지고 주어진다. 창조자의 영의 숨결을 불어넣어 받아 혼 혹은 생물(네페쉬)이 된 인간의 생명과 존재구조가 땅에 속하는 몸과 창조자의 영에 속하는 영혼의 관계에서 성립하며, 이 관계가 인간의 생명·존재·역사 사회의 시간성을 열어준다. 인간의 시간의 유한성, 삶과 죽음으로 한정된 유한성은, 우리가 일반적으로 생각하듯이 단순히 자연현상이 아니라, 창조자 하나님과의 관계의 파괴와 사회적 관계의 파괴라는 인간의 타락과 범죄라는 계기와 결부되어 있다. 시간과 공간은 바로 이러한 이중적인 관계의 차원인데, 인간의 타락에 의해서 이러한 시공의 차원에 죄악의 세력이 잠입해 들어온다. 죄악은 원죄론 전통에 있어서 창조되지 않은, 그 기원을 해명할 수 없는 파괴세력으로서 피조물 세계에로 잠입해 들어온 것으로 규정되어 왔다(로마서 5:12 참조). 이스라엘의 구원사에서 대두하는 하나님의 구원의 약속은 특징적으로 미래시간, 궁극적으로는 종말시를 가리킨다. 하나님의 미래시간이 인간의 생명·존재·역사 사회에 끊임없이 주어지기 때문에, 인간은 죽음의 과거의 공허로부터 새생명·새역사·새사회에로 존속하고 새나라에로 죄악의 세계를 변혁해 나가는 시도를 감행할 수 있다. 이스라엘의 구원사는 세계사의 그러한 역사적 과정의 한 패러다임으로서 한 특수한 보편성을 가진다.

8) 인간의 타락과 죽음, 시간 상실과 미래희망

창세기 3장의 타락 설화는 2장 야웨문서 전승에 속하는 에덴 설화의 연속이다. 원시간·원공간에서 일어나는 아담과 이브의 타락이 현대의 구약학자들은 물론이고 신학자들에 있어서 원시신화의 일부분으로 여겨진다. 원시간·원공간이 신화적 무시간적 상상물이 아니라 모든 시공의 실재성의 근원이라면, 원시간·원공간에서 일어나는 타락은 모든 역사 사회에서 발생하는 죄악의 세력의 기원을 상상적인 설화체로 설명해 준다. 원죄론 전통에 의하면 창조되지 않은, 그래서 그 근원을 우리가 일반적으로 알 수 없는 죄악이 피조물 세계 속으로 잠입해 들어왔다(로마서 5:12 참조). 타락 설화는 이스라엘의 구원사의 맥락에서부터 원시간·원공간에로 투사된 상상적인 서술형식이다. 악의 세력은 인간 역사의 처음부터 작용해 왔다는 것을 의미한다.

타락 설화를 약술하자면, 창조자 야웨 하나님은 아담과 이브로 하여금 에덴에서의 모든 나무 열매들을 자유로 따먹도록 허락하되, '선악의 지식의 나무' 열매를 따먹으면 반드시 죽으리니, 따먹지 말라는 금지계명을 세운다. 그런데 피조물 뱀이 이브를 유혹하여 말하기를, 그 나무 열매를 먹어도 죽지 않을 뿐만 아니라 눈이 열리고 지혜롭게 되어 하나님처럼 되리라는 것이다. 이 말이 바로 악의 시험이다. 이브는 비로소 욕심이 발동하여 먹음직스러운 그 열매를 따먹고 아담도 함께 먹는다. 그들은 비로소 자신들의 벗은 몸의 수치를 느끼고 무화과 잎으로 몸을 가린다. 저들은 '선들바람이 불 때 정원에서 거니는 야웨 하나님의 현전(임재)을 피하여 숨는다. 그는 저들을 불러내어 심문하고, 뱀 이브 아담 각각에게 심판의 벌을 선언하고, 아담과 이브가 에덴의 '생명나무'를 따먹고 영생하지 못하도록 에덴으로부터 추방한다.

'선악의 지식의 나무'와 하나님의 금지계명은 무엇을 의미하는가? 지식의 나무, 생명나무, 뱀 등은 원시 근동의 신화들에 등장하는 소재이다. 그러나 엄밀한 의미에서 타락 설화와 비등한 설화는 그것들에서 발견되지 않는다.[47] 현대의 해석들은 그 지식의 나무의 의미를 문명사적인 이성의 지식의 차원에서 해석하는 경향을 가진다. 종교사학파의 벨하우젠에 의하면, 그 지식의 나무가 의미하는 지식은 세계의 비밀에 관한 지식, 즉 '인간 문명의 원리'라는 것이며, 창세기 4장 이하에 근거해서 그는 그러한 지식이 인간적인 죄된 목적들을 위하여 죄악을 조작해내는 지성으로 문명사에서 작용한다는 것이며, 하나님은 그러한 오용되는 지식을 피조물 인간에게서부터 영원히 제거하고자 한다는 것이다.[48] 딜만(Dillmann)도 벨하우젠의 해석과 동일한 원칙에 입각해서 약간 다르게 설명한다. 즉 하나님은 지식을 인간에게 거부하지 않으며, 그의 금지계명은 다만 교육적으로 인간을 복종에로 이끌기 위함이고 인간으로 하여금 지식을 위하여 발전하도록 함이라는 것이다.[49] 궁켈도 문명사적 지식 개념을 전제하고 그 지식의 나

47) *ICC* Vol. I, 91f. 바빌론의 서사시 Gilgameŝ에 의하면, 여신 Aruru가 흙덩어리로부터 창조한 난폭한 Eabani를 Gilgameŝ가 사로잡아 문명의 삶에로 이끌었다는 것이다. 또 B.C 15세기 Palestine에서 알려진 Tel-Amarna Tablets 가운데서 발견되는 신화에 의하면, Ea 신의 아들 Adapa는 Ea에게서 완전한 신적 지혜를 받았으나 영생은 거부되었다는 것이다. 이러한 원시 근동의 지혜 개념의 신화들의 소재가 저 타락 설화에 쓰여 있다고 해도, 그 설화는 그러한 문명사적 근원으로서의 지혜 개념을 전혀 다르게 조명한다는 사실이 현대의 구약학자들에 있어서 대체로 간과되어 있는 것 같다.

48) J. Wellhausen, *Prolegomena zur Geschichte Israels*, 299ff.; *ICC* Vol. I, 96, 98 참조. 그러한 설명은 미흡하다. 문명사적 지식에 의해서 자행되어온 죄악은 타락의 결과이지만, 타락의 보다 더 근원적인 설명은 하나님과의 관계에서 해명되어야 한다.

49) Gunkel의 상게서, 31 참조. S. R. Driver도 유사하게 해석하는데, 타락은 어린애 시기의 지식발달의 한 계기로서 유년기의 천진성에서부터 성인에 속하는 지식에로의 전이를 의미한다는 것이다. *The Book of Genesis with Introduction and Notes*, 제7판, 1909; *ICC* Vol. I, 76 참조. 다른 구약학자들도 타락을 유년기에서부터 성숙기의 지식에로의 전이로서 해석한다. 유년기라는 해석은 아담과 이브의 천진스러운 벗은 몸의 상태에서부터 이끌어내어진다.

무의 의미를 생각하지만 벨하우젠을 약간 비판하여 말하기를, 그 나무의 지식은 세계의 비밀을 담고 있는 "인간문명"의 거대한 지식이 아니라 유년기에서부터 성숙기에로의 전이시기의 인간본성에 속하는 지식을 함축하고 있다는 것이다.[50] 이러한 의미의 지혜, 지식이 왜 인간에게 금지되겠는가? 그 지식의 나무의 지식과 신적인 금지계명의 의미가 그러한 해석들에 있어서 거의 전적으로 간과되어 있다. 궁켈은 그 금지계명을 좀 더 심각하게 해석한다. 즉 하나님은 자신과 비등한 이성의 지식, 자신의 영원한 삶에 속하는 그 지식을 자신만을 위해서 보유하고자 인간에게 금지했다는 것이며, 인간은 그 불가능한 지식을 바라지 말라는 것이라고, 그런데 인간은 그 지식을 가지게 되어 슬프게도 에덴으로부터 추방당하는데, 유년기의 아담과 이브는 그렇게 무서운 결과를 예감하지 못했다고 한다. 그러한 유년기의 어린애들에게 하나님에 대한 불복종이니 저항이니 하는 의미를 부여해서는 안 된다는 것이며, 타락은 단순히 어린 시기의 불순종일 뿐이라는 것이다.[51] 궁켈의 해석에 있어서도 그 지식의 나무의 근원적인 의미가 밝혀져 있지 않을 뿐만 아니라, 그 신적인 금지계명의 해석은 하나님을 아주 인색한 분으로, 게다가 어린애 같은 인간의 불순종으로 허를 찔린 분으로 여겨지게 한다.

그러나 우리는 그렇게 해석할 수 없다. 그 금지계명 앞에 선 인간은 B.C. 11~9세기경의 구원사적 맥락에서 조명된, 하나님의 계명, 말하자면 원계명에의 복종이냐 불복종이냐 하는, 자유한 의로운 하나님과의 관계에서 인간이 자유한 결단과 행위를 감행해야 하는 성숙한 인간을 의미한다. 현대의 구약학자들이 추정하듯이 타락 전후의 아담과 이브의 육체적 천진

50) Gunkel의 상게서, 14ff. H. Holzinger도 Gunkel과 유사하게 해석한다. 17 참조.
51) Gunkel의 상게서, 17, 30.

성과 수치감은 단순히 인간의 자연본성적인 성장발달 현상들이라고 해석되어 버려서는 안 된다. 하나님처럼 되려는 인간의 정신적 욕심이 그의 피조물인 뱀을 통하여 발동하듯이 육체를 통하여 발동하기 때문에, 아담과 이브는 타락 직후에 벌거벗은 몸의 수치감을 감지하기 시작한 것이다.[52] 육체 안에서, 물질세계에서 발단하는 욕심 때문에 아담과 이브는 수치심을 가지게 된 것이다.

'선악의 지식의 나무' 열매와 이에 결부된 하나님의 금지계명의 의미를 우리는 보다 더 근원적으로 자유한 하나님과 자유한 인간의 관계에서 고찰해야 한다. 그 계명은 양자의 자유한 관계, 그러나 창조자와 피조물이라는 위와 아래의 관계의 자유한 질서를 함축하고 있다. 그 나무의 지식이 암시하는 지혜, 이성의 지식은 어거스틴을 비롯한 원죄론 전통이 통찰했듯이 '하나님의 형상'(창세기 1:26f.)의 차원, 창조자의 영의 숨결을 불어넣어 받아 생물(네페쉬, 2:7)이 된 인간의 영혼의 차원에 속하는 지식이다. 이러한 신학적 인간 개념은 인간의 존재가 영혼과 육체, 영원과 시간의 종합적 복합체로서 성립된다는 일반적인 인간 개념과 동일하다. 그러나 이러한 인간 개념이 하나님과의 관계에서 근원적으로 고찰되어야 한다는 점이 일반적 인간 개념과 다르다. 그 지식의 나무 열매와 신적인 금지계명이 바로 그러한 근원적인 관계질서의 차원을 열어준다. 하나님의 형상으로서의

---

52) 여기서 Kierkegaard의 설명을 들어보자. 죄가 세상에 개입해 들어오면서 sexuality(성감)가 설정되고 죄와 불가분적인 것으로 된다는 것이다. "죄됨이 그때에 감성적인 것"이니, "죄됨 없이 sexuality란 없으며 sexuality 없이 역사란 없다"는 것이다. 물론 몸의 감성 자체가 죄된 것은 아니다. 인간은 영 안에서의 몸과 혼의 종합에 의해서 존재하는데, 이러한 영적인 자유한 존재가 타락에 의해서 sexuality적인 육체에의 반립으로 설정된다는 것이다. *The Concept of Dread* (불안의 개념), Walter Lawrie 역, Princeton University Press, 1957, 43f. 이에 부가해서 좀 달리 말하자면, 인간의 정신적 욕심이 육체의 욕심을 통하여 발동한다는 것이 벌거벗은 아담과 이브의 수치감에 함축되어 있다. 아담과 이브의 수치감은 타락과 더불어 발동한 것이다.

인간의 영적인 자유는 하나님의 금지계명 앞에서의 결단과 행위에서 비로소 현실적으로 설정된다. 그의 이러한 행위 이전의 자유는 한갓 가능성으로 존립한다. 그 금지계명은 인간의 자유한 결단과 행위의 계기를 촉발시킨다. 이 결단과 행위에서 창조자로부터 주어지는 인간의 생명과 자유한 존재가 비로소 현실화(Verwirklichung)된다. 그런데 이러한 찰나에 뱀의 유혹이 인간에게 잠입해 들어오니, 하나님처럼 되려는 인간의 욕심이 그의 육체를 통하여 발동한 것이다.[53)]

현대의 구약학자들에 있어서 대체로 그 지식의 나무의 의미와 신적인 금지계명의 의미가 근원적으로 통찰되어 있지 않으며, 원죄론 전통에 있어서도 충분히 설명되어 있지 않은 것 같다. 어거스틴에 있어서 하나님처럼 되려는 인간의 오만(Pride), 불복종, 욕정(*concupiscentia*), 종교개혁에 있어서의 불신앙, 즉 그리스도의 십자가의 공로를 통한 하나님의 인간의인(Rechtfertigung)과 성령을 통한 인간성화(Heiligung)의 은혜에 대한 인간의 불신앙·불복종과 육체적 욕심이 인간의 타락에서 기인한다는 원죄론 전통은 심오하게 통찰했으나, 타락이 근원적으로 자유한 하나님과 자유한 인간의 관계질서 파괴의 시초라는 점이 설명보충될 필요가 있다. 그 근원적인 관계질서가 바로 원시간·원공간의 차원에 열려 있으며, 그 근원적인 관계로부터의 이탈이 인간의 자기 내적 관계의 질서, 즉 영혼과 육체의 종합

---

53) Gunkel에 의하면, 뱀의 유혹의 말이 사실상 진리를 제시한다는 것이다. 즉 그 나무의 지식은 인간을 하나님과 동등하게 만들리라는, 또 인간이 그 열매를 먹은 후에 죽지 않으리라는 뱀의 말이 사실상 진실을 암시해 준다는 것이다. Gunkel은 인간이 죽는다는 것은 자연본성적인 것이므로 그 지식의 나무 열매를 먹었기 때문에 죽는 것은 아니라고 생각한다. 그 금지계명은 하나님이 인간에게 하나님처럼 되는 그 나무의 지식을 부여하지 않으려 한다는 것을 의미한다는 것이다. 상게서, 17. 궁켈의 해석에 있어서는 결국 인간이 불복종하고 그 나무를 따먹었으므로 마치 하나님의 금지계명이 실패한 것처럼 보이게 하며, 그 나무와 결부된 신적 금지계명의 근원적인 의미가 불분명하게 되어버린다. 뱀의 유혹은 아주 교묘해서 진실을 말하는 것 같으나 거짓이고 인간을 불복종으로 유인한다는 것이 궁켈에 있어서 간과되어 있다.

의 질서 파괴와 죽음의 시간 상실의 근원이며, 더 나아가서 죄악의 세력, 사망의 권세로 하여금 사회 관계의 질서들을 파괴하게 하는 근원이다. 불복종과 오만, 불신앙과 오만, 욕심과 욕정 등의 전통적 개념들은 하나님과 인간, 인간의 생명과 존재, 인간의 사회관계의 차원들에서 설명되지 않으면 추상적인 개념들에 머물 수 있다.

이제 '선악의 지식의 나무'의 의미와 이에 직결된 저 신적인 금지계명의 의미를 새롭게 고찰해 보자. 지금까지 원죄론 전통에서 추정되어온 것처럼, 하나님의 영원한 지혜와 비등한 선악의 판별력이 인간에게 금지되어 있다고만 해석되어서는 안 된다. 선악의 판별의 지혜, 지식이 인간에게 금지된 것은 이 지혜, 지식이 궁극적으로 하나님의 자유한 권능에, 그의 궁극적인 심판에 속하는 것이라는 의미를 함축하고 있다. 뱀의 유혹과 인간의 타락은 바로 하나님의 그러한 자유한 권능을 부정하고 즉 하나님을 하나님으로서 시인하지 않고 그와 동등하게 되려는 오만과 욕심이며, 위와 아래의 근원적인 관계질서의 파괴요인이다. 인간에게 있어서 지혜, 지식의 근원은 하나님에의 경외이니, '하나님에의 경외가 지혜의 시작'(잠언 1:7)이며, 하나님에의 경외는 악을 미워하며 오만과 악의 길을 미워한다(잠언 7:13). 올바른 지혜는 하나님의 의, 옳은 것을 행하고 진리를 말한다(잠언 8:6~9). 하나님의 의, 옳은 것을 행하고 악을 미워하고 진리를 말하는 지혜는 분명히 선악의 판별력 혹은 지식을 전제하고 있다.[54] 선은 근원적으로 인간의 '하나님 형상'으로서 하나님과의 인간의 자유한 관계와 하나님의 영의 숨결을 호흡하면서 존립하는 인간의 육과 영혼으로서의 존재가 하나

54) 외경 『시락』(Ben Sira)의 지혜서에 의하면, 하나님의 형상으로 만들어진 인간에게 모든 생물들에 대한 주재권이 주어졌다는 것(창세기 1:26과 비교), 그는 인간을 지식과 이해력으로 채워주고 선악을 판별하는 판단력을 보여주었다는 것이다(4, 7절).

님으로부터 은혜로 주어진다는 것을 의미하며, 하나님과 같이 되는 그 나무의 지혜는 그러한 신적인 자유한 은혜를 승인하는 데서 즉 하나님 경외에서 성립한다. 저 신적인 금지계명은 이러한 관계질서, 창조자 하나님과 피조물 인간의, 즉 위와 아래의 질서의 표식이며, 이 질서 안에서 하나님의 형상으로서의 인간의 영적 자유가 성립한다. 하나님과 같이 된다는 뱀의 유혹과 인간의 욕심과 그 금지계명에의 불복종은 하나님의 그러한 은혜와 선하심에 대한 부정이며, 종국에는 하나님 자체의 부정으로서의 악의 세력으로 하여금 피조물 세계에로 잠입해 들어오게 하는 계기를 열어주게 된다. 하나님과 같이 되는 지혜는 인간에게 하나님의 자유와 선하심에 의해서 주어지는 것인데, 타락에 의해서 인간의 욕심(*concupiscentia*)의 대상으로 둔갑한다.[55)]

'선악의 지식의 나무', 피조물의 시간의 척도. 이러한 주제는 원죄론 전통에서나 구약학에서 다루어지지 않은 것이라고 생각된다. 그 지식의 나무가 의미하는 지혜는 창세기 1:3~5에서의 첫 피조물 신적인 '빛'(אור, 오르), '날'(יום, 욤)이라고 일컬어진다. 즉 빛은 시간의 낮과 밤을 구별하는 신적인 지혜의 척도이다. 그 지혜의 척도는 선과 악을 구별하고 심판하는 척도이기도 하다. 밤과 낮과 마찬가지로 피조물의 시간성에 속한다. 그러나 밤은 어둠의 악의 세력과 결탁한 부정적 측면을 상징한다. 그 신적인 빛의

---

55) Augustine은 그의 *Civitas Dei* (『하나님 도시』)에서 인간의 타락을 인간의 영적인 "오만" (Pride), 하나님에게 불복종하고 자신을 하나님의 위치에로 고양시키는 인간의 오만이라고 말하며, 이 오만은 바로 하나님에 대한 사랑을 인간 자신의 자기사랑, 인간의 이기주의와 육정과 욕심(*concupiscentia*)을 끝없이 산출한다. *Basic Writings of Augustine*, Vol. II, Random House Publishers, *The City of God*, XII, XIII, XIV장 등 참조. 일반적으로 Augustine의 *concupiscentia* 개념이 육체적인 정욕과 동일화되어 해석되는 경향이 있는데, 그에게 있어서 욕심–*concupiscentia*는 정욕에 한정되는 것이 아니다. 인간의 영혼 혹은 정신이 육체적 욕심에 의해서 지배될 때에, 육체를 다스리는 정신이 혹은 이성이 육체에 예속되고, 육체의 지배를 받게 되고, 정신과 육체의 관계질서가 전도되어 버리는 인간의 상태가 Augustine에 있어서의 *Concupiscentia*이다.

날은 말하자면 천체의 빛들의 원천으로서의 빛으로서 모든 시간의 신적인 척도이며, 천체의 빛들은 말하자면 그 신적인 빛의 날의 외적 표식으로서 작용한다. 잠언 8:22에서 '지혜'가 첫 피조물이라고 일컬어지므로 '빛'과 '지혜'는 동일하다. 지혜는 천지창조 이전에 창조된 첫 피조물이며 창조질서의 신적인 척도이며 생명의 근원이다(잠언 8:22~36). 근원적인 창조질서는 자유한 창조자와 자유한 피조물 인간의 불가역적인(irreversible), 위와 아래의 전도불가능한 관계질서이며, 이것은 영혼과 육체의 종합에서 존립하는 인간의 생명과 존재의 관계질서와 인간과 인간의 평등한 사회적 관계질서와 인간이 가꾸고 보전하고 다스려야 하는 자연세계와의 인간의 관계질서의 척도이다. 이러한 네 차원적인 관계질서들이 인간의 생명과 존재, 역사와 사회의 시간과 공간, 실시간·실공간들뿐만 아니라 무한히 상상해낼 수 있는 상상적인 시간과 공간을 산출해낸다. 시간과 공간, 지혜와 빛이 하나님의 자유의 척도이기 때문에 인간의 척도에 의해서 궁극적으로 좌지우지될 수 없다. 인간의 타락은 이러한 하나님의 자유한 지혜와 빛의 척도를 시인하지 않고 인간 자신을 하나님의 위치에로 고양시킴으로써 인간 자신의 한계를 뛰어넘으려는 욕심의 시초이다.

신적인 '빛'과 '지혜'는 인간의 생명과 존재 내적 이성의 지식의, 인간의 '하나님 형상'의 원형이다. 인간의 존재의 생동력의 시간질서는 그 '빛'으로서의 '지혜'에 관계해서 열리고 주어진다. 날이, 해가 오가는 시간질서 속에서, 생명이 생성 소멸하는, 유한하지만 존속하는 시간질서 속에서 인간의 지성이 성장 발달한다. 오늘의 생물학적 보도에 의하면 생명과 두뇌가 천체의 빛들을 받으면서 육성되고 진화해 왔다는 것이다. 19세기 말부터 생물학적 시계가 논의되었으며, 최근의 생물학자들은 24시간 주기의 리듬을 발생시키는 "체내시계가 눈 바로 뒤의 두뇌 부위에" 있다고 주장한다.[56] 눈 뒤의 두뇌 부위의 체내시계는 천체의 빛들을 받으면서 육성된 지혜의 척도와 측정능력이 아니겠는가? 예로부터 현인들의 점성학은 별들의 움직임, 별자리들, 별빛들에 의해서 인간의 탄생 운명 죽음을 점치지 않았던가. 동방박사들이 별을 보고 아기 예수의 탄생과 시기의 징조를 판별하고 찾아가 경배했다는 설화도 빛들과 시간의 지혜의 연관성을 말해 준다. 중세기 신학자들은 천체의 지속적인 운행에서 창조자 하나님의 영원성의 형상을 상상했다. 별빛들과 생명, 별빛들과 시간의 징조들에 대한 무궁무진한 상상력과 지혜의 축적이 과학적 지식발달의 동력이 아니겠는가? 그러나 천체의 빛들과 움직임은 지혜와 시간의 외적 표식이며 지혜와 시간의 신적 근원을 증명해 주지 못한다. 신적인 근원을 전제할 때에 천체의 빛들과 움직임이 신적 지혜와 시간의 외적 표식이라고 인식할 수 있다. 그런데 인간의 자유와 지혜, 자유와 지성을 틈타 잠입해 들어온 타락과 죄악의 세력이 어떻게 얼마나 인간의 생명과 존재, 인간의 역사와 사회, 우주자연세계에 작용해 왔는지 또 어떻게 얼마나 더 확산되어 갈 것인지 우리가 어찌 다 추적하고 판별해낼 수 있으랴. 하나님의 종말적인 심판이 선악을 궁극적으로 판별하리니, 이러한 종말론적 미래가 없다면, 선과 악은 인간세계에서 끝없는 선과 악의 혼합과 혼돈을 반복하리라.

창세기 3:14~19에서 뱀과 이브 아담 각각에게 내려지는 하나님의 심판이, 3:22~24에서 에덴정원으로부터의 아담과 이브의 추방과 더불어 묘

56) *The Story of Time*, 움베르트 에코, 에른스트 곰브리치, 크리스틴 리핀콧 외, 『시간의 박물관』, 김석희 역, 푸른 숲, 1988, 224f. 이러한 두뇌시계란 천체와 세계사회와의 관계에서, 생명의 운동질서에서 육성된 지혜의 척도와 측정력이 아니겠는가? 그러나 천체의 빛들과 움직임은 지혜와 시간의 외적 표상이며, 지혜와 시간의 신적 근원을 증명해 주지 못한다. 신적 근원을 전제할 때에 비로소 천체의 빛들과 움직임이 신적 지혜와 시간의 외적 표식으로서 인식될 수 있다.

사되어 있다. 뱀은 다른 짐승들처럼 걸어다닐 다리도 없이 땅을 기어 다니면서 먹고 살아야 할 것이라는 심판의 저주를 받는다(14절). 이 판결은 뱀의 자연적 생태를 심판의 표식으로 선언하는 것이다. 뱀은 물론 악의 세력 자체가 아니지만 인간세계에로의 악의 세력의 잠입의 계기를 열어주는 상징물이다. 아마도 뱀을 숭배하는 어떤 원시종교의 부도덕한 현상에 대한 혐오감이 그 타락 설화에 전제되어 있는 것 같다.[57] 15절에 뱀과 여자 사이의, 뱀의 씨와 여자의 후손 사이의 적대성, 뱀은 여자의 후손의 발꿈치를 물어 상하게 하고 여자의 후손은 뱀의 머리를 상하게 하리라는 적대성이 하나님의 심판으로서 말해져 있는데, 뱀이 치명타를 받고 여자의 후손이 승리하리라는 약속이 암시되어 있다. 그리스도교, 특히 루터파 교회는 이 구절을 "예시복음"(Protoevangelium)으로서, 즉 악마에 대한 그리스도의 승리와 악마의 죄악에 대한 인간의 승리를 예언한 것으로서 해석해 왔다.[58] 그러나 이러한 해석에 대한 반론들이 현대의 구약학에서 제기되고 있다. 즉 저 15절은 그러한 승리의 약속을 말해 주지 않는다는 것이며, 또 하나님의 약속과 구원의 희망은 족장시대에 이르러서야 부각되는 개념들이라는 것이다.[59] 사실 15절은 여자의 후손의 승리를 명시하지는 않으나, 뱀의 머리를 상하게 하리라는 말은 뱀에게 치명타를 가하리라는 승리의 약속을 함축하고 있다. 또 타락 설화 자체가 이미 구원의 약속의 미래시간의 빛에서 태초의 에덴정원의 맥락에로 투사되어 피조물 세계 전체에서 작용하는 죄악의 세력을 근원적으로 엮어내는 이야기이므로 구원의 약속을 함축하고 있다고 해석되어야 한다.

---

57) *ICC* Vol. I, 81 참조.
58) Gunkel의 상게서, 22f. 참조.
59) *ICC* Vol. I, 81f. 참조.

16절에서 이브에 대한 신적인 판결이 선언되는데, 여자에게는 출산하는 고통이 증대할 것이며, 여자가 원하는 것은 남편을 위해서이며 남편의 지배를 받아야 하리라는 것이다.[60] 이 판결도 출산의 고통이 자연필연적인 여자의 운명이라는 일반적 현상을 신적인 심판으로서 선언하고 있는 것이다. 남편에의 여자의 종속은 아담을 유인한 이브의 죄에 대한 심판을 의미하는데, 이 심판은 역사일반에서의 가부장제 남성 지배를 죄과의 결과로서 선언한다는 사실이며 이러한 종속관계가 미래의 구원에 있어서 극복되어야 하리라는 것을 암시해 준다고 해석되어야 할 것이다. 3:20에서 여자에게 '하와'(חוה), '산 자의 어머니', 즉 "인류의 어머니"라는 이름이 주어진다.[61] '산 자의 어머니'라는 이름은 남편에의 여자의 종속을 능가하는 신적 약속이며, 죽음과 시간 상실에 반작용하는 구원의 표식이다. 그 이름은 '선악의 지식의 나무' 열매를 먹으면 죽으리라는 신적인 규정에 반작용하는 생명의 시간적 존속 즉 역사적 긍정을 의미한다.

17~19절에서 아담에 대한 심판이 내려진다. 아담은 평생토록 땅을 갈고 먹고 살아야 하리라는, 그러나 아담 때문에 저주받은 땅은 가시덤불과 엉겅퀴를 낼 것이라는, 아담은 땅의 티끌로부터 만들어졌으니 땅으로 되돌아가 죽기까지 땀흘려 수고해야 하리라는 판결이 내려진다. 여자의 출산의 고통과 마찬가지로 척박한 땅을 갈아서 먹고 살아야 하는 아담의 노

---

60) 우리의 공동번역은 여자가 '남편을 마음대로 주무르고 싶겠지만 도리어 남편의 손아귀에 들리라' 고 한다. 이 번역의 근거가 무엇인지 불분명하고 지나친 것 같다.

61) 그 이름이 히브리 어원에서부터 유래된 것이 아니라고, 모기장 시대의 흔적이라고 구약학에서 추정되고 있다. *ICC* Vol. I, 87, 102쪽. Gunkel은 그 이름이 아마도 Phönicia의 여신, 지하의 여신(Untergöttin) 혹은 원시모(Urmutter)를 가리킨다고, 인간이 땅속에서부터 태어나서 땅속으로 돌아간다는 신화와 관련되어 있다고 추정한다. 상게서, 23쪽. 그럴 수도 있다. 그러나 우리는 그러한 해석에 머물러 있어서는 안 된다. '하와'라는 이름이 그러한 신화에서부터 유래한 소재라고 해도, 저 성서본문에서 어떠한 의미를 가지는가 하는 문제는 이스라엘의 구원사적 맥락에서 해답되어야 한다.

동의 수고로움도 원시 농경시대의 일반적인 자연현상처럼 보인다. 그러나 아담이 땅에서부터 왔으니 죽으면 땅으로 되돌아가야 하리라는 판결도 단순히 인간의 자연적인 죽음을 의미하는 것처럼 생각되어서는 안 된다.[62] '선악의 지식의 나무' 열매를 먹으면 죽으리라는 신적 계명의 의미는 인간의 창조된 자연본성의 유한성을 넘어서는, 죄악과 결부된 인간의 유한성 문제를 함축하고 있다. 피조물 인간의 유한성은 그의 시간성의 본질이다. 그러나 이 유한성은 생물들의 생성과 소멸에서 또 역사 사회의 성쇠와 변천에서 체험되지만 이러한 생물학적인 또 역사 사회적 차원들에서는 근원적으로 설명되지 않으며, 천체와 자연사물들에 의해서도 설명되지 않는다. 죽어서 땅으로 되돌아감이 자연필연이라면, 왜 우리는 어디로부터 왔다가 어디로 가는가를 묻느냐? 사람들이 죽어갔어도 역사 사회가 변천했어도, 왜 과거의 영혼들과 역사가 운명처럼 현재의 우리를 제약하고 현재에로 되살아나는가? 이러한 인간의 시간성은 생물들의 생성과 소멸, 역사 사회 문화의 성쇠와 변천, 천체의 순환운동에 의해서 설명되지 않는다. 생물들과 자연사물들이 시간 안에서 존재하지만 시간 자체는 이것들에 의해서 설명되지 않는다. 시간의 한계는 바로 창조자 하나님의 자유에 달려 있다. 그의 지혜가 시간과 유한성의 척도이다. 천체의 빛들과 운동들은 그의 척도의 외적인 표식들로 작용할 뿐이다. 창조자와 피조물 인간의 불가역적인 위와 아래의 관계질서에서 인간의 생명·존재·역사 사회의 시간이 열리고 주어지듯이, 부정적으로 인간의 불복종과 신적인 심판에서 인간의 유한성은 부정적으로 즉 죽음과 시간 상실로 작용한다. 시간은 생명과 존

62) Gunkel은 그 나무 열매와 결부되어 말해지는 죽음을 인간의 자연 본성적 죽음이라고 해석함으로써 타락과 죽음, 인간의 유한성을 틈타서 잠입하여 작동하는 사망의 권세로서 작용하는 죄악의 파괴세력의 문제를 간과해 버린다.

재의 차원이므로, 죽음은 시간 상실을 의미한다.

땅으로부터 왔으니 죽어서 땅으로 되돌아가야 한다는 신적 심판의 결정은 땅의 요소로서의 육체와 창조자의 영으로부터 받은 영혼의 종합으로서의 인간 존재의 해체를 의미하며, 따라서 죽는다는 것은 그의 생명과 존재의 신적인 부정 즉 무(無)에로, '무에서부터의 창조'(*creatio ex nihilo*)의 그 무에로 되돌아가는 것과 동일하다. *creatio ex nihilo*는 긍정적으로는 창조자 하나님이 모든 생물들과 존재하는 사물들의 근원이라는 것을 의미하며, 부정적으로는 이것들의 자연적인 유한성으로서의 시간성과 동시에 신적인 심판으로서의 부정성의 표식으로서 작용한다. 모든 피조물들 중에서 특히 인간의 타락과 사망의 권세로서의 죄악이 그의 유한한 시간성과 신적인 심판의 부정성과 결부된다. 그러므로 인간 생명과 존재의 시간적 유한성의 차원으로서의 비존재(nonbeing) 혹은 죽음은 단순히 인간의 존재구조나 존재양식으로 설명될 수 없다. 실존주의 철학자 키에르케고르의 시간·역사적 실존 개념에 있어서 그러한 유한성·부정성의 문제가 예리하게 부각되어 있다. 즉 하나님과 인간, 영원과 시간의 질적 혹은 절대적 구별, 이 구별에서 나타나는 심연은 인간 실존의 유한성·부정성, 하나님과 인간 사이의 괴리, 無, 공허를 의미한다. 인간 실존이 직면하는 이 심연은 헤겔의 변증법적 논리, 즉 신적인 절대자·절대정신·존재 자체와 인간의 시간·역사적 유한한 존재와의 논리적 종합을 불허한다. 키에르케고르의 『죽음에 이르는 병』(*Sickness unto Death*)에 의하면 그 심연은 오직 하나님에 의해서만 또 이에 대한 신앙의 비약의 행위(leap)에 의해서만 메꾸어질 수 있다. 하이덱거(Martin Heidegger)는 그의 『존재와 시간』(*Sein und Zeit*)에서 키에르케고르의 그러한 유한성·부정성의 실존 개념을 하이덱거 자신이 구축한 시간·역사적 실존론적 존재론에 전제하고 있다. 즉 종래의 존재론은 형이상학적 논리에 의해서 구상됨에 반하여, 하이덱거의 존재론은 시간·역사적인 현존(Dasien)의 존재양식의 해석을 출발점으로 삼는다는 점과 시간·역사적 현존은 미래의 죽음에 이르는 존재(Sein zum Tode)라는 점이 키에르케고르의 실존 개념의 일부를 반영한다. 그런데 유한성(Endlichkeit)으로서의 미래의 죽음이라는 "부정성"(das Nichts)은 존재 자체(Sein selbst)의 부정성으로서 존재 자체의 차원, 시간·역사적 존재양식이며, 이 부정성은 실존의 새로운 가능성, 즉 부정을 통해서 실존하는 존재양식으로 파악된다. 하이덱거에 있어서는 인간의 타락과 죄악에 결부되는 신적인 심판 아래서의 인간 실존의 유한성·부정성의 의미가 탈락되어 버리기 때문에, 실존의 부정성과 죽음이 존재일반의 구조와 존재양식으로 되어버리며, 따라서 그의 존재 개념은 인간의 시간과 역사에서 작용하는 사망의 권세로서의 죄악의 문제를 고려하지 않은 추상적인 허구이다. 또 그에게서 미래의 죽음에 이르는 존재의 시간성(Zeitlichkeit)에서부터 존재 자체의 시간(Zeit), 즉 근원적 시간이 밝혀지지 않는다. 존재 자체의 시간은 창조자와 인간의 근원적 관계에서 인간에게 주어지는, 인간이 살고 존재하도록 허락하는 창조자의 은혜로서 주어지는 차원이다. 그러므로 유한한 인간이 신적 영원성에 동참할 수 있다. 이러한 역사적 시간과 영원의 역동성이 하이덱거의 존재론적 시간성 개념에 결여되어 있으며, 키에르케고르에게는 열려 있다.

creatio ex nihilo, 무로부터의 창조는 긍정적으로는 창조자가 모든 피조물의 근원이라는 것, 부정적으로는 모든 피조물의 존속이 유한하다는 것, 이 시간적 유한성이 창조자의 자유에 의해서 결정되어 있다는 것을 의미한다. 인간의 부정적인 유한성은 타락과 신적 심판에 결부되어 있기 때문에 인간 존재의 구조로서의 유한성에 순수하게 머물러 있는 것으로, 말하자면 하이덱거에 있어서처럼 존재론적으로 설명될 수 없다. 바르트에

있어서 "무성"(Nichtigkeit) 혹은 "부정의 세력"(das Nichtige)은 하나님에 의해서 창조시에 이미 부정된 것이라고 한다. *creatio ex nihilo*의 그 무는 어떤 순수한 무 혹은 공허, 인간의 병·노·생·사의 유한성의 고해를 해탈한 순수한 무로서 존재할 수 있는, 무·공허가 아니라, 신적인 심판 아래 있는 인간 존재의 부정성, 유한성과 결부되는 부정성을 의미한다.[63] *creatio ex nihilo*의 무, 타락과 결부된 무성, 죄악의 세력과 결부된 부정의 세력은 하나님의 구원에 비추어서 밝혀지는 개념들이다. 에덴정원의 원시간·원공간이 종말론적 미래의 구원의 표상이듯이, 아담과 이브의 타락과 신적 심판이 미래의 구원의 약속에 비추어서 해석되어야 한다. 구원의 미래시간이 주어지기 때문에, 인간이 신적인 부정의 표식인 죽음과 무시간의 무에로 환원되고 소멸해 버리지 않을 것이다.

타락한 인간 존재·역사·사회에 미래로부터 도래하는 구원의 시간은 창조 때에 모든 피조물에게 주어진 창조의 시간과 동일한 신적 시간이다. 미래로부터 도래하는 구원의 시간은 인간 생명을 미래에로 존속하게 하고, 역사와 사회의 현재의 불의를 심판하여 과거에로, 무에로 소멸하게 하지 않고, 의로운 관계질서의 미래적 성취에로 역사 사회를 이끌어가게 하는 신적 지혜의 척도로서의 시간의 원천이다. 그것은 신적인 영원한 현재(eternal presence)이면서 피조물의 시간의 처음이며 종말시간이다. 이브와 아담에게 내려진 신적 심판(창세기 3장)은 인간 생명을 죽음에로, 인간의 시간성을 무에로 돌리는 신적 부정을 넘어서서 인간 생명과 존재를 새미래에

63) Karl Barth, *KD*, III/1, 111~123; III/3, §50 참조. Barth의 "무성"(Nichtigkeit) 혹은 "부정의 세력"(das Nichtige)은 여기서 충분히 설명되기 어려우며, 차후에 재론될 문맥이 주어지리라고 예상된다. 그것은 Heidegger에 있어서처럼 존재의 존재양식의 유한성이나 존재 자체의 시간이라는 개념들에 의해서 설명될 수 없으며, 불교가 말하는 해탈의 무시간적인 차원으로서의 무(無), 공허가 아니다. 무시간적인 무, 공허는 존재의 차원이 아니다.

로 존속하게 하는 구원의 약속과 희망에로 세운다. 즉 이브는 출산의 고통과 남편에의 예속에도 불구하고 이러한 신적 심판을 넘어서는 '인류의 어머니'라는 이름을 부여받으며, 아담은 땅의 티끌에서부터 와서 땅의 티끌로, 무에 되돌아가야 하지만 이브의 출산에 의해서 인류의 아버지 혹은 인류의 대명사로서의 미래에로 존속할 수 있게 된다.

3

이스라엘의 족장시대, 민족사적 정초

1) 이스라엘의 보편사적 배경

이스라엘 족장들의 역사는 출애굽 사건으로 본격화되는 구원사의 전역사(Vorgeschichte)에 해당된다. 그러나 폰 라트(Von Rad)가 주장하듯이, 족장사가 구원사의 초기라고 간주될 수도 있다. 족장 아브라함 설화는 창세기 12장에서 시작하는데, 이 구원사적 전역사의 인류 보편사적 배경 혹은 맥락이 4~11장에 단편적 설화들로 제시되어 있다. 이스라엘 족장들의 설화들과 보편사적 설화들은 현대의 구약학에 의하면 근동의 신화적 전설들을 내포하고 있는데, 이것은 이스라엘 구원사가 근동의 역사적 배경과 맥락과 불가분하다는 것을 말해 준다. 근동의 역사와의 구원사의 연관은 동시에 세계의 보편사와의 연관을 예증화하는 것이다. 그와 같이 구원사는 세계의 보편사의 일부분이며 동시에 보편사에서부터 도출될 수 없는 구원의 주제를 답지한다. 구원의 주제는 세계 역사와 사회를 하나님의 의와 심판 아래, 구원의 약속과 희망이라는 미래시간의 빛 아래 세운다. 그렇기 때문에 구원사적으로 시간이 미래에서부터 오는 구원의 시간의 성격을 가지게 된다.

4~11장에서 말해지는 설화들에 의해서 우리는 어떻게 인류 보편사가 구원사적 미래시간의 빛 아래 세워지는가를 관찰할 수 있다. 우선 4장을

보자면, 인류 최초의 조상 아담과 이브가 야웨로부터 두 아들 가인과 아벨을 얻음으로써 인류가 존속하기 시작한다. 가인이 땅에서 얻은 곡식을, 아벨은 그의 양떼의 기름진 맏배를 야웨께 제물로 드리니, 가인의 제물은 야웨께 용납되지 않고 아벨의 제물이 용납된다.[1] 이에 분노한 가인이 아벨을 쳐 죽인다. 이렇게 인간의 타락과 창조자에의 불복종이 형제살해라는 인간관계질서의 파괴로 구체화한다. 야웨 하나님의 심판과 땅에 흘려진 아벨의 피의 외침 때문에 가인은 저주받고, 땅을 잃고 유랑하는데, 사람들에게 살해될 것을 두려워하면서 야웨의 보호를 약속받는다.[2] 그래서 가인은 생명을 부지하고, 그의 생명의 존속으로서의 후손들의 족보를 가지게 된다. 그의 후손들은 유목업, 음악과 악기들에 종사하는 업, 철공업과 같은 문명발전의 계보를 이루는데,[3] 범죄와 뒤섞여 있는 문명사 계보를 이룬다(4:17~24). 범죄에도 불구하고 인류의 생명의 존속과 문명사적 지혜는 하나님의 선하심의 표징이다. 아벨 대신에 태어난 셋(Seth)의 족보는 야웨를 섬기는 계보로서 간략하게 언급되어 있으니(4:25f.), 이 계보는 구원사적 맥을 나타내는데, 가인의 계보의 존속의 근거가 된다. 셋의 족보는 아브라함에게로 이어진다고 해석해야 할 것 같다.

창세기 4장 야웨문서 전통의 인류족보는 자식이 어머니에 속하는 것

---

1) 현대의 구약학에 의하면 가인의 제사는 가나안 땅에서 바알 신들에게 바쳐진 곡물 채소들에 연관되어서 하나님에게 거부당하는 것으로, 아벨의 제사는 이스라엘 유목민족 종교의식을 반영하는 야웨께 용납된 것으로 추정된다. *ICC* Vol. I, 106 참조. 그러나 성서본문에는 그 이유가 표명되어 있지 않다.

2) 가인의 시대에 사람들이 이미 지구상에 분포되어 있다는 것(4:14f.)은 가인이 아담과 이브의 첫 아들이 아니라는 것을 의미한다. 그래서 가인과 아벨 이야기는 인류 최초에 관한 전통과 전적으로 다른 전설이라는 것이다. *ICC* Vol. I, 101. 우리는 여기서 가인의 형제살해가 인류 최초에 관한 전통이 무엇을 말하든 인간의 죄악의 첫 예증으로서 4장에서 서술되어 있는 그대로 보면서 역사의 근원적인 문제를 규명해 나갈 필요가 있다.

3) 그러한 족보는 물론 전설적이다. *ICC* Vol. I, 120 참조.

으로 모가장적 잔재를 나타내며, 5장 제사문서 전통의 인류족보는 철저하게 가부장 계보를 따른다.[4] 모가장적이든, 가부장적이든, 전설이든, 사실이든, 우리는 인류 족보가 인간 생명의 시간적 존속을 말해 준다는 의미에서 고려해야 한다. 5장의 인류 족보에는 형제살해와 결부된 가인의 족보가 탈락되어 있고 아담과 이브의 아들 셋의 계보를 시초로 삼는다. 제사문서 전통에는 타락 설화가 없으나, 역사 사회에서 작용하는 죄악의 문제가 도외시되는 것은 아니다. 5장은 아담에서부터 노아에 이르기까지의 10인의 연대기적 족보를 제시해 주는데, 그들의 평균수명은 9백에서 천 세에 이른다.[5] 하나님과 가까이 거닐면서 산 에녹은 365년을 땅 위에 머물다가 하나님께서 살아있을 때 데려가신 것처럼 말해진다(24절). 6:3에 의하면 인간 수명의 길이가 하나님의 자유한 영에 달려 있으며, 에녹의 경우도 인간 수명의 연장이 하나님의 자유에 달려 있다는 것을 암시해 준다. 에녹의 경우가 예외적이기는 하나, 땅 위에 머물러 있는 생명의 존속은 한정되어 있다. 땅과 결부된 생명의 존속, 시간의 유한성과 한정성은 신적인 자유에 달려 있으니, 바로 그 신적인 자유가 시간의 존속을 좌우한다. 미래에서부터 도래하는 시간에 의해서 유한한 한정된 생명의 존속이 가능하다. 연대기적 족보는 민족들의 대두를 예고하는 배경이다. 이 배경의 연대기(chronology)는 과거로부터 현재에 이르는 존속, 죽음으로 끝나고 단절됨에도 불구하고 이어지는 시간적 존속을 말한다. 과거는 원칙적으로 상실된 무시간, 소멸된 생명의 그림자, 무시간의 공허이므로, 그러한 과거로부터의 연대기 혹

4) Gunkel의 상게서, 42 참조.

5) 노아에서 아브라함까지의 평균수명은 2백에서 6백 세로, 족장들의 평균수명은 백에서 2백 세로 감소하는데, 6:3에 의하면 인간의 죄가 땅 위에 팽창하게 되니, 생명 가운데 거하던 하나님의 영이 인간들의 육체를 떠나 버리고 인간 수명을 120년으로 단축하고자 한다. 현대의학도 인간 수명이 120년을 누릴 수 있다고 한다.

은 역사기록의 가능근거는 미래에서부터 도래하는 시간의 현재에 달려 있다. 신화들과 역사가는 그러한 미래를 창출하지 못한다. 태초의 창조의 시간이 미래의 시간과 동일한 신적인 시간이며, 이러한 신적인 시간을 전제하고서 인류 시초로부터의 연대기적 족보들이 비록 신화·전설적인 한정된 단편들이라고 해도 구원사의 인류 보편사적 배경으로서의 예증적 의의를 가진다.

창세기 6~8장에 노아와 대홍수에 얽킨 설화, 9장에 노아와의 하나님의 계약과 노아의 세 아들을 비롯한 민족들의 분화에 관한 설화들이 씌어 있다. 땅 위에 죄악이 팽창하니, 야웨가 인간을 창조한 것을 후회하고, 인간과 더불어 다른 생물들도 멸하겠다고 결정하면서, 노아를 어여삐 여겨 이를 구출하기 위하여 큰 배를 만들게 하여 노아의 가솔들과 모든 정결한 짐승들과 새들을 암컷과 수컷으로 7쌍씩 들어가 홍수를 대피하도록 지시하고, 40일 낮밤 동안 비를 내리는데, 저들은 살아남는다.[6] 근동에서 전해지는 홍수 전설이 여기에서 구원사적 미래시간에서 재해석되어 있다. 자연사물인 땅과 자연적 소멸로 여겨질 수 있는 죽음이 타락과 신적인 심판의 결과들로서 판결될 수 있듯이, 대홍수와 같은 자연현상이 인간세계의 죄악과 신적 심판과 연관되어 구원사의 외적 맥락으로서 규정된다. 자연사물들이 신적인 자유한 피조물이기 때문에, 그렇게 해석되고 규정될 수 있다. 자연생물들도 죄악과 신적 심판 아래서의 인간의 운명과 함께 파멸

6) 현대의 구약학에 의하면 홍수 설화도 바빌론 전설에 근거한 것으로 추정된다. 희랍과 인도의 전설들에서도 원시시대의 홍수가 언급되어 있다는 것이다. Gunkel의 상게서, 67, 70; *ICC* Vol. I, 154, 157. 고고학적 탐구에 의하면 원시의 홍수 전설이 사실일 수 있다고 한다. Gunkel에 의하면 창세기의 홍수 설화는 바빌론 전설에서의 다신론을 전적으로 제거해 버렸다는 것이다. 상게서, 71. 그런데 다신론 현상들은 계속되었으며, 오랫동안 이스라엘의 한 분 창조자·구원자 하나님 신앙과 역사 신앙의 투쟁의 대상이다.

하고, 신적 구원의 축복 아래서 소생한다는 것이 노아의 홍수 설화가 말해주는 구원사적 진리이다(9:1~7). 하나님이 무지개를 표징으로 노아와 '계약'을 체결하고, 다시는 홍수로써 생물들을 멸하지 않으리라고 약속한다(9:8~17). 이와 같이 신적인 축복과 약속 아래서 생물들에게 주어지는 존속의 시간, 과거에로 되돌려져 단절되면서도 현재에로 또 미래에로 이어지는 존속의 시간은 과거로부터가 아니라 미래로부터 도래하는 미래시간에 의해서 규정된다. 과거는 소멸되고 상실되는, 궁극적으로 공허의 무시간이기 때문에 과거로부터 시간이 현재와 미래에로 주어지지 않는다. 창조자·구원자 하나님의 궁극적 미래시간이 모든 과거를 기억하게 하는 원천이다.

인류의 조상 아담과 이브에 이어, 이제 노아가 민족들의 조상으로 부상하여 이를 기점으로 새시대가 시작하는데, 구시대는 죄악과 신적 심판에 의하여 과거에로 돌려지고, 새시대는 신적인 축복과 약속으로써 시작한다(9:1~7). 새시대는 민족들의 개벽의 시대이다. 노아의 세 아들들 셈 야벳 함이 민족 계보들의 족장들이다. 이들은 물론 현대의 구약학이 말하듯이 실제적인 인물들이 아니다.[7] 이들은 민족들이 신적인 축복과 약속 아래서 대두하는 노아에게서 출현한다는 상징성을 가지는 인물들이다. 셈의 후손들 셈족은 B.C. 1500~1200년경에 시리아·팔레스타인 지역에 대두한 히브리족, 아랍족을 이루는 동쪽 인류 계보를 가리키며, 야벳의 후손들은 에게 해 연안 지역에 분포된 북·서쪽 인류 계보를 가리키는 것 같으며, 함의 후손들은 이십트의 지배 아래 있던 가나안을 포함해서 남쪽의 이집트·아프리카 지역에 분포된 인류 계보를 가리키는 것 같으며, 이 계보들은 언

7) *ICC* Vol. I . 189 참조.

어들, 지역들, 정치집단들에 따라 분류된 것 같다.[8] 그런데 세계사에서 우리에게 알려져 있는 민족 계보들은 노아에게서 혹은 그의 아들들에게서 분화된 것이 아니다.[9] 우리는 창세기 10장에서 민족분화와 계보들의 과학적 사실기록을 기대해서는 안 된다. 어느 민족사가도 인류사와 민족사를 태초의 아담과 이브에로 소급시켜 엮어낼 수 없다. 온 인류와 민족들의 존재의 근원과 역사적 존속의 의미를 창조와 구원사의 빛 아래서 파악하고 궁극적인 미래를 지향하도록 하는 이스라엘의 시간·역사 이해가 우리의 관심의 초점이다. 민족들의 분화는 이스라엘 민족의 족장 아브라함의 배경으로서 구원사적으로 규정된 것이다.

민족들의 분화의 구원사적 의미가 창세기 11장에서의 바벨탑 설화에서 함축적으로 파악될 수 있다. 바벨은 바빌론 도시들 중에서 첫 도시로서 알려져 있다는 것이며, 신전과 탑은 바빌론의 가장 오랜 또 가장 유명한 건설이며, 바빌론 신전들은 다 수메르 문명권의 이름들을 보유하고 있다는 것이다.[10] 설화에 의하면, 동쪽에서부터 하나의 언어를 말하는 많은 사람들이 바빌론의 시날(Shinar) 땅 평원에 이르러 땅 위에서 더 이상 흩어지지 않도록 통합하고 또 명성을 떨치기 위하여 하늘에 닿는 탑의 건설을 시도한다. 그들의 탑과 도시 건설 시도는 아마도 수메르 문명권을 배경으로

---

8) *ICC* Vol. I, 190, 193, 196 참조. 그러한 민족계보들이 인종적으로 분류되어 있다고 해석되기도 했으나, 그러한 분류 원칙은 이제 포기되었다고 한다.

9) Gunkel은 창세기 10장에서의 민족 계보들이 "신비스러운 사고의 산물"이라고, 세계의 민족들을 포괄적으로 계보지으려는 노력이라고 해석한다. 상게서, 86. "신비스러운 사고의 산물"이라는 주석만으로는 아무것도 해명되지 않는다. 그 계보들은 상징적이고 전설적이지만, 인류와 민족들을 구원사의 빛에서 보는 구원사적 역사이해의 민족사적 단면을 말해 준다.

10) Gunkel의 상게서, 87, 97.

하는 거대한 시도인 것 같다.[11] 야웨께서 그들의 건설 광경을 내려다보고, 하나의 언어를 말하는 하나의 민족에게 불가능한 것이란 없을 것이니, 그들의 언어를 혼란스럽게 갈라지게 하여 서로 이해하지 못하게 하고 땅 위에 흩어지게 해 버린다는 이야기이다(5ff.절).[12] 그러한 바벨탑 붕괴의 설화는 바빌론 신전들의 다신론적 요인들을 제거하기 위해서만은 아니다. 하나의 언어를 말하는 문명권에서의 하나의 민족과 명성을 상징하는 하늘문에 닿는 거대한 바벨탑 건설은 거대한 제국주의 지배세력을 배태한, 그래서 '못할 것이 없는'(6절) 어떤 위대한 민족국가 건설의 표식이며, 그 붕괴와 하나의 통합된 민족국가 건설의 분산은 그러한 제국주의적 지배세력에 대한 야웨 하나님의 부정, 심판을 의미한다. 그 붕괴와 하나의 민족국가 건설의 분산은 창세기 10장에서 말해지는, 신적인 섭리 아래서의 민족들의 분화에 합일하는 것 같으며, 메소포타미아의 수메르(Sumer) 문명권에 관련된 이야기인 것 같다.

저 지식의 나무의 지혜를 쟁취하여 하나님과 같이 되려는 인간의 불복종은 피조물 세계에 대한 하나님의 자유한 주재권을 쟁취하려는 인간의 권력의지를 배태하고 있다. 세계의 제국주의적 지배세력들은 그 권력의지의 가장 전형적인 표출들이다. 신적인 섭리 아래서 분화된 민족들과 바벨탑 붕괴는 그러한 지배세력들에 대한 신적인 심판을 함축하고 있으며, 구

---

11) 바빌론 신전은 거대한 피라미드식 탑으로서, 우주적이고 종교적인 상징으로서 7행성 신들을 대표하는 7층으로 그 정상은 하늘 문에 닿는 탑의 형식이라는 것이다. 그러한 탑은 아르미니아에서 기원했으며, 그 설화는 이 땅에서 저 땅으로 전해지다가 이스라엘에 이르렀을 것이라고 한다. *ICC* Vol. I, 226, 228.

12) S. R. Driver에 의하면, 민족들과 언어가 흩어지게 되었다는 것은 "인간성의 발전과 진보를 위한 그의(신의) 섭리의 요소들"을 의미한다는 것이다. *The Book of Genesis with Introduction and Notes*, 제7판, 1909; *ICC* Vol. I, 229에 인용됨. 이러한 해석은 인류문명의 발전사적 관점에 입각해 있으며, 바벨탑 붕괴의 구원사적 의미를 완전히 간과한 것이다.

원사적 족장 아브라함의 등장을 예고하는 인류 보편사적 계기를 암시해 준다. 구원사의 족장들의 배경 혹은 맥락을 이루는 인류 보편사라는 관점은 구원의 미래시간의 빛 아래서 생겨나는 예언자적 역사이해의 일면이다. 인류 보편사는 세계의 죄악과 신적 심판이라는 부정적 문제를 지니며, 긍정적으로는 구원의 미래의 빛 아래 세워진다. 그러한 인류 보편사는 아브라함의 배경이자 아브라함 자신의 시간·역사이다.

창조의 시간과 최초의 한 쌍의 조상들로부터 시작하는 인류 보편사는 과학적으로 확증될 수 없으나 신적인 창조를 설정함에서 성립되는 역사이다. 인류기원설은 인류의 기원을 수십 만년 혹은 수백 만년 전으로 소급하기도 하는 것 같으나,[13] 최초의 아담과 이브에 이어지는 시간을 확증할 수도 측정할 수도 없다. 인류가 언제부터 존재하기 시작했든, 수십 만년 전이든, 수백 만년 전이든, 인류 이외의 생물들의 발생 시기가 수억 년 전이든, 천체들의 발생 시기가 수십 억년 전이든, 그 헤아릴 수 없이 긴 과거는 아브라함의 과거이니, 왜냐하면 그는 아담과 이브로부터 시작하는 인류 보편사를 담지하기 때문이다. 인류 보편사란 부정적으로 말하자면, 소멸된 과거, 헤아릴 수 없는 공허이다. 오직 구원의 미래시간의 빛 아래서만 그것은 아브라함의 배경으로서 되살아나오며 거기에 미래시간이 주어진다. 종말적인 미래시간이 주어진다는 조건 아래서 신적인 창조에 이어지는 모든

13) 버클리 대학의 앨런 윌슨 교수는 '분자시계'를 찾아냈다고 하며, 세포핵의 유전자 1% 정도는 세포핵 바깥의 미토콘드리아에 들어 있는데, 이 미토콘드리아 유전자는 여성을 통해서만 전달된다는 것이다. 이 미토콘드리아 측정법에 의하면 과거와 현대의 유골들 사이의 차이는 미미하다는 것이며, 세계인의 어머니는 약 20만 년 전에 살았다는 것이다. 인류는 10만 년 전에 아프리카에서 아시아로, 4만 년경 뒤 호주로, 3만 년 전쯤에 아메리카로 이주했다는 것이다(「한겨레」, 2001. 1. 29, "현대인류는 누구 자손인가"). 그러나 창조의 시간에 이어지는 인간의 생명과 존속의 시간은 '분자시계'나 두뇌시계에 의해서 측정될 수 없다. 이러한 생물학적 시계란 인류의 기원과 존속의 시간을 확률적으로 말해 줄 뿐이다.

시간이, 인간의 타락과 시간 상실에도 불구하고, 되살아 나오게 된다.

2) 하나님의 아브라함 선택과 약속, 이스라엘 민족과 민족들의 아버지, 아브라함

아브라함의 역사는 인류 보편사와 분화된 민족들의 새로운 의로운 통합의 표식이며 동시에 이스라엘 민족의 시원이다. 그런데 아브라함 설화의 역사성을 어떻게 이해해야 하는가 하는 문제가 우선 고찰되어야 한다. 종교사학파 벨하우젠(J. Wellhausen)의 이스라엘 역사연구의 결론에 의하면, "우리는 족장들에 관한 역사적 지식에 도달하지 못하고 다만 그들에 관한 이야기들이 이스라엘 백성에 있어서 대두한 시기에 관한 지식을 가질 뿐" 이라는 것이며, 족장들의 시기란 그 이야기들을 서술하는 역사적 시기들(즉 후시대들)에서부터 환상적인 과거에로 투사된 시기들일 것이며, 아브라함은 역사적 인물이라기보다는 한 예술작품의 인물에 더 가깝다고 여겨진다는 것이다.[14] 동일학파의 궁켈은 벨하우젠과는 좀 달리, 아브라함 설화 근저에 있는 전승들, 주변의 신화적 전설들과 결부된 삶의 관찰들에서부터 이야기되는 전설들이 나타내는 종교적 신앙을 중요시한다. 아브라함의 역사적 실존문제는 중요시되지 않는다. "아브라함의 종교는 실제로 그 전설들의(후시대) 서술자들의 종교, 이들에 의해서 아브라함에게 귀속시켜진 종교"라는 것이다.[15] 궁켈의 해석은 벨하우젠과 원칙적으로 동일하다. 이

14) *The Anchor Bible Dictionary,* Vol. I, Doubleday (이하 *ABD*) Vol. I, 36에 인용된 Wellhausen의 말 참조.

15) *ABD* Vol. I, 36에 인용됨. 37도 참조. Wellhausen과 Gunkel을 비롯한 종교사학파가 창세기, 출애굽기 등 모세오경에서 후기 이스라엘 역사에서 형성된 Yahwist, Elohist, Deuteronomic,

들에게 있어서는 족장들과 직결된 이스라엘 민족의 역사신앙의 역사적 현실성이 흔들려 버리고, 족장들의 설화들은 역사적 실체 없는 후시대들의 신화적 문학작품에 불과하게 될 것이다. 더더욱 원시간·원공간으로부터 주어지는 시공의 실재성, 아담과 이브로부터 시작되는 인류 보편사란 신화적 환상물들 혹은 허구에 불과한 것으로 되어버릴 것이다. 물론 이스라엘이든, 누구이든 우리는 그러한 원시간·원공간과 아담과 이브로부터 시작하는 인류 보편사를 전혀 알 수 없게 되어 버린다. 족장들의 역사적 실재성이 후시대들의 종교적 신앙에로 해소되어 버린다면, 이스라엘의 구원사적 역사신앙의 시원이 해소되어 버리게 될 것이다. 구원사적 전통은 아브라함을 비롯한 이스라엘 족장들의 역사성 없이는 구성될 수 없었을 것이며, 족장들에 관한 설화들이 나타내는 역사신앙이 구원사 전통 형성을 관통하므로, 그들의 기본 역사성이 고려될 수밖에 없다.

그런데 종교사학파 이후의 구약학은 아브라함을 비롯한 족장들의 설화들이 역사적 실체성을 지니고 있다고 또 이것이 이스라엘의 역사신앙에 중요한 기반이라고 주장하는 경향이다. 고고학과 고문서들의 연구들에 의거해서 아브라함 설화에 관련된 역사적 맥락들과 시기들이 추정되고 있다. 아브라함의 등장의 시대적 배경은 B.C. 2000년경 혹은 B.C. 1800년경의 반유목민들 부족들의 생활양식들과 연관되어 있다고 추정된다.[16]

노아와 민족들의 분화의 시대가 대홍수라는 신적 심판을 넘어서는 신

Priestly 문서자료들에서 나타나는 종교적 양식들을 규명해 냄으로써 구약학에 커다란 기여를 했으나, 신학적인 문제들을 야기시켰는데, 우선 이 맥락에서의 문제는 이스라엘 족장들의 역사성이 후시대들의 종교적 신앙양식들에로 해소되어 버려도 무방한 것으로 여겨지는 경향이다. 그렇게 되면 족장들의 종교적 신앙이 그들의 역사성이 결여된 한갓 관념적인 양식이 되어버린다. 족장들의 역사가 후대에 의해서 구성되었다고 해도, 그들의 역사적 실체성이 전제되지 않는다면, 후대의 해석들은 역사적 실체가 없는 관념론이 되어버린다.

16) *ABD* Vol. I, 37~40 참조.

적 축복에 의해서 새시대로 열려진 시대이듯이, 아브라함을 비롯한 이스라엘 족장들의 시대가 역시 바벨탑 설화에서 하나의 민족, 아마도 수메르 민족의 제국주의적 욕망에 대한 신적인 심판을 넘어서는, 새 미래를 열어주는 신적인 축복과 약속으로써 시작된다. 이 시작 시기에 아브라함의 대두가 핵심이다. 신적 축복은 피조물의 시간을 열어준다. 하나님의 아브라함 선택, 소명, 약속은 그의 축복에 해당되며 그는 역사적 인물이다. 그의 축복은 그의 창조와 구원의 자유에 의해서 주어지는 은혜와 선하심이다. 창조의 6일과 제7일, 원시간·원공간이 그의 은혜와 선하신 선물이다. 아브라함 선택과 소명도 그 은혜와 선하심의 행위이다. 이러한 신적인 자유한 행위는 천체의 운행이나 자연 산물들의 현상에 의해서 포착되지 않으며, 그 행위에 의해서 촉발된 인간의 자유한 응답의 행위에서, 복종의 행위에서 포착된다. 복종의 행위는 신뢰(fiducia)의 행위, 불복종과 거부를 배제하는 자유한 선택의 행위, 창조자·구원자를 긍정하는 행위이며, 굴종의 행위가 아니다. 이러한 행위에서, 제7일 안식일의 의미와 시공이 열리는, 창조자와 인간의 관계질서, 창조질서가 역사적으로 현재적으로 성립된다. 시간과 공간은 신적인 자유와의 선하심과 지혜에 의해서 인간에게 주어진다. 전설적 설화를 통해서 본 이스라엘의 족장 아브라함의 복종의 행위에서 그러한 관계질서가 역사화 혹은 예증화된다.

창세기 12:2f.에 의하면 야웨께서 아브람(Abraham이라는 이름 이전의 이름 Abram)을 메소포타미아 북서쪽 하란 혹은 우르에 사는 그의 조상과 친척들을 떠나도록, 그래서 야웨께서 부여할 미래의 약속의 땅으로 가노록 소명한다. 이 소명은 신적인 아브라함 선택을 전제하고 있다. 신적인 아브라함 선택과 소명은 우선 그를 조상과 친척들에서부터 분리시켜 특수한 위치에 세운다. 야웨께서 말씀하기를, "내가 너에게서 큰 민족을 이룰 것이며, 너를 축복하고 네 이름을 크게 떨치게 하리라 …… 나는 너를 축복하는 자들을 축복할 것이며, 너를 저주하는 자를 저주할 것이며, 너로 말미암아 땅의 모든 가족들이 축복받도록 하리라"(12:2f.). 아브라함은 이스라엘 민족의 족장일 뿐만 아니라 '땅의 모든 가족들'의 새로운 통합의 구심체가 되리라는 하나님의 약속(*promissio Dei*) 아래 세워진다. 아브라함은 고향 친척들의 도시생활권을 떠나 반유목민으로서 부인 사래(Sarai), 조카 롯, 모든 소유물과 더불어 야웨께서 지시하는 가나안 땅으로 남하하여 가나안 땅의 중심지 세겜(Shechem)에 이르니, 야웨께서 가나안 땅을 그의 후손들에게 주리라고 약속한다. 아브라함은 가나안 땅에 기근이 들어 애굽으로 남하했다가 다시 가나안 땅으로, 가나안 땅 이리저리 유랑한다. 아브라함과 롯의 소유물들이 증대함에 따라 양자는 서로 갈라설 수밖에 없는 상황에서 롯이 땅을 먼저 선택한다. 롯은 물이 많은 요단 강 계곡, 사해(사해로 되기 이전의) 지역 소돔의 소알(Zoar) 땅을 선택한다. 야웨께서는 다시 아브라함에게 약속하기를, "나는 네가 보는 모든 땅을 너와 네 후손들에게 주리라. 나는 너의 후손들을 땅의 티끌만큼 되게 하리라. 아무도 셀 수 없을 만큼, 네 후손도 셀 수 없을 만큼"(13:15f.).

창세기 14장에는 아브라함이 동쪽 왕들의 연합군이 소돔과 고모라를 침략하는 전쟁에 관계하게 되는 상황이 묘사되어 있는데, 이 기사는 아브라함의 세계사적 맥락의 한 단면을 말해 주는 것 같다.[17] 저들이 소돔과 고모라를 공격하면서 롯을 사로잡아간 것이다. 이에 아브라함이 가솔 중 잘 훈련된 318명을 인솔하여 저 공격자들을 추격하여 대파하고, 롯과 여자들과 백성들과 약탈물들을 되찾아 온다(14:13~16). 목가적인 유목민 아브라

17) 그 기사에 나오는 근동 남쪽의 왕들의 이름들이 역사적으로 확인될 수는 없으나, 그 기사는 B.C. 2000년경의 실제적 인물들과 사건들에 관련된 것 같다고 추정된다. *ABD* Vol. I, 40 참조.

함이 전쟁의 승리자로 부각된다는 것이 어색하지만, 그 기사는 그의 세계사적 위치와 평화를 위한 쟁취의 필요성을 나타내주는 것 같다. 전쟁의 승리자로 돌아오는 아브라함을 '평화의 왕'(King of Salem) 멜기세덱(Melchizedek)이 천지의 창조자 '지극히 높으신 하나님'(El Elyon)의 이름으로 축복하니, 아브라함이 자신의 소유의 십분의 일을 그에게 바친다(14:18~20). 멜기세덱이 누구이기에 하나님의 이름으로 아브라함을 축복하는가 하는 문제가 많은 사변을 자아냈는데, 그는 전후의 맥락이 없이 나타난 '평화의 왕', 신적인 미래의 약속을 담지하는 예루살렘의 사제로서 아브라함을 축복하는 것 같다.[18)]

야위스트(Yahwist)와 엘로히스트(Elohist) 문서 전승들을 반영하는 창세기 15장에 의하면, 야웨 하나님이 아브라함의 환상 속에서 말씀하기를, "아브람아 두려워 말라. 내가 너의 방패이고 네가 받을 상이 매우 클 것이다" 하니, 아브라함이 대답하기를, 그에게는 아직도 후계자가 없으니 자신의 집의 종에게서 태어난 종이 자신의 후계자가 되리라고 말한다. 야웨 하나님은 종에게서 태어난 아들이 아니라 아브라함의 적자가 후계자가 되게 하리라고 말씀하면서, "하늘을 보고 네가 셀 수 있다면 별들을 세어보아라", "네 후손들이 그와 같게 하리라"고 하니, 아브라함이 야웨를 믿었으며 야웨께서는 그의 믿음을 그의 의로서 인정했다는 것이다(1~6절). 신적인 약속의 확실성을 믿음으로써 아브라함은 하나님으로부터 의롭다고 간주

---

18) Salem은 예루살렘이라는 말의 어간이다. Melchizedek은 셈족의 족장이었다고 해석되기도 한다. *ICC* Vol. I, 270. 그럴 수도 있다. 그러나 그러한 해석만으로는 그의 축복의 미래적 의미가 드러나지 않는다. 신약의 히브리서 7:1~4에 의하면 그는 '왕의 왕', Salem의 '평화의 왕'이며, 아버지도 어머니도 족보도 없는, 시작하고 끝나는 날이 없는, 하나님의 아들 예수 그리스도를 닮은 영원한 사제라는 것이다. 멜기세덱은 장차 올 미래의 예수 그리스도의 형상이라는 것이 고대 교부들의 해석이다.

된다. 믿음의 행위는 곧 복종의 행위이다. 그와 같이 후손들과 땅의 약속의 표식으로서 야웨 하나님과 아브라함 사이에 계약이 체결되고 짐승들이 바쳐진다(9~11절). 그런데 아브라함이 깊은 잠에 떨어지니, 두려움과 암흑이 그를 엄습한다. "아브람아 두려워말라. 내가 너의 방패니라"(1절)는 야웨 하나님의 말씀은 이러한 두려움과 암흑의 상황에 해당되는 것 같다. 그가 잠에 떨어져 받는 신적인 계시는 그의 후손들이 그에게 약속된 땅이 아닌 다른 땅(애굽), 다른 민족에게 4백 년 동안 노예들로서 압박을 받을 것이나, 야웨께서 그 압박하는 민족을 심판할 것이며, 아브라함의 후손들은 탈출할 것이라는 약속이다(12~16절). 이제 아브라함에게 주어진 신적인 약속이 이스라엘의 출애굽 사건에 기초한 출애굽 이후의 시기들의 아브라함 해석이라는 사실이 역력하게 드러난다. 그렇다면 그 신적인 약속은 과거에로의 이스라엘 민족의 투사, 객관적 신적 실재성 없는 이스라엘 민족의 종교적 양식의 작품에 불과한 것인가? 아니다. 점차적으로 밝혀질 것이지만, 우선 여기서 주목해야 하는 것은 그 신적인 약속이 내포하는 미래의 차원이 이스라엘 민족사와 종교를 능가한다는 사실이다. 신적인 약속 개념은 예언 전통에 있어서 궁극적으로 이스라엘 민족과 종교를 능가하는 궁극적인 종말시를 함축하고 있는 것이다. 창조의 원시간과 종말시를 통일해 가지는 창조자·구원자의 현재적 임재는 구약신앙에 있어서 종교적 상상일 수 없는 객관적인 실재로서 지시된다. 아브라함 설화의 맥락에서 보자면, 아브라함을 통해서 '땅의 모든 가족들'이 축복을 받거나 저주를 받는다는 것(12:3), 즉 아브라함이 하나님과 인류의 중재자 역을 담지한다는 약속은 아브라함의 능력 혹은 이스라엘 민족의 능력을 능가하는 신적 실재성을 가리킨다.

제사 문서 전승에 속하는 창세기 17:1~21에 의하면, 하나님이 99세가 된 아브라함과 계약을 맺으면서, '아브람'(Abram)이라는 이름을 '아브라함'(Abraham) 즉 '많은 민족들의 아버지'라는 이름으로 개칭하고 그의 후손들과 가나안 땅을 약속한다. 그리고 하나님은 아브라함의 아내 '사래'(Sarai)도 '사라'(Sarah) 즉 '민족들의 어머니'라고 개칭한다.[19] 여기서 '많은 민족들'은 아브라함의 서출 이스마엘이나 이사악의 장자 에사오에서의 계보 에돔족과 같은 셈족들, 즉 가부장적 동일혈연의 민족들만을 포괄한다고 해석되어서는 안 된다. 12:3에서 말해지는 바, 아브라함을 통해서 '땅의 모든 가족들'이 저주받거나 축복받으리라는, 또 18:18에서 말해지는 바, 아브라함이 한 '위대한 강력한 민족'이 될 것이며, '땅의 모든 민족들'이 그에 의해서 축복받으리라는 신적인 약속은 아브라함과 이스라엘 민족을 능가하는 미래시간의 차원을 함축하고 있다.[20] '많은 민족들의 아버지' 아브라함이 지니는 신적인 구원의 약속은 '땅의 모든 민족들'에게 생존의 시공을 열어주는 보편사적인 차원을 함축하고 있다.

그런데 아브라함이 100세가 되도록 또 사라가 90세가 되도록 대를 이을 자식이 없으며, 서출 이스마엘을 후계자로 삼겠노라고 하나님께 아뢰니, 하나님은 사라에게 태어날 이사악의 탄생을 예고한다. 우리는 이사악 설화를 다루는 항목에서 이사악의 탄생을 고찰하기로 하고, 여기서는 소돔과 고모라에 대한 신적인 심판에 있어서의 아브라함의 중재역할의 구원사적 의미를 고찰하기로 한다.

---

19) Abram은 Abraham과 어원적으로 동일하나, Abramham은 고양된 신적인 아버지를 뜻한다. Sarah도 Sarai와 어원적으로 같으며 여왕을 뜻한다고 한다. 그러나 저 문맥에서 '많은 민족들의 아버지' Abraham과 마찬가지로 '민족들의 어머니'로서 해석되어 있다.

20) 로마서 4:13~25에 의하면, 아브라함은 예수 그리스도를 믿는 모든 사람들의 아버지라고 일컬어진다. 여기에서 아브라함에게 주어진 신적 약속과 그의 복종하는 믿음의 행위의 구원사적 의미가 이스라엘 민족의 한계를 넘어서는 보편사적 의미를 가지는 것으로 해석되고 있다.

소돔과 고모라의 죄악 아래서 일어나는 아우성 소리를 들은 야웨께서 소돔과 고모라를 멸하고자 결정한다. 세 사람들의 형상으로 나타나는 신적인 전령자들(천사들)이 아브라함에게 야웨의 그러한 결정을 통고한다. 아브라함이 소돔에 거하는 조카 롯을 염려하면서 선하신 야웨께 중재자처럼 호소하기를, 의인 50명이라도, 45명, 40명, 30명, 20명, 아니 10명이라도 거기에 있다면, 그래도 멸하시겠는가라고 호소하니, 의인 열만 있어도 멸하지 않으리라는 야웨의 대답을 얻어낸다(창세기 18:22~33). 두 천사들이 소돔에 이르러 사해남단에 거하는 롯과 그의 아내와 두 딸들을 도피시키니, 야웨께서 유황 불을 쏟아부어 소돔과 고모라를 멸망시킨다. 뒤돌아보지 말고 탈출하라는 전령자들의 지시를 어기고 뒤돌아본 롯의 아내는 유황불에 소금기둥이 되어버린다(19:15~26). 멸망하는 과거를 되돌아보고 아쉬워한 롯의 아내는 과거의 흔적으로 멈추어 버리고 시간적 존속성을 상실해 버린다.

본래 소돔과 고모라는 비옥한 땅이었다는 것이며, 그 파멸은 오래전에 일어난 지진에 대한 전설적 기억이 아브라함 설화의 소재로서 원용된 것 같다. 자연적인 현상으로 보이는 인간의 유한성 혹은 죽음과 노아시대의 대홍수와 마찬가지로 소돔과 고모라의 경우에서도 자연현상으로 여겨지는 재난이 신적인 자유한 심판과 섭리와 결부되고 또 인간역사와 결부되어 구원사적으로 역사화됨으로써, 자연과 인간역사가 운명을 함께하고 신적인 구원의 미래의 빛 아래 세워진다. 구원사의 주제는 창조자와 피조물들, 특히 인간과의 관계, 인간 대 인간의 또 인간과 자연사물들과의 의로운 관계질서의 실현과 확립이며, 피조물의 시간질서의 주제이다. 인간의 죄악과 신적인 심판은 피조물들에게 주어진 시간적 존속의 상실이며, 시간의 경과와 존속은 신적인 자유한 선하심과 은혜의 표식이며, 동시에 인간의 생명의 존속은 신적인 자유한 의로운 행위와 관계질서의 실현을 위한 차원이다. 아브라함에게서 예증화되는 것은 하나님에 대한 그의 신앙·신뢰의 의로운 복종의 행위이며 그 관계질서의 설정이다. 소돔과 고모라에 대한 신적인 심판을 완화하려는 아브라함의 의로운 중재역할은 신적인 심판을 용서로, 따라서 역사의 미래운명을 바꿀 수 있는 가능성을 함축하고 있는 자유한 행위이다. 신적인 구원의 약속과 아브라함의 복종의 행위는 하나님의 백성으로서의 미래의 이스라엘 민족의 출현을 예고할 뿐만 아니라 '땅의 모든 가족들', '모든 민족들'을 위한 중재자의 역할을 담지하는 것이다.

3) 하나님의 약속의 표식, 이사악의 탄생과 제단에서 주어지는 생존

아브라함의 설화는 이사악 설화와 중첩되어 계속한다. 야웨 하나님이 아브라함의 후손들을 '땅의 티끌처럼', '하늘의 별들처럼' 셀 수 없이 불어나게 하리라는 약속과 축복에도 불구하고 아브라함이 100세가 되도록, 사라가 90세가 되도록 후계자가 없다. 창세기 15장(야위스트-엘로히스트 문서전승들)에 의하면 아브라함이 야웨 하나님께 종에게서 얻은 자식을 후계자로 삼겠다고 하니, 야웨께서 사라에게서 태어날 후계자를 약속한다(3f.). 16장(야위스트 문서전승)에 의하면 사라가 자신의 출산을 희망하기 어려우므로 자신의 몸종 하갈을 아브라함에게 허락함에 따라, 하갈이 수태했는데, 사라와 하갈 사이에 갈등이 벌어져 하갈은 사막으로 도망쳤다. 야웨의 천사가 하갈에게 나타나, 그녀의 셀 수 없이 많은 후손들을 약속하면서, 그녀에게서 태어날 아들의 이름을 '이스마엘'(Ismael, 하나님이 들으신다는 뜻)이라

하라고 한다. 18:9~15 기사에 의하면, 야웨께서 아브라함에게 사라가 아들을 낳으리라고 예고한다. 그러나 아브라함은 너무 늙었고 사라도 수태할 수 있는 시기를 넘어섰으므로 속으로 웃었다. 야웨께서 아브라함에게 사라가 왜 웃었는가?, '야웨에게 못할 일이 있겠는가?' 하고 물으니, 사라가 두려워 자신은 웃지 않았다고 말한다. 그러나 야웨께서는 '너는 실로 웃었느니라' 고 실랑이하는 장면은 웃음을 자아낸다. '웃음' 이라는 말은 이사악의 탄생에 있어서 특수한 의미를 지니고 있음에 틀림없다. 사라의 웃음은 불가능한 일이 가능하겠는가?라는 의심의 질문을 함축하고 있는 것 같다. 17장(제사문서전승)에 의하면, 하나님이 '사래' 를 '사라', 즉 '민족들의 어머니' 라는 이름으로 부르라 하니, 아브라함이 자신과 사라가 이미 늙어 아이를 기대할 수 없으리라고 생각하고 역시 웃었으며, 이스마엘이 후계자가 되리라고 말하니, 하나님은 사라가 아들을 낳으리니 그의 이름을 '이사악'(Isaak, 그가 웃는다는 뜻)이라 하라고, 하나님이 이사악과 더불어 계약을 맺을 것이며, 그 계약은 '후손들을 위한 영원한 계약' 이라는 것이다(15~21절). 21장(야위스트-엘로히스트 문서전승)에 의하면 야웨께서 약속대로 사라를 돌보니, 사라는 수태하고 아들을 출산했으며, 아브라함은 아기를 '이사악' 이라고 명명한다(1~3절). 21:6(제사문서전승자료)에 의하면, 사라가 말하기를, '하나님이 나를 위해 웃음을 주셨으니, 듣는 모든 사람들이 내게 대하여 웃으리라' 고 말한다. 사라와 아브라함의 웃음은 불가능하게 여겨지는 자신들의 상황에서 신적인 가능성을, 희망할 수 없는 상황에서 한가닥의 희망의 미래를 기대하는 웃음이며, 이사악의 출생은 신적인 약속의 확실성의 표식, 신적인 선물에 대한 아브라함과 사라의 기쁨을 의미한다.[21]

---

21) 아브라함이 고향 친척들을 떠나 가나안 땅 세겜에 이르렀을 때, 그 땅의 기근 때문에 식량을 구하러 애굽으로 갔는데, 아브라함은 아름다운 사라 때문에 자신의 생명의 위협을 느끼고 사라

이스마엘이 젖을 뗄 때가 된 이사악과 노는 것을 본 사라가 아브라함에게 말하기를, 여종의 아들은 이사악과 더불어 후계자가 되어서는 안될 것이니 하갈과 이스마엘을 쫓아내라고 하니, 아브라함이 괴로워한다. 그러나 하나님은 아브라함에게 사라가 하라는 대로 하라고, 그 여종의 아들에게서 한 민족을 이룰 것이라고 말씀한다. 아브라함은 하갈에게 빵과 물 한 부대를 주어 내보내니, 하갈과 이스마엘이 브엘세바의 사막지대에서 헤맬 때, 갈증으로 아이가 울 때에, 하나님이 그의 울음소리를 '듣고'(Ismael, 하나님이 들으신다는 뜻) 그녀의 눈을 열어 샘물을 발견하게 한다. 그리고 그들은 사막에서 거하게 된다(21:15~21). 이스마엘은 신적인 특수한 약속의 후계자는 아니나, 남쪽 사막의 베두인(Bedouin)족의 조상이 된 것이다.

이사악과 이스마엘의 구별과 이사악 선택은 상전과 종이라는 신분계급을 의미하지 않는다. 아브라함은 사라도 자신들의 소생이 없을 경우에는 이스마엘이 후계자가 될 수 있다고 생각한 것이다. 이스마엘과 다른 이사악의 특수성은 신분계급관계가 아니라 야웨 하나님의 선택과 구원의 약속의 표식이다. 이사악의 탄생 설화는 아브라함과 사라의 출산능력을 능가하는 야웨 하나님의 자유한 결정에 의하여 이루어진 사건이라는 의미를 나타낸다. 이사악의 자연적인 적자권에 주어진 자유한 신적인 아브라함 선택과 약속이 신적인 자유한 은혜이듯이, 이사악의 후계권도 신적인 자

를 누이라고 내세운다. 사라가 애굽 왕의 궁전으로 불려 들어갔고, 아브라함은 많은 선물들을 받았다. 그러나 야웨께서 애굽 왕에게 재앙을 내려 사라를 무사히 구출해낸다(12:10~20). 또 아브라함이 가나안 땅에서 이리저리 유랑하고 있을 때, 남쪽지역 그랄(Gerar)의 왕 Abimelech이 사라를 탐냈을 때도 역시 야웨 하나님은 재앙으로 그 왕을 위협하고 사라를 보호한다(20:1~7). 이와 같이 사라가 특별한 신적인 보호를 받는다는 이야기들은 신적인 약속의 표식, 이사악의 탄생을 위한 전주곡이라 여겨진다.

유한 은혜에 의해서 주어지는 것이다. 그러나 인간의 자유가 배제되는 것은 아니다. 아브라함이 불확실성 속에서도 신적인 약속을 희망하고 믿음으로써 하나님께 의롭다고 간주된다는 것은 아브라함의 자유한 결단과 행위이다. 아브라함과 사라가 이사악 탄생의 신적 예고를 듣고 '웃었다'는 것의 의미와 이사악의 이름이 '그가 웃는다'라는 의미는 아브라함과 사라의 의심 가운데서의 희망과 믿음이며 이사악의 탄생은 보이지 않는 미래에 대한 희망과 현재적인 실상이다.22) 이사악의 탄생은 대를 이을 미래구원의 시간·역사의 표식이다.

창세기 22장에 의하면 하나님이 아브라함을 시험하여 그의 사랑하는 유일한 아들 이사악을 모리아 땅으로 가 하나님이 지시하는 산에서 번제물로 바치라고 한다. 그래서 아브라함은 아침 일찍 일어나 나귀에 안장을 얹고 두 젊은이들과 이사악을 데리고, 번제에 쓸 장작을 가지고, 그곳으로 간다. 삼일째 되는 날 아브라함이 먼 곳을 바라보고는 두 젊은이들과 나귀를 머물러 있으라고 하면서, "나와 이 아이는 저곳에 가서 경배하리라" 하고, 번제에 쓸 장작을 이사악에게 지우고 자신은 불씨와 칼을 챙겨 들고 함께 가는데, 이사악이 아버지에게 묻기를, "보십시오. 불씨와 장작은 있으나 번제에 드릴 양은 어디에 있습니까?" 하니, "내 아들아, 하나님이 스스로 번제에 드릴 양을 마련하시리라"고 아브라함이 대답한다. 그들이 하나님이 지시하는 곳에 이르러 아브라함이 제단을 쌓고 장작을 차

---

22) 사도 바울이 로마서 4장에서 아브라함이 '희망에 반하여 희망 가운데서 믿었다'(18절)는, 아브라함과 사라가 출산할 수 없는 상황에서 신적인 약속을 희망하고 믿었다는 전통을 그리스도를 믿는 우리 모든 사람들의, 믿음으로 의롭다고 간주되는 믿음의 의와 감명 깊게 비교한다. 아브라함은 자신들의 육체의 연약함에 흔들리지 않고 신적인 약속을 믿고 희망했다는 것이다. 아브라함의 믿음과 희망, 그의 의는, 그에게만 한정된 것이 아니라 우리 믿는 모든 사람들을 위함이니, 그는 실로 '많은 민족들의 아버지', 우리 믿는 모든 사람들의 아버지라는 것이다.

려놓고 이사악을 묶어 제단 위 장작더미 위에 올려 놓는다. 그리고 아브라함이 아들을 죽이려고 칼을 든다. 그때에 야웨의 천사가 하늘로부터 "아브라함아, 아브라함아! …… 그 아이에게 손을 대지 말라, 아무일도 그에게 행하지 말라. 이제 나는 네가 네 유일한 아들을 내게 바치는 것을 보니, 네가 하나님을 경외한다는 것을 알겠노라." 그래서 아브라함이 둘러보니, 뿔이 덤불에 걸려 있는 수양 한 마리가 있어, 이것을 아들 대신에 번제로 드린다(1~13절).[23] 그리고 야웨께서 아브라함에게 "네가 이 일을 행하였고 네 아들, 네 유일한 아들을 아끼지 않았으니, 내가 실로 너를 축복하고자 하며, 네 후손들을 하늘의 별들처럼 또 바닷가의 모래알처럼 불어나게 할 것이다. 네 후손들이 그들의 원수들의 문을 장악할 것이며, 네 후손들에 의해서 땅의 모든 민족들이 축복받으리니, 네가 내 음성에 복종했기 때문이다"(16~19절).

이 문맥에서도 우리가 새롭게 해석해야 할 문제가 발견된다. 우선 현대의 종교사학파는 아브라함의 제사행위가 원시 종교들에서의 어린아이들 혹은 인간제사 관행들과 유형적으로 유사하다는 점에 집착하여 아브라함의 제사행위의 깊은 의미를 간과한다. 궁켈은 아브라함의 제사행위와 설화가 어린 아들 제사를 감행해야 하는 아버지로서의 말할 수 없는 고통에 주목하지만 이러한 제사행위에 있어서 원시적인 저급한 어린아이 제사

---

23) 어린아이들의 산제사를 수행한 원시종교들에 대한 비판과 더불어 아브라함의 이사악 제사에 대한 반론들이 제기되었다. 이브라함의 제사가 그러한 원시종교들의 관행과 같은 행위이냐 하는 해석문제가 특히 현대구약학에서 논란된 것이다. Gunkel은 아브라함의 제사행위가 그러한 원시종교들의 인간제사행위들과는 상관없다고, 오히려 "그 어려운 제사를 감행해야 할 아버지의 가슴 찢어지는 고통을 표현한다"고, 아브라함의 제사에 관한 서술자들은 그의 제사행위에서부터 어린아이 제사에 대한 정죄를 읽어냈을 것이라고 주장한다. 예언자들과 예언자적 율법들은 이교도들의 어린아이 제사 관행들을 날카롭게 정죄하며(예레미아 7:31; 에제키엘 16:20, 20:26; 신명기 12:31; 레위기 18:21, 20:2ff. 참조), 저 서술자들은 이미 오래전에 폐기된 어린아이 제사 관행의 불가능성을 제시하고 있다는 것이다. Gunkel, 240, 242 참조.

의 폐기를 강조한다. 우리는 아브라함의 제사행위를 예언 전통에 있어서 정죄된 원시종교들의 어린아이들의 제사관행들과 동일선상에서 해석해서는 안 된다. 아브라함은 물론 근동의 인간제사의 관행들을 알고 있었음에 틀림없다고 추측된다. 그러한 관행들은 대체로 신들의 노여움을 달래고 복을 보장받기 위한 행위들이다. 아브라함의 제사행위는 그러한 목적을 위해서 계산된 것이 아니며, 논리적으로 혹은 합리적으로 전혀 설명될 수 없는 것이다. 그에게 있어서 이사악은 그가 절대적으로 신뢰한 신적 약속과 축복의 유일한 표식, 표징임에도 불구하고 이사악을 번제로 바치라는 야웨 하나님의 불가사의한 요청(시험)에 아브라함은 무조건적으로 복종한다. 그의 무조건적 복종은 무엇을 의미하는가? 그것은 이사악이 신적인, 전적으로 자유한 은혜의 선물이라는 것, 전적으로 야웨 하나님에게 속한다는 것, 아브라함 자신의 자연적 생물학적 소유권에 속하지 않는다는 것을 시인하는 행위이다. 그 행위는 마치 신적인 약속과 축복의 아들이 아브라함 자신의 자연적 소유권에 속하는 것처럼 신적인 요청(시험)을 거부할 수 있는 가능성을 배제하는 무조건적인, 즉 복종의 행위이다. 그러한 행위에서 아담과 이브의 타락의 가능성과 현실이 극복된 것이다. 그의 복종의 행위는 굴종이 아니다. 야웨 하나님으로부터 약속의 아들로 받은 이사악을 무조건 그에게 돌리는 행위는 전적으로 아브라함의 자유의 행위이다. 그의 의로움은 여기서 인간 편에서부터 확증된 것이다. 그는 실제로 이사악을 바친 것이다. 궁켈을 비롯한 현대의 종교사학파는 아브라함의 제사행위와 원시종교들의 인간제사 관행들의 유형적 유사성에 집착하고 이러한 관행들의 비윤리성에 대한 거부감 때문에, 아브라함의 제사행위의 깊은 의미를 간과한다. 아브라함이 제단에 바친 이사악을 되돌려 받는다는 사건의 깊은 의미도 타종교들에 비해서 아브라함의 종교적 신앙의 윤리적 우월성에 속하는 것이라고 해석하는 데에 우리가 머물러 있어서는 안 된다. 그 사건은 아브라함의 자유한 복종과 신앙의 행위에 대한 신적인 전적으로 자유한 은혜에 의해서 일어난 것이며, 그의 종교의 윤리적 합리적 우월성에 의해서 설명되는 것이 아니다.[24)]

이사악 설화는 아브라함 설화의 일부분인 것처럼 보이기도 하고, 또 아브라함 전통들을 야곱에게로 넘겨주는, 족장들 중에서 비교적 덜 중요한 인물인 것처럼 보이기도 한다. 아브라함 전통들을 야곱에게 매개하는 이사악의 역할의 의미가 무엇인가? 그것이 바로 그의 역사적 역할이다. 제단에서 주어지는 그의 생존은 실존적으로 신적인 구원의 약속의 표식, 약속의 아들의 표식이라는 의미를 단적으로 보여준다. 아브라함의 유일한 혈육, 유일한 후계자로서의 역사적 실존과 역할은 자연적 혈육 이상의 신적인 구원의 미래를 지니고 이것을 야곱에게 매개하는 중보자의 실존이며 역할이다. 제단에 바쳐진 이사악은 야곱으로 이어지는 이스라엘 민족뿐만 아니라 모든 민족들의 시간·역사적 생존과 존속을 위한 대속적인, 이스라

---

24) Kierkegaard은 *Fear and Trembling*(두려움과 떨림)이라는 글에서 아브라함의 제사행위를 실존론적으로 또 문학적으로 심오하게 해석한다. 그는 Hegel의 보편 윤리적 개념에 의해서 설명될 수 없는 아브라함의 신앙의 행위와 실존을 부각시키며, 그가 이사악을 제단에 바치고 되돌려받는 사건을 "Paradox" 혹은 "신앙의 비약", 인간의 논리를 뛰어넘는 사건이라고 주장한다. 아브라함은 영원한 것(the eternal)을 향하여 "시간적인 것"(the temporal)에 대한 "무한한 체념"(infinite resignation)으로 이사악을 바친다. 이러한 무한한 체념에서부터 이사악을 되돌려받음에로의 "신앙의 비약"은 "Paradox"로밖에 달리 말해질 수 없다는 것이다. *Fear and Trembling and The Sickness unto Death*, Walter Lowrie 역 (Doubleday Anchor Books, New York, 1954) 참조. 그런데 여기서 지적해야 할 문제점이 있다. 첫째로 Kierkegaard은 제사행위를 감행하는 아브라함의 실존의 개체성(individuality), Hegel의 논리에 의해서 설명할 수 없는 신앙의 개체성 혹은 특유성을 강조하는데, 아브라함이라는 이름이 이스라엘 민족과 모든 민족들의 구원을 대표하는 집단적 이름이듯이, 그의 제사행위도 인류의 구원을 위한 행위로서 그의 실존의 개체성에 한정되어서는 안 된다. 둘째로 Kierkegaard은 아브라함이 "시간적인 것," 유한한 것, 유한한 소유에 대한 "무한한 체념"을 수행한다고 서술하는데, 마치 아브라함의 시간적인 유한한 차원이 신적인 영원으로부터 탈락되어 버리는 것처럼 보인다. 아브라함이 이사악을 제단으로부터 되돌려받는 것은 아브라함과 이사악의 시간적인 차원을 영원으로부터 재정립하는 사건으로서 해석되어야 한다. 시간적인 것에 대한 체념이 아니다.

엘과 모든 민족들의 죄악에 대한 대속적인 중보자적 의미를, 혈육에서부터 탄생하여 혈육 이상의 신적인 구원의 약속의 아들이라는 중보자적 의미를 함축하고 있다. 아브라함의 이사악 제사는 죄악과 죽음을 넘어서서 존속하는 모든 민족들의 시간·역사의 신적인 은혜로운 선하심과 허락을 나타낸다.

이사악의 그러한 의미를 현대의 종교사학파나 역사학파보다는 옛 유대교 전통들이 더 잘 말해 준다. 랍비 전통의 한 미드라쉬(Midrash)는 이사악의 탄생에 있어서 메시아적 특징들을 본다.[25] 현대의 종교사학파는 대체로 메시아적 예언을 족장들의 시기 이후의 예언 전통에서 보기 때문에 저 유대교 전통들의 해석을 비역사적 주석이라고 여기는 것 같다. 어쨌든 이사악의 탄생에서 메시아적 특징들이 보인다면, 그 특징들은 그의 탄생뿐만 아니라 아브라함의 이사악 제사에서 또 제단에서 주어지는 놀라운 이사악의 생존과 야곱에로의 신적 약속과 축복의 전수에서 읽어야 한다. 그가 신적 약속의 아들이라는 것은 자연 혈육에서부터 도출되는 의미가 아니다. 아브라함과 마찬가지로 이사악이 지니는 신적 구원의 약속은 유한한 혈육의 현실에 영원으로부터 주어지는 차원이다. 한 혈육의 이사악은 자신의 혈육에게로 영원한 신적 구원의 약속을 전수할 수 없다. 제단에 바쳐지는 이사악이 바로 신적인 약속의 아들이라는 표식이며, 자신의 혈육의 야곱에게로 그 약속을 전수할 수 있다. 왜냐하면 제단에서 주어지는 이사악이 바로 그러한 시간·역사적 중보자의 역할을 수행할 수 있는 실존이기 때문이다. 또 다른 어느 미드라쉬에 의하면 아브라함의 제사가 영속적인 제사와 결부되어서 구속론적으로 해석된다.[26] 제단에 바쳐지는 이사

25) *ABD* Vol. III, 469.
26) *Ibid*. 그리스도교가 대두하기 전 제1세기에 이미 유대교의 *Jubilees*(희년)라는 책은 제단에 바쳐

악은 아브라함의 후손, 이스라엘 백성과 모든 민족들의 시간·역사적 존속을 위한 속죄물로서의 표식, 아브라함에게 주어진 신적 약속의 시간·역사적 계승의 표식이며, 이스라엘 백성과 모든 민족들의 시간·역사적 존속을 위한 중재자의 표식, 신적 구원의 약속을 담지하는 중재자, 중보자의 표식이다. 유대교 전통에 있어서 아브라함의 제사가 영속적인 제사의 의미를 가진다는 것은 이스라엘 백성과 모든 민족들의 시간·역사적 존속이 이사악과 같은 대속적인 속죄물을 필요로 한다는 것을 나타내준다. 이러한 구원사적 의미가 아브라함의 제사에서 표식화한 것이다. 이사악이 아브라함의 대를 계승한다는 것은 피조물의 자연적 혈육으로서의 존재를 포괄하면서 이 자연적 차원 이상의 신적 구원의 약속을 계승한다는 것을 의미하며, 이 계승을 위해서 이사악은 제단에 바쳐지는 시련을 겪은 것이다.

제단에서부터 다시 주어지는 이사악의 생존은 인간의 불복종과 타락, 죄악과 죽음에도 불구하고 신적인 자유와, 선하심과 지혜에 따라서 죽음을 넘어서는 시간·역사적 존속성과 구원의 미래시간을 함축하고 있다. 이사악을 위한 아브라함의 마지막 역할은 자신의 신뢰할 만한 종을 자신의 고향 메소포타미아에 있는 친척에게로 파송하여 이사악의 신부를 맞이해

지는 이사악의 '결박'을 유월절 제사에 결부시킨다. *Targum*들에 의하면 이사악이 아브라함에게, "내가 당신을 걷어차서 제사가 무효하게 되지 않도록 나의 아버지, 나를 잘 묶으십시오"라고 말했다는 것이다. Josephus는 그의 *Antiquities*에서, 모리아 산 제단으로 향해갈 때 이사악이 25세였다고, 그는 기꺼이 자신을 제단에 투신했다고 묘사한다. Alexandria의 Philo는 제사에 있어서 아브라함과 이삭 사이에 완전한 합의가 이루어졌다고, '그가 웃는다'는 뜻의 '이사악'이라는 이름이 기쁨을 의미하듯이, 그는 그 제사에서 보다 더 높은 의미의 기쁨을 배워야 했다고 말한다. Irenaeus, Tertullian 등 고대교회의 교부들은 유형론적으로 제단에 바쳐지는 이사악을 그리스도의 십자가에 비한다. 이상의 해석들을 위하여 *ABD* Vol. 3, Isaac 편 468~470 참조. 히브리서 11: 17~19에서는 제단으로부터 주어지는 이사악의 생존이 그리스도의 부활에 비유된다. 이와 유사한 신약의 표상들과 저 고대교부들의 해석은 구약에서의 신적인 약속이 신약에서 성취되었다는, '약속과 성취'(Promise and Fulfillment)라는 구약과 신약의 시간·역사적 관련성에 입각한 것이다. 이러한 전통적 신학의 정식(定式)에 관해서는 차후에 논의할 기회가 주어질 것이다.

오게 하는 일이다. 그의 신실한 종은 아브라함의 형제, 나홀의 아들 브두엘의 딸, 아름다운 '리브가'를 이사악의 아내로 데려오게 된다(창세기 24장). 이와 같이 이사악 설화는 아브라함 설화의 연장인 것처럼, 세 족장들 중에서 이사악의 위치가 덜 중요한 것처럼 보인다. 그러나 이사악은 제단에 바쳐짐으로써 아브라함에게 주어진 신적 약속과 축복 아래서의 이스라엘 백성과 모든 민족들의 시간·역사적 존속을 위한 결정적인 의미를 지닌다.

4) 야곱의 장자권 쟁취, 노동의 여정, '이스라엘' 이름의 획득, 애굽에로의 이주, 이스라엘 백성의 미래예언

(1) 야곱의 장자권 쟁취

이사악 설화가 부분적으로 야곱 설화와 중첩된다. 그가 40세에 결혼한 리브가가 20년 동안이나 출산을 못하니, 이사악이 야웨께 기도하여 수태하게 된다. 신적인 구원의 약속의 대를 계승하기 위한 출산은 단순히 자연적 출산과는 다른, 특수한 신적인 은혜와 섭리에 의해서 이루어진다는 것이 리브가의 경우에 있어서도 드러나 있다(창세기 25:21). 출산은 족장 설화들에 있어서 생명의 시간·역사적 존속의 문제이다. 리브가에게 쌍둥이가 잉태되어 태어나기도 전에 싸우니, 리브가가 괴로워 야웨께 호소한다. 야웨께서 말씀하기를, "두 민족들이 네 태 속에 들어 있으니, 네게서 태어나는 두 백성들이 갈라지게 될 것이며, 하나는 다른 하나보다 더 강할 것이고 형이 동생을 섬길 것이다"는 것이다. 이사악이 60세에 쌍둥이가 태어나니, 첫째 아이는 살결이 붉고 몸은 털투성이로 태어나 붉다는 뜻으로 '에사오'(Esau)라고 일컬어진다. 그의 동생은 에사오의 발뒤꿈치를 잡고 태어나니, 그의 이름은 야곱(Jacob, "발뒤꿈치를 잡는다" 혹은 "대치한다"는 뜻)이라고 일컬어진다(25:19~26). 에사오는 사냥꾼이 되고, 야곱은 천막에 거하는 조용한 사람이다(25:27f.). 하루는 야곱이 죽을 끓이고 있을 때, 에사오가 사냥터에서부터 허기져 돌아와 야곱이 끓이는 붉은 죽을 달라 하니, 야곱이 "먼저 내게 장자권을 팔라"고 말한다. 에사오는 "내가 죽을 지경인데 장자권이 내게 무슨 소용이냐?"고 말한다. 야곱은 장자권을 팔겠다는 에사오의 서약을 받아내고서 빵과 죽을 제공한다(25:29~34). 결국 에사오는 경솔하게, 그러나 자유로 장자권을 상실한 것이다. 야곱은 어머니 리브가의 획책과 속임수와 결탁하여 장자권을 쟁취하고 형을 대치한다. 에사오의 에돔(Edom) 족은 이스라엘 민족보다 이전에 형성되었으나 다윗 왕국에 복속되었다고 한다. 에사오와 야곱의 이야기는 원시 민족분화와 지배권 쟁취의 일반적인 문제들을 배경으로 하고 있음에 틀림없으나, 우리는 신적인 구원의 약속과 축복에 결부된 그 장자권이 이스라엘의 구원사적인 정초 문제와 직결된다는 것을 주목해야 할 것이다.

이사악이 늙어 눈이 희미해졌을 때 에사오를 불러 말하기를, "보라 내가 늙고 내가 죽을 날을 모른다. 이제 …… 들에 나가 …… 사냥하여 내가 즐기는 별미의 음식을 만들어 내가 먹도록 가져오라. 내가 죽기 전에 너를 축복할 수 있도록"(27:1~4). 이사악은 응당 에사오가 대를 이을 장자라고 생각하고 있다. 그러나 리브가는 에사오가 들에 나간 틈을 타서, 야곱으로 하여금 양새끼 두 마리를 가져오게 하여 별미를 만들어 놓고, 야곱에게 에사오의 옷을 입히고 짐승 가죽을 야곱의 손과 목에 씌워주어 이사악에게 그 별미를 드리게 한다. 이사악이 그가 털많은 에사오인 줄 알고 야곱을 축복한다(27:5~27):

하나님이 너에게 하늘의 이슬을 내려 주고
기름진 땅, 풍성한 곡식과 술을 주시리라.
족속들이 너를 섬기리니,
민족들이 네게 엎드려야 하리라.
네 형제들을 다스리고
네 어머니의 아들들이 네게 엎드려야 하리라.
너를 저주하는 자는 저주 받을 것이며,
너를 축복하는 자는 축복 받으리라! (27:27~29)

에사오가 들에서 돌아와 사냥한 것으로 별미를 만들어 이사악에게 드리니, 이사악이 심히 떨면서 자신이 이미 축복을 내려 주었다고 말한다. 에사오는 소리 높여 울면서 아버지에게 남아 있는 축복을 애걸하니, 이사악이 말하기를, "보라, 네가 거할 곳은 기름진 땅도 아닐 것이며, 하늘로부터 이슬도 내리지 않을 것이며, 칼로써 네가 살아가야 할 것이며, 네 아우를 섬길 것이다. 너는 그의 멍에를 네 목에서 떨쳐버려야 하리라"고 한다.[27] 그래서 에사오는 야곱을 증오하고 죽이려고 작정한다. 이것을 알게 된 리브가는 야곱을 자신의 고향집 오라비 라반(Laban)에게로 도피시켜 에사오의 분노가 풀리면 돌아오도록 지시한다(27:41~46). 이사악이 야곱을 떠나보

27) 에사오에 대한 이사악의 축복은 축복이라기보다는 사냥꾼으로서의 에사오의 운명과 그의 족속이 거하는 땅의 자연적 조건을 나타내는 것 같음에도 불구하고 그의 족속의 시간적 존속 자체가 역시 신적인 축복의 전망 아래 놓여지게 된다. Edom 족도 상당한 독자적 계보를 이루게 되는데(창세기 36장), 다윗 왕 때에 이스라엘 민족에게 복속되었으며(사무엘하 8:13f.), 솔로몬 왕 때에 Edom 족이 반란을 일으켰다(열왕기상 11:14~22, 25; 열왕기하 8:20~22). 야곱과 에사오 사이에서의 지배권-피지배 관계를 결정하는 장자권 개념은 원시 바빌론을 비롯한 근동의 자연적 민족분화의 상황을 바탕에 함축하고 있으면서도 그러한 상황을 넘어서는, 의로운 신적 지배권의 미래를 배태하고 있다는 점이 주목되어야 한다. 시간질서는 신적인 의의 실현을 주제로 하고 있다.

낼 때 아브라함에게 주어진 신적인 약속과 축복이 야곱과 후손들에게 주어지리라는 것을 확언해 줌으로써 야곱의 장자권이 확립된다(제사문서전통, 28:1~5).

이사악은 리브가와 야곱의 계략에 속아서 야곱에게 장자권의 축복과 예언을 부여했지만, 야곱의 장자권 쟁취를 신적인 결정으로서 받아들인다. 야곱이 속임수로 장자권의 축복을 쟁취했다고 해도, 에사오는 사실상 자신의 자의로 그것을 야곱에게 양도해 버린 것이다. 아브라함→이사악→야곱에게로 이어지는, 신적인 약속과 축복을 계승하는 장자권은 이사악의 의지를 넘어서는, 리브가와 야곱의 속임수나 도덕성에 달려 있지 않은, 신적인 자유와 은혜로운 선택에 의해서 구원의 미래를 담지하게 하는 장자권을 의미한다. 인격적으로나 도덕적으로는 에사오나 야곱이 다를 바 없는 상대적인 인물들이다. 신적인 자유한 선택에 의해서 야곱이 이스라엘 족장으로 되는 시간·역사적 사건이 이사악의 의지를 넘어서서 일어난 것이다. 야곱의 장자권 쟁취는 많은 부족들 혹은 민족들과의 투쟁을 통해서 이스라엘 백성이 민족으로서의 위치를 쟁취할 수밖에 없었던 시간·역사적 사실을 반영한다. 아브라함은 이사악을 제단에 바침으로써 신적인 약속과 축복에 응답했고, 이제 야곱은 에사오와의 혹은 다른 민족들과의 투쟁들의 시간·역사적 과정에서 불가피하게 일어나는 분쟁과 결부해서 그 신적인 약속과 축복을 쟁취하는 이스라엘 민족의 족장임을 나타낸다. 신적인 구원의 약속과 축복은 시간·역사적 과정에서의 인간의 혹은 민족 집단의 쟁취와 투쟁을 필요로 한다.[28)]

---

28) Gunkel에 의하면 장자권은 바빌론 법에 있어서 아버지의 대를 이어받는 것으로서 형제들은 장자의 노예들이라는 위치에 세워진다는 것이다. 상게서, 298. 여기서 우리는 바빌론 법의 의미와 관행을 충분히 규명할 수 없고 또 그러한 배경이 야곱의 장자권 쟁취에 어느 정도 작용했다고 해도, 우선적으로 출애굽 사건과 예언자 전통에 비추어서 야곱의 장자권을 해석해야 한

(2) 노동의 여정과 '이스라엘' 이름의 획득

야곱이 에사오를 피하여 리브가의 고향 메소포타미아 하란 땅을 향하여 북동쪽으로 떠나는 도피의 여정의 길 어느 곳에 이르러 돌베개를 베고 잠들었을 때 꿈에서 땅과 하늘을 이어주는 사닥다리를 오르내리는 천사들을 본다. 야웨께서 그 위에 서시어 말씀하기를, "나는 너의 조상 아브라함의 야웨 하나님, 이사악의 하나님이다. 네 후손들이 땅의 티끌처럼 되고 너는 서 동 북 남으로 퍼질 것이며, 너와 네 후손들에 의하여 땅의 모든 가족들이 축복받게 되리라. …… 내가 너와 함께 있어 네가 어디로 가든지 너를 지킬 것이며 너를 이 땅으로 돌아오게 하리라. …… " 꿈에서 깨어난 야곱

다. 야곱의 장자권 쟁취의 경우, 장자—차자라는 자연 질서가 전도된다는 사실과 에사오에 대한 야곱의 지배권이, 후기에 다윗 왕국이 에사오의 Edom 족을 복속시키지만, 개인적으로 야곱 자신에 의해서 전혀 행사되지 않는다는 사실은 저 바빌론 법과 동일화될 수 없는 개념이라는 것을 나타낸다. 야곱 설화에서 장자의 지배권의 의미가 명확하게 제시되어 있지 않으나, 예언전통에 비추어 볼 때 창조자·구원자 하나님의 의의 주재권을 함축하고 있는 것으로 해석되어야 한다. 지금까지 야곱의 부도덕한 속임수에 의한 장자권 획득에 대해서 종교윤리적으로 정당화하려는 주석적 시도들이 행해져 왔다. 그러나 우리는 야곱의 장자권 쟁취에 있어서 그의 도덕성이 기준의 척도가 아니라는 것을 명시했다. 그런데 궁켈은 그러한 도덕적 정당화 시도들과는 달리, 야곱의 속임수를 한 "익살스러운"(lustig), "유머가 가득한"(humorvoll) 이야기라고 해석한다. 더 나가서 궁켈은 "이스라엘에 있어서도 윤리성과 종교가 아직 밀접한 유대관계를 내포하지 않았던 시기가 있었다"고, "이러한 설화들은 …… 그 신은 십계명들의 입법자, 존엄한 야웨가 아니라, 그의 선호하는 자와 종족을 …… 보호하는 그러한 신, 훨씬 더 원시적인 신상이다." 상게서, 307f. 여기서 궁켈도 윤리적 척도를 전제하고서 야곱의 장자권 쟁취를 해석하고 있다는 사실이 엿보인다. 에사오—야곱의 인품이나 도덕성을 능가하는 신적인 자유한 선택의 의미가 간과되어 있다. 족장들의 하나님은 아직 덜 발달한, 종족 옹호의 신이라는 궁켈의 해석은 출애굽 사건 이후의 예언 전통에서 선포되는 '아브라함의 하나님, 이사악의 하나님, 야곱의 하나님'이라는 정식(定式)은 이스라엘 족장들의 종족적인 영역을 넘어서는 의미를 가진다. *ICC* Vol. I에 의하면 야곱의 장자권은 "정치적 세력이나 물질적 번영에 있어서의 우월성," 혹은 "영적인 특권," 혹은 "야곱에게 주어진 축복은 이스라엘의 미래의 위대성을 나타내는, 부분적으로 자연적인, 부분적으로 정치적인 것"이라는 현대의 해석들이 언급되어 있는데, 야곱의 장자권이 물론 자연적인 또 정치적인 요인들을 내포하지만 신적인 구원의 약속 혹은 시간·역사적인 신적 경륜의 의미가 이러한 해석들에 있어서 간과되어 있는 것 같다. 362, 371 참조.

은 "확실히 야웨께서 이 장소에 계신다," "이 장소가 참으로 두려운 곳이로다!," 이곳은 "하나님의 집이고 하늘의 문이라"고 외치면서, 그곳에 돌을 쌓고 '하나님의 집' 즉 베델이라고 칭한다(창세기 28:10~22). 이와 같이 아브라함–이사악에게 주어진 신적인 약속이 신적인 자유와 선택에 의해서 야곱에게로 전수되며, 이러한 신적인 자유가 구원사적 시간존속의 원천이다. 베델은 하나님이 자유로 임재하는 땅의 특수한 공간이다.

그러한 신적인 약속을 담지하고 야곱은 약속의 땅을 떠나 동북쪽 하란 땅에 거하는 외삼촌 라반의 집에 이르러 가축 치는 목동으로서 14년 머슴살이 하고서, 라반의 두 딸 레아(Leah)와 라헬(Rachel)과 결혼하고 이들의 몸종 질바(Zilpah)와 빌하(Bilhah)도 함께 야곱에게 주어진다. 레아와 라헬 사이에서 출산의 경쟁이 벌어지는데 레아가 우세하여 여섯 아들들과 몸종에게서 얻은 두 아들들, 합하여 여덟이 레아에게 속하며, 야곱의 사랑을 받는 라헬은 어렵게 자신의 몸종에게서 두 아들과 라헬 자신에게서 얻은 두 아들, 합하여 넷을 얻게 되니, 레아의 소생인 딸 이외에 이스라엘 백성의 열두 지파가 그렇게 출현했다는 것이다(29:31~30:24; 35:16~18). 경쟁적인 네 여인들에게서 열두 아들과 딸 하나가 출생했다는 것은 결코 다산은 아니지만, 출산 경쟁과 자손 번창은 원시 시대의 인류에게 절실하게 필요했던 상황이라고 추측된다. 이스라엘의 헤아릴 수 없이 많은 후손들에 대한 신적인 약속은 그러한 원시의 자연현상적 상황을 반영한다고 생각되나, 그러한 자연현상 이상의 의미를 지닌다. 즉 자손 번창은 인간의 타락과 범죄, 죽음과 시간 상실에도 불구하고 인류의 생명보존과 시간적 존속이 가능하다는 것은 신적인 약속의 미래시간이 주어지기 때문이다.

야곱이 20년이나 라반의 집에서 봉사했으나 인색한 라반이 놓아 줄 것 같지 않으므로 자신에게 속하는 가솔들과 재산을 이끌고 도망쳐 가나안 땅으로 향해 오는 길에 라반의 추격을 받는다. 그러나 하나님이 야곱을 돕는다는 것을 생각하는 라반은 결국 야곱과 화해하는 계약을 맺고 풀어준다(창세기 31장). 야곱이 가나안 땅에 이르기 전에 에돔 땅의 형 에사오를 대면할 수밖에 없으므로 선물과 전령들을 미리 보낸다. 형이 4백 명을 거느리고 야곱에게로 온다는 소식에 야곱은 생명의 위협을 느끼면서 형의 노여움을 풀어줄 계책으로 자신의 행렬을 전후 행렬로 나누어 선물과 한 행렬을 앞세우고 자신은 뒤에서 두 아내, 종들, 자식들을 데리고 얍복강 나루터를 건넌다. 그날 밤 야곱이 어떤 '사람'과 동틀 때까지 씨름한다. 그 씨름자는 야곱의 환도뼈를 쳤으나 이기지 못하고 놓아달라고 하였으나, 야곱이 "당신이 나를 축복하지 않는다면, 나는 당신을 놓아주지 않으려오" 하고 말하니, 야곱에게 새 이름을 내려 준다. "네 이름은 이제 야곱이 아니라 이스라엘(Israel, '하나님과 씨름하는 자' 혹은 '하나님이 씨름한다'는 뜻)이라고 일컬어져야 한다. 네가 하나님과 씨름했고 네가 이겼기 때문이라"는 것이다. 야곱이 하나님과 대면하고도 살아남을 수 있었다고 해서 그 장소를 '브니엘'('하나님의 얼굴')이라고 칭했다(32장).[29] 야곱의 씨름 대상자는 그 날 밤에 어떤 '사람'의 모습으로 대두한다. 그는 라반일 수도 있고, 두려운

---

29) 구약에 의하면 인간이 하나님의 얼굴을 대면하고서는 살아남지 못한다 (출애굽기 33:11, 20; 신명기 34:10 참조). 그럼에도 불구하고 야곱이 살아남았을 뿐만 아니라 하나님을 이겨냈다. 그런데 야곱이 씨름한 신은 어떠한 신인가 하는 해석문제가 있다. *ICC* Vol. I 에 의하면, 야곱 설화의 이 장면은 이스라엘 종교의 보다 더 낮은 단계의 신상, 말하자면 야웨가 아니라 어떤 지역 신, 강물의 신, 어떤 불확실한 신과 관계되어 있다는 것이며, '브니엘' 이라는 장소도 알려져 있지 않다는 것이다. 410ff. 참조. 궁켈에 의하면, 야곱에게 불시에 덮친 신은 저급한 원시종교에 속하는, 나중에 악마와 같은 신으로 변한, 후기의 윤리적 종교에서 극복된 신이며, 야웨는 야곱을 돕는 자이지 "적대자"가 아니라는 것이다. 상게서, 362, 364 참조. 이러한 해석들은 발전사적인 관념론을 전제하고 있으며 야곱이 처한 위기의 구체적 상황에서 사느냐 죽느냐? 신적인 축복을 지탱해 내느냐 상실하고 마느냐? 하는 야곱의 고투의 현실적 상황을 전혀 설명해 주지 못한다. 또 어떻게 알지 못할 어떤 저급한 신이 족장 야곱에게 '이스라엘' 이라는 이름을 부여할 수 있겠는가?

형 에사오일 수도 있으며, 야곱이 겪어온 역경의 현실의 신격화일 수도 있다. 그러한 현실적 인물들과의 씨름에서 그는 하나님과 씨름한 것이며 구원의 약속과 축복을 쟁취해 낸다. 에사오와의 대면에서 사느냐 죽느냐 하는 위기에 직면하여 생명을, 축복을 애걸하는 야곱에게 '이스라엘' 이라는 이름을 내려 주는 자는 "어떤 저급한 신"이 아니라 바로 야웨 하나님이다. 아브라함은 많은, 모든 민족들의 '아버지,' 인류 집단의 이름이고, 이사악은 인류의 생존과 존속을 위한 제단에서 웃는 신비의 제물의 이름이고, 이스라엘은 약속의 땅을 쟁취하고 한 민족을 건설해야 할 이스라엘 민족의 이름이다.

야곱이 그렇게도 두려워하던 에사오를 만나는 순간, 둘은 서로 부둥켜 안고 운다. 야곱은 "실로 당신의 얼굴을 보는 것이 하나님의 얼굴을 보는 것 같다"면서(33:10) 형에게 엎드려 조아린다. 이렇게 둘은 극적으로 화해한 것이다. 야곱의 이스라엘 이름은 바로 에사오와의 씨름, 세계 현실과의 씨름에서 쟁취된 이름이다. 야곱은 형과 갈라져 마침내 가나안 땅 세겜 마을에 이르러 얼마만큼의 땅을 사서 천막을 치고, 제단을 세우고 이 제단의 이름을 '이스라엘의 하나님 엘' 이라고 칭하고(33:4~20), 불어난 가솔들과 더불어 가나안 땅에 거한다. 그러나 야곱에게 주어진 신적 축복은 아직도 먼 미래에 속하며, 미래의 대망 속에서의 여정을 계속한다.

(3) 애굽에로의 이주와 이스라엘 백성의 미래예언

야곱 설화는 그가 늦게 얻은, 라헬의 소생 요셉 설화와 중첩되어 계속된다. 야곱의 편애를 받는 요셉이 17세 때 형제들의 음모에 의해서 애굽으로 팔려가 파라오 왕의 경호원 보디발에게 넘겨지기에 이르러 그 집에 거하면서 집일을 도맡아 보는 종이 된다. 그러나 보디발의 아내의 유혹과 모함 때문에 그 집 구덩이에 수감된다. 그런데 요셉이 파라오의 꿈 해몽–모든 땅의 일곱해 풍년, 일곱해 흉년이라는–과 대비책에 대한 지혜로운 조언 때문에, 30세 때 대제국 애굽의 파라오에 버금가는 통치자, 풍년들과 흉년들을 잘 다스리는, '모든 땅'의 기근문제를 해결하는 통치자가 된다(37~41장). 형제들의 악행과 보디발 아내의 음흉한 모함에도 불구하고 요셉은 '하나님이 …… 생명을 보존하기 위하여'(45:5), '땅 위에 남아 있는 자들을 …… 보존하기 위하여'(7절), '하나님이 (자신을) 파라오에게 아버지 역할을 수행하게 만드셨다'(8절)고 식량을 구하러 애굽으로 온 형제들에게 말하면서 이들을 용서하고 화해한다. 많은, 모든 민족들의 '아버지'라는 아브라함의 역할, 많은 민족들을 위한, 생명보존과 시간·역사적 존속을 위한 중재역할을 이제 요셉이 수행하고 있다.

요셉이 아버지 야곱과 모든 가솔들을 애굽의 고센 땅으로 와 살도록 배치한다. 요셉이 살아 있다는 소식에 용기를 얻은 늙은 야곱이 70인 가솔들을 거느리고 애굽으로 이동한다(창세기 46:27; 출애굽기 1:5; 신명기 10:22). 130세가 된 야곱이 파라오를 만나 축복을 내려 준다(47:6, 10). 그것은 생명보존과 존속의 축복이 아니겠는가? 야곱이 17년 애굽에서 살다가 임종이 가까운 것을 느끼고, 요셉에게 당부하기를 자신을 애굽에 묻지 말고 가나안 땅 조상의 묘에 묻어달라고 유언하고 숨을 거둔다(47:30f.).[30] 결국 야곱은 약속의 땅을 떠나 나그네로서 생을 마치고 먼 미래의 약속의 땅을 희망할 뿐이다.

창세기 49:1~28에서의 열두 아들들에 대한 야곱의 임종시의 축복시는

30) 아브라함이 매입한 가나안 땅의 막벨라(Machpelah) 가족묘(창세기 23:9, 19)에 아브라함과 사라(25:9~10), 이사악과 리브가(35:29; 49:31), 야곱과 레아(49:31; 50:13)가 묻혀 있다고 한다.

신명기 33장에서의 모세의 축복시와 유사하며 후기 다윗 왕 시기의 작품이라고 추정되는데, 히브리 시의 가장 오래된 한 단편이라고 한다.[31] 족장들에 얽힌 설화들이 다 과거에로의 후기의 투사라는 것은 모든 과거의 시간·역사를 태초의 원시간·원공간과 첫 인류인 아담과 이브에로 투사하는 형식과 동일하다. 그렇기 때문에 모든 시간·역사가 미래시간의 빛 아래서 조명되는 예언자적 성격을 가지게 된다. 야곱의 축복의 시도 미래를 지시하는 예언자적 성격을 가지며, 신적 심판을 내포하는 축복의 시이다.

첫째 아들 르우벤에게 내리는 야곱의 축복은 축복이 아니라 꾸지람이니, 르우벤의 왕성한 혈기와 아버지의 침상에 기어들어 아버지의 첩 빌하를 범한 절제 없는 정열을 꾸짖는다(49:3f.; 35:22 비교 참조). 르우벤 지파는 후일 모압족에게 정복된다(판관기 5:15f.). 그다음 시므온과 레위에게는 저주가 내려진다. 이들은 칼만 잡으면 사나워져 사람들을 쳐 죽이고, 닥치는 대로 소들을 박살내니, 그들의 사나운 분노가 저주받으리라는, 그들의 자손들은 흩어지게 되리라는 것이다(5~7절).[32]

넷째 아들 유다에 대한 야곱의 축복이 특유하므로 우리의 상세한 고찰을 필요로 한다. 주석상의 문제들이 있으므로 8~12절에서의 미래예언적 축복의 문구들을 인용하자면,

> 유다, 네 형제들이 너를 칭송하리라.
> 네 손은 네 원수들의 멱살을 잡을 것이며,

---

31) Gunkel의 상게서, 475ff.; *ICC* Vol. I, 507.

32) 야곱이 하란 땅에서부터 가나안 세겜 땅에 이르렀을 때, 그 땅의 추장 하몰의 아들 세겜이 야곱의 딸 디나를 범하고 결혼하여 이스라엘 백성과 하나되겠다고 애걸했으나, 야곱의 아들들이 대노했고 시므온과 레위는 복수의 대학살을 자행했다는 일이 저 야곱의 저주에 전제되어 있다(창세기 34:25~30). 두 부족들은 이스라엘 민족사의 초기에 흩어져 버렸다. *ICC* Vol. I, 517f.

네 아비의 자식들이 네게 엎드리리라.

유다는 사자 새끼, 아들아, 너는 먹이를 덮쳐 뜯어먹고는

엎드려 누워 있는 수사자 ……

왕권이 유다를 떠나지 않으리라.

통치자의 지휘봉이 그의 발에서 떠나지 않으리니(10절 상반),

그가 그것(통치자의 지휘봉)이 속하는 그분이 오기까지

또한 그분에게 민족들이 복종할 때까지(10절 하반).

나귀를 포도나무에 매어놓고 ……

포도즙으로 그의 옷을 빨고 ……

그의 눈은 포도주로 상기되고

그의 이는 우유로 희어지게 되리라.

유다 지파는 이스라엘의 머리 부족, 힘 센, 승리하는 사자 부족이며, 정치적 우위를 차지하며(10절 상반), 장차 올 미래의 메시아적 통치자에 대한 희망을 담지하는(10절 하반), 자연의 혜택을 많이 받은 부족이다(11, 12절). 10절 하반에서의 백성들 혹은 민족들이 복종할 장차 올, 히브리 성서 본문에 שִׁילֹה(쉴로)로 표시된 그분은 메시아의 이름을 의미한다.33)

---

33) 그 구절의 메시아적 해석이 일찍부터 유대인들 사이에서 지배적이었다고 하며, 개인으로서의 '쉴로'가 누구를 가리키느냐 하는 문제가 분분했다. *ICC* Vol. I, 522 참조. '쉴로'는 또한 언약궤가 보존되어 있던 장소이기도 한데, 다윗의 통치 얼마 전에 황폐화되어 버렸으니, 저 본문에서 그 장소가 지칭된 것은 아니다. Calvin의 *Old Testament Commentaries Genesis*, vol. II, 453 참조. Calvin은 10절을 다윗 왕국과 이것의 성취자로서의 메시아(그리스도)에 대한 예언으로 해석한다. 구약과 신약의 이러한 연결문제는 차후에 논해질 맥락이 있을 것이다. 현대의 구약학은 '쉴로'가 메시아 칭호였다고 해석되기 어렵다는 것이며, 또 이스라엘의 다른 부족들과 다른 민족들에 대한 유다 왕국의 우위권이란 역사적 사실이 아니라는 것이다. *ICC* Vol. I, 522. 또한 현대의 구약학은 대체로 메시아 예언을 다윗 왕국 이후의 B.C. 8세기경 이래의 문서 예언자들(이사야 9장, 11장, 미가 5장 등)에게서 나타나는 것으로 일반적으로 가정하기 때문에 저 10절을 메시아 예언으로 해석하기를 주저한다. 그런데 Gressmann은 그의 *Ursprung der*

즈불룬, 이싸갈, 단, 가드, 아셀, 납달리 등은 각기 다른 생존과 존속의 축복을 받으나, 신적인 구원의 약속의 종말론적 미래를 담지하지는 않는다(13~21절). 요셉에게는 유다를 능가하는 풍성한 축복이 내려지는데(22~26절), 북이스라엘 왕국의 강력한 지파들인 므나쎄와 에브라임 계보들로 분화된다(신명기 33:13~17). 베냐민은 요셉과 동복형제이지만 약탈하는 늑대라는 판정을 받는다(28절). 야곱이 숨을 거두니, 그의 아들들이 그의 시신을 아브라함이 매입한 가나안 땅 막벨라 묘지(창세기 23:8f.)에 아브라함과 사라, 이삭과 리브가, 야곱과 레아와 함께 안장한다(50:13). 결국 야곱은 약속의 땅을 떠나 나그네로서 생을 마친다. 그들은 과거에로, 공허에로 사라졌으나 신적인 영원한 미래에 대한 희망함에서 신적인 영원에 참여하리라고 여겨질 것이다.

야곱에 대한 이사악의, 또 이스라엘 열두 지파에 대한 야곱의 축복의 약속은 아브라함에게 주어진 신적인 약속과 축복의 대행이고 시간·역사적 존속을 의미한다. 신적인 약속과 축복은, 특히 유다에 대한 저 49:10~12에서의 야곱의 메시아적 예언에 있어서, 창조의 원시간과 종말시를 통일해 가지는 신적인 현재, 시간·역사적 현재의 차원이다. 신적인 약속과 축복이 선택적인 성격을 가지는 것은 신적인 자유한, 지혜와 은혜로운 선하심에 근거한, 인간의 시간·역사와의 관계의 경륜을 의미한다. 시간은 바로 신적인 자유에 의해서 인간의 생명과 존속, 역사와 사회의 의로운 질서 실현을 위한 신적인 지혜와 선하심의 경륜, 즉 시간 경륜(time economy)

*israelitisch-judischen Eschatologie*에서 주장하기를 문서 예언자들은 이미 주어져 있는 종말론을 전수해 받았다고 하며, 이에 근거해서 Gunkel은 야곱의 축복의 저 10절을 메시아적 예언으로서 해석한다. 11절과 12절에 묘사되어 있는 풍성한 포도와 포도주는 종말시의 상황을 가리킨다는 것이다. Gressmann의 책, 208ff., 253f., 265f.; Gunkel의 상게서, 482f. 물론 Gunkel과 Gressmann은 종말시의 상황을 신화로 본다.

을 의미한다. 타락하고 범죄하는 인류와 민족들 가운데서 아브라함–이사악–야곱이 선택되어 신적인 구원의 약속을 담지하는 신적인 시간 경륜은 이스라엘의 시간·역사가 피조물 전반 혹은 인류역사에 신적인 자유하고 의로운 주재권을 매개 혹은 중재하기 위함이니, 바로 이사악을 제단에 바치는 아브라함의 행위가 이스라엘 민족뿐만 아니라 모든 민족들이 타락과 범죄에도 불구하고 생존하고 존속하도록 섭리하는 신적인 은혜로운 선하심을 이들에게 중재하고 매개하는, 미래를 열어 주는 시간 경륜이며, 유다에 대한 야곱의 예언적 축복이 미래의 유다 왕국을 이 왕국을 능가하고 넘어설, 신적인 의와 은혜의 주재권을 담지할 종말시의 '쉴로'의 도래에로의 매체로서 선언하는 구원의 시간 경륜이다.

족장들에 관한 설화들에 함축되어 있는 시간·역사의 구원사적 의미에 대한 고찰을 마치기 전에 우리는 여성신학이 제기하는 가부장적 남성 지배에 대한 문제를 간략하게 짚고 넘어갈 수밖에 없다. 저 설화들은 철저하게 가부장적인 것으로 보인다. 저 설화들은 전반적으로 가부장적 남성 지배의 종교문화사의 맥락을 반영하고 있다. 그러나 그러한 종교문화사를 반영하는 아브라함–이사악–야곱이 담지하는 신적 구원의 약속의 내적 주제가 가부장적 남성 지배를 넘어서는 초가부장적인 주제라는 사실에 주목해야 한다. 나는 80년 한국여신학자협의회 초대 회장을 맡고서 직후에 열린 공개강좌에서 또 그 이래 성서 전통에서의 그러한 초가부장적 주제를 주장해 왔으나 별 호응을 받지 못했다. 아브라함–이사악–야곱에게 주어진 신적인 약속과 축복이 이들의 산물이 아니듯이, 창조자·구원자 야웨 하나님이 그 족장들을 선택한 분으로서 그들의 하나님으로 구약 전통에서 일컬어지지만 그들이 가부장적 남성 지배의 투사가 아니듯이, 그들의 하나님이 이스라엘 민족신이 아니듯이, 야웨 하나님과 그의 약속과 축복은 가부장적 남성 지배의 종교문화 체제의 옹호 이데올로기가 아니다. 그의 구원의 시간 경륜은 결코 남성 지배의 산물이 아닌, 가부장적 남성 지배의 역사 사회체제를 넘어서는 초가부장적 성격을 가진다. 단적으로 이스라엘의 열두 지파에 대한 야곱의 예언적 축복을 예를 들어 보자면, 그의 축복이 신적인 저주와 심판을 명시하기도 하고 암시한다는 사실은 이스라엘 민족의 신격화라고 해석될 수 없듯이 족장 설화들의 주제는 가부장적 남성 지배의 정당화라고 해석될 수 없다는 사실을 보여준다.

유다 왕국에 대한 그의 예언도 장차 올 종말론적 메시아, '쉴로'의 주재권, 유다 왕국을 능가하는 주재권을 선언함으로써 유다 왕국을 한정할 뿐만 아니라 이에 대한 심판을 암시하고 있다. 말하자면 가부장적 남성 지배의 종교문화사를 반영하는 이스라엘의 족장들이 이러한 종교문화사를 넘어서는 초가부장적 신적 구원의 시간 경륜을, 종말적 미래시간의 차원을 담지한다는 사실에 주목해야 한다. 구원의 종말적 미래시간은 인간의 시간·역사 안에서의 타락과 범죄에 대한 심판으로서 남성 지배의 종교문화사에 대한 신적 심판을 함축하고 있다.

4

이스라엘의 출애굽 해방과 계약법, 가나안 땅 정복과 혁명, 시간·역사 개념의 정초

1) 구원사의 시간성의 원천, 창조의 시간

창조의 시간은 모든 피조물과 인간역사의 근원적인 시간으로서 태초의 '원시간'(Urzeit) 혹은 '선시간'(Vorzeit)을 의미한다. 이러한 시간을 우리가 도대체 생각할 수 있다는 말인가? 그것은 신화적인 사변으로 보일 수도 있다. 그러나 아니다. 우리가 이미 논했듯이 원시 기원신화들은 시간·역사적으로 설명할 수 없는, 자연현상적으로 관찰되는 인간사와 생물들, 우주의 사물들의 상상적인 기원들을 엮어낸 것이며, 인간의 시간·역사를 정초하는 창조의 시간을 말하는 것이 아니다. 그렇기 때문에 그러한 신화들은 무시간적 성격을 가진다. 이에 반하여 구약에서의 창조의 시간은, 형식적으로 보기에는 외형상 그러한 신화들과 유사하게 보이지만, 순환적으로 반복되는 자연현상에 입각해서 그 기원을 상상적으로 말하지 않고 구원의 시간·역사적 신앙과 인식에서부터 이에 입각해서 상상적으로 표상된 것이다. 그러므로 상상적으로 혹은 설화적으로 서술되는 창조 이야기와 시간은 모든 시간·역사의 근원으로서 실재성을 가진다. 창조의 시간의 그러한 실재성은 이스라엘의 구원의 시간·역사에서의 창조자·구원자 하나님의 현존 혹은 구원의 시간·역사에로의 오심이 신앙에서 고백될 때에 성립한다. 창조의 시간은 바로 이 구원의 시간·역사의 근원적 시간 혹은 근원적 공간, 즉 창조의 6일 혹은 에덴정원의 원공간이다.

창조의 시간은 인간의 삶과 역사적 존재가, 또한 이것과 불가분적 관계를 가지는 우주의 사물들이 도대체 어디로부터 왔는가 하는 물음에 대한 해답을 함축하고 있다. 창조의 시간이 실재하지 않는다면, 유한한 우주의 사물들과 인간의 삶과 역사적 존재의 배후는 궁극적인 부정으로서의 공허 혹은 '무로부터의 창조'(creatio ex nihilo의 nihil)라고 말할 수밖에 없다. 창세기 1:2에서 말해지는 공허, 암흑, 태초의 혼돈은 창조의 부정적인 배후 즉 신적인 심판과 죽음의 심연을 가리킨다. 구원사적으로 말해지는 창조의 시간은 모든 피조물의 시간과 인간의 역사적 존재를 공허 혹은 무라는 궁극적인 부정에로 귀착해 버리지 않도록 하는 신적인 구원의 방패를 의미한다. 인간들의 범죄와 죽음, 신적 심판과 시간 상실에도 불구하고 아담과 이브의 삶이 존속했다는 것, 이들에게로 이어지는 인류역사가 한정적으로 존속했다는 것, 이들의 시간이 아브라함의 시간이라는 것은 이미 구원사적으로 본 시간존속을 의미한다. 구원사적 시간은 그 역사의 시점이 어느 때이든 창조의 시간과 종말시간의 차원에서부터 주어지는 시간이다. 아브라함이 B.C. 2000년 전후 어느 시기에 살고 존재했든, 그의 시간·역사는 한정적인 시간 속에서 살고 죽은 이스라엘 족장들의 시간·역사를 넘어서서 미래에로 열려 있는 차원이다. 구원사(Heilsgeschichte)는 근원적으로 창조의 원시간에서부터 주어지는 시간 안에서(in tempore) 미래시간, 궁극적으로는 '종말시'(Endzeit)에로 행진하는, 원시간으로부터, 말하자면 역사의 배후로부터 주어지는 시간을 미래로부터 즉 앞으로부터 다가오는 미래시간에로 행진하는 시간·역사이니, 그러한 원시간과 종말시에 의해서 한정되는 역사이다. 구원사의 그러한 시간이해는 점차적으로 밝혀질 것이다.

구원사는 어떻게 구원자 하나님이 피조물 세계, 역사 사회와 민족들에게 관계하는가를 전형적으로 이스라엘의 신적인 자유한 선택의 형식으로 예증화시키면서 세계의 역사 사회 전반의 불의와 죄악의 문제를 노골화시키고, 역사 사회 전반의 구원과 변혁의 필요성을 확증해 준다. 이러한 의미에서 구원사는 역사 일반과 구별되는 이스라엘의 특수역사이면서 동시에 이 특수역사는 창조자·구원자 하나님을 세계사 일반에 중재하는 신적인 위탁을 담지한다. 이미 논했듯이 시간은 창조자·구원자 하나님과 피조물 세계와의 관계질서의 차원이며, 이 관계질서가 바로 공간을 포함한다. 시간은 근원적으로 신적인 자유한 세계 경륜(world economy)이며, 신적인 자유한 시간한정에 따라서 비로소 인간의 자유한 결단과 행위가 가능하게 된다. 저 에덴정원의 선악의 지혜의 나무 열매의 신적인 금기명령은 바로 피조물 인간과의 신적인 관계질서의 원초적 시금석이며 한정이다. 그것은 인간이 창조자 하나님의 자유한 주권, 즉 한정권을 시인하고 복종하느냐 아니면 불복종하고 신적인 주재권을 찬탈하느냐 하는 시금석이다. 불복종의 결과는 신적인 관계질서의 파괴, 범죄와 죽음, 시간 상실을 초래한다. 구원은 신적인, 자유하고 정의로운, 은혜롭고 선한 관계질서의 회복이며 역사 사회에서의 실현이다.

이스라엘 족장들의 신적인 선택과 약속, 한 민족을 이루게 될 후손들과 땅의 약속은 구원사의 특수주제와 미래를 예시한다. 야웨께서 아브라함을 선택하여 아브라함으로부터 '한 큰 민족'을 이루게 할 것이며, 이를 통해서 땅의 모든 민족들 혹은 가족들이 축복을 받으리라는 약속(창세기 12:1~3), 야웨 하나님과 아브라함의 계약과 땅의 약속(창세기 15:17), '많은 민족들의 아버지'(창세기 17:5)가 되게 하리라는 약속이 구원사의 전(前)역사적 예시적 주제이며, 구원사의 시초라고 할 수 있다. 이 약속은 이스라엘의 출애굽, 가나안 땅 정착, 새로운 민족사회 건설에서 즉 판관기(사사기) 시대에 성취된다. '약속과 성취'는 특히 신명기적 역사의 목적론적 개념을 나타낸다(여호수아 21:43~45).[1] '많은 민족들의 아버지'라는 아브라함의 역사적 존재의 의미는 그의 혈통에 의한, 한 민족 집단을 넘어서는, 기존 역사적 씨족들 혹은 부족들로 형성된 민족 집단들의 변혁과 재편성을 암시한다. 땅의 약속은 원시 봉건적 농업경제와 문화의 기반인 땅의 소유와 지배체제의 변혁을 예시한다. 이제 이러한 구원의 주제들이 이스라엘의 출애굽 사건을 계기로 역사 사회적으로 시작될 것이다.

2) 문서 자료들 J–E–D–P에 관하여

구약의 오경 중에서 창세기가 앞 글들의 주요 성서 텍스트로서 고려되었는데, 이번 글의 주요 성서 텍스트로서 오경의 출애굽기, 레위기, 민수기가 고려될 것이며, 창세기–출애굽기–레위기–민수기–신명기 오경의 문서들은 19세기 중반 이래로 벨하우젠(Julius Wellhausen)을 비롯한 구약의 종교사학파의 문서가설에 의하면, J–E–D–P라는 문서들로 편찬된 자료로 이루어져 있으며, 따라서 모세에 의한 혹은 모세시기의 산물이라는 종전의 전통은 19세기 이래로 폐기된 것이다. E(Elohist) 문서전승 자료는 대략 B.C. 9세기경의 북이스라엘 왕국의 전승이며, 족장들의 시기로부터 가나안 정복 때까지, B.C. 11~10/10~9세기경의 J(Jahwe 혹은 Yahweh–영문표기) 문서전승 자료는 남유다 왕국의 자료로서 때로는 E 자료와 병립적으로 때로

---

1) Gerhard Von Rad, *Theologie des alten Testaments* Band 1 (*TAT* I), Chr. Kaiser Verlag München, 1969, 317 참조.

는 E 자료를 수렴한, 창조 때부터 가나안 정복 때까지 혹은 그 이후의 역사 서술을 제시해 준다. D(Deuteronomic, 신명기적) 문서전승 자료는 요시아(Josiah) 왕 18년째(B.C. 622년) 예루살렘 성전에서 발견된 법전 즉 신명기 원본에 관계된 역사가의 자료로서 모세와 출애굽 사건을 전제하고, 여호수아기, 판관기, 왕국시대와 B.C. 587년의 남유다 왕국 몰락 때까지를 제시해 주는데, J와 E의 전승자료들을 수렴하면서 특유한 구원사 개념을 제시해 준다. P(Priestly, 사제적) 문서전승 자료는 주로 B.C. 6세기 즉 남유다 왕국의 몰락과 바빌론 포로기 초에 편찬된 것으로서 J–E 문서 자료들과 더불어 신명기적 역사에 편입되어 있다고 하며, 창조 때부터 출애굽기에 포함되어 있고, 레위기 제의제도 전통의 편찬을 대표한다.[2] 오경에는 그러한 문서전승 자료들이 중복되어 있기도 하고 서로 상이하게 서술되어 있기도 하고 복잡하게 편찬되어 있으며, 우리는 그러한 자료들을 일일이 판별해서 고려하지 않고 선택적으로 또 종합적으로 고려할 것이다.

여호수아기를 시작으로 전통적으로 판관기, 사무엘상하, 열왕기상하와 더불어 일반적으로 '전 예언서들'(Former Prophets)로 분류되는 역사서들이다. 그런데 여호수아기가 모세의 출애굽을 계승하여 가나안 땅 정복과 정착의 역사를 다룬다는 점에서, 폰 라트가 주장하는 대로 오경에 이어지는 제6경(Hexateuch)처럼 고려되어야 할 것 같다.[3] 그러나 어쨌든 여호수아기를 신명기적 역사의 시작으로 다루지 않을 수 없다. 여호수아기에 이어지는 판관기 시대가 가나안 땅에서의 이스라엘의 민족사회 변혁과 정초의 시기이므로, 우리의 이번 글의 범위는 이 시기까지를 포함시켜 고려될 것

2) 이상의 구약의 문서전승들에 관해서 *The Interpreter's Dictionary of the Bible* (*IDB*), New York Abingdon Press, "Pentateuch", K-Q, 711~712; Von Rad, *TAT* Band 2, 116 참조.
3) Von Rad, *TAT* I, 143~149 참조.

이다. 판관기 시대는 야웨 하나님과 이스라엘의 계약사회, 이스라엘 민중·민족의 어쩌면 세계사에서 최초의 혁명적 평등사회의 패러다임을 제시해 준다고 생각된다. 구원자 하나님과 이스라엘 백성 혹은 민중과의 계약관계, 신적인 자유와 은혜로우심과 선하심을 긍정하고 복종함에서 성립되는 인간적 자유와 정의, 사랑과 선함이 지배하는 평등한 사회관계의 원천인 계약관계는 시간질서 실현의 첫 모형이다.

3) 이스라엘 민중의 출애굽 해방, 구원사의 출발점

출애굽 이스라엘 백성은 애굽에서 노예화된 민족·민중이며, 출애굽은 그 노예화된 민족·민중의 해방의 이야기 역사이다. 그 이야기 역사가 어느 정도 객관적인 사실성 혹은 과학적인 역사성을 가지는가? 이 문제는 구약의 역사비평학계에서 논란되어 왔고 지금도 해결되지 않은 문제로 남아 있다. 그러나 우리는 오경에서의 문서전승 자료들에 출애굽 사건과 이 사건의 영도자 모세라는 인물의 어떤 기본적인 역사성이 들어 있다는 것을 전제하고 우리의 주제를 다룰 수밖에 없다.

(1) 출애굽의 역사성과 구원사의 출발점 문제

이스라엘 족장들뿐만 아니라 출애굽-모세에 관한 오경의 역사서술들의 역사성을 논란하거나 부정하기까지 하는 오늘의 구약학의 일반적인 상황은 오경의 문서전승 자료들이 족장들과 출애굽 시대들 이후, B.C. 1000년 이래의 왕국시대 혹은 왕국시대 이후에 산출된 전통들을 반영한다는, 이러한 후기들의 종교제의들과 신조들을 반영한다는 종교사학파의 문서가설에 의해서 야기된 것이다. 1970년대 이래로 구약학 일각에서는 설화적으로 혹은 전설적으로 서술되는 족장들, 출애굽과 모세의 역사성을 소설작품과 같은 것이라고 간주하고, 이스라엘 역사는 왕국시대로부터 출발해야 한다고 주장하기도 한다.[4] 오경의 문서전승 자료들이 왕국시대 이래의 시대들에서 형성된 전통들이라고 해도, 족장들의 또 출애굽과 모세에 관한 이야기 역사서술들이 이들의 역사적 존재와 사건들 자체가 후기 왕국시대 이후에 만들어진 역사들이라고 생각되기 어렵다. 또한 우리가 이스라엘 역사를 왕국시대로부터 출발하여 고려한다면, 구원사의 정초와 초기가 사라져 버릴 것이다. 또한 왕국시대 이래의 구원사적 조명의 기초와 전제가 탈락되어 버릴 것이다. 또한 구원사의 근원적 시간의 의미가 실종되어 버릴 것이다. 그런데 왕국시대 이전 초기 이스라엘 역사의 역사성을 확증하려는 연구 작업은 전부터 진행되어 왔다. 그러나 성서의 기록들 이외에 출애굽 사건을 확증할 만한 애굽 자료가 없기 때문에 초기 이스라엘 역사 재건(historical reconstruction)은 가설적인 차원에 머물러 있는 셈이다. 그런데 애굽 왕 메르넵타(Merneptah)의 팔레스타인 침략에서의 승리를 기념하는 기념비(B.C. 1220년경) 비문이 학자들에 의해서 주목되는데, "이스라엘은 황폐화되어 있으며, 그 종자는 없다"라는 문구이다.[5] 그 비문의 문구가 출애굽 사건의 역사성 논증의 확증이라고는 간주되기 어렵다고 여겨지나,

4) 그러한 역사문제에 관해서 *Anchor Bible Dictionary(ABD)* Vol. 2, Double Day, "Exodus, Book of", 697, 701f. 참조; Vol. 3, "Israel, History of (Premonarchic Period)", 531~535 참조.

5) 1896년에 발견된 Merneptah 기념비의 "yisrael is desolated, its seed is not"이라는 비문이 있다. 이 비문에 대하여 S. R. Driver는 *Archaeology and Authority* (62~65)에서 주장하기를, Israel은 이미 그때에 가나안 땅 어디에 정착해 있었을 것이라고 한다. *The International Critical Commentary (ICC), Numbers* II, T&T Clark, "Introduction", xliv쪽; *ABD* Vol. 3, 527; 여기에 제시된 문헌 *Ancient Near Eastern Texts*, 3rd ed., J. B. Pritchard, Princeton, 1969, 378 참조.

어쨌든 영·미 계열의 구약학은 고고학적 발견물들을 원용하여 초기 이스라엘의 출애굽의 역사성을 추정해 왔다. 고고학적 고려에 의해서 처음으로 올브라이트(W. F. Albright)가 출애굽의 연대를 B.C. 13세기경이라고 추정했다.[6] 그러한 추정이 일반화되어 있기는 하나, 출애굽–모세 전통의 역사성은 거듭 논란되기도 하고 부정되기도 한다. 그러나 구약 전통에서 오경에 귀속되는 권위 혹은 오경에서의 출애굽–모세 전통의 권위와 그 역사성이라는 기반 없이는 이스라엘 역사 자체가 설명되기 어렵다. 또한 출애굽–모세 전통의 역사성 없이는 이스라엘 역사 자체가 구원의 시간·역사의 즉 구원사의 출발점의 기반 자체가 와해되어 버릴 것이다.

그런데 우리가 이스라엘 역사를 위주할 때에 우리가 출애굽 사건에서부터 출발할 수 없다는 것을 고트월드(Norman K. Gottwald)가 주장한다. 그는 그의 대 저작, *The Tribes of Yahweh*에서 주장하기를, 족장 시기와 모세 집단의 시기는 초기 이스라엘 역사의 출발점이 되기에 부적합하다는 것이다. 족장 시기와 모세 시대는 후기 전통의 산물이기 때문이라는 것이며, 이 시기들은 가나안 땅에서의 초기 이스라엘 역사(B.C. 1250~1050년경)를 구성하고 해명할 때에 도움이 될 것인데, 초기 이스라엘 역사의 "가상적인"(fictitious), "이스라엘의 전(前)역사를 위한 유용한 소재"라는 것이며, 족장시기와 출애굽–모세 집단은 가나안 땅에서의 초기 이스라엘 역사의 "전(前)이스라엘"(Proto-Israelite) 혹은 "전 야웨 집단"(Proto-Yahwistic)이라는 것

---

6) *IDB*, "Exodus, Book of", 190; Albright, "The Biblical Period" in L. Finkelstein, ed., *The Jews*, 1949 참조. 출애굽기 1:11에 의하면 애굽 왕 파라오가 곡식 저장고로서 Pithom과 Rameses 도성들을 이스라엘 백성으로 하여금 건설하도록 했다고 하는데, 애굽의 제18대 왕조(B.C. 1570~1310년경)와 제19대 왕조(B.C. 1310~1200년경)의 왕들이 그러한 건설을 추진했다는 것이다. 그러한 역사적 정보는 출애굽이 B.C. 13세기 전반 동안에 혹은 Rameses II(B.C. 1290~1224년경)의 통치시기에 일어났다는 추정을 가능하게 한다는 것이다.

이다.[7] 이러한 고트월드의 주장은 구약의 역사학자들의 상당한 연구를 전제하고 있는데, 우리는 그러한 계통의 연구를 상세히 검토할 수는 없으나 부분적으로 언급할 기회를 가질 것이다. 여기서 우선 지적해 둘 것은 고트월드의 지론에 있어서도 출애굽-모세집단의 야웨종교가 가나안 땅에서의 초기 이스라엘-이 이스라엘은 소수의 출애굽 이스라엘 백성보다 훨씬 폭넓은, 말하자면 초(超)부족적 부족집단들의 연합체인데-의 혁명적 역사 사회에 중대한 기여를 했다고 한다. 그럼에도 불구하고 고트월드에 있어서 출애굽 사건은 초기 이스라엘 역사 사회 혁명의 부수적인 위치에서 간주되는 것 같다. 이러한 그의 이스라엘 역사 재건은 역시 구약 전통 혹은 오경의 전통에 부합하지 않는다. 족장 시기와 출애굽-모세 시기에 관한 서술자료들이 후기의 편찬이고 산물이라고 해도, 후기의 전승자료들이 족장들과 출애굽-모세의 역사성 자체를 만들어냈다고는 생각되기 어려우며, 출애굽 노예해방이라는 사건이 가나안 땅에서의 초기 이스라엘의 역사 사회혁명에 결정적으로 기여했다면, 출애굽 사건이 이스라엘 역사 혹은 구원사의 출발점으로 고려되어야 할 것이다. 또 족장들의 시대는 출애굽-모세 시대의 전(前)역사로서의 시간·역사의 순서에 합당하다. 족장 시기와 출애굽 사건이 고트월드처럼 '전(前) 이스라엘'(Proto-Israelite)이라고 규정된다 해도, 어쨌든 역사가 아닌가. 족장 시기와 출애굽 사건의 역사 없이는, 그의 여호수아→판관기 시대의 역사 재건 자체의 토대가 무너져 버린다.

7) *The Tribes of Yahweh* (*TY*), 1979, Orbis Books, Maryknoll, N.Y., 37, 40ff. 참조. 초기 이스라엘의 혁명적 역사 사회에 관해서는 차후에 많이 논해질 것이다. 그러한 그의 초기 이스라엘 역사 재건은 후에 다시 언급할 것이지만 Von Rad 등의 연구들을 전제하고 있다.

(2) 이스라엘 민중의 출애굽 해방, 야웨 하나님의 이름의 계시, 모세의 소명과 직분

우리는 여기서 출애굽기 1~18장을 주요 성서 텍스트로 고려하면서 또한 민수기를 다소 참조할 것이다. 창세기 46~50장에 의하면 야곱의 후손들이 애굽에서 탁월한 통치자가 된 요셉을 따라 애굽으로 이주했다고 하는데, 일반적으로 구약학에 있어서 이들이 다 애굽에 거주했다고 추정되지 않으며 따라서 출애굽 이스라엘 집단의 범위도 역사적으로 불확실하다. 어쨌든 이스라엘 백성 일부가 애굽에 거주했다는 것은 역사적 사실로서 대체로 인정된다. 창세기 15:13, 16에 의하면 이스라엘이 애굽에 거하다가 400년, 즉 4세대째에 출애굽하리라는 예고가 아브라함에게 주어진다. 출애굽기 12:40은 430년 만에 출애굽이 일어났다고 말한다.[8] 애굽 체류의 시간경과의 정확성이 우리에게 문제되지 않는다. 애굽 제국의 억압과 이스라엘 백성의 노예됨의 정치 사회 역사 상황의 정도가 문제된다. 이스라엘이 애굽에서 매우 번창하고 강성하게 되자, 요셉의 사후 이를 모르는 애굽왕 파라오가 그 백성이 반란세력과 합세하여 자신의 통치권력을 위협할지 모른다는 생각에 탄압책을 강구하고 그 백성에게 비돔(Pithom)과 라므세스(Rameses)라는 곡식창고 도성들의 건설노역을 강요하고(출애굽기 1:8~14), 더 나가서 그 백성에게서 태어나는 남자 아이들을 나일 강에 던져버리도록 히브리 산파들에게 명한다(15~22절). 이것은 있을 법한 인종말살정책이다. 이에 이스라엘 백성의 울부짖는 신음소리가 구원자 하나님께 들려지

8) *International Biblical Commentary*에서의 Martin Noth의 *Das Zweite Buch Mose*, 1973의 번역 『國際聖書註釋』, 한국신학연구소, 「출애굽기」에 의하면, 100년이라는 체류기간(출애굽기 6:13~30 참조)이 더 타당한 것 같다는 것이다. 117f. 참조. 400년 혹은 시나이 광야에서의 40년이라는 시간은 긴 긴 시간경과를 상징하는 것 같기도 하다.

게 되니, 그가 족장들과의 약속과 계약을 기억하고, 모세를 소명한다. 창조자·구원자 하나님과 이스라엘의 관계를 묘사하는 양식, 즉 그가 족장들과의 약속과 계약을 기억한다고 묘사하는 양식이 전형적으로 시간·역사적인 관계를 나타낸다.

모세의 출생과 성장에 관한 전설적인 단편적 설화들에 대한 해석과 그가 한 애굽인을 죽이고 미디안(Midian) 땅으로 도망친 이야기를 생략하고, 그가 미디안 땅 호렙 산(혹은 시나이 산, 불분명한 지점)에서 야웨 하나님을 만나서 소명 받는 이야기가 주목되어야 한다. 신적인 소명과 만남이라는 관계도 특징적으로 시간·역사적 사건이라는 개념을 나타낸다. 하나님이 모세를 저 산으로 부르시고, "나는 너의 조상의 하나님, 아브라함의 하나님, 이사악의 하나님, 야곱의 하나님이라"고 자신을 계시한다(3:4~6).[9] 그렇게 고지하면서 하나님은 애굽에서 고통받고 신음하는 '내 백성'을 애굽으로부터 이끌어내어 젖과 꿀이 흐르는 약속의 땅, 가나안 땅으로 인도하라고 모세에게 위탁한다(7~11절). 모세가 이스라엘 백성에게 하나님의 위탁을 전달할 때에, 그 백성이 그 하나님의 이름이 무엇이냐고 물으면 무엇이라고 대답하리까? 하니, 하나님이 모세에게 '나는 곧 나다', '나는 곧 나', 야웨(YHWH)께서 모세를 이스라엘 백성에게 보냈다고 말하라고, 그가 곧 족장들의 하나님이라고 말씀한다(13~15절).[10] '나는 곧 나'라는 야웨, 역사적

9) 구약의 예언자적 역사이해, 역사의 종결 이후에도 신약에로 이어진 그러한 신앙, 족장들의 하나님이라는 신앙이 결코 족장들의 혈연과 역사에서 발단했다고 생각되어서는 안 된다. 그것은 시간·역사적으로 고백하는 신앙의 표현양식이며, 족장들은 신적인 선택에 의해서 그러한 시간·역사적 신앙의 의미를 담지한다. 그러한 표현양식이 본래 E 문서전승에 보유되어 있다가 J 문서전승에 수렴되고, 이것이 D와 P 문서전승들에게로 이어진 것 같다고 추측된다.

10) YHWH라는 말의 어원은 밝혀져 있지 않다. Midian 땅에서의 모세의 장인 이드로(Jethro)가 사제였다는, 그래서 야웨라는 이름이 Midian 땅과 결부되었다는 추측도 있지만 불확실하다. LXX의 'ἐγώ εἰμι ὁὤν'이라는 번역과 *RSV*의 'I AM WHO I AM', 'I AM WHAT I AM'이라는 번역은 동일하다. 이러한 번역은 전통적으로 신적인 자존성(aseitas)을 의미한다고 해석

으로 족장들의 하나님으로서 동일화된 야웨는 역사에서 행위하는 주체, 행위하는 주체로서 현존하는 분이라는 것을 의미한다. 애굽 왕 파라오 앞에 나타나서 야웨의 백성, "내 백성을 가게 하라"고 말씀한다는 것을 대변해야 하는 모세는 그 신적 주체, 야웨의 인간적 파트너로서의 주체로 세워진다. 그러나 모세가 파라오 앞에 나타나 야웨의 말씀을 선언하기를 두려워하여 야웨께 자신의 '언변과 혀가 어눌하고 느리다'고(4:10), "어떤 다른 사람을 보내소서"(13절) 하니, 야웨께서 노하시고, 그러나 모세의 레위 족 형제인 아론(Aaron)을 지정해 주면서, "그가 …… 너를 대변할 것이며 너는 그에게 하나님처럼 되리라"고(16절) 말씀한다.

모세와 아론은 이렇게 신적인 구원 사역의 사제·예언자의 직책을 부여받는다. 그러나 모세는 아론과의 관계에서 구원 사역의 신적 주체에 상응하는 위치에 서는 사제·예언자이다. 그는 야웨 하나님과 이스라엘 백성을 중재하는 사제, 중재자(18:19; 32:11~14; 24:15;18; 신명기 9:18ff.)이며, 모든 예

되기도 했다. 그런데 *RSV*는 'I WILL BE WHAT(WHO) I WILL BE'라는 번역도 타당하다는 것을 말한다. 종교개혁자 Luther의 구약과 신약 번역 *Die Bibel* 에는 'Ich werde sein, der Ich sein werde'라고 번역되어 있는데, *RSV*의 'will'과 'werde'라는 접속법 조동사는 신적 자유의지와 동시에 미래시간을 함축하고 있는 신적 현존을 암시한다. 현대의 구약학은 신적 자존성이라는 전통적 존재론적 해석을 역사적 동적 개념으로 대치시키는 경향이다. 그래서 W. F. Albright는 YHWH를 히브리어 Hiphil 즉 사역동사로서 "그는 있게 한다"(He causes to be)는 뜻으로 역사적으로 동적인 개념으로 이해한다. Von Rad에 의하면 아람 언어적 뿌리에 따라 히브리어의 Qal 즉 미완료형동사의 의미, 즉 "der Leidenschaftliche" 혹은 "der leidenschaftlich Liebende"(정열적으로 사랑하는 자)라는 새로운 번역의 가능성이 Ras-Schamara 텍스트들을 통해서 대두했다는 것이다. Von Rad, *TAT*, 25. 그런데 이러한 번역은 역사에서의 특수한 현존양식을 밝혀주기 어렵다. Von Rad는 신적 자존성(Aseität)이라는 철학적 개념은 성서본문과 멀다고 하며, YHWH는 "vorhanden sein" 혹은 "Dasein", 역사에서의 신적인 현존을, 다시 말하자면 "Ich würde für euch dasein"을 의미한다고, 그러한 의미에서 신적 자아계시를 의미한다고 해석한다. *TAT* I, 194, 196. 더 나가서 이스라엘의 종교제의 전통에서 어떻게 그 신적인 이름이 사용되었는지 또 포로 후기에 어떻게 그 이름이 드물게 사용되기에 이르렀는지에 관해서 "Die Offenbarung des Jahwenamens", 같은 책, 193~200 참조. 그런데 Aseität 개념은 후론할 기회가 있으리라고 예상하지만, Canterbury의 Anselm에게서 또 Karl Barth의 하나님론(*K.D.* II/1)에서 중요한 역할을 수행한다는 사실을 우리는 지적해 둔다.

언자들을 능가하는 예언자, 다른 예언자들과는 달리 야웨 하나님이 그의 입과 입으로 즉 직접적으로 말씀하는 바 그 말씀을, 용서와 긍휼의 말씀을 이스라엘 백성에게 대변하는 중재자·예언자이다(민수기 12:7f.).11)

모세가 파라오에게 야웨의 백성 이스라엘을 '가게 하라'고 선포하는 계기는 파라오의 억압 억류의지를 더욱 강퍅하게 만든다. 그의 강퍅한 의지는 야웨 하나님이 '강퍅하게 한다'라는 출애굽기의 선언은 그의 강퍅함을 능가하는 야웨 하나님의 자유한 심판을 의미한다. 그 심판의 표식으로서 열 가지 재앙들이 파라오에게 내려지는데, 그럴수록 그는 더욱 강퍅해진다. 그의 강퍅함은 바로 그의 제국주의적 통치와 지배세력이며, 그 재앙들은 그의 이러한 세력을 노골화시키는 계기를 부여함으로써 신적인 자유한 심판을 발휘한다. 야웨 하나님이 파라오를 '강퍅하게 만든다'는 선언은 부정적으로 파라오로 대표되는 애굽제국을 구원사에 관여하게 하는 방식이며 파라오를 능가하는 야웨 하나님의 권능을 의미한다.

출애굽을 위한 열 가지 신적인 재앙들이 출애굽기 7:8~11:10에 기록되어 있다. 마지막 재앙 외의 아홉 가지는 애굽에서 일어났던 자연현상들과 연관되어 있다고 한다. 이러한 사실은 이스라엘의 출애굽의 역사성을

---

11) 구약의 역사적 연구자들은 모세에 관한 그러한 묘사들이 후기 전통들의 전설적 산물이라는 것이다. 게다가 후기 문서전승 자료들의 묘사들이 상호 일치하지도 않는다는 것이다. 그래서 Von Rad는 오경에서 후기의 상호 독립적인 복잡한 전통들이 모세에게 귀속되어 있다고, 후기에 결합 편찬된 이 전통들에서부터 모세에 관한 역사적 실상이 얻어지기 어렵다는 것이다. von Rad에 의하면 M. Noth는 구약 전통들에 관한 주의 깊은 연구에서 결론짓기를, 오경의 매우 많고 복잡한 전통들과 그 밖에서도 모세라는 인물의 위치와 역사적 실상을 찾아내기 어렵다는 것이다. Von Rad, *TAT* I, 27f. 참조. Gottwald의 이스라엘의 초기 역사 재건에 있어서도, 이미 논한 것처럼, 출애굽-모세집단의 위치가 약화되어 있다. M. Noth, G. von Rad, Gottwald의 주장들이 역사적으로 옳은 것같이 보이기도 한다. 그러나 이들이 해답해 주지 않는 점은 왜 수세기들에서 형성된 오경의 그 거대한 전통들이 출애굽-모세 시기의 맥락에로 소급되어 편찬되었는가? 하는 점이다. 우리는 오경의 이러한 전통적 의도를 그대로 해석할 필요가 있다고 생각된다. 그래서 우리는 출애굽-모세 집단과 시기를 우리의 구원사적 고찰의 출발점으로 삼는다.

암시해 준다고 생각된다. 그 첫째 재앙은 애굽의 생명과 풍요의 원천이기도 한 나일 강의 물을 핏빛으로 변하게 한 기적인데, 여름철에 나일강 하상 흙이 요동치면 강물이 붉어지는 현상과 연관된 것인 듯하다(7:14~24; *RSV*, 17~18주). 둘째의 재앙은 나일 강으로부터 육지로, 집으로 몰려드는 개구리 떼 재앙인데, 이것도 나일 강 범람시에 일어나는 현상과 연관된 것인 듯하다(7:25~8:15; *RSV*, 8:3주). 셋째의 재앙은 아론이 지팡이로 땅의 먼지를 치니 모기떼가 확산되어 사람들을 괴롭히고(8:16~19), 넷째의 날벌레 떼 재앙이 일어나고(8:20~32), 다섯 번째의 재앙은 가축 떼들이 죽고(9:1~7), 여섯 번째 재앙은 모세가 가마솥 밑 그을음을 공중에 뿌려 사람들과 가축 떼의 피부병을 일으키고(9:8~12), 일곱 번째 재앙은 우박이 쏟아져 내리고(9:13~35), 여덟 번째는 구름처럼 습격하는 메뚜기 떼 재앙이 일어나고(10:1~20), 아홉 번째는 온 땅을 뒤덮은 암흑의 재앙이 일어난다(10:21~29). 이러한 재앙들은 애굽에서 일어나는 자연현상들과 연관되어 있다고 추정되지만, 출애굽의 역사와의 관계에서 이러한 현상들이 특정한 역할을 하고 역사적 의미를 가진다.[12] 파라오는 그러한 재앙들에 의해서 더욱 강퍅해져 이스라엘을 풀어주지 않는다. 이에 마지막 열 번째 재앙이 내려지고, 이스라엘의 출애굽 출발이 감행된다(12:1~50). 야웨께서 모세와 아론으로 하여금 이스라엘에게 '과월'(passover), 즉 노예됨의 집, 죽음의 집으로부터 출애굽 해방,

---

12) 아담과 이브에 대한 신적인 심판이 그들의 자연적인 삶의 유한성과 조건들에 결부되어 있듯이(창세기 3:14~19), 신적 심판이 원시 시대의 전설적인 대홍수—노아 홍수와 결부되어 있듯이(창세기 6:5~8:22), 소돔과 고모라에 대한 신적 심판이 어떤 지진 폭발 현상과 결부되어 있듯이(창세기 19:1~38), 저 재앙들은 자연현상들과 역사와의 관련성, 자연현상들의 역사화를 의미하며, 우주 사물과 인간 역사의 근원적인 또 목적적인 상호연관성을 예증화시키는 것으로 생각된다. 창조 설화들은, 우주 사물과 역사와의 구체적인 연관성들을 우리가 과학적으로 다 밝혀내지 못한다고 해도, 어쨌든 우주 사물의 시간성은 인간 역사의 시간성과 동일하다는 것을 암시해 준다.

미래에로의 넘어감의 준비를 하게 한다. 즉 이스라엘의 집집마다 흠 없는 일년된 수컷 양이든 염소든 준비하고, 그해 첫 달 14일에 이스라엘 회중은 저녁때에 준비된 제물을 죽이고 그 피를 각 집의 좌우 문설주와 문상인방에 바르고, 그날 밤에 그 고기를 누룩 없는 빵과 쓴 나물과 함께 먹되, 아침까지는 아무것도 남기지 말고 남은 것이 있으면 불태워 버리되, 허리에 띠를 띠고 신을 신고 지팡이를 잡고 서둘러 먹어야 한다고 지시된다. 이러한 의식이 야웨께서 넘어감(passover)이니, 그가 그날 밤 애굽 땅을 통과하면서 그 땅의 모든 맏이들을 치고 심판을 집행하시되, 양의 피가 묻어 있는 집들의 이스라엘 백성을 '넘어가리라'는 것이다(1~13절). 이날이 이스라엘에게 기념일이 되어야 하리라는 것이며(14절), 이 과월절(유월절)이 7일 동안에 누룩 없는 무교병을 먹는 절기와 종합되어 있다(14~20절 ; 신명기 16:1~8 비교 참조).13)

야웨께서 애굽 사람들과 가축들의 맏이들을 죽이고, 이스라엘 집들을 '넘어간다'는 것은 파라오의 통치세력에 대한 심판이며, 그 맏이들은 파라오를 위한 속죄물의 의미를 가지며, 이스라엘은 그 심판과 속죄물에 의해서 노예의 집, 죽음의 집으로부터 해방과 자유와 삶에로 '넘어간다'(레위기 1:5 비교 참조). 구약학이 추정하듯이, 과월절과 무교병절이 고대 근동에서 춘절기 생명의 소생을 위한 축제와 연관되어 있다면 그 본래의 제의적 의

13) 이 열 번째 재앙은 과월절(유월절)이라는 제의 전통을 출애굽이라는 역사적 사건의 맥락에서 구원사적으로 제정하고 해석한다고 생각된다. Von Rad에 의하면 과월절 제의는 본래 고대의 "유목민 제의"(Hiertenritus)와 연관되어 있으며, 어쩌면 이 연관은 모세 시기 이전에로 소급될 수 있을 것이라고 하며, 출애굽 맥락에서 "역사화시키는 해석"(historisierende Deutung)을 나타낸다고 한다. *TAT* I, 29. *RSV* 12:1~13 주에 의하면 과월절과 무교병절의 결합은 고대의 춘절기 축제에서 비롯된 것이며, 무교병 제의는 본래 보리 수확기 축제에서 비롯된 것이며, 고대의 농경민 제의와 연관된 것이라고 추정된다. 고대 근동에서의 그 제의는 자연적인 순환계절의 성격을 가졌으나, 이 출애굽의 맥락에서는 구원사적인 새로운 의미를 획득한다.

미는 자연적인 순환의 계절에 근거해 있으며, 구원의 시간·역사적 의미를 가지지 않는다. 출애굽이라는 구원사적인 맥락에서는 신적인 심판과 죽음으로부터 생명의 미래에로, 제국주의 억압과 불의로부터 해방과 정의에로 '넘어감'의 역사적 행진은 자연의 계절 순환을 통한 종교제의에 의해서 설명될 수 없다. 그러한 구원사적 행진은 신적인 자유한 결단의 은혜와 선하심에 인간의 자유한 복종의 결단이 마주쳐서 일어나는 행진이며, 구원의 시간은 이러한 관계질서에서 주어지며, 창조자의 원시간으로부터 이러한 본래적인 관계질서의 실현의 미래에로 행진하는 역사의 혁명이다. 아마도 인류 역사의 최초의 혁명이리라.

오경에서의 제의 전통에 의하면, 이스라엘의 모든 맏이들은 야웨 하나님에게 속하는 것이며(출애굽기 13:1~16), 그것은 모든 피조물들의 생명에 대한 그의 주재권을 의미한다. 피조물 생명 중에서 특별히 그에게 속하는 맏이들은 중재자·속죄물이 될 수 있다. 애굽의 맏이들은 파라오의 죄악 때문에 또 이스라엘의 자유와 생명을 위해서 죽임을 당해야 하는 속죄물이다. 범죄하는 이스라엘도 미래에로 살기 위해서는 속죄물을 필요로 한다. 그러나 피억압 고난 아래서 신음하는 이스라엘에게 미래에로의 자유한 삶을 위해서는 양이라는 대속물이 주어진다는 것이 과월절의 제의적 의미에 내포되어 있다. 그러한 대속적 의미가 레위기에 관통하고 있으며, B.C. 6세기 초 이스라엘의 멸망과 바빌론 포로기에 속하는 레위기가 출애굽-모세의 시기의 맥락에 귀속된 사실은 이스라엘의 구원사가 속죄물과 대속물을 필요로 한다는 것을 말해 준다. 사제 전통의 과월절 제의의 제정이 출애굽의 출발을 위한 결정적인 열 번째 재앙으로 편찬되었다는 것은 모든 제의들의 구원사적 뿌리를 나타낸다.

애굽의 모든 맏이들이 죽고 울부짖음이 터져 나오니, 파라오가 드디어 모세와 아론으로 하여금 이스라엘 백성과 더불어 애굽으로부터 떠나라고 하면서, 파라오 자신을 '축복해 달라'고 청한다(출애굽기 12:30~32). 그러나 강퍅해진 파라오는 이스라엘이 떠났다는 것을 발견하고 후회하고는 병거를 거느리고 추격하여 홍해 바다까지 추격한다(14:5~9). 야웨께서 말씀한 대로 모세가 지팡이를 바다 위에 들어 올리니, 강한 동풍이 불어와 물이 좌우로 갈라지고 이스라엘은 마른 땅처럼 바다를 건너게 된다. 그러나 바다 한가운데까지 추격한 애굽의 군인들과 병마들은 바닷물에 익사하고 가라앉고 만다(5~30절). 구약 연구자들에 의하면 '바다'(2절)란 홍해(The Red Sea)가 아니라 홍해 북쪽 "갈대 바다"(sea of reeds)라고 추정되며(*RSV*, 14:2 주), 어떤 강풍에 의해서 바닷물이 갈라지는 현상이 일어났을 수 있다는 추측도 있으나, 어쨌든 성서 전통은 놀라운 신적인 구원의 능력에 의해서 이스라엘이 홍해를 건넜다는 것이다. 시나이 광야로 탈출한 이스라엘이 어떠한 경로를 걸었는지는 역사적으로 불확실하나, 명명된 지점 이름들이 역사적 사실성을 암시한다고 추정되기도 한다. 시나이 광야에서 이스라엘은 오랫동안 방황하고 견디기 어려운 고통, 기아와 갈증 때문에, 광야에서 죽기보다는 애굽 땅으로 되돌아가 차라리 야웨의 손에 맞아 죽는 것이 더 나으리라고, 애굽에서 먹던 고기, 생선, 과일, 채소 등을 그리워하며 울부짖고 불평한다(출애굽기 16:3; 민수기 11:1~35; 14:1~3). 이스라엘은 시나이 광야에서 '만나'와 '메추라기'로 연명하는데(출애굽기 16:13~21) 어떤 자연현상에 의한 식량보급으로 추정된다. 사제문서 전승에 의하면 '만나' 공급이 안식일 제의와 결부되어 있으며, 40년 동안 이스라엘이 '만나'를 먹고 살았다는 것이다(16:35f.). 40년 세월의 방황은 오랜 기간을, 출애굽 이스라엘의 한 세대가 광야에서 죽으리라는, 그들의 불평 때문에 약속의 땅에 들어가지 못하고 죽으리라는 긴 시간 경과를 의미한다(민수기 14:35).[14] 그것은 신적인 심판을 의미한다(민수기 14:35; 26:65 비교 참조). 해방과 자유, 미래에로의 새로운 삶에 역행하여 노예의 집 애굽에로의 퇴행, 굴종의 과거에로의 퇴행은 죽음을 의미한다.

시나이 광야에서부터 북쪽으로 출발하기 전 모세는 이스라엘의 20세 이상의 병적조사에 착수하는데(민수기 1:1~45), 사제직분을 담지하는 레위(Levi) 부족이 제외되고, 요셉의 두 아들들 에브라임(Ephraim)과 므나쎄(Manasseh)를 둘로 간주하여 열두 지파로 구성되는 병적수가 603,550명(46절)으로 추산된다(26:51에는 약간 적은 숫자). 사제문서에 속하는 병적 조사는 8,580명으로 추산된다(4:1~49).[15] 민수기 1장의 그러한 기록은 출애굽-모세 시기의 시나이 광야에서의 역사적 상황을 가리킨다고 생각되지는 않는다. 모세의 병적조사는 이스라엘 열두 지파 전승을 전제하고 있는데, 구약의 역사비판학은 열두 지파, 모든 이스라엘이 출애굽에 관여했다고 생각하지 않으며,[16] 열두 지파 전승은 여호수아기 24장에서 묘사되는 세겜(Shechem)에서의 후기 계약에 귀속된다고 한다.

---

14) *ICC on Numbers*, Vol. II에는 이러한 해석도 있다. 즉 40년은 시나이로부터 Kadesh-barnea, Kadesh로부터 가나안 땅 동편의 Moab 땅에로의 여정의 40 정류지점들을 가리킨다고도 한다(민수기 33장 비교 참조). 또 40년은 두 세대들을 가리킨다고 해석되기도 한다. 어쨌든 역사적인 연대기 혹은 시간 길이 규정에는 인간의 자유가 작용하기 때문에, 사건들의 의미에 따라 상징적이고 임의적인 규정이 작용할 수 있다.

15) 민수기에서의 이스라엘의 병적 조사는 대체로 구약학에서 다윗 왕국 시대를 반영한다는 것이다. 또한 이스라엘 열두 지파 전승은, M. Noth, Von Rad 등에 의하면, 여호수아 24장에서 서술되는 Shechem 계약에서 발단하며, 여호수아-판관기 시대의 "열두 지파 동맹"(Amphiktionie, Amphictiony) 시대의 초기 이스라엘 사회의 전승이라는 것이다. M. Noth, "Das System der zwölf Stämme Israels", *Beiträge zur Wissenschaft von Alten und Neuen Testamenten*, Stuttgart, 1930, Von Rad, *TAT* I, 30쪽 참조. Noth의 "열두 지파 동맹"이라는 가설도 1970년대 이래 오늘에 있어서는 역사성을 가지지 못한다고 여겨지기도 한다. 그러나 후론할 것이지만 Gottwald는 열두 지파 동맹설의 역사성을 인정하되, Noth나 Von Rad와는 전혀 다르게 사회혁명론적으로 구상했다.

16) Von Rad에 의하면 19세기 이래 구약의 비판적 역사학은 모든 이스라엘 부족들이 홍해를 건넜다는, 혹은 시나이 광야에서 유랑했다는 출애굽기 전승의 역사성을 시인하지 않는다. *TAT* I, 118f.

그럼에도 불구하고 열두 지파 전승이 역사적으로 여호수아–판관기 시대에서 발단했다고 가정한다고 해도, 어쨌든 그 전승이 족장 야곱의 후손들이라는 전승의 역사성은 부인될 수 없을 것이다. 열두 지파라는 그 숫자가 다윗 왕국 시기의 행정구역에서 비롯되었든, 그 숫자의 역사성이 중요한 것이 아니라 모든 이스라엘 부족들이 역사적으로 모두 출애굽에 실제로 관여하지 않았다고 해도, 출애굽–모세 전통이 모든 이스라엘 부족들이 출애굽에 모두 관여한 것처럼 서술하는 이유는 무엇인가? 그것이 한갓 역사적 오류라고 규정되어 버려도 되는가? 역사적 사실성에만 매달리지 않고 출애굽이라는 구원사의 출발점과 구원사 개념에 입각해서 해석한다면, 출애굽과 모세의 병적조사에 전제된 모든 이스라엘 부족들은 이들의 역사적 운명이 출애굽이라는 사건에 의해서 결정되어 있다는 것을 말해 주는 것 같다. 다시 말하자면, 출애굽에 관여한 부분적인 이스라엘이, 일부 구약학자들이 추정하듯이 요셉계 부족들이든 혹은 모세와 아론과 같은 일부 레위 족을 포함하든, 전체 이스라엘 부족들의 구원사적 의미를 조명한다고 생각된다. 이러한 해석의 가능성은 민수기 1장의 저 기록이 역사적 사실이 아니라고 해도, 의미상 편찬 기록된 그대로의 전승에 대한 해석이라고 생각된다. 구원사에 관한 전승 전통들은 어떤 핵심적 사건들에 기초한 역사해석들이며, 이러한 해석들이 오경을 형성한다고 생각된다. 우리는 오경의 그러한 해석 전승들에 담긴 구원의 시간·역사 개념을 추적한다.

이스라엘이 가나안 땅 접경 트란스 요르단(Trans-Jordan), 요단강 동편에 접근하면서 아론이 운명한다(민수기 20:22~29). 죽음으로써 그의 사제직분의 의상들이 벗겨지고, 그의 사제직분은 종결된다(28f.절). 모세는 임종 이전에 정열이 왕성한 용맹스러운 여호수아(Joshua)에게 가나안 땅 진입의 임무를 인계한다(민수기 27:12~23). 모세도 약속의 가나안 땅을 못 보고, 다만 바라보면서 모압 땅에서 운명하는데, 그 이래 아무도 그의 무덤이 어디에 있는지 모른다는 것이다(신명기 34:5f.). 모세와 아론은 사제자·예언자 직분을 담지한 것이다. 그러나 이들이 약속의 땅을 밟지 못하고 운명했다는 것은 출애굽 이스라엘 백성과 마찬가지로 신적인 심판 아래 세워진다는 것을 의미한다. 이스라엘이 시나이 씬(Zin) 사막에 이르렀을 때 기갈을 이겨내지 못하고, 모세와 아론에게 몰려들어 자신들을 애굽으로부터 끌어내어 거기서 죽게 하려느냐고 불평을 쏟아놓자, 모세와 아론이 야웨 하나님의 지시대로 지팡이로 므리바(Meribah) 한 바위를 쳐 샘물을 얻게 하는데(민수기 20:1~11), 모세와 아론이 백성들 앞에서 야웨 하나님께 그 구원의 능력을 돌리지 않고 모세와 아론 자신들의 능력에 의한 기적인 것처럼 백성들에게 화를 터트린 것이다(민수기 20:10~13). 이 때문에 모세와 아론은 신적인 심판 아래서 약속의 땅을 밟지 못하고 운명했다는 것이다(신명기 34:4). 모세와 아론의 삶의 시간적 한정성 혹은 유한성이 신적인 심판의 표식의 의미를 가진다. 그럼에도 불구하고 그들에게 주어진 신적인 사제자-예언자 직분은 이스라엘의 역사가 존속하는 한 존속할 것이다. 그러한 직분을 담지하는 그들의 시간은 족장들의 시간, 아담과 이브로 이어지는 인류역사의 시간을 함축하고 있으며, 창조의 원시간에 이어진다. 등 뒤에, 과거에 그러한 시간의 차원을 지니고 그들의 시간은 구원의 시간·역사의 미래시간을 함축하고 있다. 그렇기 때문에 수세기 동안에 형성된, 오경에 담겨 있는 전통들이 출애굽-모세 전승의 맥락에로 편찬되기에 이른 것이 아니겠는가?

4) 시나이에서의 야웨 하나님의 계시, 이스라엘과의 계약, 시간의 관계질서

출애굽기 19:1~25(20:18~21)에 시나이 광야에서의 야웨 하나님의 계시 혹은 현현(revelation, theophany)과 이스라엘과의 계약 체결이 서술되어 있는데, 이 계약은 모세의 영도 아래서의 출애굽 행진 과정에 일어난 사건으로서 모세 전통에 속하는 것이다. 그런데 이 부분이 출애굽-모세에 관한 역사서술의 양식과 판이하게 다르다는, 폰 라트에 의하면 출애굽-모세 전승의 맥락과는 다른, 오랜 시기 동안에 형성된 제의적 전승에 속하는데, 출애굽-모세 전승에 삽입되었다는 것이다. 물론 그렇게 차후적으로 삽입되었다고 추정된다고 해도, 우리는 출애굽-모세를 위시한 시간·역사적 맥락에서 시나이 계약 전승의 의미를 읽어내고자 한다. 출애굽 해방의 사건은 이스라엘의 계약사회의 출현의 역사적 기원이기 때문에 시나이 계약이 후기의 오랜 세월 동안에 형성된 전통이라고 해도, 역사적으로 출애굽 해방의 사건 맥락에 연결되었다고 생각된다.

(1) 시나이 계약의 역사성 문제

폰 라트의 양식사학적인 구약 전통들의 역사에 관한 연구는 그 복잡한 전통들의 형성과정들과 신학적 의미를 제시해 주는데, 오경에 들어 있는, 수세기 동안에 형성된 거대한 복잡한 전통들이 왜 출애굽-모세 전승의 맥락에로 귀속되어 있는가 하는 구원사적 시간·역사의 의미를 밝혀주지는 않는다. 어쨌든 그의 전승사적 연구에 의하면, 시나이 계약의 전승은 출애굽-모세 전승과는 독자적인, 그러나 이에 삽입된 전승이라는 것이다. 출애굽기 19:1에서부터의 시나이에서의 신적 현현과 계약, 계약 체결의 십계명과 계약 사회의 법 조항들, 제의들의 제정 등에 관한 기록이 민수기 10:10까지 연속되는데, 출애굽기 19~24장, 32~34장은 J–E 전승 자료이며, 출애굽기 25~31장, 35장부터 민수기 10:10까지는 P 전승 자료이며, 이러한 시나이 계약 전통은 계약갱신을 위한 제의적 축제의 맥락에서 후기 왕국시대에서 발단했는데 출애굽–모세의 전승 맥락에 삽입되었다는 것이다.[17)]

그런데 멘덴홀(G. E. Mendenhall)에 의하면, 계약 관행이 고대 근동에서의 보편적인 현상이라는 것이며, 시나이 모세 계약의 역사적 시기는 후기 청동기로부터 철기시대 초기(B.C. 1250~1150년경)로 추정되는데, 이 시기는 출애굽으로부터 판관기, 즉 이스라엘의 초기 역사 사회의 단계이다. 고대 근동에서의 계약 관행의 기원은 마리 고문서들(Mari Archives, B.C. 1700년경)로부터 유래한 상당한 자료들이 주종관계(군주와 신하들 사이의 Suzerainty)의 협약을 나타내는데, 출애굽기 20:1~17의 십계명이 야웨 하나님과 이스라엘의 주종관계의 계약을 반영한다는 것이다. 그렇다면 시나이 계약의 핵심은 모세 시대에 직결된 계약전승일 수 있다.[18)] 그러나 시나이 계약의 역사적 발단 시기에 관한 논쟁은 계속되고 있다. 그것이 왕국 시기 이전 이스

---

17) Von Rad의 그러한 주요 논거는 신명기 26:5~9에서 서술되는 "옛 신조"(das alte Credo) 형식의 시적인 고백문, 야웨 하나님에 의해서 고향으로부터 불려 나온 아브라함이 애굽에 이르게 됨. 요셉을 계기로 거기서 번창하게 된 이스라엘 백성에 대한 파라오의 학대와 이들의 울부짖음과 야웨 하나님의 기적적인 구출, 즉 출애굽과 가나안 땅 정착에 관한 시적인 고백문에 시나이에서 일어난 신적 현현과 계약에 대한 언급이 없다는 데에 근거한다. 신명기 6:20~24, 여호수아 24:2~13에서도 그러한 역사적 신조들이 서술되어 있지만, 시나이 전승은 발견되지 않으며, 신명기 33:2, 4에서의 왕국시대에 발단했다고 추정되는 모세의 축복시와 판관기 5장에서 또한 느헤미아 9장에서 시나이 주제들이 언급되어 있는데, 왕국시대에 발단한 이 시나이 전승이 출애굽–모세에 관한 역사적 전승 후기에 삽입되었다는 것이다. Von Rad, *TAT* I, 200~203; Gottwald, *TY*, 89 참조.

18) *IDB*, "Covenant", Mendenhall의 글 717~721; *ABD* Vol.1, 1183 : "Exodus, Book of", 192; Mendenhall, *Law and Covenant in Israel and the Ancient Near East*, 1955 참조.

라엘의 가나안 땅 정착과 사회 공동체 정초 시기인 B.C. 1250~1000년, 즉 주로 여호수아-판관기 시기의 역사적 현실을 가리키는가, 아니면 출애굽 시기에로 투사된 후기 왕국시대의 문학작품인가 하는 문제가 계속 논란되고 있다. 만일 후자의 주장이 사실이라면, 성서적 계약 개념의 역사적 발단은 왕국 시기 혹은 아시리아 제국 시기(B.C. 750~620년경) 혹은 B.C. 587 바빌론 포로기에서이다.[19] 이 후자의 주장은 구원의 시간·역사의 출발점인 출애굽-모세 시대와 가나안 정착·초기 이스라엘 사회 정초의 시대(B.C. 1250~1150년경)를 설명하기 어렵고 구원사의 근원적 의미와 내용을 탈락시켜 버릴 것이다. 구원사의 전승·전통들에 관한 폰 라트의 양식 비판학적 연구에 있어서는 출애굽-모세와 시나이 계약 전승들의 구원사적 의미가 탈락되는 것은 아니다. 그러나 그는 시나이 주제들이 왜 출애굽-모세 전승에 부가되었는가 하는 오경 편찬의 의도를 설명해 주지 않는다. 멘덴홀이나 다른 영·미 학자들이 고려하는 고고학적 자료 정보들이 출애굽-시나이-가나안 정착에 관한 구원사적 과정을 직접적으로 확증해 주는 것은 아니나 그 과정의 외적인 상황들을 암시해 줄 수는 있다. 그런데 멘덴홀에 있어서 시나이 계약과 출애굽 해방 사건과의 긴밀한 혹은 필연적인 연관이 설명되어 있다고 생각되지 않는다. 그에게 있어서 시나이 계약과 십계명·율법 정립이 B.C. 1250~1050년경의 가나안 정착과 초기 이스라엘의 민족사회 건설 시대의 현실에 해당되는 종교적 사건이라고 추정되고, 출애굽 해방의 사건과 시나이 사건과의 필연적인 연관이 설명되어 있지 않은 것 같다.

멘덴홀과 이를 더 발전시키고 부각시킨 고트월드의 역사적 주요 관심

19) *ABD* Vol.1, c. "the Sinai Covenant", 1183~1190 참조.

은 여호수아-판관기 시대의 초기 이스라엘의 혁명적 사회 공동체 건설에 놓여 있으며 출애굽-모세 시대는 이러한 사회 건설의 전(前)역사적 소재로서 고려될 뿐이다. 시나이 계약은 야웨 하나님과 이스라엘의 자유하고 정의로운, 은혜롭고 선한 관계질서의 제의적 설정으로서 구원의 출애굽 해방 사건과 내적으로 근원적으로 연관되는 것으로 해석되어야 한다. 시나이 계약에 포괄되는, 출애굽기 19:1부터 민수기 10:10까지의 거대한 JEP 문서 전승들이 수세기 동안에 형성된 자료들이라고 해도, 시나이 계약의 핵심적 의미는 출애굽-모세 시대와 동시성(contemporaneity)을 가지는 어떤 역사적인 요인을 지니고 있음에 틀림없다고 생각된다. 멘덴홀의 주장은 그러한 어떤 역사적인 요인을 암시해 준다. 시나이 계약-십계명-율법 부여 등 일련의 사건들이 가나안 정착 후 주로 초기 이스라엘의 사회건설의 현실에 해당한다 해도 출애굽-모세 시대에 필연적으로 연관된 사건들이라고 해석되어야 한다.

(2) 시나이 산에서의 신적 현현과 계약

여기서 우리는 시나이 계약에 포괄되는 많은 전승들을 포괄하는 범위(출애굽기 19:1~민수기 10:10) 가운데서 주로 출애굽기 19~24장(J-E 문서 자료들)과 신명기를 부분적으로 고찰하면서, 야웨 하나님의 현현 혹은 자아계시, 이스라엘과의 계약과 관계질서로서의 그의 계명들을 생각해 보고자 한다. 그의 계약과 계명들은 창조자 하나님과 피조물 인간의 삶과 존재, 역사와 사회의 시간, 공간의 원형적 의미를 함축하고 있다. 시나이 계약 전승에 신적인 장엄한, 불가사의한, 현현양식, 역사 사회와 관계하는 현존양식이 장엄하게 묘사되어 있는데, 그것은 영원한 신적인 현재이기 때문에 창조의 원시간과 구원의 미래적 종말시간과 동일하며 동시적이다. 시나이 산에서의 신적인 현현과 계약을 모세가 이스라엘에게 중재한다. 시나이 계약 전승이 역사의 어느 시대에 또 어느 맥락에서 발단했든, 출애굽-모세 시대와 동시적이고, 출애굽 사건의 구원사적 의미를 포괄적으로 말해 준다.

야웨 하나님은 모세를 시나이 산으로 불러 이스라엘과의 계약 체결의 의지를 이들에게 전달하게 한다. 계약 체결의 주체 야웨 하나님이 이렇게 말씀한다.

> 너희는 내가 무엇을 애굽인들에게 행하였는지를 또 내가 어떻게 너희를 독수리 날개로 품어 너희를 내게로 데려왔는지를 보았다. 이제 그러므로, 만일 너희가 내 음성에 복종하고 내 계약을 지키면, 너희는 모든 민족들 가운데서 내 소유가 될 것이며, 너희는 내게 사제들의 왕국, 한 거룩한 민족이 되리라.(출애굽기 19:4~6)

모세가 이 말씀을 이스라엘에게 전하니, 이들이 "야웨께서 말씀하신 모든 것을 우리가 행하겠습니다"라고 응답한다(8절). 이들 민중들이 이렇게 응답함으로써 비로소 집단적 계약 파트너로서의 자유한 주체가 된다. 야웨께서 모세에게, "보라, 내가 너와 더불어 말할 때 백성들이 듣고 나를 길이 믿을 수 있도록 내가 짙은 구름 속에서 너에게 나타나리라"고(9절), 백성들에게로 가서 오늘과 내일 몸을 정결케 하고 옷을 빨게 하고, "3일째 야웨께서 온 백성이 보는 가운데 시나이 산에 내려오리라"고, 산기슭의 둘레를 표시하여 백성들이 접근하지 않도록, 접근하는 자는 짐승이든 사람이든 쳐 죽이거나 쏴 죽여야 하리라고, 나팔이 길게 울릴 때에 백성들은 산에 올라오게 하라고 분부한다(10~14절). 그리고 3일째 아침 천둥, 번개, 연기가 자욱한 불 속에서 야웨께서 시나이 산에 내려오시니 온 산이 진동한다. 야웨께서 모세를 산봉우리로 부르시어, 백성들이 야웨를 보려고 마구 몰려들다가 멸망하지 않도록 하라고 이르신다(16~21절). 신적인 현현, 신비로운 현존의 모습은 백성들에게뿐만 아니라 모세에게도 가려져 있다. 신적인 모습을 보는 자는 살아남지 못한다는 것이다. 그럼에도 불구하고 야웨 하나님은 이스라엘에 마주 서고 역사에 임재한다.[20)]

이스라엘이 신적인 계약 의지에 복종하고 계약을 기키겠다고 결단함으로써, 신적인 자유한 주체에 마주 서는 사회집단적 주체로서 대두한다. 이 '주종관계'(멘덴홀)의 계약의 주재자 야웨 하나님은 노예의 집 애굽으로부터 이스라엘 민중을 해방시키며 이제 이들을 새로 탄생할 한 민족사회집단의 자유한 주체로 세운다. 멘덴홀이 주장한 바 고대 근동의 힛타이트 제국의 주종관계의 계약이 형식적으로 시나이 계약의 역사적 배경이라고 추정한다고 해도, 시나이 계약은 실질적으로 그러한 계약을 완전히 변화시키는 것이다. 제국들의 주종관계의 계약이란 민중을 영속적으로 종속시키는 도구로서밖에 달리 기능할 수 없었을 것이다. 또한 이스라엘은, 당시의 다른 부족들 혹은 민족들과 마찬가지로 정의로운 야웨 하나님의 계약 파트너가 될 수는 없다. 자체의 자유 결단에 의해서 이스라엘이 그 계약 파트너가 된 것은 아니다. 파라오를 치고 노예화된 이스라엘을 해방시키는

20) 우리는 여기서 Kierkegaard가, 절대자 신과 인간, 영원과 시간을 변증법적 논리로써 종합한 Hegel에 反하여, 양자의 질내적 구별을 수창하면서, 하나님과 인간 사이에 벌어지는 無의 심연, 부정의 심연을 응시하고 고뇌에 찬 인간 실존, 죽음에 이르는 실존 문제, 사변적 변증법적 논리에 의해서 해답되는 것이 아니라, 신적인 자유한 용서와 인간의 무한한 신앙과 신뢰에 의해서만 해답될 수 있는 그러한 실존문제를 부각시켰던 사실을 연상한다. 하나님과 인간, 영원과 시간, 하나님과 인간의 실존·역사·사회 사이에 그러한 괴리가 벌어짐에도 불구하고, 시나이 산에서의 신적 임재와 계약 체결은 그러한 신적인 부정보다 신적인 은혜와 긍정이 우선하고, 그 때문에 양자의 관계질서와 인간의 시간, 역사적 존속이 가능하게 된다.

출애굽 사건에서 야웨 하나님의 자유와 의, 은혜와 선함의 주권이 계시되듯이, 시나이 계약은 그의 그러한 주권에 의한 이스라엘과의 관계설정이며, 이에 의해서 이스라엘이 모든 민족들 가운데서 그의 '소유', '사제들의 왕국', 한 '거룩한 민족'이 되리라는 것이다. 이스라엘의 이러한 구원사적 위치와 역할은 점차적으로 해명되어야 할 것이지만, 여기서 우선 지적해 둘 것은 한 혁명적인 새로운 민족 개념이 여기에 함축되어 있다는 사실이다. 야웨 하나님의 '소유', '사제들의 왕국', 한 '거룩한 민족'이라는 표현들에는 동일한 내용적 의미가 함축되어 있다고 생각된다. 즉 그것은 출애굽 이스라엘은 자유하고 의로운, 은혜롭고 선한 야웨 하나님을 모든 민족들에게 중재하는 한 민족이 되어야 하리라는 신적인 위탁이 아니겠는가? 시나이 계약 전승에 포함된 이러한 특유한 민족 개념은 출애굽 사건의 시점에서 보자면 미래를 가리키는데, 가나안 정착 후 혁명적 민족사회 정초와 건설시기에, 주로 판관기 시대의 계약사회 공동체에 해당하는 것이라고 해석되어야 한다.

(3) 신적인 계약의 계명들, 관계질서의 시간성과 공간성

출애굽기 19장에서 서술된 시나이 산에서의 신적 계시·현현과 계약 체결에 이어 20:1~17에 십계명이, 22:23~23:33에 '계약법전'(Covenant Code)이 제시되어 있으며, 24:1~18에서 계약의 제의적 비준이 묘사되어 있다. 신명기 5:1~21에서의 십계명과 27:9~26에서의 12계명도 출애굽-모세 시대의 신적인 계약의 맥락에 놓여 있으므로 출애굽기의 십계명과 함께 고려될 수밖에 없다. 폰 라트에 의하면 십계명은 이스라엘의 가나안 정착 이후 오랜 역사적 과정에서 현재의 형식으로 정립되었을 것이라고, 또 가나안 정착 후 판관기 시기에, 어쩌면 더 후기에 계약갱신을 위한 제의적 축제에서 중심점을 이루었을 것이라고 한다.21) 출애굽 사건의 시기와 시나이 계약, 십계명 전승의 형성시기들이, 폰 라트가 주장하듯이, 상이한 시간들에서 이루어졌다고 해도, 왜 오경 전통에서 출애굽-모세 시대와 그렇게 동시대적으로 엮어져 있는가 하는 동시대성의 의미를 우리는 주목한다. 즉 구약의 모든 계약 개념과 계명들, 율법이 출애굽 해방이라는 구원 사건에 비추어서 설명되어야 한다는 점이 주목되어야 한다. 출애굽 해방의 사건에 비추어 볼 때 모든 신적 계명들이 이스라엘의 자유한 삶을 정초하는 의롭고 은혜로운 신적인 말씀으로 구원사적으로 이해될 수 있다. 구원사적으로 이해된다면, 신적인 계명들은 노예에서 자유에로, 죽음에서 삶에로의 구원의 시간, 역사적 미래를 열어주는 신적인 정의롭고 은혜로운 말씀이다.22)

출애굽기 20:23~23:33에서의 '계약법전'에는 무조건적으로 혹은 정언적으로 선포되는 십계명과 달리, 경우들에 따라 조건적인 혹은 결의론

---

21) *TAT* I, 206. 폰 라트의 그러한 주장은 계약갱신을 위한 제의적 축제의 맥락에서 형성된 시나이 계약 전승이 출애굽의 역사 전승에 삽입되었다는 것과 동일하다. 어쨌든 십계명을 비롯한 신적인 계명들이 출애굽기와 신명기에 있어서 출애굽-모세 시대의 맥락에서 선포되기 때문에 우리는 출애굽 사건에 비추어서 해석할 수밖에 없다.

22) 성서에서 십계명은 본래 '열 가지 말씀들'(출애굽기 34:29; 신명기 4:13; 10:4)이라고도 말해진다. 폰 라트에 의하면 십계명은 구약에서 결코 법 혹은 율법이라고 말해지지 않는다는 것이다. 계명들은 삶을 포괄적인 규범들로서의 율법 아래 세우지 않으며, 야웨 하나님에 대한 신앙을 요구하는 것이라고 한다. *TAT* I, 208f. 율법이 포로 후기에, B.C. 8세기 북이스라엘 왕국 멸망, 6세기 남유다 왕국의 멸망 후 더 이상 구원자 하나님의 말씀 혹은 계명을 역사적 현실에서 들을 수 없게 되면서, '어떤 절대적인 몸체'(eine absolute Grösse)로서, 즉 율법주의화 된 것으로서 자체의 공동체를 명령하는 'Diktat'로 되었을 때 형식적인 율법이 되었다는 것이다. 본래 계명들은 이러한 법체계와 동일하지 않다는 것이다. *Ibid.*, 214쪽. 폰 라트는 여기서 종교개혁 당시에 일어난 율법과 복음의 대립, 율법은 정죄하고 죽이는 것이라면 복음은 용서하고 살리는 은혜라는 논쟁, 유럽 프로테스탄트 복음주의 신학에서 일어난, 19세기의 유럽 복음주의 신학에서의 논쟁을 전제하고 있음에 틀림없다. 차후에 이러한 문제가 논의될 기회가 우리에게 주어지리라고 예상한다.

적인(casuistic, 決疑論的인 형태로) 법적 조항들이 들어 있다.[23] 그러한 '계약법전'이 구약학이 말하는 대로 고대 근동 혹은 가나안 땅의 법전들에 의거해서 형성되었다고 해도, 이스라엘의 계약전승의 맥락에서 크게 변화될 수밖에 없었다고 추정된다. 법은 신성하다는 법사상이 그러한 근동의 법전들에서도 작용했음에 틀림없다. 그러나 입법하는 주체가 통치 지배자, 군주일 경우, 법은 이 주체에 의해서 조종되고 또 전횡될 수 있고 역사적으로 사실 그러했다. 야웨 하나님이 계약, 계명들을 말씀하는 주체가 됨으로써, 모든 법의 근원이 그에게로 돌려지고 따라서 여기서는 인간적 법전횡이 차단된다. '계약법전'이 출애굽 해방의 사건과 동시대적으로 이 사건의 맥락에서 세워짐의 근저에서 일어난 이러한 변화, 적어도 이러한 변화의 가능성이 간과되어서는 안 된다. 예컨대 "너희는 은으로 만든 신상들, 금으로 만든 신상들을 내 곁에 두지 말라"(출애굽기 20:23)는 계명은 민중의 부를 좌지우지하는 전횡자 군주의 권력을 축출하라는 계명의 의미를 함축하고 있음에 틀림없다. 지금까지 그리스도교와 신학 전통에서 구약이 배척하는 '다른 신들' 혹은 '우상들'은 정치 사회 경제와 무관한 중립적인, 추상적인 상징물들로 여겨져 왔다. 고대근동의 법전들은 신상들과 우상들에 대하여 중립적이었음에 틀림없었을 것이다. 또 하나의 예로서 출애굽기 21:2~11과 신명기 5:15; 15:1~18에서, 이스라엘 사회 내부에서 발생한 빚진

23) Albrecht Alt가 구약의 법전통의 두 가지 유형들을 처음으로 밝혔다고 한다. 첫째 형태는 십계명과 같은 무조건적, 필연적인(apodiktic) 유형이고, 둘째 형태는 결의론적 혹은 조건적인 유형으로서 '계약법전'에서 발견되는 측면이다. '계약법전'은 근동의 Hamurabi, Assyria, Hittite 법전들에서부터 도출되기도 했고 이것들을 반영하기도 하는 조항들을 포함하고 있다. '계약법전'에는 저 두 가지 유형들이 혼합되어 있다는 것이다. *IDB*, "Exodus, Book of", 192; Albrecht Alt, *Die Ursprünge des israelitischen Rechts*, 1934. 폰 라트에 의하면, '눈은 눈으로', '이는 이로'(출애굽기 21:23~25; 레위기 24:18ff.; 신명기 19:21)라는 상호주의적 법 조건은 가나안 땅의 법사상에서부터 유래한 것이며, 구약의 율법사상의 원칙이 아니라는 것이다. 그러한 조항은 어떤 특수한 경우들에 한정된 것이라고 한다. *TAT* I, 216 각주 28 참조.

자, 가난한 자 즉 종에 대한 법적 조건들이 다루어지는데, 여기서 제 7년째 되는 해에는 이스라엘이 애굽의 노예됨의 상황에서부터 야웨 하나님에 의해서 구출되었듯이 그 종이 해방되어야 하리라는 계명이 중심 주제이다. 레위기 25장에 제시된, 7년씩 7번 즉 49년에 1년을 더하여 50년째의 희년법은 시간적으로 연장된 바로 저 안식일 해방의 주제이다. 희년법은 역사적 과정에서 발생한 종들의 빚 탕감과 해방, 본래의 재산의 회복을 선포하고 행하라는 계명이다. 이러한 희년법도 출애굽과 시나이 계약의 맥락에 세워져 있다. 저 '계약의 법전'은 고대 근동의 법전들에서부터 상당 부분 도출되었다고 해도, 이러한 구원사적 맥락에서 근본적으로 새로운 혁명적 사회해방의 차원을 가지게 된 것이라는 점이 간과되어서는 안 된다.

이제 우리는 십계명에 반영된, 신적인 관계질서로서 창조자, 구원자 하나님과 피조물 세계를 대표하는 이스라엘과의 관계질서 그리고 인간적 관계질서로서 인간 대 인간 혹은 이스라엘 사회 내적 관계질서를 고찰하고자 한다. 십계명의 첫 4항들이 신적 관계질서에, 그다음 6항들이 인간적 관계질서에 해당된다. 십계명(출애굽기 20:1~17; 신명기 5:1~21; 레위기 19:1~37 비교 참조)은 이스라엘의 출애굽 계약의 주체 야웨 하나님의 말씀으로서 모세에 의해서 선포된다. 편의상 첫째, 둘째, 셋째 계명들을 함께 인용하자면,

> 너희는 내 앞에서 다른 신들을 섬기지 말라. 너희는 위로 하늘에 있는, 땅 아래 있는, 땅 아래 물에 있는 어떤 것이든 그것을 새긴 형상을 …… 만들지 말고, 그것들에 절하거나 섬기지 말지니, 나 야웨 너희의 하나님은 질투하는 하나님이며, 나를 미워하는 조상들의 악행을 3, 4대까지 그 후손들에게 갚아 줄 것이며, 나를 사랑하고 내 계명들을 지키는 자들의 후손들에게는 수천대에 이르기

까지 불변의 사랑을 베풀리라. 너희는 야웨 너희의 하나님의 이름을 함부로 잘못 사용하지 말라. ……(3~7절)

'다른 신들'이란 피조물 세계사물의 신격화임에 틀림없다. 계약법전의 맥락에서 말해지는 '은으로 된 신들'과 '금으로 된 신들'(20:23)은 이미 지적했듯이 재물을 좌지우지하는 권력자 군주의 신격화일 것이다. 야웨 하나님만을 시인하고 그의 계명을 지킨다는 것은 그처럼 자유하고 의롭게, 은혜롭고 선하게 산다는 것을 의미한다. 그의 계명은 그렇게 살라는 요청이자 허락이다. 그의 계명을 배반하고 '다른 신들'을 섬기고 피조물 세계사물의 형상들에게 굴복한다는 것이 '악행'(5절)이라는 것은 신적·인간적 관계질서를 근원적으로 파괴하기 때문이다. 다른 신들, 금과 은으로 만들어진 신들, 피조물 세계사물의 신격화로서의 형상들과 우상들을 섬긴다는 것은 창조자·구원자 하나님, 한 분 하나님을 피조물로써 대치시키는, 신적·인간적 관계질서를 교란시키는 악행이다. 그럼에도 불구하고 '질투하는 하나님'의 심판의 분노는 악행하는 조상들의 3, 4세대에 한정되고, 그를 사랑하고 그의 계명을 지키는 자들에게는 신적인 사랑이 수천대에 이르기까지 말하자면 영원토록 지속되리니, 신적·인간적 관계질서가 둘째 계명에서 그렇게 시간, 역사적으로 말해져 있다. 야웨 하나님의 이름을 잘못 사용하지 말라는 셋째 계명은 레위기 14:12에 의해서 보충 설명될 수 있으니, 야웨 하나님의 이름으로써 거짓되게 맹세하고 모독해서는 안 된다는 것이다. 그의 이름으로써 마술적 점치기나 거짓 맹세해서는 안 된다는 것이다(*RSV*, 주 7 참조). 인간이 신적인 능력을 주술적으로 조작하여 자신의 의지에 길들이고, 피조물들과 혼동시킨다는 의미에서, 이 계명도 첫째, 둘째 계명들과 동일한 인간적 욕심에 대한 금기를 내포하고 있다. 첫째, 둘째, 셋째 계명들은 다 창조자·구원자 하나님과 피조물의 혼동을 부정하고 양자의 구별의 관계질서를 세운다. P 문서 전승에서 강조되는 '聖 법전'(Holiness Code)의 요지가 저 셋째 계명에 반영되어 있는데, 그 요지는 야웨 하나님이 거룩하므로 이스라엘도 거룩해야 한다는 것이다(레위기 19:1). 이스라엘이 야웨 하나님의 '소유', '사제들의 왕국', 한 '거룩한 민족'이라는 것은 신적인 자유한 선택에 의해서 이스라엘이 다른 민족들로부터 구별된 혹은 성별된 민족이어야 하리라는 것이다. 이것은, 점차적으로 밝혀지겠지만, 이스라엘이 창조자·구원자 하나님과 세계민족들의 중재자 역할을 수행하라는 신적 의지를 함축하고 있다. 그와 같이 하나님과 이스라엘의 특별한 관계질서는 모든 민족들을 위한 패러다임일 것이다.

넷째 계명은 안식일에 관한 것인데, 우리가 창세기 1장 P 문서 자료의 창조 설화에 담긴 시간 개념이 여기서 다시 고려될 필요가 있으므로 부분적으로 인용해 보자면,

> 안식일을 기억하고 그것을 거룩하게 지키라. 6일 동안에 너희는 노동하고 너희의 모든 일을 행하라. 그러나 제 7일은 야웨 너희의 하나님께 안식일이니, 그날에 너희는 아무 일도 하지 말 것이며, …… 너희의 딸, 아들, 너희의 남종과 여종, 너희의 가축, 너희 문 안에 있는 나그네도 아무 일도 하지 말라. 6일 동안 야웨께서 하늘과 땅, 바다, 그 안에 있는 모든 것을 만드시고 제 7일째 쉬셨고, …… 그날을 축복하셨고 거룩하게 하셨느니라.(출애굽기 20:8~10)
>
> 너희가 애굽 땅에서 종이였다는 것을 기억하고, 야웨 너희의 하나님이 너희를 능력의 손과 뻗은 팔로써 이끌어내셨으니, 너희는 안식일을 지키라.(신명기 5:15)

신명기의 서술에는 J–E–P 문서 전승자료들이 구원사적으로 종합되어 있다. 6일은 창조자가 피조물 세계를 정초한, 모든 피조물의 모든 시간을 열어주는 시간이며, 제 7일은 피조물의 모든 날들, 모든 시간을 회상하는 날, 거룩한 날, 창조자의 날이니, 영원한 날, 영원한 시간이 아니겠는가? 피조물의 모든 날들이 그의 날들이고 그의 시간이지만, 피조물의 날들을 한정한다는 것은 모든 날들이 창조자의 시간임을 회상하게 하는 날이니, 바로 제 7일이다. 그날은 특히 애굽에서 노예였던 이스라엘 민중의 출애굽 해방의 시간·역사를 기억하는 날이며, 노예들, 가난한 자들의 해방의 날을 열어주는 신명기적 역사 개념을 함축하고 있는 날이다. 신명기에 있어서는 신적인 계명들 자체가 신적·인간적 관계질서로서의 시간·역사이다.

인간적 관계질서를 정초하는 십계명의 둘째 부분인 6항들은 우선 부모를 공경하라는, 그리하면 이스라엘의 날들이 야웨 하나님께서 주시는 땅에서 오래 존속하리라는 계명이다. 부모와 자식의 관계질서가 이스라엘의 족장들과 후손들의 시간, 역사적 관계질서, 민족사적인 관계질서와 동일하다. 안식일 계명과 이 다섯째 계명은 다른 '……하지 말라'는 부정적인 계명들과 달리, 부정적으로 한정되지 않고 '……하라'는 긍정적인 형식을 취한다. 부모와 후손들의 인간적 관계질서는 창조자의 신적 관계질서에 상응하는 시원적인 차원이다. 자식의 존재의 시간은 부모에서부터 발단한다. 그러므로 자식은 부모를 하늘처럼 공경해야 한다는 옛 사람들의 말이 옳다. 이러한 일반적 인륜관계 이상의 구원사적 시간존속의 의미가 저 다섯째 계명에 함축되어 있다. '아브라함의 하나님, 이삭의 하나님, 야곱의 하나님'이 바로 출애굽의 야웨 하나님과 동일하다는 것은 신적·인간적 관계질서의 시간·역사에서 고백되는 하나님 개념이다. 이러한 동일

성에서 야웨 하나님의 유일성이 역사적으로 성립된다.[24]

여섯째-열째의 다섯 계명들은 다 부정사로, 즉 '살인하지 말라', '간음하지 말라', '도둑질하지 말라', '거짓 증언하지 말라', 이웃의 소유물을 '탐내지 말라'(출애굽기 20:13~17; 신명기 5:17~21)는 계명들은 인간적 사회관계질서를 파괴하는 한계상황들을 경고한다. 그것은 레위기 19:13ff.에서도 동일하고, 신명기 27:15ff.에서는 더욱 첨예화된다.[25] 십계명의 둘째 부분 6항들은 인간적 사회관계질서에 해당되는데, 십계명의 첫째 부분 4항들의 야웨 하나님-이스라엘의 신적 관계질서가 이러한 인간적 사회관계질서의 원형이다. 이 사회관계질서의 광범위한, 인륜도덕적인, 정치, 경제, 사회적 영역들은 열려 있다. 십계명의 저 6항들은 이러한 인간적 사회관계질서를 어떤 절대적인 법조항들 아래 세우고 법적으로 규제하는 것이 아니라, 이 질서의 성립의 신적 근원을 선포하는 것이다.[26] 그 6항들의 형식만

24) 첫째와 둘째 계명들의 맥락에 관련해서, 출애굽-초기 이스라엘의 야웨 하나님 개념이 유일신(monotheism)을 의미하는가 아니면 단일신(henotheism) 혹은 일신숭배(monolatry)를 의미하는가 하는 논쟁이 구약학에서 계속되는 것 같은데, Albright는 '다른 신들' 혹은 신상들을 배제하는 '질투하는 하나님'을 유일신론적으로 해석한다. *IDB*, "Exodus, Book of", 191. 폰 라트에 의하면 유일신 신앙이 첫째 계명과 관련되어 있기는 하나, 그것은 철학적 사변의 결과가 아니라 오랜 단련을 거친 인식으로서 일반적으로 말해지듯이 '실천적' 유일신 신앙이라고 말해질 수 있다는 것이며, 제2 이사야에서의 후기에 유일신 사상은 명확해진다고 생각한다(이사야 45:5f.; 43:10 비교 참조). *TAT* I, 225f. 그러나 유일신 신앙이 포로기 이전 구원사적 시초에서 확립되었다고 추정된다. 야웨 하나님 이외에 다른 '신은 없느니라'(45:5f.)는 제2 이사야의 선포는 그 이전부터의 구원사적 전통의 시초를 반영한다. 계약, 계명들이 야웨 하나님, 유일한 분이라는 신앙을 천명한다고 해석되어야 한다(신명기 6:4f. 참조).

25) 폰 라트는 십계명 혹은 모든 신적 계명들을 법 혹은 율법과 구별한다. 법의 성립조건은 '적극적인 충족 조항들'(positive Füllung)을 즉 실정법적인 결의론적 조항들을 필요로 하는 데 반하여, 십계명의 부정적 규정들은 이떤 '한계상황들"(Randsituationen)을 가리키며, 야웨 하나님에 대한 신앙을 요청하는 것이며, 인간적 삶을 그러한 규범적인 법조항들 아래 세우는 것이 아니라는 것이다. *TAT* I, 208. 신적 계명들을 성문율적인 율법주의에 반한 폰 라트의 그러한 해석은 적합하다. 그러나 그는 모든 계명들이 신적 관계질서와 동시에 인간적 사회관계질서의 근원적 정초라는 점을 주목하지 않는다.

26) 폰 라트에 의하면, 신적 계명들을 받는 자들은 "어떤 세속적인 사회, 말하자면 국가가 아니라, 더욱이 인간적인 사회가 아니라, 야웨 공동체"(nicht irgendeine profane Gesellschaft, etwa der Staat,

을 고려한다면, 그것은 일반 사회윤리사상이나 유교의 윤리사상과 원칙적으로 다를 바 없다. 그것이 신적인 근원적 관계질서에 입각해 있다는 점에서 일반 사회윤리와 구별된다. 다시 말하자면, 그것은 인간적 사회관계질서의 근원이 신적인 자유와 의라는 것을 선포함으로써 인간적 사회관계에서 파괴되는 신적인 의를 철저화시키고 인간적 사회관계를 철저하게 변혁시킬 수 있는 미래를 열어준다. 신명기 4:5~8을 인용하자면, 모세가 이스라엘에게 복종을 요청하면서 이렇게 선포하고 설교하고 권유한다. 즉

> 보라, 나는 야웨 나의 하나님이 내게 명령한 규약들과 계명들을 너희에게 가르쳤으니, 너희가 소유하려고 들어갈 그 땅에서 그것들을 행하도록 가르쳤다. 그 규약들과 계명들을 지키고 행하라. 그것이 민족들이 보기에 너희의 지혜이고 이해력이리라. 그들이 이 모든 규약들을 들을 때에, 이 위대한 민족은 지혜롭고 이해력 있는 백성이라고 말하리라. 야웨 너희의 하나님과 같은 신을 그렇게도 가깝게 모시는 민족이란 얼마나 위대한 민족인가? 이 모든 율법(Torah)과 같은 …… 그렇게도 의로운 규약들과 계명들을 가지는 민족은 얼마나 위대한 민족인가?

다른 국가나 인간적 사회와 구별되는 이스라엘의 특수한 사회관계질

---

noch weniger die menschliche Gesellschaft, sondern die Jahwegemeinde), 즉 신앙의 공동체를 이루는 자들이라는 것이다. *TAT* I, 209. 폰 라트는 이 점에서 M. Noth의 *Die Gesetz im Pentateuch, ihre Voraussetzungen und ihr Sinn*, 15ff.를 언급한다. M. Noth와 Von Rad에서는 "야웨 공동체"와 "인간적 사회"가 이원화되어 있는 것 같은데, 이 양자의 연관과 문제에 대한 해답이 무엇인지 우리에게 불분명하다. '야웨 공동체'의 계명들은 모든 인간 사회 공동체에 타당한 패러다임이 아니겠는가.

서는 이것이 자유하고 의로운 신적인 계명들을 받고 민족들에게 중재해야 한다는 데서 성립한다. 이스라엘이 야웨 하나님의 '소유', '사제들의 왕국', 한 '거룩한 민족'이 되리라는 것은 야웨 하나님에게 그렇게도 가까운, 모세의 직분과 같은 중재직분이다.

구원의 시간·역사의 주제는 자유하고 정의로운 신적 관계질서와 인간적 사회관계질서의 설정이며, 신적인 계명과 요청이다. 야웨 하나님의 자유와 정의는 애굽에서의 노예민중의 해방과 계약에서 확증된다. 애굽의 파라오를 치고 노예민중을 해방시키는 그의 자유와 정의는 그의 은혜와 선하심에서 확증된다. 그만을 섬기라는 요청은 그가 모든 피조물의 생명과 존재의 시간적 존속의 근원이기 때문이다. 그의 유일성을 시인하지 않고 그의 요청에 불복종하는 인간, 사회집단은 반드시 자체를 신격화하고, 우상들을 세워 조종하고 자체의 권력을 절대화시키고, 민중을 노예화시키고, 신적·인간적 관계질서를 파괴시킨다. 구원사는 그러한 관계질서를 재설정하고 시간·역사적으로 주제화시킨다. 그러한 관계질서가 바로 시간·역사이고 시간·역사의 공간이다. 하나님과 인간 사회집단 사이에서 원공간·원시간이 열리고, 인간 대 인간의 사회관계질서가 여러 차원들의 시간·공간 안에서 성립하고 역사성을 가진다. 구원은 역사 사회에서 일어나는 억압과 불의, 착취와 살인, 삶의 시간 상실과 죽음의 세력으로부터 미래의 새로운 관계질서에로의 탈출(Exodus), 해방이 아니겠는가?

5) 이스라엘의 가나안 땅 정복, 땅과 정치혁명, 민족사회 정초

여기서 우리는 모세의 후계자 여호수아(Joshua)의 영도 아래서 이루어진 이스라엘의 가나안 땅 정복과 정착, 가나안 땅에서의 이스라엘을 주축으로 한 사회변혁, 판관기 시기에 이르기까지 이스라엘의 민족사회 정초를 위한 투쟁의 의미를 고찰하면서, 초기 이스라엘의 구원사 전통의 혁명적 의의를, 그럼으로써 구원사적 시간의 의미를 밝혀 보고자 한다. 여호수아기는 판관기 시대의 시초이지만, 출애굽 해방의 마지막 단계이기도 하다. 구원사의 제1단계와 제2단계가 중첩된다.

여기서 여호수아기와 판관기의 일부가 우리의 주요 성서적 텍스트로서 고려된다. 이 문서들은 B.C. 7, 6세기경의 신명기적(Deuteronomic, 즉 D 문서 전승의) 역사가의 산물이라고 일반적으로 판명되어 있다. 이 역사가는 B.C. 11~10/10~9세기경의 J 문서와 E 문서의 역사적 전승자료들을 축약적으로 전제하고 있거나 함축하고 있으며,[27] 이스라엘의 출애굽→가나안 땅 정복과 정착→초기 이스라엘 민족사회 정초와 특수한 구원사적 시간 이해를 나타내준다.

이스라엘의 출애굽 사건이 구원사의 출발점으로서 이미 논해졌는데, 이제 출발점의 연속으로서 여호수아의 영도 아래서의 이스라엘의 가나안 땅 정복과 정착, 가나안 땅에서 이스라엘을 주축으로 하여 일어난 사회변혁과 민족사회 정초의 시기들을 초기 이스라엘의 구원사적 시기로서 고찰하면서, 우리는 구원사적 시간의 의미를 규명하고자 한다.

그러나 초기 이스라엘의 구원사적 사건들을 담고 있는 여호수아기와 판관기가 다분히 전설적인 요소들을 포함하고 있으며, 더욱이 후기의 전통과 신학적 해석에 의한 산물이기 때문에, 어느 정도 역사적으로 고려될 수 있는가 하는 문제가 현대의 구약학에서 복잡다단하게 논란되어 왔

27) *The Interpreter's Dictionary of the Bible* (*IDB*), 990 참조.

다. 많은 역사 연구자들이 저 초기 이스라엘 역사는 역사라고 간주되기 어렵고 전설적으로 엮어져 있기 때문에 이스라엘의 역사다운 역사는 B.C. 11~10세기 이후 왕국세대로부터 고려될 수 있다고 주장한다. 그러나 그러한 주장은 이스라엘의 구원사가 정초된 초기 역사를 모호하게 함으로써, 구원사 개념의 기초를 상실해 버리게 된다. 노트(M. Noth)는 왕국시대 이전의 초기 이스라엘 역사를 재건한 대표적 구약학자이며, 폰 라트(Von Rad)는 초기 이스라엘 역사를 전승사(Traditionsgeschichte)로서, 즉 여호수아기와 판관기의 초기 이스라엘 역사를 전승사적으로 혹은 신학적으로 해석된 역사로서 취급하는데 노트의 역사적 재건에 입각해 있다. 또 고트월드(N. K. Gottwald)가 초기 이스라엘 역사를 재건했는데, 노트의 역사관과는 다른 혁명사관에 입각해 있으나, 노트의 역사 재건을 초기 이스라엘 역사 연구의 결정적인 업적으로 간주한다. 초기 이스라엘 역사의 시기가 대체로 B.C. 1250~1050년, 혹은 1000년까지라고 규정되는데, 그 시기의 구원사적 의미와 서술이 그 시기 이래의 후기 해석을 반영한다고 해도, 그 본래의 초기 역사에 기초한 해석이라고 생각된다. 출애굽기를 비롯한 모세오경, 여호수아기와 판관기에 포함된 많은 전설적 요인들과 부분들이 전승사적 해석 과정의 산물이라고 해도, 우리는 이것들과 본래의 초기 역사를 종합적으로 고려할 수밖에 없으니, 구약의 구원사 전통은 초기의 기초적인 역사적 사건들에 입각한 신앙의 해석, 전승사적 과정에서 형성된 해석이기 때문이다.

또 다른 하나의 문제는 초기 이스라엘 역사의 한 단위를 어떻게 규정하는가 하는 문제이다. 폰 라트에 의하면 초기 이스라엘의 구원사적 전승은 출애굽과 여호수아의 영도 아래서의 이스라엘의 가나안 땅 정착에서 일단락되었다고 하며, 판관기 시기에는 저 정착시기와는 다른 문제들이 전개되었다고 하며, 따라서 판관기 시기는 여호수아의 정착시기와 구별해서 고려되어야 한다는 것이다. 이러한 주장으로써 폰 라트는 여호수아기를 모세오경(Peutateuch)에 이어지는 제6경(Hexateuch)으로 고려한다. 이러한 분류에 있어서의 그의 성서해석학적 근거는 초기 이스라엘의 구원사적 주제가 족장들에게 주어진 신적인 땅의 약속이며, 이 약속은 여호수아의 가나안 땅 정착에서 성취되었다는 것이며, 이것이 6경의 '총계'라는 것이다.[28] 성서의 양식사학적으로 혹은 성서 해석적으로 폰 라트의 지론이 일면 타당한 것으로 보이지만, 구원사적 주제에 비추어 볼 때, 신적인 땅의 약속이 이스라엘의 가나안 땅 진입과 정착에서 성취되었다고 생각되기 어렵다. 창세기에서의 아브라함에게 주어진 땅의 약속이 그로 하여금 '땅의 많은 민족들의 아버지'가 되게 하리라는 신적인 약속과 불가분적이며(창세기 13:13f.; 22:16~19 참조), 또 이사악의 탄생과 야곱의 장자권 쟁취에 대한 전승들도 한 민족으로서의 이스라엘의 미래를 가리키며, 이러한 신적인 약속이 땅의 약속과 별도로 해석될 수는 없다. 땅의 약속은 이스라엘의 민족공동체적 삶의 토대로서 구원사적 의미를 가지며, 이러한 땅의 의미는 이스라엘의 가나안 땅 정착으로써 다 설명될 수 없으며, 그 정착과 더불어 그 땅에서의 민족사회 정초의 시기, 즉 여호수아의 가나안 땅 정착과 더불어 혹은 그 직후에 전개된 민족사회 정초의 시기가 초기 이스라엘 역사의 시기로서 고려되어야 한다. 폰 라트가 주장하듯이 판관기 시기는 여호수아의 가나안 땅 정착 이후에 전개된 이스라엘의 한 다른 역사적 단계로서 고려될 수도 있겠으나, 우리는 구원사적 주제에 비추어서 여호수아의 가나안 정착과 판관기 시기의 이스라엘 민족사회 정초의 과정을 한 단위로 묶

---

28) Gerhard von Rad, *Theologie des Alten Testament* 1 (*TAT* 1), 296f., 309, 317 참조.

어서 이스라엘의 초기 구원사적 단계로서 고려하고자 한다. 어쨌든 여호수아의 가나안 땅 정복은 구원사의 제1단계인 모세의 출애굽 사건의 마지막 시기에 속하며(폰 라트), 제2단계의 이스라엘 민족사회 정초 판관기 시기와 일부분 중첩된다.

그런데 그러한 초기 이스라엘 역사가 역사로서, 역사적 사실성에 비추어서 성립될 수 있는가 하는 문제가 논란되고 있다. 폰 라트가 그러한 역사문제를 이렇게 제기한다. 즉 족장시대 → 출애굽 → 가나안 땅 정착 → 판관기 시대라는 역사적 개관이 성립되기 어렵다는 것이다. 다시 말하자면 모세오경에 여러 시기들에 걸쳐 형성된 제의들로 가득하고, 역사적 사실 기록이라기보다는 후기의 종교적 신앙의 표현양식들을 나타내고 있기 때문에 초기 이스라엘 역사의 단계들이 객관적 사실 관계로서 개관되기 어렵다는 것이다.[29] 이러한 문제제기는 객관적으로 일어난 사실성을 위주하는 일반적인 역사연구에 의한 방법에 해당하며, 이러한 의미에서는 타당하다고 여겨진다. 그럼에도 불구하고 성서 전통에서 기록된 대로 이스라엘의 출애굽 → 가나안 땅 정착 → 민족사회 변혁과 정초라는 역사적 연관성이 부정될 수는 없으며, 또 구원사의 초기 단계는 모세 전통을 포괄하는 폭넓은 전통사와의 연관에서 고려되어야 한다. 그래야만 초기 이스라엘의 구원사 개념이 규명될 수 있다.

우리는 여기서 특히 고트월드의 *The Tribes of Yahweh*(야웨의 부족들), B.C. 1250~1050 (Orbis Books, 1979)에서 초기 이스라엘 역사 재건의 시도가 괄목할 만하게 이루어졌으나, 문제가 있다. 물론 그 역사 재건은 한 가설(historical hypothesis)이다. 그러나 가설이 허구라는 것은 아니다. 그의 재건

---

29) Von Rad, *TAT* I, 63f. 참조. 그렇기 때문에 그의 구약신학은 이스라엘의 역사 재건을 위주하지 않고 전승사적인 양식사 연구에 의해서 구약신학을 구축한 것이다.

은 우리에게 큰 도움을 제공해 준다. 그러나 고트월드의 초기 이스라엘 역사 재건에 있어서는 모세의 출애굽 전승이 초기 이스라엘 역사의 출발점으로서 간주되고 있지 않다.[30] 그런데 모세 전승이 모세오경에 있어서 구약의 구원사적 전통의 토대라는 사실이 도외시되어서는 안 된다. 고트월드는 이스라엘 족장시대와 출애굽 모세 집단은 다만 '전(前) 이스라엘' 혹은 '전 야웨신앙'(Proto-Israel, Proto-Yahwism)의 단계로서 전설적인 시기에 해당하므로 초기 이스라엘 역사 재건의 적합한 출발점이 될 수 없다는 것이다.[31] 우리는 앞에서 족장시대를 구원사의 전(前)역사로서, 출애굽 사건을 구원사의 출발점으로서 규정했다. 고트월드가 주장하는 대로 여호수아와 이스라엘의 가나안 땅 정착과 더불어 혹은 가나안 땅 진입 직후에 그 땅에서 출애굽 이스라엘의 범위를 넘어서는, 소수의 출애굽 이스라엘을 주축으로 하되 가나안 땅의 여러 부족들이 연합하여 사회 정치적 혁명을 이룩했다고 해도, 모세의 출애굽 사건이 그 혁명의 어떤 결정적인 동력으로 작용했음에 틀림없으며, 모세의 출애굽 사건을 전제하지 않고는 여호수아와 이스라엘의 가나안 진입이 생각될 수 없다. 구약의 역사 연구자들이 말하듯이 모세 전승의 역사 재건이 어렵다고 해도 그 전승의 출애굽과 같은 핵심적 역사성이 부정될 수 없으니, 왜냐하면 그 전승이 구약의 구원사 전통의 출발점이고 거점으로 작용하기 때문이다. 고트월드도 출애굽 이스라엘

---

30) 우리는 지금까지 모세의 출애굽 전승을 구원사의 출발점으로서 제시해 왔다. 그러나 구약의 역사 연구에 의하면 모세 전승의 역사성이 매우 모호하며 전설적이라는 것이며, 이러한 역사 문제가 Gottwald의 초기 이스라엘 역사 재건에 있어서 전제되어 있다. Martin Noth에 의하면, 모세 전승들이 상호 일치하지 않으며, 모세에 관한 확실한 역사적 상(像)이 파악되기 어렵다는 것이다. Von Rad, *TAT* I, 27f.; Martin Noth, *Das System der zwölf Stamme Israels, Stuttgart*, 1930; Von Rad, *TAT* I, 30의 각주 5 참조. 그래도 Noth와 Von Rad의 구원사 개념이 출애굽 전통의 역사성을 부정하지 않는다. 이 전통 없이 신명기적 역사의 대전제가 성립되지 않는다.

31) Gottwald, *The Tribes of Yahweh* (*TY*), 37~42; 207 참조.

이 가나안 땅에서의 초기 이스라엘, 가나안 땅에 거주하고 있었다고 추정되는 주로 레아(Leah)계의 이스라엘과 가나안 땅에서의 타 부족들과 특히 하비루(ἁpiru) 민중을 포괄하는 초기 이스라엘의 혁명에 결정적인 동력이 되었다는 것을 인정하면서도, 그의 역사 재건의 견지에서 모세의 출애굽 사건과 전승의 구원사적 토대가 모호한 것으로 머물러 있다. 그렇다면 고트월드에 의한 초기 이스라엘 역사의 혁명적 규명은 구원사 전체를 포괄하기 어렵다.

(1) 가나안 땅 정복 개념의 새로운 규정

모세의 영도 아래서의 이스라엘의 공략은 민수기에 의하면 주로 요르단 강 동편, 즉 트란스 요르단(Trans-Jordan) 지역이었으며, 가나안 땅 진입과 정착은 에프라임(Ephraim)계의 여호수아에게로 넘겨진 과제이다. 여호수아기와 판관기의 전승들에 의하면, 이스라엘의 가나안 땅 진입, 정착, 민족사회 정초의 과정은 그 땅의 기존 통치권력자들과 이들 아래서의 부족들과의 전투 정복을 통해서 이루어진 것으로 해석되어 왔다. 이와 같은 가나안 땅 '정복'(conquest)이 대체로 그리스도교의 전통적 개념으로 성립되어 온 것이다. 이러한 전통적인 '정복' 개념은 위대한, 참된, 정의로운 하나님이 가나안 땅의 여러 신들을 섬기는 불의한 부족들을 쫓아내고 멸하고 그 땅을 이스라엘에게 부여했다는 것이다. 종전의 구약학에 있어서도 그러한 정복설이 당연한 것으로 여겨져 왔다.

그런데 20세기 초 이래 그러한 전통적인 정복설이 논란되어 왔다. 여호수아와 소수의 출애굽 이스라엘이 실제로 가나안 땅 정복을 위한 전투를 수행했다는 성서 기록들이 역사적 사실이라고 추정될 수 없다는 것이며 대체로 전설적이라는 것이다. 또한 고고학적 결과들이 주목되면서, 가나안 땅 '정복' 이라는 개념이 더 이상 견지되기 어렵게 되었다는 것이다. 예컨대, 여호수아와 출애굽 이스라엘이 여리고(Jericho) 성과 아이(Ai) 성을 공략하고 파괴시키고 점령했다(여호수아 6:1~27; 8:1~29)는 기사들이 고고학적 증거들에 의해서 수정되지 않을 수 없게 되었다는 것이다. 여호수아와 이스라엘의 여리고 성과 아이 성 점령 이전에, 즉, B.C. 13세기 이전에, 이미 붕괴되어 있었고 재건되지 않은 채 머물러 있었다는 것이며, 그래서 이스라엘은 별 저항을 받지 않고 전투 없이 가나안 땅 진입의 관문, 여리고 성을 점령했고 점령지역을 확대해 나갈 수 있었다고 추정되기에 이르렀다. 그래서 종전의 전통적인 '정복 모델'(Conquest model)을 대치하는 '이주 모델'(Immigration model)이 대두했다. 이주설은 출애굽 이스라엘이 전투력을 가지지 못한 반(半) 유목민들(Semi-Nomads)의 평화로운 가나안 땅 이주를 전제하고 있다.[32] 그러나 이러한 이주설은 전통적 '정복' 개념에 함축된 구원사적 의미를 몰각한 것이다. '정복' 개념은 이중적인 구원사적 의미를 내포하고 있다는 사실이, 종전의 구약학이나 그리스도교 전통이 주목하지 않은 바, 이스라엘 족장들에게 주어진 신적인 땅의 약속이 한편 불의한 가나안 땅 점유자·권력자들과의 투쟁과 정복을 필요로 하는 사회적 상황을 암시하고 있으며, 다른 한편 저들이 섬기는 신들이 저들의 소유와 권력을 밑받침해 주는 이데올로기적 산물이었다는 것을 암시하고 있다. 전통적

32) Gottwald, *TY*, 192~195 참조. Albrecht Alt는 이스라엘이 가나안 땅 고지대들에 널리 흩어져 있는 도시들 사이로 들어갔다고, 또 다른 학자들은 이스라엘이 가나안 땅 사람들과 협정관계를 맺고 정착했다고 추정하기도 한다. M. Noth도 그러한 이주설을 대변하는 것 같다. Gottwald는 이스라엘은 이미 애굽에서도 농경문화권 내에서 생존했다고 주장하며, 출애굽 이스라엘과 가나안 땅에서의 초기 이스라엘이 목축업에 종사하기도 했지만 농경문화권 안에서 사회혁명을 성취했다고 주장한다.

'정복' 개념은 저 신들을 단순히 우상들이라고 추상적으로 가정했던 것이다. 이제 이스라엘의 가나안 땅 '정복'이 그러한 권력자들과 이들의 지배 이데올로기로서의 신들에 대한 투쟁과 심판으로서 구원사적으로 새롭게 해석될 필요가 있다.

고트월드 자신은 종전의 '정복 모델'과 '이주 모델'을 넘어서는 '항쟁 모델'(Revolt model)을 제창하는데, 이 항쟁설은 '정복 모델'의 동기를 정치 사회혁명의 동기로써 대치하는데, 이것은 한편 옳으나 신적인 심판의 차원이 모호하다. 우리는 여기서 종전의 정복설과 이 항쟁 혁명설을 종합해야 할 것 같다. 고트월드에 의하면 그 '항쟁 모델'은 1960년대 이래 멘덴홀(Mendenhall)의 구약 연구에서부터 발단한다. 고트월드는 멘덴홀의 '농민 항쟁'(Peasant revolt)설에서 '항쟁 모델'을 이끌어내어 확대시킨다.[33] 또한 1960년 이래 고고학적 증거들에 의하여 구약 연구는 가나안 땅에서 일어난 반(反) 왕권운동을 주목하게 되었으며, '아마르나'(애굽과 근동의 옛 외교문서 Amarna) 문서들에 나타난 '하비루'(ʿapiru) 집단이 그러한 반 왕권 항쟁운동들에 관여했다고 추정된다.[34] 특히 '하비루' 집단이 그러한 반 왕권적 항쟁운동들에 전투력을 제공했으리라고, 이 전투력이 출애굽 이스라엘의 가나안 땅 진입에 합세했으리라고 추정된다. 아마르나 시대에 애굽 제

---

33) G. E. Mendenhall, "The Hebrew Conquest of Palestine", *Biblical Archaeologist* 25, 1962; *Biblical Archaeologist* 3, 1970; *The Tenth Generation: The Origins of Biblical Tradition*, 1973. 이러한 일련의 연구들에서 Mendenhall은 처음으로 Revolt model을 제시했다는 것이다. 이에 대한 찬반 논란들이 야기되었으나, Gottwald는 그 항쟁설을 출발점으로 하고 확대하여 초기 이스라엘의 정치 사회적 혁명의 역사를 재건한 것이다. Gottwald, *TY*, 각주 148, 736 참조.

34) Gottwald, *TY*, *Ibid.*, 참조. 이 지론에 해당하는 다음의 문서들이 제시되어 있다. M. C. Astour, "The Amarna Age Forerunners of Biblical Anti-Royalism", in *For Max Weinrich on His Seventieth Birthday: Studies in Jewish Language, Literature and Society*, 1964; A. E. Glock, "Early Israel as the Kingdom of Jahweh: The Influence of Archaeologist Evidence on the Reconstruction of Religion in Early Israel", *Concordia Theological Monthly* 41, 1970 참조.

국의 가나안 땅 도시 봉건국가들에 대한 지배력과 그 봉건국가들의 지배력이 약화됨에 따라 내부적 항쟁운동들을 야기시켰다는 것이다. 근동 일대에 분포되어 있었던 '하비루' 집단은 때로는 도적들, 무법자들, 때로는 집권자들의 용병들로 고용되기도 했으며, 따라서 전투력을 가진 집단이기도 했다는 것이다.[35] 고트월드의 '항쟁 모델'의 핵심은 애굽 제국주의와 가나안 땅 도시 봉건국가들에 대한 반제·반봉건 혁명을 의미한다. 그 혁명은 출애굽 이스라엘, 주로 라헬의 소생 요셉의 부족들을 비롯해서 출애굽 이전부터 가나안 땅에 거주하고 있던 레아계의 이스라엘, 타부족들, 농민들의 연합에 의해서 이루어졌다는 것이다.[36]

이제 우리는 위에서 제시한 바 여호수아와 이스라엘의 가나안 땅 진입과 정착에 관련한 전통적인 정복설, 이주설, 항쟁설의 의의와 문제점을 짚어보고 새롭게 재설정하고자 한다. 먼저 둘째의 이주설에 관해서 말하자면, 이것은 목초지를 찾아서 이리저리 이주하는 유목민 이스라엘이 평화스럽게 가나안 땅에로 들어가 정착했다는 것이며, 여호수아기의 가나안 땅 정복이라는 기록을 대체로 전설적이라고 간주하고, 초기 이스라엘의 가나안 땅 정착 이후에 전개된 전투들은 정착 이후의 변화된 상황에서 야기되었다는 추정에 근거해 있다. 고트월드는 목초지를 찾아 이리저리 이

35) Gottwald는 성서적 '히브리인'(Hebrew)이라는 칭호와 Amarna 문서들에서의 '하비루'(ἁpiru)라는 칭호의 동일화를 주장한다. 그러한 동일화가 가능하다고 추정하는 다른 학자들도 있다. 그러한 동일화에 대해서, 애굽의 외교문서 Tell el-Amarna 연구, J. A. Knudzon, *Die El-Amarna Tafeln*, 두 권, 1907~1915; A. F. Rainey, *EL. Amarna Tablets*, 1970; Gottwald, *TY*, 주 25, 395, 397, 399, 400ff., 419f., 421f. 참조. 언어적으로 ίvrim(Hebrew)과 ἁpiru는 동일하다고 추정되는데, 이에 대한 논란이 야기되기도 한다. 어쨌든 '히브리인'이라는 말은 이스라엘에게도 비이스라엘에게도 적용되었다는 것이다. 예컨대 소수 지배계급 불레셋인들(Philistines)이 경멸적인 의미에서 이스라엘을 '히브리인들'(Hebrews)이라고 일컬었다. 사무엘상 13:3, 19; 창세기 14:13에서 아브라함도 '히브리인'이라고 일컬어진다.

36) Gotwald, *TY*, 390, 395~399 참조.

동하는 유목민 이스라엘의 이주설의 전제를 크게 수정한다. 이스라엘 부족들은 당시의 타 부족들과 마찬가지로 제국주의·봉건적 정치 체제와 농경문화의 맥락에서 대두했으며, 이들이 목축업에도 종사했지만 농경 문화권에 속한다고 본다. 우리는 모세오경과 여호수아기와 판관기에서 서술되는 바 야웨의 백성 이스라엘과 타 봉건적 왕들과의 전투 기록들이 전설적으로 각색되었다고 해도, 이러한 기록들 밑바탕에 있는 근원적 사건들이 평화스러운 이주설에 의해서 설명될 수는 없다고 생각한다. 오히려 종래의 정복설이 출애굽→가나안 땅 진입과 정착에서 야기된 이스라엘의 투쟁들을 설명하기에 더 적합하다. 그러나 종래의 정복설은 출애굽→가나안 땅 정착의 정치·사회적 혁명을 간과한 것이다. 이스라엘 족장들에게 주어진 신적인 땅의 약속, 구원의 약속이 제국주의적·봉건주의적, 불의한 땅의 점유와 지배체제에 대한 신적인 심판과 변혁과 재분배의 필연성을 암시하고 함축하고 있다는 점을 종래의 정복설은 간과했다. 정복 개념은 애굽제국에서 노예된 이스라엘을 해방시키는 신적인 정의와 심판의 의미를 함축하고 있다. 이렇게 규정된 정복 개념은 고트월드가 주장하는 항쟁·혁명설과 종합될 수 있다. 그러나 고트월드는 야웨 하나님의 신적인 심판에 대한 구원사적 신앙을 항쟁·혁명투쟁 이데올로기에로 해소시켜 버리는 문제점을 지니고 있다.

(2) 여호수아와 이스라엘의 가나안 땅 정복과 정착

여호수아기도 출애굽기와 민수기처럼 대체로 전설적이라고 여겨지지만, 출애굽 사건과 가나안 땅 진입을 위한 기본적 역사적인 사실들을 내포하고 있다고 일반적으로 추정되며, 우리는 여호수아기를 그대로 따라가면서 해석해도 된다.

여호수아의 가나안 땅 정복과 정착은 고고학적 증거들에 비추어 B.C. 13세기 후반에 일어났다고 추정된다.[37] 여호수아와 이스라엘은 가나안 땅 건너편 동쪽 트란스 요르단 지역으로부터 가나안 땅 진입을 앞두고 우선 요르단 강을 건너야 하는데, 모세와 이스라엘이 홍해를 기적적으로 건넜듯이, 마른 땅처럼 요르단 강을 건너게 된다(여호수아 3:1~17). 여호수아가 사제들로 하여금 '계약 궤'(야웨의 임재를 의미하는 궤, the Ark of the Covenant)를 메고 앞서서 강을 건너라고 명하여(3:5~6) 말하기를 "온 땅의 주이신 야웨의 궤를 멘 사제들의 발바닥이 요르단 강물에 멈추면, 요르단 강물이 위로부터 흐르다가 둑을 이루고 멈추리라"고 한다(3:10~13). 사제들이 궤를 메고 강 한복판 마른 땅에 서 있는 동안 "온 민족이 요르단 강을 건넜다"는 것이다(3:17). 야웨 하나님이 모든 땅을 다스리는 주이시라는 의미가 족장들에게 주어진 그의 땅의 약속에 함축되어 있다. 요르단 강물의 흐름에 어떤 자연적 변화가 일어났다고 학자들이 추측한다.[38] 강물의 어떤 자연적인 현상이 일어났다고 해도 그것이 야웨 하나님의 임재(계약 궤)에 의해서 일어났다는 역사신앙으로서 전승되었음에 틀림없다고 생각할 수 있다. 창조자 하나님에 대한 신앙은 모든 자연현상들이 그의 자유에 의해서 임의로 활용할 수 있다. 그것은 모세와 이스라엘의 출애굽 당시에 애굽에게 내려진 열 가지 재앙들에 관한 설화에도 해당된다. 위 맥락에서 또 주목할 것은

---

37) *The Anchor Bible Dictionary* (*ABD*) Vol. 3, 999; *Interpreter's Dictionary of the Bible* (*IDB*), E-J 993.

38) 한 아랍 역사가에 의하면 A.D. 1267년에 요르단 강 위쪽에서부터 밀려 내려온 토사 흙더미가 어느 지점(Adama Damieh)에서 둑을 이루었기 때문에 강물의 흐름을 몇 시간 동안이나 멈추게 했다는 것이다. *The Jerusalem Bible*, 1966, Double Day Comp., Inc., 참조. 여호수아 당시에도 강물의 흐름의 그와 유사한 변화가 일어났다고 추정될 수 있는데, 그것이 자연현상이라고 해도 구원사적인 시각에서 새로운 의미를 가지는 것으로 해석된다는 것이 주목할 만하다.

"온 민족이 요르단 강을 건넜다"는 구절이다. '온 민족'이라는 말은 여호수아와 이스라엘의 가나안 땅 정착 이후에 정초된, 출애굽 이스라엘의 범위를 넘어서는 초기 민족사회에 해당되는데, 이것이 소급적으로 저들에게 적용되었다고 생각된다. 이것이 역사적 오류라고 혹은 비역사적인 전설이라고 해석되어 버려서는 안될 것이며, 여호수아와 소수 이스라엘의 요르단 강 건넘이 모든 이스라엘 민족의 운명을 결정하는 역사적 기초라는 의미에서 해석되어야 할 것이다.

이제 가나안 땅 진입의 관문 여리고(Jerico) 성 혹은 여리고 시 점령을 위한 이스라엘의 전투는 사실 전투가 아니라 종교의식이다. 여호수아는 이스라엘에게 명령하기를,

> "…… 너희 모든 군인들은 날마다 이 성을 한바퀴씩 돌아라. …… 엿새 동안 돌아라. 사제 일곱이 각기 숫양뿔 나팔을 들고 궤 앞에 나서라. 이렛날에는 이 성을 일곱 번 돈 다음 사제들이 나팔을 불어라. …… 백성은 다 같이 힘껏 고함을 질러라. 그러면 성이 무너져 내릴 것이다. 그때 전군은 일제히 쳐들어가거라." (공동번역, 6:3~5)

이스라엘이 그의 지시를 따라 행하니 성은 붕괴되어 버렸으며, 성 안에 있는 남녀노소, 가축들은 다 죽임을 당했다는 것이다(6:6~21). 여호수아가 백성에게 이르기를,

> "누구든 여리고 시를 재건하겠노라고 나서는 자는 야웨 앞에서 저주를 받으리라. 그 맏아들의 희생을 치르지 않고서는 그 기초

를 놓지 못할 것이며, 그의 막내아들의 희생을 치르지 않고서는 그 성문을 세우지 못하리라." (6:26)

위의 기록을 보자면 여리고 성 점령을 위한 전투는 실제적으로 벌어지지 않았다. 고고학적인 증거에 의하면, 여리고 성의 붕괴는 이스라엘의 공략 시기인 B.C. 13세기보다 앞선 B.C. 14세기로 추정된다.[39] 그렇다면 우리는 그 성의 점령을 위한 이스라엘의 종교의식이 무엇을 의미하는지를 해석할 필요가 있다. 첫째로 주목할 것은 그 성의 붕괴 사건이 언제 일어났든, 그 사건이 이스라엘의 여리고 성 공략의 시간과 동시화 혹은 현재화되어 있다는 사실이다. 이스라엘의 가나안 땅 점령은 구원사의 핵심적 사건이다. 모세오경에서의 J-E-P 전승문서들의 구원사 신앙이 출애굽→가나안 땅 정복에서부터 족장들의 시대에로 소급하여 투사된 역사인 것처럼, 어떤 이유에서 붕괴되었든 여리고 성 붕괴의 과거도 이스라엘의 가나안 땅 점령의 시간에서부터 그 붕괴의 의미가 파악된 것이다. 태곳적부터 전해져 온 지구의 대홍수가 노아 시대의 홍수 사건으로서 아브라함의 역사적 출현을 위한 인류 역사적 배경으로서 구원사적으로 재조명되듯이(창세기 6~8장), 이스라엘의 여리고 성 공략의 사건과 시간에서부터 그 이전에 붕괴된 그 성의 폐허가 구원사적으로 현재화되어 재해석된 것이다. 둘째로 우리가 주목할 것은 구원의 시간과 역사는 모든 시간과 역사를 신적인 심판 아래 세우고 재조명하면서 신적인 구원의 빛 아래 세운다는 사실이다. 여리고 성이 언제, 어떻게 붕괴되었든 그 붕괴의 시간과 사건은 이스라엘의 가나안 땅 공략의 구원사적 의미에서 신적인 심판의 사건으로서 현

39) *IDB*, E-J, 993.

재적으로 파악된 것이다. 그렇기 때문에 여리고 성의 재건은 엄격하게 금지된다. 여리고는 오늘에도 재건되지 않은 채 흙더미로 머물러 있다는 사실이다. 그것은 말하자면 영원한 신적인 심판의 표식인 것 같다. 이스라엘의 여리고 성 공략의 종결로서 엮어져 있는 7장의 설화를 읽자면, 이스라엘의 가나안 땅 정복과 점령이 신적인 심판의 역사화 혹은 현실화라는 구원사의 부정적 측면이 더욱 확연해진다.

여리고 공략 다음에 이제 야웨께서 여호수아에게 아이(Ai) 성을 공략하고, 점령하고, 불질러 버리라고 명한다(8:1~8). 고고학적 증거에 의하면, Ai라는 어의가 폐허를 의미하며, B.C. 2200년경 이래 사람들이 거주하지 않는 폐허로 머물러 있었다는 것이며, 그래서 구약학자들은 저 아이 성 공략이 비역사적이라고 단정한다.[40] 우리는 이렇게 단정해 버림에 머물러 있어서는 안 된다. 아이 성 공략의 이야기도 여리고 성 공략과 마찬가지로 이 공략 이전에 아이 성이 폐허화된 사건을 현재적으로 신적인 심판 아래 세우는 것으로 해석되어야 할 것이다. 여리고와 아이에 대한 신적인 심판이 불가사의할 정도로 심각하다. 이스라엘은 신적인 심판과 저주 아래 놓인 여리고에서 어떤 전리품도 취하지 말라는 신적인 지시를 어기고, 유다 부족의 아간(Achan)이 어떤 전리품을 몰래 취했는데, 이 때문에 이스라엘은 애초에 아이 성 전투에서 패하고 살육되기에 이른다(7:1~5). 여호수아가 야웨께 탄원하니, 야웨께서 그에게 명하여, 여리고의 부정한 전리품을 취한 자와 그의 가족과 그에게 속하는 모든 것을 화형에 처하도록 말씀하고, 이스라엘은 그대로 수행했다(7:22~26). 그리고 야웨께서는 여호수아에게 명

40) *IDB*, E–J, 990, 993. W. F. Albright는 Ai에서부터 1마일 반쯤 떨어져 있는 Bethel 점령이 Ai 폐허에로 전가된 것이라는 가설을 제시했다. 그러한 가설이 실제일 수도 있지만, 성서적 전통의 의미는 Jericho와 마찬가지로 폐허가 된 Ai는 신적인 심판의 표식으로서의 의미를 가진다는 점이 간과되어서는 안 될 것 같다.

하여 아이 성을 점령하고 불태워 버리라고 명하니, 아이 성의 왕과 주민들은 살육되고 아이 성은 불태워져 '영원히' 폐허로 되어버렸다는 것이다(8:1~29).[41] 여리고의 전리품을 취한 아간과 그의 식솔들이 받은 형벌, 아간 때문에 초래된 이스라엘의 아이 전투 패배는 여리고와 아이에 대한 신적인 심판이 이스라엘에도 해당된다는 것을 암시한다. 여리고의 왕, 모든 사람들, 여리고에 속하는 모든 것들과 아이의 왕, 주민들, 모든 것들을 다 죽여 버렸다는 성서적 서술도 신적인 심판의 선언(declaration)으로 해석되어야 할 것 같다. 그 선언은 여리고와 아이에 실제로 그러한 혹독한 심판이 일어났다는 것이 아니라 그러한 심판에, 영원한 심판에 해당한다는 것을 의미한다. 그러한 선언은 애굽을 포함한 가나안 땅 전체, 역사 전체에 대한 심판의 의미를 함축하고 있으니, 이스라엘의 공략 이전에 붕괴된 여리고와 오래전에 폐허로 된 아이가 이스라엘의 가나안 땅 정복의 구원사적 표식이라는 사실이 역사 전체의 차원을 함축하고 있기 때문이다. 차차 후술할 것이지만, 또한 그러한 선언은 사실적 상황에 기초해 있으면서 이 상황 이상의 신적 심판의 엄격성을 나타내며, 구원의 새 미래를 예언자적으로 열어주는 선포다.[42]

이제 가나안 땅의 중요한 도시, 기브온(Gibeon)의 주민들이 이스라엘의 출애굽, 여리고와 아이 점령에 관한 소식을 듣고 이스라엘에 대적하지 않고 충성을 약속하면서 이스라엘과의 평화협정을 얻어낸다(9:3~15). 이에

---

41) Albright의 가설은 그렇게 심각한 성서적 서술의 의미를 탈락시켜 버린 것이다. 이스라엘의 Jericho와 Ai 점령을 위한 전투는 전투라기보다는 가나안 땅에 대한 신적인 심판의 '영원한' 표식이며 선포라고 해석되어야 할 것 같다.

42) 역사가들은 그러한 성서적 서술이 역사적으로 실제 일어났느냐 혹은 비역사적이라는 차원에 머물러 있는 경향이다. 이스라엘의 구원사적 신앙은 역사적으로 일어난 사건에서부터 발단하면서도 그 사건을 넘어서서 역사의 과거와 미래를 서술하기 때문에 그 서술은 실증사학적으로 사실이냐 아니냐 하는 차원에서만 해석되어서는 안 된다.

가나안 땅의 다섯 왕들이 연합하여 기브온 주민들과 이스라엘에 대적하나(10:1~5), 이스라엘에게 패한다. 그 승전에 관한 한 묘사를 보자면, 야웨께서 하늘로부터 돌 같은 큰 우박으로 내리치니, 이스라엘의 칼에 죽은 사람들보다 더 많은 적군들이 죽었다는 것이다(10:11). 이러한 묘사는 실증사학적으로 그것이 일어났느냐 아니냐 하는 차원을 넘어서는, 신적인 심판을 선언하는 구원사적 해석으로 간주되어야 한다. 그다음에 여호수아와 이스라엘은 남부 팔레스타인 전체를 정복했다는 것이다(10:28~43). 그러자 북부 팔레스타인 왕들이 연합하여 대적했으나, 여호수아와 이스라엘에게 전멸되었다. 야웨께서 모세와 여호수아에게 약속해준 대로 이스라엘은 가나안 모든 땅을 점령하게 되었으며, 그 땅에서 전쟁은 끝났다는 것이다(11:1~23). 여호수아 12장은 이스라엘 정복의 총괄로서 이스라엘에 의해서 정복된 가나안 땅의 31왕들을 열거해 준다. 그런데 판관기에 의하면 가나안 땅 정복을 위한 전쟁은 끝나지 않았으며, 여호수아 사후 판관기 시대에 전쟁은 계속된다.

구약의 역사가들에 의하면 여호수아와 그의 영도 아래서의 이스라엘이 어느 정도의 전투력을 발휘했는지 또 어느 정도 가나안 땅 정복을 수행했는지 역사적으로 불확실하다는 것이다. 그러나 가나안 땅 진입에 있어서 그들의 투쟁은 불가피했다고 여겨진다. 여기서 우리는 이미 지적한 대로 멘덴홀이 주장한 바, 가나안 땅 내부에서의 '농민항쟁'(peasant revolt)과 고트월드가 주장한 바, 출애굽 이스라엘의 범위를 넘어서는 가나안 땅에 이미 거주하고 있던 이스라엘을 비롯한 타 부족들과의 연합 전선과 '하비루' 민중의 전투력에 대한 역사 재건의 중요성을 주목할 필요가 있다.[43)]

---

43) Gottwald, *TY*, 177, 215 참조.

어쨌든 여호수아와 그의 영도 아래서의 이스라엘이 가나안 땅 정복과 진입을 위한 전투를 어느 정도 수행했음에 틀림없으며, 이것이 가나안 땅에서의 항쟁과 혁명의 결정적인 계기가 되었음에 틀림없고, 가나안 땅 정복의 전승 근저에 놓여 있는 역사적 토대라고 추정된다.

(3) 초기 이스라엘의 민족사회 정초, 땅의 재분배, 야웨 하나님과의 계약, 정치적 혁명

① 여호수아 13~21장은 이스라엘 열두 지파 부족들에게 주어진 가나안 땅 분배를 제시한다. 그런데 일반적으로 구약 연구에 의하면 땅의 분배 체계는 여호수아와 판관기 이후 왕국시대에 확립되었다는 것이다. 그러나 여호수아와 이스라엘의 가나안 땅 진입과 그 땅에서 벌어진 항쟁 혹은 혁명이 땅의 재분배의 기초가 되었음에 틀림없으며 그 이후 왕국시대에 체계적으로 확립되었다고 추정될 수 있을 것 같다. 가나안 땅 진입과 그 땅의 어느 정도의 재분배는 이스라엘 족장들에게 주어진 신적인 땅의 약속과 직결시켜서 고려될 수밖에 없다. 그 땅의 재분배는 초기 이스라엘의 혁명적 민족사회 정초를 위한 토대이다. 이스라엘에게 주어진 땅의 약속과 부여는 모든 땅이 창조자 하나님의 것(출애굽기 19:5)이라는 구원사적 신앙에 근거한 선포이며, 농민 민중들을 지배하는 불의한 봉건적 제왕들의 땅 소유권을 탈취하여 땅 없는 민중들에게 재분배한다는 땅의 혁명을 함축하고 있다. 멘덴홀이 주장한 바 가나안 땅에서의 '농민항쟁'은 여호수아와 이스라엘의 가나안 땅 정복과 진입과 직결되어 일어난 혁명이라고 추정되어야 할 것 같다.[44] 여호수아-이스라엘의 가나안 땅 점령을 위한 정복과 투쟁이 판관기의 시기에로 이어져 있다는 사실은 그 땅의 재분배가 여호수아 시기

에 체계적으로 확립되지 못했다는 것을 말해 준다. 그러나 그 확립이 어느 시기에 이루어졌든, 여호수아—이스라엘의 가나안 땅 진입과 정복이 그 땅의 재분배의 기원이기 때문에, 이것이 여호수아 전통에 귀속되었다고 추정되며, 또 여호수아의 가나안 땅 정복 이후에 어느 정도의 땅의 재분배가 계속적으로 이루어졌을 것이다.

땅의 재분배는 애굽의 제국주의적, 가나안 땅의 봉건주의적 땅의 소유권 혹은 지배권의 혁명을 의미하며, 이스라엘 민족사회 정초의 핵심적 물적 토대이다. 족장들에게 주어진 신적인 땅의 약속과 이스라엘의 가나안 땅 점령은 모든 땅의 야웨 하나님의 땅, 즉 하늘과 땅의 창조자 하나님의 땅이라는 창조신앙을 함축하고 있다. 모든 땅이 야웨 하나님의 땅이라는 성서적 선포는 땅의 불의한 소유자·지배자에게서부터 그 소유권과 지배권을 탈취하여 땅이 없는 이스라엘 혹은 민중에게 부여하는 정치 혁명적 원리로서 작용했음에 틀림없다.

---

44) 대체로 구약연구에 있어서나 종래의 그리스도교 전통에 있어서 그러한 땅의 혁명과 정치적 혁명의 의미가 몰각되어 왔다. 그 때문에 여호수아기의 정복 설화는 "예수 그리스도의 하나님과는 무한히 멀다"라고, "전투하는 신은 순전히 (이스라엘의) 민족적인 신"이라고 폄하되기도 한다. *RSV*, *The Oxford Annotated Bible*, *The Book of Joshua*, 이에 대하여 시작하는 설명 참조. 레위기 25장에서의 '희년'(Jubilee)법은 초기 이스라엘의 민족사회 정초를 위한 땅의 재분배에 기초한 것이라고 해석되어야 한다. 모든 땅이 하나님의 것(25:33)이라는 희년 선포가 모세의 출애굽 전통의 맥락에서 이루어진다는 것은 초기 이스라엘의 민족사회 정초 시기의 땅의 혁명 혹은 재분배에 뿌리 박고 있다는 것을 암시한다. 희년법에 있어서 이스라엘이 땅을 조상으로부터 물려받았다는 것은 하나님으로부터 분배받았다는 것을 의미한다. 역사적 과정에서 땅의 매매 행위와 상실, 노예화가 발생한 현실에서 땅을 되찾고 노예된 신분으로부터 해방되고 자유하라는 것이 희년법의 요지이나(25:13, 18). 그러한 희년법 전통이 B.C. 6세기경의 P 문서 전승에 속한다면, 그 시기는 이스라엘의 바빌론 포로기이며, 바빌론 통치하에서 희년법의 실현은 전혀 불가능한 상황이었다. 그럼에도 불구하고 희년법 전통은 초기 이스라엘의 민족사회 혁명을 회상하면서 이스라엘의 새로운 미래를 투사하고 있다는 사실이 주목되어야 한다. 그것은 초기 이스라엘의 땅의 혁명과 정치 혁명의 민족사회가 구원의 미래적 패러다임으로 작용하는 예언자적 성격을 가진다는 것을 의미한다. 박순경, 『통일신학의 미래』(서울: 사계절, 1997), 여기에 실려 있는 "민족의 고난과 통일희년", 특히 109~116 참조.

② 종래의 그리스도교 전통에 의하면 이스라엘의 민족사회는 야곱에게서 기원하는 열두 지파 부족들로 이루어졌다고 생각되어 왔다. 여호수아 13~21장에서의 가나안 땅 재분배도, 24장에서의 야웨 하나님과 이스라엘의 세겜(Shechem) 계약도 열두 지파 부족들을 전제하고 있다. 열두 지파는 야곱의 열두 아들들–사제직분을 대표하는 레위(Levi)계를 제외하고 요셉의 두 아들인 에브라임(Ephraim)과 므나쎄(Munasseh)를 두 지파들로 간주하여–열두 지파들로 구성된 것으로서 간주되어 왔다. 그러나 현대의 많은 구약학자들은 열두 지파는 다윗 왕국 시기에 확립된 행정구역이라고 추정한다.

그런데 노트에 의하면 열두 지파는 여호수아–이스라엘의 가나안 땅 진입 직후, 세겜(Shechem)에서 발단한 초기 이스라엘 '동맹체'(Amphiktionie, Amphictioney)라는 것이다.[45] 노트는 북쪽의, 출애굽 이스라엘 이전부터 가나안 땅에 거주하고 있었다고 추정된 주로 레아(Leah)계의 여섯 지파들과 남쪽의 주로 라헬(Rachel)계, 즉 요셉의 후손들로 구성된 여섯 지파들로 이루어진 열두 지파를 설정했는데, 그 열두 지파에 이스마엘 부족(창세기 17:20; 25:13~16), 아람 부족(창세기 22:20~24), 에돔 부족(창세기 36:10~14), 여섯 아랍 부족들(창세기 25:1~6)을 포함시킨다.[46] 노트가 설정한 초기 이스라엘 열두 지파 '동맹체'(Amphiktionie)를 구성하는 그러한 부족들은 야곱의 후손들을 주축으로 하면서 아브라함과 혈연적으로 관련된 부족들을 포괄한다.

---

45) Gottwald, *TY*, 352 참조. Gottwald는 M. Noth의 *Das System der Zwolf Stamme Israels라는 연구에서의* 초기 이스라엘 역사 재건에 크게 의거하면서 세부적으로는 Noth를 수정한다. Gottwald는 판관기 5장에서의 드보라의 노래에 의하면 열두 지파가 아니라 열 지파가 언급되어 있다는 근거에서 열두 지파라는 체계는 후기 다윗 왕국 시대에 확립되었다고 추정하며, 열두 지파라는 것은 초기 이스라엘의 정치 사회 집단의 상징적인 숫자라고 해석한다. *TY*, 362, 363, 376 참조.

46) Gottwald, *TY*, 207, 353 참조.

그러한 열두 지파 동맹체가 야곱의 후손들에 의해서 구성되었다는 종래의 그리스도교 전통과는 크게 다르지만, 여전히 아브라함의 혈통에 입각해 있다고 추정된 것 같다.

그러나 고트월드에 의하면 초기 이스라엘의 혁명적 정치·사회집단 혹은 민족사회집단은 이스라엘 부족들 이상의 타 부족들 혹은 가나안 땅 일대의 '하비루' 민중을 포괄한다고 추정되며, 또 가나안 땅에 진입한 이스라엘이 그 땅의 타 부족들을 다 축출하지 않았다는 것이며, 이스라엘에 복속해 온 부족들이 있었다는 것이다.47) 그러므로 고트월드에 의하면 초기 이스라엘의 정치·사회는 혈통을 위주로 하는 한 종족이 아니라, 말하자면 다민족적으로 이루어진 집단이다. 또한 그는 노트의 '동맹체' 개념을 수정한다. 그리스 혹은 이탈리아계의 '동맹체'(Amphiktioney)는 보다 더 포괄적인 국가 체제 안에서의 부분적인 집단인 데 반하여 초기 이스라엘의 정치·사회는 이스라엘 부족들의 전체적인, 봉건적 왕정체제를 대치하는 혁명적인 부족들의 '연합체'(Confederacy)라는 것이다. 이 '연합체'는 이스라엘의 혈연적 부족들을 주축으로 하면서 혈연관계를 넘어서는 부족들의 연합체라는 것이다.48)

---

47) Gottwald, *TY*, 431, 495, 511, 527, 556.

48) Gottwald, *TY*, Part VII, "Amphiktioney or Confederacy?", 345~357, 376~383 참조. M. Noth가 1930년 그의 *Das System der Zwölf Stämme Israel* (『이스라엘의 열두 부족들의 동맹체』)에서, 여호수아기에서의 이스라엘 열두 부족들 전승과 판관기 시대의 이스라엘 부족들의 동맹체로 이루어진 계약사회 공동체의 기원으로서 그리스 고전시기의 Amphiktionie {영(Amphictiony), '두루 거주한다'(to dwell around)라는 뜻인데, 우리는 그대로 '암픽티오니'라고 음역함}을 가지는 동맹체를 이스라엘의 열두 동맹체의 모델로서 재창했나는 것이다. 암픽티오니는 B.C. 6세기부터 그리스 델피 아폴로(Delpi Appollo) 신전에 직결된 센터를 가진 동맹체인데, 여러 부족들로 구성되었던 것 같다. 그러나 '열둘'이라는 숫자는 한 해 12개월을 가리킨다고 추정된다. 어떻게 Noth가 암픽티오니를 여호수아의 세겜(Shechem)에서의 계약 전승과 판관기 이스라엘 부족 동맹체로 구성된 계약사회 공동체의 모델로 제창했는지 참으로 의아하다. *ABD* Vol.1, 211~213 참조. 암픽티오니라는 모델은 이스라엘 부족들에 의한 판관기 시대의 계약사회 공동체를 해명해 줄 수 없다. 1966년 G. Fohrer가 Amphictiony라는 말에 해당하는 히브리어 용어가 없다는 것을 지적

우리는 멘덴홀이 주장하는 가나안 땅에서의 '농민항쟁'(peasant revolt)을 고트월드가 보다 더 체계적으로 확대하여 주장하는 혁명적인 초기 이스라엘의 정치·사회 공동체를 주목한다. 종래의 구약학 연구나 그리스도교 전통은, 내가 아는 한, 이스라엘의 가나안 땅 정복, 땅의 혁명, 정치 사회 혁명의 구원사적 의미를 대체로 제대로 인식하지 못했으며, 따라서 여호수아의 가나안 땅 정복 설화에 담긴 구원사적 의미가 제대로 이해되지 못했으며, 정복전쟁의 신은 이스라엘의 편당적인 신이 아니냐 하는 의구심을 야기시키기도 했던 것이다. 구약의 구원 신앙은 여타 신들에 대한 배타성만을 부각시킨, 억압적 지배세력과 결탁한 타 신들의 문제를 간과한, 따라서 이스라엘의 야웨 신앙이 편당적 신앙으로 되어버리기도 한 것이다.

또 우리가 여기서 확인해야 할 문제는 구원사 전통의 토대를 이루는 초기 이스라엘의 땅과 정치 사회 혁명에 있어서 '야웨의 백성'(People of Yahweh)이라는 민족적인 요인이 무엇을 의미하는가에 대한 민족문제 해석이 구약학자들에 있어서 대체로 간과되어 있다. 노트, 폰 라트, 고트월드와 같은 학자들에 의하면 '야웨의 백성'이라는 말이 모세의 출애굽–여호수아의 가나안 땅 정복 이후 초기 이스라엘의 계약 공동체에서 발단한 것이라

한 후, 암픽티오니 유형론이 여러 가지로 비판되기에 이르렀는데, 예컨대 Gottwald는 본래의 종교제의적 암픽티오니는 여호수아→판관기 시대의 정치 사회적 계약사회 실체들을 설명해 줄 수 없다고 하며, 다민족적 부족 동맹체를 제창하였다. *ABD, Ibid.*, 215; *The Tribes of Yahweh*, 376~386 참조. 그런데 Gottwald도 밖에서의, 아프리카 부족들의 사회 유형들을 저 계약사회 공동체의 모델로서 주목하기도 했다. *ABD, Ibid.*, 215f. 참조. 아마도 Gottwald는 Karl Marx의 원시 공산사회론을 염두에 두고 그러한 모델을 추정했던 것 같다. 어쨌든 학자들이 Amphictiony 모델을 대치할 만한 다른 유형들을 추구한 것 같으나 이는 불필요한 시도들이다. 그들의 그러한 시도들의 전제는 히브리 경전 외에서의 역사적 유례에 의해서 저 계약사회 공동체의 역사성을 밑받침하려는 의도였던 것 같은데, 그러한 역사연구 방법론적 전제가 저 계약사회의 역사성과 구원사적 의미를 이해함에 방해가 되었다고 생각된다. 모세오경의 출애굽–여호수아기 전승들에 비추어 그 계약사회의 구원사적 의미가 명확해지며, 신명기적 역사의 주제에 합일한다.

고 추정된다. 그런데 그 말이 어느 때에 대두했든, 출애굽과 가나안 땅 정복이 그 역사적인 토대이기 때문에 출애굽 전통에로 소급되어 적용되었다고 추정될 수 있다. '야웨의 백성' 이라는 개념이 고트월드가 추정하듯이 초기 이스라엘의 정치·사회가 다민족적으로 이스라엘 이상의 부족들 혹은 가나안 땅의 '하비루' 민중들을 포괄한다고 해도, 그 개념에 함축된 민족적인 요인이 간과되어서는 안 된다. 아브라함을 비롯한 족장 설화들이 바로 그것이다. 또한 초기 이스라엘 계약공동체가 열 지파로 혹은 열두 지파로 이루어졌는가 하는 숫자 문제는 중요하지 않으나, 거기에 함축된 민족적인 요인이 간과되어서는 안 된다.

아브라함을 시원으로 이어진 이스라엘의 혈통·혈연 관계는 민족적인 토대이다. 그러나 이 혈통은 아담과 이브를 조상으로 하는 전 인류 혹은 모든 민족들(창세기 1~11장)의 특수화 혹은 개별화로서 전인류 혹은 모든 민족들의 구원사적 의미를 대행 대표하고 있다.[49] 창세기 17장에 의하면 아브라함과 맺은 신적인 계약의 핵심 내용은 아브라함이 '수많은 민족들의 아버지'가 되게 하리라는 것이다(5절). 여기서 '수많은 민족들' 이라는 P 문서 전승은 초기 이스라엘의 민족사회가 아브라함을 비롯한 이스라엘의 후손들로 주축을 이루되 이 혈통을 넘어서는 다른 민족들을 대표하고 포괄한다는 것을 암시한다. 다시 말하자면 아브라함에서 시작되는 특정한 단일한 민족이 신적 선택과 계약의 주축을 이루면서, 이 민족은 그 혈통을 넘어

49) 창세기 12:2 이하에 의하면 야웨 하나님이 아브라함에게서 '한 큰 민족' 을 이룰 것이라고, 그를 축복하는 자들을 축복할 것이며, 그를 저주하는 자들을 저주할 것이니, 그에 의해서 '땅의 모든 가족들' 이 축복받을 것이라고 한다. 모세오경의 맥락에서 '민족' 은 암(עם)이라고 또 민족들은 '고임'(גוים)이라고 표시되어 있다. '땅의 모든 가족들' 은 여기서 모든 민족들이라고 해석되어야 할 것 같다. 저주는 신적인 심판을, 축복은 신적인 구원을 가리킨다. 차후에 논할 것이지만, 심판과 구원이 구원사 전통에서 불가분적으로 결부되어 있으며, 바로 이스라엘 민족에게서 그 두 개념들이 불가분적인 것으로 대표적으로 표출된 것이다.

서는 '땅의 모든 가족들' 혹은 '수많은 민족들'의 구원사적 역할을 담지하며, 실제로 고트월드가 주장하듯이 다민족적으로 혈연적인 이스라엘 부족들 외에 다른 부족들 혹은 민중들을 포괄하여 구성되었다고 추정될 수 있다. 초기 이스라엘 민족사회 정초가 혈연적인 이스라엘을 주축으로 하되 다부족적 혹은 다민족적 요인들을 포괄하고 있고 또 다민족적인 의의를 내포하고 있다는 것은 초기 이스라엘 민족사회의 출현이 구원사적으로 보편사적인 의의를, 즉 그 사회의 출현은 모든 역사와 사회의 구원사적 패러다임의 의의를 함축하고 있다는 것을 의미한다.

③ 이제 우리는 초기 이스라엘 민족사회의 정치적 혁명의 정초를 여호수아 24장에서 서술되는 세겜(Shechem)에서의 야웨 하나님과 이스라엘의 계약 체결과 신적인 주재권 선포에서 읽어내야 한다. 세겜은 팔레스타인 중앙에 위치하며 종교적 중심지였다. 노트, 폰 라트, 고트월드는 그 계약 체결의 전승은 여호수아 이후 초기 이스라엘 공동체 형성의 맥락과 직결되어 있다고, 그것이 여호수아의 가나안 땅 점령의 역사적 맥락에로 소급되었다고 추정한다. 어쨌든 그의 가나안 땅 점령이 초기 이스라엘 민족사회 정초의 역사적 기원임에는 틀림없다. 그러므로 우리는 여호수아가 그 계약 체결의 매개자의 위치에 선다고 생각할 수 있다.

여호수아 24장에서의 세겜 계약은 서론적으로 긴 역사서술로 시작하는데, 야웨 하나님의 아브라함 소명과 족장들의 이야기에서부터 출애굽–가나안 땅 점령에 이르는 역사 서술 형식으로 시작한다. 그 계약 체결은 이 역사의 구원사적 의미를 총괄하는 형식을 나타낸다. 구원사적인 핵심은 이러하다. 즉 야웨 하나님이 여호수아를 통해서 이스라엘에게 말씀하시기를,

> …… 나는 너희에게 너희가 일구지도 않은 땅을 주었고 너희가 세우지 않은 도시들을 주어 살게 하였다. 너희로 하여금 너희가 가꾸지 않은 포도밭과 올리브 나무 밭 열매를 먹게 하였다.(24:13)

땅이 없던, 노예화되었던 이스라엘이 이제 해방되었고 삶의 땅과 먹고 살 터전을 야웨 하나님으로부터 받았으므로, 이제 여호수아는 이스라엘이 그를 섬겨야 한다고 요청한다. 즉,

> 이제 그러므로 너희는 야웨를 경외하고, 그를 진심으로 성실하게 섬기라. …… 만일 너희가 야웨를 섬기기를 원하지 않는다면, 너희는 누구를 섬길 것인지, (유프라테스) 강 저편에서 너희 조상들이 섬기던 신들이냐 혹은 너희가 살고 있는 이 땅 아모리 족의 신들이냐, 오늘 선택하라. …….(15절)

이스라엘 백성들이 대답하기를,

> 우리가 야웨를 저버리고 다른 신들을 섬긴다는 것은 결단코 없으리이다. 우리의 조상들을 애굽의 땅, 노예의 집에서부터 이끌어 내신 분이 야웨 하나님이시며, 그가 우리 눈앞에서 그렇게 큰 표징들을 행하셨고, 우리가 모든 민족들 사이를 통과해 온 모든 길에서 우리를 지켜주셨고, 야웨께서 모든 민족들, 그 땅에 살던 아모리 족들을 우리 앞에서 내어 쫓으셨으니, 우리가 야웨를 섬기리이다. 그가 우리의 하나님이시니이다.(16~18절)

그런데 여호수아는 더 나가서 백성들의 서약을 다짐하면서 그들의 응답을 이끌어낸다. 즉,

> …… "야웨께서는 거룩한 하나님이시고, 질투하는 하나님이시니, 너희의 위반 혹은 죄를 용서하지 않으시리라. 만일 너희가 야웨를 버리고 다른 신들을 섬긴다면, 그는 너희에게 선을 행하였지만 너희에게 재앙을 내리고 너희를 멸망시켜 버릴 것이다" 하니, 백성들이 여호수아에게, "아니요. 우리가 야웨를 섬기리이다"라고 응답한다. 여호수아가 다시 다짐해 말하기를, "너희가 야웨를 섬길 것을 선택한 너희 자신들에 대한 증인들이니라" 하니, "우리가 증인들입니다"라고 응답한다. "그렇다면 너희 가운데에 있는 다른 신들을 물리치고, 너희 마음을 야웨, 이스라엘의 하나님에게로 돌리라" 한다. "야웨 하나님을 우리가 섬기고 그의 음성에 우리가 복종하리이다"라고 백성들이 응답한다.(16~24절)

그와 같이 체결된 야웨 하나님과 이스라엘의 계약은 이스라엘의 민족사회 정초를 위한 정치적 기반으로서의 신적인 주재권 선포이다. 세겜에서는 풍요신을 의미하는 바알 신(Baal)이 지배적이었다고, 이를 비롯한 여러 풍요신들이 숭배되었다고 한다. 이제 이스라엘은 자체의 구원자 야웨 하나님과 가나안 땅의 다른 신들 사이에서 선택하라는 신적인 요청 앞에 세워져 야웨를 하나님으로서 선택한다. 그 선택은 신적인 의로운 주권(Herrshaft)에의 복종을 의미한다. 그 주권은 제국주의·봉건주의 제왕들에 의해서 불의하게 점유된 땅과 백성이 창조자 하나님의 땅이고 백성이라는 것을, 땅 없던 이스라엘 민중·민족에게 은혜로 주어진다는 것을 선포하는

것이다. 다른 신들이란 무엇을 의미하는가? 자연의 신격화가 아닌가? 이에서부터 신화들(myths)이 엮어졌다. 그것들은 신(神)을 찾는 사람들의 종교성과 상상력의 산출물이다. 그것들의 자연적인 위력은 곧 통치자 제왕들의 권력과 동일화되고 인민 민중들의 숭배와 헌신을 자아내고, 이들의 지배 이데올로기로서 작용하게 되었음에 틀림없다. 여호수아 12장에 열거되어 있는 31명의 왕들과 이들의 영토들에 대한 여호수아의 정복은 바로 이들의 권력이 창조자·구원자 야웨 하나님에로 되돌려진다는 것을 의미한다. 그들에 대한 정복은 그들 위에 군림한 애굽 제국의 권력 기반을 흔들어 놓은 것이다. 저 계약 체결에서 이스라엘이 다른 신들을 버리고 야웨를 하나님으로서 선택한다는 것은 이러한 정치권력으로부터의 해방을 의미하며, 이스라엘의 땅의 혁명과 평등한 혁명적 민족사회 정초를 선택한다는 것을 의미한다. 종래의 그리스도교 전통이나 구약학이 대체로 이스라엘의 그러한 계약신앙과 그러한 혁명적 민족사회를 도외시한 채 추상적으로 생각해 왔으며, 따라서 마찬가지로 다른 신들을 버리고 야웨 하나님을 선택하라는 저 계약의 요청을 그러한 구체적인 민족사회 정초에서부터 분리시켜 추상적으로 이해하여 왔던 것이다.

여호수아기와 판관기에 의하면 초기 이스라엘의 계약 사회는 왕권의 권력 독점을 폐기한, 순전히 신적인 주권 아래서 성립된, 정치 경제적으로 평등한 사회 공동체라는 것이 관찰된다. 그런데 판관기에 의하면 이스라엘은 가나안 땅에서 야웨 하나님을 배반하고 다른 신들을 추종하면서 계약신앙의 신실성을 훼손시키기 시작한다. 다른 신들을 추종할 때에는 동시에 타 부족들에 의해서 그 계약사회가 약탈당하고 그 존립이 위태롭게 된다. 이것은 사회정의가 서느냐 쓰러지느냐 하는 문제이다(판관기 2:16f. 참조). 이 같은 성서구절에 의하면 그러한 문제들에 직면해서 야웨께서 이스라엘의 '판관들'을 세우시고, 이들로 하여금 이스라엘 백성들을 약탈자들로부터 구출하게 하신다. 판관기에 의하면 판관들은 이스라엘의 계약신앙·계약사회의 존립을 위협하는 타부족들과 전투하고, 야웨 하나님과 이스라엘 사이를 중재하고, 그 계약사회에서 신적인 의와 정의를 세우고 그 사회를 지탱하게 함으로써 신적인 주권을 매개하고 중재한다.

여기서 신적인 주권(Herrschaft, Lordship)에 관해서 신학적으로 짚고 넘어가야 할 문제들이 있다. 고트월드에 의하면 멘덴홀(Mendenhall)은 야웨 하나님의 계약에 집중해서 초기 이스라엘이 혈연 종족적인 차원을 넘어서는 '초부족적인'(transtribal) 종합적 계약사회를 제시했다는 것이다. 이미 제시한 대로 고트월드는 그러한 멘덴홀의 연구결과를 원용하여 초기 이스라엘의 다민족적인 혹은 다부족적인 정치 사회 혁명을 크게 전개한 것이다. 멘덴홀은 그 계약사회는 통치 권력을 야웨 하나님에게 귀속시키고 포기했다고 주장하는데, 고트월드는 이러한 주장을 '심각한 오류'라고 지적하며, 그 계약사회는 강력한 정치권력을 행사했다는 것이다. 왜냐하면 그는 강력한 정치권력 없이는 그러한 혁명적 계약사회가 대두할 수 없다고 생각하기 때문이다.[50] 그런데 멘덴홀의 주장도 옳고 가트월드의 주장도 옳다고 생각된다. 신적 계약에 입각한 초기 이스라엘의 왕권 없는 민족사회는 모든 통치 권력을 야웨 하나님에게로 환원한 것이다. 그것은 통치 권력이 본래부터 창조자·구원자 하나님에게 속한다는 것을 의미한다. 이스라엘의 초부족적 부족 혁명 혹은 초민족적 민족사회 혁명의 기초는 바로 그러한 신적인 통치권력 승인과 선포에서 성립한다. 애굽제국에서 노예화된 이스라엘의 해방과 가나안 땅 봉건지배체제에 대한 투쟁에 의해서 이루

50) Gottwald, *TY*, 226, 229, 233 참조.

어진 초기 이스라엘의 민족사회 정초는 그러한 신적 주재권 아래서 정초된 정치 사회적 혁명이다. 그러므로 이스라엘은 고트월드가 주장하는 대로 강력한 '정치권력'을 행사한 것이다. 그러나 정치권력의 신적인 원천이 도외시되고 인간에 의해서 전횡될 때에는 인간의 노예화와 불평등사회를 초래하게 된다. 그러므로 출애굽-가나안 땅 정복-민족사회 정초와 혁명은 그 주재권을 멘덴홀이 주장하는 대로 야웨 하나님에게로 귀속시킨다. 그러나 초기 이스라엘 계약 사회의 신적 주재권은 모든 통치권력을 능가하는 이스라엘의 신앙을 일으킬 수 있다는 것이 부인될 수 없으며 그러한 신앙이 출애굽-가나안 땅 정복-초기 이스라엘의 민족사회 정초에 있어서 강력한 정치권력으로서 작용했음에 틀림없다고 생각된다. 그럼에도 불구하고 이스라엘 백성들이 야웨 이외의 다른 신들을 추종하고 이에 따라 이스라엘의 계약사회가 다른 부족들에 의해서 침탈을 당함에 직면해서 신적인 주재권을 매개하고 대표하는 '판관들'이 대두한 것이다. 판관기에 의하면 야웨 하나님에 의해서 세워진 이들은 곧 이스라엘 백성에 의해서 세워졌다는 역사신앙과 일치한다. 말하자면 천의(天意)는 곧 민의(民意)를 통해서 이루어진다. 그러나 그들은 제왕과 같은 통치자들이 아니라 신적인 주재권과 정의를 매개하고 적을 물리치고, 이스라엘의 평등한 무정부 상태의 계약사회를 지키는, 말하자면 파수꾼과 같은 역할을 수행한다.

여기서 우리는 야웨 하나님의 주권(Lordship)에 대한 오늘의 여성신학적 반론 문제를 짚고 넘어가야 할 필요가 있다. 야웨의 '주권'이라는 이미지는 남성 지배를 대표한다고 여겨져서, 여성신학자들은 그러한 야웨 이미지를 여성성을 나타내는 신적인 '지혜'(Hochma) 혹은 신적인 임재를 의미하는 '거함'(Shechina)과 같은 히브리어 여성명사들로써 대치하려고 시도해 왔다. 물론 이러한 성서적 개념들이 상황에 따라서 사용될 수 있으나,

야웨 하나님의 '주권'이라는 개념이 폐기되어 버린다면 구약의 구원사 전통 혹은 계약신앙의 가장 핵심적인 토대가 무너져 버린다. 초기 이스라엘의 계약사회는 당시의 봉건적 통치자 왕들의 권력을 폐기해 버렸다는 것을 의미한다. 그러므로 그 계약사회의 주권자 야웨 하나님의 주권 개념은 남성 지배 혹은 가부장제 남성 이데올로기라고 해석되어서는 안 된다. 이스라엘의 역사와 그리스도교 역사에 있어서 신적 이름과 신상(神像)이 남성 지배 이데올로기와 결탁하여 잘못 사용되어 왔다고 해도, 그 근원적인 성서적 의미가 간과되거나 폐기되어 버려서는 안 된다.[51]

이제 판관기에 의거해서 야웨 하나님의 주권의 의미를 살펴보자면, '판관들'(사사들)-쉐퍼팀은 신적인 주재권 혹은 정의를 판별하고, 이스라엘의 계약사회를 다스리는, 세계의 왕권제를 능가하고 심판하고, 그 신적인 계약사회의 존립을 위태롭게 하는 부족들의 권력자들의 약탈에서부터 이스라엘을 구원하는 신적인 주재권의 대행자들이다. 신적인 자유한 선택에 의해서 혹은 '야웨의 영'(3:10)에 의해서 세워지는 판관들은 왕권 제도에 반립하고 이것을 심판한다(시편 2편 비교 참조). 판관기 전체의 흐름을 보자면, 신적 선택에 의해서 세워지는 판관들은 이스라엘 백성들의 어떤 합의에 의해서, 즉 자유하고 평등한 계약사회의 민의의 결정으로 대두한다. 그러므로 신적인 주재권은 바로 자유하고 정의롭고 평등한 계약사회의 원천이며 존립 근거이며, 결코 남성 지배의 통치권력, 여성이든 남성이든 인민 민중을 노예화하고 억압하고 착취하는 통치권력이 아니다. 판관기에 의하면 이스라엘의 계약사회의 존립과 존속의 위기는 대체로 이스라엘 백성들

---

51) 그래서 나는 구약과 신약의 맥락들에 있어서의 신적인 남성적 명칭들을 남성 지배 이데올로기들을 심판하고 넘어서는 '초남성적' 혹은 '초가부장적' 언어라고 해석해 왔다. 박순경, 『韓國民族과 女性神學의 課題』, 기독교서회 참조.

이 다른 신들, 예컨대 바알 신들과 여신 아스다롯(Ashtaroth)을 비롯한 여신들을 추종하면서 계약의 신적 주재권을, 따라서 계약사회의 정의를 이반할 때에 야기된다(2:3, 16~23 참조). 그것은 그러한 다른 신들이 가나안 땅 타부족들의 통치 권력의 수단 혹은 이데올로기로 작용했다는 것을 말해 준다.[52)]

바로 야웨 하나님의 주권 아래서 B.C. 11세기경 판관기 시기에 여성 판관·예언자 드보라(Deborah)가 대두했다는 사실(4~5장)은 그 신적 주권 개념이 남성 지배를 함축하는 뜻으로서 해석될 수 없다는 것을 단적으로 말해 준다. 그 신적인 주권은 노예의 집 애굽에서부터 이스라엘을 해방시키고, 가나안 땅의 억압적 봉건제 왕권을 철폐하게 하고, 땅 없는 민중들에게 땅을 부여하고, 자유하고 평등한 전대미문의 혁명적 민족사회를 창출하게 한 은혜로운 주권이다. 판관들은 그러한 민족사회의 파수꾼이며, 드보라는 신적인 권능과 주권을 대행하여 전투를 지휘한, 이스라엘의 강력한 '어머니'(5:3, mother in Israel)이다. 판관기 5장은 드보라 당시에 출현했다고 추정되는, 이스라엘 초창기의 시문(詩文)으로서, 드보라 자신이 읊은 형식(5:3, 9)이기도 하고, 당시의 다른 사람이 그에 관해서 읊은 형식이기도 하다. 그 찬가는 야웨 하나님의 권능을 제왕들에게 반하여 선포하면서 동시에 드보라의 승리를 노래한다. 드보라를 세운 신적인 주권은 당시의 또 모든 역사에서 반복되어 온 남성 지배 통치 권력을 신적인 심판 아래 세우는 것이다.

---

52) 미국을 비롯한 세계의 여성신학자들이 구약 성서에서 또 근동에서 발견되는 여신들 혹은 원시 모신(原始母神)들을 내세워 야웨 하나님의 남성 이미지를 대치하려고 시도했는데, 그것은 구약에서의 신적인 주권 개념의 근원적 의미를 간과한 데서 비롯된 것이다. 그 신적 주권이 종교들과 역사 일반에서 작용해 온 남성 지배의 이데올로기에 반립하는 구원사적 의미를 내포하고 있다는 사실이 간과되어서는 안 된다.

(4) 역사에서의 신적인 임재와 시간·관계질서

① 이스라엘의 구원사 혹은 시간·역사 안에서의 신적인 영원한 임재와 행위가 이스라엘 민족사회 혹은 계약사회의 시간·관계질서를 정초한다. 이것이 구원사(Heilsgeschichte)의 특징을 이룬다. 구원사는 일반 역사와 동일한 시간성 안에서 일어나는 특수한 사건 혹은 사건들, 즉 창조자·구원자 하나님과의 관계에서 형성된 특수한 역사신앙의 전통이며, 일반 역사의 구원사적 의미를 밝혀주는 특수한 역사이다. 구원사는 일반 역사와는 달리 신적인 특수한 임재와 행위에 대한 신앙에 의해서 역사 사회의 시간·관계질서를 특수하게 밝혀준다. 창조자·구원자 하나님과 이스라엘의 역사 사회적 관계질서 설정의 핵심적 양식이 바로 우리가 앞서 고찰해 온 계약관계의 체결이며, 이것이 초기 이스라엘의 혁명적인 평등한 계약사회 혹은 민족사회의 출현의 토대이다. 구원사는 일반 역사, 말하자면 애굽제국, 가나안 땅의 여러 부족들의 도시국가들, 근동의 열국들과의 불가분적인 관계에서 일어난 역사로서, 이들의 역사문제와 의미를 밝혀주기도 한다. 또한 구원사는 우리 민족사와 세계사에 대해서 무슨 의미를 가지는가 하는 물음이 후에 다루어져야 할 것이다. 우선 개괄적으로 간단히 말하자면, 초기 이스라엘의 계약사회 혹은 민족사회의 출현은 모든 역사와 사회의 구원사적 의미를 예증적으로 현시해 주는 패러다임과 같은 표식이다. 창조의 신적 시간과 피조물의 시간의 의미, 이 양자의 관계질서를 우리는 그러한 구원사적 패러다임에서부터 이끌어내고자 한다.

현 주제를 고찰하는 맥락에서 앞 글들에서 논의한 시간론을 이제 이스라엘의 초기 구원사 안에서의 신적인 임재와 행위에서부터 다시 해명할 필요가 있다. 창조자·구원자 야웨 하나님과 이스라엘의 계약사회 질서가 바로 시간·관계질서 설정의 기초이며, 이러한 역사 안에서의 그의 임재(praesentia)와 행위 양식에서부터 창조의 '원시간'(Urzeit)이 그 근원에로, 즉 창조시에로 투사된 것이다(창세기 1, 2, 3장). 재삼 말하거니와, 19세기 이래의 구약학에서 궁켈(H. Gunkel)을 비롯해서 많은 역사과학적 혹은 비교종교학적 연구자들은 그러한 창조 설화들 혹은 창조의 '원시간'을 원시 우주론적 기원 신화들과 동일화시켰는데, 그러한 신화들은 창조자·구원자의 실재하는 근원적 시간성을 설명해주지 않는다. 실제로 시간 안에서 일어난 사건(Geschehen → Geschichte)으로서의 초기 이스라엘 역사 안에서의 신적인 임재와 행위에 대한 신앙에서부터 과거의 모든 시간·역사의 근원에로 투사된 '원시간'은 신화적 상상이나 환상이 아니라, 역사적 실재성을 가지는 시간의 근원을 가리킨다. 구원의 시간·역사 안에서의 신적인 임재와 행위는 자연사물들의 주기적으로 일어나는 현상들, 말하자면 신들이 신들을 산출하고 우주 만물을 탄생시키는, 자연사물들이 생성하고 사멸하면서 반복적으로 소생하는 현상들의 신격화로서의 신화들과 동일시되어서는 안 된다. 구약에 있어서 구원사 혹은 역사 안에서의 신적인 임재와 행위는 신적인 자유, 즉 그의 주권에 의해서만 사건화 혹은 역사화될 수 있다는 것이 구원사 전통에 함축된 신앙이며, 이러한 구원사적 신앙은 저 자연현상들에 의해서 설명될 수 없다. 오직 신적인 자유와 긍휼에 의해서 결정되는, 역사 안에서의 신적인 임재와 행위의 시간적 차원이 바로 모든 시간의 근원으로서의 '원시간'을 함축하고 있으며, 이에서부터 태초의 창조가 설화적으로 엮이진 것이나. 신적인 임재와 행위의 현시간에 피조물의 모든 시간을 총괄하는 근원적인 '원시간'이 함축되어 있다면, 또한 모든 미래적 시간, 따라서 궁극적인 '종말시'(Endzeit)가 함축되어 있다. 구원의 시간·역사 안에서의 신적인 임재와 행위는, 이것이 역사의 어느 시점에서이든, 언제나 그와 같이 과거의 원시간·현재·미래의 종말시를 통전적으로 가지는, 말하자면 모든 시간의 '동시성'(Simultaneity 혹은 Contemporaneity)을 가지는 시간, 즉 '영원한 시간' 이다.[53] 피조물 인간의 시간·역사는 그러한 동시성을 가지지 못한다. 구원사도 이스라엘 측에서 보자면, 그러한 동시성을 가지지 못하나 창조자·구원자 하나님의 역사에서의 임재와 행위에 대한 신앙에서 모든 시간·역사의 그러한 신적 근원과 현재와 미래의 동시성을 직관할 수 있다. 피조물의 시간은 어디로부터인지 왔다가 과거에로 혹은 공허 속으로 사라져 버린다. 영원한 미래로부터 시간이 계속 주어지지 않는다면 피조물의 시간은 당장 끝나버릴 것이다. 과거라는 공허 속으로 사라져 버리는 시간은 객관적으로 실재하는 것인지 공허한 어떤 것인지 판별되기도 어렵다. 한정된 시간 속에서 살고 죽는, 한 시대를 살고 죽는 피조물 인간의 역사는 원칙적으로 그러한 동시성을 가지지 못한다. 창조자·구원자 하나님의 역사적 임재와 행위에 대한 신앙에서 그러한 동시성, 모든 역사를 능가하는 영원한 시간이 직관될 수 있었던 것이다. 구원사적으로 보자면, 시간은 미래로부터 온다. 왜냐하면 창조신앙은 '원시간'을 상정할 수밖에 없는데, 구원은 역사의 미래를 지시하기 때문이다. 순전히 피조물의 차원에서 보자면, 시간이 어디로부터 와서 어디에로 사라지는지 모른다. 시간이 어디로부터 왔다가 과거에로, 무(無) 혹은 공허 속으로 사라져

---

53) Karl Barth가 『교회교의학』 III/2에서 부활한 예수 그리스도의 시간성을 '영원한 시간'(die ewige Zeit)이라고 칭한다. 그런데 그는 그러한 신적인 시간성을 구약의 차원에서 해명해 내지는 않았다. II/1에서의 하나님론에서 그는 신적인 시간성의 '동시성'을 논했는데, 구약의 맥락에서부터 해명하지는 않았다. 어쨌든 그는 신적인 영원성을 무시간적인 초월성으로서가 아니라 영원한 시간을 지니는 예수 그리스도의 역사적 사건에 정초한 것으로 제시했다는 사실이 주목되어야 한다. 나는 나의 학위 논문, Man in Karl Barth's Doctrine of Election(1965년 Drew 대학 대학원에 제출한 논문)에서 그러한 예수 그리스도의 시간성을 다루었다. 박순경, 『하나님 나라와 민족의 미래』(서울: 대한기독교서회, 1984)에 실려 있는 "하나님, 당신의 새 役事가 일어나게 하소서"에서의 시간과 역사 참조.

버린다면, 시간이란 도대체 객관적으로 실재하는 것인지 허상인지 우리는 단정할 수 없다. 또 한 시대를 살고 죽는 피조물 인간의 역사에서는 '원시간'이 직관될 수도 없고, 따라서 '종말시'도 예시될 수 없다. 우리는 시간을 초월하는 어떤 영원한 차원, 무 혹은 공허에로의 초월을 상상적으로 상정할 수는 있다. 그러나 그러한 초월적 무 혹은 공허는 피조물의 삶과 존재의 차원이 아니며, 시간·역사의 순전한 부정에서 상정될 수 있는 어떤 것이다. 그것은 성서적인 의미에서의 영원 혹은 영원성이 아니다. 창세기 1, 2장에서처럼 창조의 '원시간'과 이에 함축된 '종말시' 즉 모든 시간의 신적 근원이 설정됨으로써 시간의 실재성이 성립될 수 있으니, 왜냐하면 시간이 무 혹은 공허 속으로 사라져 버리는 것이 아니기 때문이다. 시간이 주어지는 한 피조물과 인간 역사는 존속하고 생성하고 어떤 미래에로 행진한다. 시간 안에서 존속하고 움직이는 자연사물과는 달리, 창세기 3장의 타락 설화가 원형적으로 말해 주듯이 신적인 자유한 의로운, 은혜로운 주재권을 찬탈한, 타락하고 범죄하는 인간 역사는 신적인 심판 아래 놓이기 때문에 역사의 존속을 위한 시간을 신적인 부정 혹은 심판 아래서 무 혹은 공허에로 상실해 버릴 수 있다. 그럼에도 불구하고 인간 역사가 시간적으로 존속하는 것은 신적인 은혜와 구원의 시간이 신적인 영원한 미래로부터 오기 때문이다. 모든 시간을 통전적으로 가지는, 모든 시간의 근원과 미래를 가지는 창조자·구원자 하나님의 역사적 임재와 행위에 비추어 볼 때, 피조물의 모든 시간이 무 혹은 공허에로 사라져 버리는 것이 아니라 객관적으로 실재성을 가지는 것으로 이해될 수 있다. 시간이 주어지는 한 모든 피조물과 인간 역사는 존속하고 생성하고 어떤 미래에로 움직이고 행진할 수 있고 진보할 수 있다.

창세기 3장이 말해 주듯이, 일반 자연사물과 달리, 인간 역사는 타락하고 범죄한다. 선과 악을 알고 하나님과 같이 되려는 인간의 욕망은 다름 아니라 신적인 자유한, 의로운, 은혜로운 주재권을 찬탈하고자 하고 불복하고 악을 자행하는 근원으로서 역사에서 작용한다. 그렇게 범죄하는 역사는 신적인 의의 심판 아래서 시간을 무 혹은 공허에로 상실해 버리고 끝나버릴 수 있다. 그럼에도 불구하고 인간 역사가 시간적으로 존속하는 것은 신적인 용서와 은혜, 구원의 경륜에 의해서 가능하다는 것을 우리는 이스라엘의 구원사적 신앙에서 배운다. 이스라엘의 혁명적 민족사회 혹은 계약사회의 출현은 모든 세계사의 죄악을 함축하고 있던 애굽제국과 가나안 땅 봉건 왕국들의 제국주의와 패권주의에 대한 신적인 의로운 심판을 증언하며, 동시에 신적인 은혜로운 긍정을 함축하고 있다. 이러한 긍정은 모든 역사와 민족들이 죄악에도 불구하고 삶의 존속을 가능하게 하는, 시간·역사를 가지게 하는 신적인 은혜이다. 그러한 의미에서 초기 이스라엘의 민족사회·계약사회는 모든 역사의 영원한 패러다임이라는 것이 앞으로 계속 해명되어야 할 것이다.

그러한 계약사회는 신적인 임재와 행위에 대한 신앙에 의해서 신적인 '영원한 시간' 에 관계된다. 구약에 있어서 신적인 영원성(עולם, ōlam)54) 이 시간의 지속성을 내포하고 있으며, 시간·역사와 직결해서 말해지는데, 그것은 바로 모든 시간의 신적인 주재권을 의미한다. 이 맥락에서 창세기 3장(J 문서 전승)의 타락 설화를 다시 보자면, 사람이 하나님처럼 되기 위하여 선과 악의 지식의 열매를 따먹음으로써 이제 선과 악을 알게 되고 '영

---

54) *Theologisches Handwörterbuch zum Alten Testament*, Band II, hers. Ernst Jenni-Claus Westermann, 1976, Chr. Kaiser Verlag München, עולם, ōlam, Ewigkeit, 228~243 참조. Ōlam이라는 이 말의 어원은 불확실하다고 한다. 이 말이 구약에서 상황들에 따라 다양한 의미를 나타낸다. 신적인 영원성을 표시하는 Ōlam이라는 말이 시간·역사의 지속성을 표시함에도 적용되며, 이와 같이 신적인 영원성이 시간·역사의 지속성을 주재한다는 의미를 가진다.

원토록'(le' ōlam)살고자 하므로, 창조자 하나님이 사람을 에덴정원에서부터 추방했다는 것이다(3:22~24). 이러한 추방이 바로 신적 심판의 원형이라는 것을 의미하며, 이 추방 자체가 신적인 은혜로운 섭리의 행위이다.[55] 사람이 하나님처럼 영원한 삶을 소유하고 모든 시간을 동시적으로 주재하고 역사 사회의 통치 권력을 행사한다면, 그는 피조물 세계를 파멸에로 떨어지게 하리라. 그는 죽어야 한다. 이것이 신적인 심판이며 동시에 은혜로운 섭리다. 사람이 에덴정원, 영원한 '원시간'과 '원공간'에서 '영원토록' 살고자 한다는 그 묘사에는 이미 영원한 미래, 즉 '종말시'가 함축되어 있다. 그 '원시간'과 '원공간'은 바로 종말적 구원을 근원에로 소급해서 상정한 표상이다. 어떻게 B.C. 11~10/10~9세기경의 J 문서 기자가 그러한 '원시간', '원공간'을 상정할 수 있었던가? 그는 오늘의 우리와 마찬가지로 타락과 죄악의 역사의 한 과정에 처해 있었으며 우리와 마찬가지로 그러한 '원시간', '원공간'을 알지 못한다. 그는 오로지 구원사에서의 신적인 임재와 행위, 모든 시간을 통전적으로 그 자체 안에 가지는 영원한 계약의 하나님과 계약사회의 전통의 빛에서부터 그러한 '원시간'과 '원공간'을 직관했음에 틀림없다. 바로 계약사회의 역사적 현실의 기반에 입각해서 근원에로 투사된 '원시간'과 '원공간'은 신화가 아니다. 신화는 원칙적으로 무시간적이므로 현실 시간·역사의 원천이 아니다.

---

55) 신학 전통에 의하면 타락 이전의 사람은 영원토록 살 수 있는 상태 *status originalis* 혹은 본래의 의로운 상태 *justitia originalis*를 상정했는데, 그러한 상정은 추상적이고 가상적이니, 왜냐하면 역사적 과정에서의 인간은 그러한 상태를 보르기 때문이다. 사람들이 곧잘 혼수상태에 떨어져 에덴과 같은 하늘나라를 체험한다고도 하는데, 이러한 욕구도 부질없는 환상일 뿐이다. 타락 이전의 영원하고 의로운 사람이란 '원시간', '원공간'과 마찬가지로 역사 안에서의 신적인 임재와 구원의 행위, 타락한 역사에 반립하여, 새로운 미래의 관계설정으로서의 계약관계에서부터 떠오르는 근원적 사람을 의미하며, 이러한 인간은 구원의 미래에로 투사된 상태를 의미한다. 이러한 근원적 사람도 '원시간', '원공간'이 미래의 '종말시'와 영원한 공간을 함축하고 있는 것과 동일하다. 그러므로 근원적 사람의 상태는 미래의 은혜로운 구원의 상(像)이다.

역사 안에서의 신적인 임재와 행위는 신적인 자유와 선택에 의해서 결정되며 인간 역사가 임의대로 상정하는 것이 아니다. 그래서 야웨 하나님의 임재의 형식과 공간도, 말하자면 '장막'(tabernacle)이나 '제단', '계약 궤'의 설계도 그 자신의 명령에 따라서 만들어지도록 한다(출애굽기 25~27장 참조). 그가 임재할 표식으로서의 '장막', '제단', '계약 궤'에 대한 신적인 명령과 형식은 그가 역사 안에 임재하는 형식을 제시하면서, 피조물 인간과 구별되는 형식을 취한다. 그러한 신적인 구별과 관계설정의 단적인 예증이 시나이 산에서의 초월적 야웨 하나님과 이스라엘 사이의 계약 체결의 의식에 제시되어 있다. 즉 야웨께서 모세를 시나이 산으로 부르시고 명하시기를, 이스라엘 백성들이 야웨를 보려고 산으로 몰려오지 못하도록, 그래서 야웨께서 그들을 멸하지 않도록 이르신다(출애굽기 19:20~25). 백성들은 야웨 하나님의 얼굴을 맞대고 볼 수가 없으니, 그렇게 직접적으로 그를 대면하고서 살아남을 자가 없기 때문이다. 모세와 여호수아는 야웨와 이스라엘 백성들 사이의 중재자들로서 그를 직접 대면하고 그의 명령을 듣는 것같이 묘사되지만, 이들도 그를 직접적으로 대면하지 못한다(출애굽기 3:6; 33:11; 17~23절 참조). 그의 얼굴과 영광을 보고 살아남을 자는 없다(출애굽기 33:22). 야웨 하나님과 인간 사이에 벌어지는 그 어마어마한 구별의 심연은 죄된 인간과 역사에 대한 신적인 심판과 부정을 의미한다.[56] 신적인 부

---

56) 이미 지적한 대로, Kierkegaard가, 신의 존재와 인간의 논리적 절대이념을 동일화하여 동일철학을 설계한 Hegel에 반하여, 신과 인간 혹은 영원한 시간의 '절대적, 질적 구별', 따라서 이 양자 사이에 벌어지는 '심연'을 역설한 것은 죄의 멍에를 짊어진 인간 실존과 역사에 대한 신적인 심판과 부정의 상황에서 이해되어야 한다. 그런데 Kierkegaard가 간과한 점은 창조자·구원자 하나님이 피조물 인간과 역사의 모든 시간의 주재자라는 점이다. 그러나 역사적 죄책과 실존적 고뇌에서 그는 죽도록 그러한 심연을 직시함으로써, Hegel 철학이 간과한, '죽음에 이르는 병'(*Sickness unto Death*)을 짊어진, 하나님 앞에서의 실존과 역사의 문제를 파헤칠 수가 있었다.

정과 심판에서 벌어지는 그 심연·공허는 죽음의 골짜기이다. 그럼에도 불구하고 신적인 은혜 아래서 야웨 하나님과 이스라엘의 계약관계가 이루어졌다. 그럼으로써 창조자·구원자 하나님이 모든 시간·역사의 주재자라는 것이 계시되고 확증된 것이다.

역사에서의 신적인 임재와 행위는 이스라엘과의 긍정적인 관계설정이며, 그러한 은혜로운 긍정의 반면에는 신적인 심판과 부정의 행위가 일어난다. 이러한 부정적인 심판 없이는 혁명적인 새로운 계약사회가 출현할 수가 없다. 여호수아–이스라엘의 전투를 진두지휘하는 야웨 하나님의 '거룩한 전쟁'(der heilige krieg)[57]은 그의 심판의 한 형식이다. 가나안 땅 정복, 항거하는 여러 왕들과 부족들의 살생과 축출에 관한 서술들은 그대로 다 역사적 사실들을 고증하는 것이 아니라, 극단적으로 철저하게 신적인 심판을 선언하는(declaratory) 양식이다. 바로 그러한 신적 심판과 이스라엘의 계약사회 출현이 애굽과 가나안 부족들에게 사회변혁의 한 계기를 열어준 것이다.

그런데 그러한 신적인 심판이 애굽이나 가나안 땅 부족들에게만 해당되는 것이 아니다. 신명기는 이렇게 선포한다. "야웨, 너희의 하나님은 태워버리는 불꽃이며, 질투하는 하나님이시라"(신명기 4:24 등)는 선포는 타 신

---

57) '거룩한 전쟁' 에 대한 역사적 해설에 관해서, 박순경, 『하나님 나라와 民族의 未來』에 실려 있는 "민족과 세계의 평화," 432~436 참조. 이 맥락에서 참조된 Von Rad의 *Der heilige Krieg im alten Israel*, Zurich, 1951; 김정준 역, 『폰 라트 論文集』, 기독교서회, 第二部가 참조되었는데, Von Rad에 있어서 초기 이스라엘 역사에서의 '거룩한 전쟁' 의 의미, 즉 신적인 심판의 필연성이 약화된 것 같다. 사실 신학 전통에 있어서 전쟁 신처럼 보이는 야웨 하나님의 모습은 걸림돌이었는데, 이러한 신학 전통은 혁명적 투쟁 없이 초기 이스라엘의 가나안 땅 점령과 혁명적 계약사회 창출이 출현할 수 없었던 구원사적 토대 인식의 결여에서 비롯된 것이다. 고대 근동에서 신들의 전쟁에 결부된 '거룩한 전쟁' 이라는 신화적 개념이 발단했던 것 같다. 이스라엘 구원사에서의 '거룩한 전쟁' 혹은 야웨의 전쟁은 신화가 아니라 역사의 죄악에 대한 그의 심판에 결부되어 역사혁명 개념으로서 작용한 것이다.

들에의 추종에 대한 철저한 배타성을 나타내는데, 이러한 추종은 동시에 이스라엘의 계약사회를 적대하는 행위이다. 타 신들이란 이미 지적했듯인, 애굽과 가나안 땅의 정치권력과 결탁한 지배자들의 신격화로서, 민중들을 지배한 이데올로기로서 작용했음에 틀림없다. 그렇기 때문에 모세오경, 여호수아기, 판관기에 있어서 타 신들을 추종하는 것이 사회적 불의를 자행하는 것과 동일시되어 있다. 오직 야웨 하나님만을 추종한다는 것은 그의 의로운 계명들을 지키는 일이다. 그의 계명들을 지키는 것이 바로 계약사회의 조건이다. 신명기는 시간·역사의 존속을 이러한 계약 관계에 입각해서 선포한다. 즉,

> 그러므로 너희는 그의(야웨 하나님의) 규율들과 그의 계명들을 지켜야 하니……, 그래서 너희가 야웨 하나님이 영원히 너희에게 주신 그 땅에서 너희의 날들을 지속시키도록. ……(4:40)

그 땅에서의 삶의 시간, 삶의 '날들'이 영원히 존속할 수 있다는 가능성이 위 성서 구절에 암시되어 있다. 왜냐하면 그 삶의 '날들'이 신적인 영원성에 관계되기 때문이다. 그러나 그러한 은혜로운 계약의 계명들 아래 세워진 이스라엘은 동시에 신적인 심판 아래 세워진다. 이스라엘에게도 그 땅에서부터 추방당하리라는 심판과 부정의 그림자가 드리워져 있다. 즉,

> 너희의 의로움과 너희 마음의 올곧음 때문에 너희가 그 땅을 소유하게 되는 것이 아니라, 그 민족들의 사악함 때문에 야웨 하나님께서 그들을 너희의 면전에서부터 내어 쫓으시느니라. ……(신명기 9:5)

사실상 이스라엘이 신적인 계명을 배반하고 사회적 불의를 계속 자행하곤 하면서, 신적인 심판 아래, 그러나 용서와 구원의 미래의 약속 아래 세워진다. 야웨 하나님에 대한 불복종과 사회적 범죄에도 불구하고, 그 땅에서의 이스라엘의 삶의 '날들'은 그 구원의 신적인 약속에서 존속한다.

이스라엘의 계약사회의 출현, 존립, 존속은 무엇을 의미하는가? 출애굽기 19:6에 의하면 신적인 계명, 계약의 법을 부여받는 이스라엘은 야웨 하나님에게 "사제들의 왕국, 한 거룩한 민족이 되리라"는 것이다. '거룩한 민족'이라는 것은 이스라엘의 계약사회의 중재직분, 야웨 하나님과 타민족들 사이의 중재직분을 위탁받은 민족이라는 뜻이다. '야웨의 백성'('am Yahweh)은 특히 계약의 백성을 특징화시키는데, 이 말도 '민족들'(gōim)과 마찬가지로 '민족'을 의미한다. 사제적 직분을 부여받은 이스라엘은 한 민족이면서 동시에 민족 이상의 위치에 선다. 이 민족은 모든 민족들에게 신적인 의와 구원을 중재해야 하는 사제직분을 부여받음으로써 보편사적 의의를 갖는다. 이스라엘의 특수한 구원사의 보편사적 의미는 특히 B.C. 8세기 이래의 예언자들에게서 부각된다. 예컨대 B.C. 6세기의 제2 이사야(이사야 40~55장)는 당시에 일어나는 바, 바빌론 포로 이스라엘의 출바빌론이라는 해방 사건을, 구원자 하나님이 "예로부터 장차 올 것"이라고 고지하셨다는 것이다(이사야 42:14; 44:7 참조). "예로부터" 즉 창조 때부터 "오랫동안" 혹은 "세세토록"(메이올람)이라는 말은 B.C. 6세기 당시에 일어나는 바빌론으로부터의 해방, 제2 이사야의 그러한 선포는 초기 이스라엘의 민족사회라는 것을 전제하고 있다. 그와 같이 신적인 영원성을 표식하는 시간성(Ōlam)이 모든 시간의 원천이라는 것을 의미한다.

여기서 우리는 신적인 임재와 행위에 관련해서 고트월드의 문제점을 지적해야 한다. 그는 초기 이스라엘의 정치 사회적 혁명을 역사적으로 규명함으로써 지금까지 구약학과 그리스도교 전통에서 간과되어 온 구원사의 한 획기적인 새로운 시야를 열어 놓았다. 그러나 그의 야웨 하나님 이해의 한 심각한 문제점이 주목되어야 한다. 그는 '질투하는' 야웨 하나님의 배타성에서 유일신 신앙(Monotheism)의 대두를 시인하고 이를 '유일 야웨 신앙'(Mono-Yahwism)이라고 표현한다. 그런데 이 '유일 야웨신앙'이 '통일적인', '평등한', 혁명적인 정치 사회 건설을 위한 투쟁에서 발단한 상징·이데올로기, 즉 이러한 정치 사회 질서의 유일성을 반영하는 '이데올로기'라는 것이다.[58] 이러한 주장은 시간·역사 안에서의 신적인 임재와 행위가 전제하는 신적인 실재성과 주재권에 대한 신앙을, 따라서 모든 시간의 근원과 실재성을 모호하게 만들어 버린다. 그러한 신적인 근원과 실재성이 이스라엘의 유일한 정치 사회적 혁명의 역사적 사건에서부터 선포되고, 따라서 이것을 반영하는 이념의 근거로서의 '이데올로기'라고 여겨질 수는 없다. 그것은 이념이나 이데올로기 이상의 객관적 실재성의 차원을 가진다는 것이 시인되어야 한다. 출애굽 사건의 초기 이스라엘의 혁명적

---

58) Gottwald, *TY*, 615, 617, 622, 627, 643, 647f. 등 참조. W. F. Albright는 그의 *From the Stone Age to Christianity*라는 책에서 주장하기를 야웨신앙이 모세 시대에서 기원했다고 하며, 여기에서 '유일신 신앙'(Monotheism)이 대두했다고 한다. M. Noth와 Von Rad처럼 Gottwald는 '야웨'라는 칭호와 야웨 신앙이 이스라엘의 가나안 땅 진입 이후 초기 이스라엘의 열두 지파 동맹(Noth와 Von Rad) 혹은 초기 이스라엘을 주축으로 하는 다부족들의 연합(Gottwald)에서 발단했다고 본다. '야웨'라는 칭호가 언제 대두했든 모세와 출애굽 이스라엘의 하나님이 바로 '야웨' 하나님이었다는 전통이 중요하다. Albright와 같이 이스라엘의 유일신 신앙이 모세 시대에서 대두했다고 주장하는 학자들에 반하여, 여러 신들을 시인하고서 일신(一神)을 주장하는 Monolatry 론이 주장되기도 했다. *IDB*, "Exodus, Book of", 191f. 참조. 그러한 논전은 부질없다. 창조자·구원자 하나님의 의로운 심판과 은혜로운 구원 사건의 주권을 선포하는 초기 이스라엘은 그러한 하나님과 대등한 '다른 신들'을 생각할 수는 없었으며, 다른 신들과 정치적 권력자들에 반하여 한 분 하나님을 선포해야 하는 혁명을 일으킨 분은, 이스라엘의 혁명적 정치 사회의 질서 창출의 주체이며 '이데올로기' 혹은 '상징'으로서 작용했다고 생각될 수 없다. 그러나 그 계약사회의 야웨, 하나님의 임재와 행위는 자유한 창조자·구원자로서 그 계약사회에서 발단한 이데올로기가 아니다. Gottwald는 초기 이스라엘의 사회혁명의 역사적 시작점을 여호수아에서 보고, 모세의 출애굽에서 보지 않고, 이것을 단순히 Proto-Israel의 야웨 신앙을 이데올로기로 규정하기 때문에, 고트월드의 저 혁명론은 역사적 허점을 내포하고 있다.

계약사회는 두 축을 내포하고 있는데, 한 축은 창조자·구원자 하나님의 자유하고 의로운 주재권·시나이에서의 계약법과 다른 한 축은 그 계약사회의 출현이다. 전자는 후자에서부터 시인되고 선포되며, 그러한 의미에서 조심스럽게 후자의 '이데올로기'라고 말해질 수도 있으나, 후자는 역사적 상대성 안에서 출현한 것이며, 이에서부터 전자가 이데올로기로서 도출되는 것이 아니다. 고트월드가 주장하는 대로 전자는 후자의 '기능'(function)을 수행했으나, 그는 이것 이상의 신적인 실재성과 우선적 주권에 대한 구원사의 원천을 간과한 것처럼 보인다. 초기 이스라엘의 계약사회는 시간·역사 과정에서 변천하고 결국 멸망하기에 이른다. 그래도 이 계약사회의 영원성을 지탱하는 후기 예언자적 전통은 그 계약사회 이상의 신적인 실재와 종말적 미래의 구원에 대한 신앙, 역사에서의 신적인 임재와 행위에 함축되어 있는 영원한 시간의 차원 때문에 지속되는 전통이다. 이러한 출애굽-시나이 계약 체결에서의 신적 임재와 행위를 고트월드가 '이데올로기' 혹은 '상징'이라고 표현하는 것은 아무래도 부적합하다.

② 우리는 지금까지 구약의 구원사 전통에 함축적으로 혹은 명시적으로 제시되어 있는 시간과 시간성의 신적 근원과 주재권을 고찰해 왔다. 이제 우리는 인간의 역사 사회적 시간성과 의미를 고찰하고자 한다. 앞에서 우리는 시간을 창조자·구원자 하나님과 피조물 세계의 '관계질서'라고 규정했다. 시간·관계질서는 시간의 신적 근원과 주재권과 마찬가지로 저 구원사 전통 혹은 이스라엘의 계약사회에 근거한 개념이다. 신적인 시간·관계질서는 창조자 하나님이 모든 자연사물과 생물의 생동하고 변화하는 관계망을 주관하고 섭리하는 양식이며, 그러나 자연사물과 생물의 시간성과는 달리, 인간의 자유와 범죄와 시간 상실이라는 문제를 야기시키는 역

사 사회적, 그래서 역사 사회적 변혁 혹은 구원을 필요로 하는 역사 사회적 관계문제를 포괄한다. 피조물과 역사 사회의 시간은 그러한 관계들에서 열리고 주어진다. 그러한 시간·관계질서들에서 공간이 열리고 주어진다.

과거–현재–미래라는 시간의 불가역적인 선후 질서도 창조자·구원자 하나님과 피조물과의 관계, 인간의 역사 사회적 관계질서와 마찬가지다. 시간의 불가역적 시간의 선후 질서는 모든 피조물의 시간에 앞서 존재하고 행위하는 창조자·구원자 하나님이 시인될 때에 성립된다. 시간의 선후 관계질서를 전제하지 않으면, 자연사물들이 혼돈에로 떨어질 것이며, 인간의 생명, 윤리적 역사 사회관계들이 죄악과 혼합되어 교란되어 버릴 것이다. 우리가 저 구원사 전통을 도외시하고서 역사 일반 혹은 문화사 일반에서부터, 위에서 언급한 바 시간의 신적 근원과 주재권, 시간의 불가역적 선후 관계질서와 같은 시간 개념을 이끌어낼 수 없을 것이다. 우리가 역사 문화사 일반의 모든 시간을 여행할 수 있다고 가정한다고 해도, 우리는 허구적인 시간을 상정할 뿐이며, 시간의 실재성, 시간이란 도대체 있는가 없는가 하는 실재성 문제를 밝혀낼 수 없을 것이다. 시간의 관계질서가 근원적으로 밝혀지지 않는다면, 과거–현재–미래라는 시간의 불가역적 질서가 해명 불가능하고, 공간에서의 시간·관계질서에서 열리는 사회성·상호성의 인륜관계가 교란되어 버릴 것이다.

시간의 유한성(Endlichkeit)이란 무엇을 의미하는가? 사물이 생기하고 소멸함에서, 생물이 생기하고 죽음에 이른다는 데서, 만물이 변하고 무상하다는 데서 시간의 유한성이 생각된다면, 그것은 시간의 유한성의 부정성만을 말하고 미완성 인생과 죽음의 탄식만을 자아내고 말 것이다. 시간이란 알지 못할 미래, 그러니까 허구적인 미래에서부터 와서 한순간 현재로서 있는가 싶으면 과거라는 허구에로 가버리는 것일까? 그러한 시간이란 무의미하고 허무하다. 또한 시간이란 시작도 없고 끝도 없이 마냥 지속하는, 말하자면 '무한한 시간'(infinite time)이란 말인가? 그것은 시간이 아니다. 시간의 긍정적 의미는 무엇인가? 시간의 시작점과 종착점'(*terminus a quo, terminus ad quem*)이 공허라고 생각되어 버리기에는, 시간이 너무도 은혜롭고 귀중하게 여겨지는 긍정의 의미가 설명되지 않는다. 창조자가 그의 '영원한 시간' 안에서(in tempore), 그의 '원시간'(=원공간) 안에서 시간을 창조했다면, 그가 시간을 자유로 한정하는 주체가 아니겠는가? 신적인 '원시간'이 시간의 시작점이라면, '종말시'라는 시간의 궁극점이 열리지 않는가? 그렇기 때문에 창세기의 창조 설화들에는 모든 시간이 함축되어 있다. '원시간'과 '종말시'가 바로 피조물의 시간의 유한성을 결정하는 신적인 자유한 시간이다. 시간의 유한성 혹은 한정성은 신적인 자유한 주재자가 존재하고 섭리한다는 것을 암시한다. 시간의 선후질서는 피조물의 모든 시간에 앞서 신적인 '선시간'(Vorzeit=Urzeit)이 임재하고, 끝나는 모든 시간 후에는 신적인 '후시간'(Nachzeit=Endzeit)의 실재를 암시한다.[59] 시간이 어떤 알지 못할 허구에서부터 허구에로, 공허에로 사라져 버리는 것이 아니며, 그와 같이 허구에 의해서 한정되는 것이 아니다. 허구 혹은 공허가 자연사물, 생물, 역사 사회의 모든 시간·관계질서들의 원천일 수 없다. 시간이 창조시에 신적으로 한정되고, 구원사적으로 시간의 목표(telos)와 의

59) 'Urzeit'와 'Endzeit'라는 개념들은 구약학과 신학에서 말해지며, 'Vorzeit'와 'Nachzeit'라는 개념들은 내가 아는 한 Karl Barth의 『교회 교의학』 II/1, 하나님론에서 사용되는 말들이다. 나는 구약학에서 'Urzeit'와 'Endzeit'가 일반적으로 어떻게 해석되어 있는지를 검토하지 못했지만, 20세기 이래 J. Wellhausen, H. Gunkel과 같은 종교사학파 학자들은 그러한 창조의 'Urzeit'나 종말론적인 'Endzeit'를 신화적인 개념들로 간주한다. 나는 지금까지 이러한 개념들을 초기 이스라엘 역사에 정초시킴으로써, 그 개념들의 역사성을 주장해 왔다. 신화는 창조자 하나님과 시간의 실재성을 전혀 말할 수 없는, 자연사물의 신적 근원을 환상적으로 말하는, 말하자면 원시 시상(詩像)일 뿐이다.

미가 부여되어 신적으로 한정된다면, 시간은 신적인 영원성에로 열려지게 된다. 즉 초기 이스라엘의 계약사회에서 보자면, 신적인 계명을 지키면 이스라엘은 신적으로 부여받은 그 땅을 '영원토록' 소유할 것이며, '사제들의 왕국'으로서의 세계사적 중재직분은 영원하리라는 것이다. 그렇게 피조물의 시간·관계질서가 신적인 영원성에로 열려지게 된다면, 시간의 유한성 혹은 한정성은 신적인 은혜로운 섭리이다. 시간 여정은, 한정된 시간 안에서도, 자유하고 의로운 영원자를 찾아가는, 그에 상응하는 자유하고 의로운 인간성의 성취, 범죄와 죄악을 극복하고 그의 나라에로 행진하는 순례의 길이다.

예증적으로 초기 이스라엘의 계약사회에 함축된 시간·관계질서를 보자면, 시간이 신적인 자유에 근거해 있다. 또 피조물의 시간은 이스라엘에게의 계명·계약법의 부여와 복종의 요청, 이스라엘이 복종하는가 불복종하는가 하는 이스라엘의 자유와 결단과 같은 윤리 문제와 결부되어 있다. 역사 사회적 시간·관계질서는 다른 자연사물의 삶과 운동의 시간·관계질서와는 달리, 자유와 의, 은혜와 사랑, 복종과 불복종 같은 윤리적 관계질서를 내포하고 있다. 시간의 그러한 윤리적 관계질서는 바로 인간의 삶, 역사 사회적 시간적 관계의 존립과 역사적 존속의 의미를 결정하는 차원이다. 피조물 사람이 신적인 계명과 요청 아래 세워질 때 또 사회적 관계에서 그는 비로소 자신의 자유를 의식하고, 자유한 결단과 행위의 필연성에 직면하게 된다. 여기에서 불복종과 범죄가 발생할 수 있으며, 역사는 자유와 사회정의가 없이는 존립할 수도, 존속할 수도 없지만, 범죄와 유혈의 역사이기도 하다. 어떻게 역사가 존속할 수 있는가? 신적인 은혜, 긍휼, 사랑이 아니라면, 역사가 한순간인들 존립할 수 있겠는가? 시간은 피조물의 삶의 공간이며, 역사 사회의 윤리적 설계와 미래에로의 존속을 가능하게 하는 공간으로서, 창조자·구원자 하나님의 자유하고 은혜로운 세계 경륜(time economy)의 차원이다. 이에 상응해서 사람의 삶의 시간, 역사 사회적 시간도 그의 자유한 경륜에 맡겨져 있다. 그는 매순간 어떻게 시간을 사용해야 하는가 하는 문제에 직면한다. 시간은 그의 자유에 맡겨져 있다. 시간은 그가 자유하고 의롭고 은혜로운 하나님을 승인하는가 부정하는가, 이에 따라서 사회적 관계에서 타자의 자유와 권리를 시인하는가 박탈해 버리는가 하는 자유한 결단의 계기를 열어주는 공간이다. 윤리적 시간·관계질서는 사람이 자신의 역사 사회적 관계에서의 삶과 존재임을 인식하게 하는 공간을 열어주며, 시간은 역사 사회에서 일어났고 또 일어나는 불의한, 타자의 자유와 인권과 생존권을 박탈하는 불의한 구조를 미래의 의로운 나라에로 변혁할 수 있는 공간을 열어주는 은혜로운 계기이다.

5

판관기, 이스라엘 계약사회 공동체, 야웨 하나님과 그의 백성의 나라

1) 신명기적 역사의 범위와 의의

여기서 우리는 이스라엘 역사 편찬의 중심인 '신명기적 역사(Deuteronomistic History=DH)'를 고찰하고, 그 이외의 성서자료도 고려할 것이다. DH는 모세 전통의 출애굽과 야웨-이스라엘의 계약 혹은 계약법을 재설정하는 신명기를 근간으로, 여호수아-판관기-사무엘(상·하)-열왕기(상·하)를 포괄하여 B.C. 6세기에 엮어낸 예언자적 구원사 편찬이다. DH라는 개념은 특히 마틴 노트(Martin Noth)의 연구에 결부되어 있으며, 구약학에서 다소의 견해차들은 있으나 널리 시인되고 있는 개념이다.[1)]

---

1) DH는 M. Noth의 1934년의 구약전승사 연구, Überlieferngseschichtliche Studien에서 연유된 개념이다. DH는 영어권에서의 Deuteronomistic History(Deuteronomistische Geschichte)의 약자로서 모세五經의 申命記(Deuteronomy, Deuteronomium)라는 명사와 그 형용사를 Deuteronomic(독일어 deuteronomisch)과 구별하여 Deuteronomistic(deuteronomistisch)으로 표식하는 '신명기적 역사'를 가리킨다. 우리말로는 신명기(申命記)의 형용사 '신명기적'이라는 말과 '신명기적 역사'라는 말이 구별될 수가 없으나, 저 독일어-영어의 형용사들의 어미들이 잘 주목되어야 한다. *Anchor Bible Dictionary* (*ABD*) Vol.2, 160f.; Vol.5, 996 참조. Noth에 의하면 DH는 B.C. 587년 바빌론에 의한 남유다 왕국의 멸망과 이스라엘의 바빌론 포로기 중반, 즉 B.C. 6세기 중반에 한 단일한 역사가/편찬자=Dtr.가 훨씬 이전부터 전해온 역사자료들을 통합하여 엮어낸, 이스라엘의 첫 역사기록이라는 것이다. 그 역사의 시기 구분은 여호수아 1장과 23장에서의 그의 연설들이 가나안 땅 정착기를, 사무엘상 12장에서의 사무엘의 고별사에서 판관기 시기로부터 왕국시대에로의 전환점을, 열왕기 8장에서의 솔로몬의 기도와 예루살렘 성전봉헌을 왕국시대의 첫 부분을 나타내는 것이라고 한다. *ABD* Vol.2, 161 참조. B.C. 6세기의 단일한 신명기적

DH는 약 B.C. 13~6세기들에 걸친 긴긴 역사적 전승자료들을 포괄하고 있다. 문서활동의 시초는 B.C. 8세기로 추정된다. B.C. 721년 북이스라엘 왕국이 신흥 아시리아(Assyria)에 의해서 멸망하고, 남유다 왕국은 독립적으로 더 잔존했으나, 아시리아의 속국처럼 된 것이다. B.C. 8세기 북 왕국의 멸망 이전부터, 호세아와 같은 예언자는 그 왕국의 계약법 파기라는 문제와 이에 대한 신적 심판과 멸망을 선포했다. 북 왕국에서의 그와 같은 예언자 집단이 '신명기적 학파(Deuteronomistic School)'를 형성하고 문서활동을 시작했다고 추정된다. 북 왕국이 B.C. 721년에 멸망하자, 많은 문서들이 남유다 왕국으로 넘어가서 동일한 시기의 이 왕국의 왕 히즈키야와 B.C. 621년 요시아 왕의 대 종교개혁에 크게 영향력을 끼쳤다고 한다.[2)]

우리의 앞 글들에서 고려한 J–E–P(Jahwist–Elohist–Priestly) 문서들의 역사서술들이 다윗 왕국의 맥락에서부터 태초의 창조의 시간에로 소급하여 우주와 인간 창조–인류–이스라엘 족장들의 이야기들과 이들에게 주어진 땅의 약속–출애굽–시나이 계약·계약법–가나안 땅 점령에 관한 이야기들을 엮어준다. 그 역사적 서술양식이 외견상 원시 신화적 설화체와

편찬자에 대한 Noth의 주장과는 달리, 어떤 구약학자들은 여호수아, 판관기, 사무엘, 열왕기가 각각 독자적인 편찬의 특징들을 가진다고 주장하기도 하며, 신명기적 역사편찬에는 두 사람 이상의 편찬자들의 자료들이 포함되어 있는 것 같다는 것이다. 또한 나중에 논의될 것이지만, 신명기적 역사편찬에는 '찬 왕정적 초기 자료(Pro-Monarchical Early Source)'와 '반 왕정적 후기 자료(Anti-Monarchical Late Source)'를 나타내는 두 가지 편찬자료들이 포함되어 있다. 그러한 편찬자료들이 Noth의 주장대로, 통합적으로 단일한 편찬자에 의해서 신명기적 역사가 이루어진 것이라고 추정하기는 하나, 신명기적 역사가가 단일하든 여럿이든 어쨌든 우리는 신명기적 역사자료들을 통합적으로 고려할 수밖에 없다. 여호수아, 판관기, 사무엘, 열왕기는 구약경전의 '전 예언서들(Former Prophets)'이라고 분류되며, 모세五經 다음에 이어지는 역사서들이다. 그 '전 예언서들'과 구별되는 '후 예언서들(Later Prophets)'이 있는데, 이 문서들은 이사야, 예레미아, 에제키엘과 같은 '대 예언서들(Major Prophets)'과 아모스, 호세아 등 12 '소 예언서들(12 Minor Prophets)'을 포함한다.

2) '신명기적 학파'에 관하여 *ABD* Vol.2, 162; *International Critical Commentary* (*ICC*), Kings VI, 31 참조. 모세오경의 신명기도, 그 저자가 미상이기는 하나, 그러한 신명기적 문서 활동에 의해서 이루어진 것이라고 추정된다.

유사하므로 오늘날까지 구약학에서 그 역사성이 논란되고 있다. 우리는 J–E–P의 역사서술의 역사성이 특히 출애굽 사건에 입각해서 신화가 아니라고 역설했다. 왜냐하면 우리의 주제, 창조자 하나님의 시간은 역사 자체를 가능하게 하는 시간의 근원적 원천이며, 신화가 역사적 시간의 근원일 수는 없기 때문이다. J–E–P의 족장들과 이들에게 주어진 신적인 땅의 약속의 역사적 핵심은 출애굽 사건인데, 현대의 구약학에 의하면 출애굽의 역사성을 재구성하여 확증할 수 있는 역사적 자료가 부족하다고 해서 그 역사성이 모호하게 혹은 부정적으로 논의되는 경향이 있는데, 출애굽 전통은 J–E–P의 족장 설화들의 역사적 의미를 밝혀주는 핵심일 뿐만 아니라, 신명기에 의하면 신명기적 역사서술의 출발점이다. 출애굽 사건은 이스라엘 역사의 구원사적 의미를 결정하는 토대이며, 신명기적 역사가 J–E–P에 이어진다. 신명기적 역사서술도 J–E–P의 서술들처럼 신화적 서술로 보이는 많은 요인들을 가지나, 이것들이 역사적 사실들과 결부되어 사건성을 가지게 되며, 신명기적 역사는 J–E–P의 전설적인 서술들보다 훨씬 더 사실적 역사기록(Historiogiaphy)의 성격을 가지는, 우리가 아는 한 인류 최초의 역사기록이다.[3]

---

3) 일반 역사기록들(Historiographies)에 대한 탁월한 연구가 J. T. Shotwell이 말하기를, 히브리 역사는 그리스 역사기록보다 앞서는 것이며 또 일반 역사기록들과 비교해 보아도 "가장 위대한 산물들 중의 하나"라고 한다. 그에 의하면, 고대의 애굽, 바빌론–아시리아와 같은 제국들의 기록들과 비교해 보아도 히브리 역사의 전개와 비교할 만한 것은 거의 없는데, 하나의 예외가 있다면, 비교적 중요성을 가지는 애굽의 기록이 있는데, 그것은 Thutmose III, Rameses II, Merneptah와 같은 왕들의 투쟁과 영광에 관한 시적인 서술들이라고 한다. *ICC* Kings VI, 26, 27 참조. 그런데 그러한 히브리 역사평가는 극히 표면적이다. 히브리 신명기적 역사는 위대한 왕들의 업적을 찬양하는 것이 주요 목적이 아니라, 이스라엘 왕국을 비롯하여 모든 왕권을 야웨 하나님의 주재권과 심판 아래 세움으로써 모든 왕권을 변혁하는 혁명적 미래를 열어준다. 히브리 역사의 고유성에 대한 Moore의 논술 일부를 여기에 인용하자면, "그 역사는 사건들의 우연적 시간계열뿐만 아니라 한 윤리적 질서(Sittliche Ordnung)이니, 하나님이 이스라엘뿐만 아니라 세계 권력들을, 형벌(심판) 혹은 구원의 도구들로서 사용하는바 세계 권력들을 그 자신 안에 포괄하는 것(보편적 윤리질서)이다. ……" *Ibid.*, 29. Moore의 해석은 Shotwell보다 더 히브리 역사의 의미내용

히브리 신명기적 역사는 세계사적으로 최초의 산물일 뿐만 아니라, 우리가 아는 한 인류 최초의 혁명적인 사관을 전달해 준다. 신명기적 역사의 출발점인 출애굽 사건이 노예해방으로서 세계사적으로 최초의 세계사회 역사 혁명사관의 예증이며, 또한 세계사의 궁극적인 미래를 함축하고 있으며, 모든 시간·역사의 신적인 시원(Urzeit, Urgeschichte)의 의미와 궁극적인 미래시간(Endzeit)을, 따라서 철저한, 특유한 시간·역사 개념을 함축하고 있다. 우리가 우리의 앞 글에서 밝혔듯이, 출애굽 이스라엘-여호수아의 가나안 땅 진입을 계기로 그 땅의 여러 부족들과 하비루 민중들의 연합으로 그 땅의 봉건제 도시국가들의 왕권들이 타파되고, 땅의 재분배와 새롭게 창출된 평등한 계약사회 공동체는 신명기적 역사의 혁명사관의 토대이다.

이제 여기서 우리가 주로 고찰해야 할 이스라엘의 왕국시대의 왕권 개념도 모세 전통의 출애굽-야웨 하나님과의 계약 계약법, 이스라엘의 초기 계약사회 공동체가 선포한 야웨 하나님의 왕적 주재권을 세상 모든 나라들에 중재하는 구원사적 의미를 가진다. 그의 자유하고, 의롭고 은혜로운 왕적 주재권은 신명기적 역사에서 백성들을 억압하고 노예화하는 모든 나라들의 불의한 왕적 통치 권력들을 심판하고 변혁하는 구원사적 동력을 의미한다.

2) 계약사회 공동체를 지키는 판관들

고대 근동의 왕정 국가들의 체제를 변혁하여 폐지하고 대체한 체제,

에 접근하지만, 양자는 다 이 역사기록에 세계 권력들에 대한 변혁의 동력이 함축되어 있다는 것을 주시하지 않는다.

계약사회 공동체는 혁명적 새 나라에 해당한다. '야웨의 백성'이라는 말은 야웨의 나라를 전제한다.

판관들(사사들)의 의미는 그들의 역할에 따라 각각 특유성을 가지지만, 그 칭호의 일반적 의미는 이스라엘 계약백성이 의롭고 은혜로운 야웨를 유일한 하나님으로 시인하고 그의 계명에 따라 정의로운 사회 공동체의 관계질서를 지키도록 지켜내는 파수꾼, 외부의 적대자들을 막아내는 전투사, 계약법의 판단자, 계약사회 공동체를 미래에로 존속하게 하고 구원사적 미래의 성취를 위한 예언자적 역할을 수행한다는 것이다. 판관기 계약사회 공동체는 가나안 땅을 비롯한 근동 일대의 오랜 왕정국가들의 왕적 통치자들을 폐지하고 오로지 야웨 하나님만을 왕적 주재자로서 시인하고 성립된, 정치 경제 사회적으로 자율적인 공동체다. 여호수아의 사후 한 세대쯤 경과한 계약백성이 부단히 가나안 땅의 아모리 족을 비롯한 여러 종족들의 전형적인 바알 신들(Baals)과 같은 자연과 삶의 풍요(fertility) 신들을 추종하고 악습을 자행하고, 또 외적인 적대자들의 침입이 자주 발생하는 상황들에서 이스라엘 계약사회 공동체의 존립과 존속이 위태롭게 됨으로 야웨께서 판관들을 세우고 계약백성을 구출한다(판관기 2:6~23 참조).[4]

판관들은 이스라엘 열두 부족들에 따라 열두 판관들로 세워졌는데, 우리는 그중에서 주로 6주요(Major) 판관들에 대하여 고찰하면서 계약사회

4) 앞에서 말한 것처럼 여호수아 시기에 가나안 땅의 모든 부족들이 다 멸망당했거나 추방당한 것으로 말해져 있으나, 실제로는 많은 부족들이 그 땅에 남아 있었으며, 이들과 또 요르단 강 동쪽에 있던 부족들이 이스라엘 계약백성과 사회에 위협요인들로 작용한다. 우리는 앞에서 가나안 땅 족속들의 완전 정복에 관한 여호수아기의 기록을 선언적 선포라고 해석했다. 즉 그것은 창조자·구원자 야웨 하나님의 땅에 그를 부정하고 자연세계에서부터 만들어진 신격화된 신들을 섬긴다는 것은 그의 땅에서 있을 수 없다는, 또한 왕적 통치자들이 백성들을 임의대로 소유하고 부려먹는다는 것은 창조자·구원자 야웨 하나님의 땅에서 있을 수 없다는 선언적 선포다. 그럼에도 불구하고 야웨께서 그들을 가나안 땅에 남겨둔 것은 그들에 대한 그의 한량없는 은혜와 섭리임에 틀림없다는 것이 신명기적 사가의 해석이다.

공동체의 특유한 성격을 파악하고자 한다. 어떤 판관들에게 연관해서 '야웨의 영'이 주어졌다는 기록이 있는데, 그 영은 모든 판관들에게 다 주어졌다는 것으로 파악되어야 한다. 모세와 여호수아는 야웨 하나님 편에서 야웨 하나님의 구원을 이스라엘 백성에게 중재했으나, 이제 그의 영은 계약백성이 스스로 야웨 하나님 앞에서 자율적으로 그의 은혜로운 땅에서 그의 계명을 지키고 살면서 계약사회 공동체를 지켜나가게 하는 신적 원천이다. 구약학자들이 말하듯이 그 영은 판관들의 카리스마의 차원을 가리킨다. 카리스마의 차원이되, 그 영은 야웨 하나님과의 계약 파트너인 인간 판관이 야웨 하나님의 구원을 대행할 수 있게 하는 원천이며, 예언자적인 영이다. 판관들은 본래 전투사들로서 훈련받은 자들이 아니지만, '야웨의 영'을 받아 '야웨의 전쟁', '거룩한 전쟁'을 대행하는 신적인 능력을 수행한다. '거룩한 전쟁'은 이스라엘 계약사회 공동체에게는 야웨의 구원의 전쟁을 의미하지만, 이 공동체를 붕괴시키려는 적대자들에게는 부정적 심판이다. 그 영의 능력은 판관들 자신의 자연 본유적(inherent, innate) 정신력이나 능력이 아니다. 다시 말하자면 그들이 수행하는 '거룩한 전쟁'을 자신들의 본유적인 능력에 의한 전쟁이라고, 자신들을 신격화 혹은 야웨 하나님과 동일화시키는 순간, 그들은 고대 근동의 왕국들의 왕적 통치권력자들과 똑같이 자신들을 신화적으로 신격화시키고 악마, 사탄으로 둔갑하게 될 것이다. 고대 근동 혹은 그리스에서 신들의 이름을 빙자한 '거룩한 전쟁'이란 출애굽기, 민수기, 여호수아기, 판관기에서 완전히 배제된 것이며, '야웨의 전쟁'은 구원사적으로 혁명적 개념이다. 판관들은 얼핏 보자면, 별 볼일 없는 사람들로 보이고 그중에서 삼손(Samson)은 괴상한 전설적인 인물처럼 보인다. 그래도 그들이 약 200년 동안이나 이스라엘 계약사회 공동체를 지켜냈다는 것은 참으로 놀랍다.

판관 오드니엘과 에훗

이스라엘 백성이 출애굽의 야웨 하나님과 그와의 계약을 망각하고 거듭 가나안 땅의 바알 신들과 아세라(Asherah, 여신들)를 추종하고 악행을 일삼고 계약사회의 존속의 질서를 위태롭게 하므로 야웨께서 판관을 세운다(2:11~23 참조). 야웨께서 유다부족계의 오드니엘(Othniel)을 판관으로 세우니, 그가 40년 동안 그 직분을 담당했다(3:7~11; 12, 13절 비교). 그의 사후 이스라엘 백성이 야웨 하나님을 배반하니, 야웨께서 베냐민(Benjamin) 부족계의 에훗(Ehud)을 세운다. 이는 동쪽 지역의 모압족(Moabites)의 침략에서부터 계약백성을 구출하고 그 백성의 땅의 평온을 장장 80년 동안이나 존속시켰다(3:12~30 참조).

판관 드보라

에훗 사후에 계약백성은 다시 가나안 땅의 신들을 추종하니, 야웨께서 가나안 땅의 한 왕국의 왕 야빈(Jabin)과 그의 사령관 시스라(Sisera)에게 계약백성을 붙였다. 이 적대자들은 철기시대의 막강한 철병거들의 무장으로써 계약백성을 20년 동안이나 핍박했으며, 계약백성은 야웨께 구원을 애걸한다(4:1~3). 이에 판관, '여성 예언자' 드보라(Deborah)가 일어난다. 그는 판관으로서 주로 북쪽의 갈리리(Galilee) 지역에서 법질서를 따라 다스리고 있었으므로, 그 지역 납달리(Naphtali) 부족의 바락(Barak) 장군으로 하여금 납달리 부족과 즈불룬(Zebulun) 부족으로부터 전투할 만 명을 소집하도록 명하고 그에게 야웨의 명령을 전한다. "이스라엘의 하나님 야웨께서 그대에게 명하시니, 너는 가거라 ……, 가서 납달리 부족과 즈불룬 부족 중에서 만 명을 소집하라. 내가(야웨께서) 야빈의 군사령관 시스라를 …… 그의 병거들과 군대와 더불어 네 손에 붙이리라"는 것이다. 그러나 바락이 주저한다. 드보라와 함께 싸우러 가지 않으면, 그는 아니 가겠노라고 말한다. 바락의 마음을 꿰뚫어 본 드보라는 "내가 정녕 그대와 함께 갈 것이다, 그대가 갈 길이 그대의 영예에 이르지 못할 것이니, 야웨께서 시스라를 한 여인의 손에 넘기시리라"고 예언한다(4:6~9). 그리고 그들은 함께 출전한다. 바락이 진군하니, 야웨께서 시스라와 그의 병거들과 군대를 다 바락의 칼에 붙인다. 바락이 시스라의 군대를 전멸시켰다(4:12~16). 시스라가 살아남아 맨발로 도망쳐 근처에 장막을 치고 거하던 켄족(이스라엘과 친근한 Kenites) 출신 헤벨(Heber)의 아내 야엘(Jael)의 집으로 피신했는데, 야엘이 슬기로써 시스라를 살해했으므로, 시스라 처단의 영예는 그 여인의 것이다(4:17~22 참조). 헤벨 가문은 모세의 장인계보와 관련된 것 같다(4:11, *RSV* 주 참조). 그와 같이 가나안 땅의 야빈 왕국은 파멸된 것이다(4:23~24). 그리고 판관기 5장의 '드보라의 노래'로 전해진 바 히브리 문헌의 가장 오래된 일편(*RSV* 주)에서 드보라가 직접 노래하는 것 같기도 한데(1:1, 9, 21의 1인칭 대명사들 참조), 제3자가 바락을 포함해서 드보라에 대하여 부르는 노래다. 7, 11절을 주목하자면,

> "드보라여 당신이 이스라엘 가운데서 어머니로 일어서기까지,
> 이스라엘 가운데서 농민(Peasantry)은 멈추어 버렸네"(7절).
> – 중략 –
> "물가에서 노래하는 사람들의 소리를 따라 사람들이 야웨의 승리를 노래하니, 이스라엘 가운데서 농민의 승리로다"(11절).[5)]

드보라는 한 가문의 어머니 됨을 넘어서서 이스라엘 백성의 구원의 어머니요, 특히 이스라엘 가운데서 '농민의 승리'를 담지해낸 어머니다. 그러한 시구는 여호수아와 가나안 땅에서의 농민혁명과 땅의 재분배의 전통을 가리킴에 틀림없다. 특히 주목할 것은 야웨의 승리가 농민의 승리라고 동일화되어 있다는 구절(11절)이다. 이러한 동일화는 야웨의 전쟁, '거룩한 전쟁'에서부터 주어지는 한량없는 은혜의 빛 아래서 규정된 동일성이다. 그 은혜 아래서 계약백성은 또 이렇게 노래한다. 즉 "드보라여, 떨쳐 일어나라, 일어날지어다! 승리의 노래를 부르라! 바락이여, 그대의 포로들을 이끌어내라 ……"(12절). 드보라는 그 땅을 40년간 평온하게 지켜냈다 (5:31). 판관들과 직결해서 반복적으로 서술된 땅의 '휴식' 혹은 평온함은 농축업의 안정된 존속의 상태를 가리킨다고 생각된다.

판관 기드온

판관기 6:1~8:33에 요셉계의 므나쎄(Manasseh) 부족 소속의 판관 기드온(Gideon)의 이야기가 펼쳐져 있다. 드보라 이후 이스라엘이 야웨의 면전에서 가나안 땅의 신들을 추종하면서 악을 자행했으므로, 야웨께서 팔레스타인 동쪽 사막의 유목민 미디안 족(Midianites), 이스마엘 족(Ishmaelites, 베두인 족의 땅)에 의해서 혹독한 시련을 겪도록 한다. 미디안 족이 동쪽의 다

5) 나는 1984년 한국그리스도교(개신교) 선교 100주년 기념행사시 여성분과의 부위원장(위원장 공덕귀) 때 「여성: 깰지어다. 일어날지어다. 노래할지어다!」(대한기독교출판사)의 편집을 맡았는데, 그때에 판관 드보라, 이스라엘의 '어머니'의 노래를, 우리 근현대 민족사에서의 항일독립운동에 직간접으로 동참하고 고초를 겪은 우리 민족의 어머니들을 위로하는 주제로 글 한 편을 썼다. 나는 B.C. 12세기경에 판관·전투사·예언자 드보라가 있었다는 것을 야웨 하나님 개념이 세계적 종교문화의 남성 지배의 전통을 넘어서는 혁명적인 사례로서 해석했으며, 여성신학자들이 야웨 하나님 개념을 종교적 남성 지배의 원형이라고 하는 주장을 수정했다.

른 부족들과 가축 떼를 메뚜기 떼처럼 몰고 와 이스라엘의 농업·농산물은 물론이고 가축 떼를 마구 해치니, 이스라엘이 야웨께 구해달라고 울부짖는다(6:1~6). 기드온이 밀 이삭을 포도주틀에 털고 있는데, 야웨의 천사가 나타나 그에게, "너는 힘이 세니 가서 이스라엘을 미디안의 손에서부터 구출하라"고 말씀한다. 기드온이 자신은 므나쎄 가문에서 "가장 약하고 미미한 자"라고 말하니, 천사의 형태로 나타난 야웨께서, "내가 너와 더불어 가리니, 너는 미디안 사람들을 한 사람처럼 치라"고 말씀한다(6:11~15 참조). 그날 밤 야웨께서 그에게 우선 가나안 땅 신들을 타파하라고 지시하는데, "네 아비의 …… 소를 바알 제단에서부터 끌어내리고 그 옆 아세라를 찍어내라, 그리고 야웨 하나님에게 …… 그 소와 아세라 목상을 번제로 드리라"고 명한다. 지금까지 바알에 대한 그러한 적극공세는 처음인 것 같다. 기드온의 아비도 이스라엘의 요구에 못 이겨 자신의 소를 바알에게 바친 것 같다. 기드온은 자신의 생명을 걸고 밤중에 몰래 그 일을 해낸다. 다음 날 마을사람들이 그 광경을 보고 기드온의 아비에게 아들을 죽여 버릴 테니 끌어내라고 소동을 피운다. 그의 아비가 말하기를, "당신들은 바알을 위하여 싸우려는가? …… 누구든지 그(바알)를 위하여 다투는 자는 죽어 마땅하리라. …… 만일 그(바알)가 신이라면 그로 하여금 스스로를 위하여 다투게 하라. ……"고 대답한다. 이 대답은 바알이 신이 아니라는 논쟁을 야기하는 것으로서 바알에 대한 적극 공세다. 그 아비와 아들 기드온에게서 야웨의 유일성을 위한 바알의 신성 부정은 유일신 신앙의 첫 사례라고 생각된다. 그날 기드온은 '여룹바알'(Jerubbaal)이라는 이름을 얻게 된다. 그 어의는 바알 숭배자를 뜻한다는데, 여기서는 반대로 바알과 다투고 타도하는 자라는 뜻으로 해석되어야 할 것 같다(6:25~32; *RSV*의 Jerubbaal 주 비교 참조). 이 이름은 바알 제단의 야웨 하나님의 제단에로의 변혁의 한 사례로 생각된다. 기드온의 야웨의 능력에 대한 그러한 신뢰가 이제 미디안과 동쪽의 부족들을 몰아내는 힘으로 작용한다. 그 힘이 '야웨의 영' 으로부터 새롭게 받은 능력이다. 그는 주로 팔레스타인 북쪽지역의 이스라엘 부족들을 소집하여 전선을 구성한다(6:33~35). 그러나 그는 아직도 자신의 힘에 의한 승리를 생각하지 못하고, 승리를 위한 표식을 야웨께 요청하여 야웨의 은혜의 허락을 얻어낸다(6:36~40).

야웨께서 기드온에게 "네가 (전투를 위해서) 데리고 있는 사람들이 너무 많다. …… 이스라엘이 내게 반하여 '내 자신의 손이 나를 구원했노라고 으스대고 말할 것이다.' 그러니 누구든지 두려워 떠는 자는 귀가하게 하라"고 말씀한다. 그래서 기드온이 22,000명을 귀가시키고 만 명을 남겼는데, 그래도 야웨께서 너무 많다고 하며 직접 특수한 방식으로 300명을 추려낸다(7:2~8).이러한 전략 전술은 그 전쟁이 기드온과 이스라엘의 전쟁이 아니라 야웨의 거룩한 구원의 전쟁이라는 의미를 단적으로 드러낸다. 야웨의 구원의 전쟁은 고대 근동이나 그리스 세계에서 신 혹은 신들의 이름으로 전쟁을 일으키곤 한, 백성들을 오도한 통치 권력자들의 신화적인 전쟁들의 이데올로기를 타파하고 심판하는 혁명전쟁의 의미를 가진다. 여호수아의 가나안 땅 정복전쟁의 전통이 바로 그것이다. 기드온이 이스라엘 300명의 투사들에게 이르기를, 자신이 전 진영 주변에서 나팔을 불면 그들도 나팔을 불면서 주변에 이렇게 외치라는 것이다. '야웨를 위하여 또 기드온을 위하여' 라고(7:16~18). 기드온의 300명 투사들이 나팔을 불고 '야웨를 위한 또 기드온을 위한 칼!' 이라고 외친다(20절). 여기서 야웨의 전쟁의 승리 또 기드온의 전쟁의 승리가 동일화되어 있다. 이 동일화는 기드온과 이스라엘에게 주어지는 야웨의 한량없는 구원의 은혜로 이루어지는 동일화다. 그 동일화가 기드온 자신의 소리라면, 그의 전쟁은 사탄의 전쟁이리

라. 300명이 나팔을 부니 야웨께서 적들로 하여금 서로서로에 칼을 겨누게 하니 적군이 흩어져 도망간다. 기드온이 도망치는 적군을 추격하도록 이스라엘의 에브라임(Ephraim)을 불러내니, 이들이 요르단 강 동쪽에서 미디안의 두 추장 오렙(Oreb)과 즈엡(Zeeb)을 체포하여 죽인다(7:21~25 참조). 기드온이 자신의 300명과 더불어 요르단 강 동쪽에서 미디안의 두 왕들 제바(Zebah)와 살문나(Zalmunna) 그리고 이들의 전군을 섬멸한다(8:4~21 참조). 에브라임이–야웨께서 말씀했듯이–자신들의 전공을 생각하고 기드온에게 진작 전투에 소명하지 않았다고 날뛰니 기드온이 자신의 전공보다는 에브라임의 전공을 더 높이 세워준다(8:1~4 참조). 판관 기드온이 야웨의 구원의 전쟁을 수행하고 40년 동안 그 땅과 농업의 평온을 지켜냈다(8:28 참조). 그런데 그의 사후 이스라엘은 또 다시 야웨 하나님을 배반하고 바알 신들을 추종한다.

이제 이스라엘이 힘세고 잘생긴 기드온을 계기로 왕권국가 건설을 도모하는 욕망을 가지게 된 것 같다. 그들이 기드온에게 "당신이 우리를 미디안의 손에서 구출했으니, 우리를 다스려 주오. 당신과 당신의 아들, 당신의 후손이 다스려 주오"라고 요청하니, 기드온이 "나는 당신들을 다스리지 않을 것이며, 내 아들도 당신들을 다스리지 않을 것이며, 야웨께서 당신들을 다스리실 것이요"라고 대답한다(8:22~23). 기드온의 대답에서 드러나는 것은 이스라엘의 계약사회 공동체가 가나안 땅의 봉건적 왕정국가들뿐만 아니라 고대 근동의 왕정국가체제들을 지양하고 창조자·구원자 야웨 하나님에게 세계를 다스리는 왕권, 주재권을 돌리고 성립한, '야웨의 백성'으로서 그 앞에서 피조물 세계에 대한 그의 의롭고 은혜로운 주재권을 시인하고 세상의 왕들에게서부터 자유하도록 구성된 사회 공동체라는 것을, 또 미래의 구원의 나라를 예시하는 시범적 공동체라는 것을 가리키는 것이다. 기드온은 왕적 통치권을 야웨께 돌렸지만, 이스라엘의 왕정국가에 대한 욕망을 이제 기드온의 여종에게서 출생한 아들 아비멜렉(Abimelech)이 실제로 이렇게 발동한다. 즉 아비멜렉은 세겜의 그의 어머니계의 친척들을 선동하여 세겜 사람들을 설득하게 하고 자신의 왕권 지지를 얻어낸다. 그리고 자신의 이복형제들 70명을 돌로 쳐 죽여 버리고, 세겜 사람들에 의해서 왕으로 세워진다(9:1~6).[6] 이 각주에 제시한 요담(Jotham)의 반(反) 왕권적(Antimonarchical) 구원사적 요인을 대다수의 구약학자들은 B.C. 721년 북이스라엘 왕국의 멸망과 587년 남유다 왕국의 멸망 이후 B.C. 6세기 혹은 5세기의 신명기적 역사편찬자의 사관을 반영한다고 본다. 요담의 우화는 가볍게 도외시되는 경향이나, 그의 우화는 실제의 역사문제를 비유한 것이며, 아비멜렉의 범죄적인 왕권 쟁취의 이야기는 B.C. 6세기의 신명기적 역사편찬자에 의해서 만들어내진 것이라고 보기 어려우며, 이 시기보다 훨씬 원시적인 사건을 담고 있다. 아비멜렉은 세겜 사람들을 비롯하여 이스라엘을 3년간 다스렸는데, 하나님이 악한 영을 아비멜렉과 세겜 사람들 사이에 보내니, 이들의 반란이 일어나고 그는 천명의 반역자들을—요담이 말하듯이—불태워 죽인다. 결국 아비멜렉은 한 여인이 던진 맷돌에 머리를 맞고 불명예스럽게 죽는다는 것을 피하기 위하여 자신의 부하로 하여

---

6) 아비멜렉의 손에서부터 살아남은 기드온의 막내아들 Jotham의 반 왕권적 우화를 독자의 편의를 위하여 제시하자면, 요담이 산에 올라가 세겜 사람들에게 외치기를, 나무들이 올리브나무에게 자신들을 다스릴 왕으로 세우려 하니, 올리브나무는 자신의 기름이 신들과 인간들을 영화롭게 하는데 이것을 버리고 다른 나무들을 지배하란 말이냐고 거절한다. 나무들은 무화과나무에게 청하니, 무화과나무는 자신의 단맛 나는 좋은 열매를 떠나 나무들을 지배하란 말이냐고 거절한다. 나무들은 포도나무에게 청하니, 포도나무는 신들과 인간들을 즐겁게 하는 자신의 술을 버리고 나무들 위에 군림하란 말이냐고 거절한다. 그래서 나무들이 가시나무에게 청하니 가시나무의 말이, '정녕 너희가 나를 왕으로 세우고자 한다면, 내 그늘 아래로 들어오라 만일 그렇지 않으면 가시나무로부터 나오는 불이 레바논의 송백나무들까지 태워버리리라' 는 것이다(9:7~15). 요담이 그렇게 선언함으로써 아비멜렉을 탄핵하고 피신했다(16~21절).

금 자신의 목숨을 끊어 버리게 한다. "그와 같이 하나님이 아비멜렉의 죄악……을 처벌했으며 세겜 사람들의 사악함이 그들의 머리에 떨어지게 했다……"는 것이다(이상 9:22~57 참조). 출애굽기에서 야웨께서 파라오의 마음을 강팍하게 하여 이스라엘 백성을 놓아주지 않는다고 말했듯이, 판관기에서도 야웨가 이스라엘을 징계하기 위하여 외부의 적대자들의 손에 붙인다든지, 그가 아비멜렉과 이를 왕으로 추대한 세겜 사람들 사이에 악령을 보내어 반란을 일으키게 한다는 말은 악의 세력으로 하여금 다른 악한 세력을 치게 한다는 것으로서 야웨의 부정적인 심판을 의미하며, 구원사와 세계사의 상호 관계를 나타낸다. 그것은 창조자·구원자 야웨 하나님의 피조물 세계에 대한 구원사적 경륜이라고 해석된다.

기드온의 왕권 거부와 아비멜렉과 결부된 요담의 반(反) 왕정적(Antimonarchical) 우화는 판관기 이스라엘의 계약사회 공동체의 반 왕정적 기초를 반영한다. 그러나 대다수의 구약학자들은 판관기 시대의 계약백성은 반 왕정적이 아니라는 것이며, 또 더러의 학자들은 반 왕정적이지도 찬 왕정적이지도 않다고 주장한다. 판관기, 사무엘상, 열왕기들에서의 반 왕정적 기록들은 B.C. 721년 북이스라엘 왕국의 멸망과 587년 남유다 왕국의 멸망을 겪은 후 B.C. 6~5세기경의 신명기적 역사편찬자의 반 왕정적 사관을 반영한다는 것이다. 그래서 구약학자들이 신명기적 역사편찬자–Dtr.1과 Dtr.2를 구별하며, Dtr.1은 전 예언서 대부분, 즉 여호수아기 판관기 사무엘(상하) 열왕기(상하)의 대부분, 다시 말해서 B.C. 7세기 남 왕국의 마지막 위대한 왕, 종교개혁자 요시아(Josiah) 시기까지의 편찬자이고, Dtr.2는 B.C. 6세기 초 남 왕국의 멸망 이후 6~5세기의 편찬자라고 추정되고 있다. Dtr.1은 이스라엘 역사 초기의 '찬 왕정적 초기 자료'(Promonarchical Early Source)를 포괄하고 있다고 하며, Dtr.2는 '반 왕정적 후기 자료'(Antimonarchial Late Source)를 반영한다는 것이다.[7] 신명기적 역사의 그러한 두 시기 구분의 문제점에 대하여 우리가 우리의 앞 글에서 이미 논했으나, 여기서 재확인할 필요가 있다. Dtr.2의 후기 반 왕정적 사관은 유다 왕국 멸망 이후에 더 두드러지게 파악되었을 것이라고 생각되지만, 사실 모세의 출애굽에 연결된 시나이 계약 전통은 즉 초기 역사에 뿌리박고 있다고 추정된다. '노예의 집 애굽'에서부터의 출애굽–여호수아의 가나안 땅 점령과 농민혁명–땅의 재분배–계약사회 공동체의 '야웨의 백성'의 나라–이러한 구원사적 배경과 맥락은 가나안 땅의 왕정 도시국가들뿐만 아니라 근동의 모든 왕권국가들의 왕권, 신적 왕권 개념에 대한 결정적인 반 왕정적 혁명을 반영하는 전통으로 해석되어야 한다. 야웨만이 왕이므로 자신과 자신의 아들은 이스라엘을 다스리지 않을 것이라는 기드온의 말은 Dtr.2에게서 발단했다고 추정될 수 없다. 아비멜렉의 범죄적인 왕권 쟁취와 그의 비극적 종말도 판관기 시대의 반 왕정적 면모를 특례화한 기록이며, 구약학자들이 주장하는바 후기 Dtr.2의 반 왕정적 자료라기보다는 다분히 J–E 혹은 J의 자료에서부터 얻어진 Dtr.의 편찬이라고 추정된다. Dtr.1과 Dtr.2 편찬자들을 신명기적 역사 전체에 포괄되었다고 생각된다. 신명기적 편찬자가 노트(M. Noth)가 주장한 바 단일한 Dtr.이든, 둘이든, 어쨌든 B.C. 6~5세기의 Dtr.의 반 왕정적 자료는 이스라엘 역사의 초기부터 후기까지의 왕권사상 전체에, 그러나 선택적으로 전제되어 작용했다고 생각된다. 판관기 시대는 전형적으로 아비멜렉 이외에는 반 왕정적, 자율적 계약사회 공동체임을 전제하고 있다.

7) 이상을 위하여 *ABD* Vol.3, 1115f. 참조. 필자는 우리의 앞 글에서 이미 신명기적 역사편찬의 그러한 찬 혹은 반 왕정국가론의 전기와 후기 혹은 초기와 후기 구분의 문제점을 논했다.

판관 입다

판관기 11:1~12:7에서의 판관 입다(Jephtah)는 강력한 전투사이나 한 창녀에게 출생했으며, 그의 아비의 본처에게서 난 형제들의 배척 때문에 이들을 피하여 도망쳐 주변에 할 일 없는 깡패들의 두목 노릇을 하고 지냈다(11:1~3). 그때에 암몬 족(Ammonites)이 이스라엘에 쳐들어오니, 요르단 강 동쪽의 길르앗의 장로들이 입다를 암몬 족과 싸우도록 이스라엘의 '수뇌와 영도자'로 세운다(4~11절). 입다가 '야웨의 영'을 받아 야웨의 뜻을 대행한다(11:29 참조). 그의 신분이나 이스라엘의 기득권 세력이 그의 판관 됨에 전혀 작용하지 않았다는 사실은 그의 강력한 전투력 때문만은 아니라고 생각되며 길르앗의 계약사회 공동체를 대표한 장로들이 평등의식과 권위를 발휘한 것이다. '야웨의 영'의 능력으로 입다는 암몬 족을 진압했다(11:31~33). 그런데 에브라임이, 기드온에 대해서 시비를 걸었는데, 입다에 대해서도 자기들을 소집하지 않았다고 싸움을 걸어오니, 입다가 길르앗 사람들과 에브라임의 42,000명을 처단했다는 것이다(12:1~6). 그와 같이 이스라엘의 부족동맹 공동체는 내부적으로 파탄을 가져올 수도 있었을 것이나, 놀랍게도 두 세기 동안이나 단결력을 가지고 존속했다. 입다는 6년 동안 판관으로서 계약사회를 지켜냈다(12:7). 왕권국가 체제에서는 도저히 생각될 수도 없는 자율적 평등한 사회 공동체 질서가 그런대로 지탱되었던 것이다.

판관 삼손

판관기 13~16장에 단(Dan) 부족의 삼손(Samson)의 전설과 같은 긴긴 이

야기가 실려 있는데, 전설과 같지만 실역사와 관련되어 있는 것 같으므로 우리는 역사적 이야기처럼 읽어야 할 것 같다. 그러나 우리는 그 이야기의 마지막 부분을 좀 상세하게 재서술함으로써 그가 어떻게 이스라엘의 강적 불레셋인들(Philistines)로부터 이스라엘을 지켜냈는지를 생각해 보기로 한다. 삼손은 이스라엘의 한 특수한 종교적 나지르(Nazir) 전통에 속하는데, 나지르인(Nazirite)은 나면서부터 야웨 하나님에게 봉헌된 자이며 특정한 서약을 지켜야 하는데, 포도주와 술을 금하고 불결한 것을 멀리하고, 삼손의 경우에는 특히 면도칼을 머리에 대지 말 것이며 그의 머리털에서 나오는 특수한 힘으로 불레셋 강적을 대적하여 이스라엘을 그들의 손에서부터 구출하라는 야웨 하나님의 위탁을 받은 판관이다(13:2~7). 이스라엘은 불레셋인들의 지배 아래 처해 있었는데(14:4), 이들은 팔레스타인 남서부 동지중해 연안의 '해안 부족들'(Sea peoples), 그 지역의 5개 도시들(Gaza–Ekron–Ashdod–Goth–Ashkelon)의 연합체를 형성한(14:19의 *RSV* 주) 막강한 부족들로서 초기 철기시대(B.C. 1200~1000년경)의 철 제조술을 장악하고 있었기 때문에 막강한 세력을 행사했던 것 같다. 삼손의 단 부족의 땅이 그들의 지역과 인접해 있기 때문에 그는 불레셋 여자들과의 애정행각을 비롯해서 그들과의 적대관계 상황들을 초래하게 되는데, 나지르인으로서의 삼손은 어떻게 판관다운 규율에도 매어 있는 것 같지 않고 오히려 '제멋대로'(공동번역 17:6; 21:25 비교 참조) 행동하는 것 같지만, '야웨의 영'의 힘에 따라 일들을 일으키고 자신의 장렬한 죽음을 맞이하는 것으로 그의 이야기가 서술되어 있다.

우선 삼손이 딤나(Timnah)에 있는 한 불레셋 여인을 아내로 취하려고 하는 상황에서 벌어진 불레셋인들과의 적대적 사건들이 '야웨의 영'에 의해서 벌어진, 이들에 '대적하는 한 계기'(14:4)다. 그의 세 번의 불레셋 여인들과의 애정행각이 그가 불레셋인들에 대적하여 그들에게로 침투해 들어가 이스라엘을 그들에게서 구출하는 계기들이다. 삼손이 그들에게 포박당하기도 하지만 그의 머리에서 분출하는 신비스러운 힘으로 포박 줄을 끊어버리고, 당나귀의 턱뼈로 불레셋 천 명을 죽여 버리기도 한다(15:9~17 참조). 이제 삼손이 가자(Gaza)의 한 불레셋 창녀의 집에서 밤을 지낼 때 불레셋인들이 그를 잡아 죽이려고 가자의 성문에서 지키고 있는데, 삼손이 밤중에 일어나 그 성문의 두 문설주와 빗장을 뽑아 어깨에 메고 유다 땅 헤브론(Hebron) 산 언덕으로 가져가 버렸다(16:1~3). 그 후에 그는 소렉(Sorek) 골짜기에서 세 번째로 한 불레셋 여인 들릴라(Delilah)를 만나 사랑에 빠지게 된다. 불레셋 추장들이 상당한 보상을 약속하고 그녀에게 그의 힘의 원천이 무엇인지 또 그를 결박할 방도를 알아내도록 부탁한다. 삼손에게서 그녀가 알아내기를 세 번 실패하고, 네 번째 그녀의 애정 호소와 끈질긴 탐문에 그는 결국 자신의 힘의 비밀을 토로하고 만다. 자신은 나면서부터 나지르인으로서 머리에 면도칼을 대지 않았다는 것, "만일 내 머리가 잘리면, 내 힘이 나를 떠날 것이니, 그때에는 그 힘도 나를 떠날 것이라……"는 것을 발설해 버린다(16:15~17). 들릴라가 자신의 무릎에 삼손을 잠들게 하고 한 불레셋인으로 하여금 그의 머리를 깎아버리게 하니 삼손의 힘이 그를 떠나버렸는데, 야웨께서는 그의 머리가 깎이기 전에 이미 그를 떠났다는 것이다. 불레셋인들이 그를 잡아 그의 두 눈을 뽑고 그를 자기네들의 가자로 끌고가 놋사슬로 묶어 감옥에 있는 연자매를 갈게 한다. 그런데 그의 머리가 다시 자란 것이다. 그때에 불레셋 추장들이 자신들의 신 다곤(Dagon)에게 큰 제사를 행하려고 하면서, "우리의 신이 우리의 원수 삼손을 우리의 손에 넘겼도다" 하고 찬양하자, 불레셋인들이 화답하여 그 찬양을 반복하고 "…… 우리를 많이 죽인 자, 우리 땅의 파괴자"라는 말을 부가하여 다

곤을 찬양한다(16:23, 24).[8] 불레셋인들이 다곤에 바치는 제사와 더불어 삼손을 희롱거리로 삼아 즐기려고 감옥에서부터 불러내어 큰 집 두 기둥 사이에 세웠는데, 추장들과 불레셋인 3천 명이 모여 있다. 삼손이 '내가 불레셋인들과 더불어 죽자' 고 말하고 두 기둥들을 다시 자란 그의 머리의 힘으로 휘어지게 하니, 그 신전이 무너져 버리고, 그가 살아생전에 죽인 불레셋인들보다 죽으면서 더 많이 죽게 했다는 것이다. '야웨의 영' 의 능력이 그의 최후의 순간에 다시 역사한 것이다. 그는 그렇게 죽음으로써 판관의 직분을 수행하고 승리했으며, 이스라엘을 20년간 강적 불레셋인들로부터 지켜냈다(들릴라와의 만남에서부터 16:4~31 참조).

단 부족의 새로운 땅의 점령

삼손이 속한 부족이 단(Dan) 부족인데, 본래 단 부족의 땅은 팔레스타인 서남쪽, 불레셋인들의 거주지역과 인접해 있었는데, 이들에 의해서 밀려나 북쪽 시돈인들(Sidonians)의 땅을 점령했다. 불레셋인들은 다윗 왕국 시기에 정복되기까지 이스라엘의 강적이었다. 단 부족의 새로운 땅 점령 이야기에서 우리는 가나안 땅의 정복과 재분배의 역사가 여호수아 시기에 대체로 이루어졌다고 추측하며, 또한 가나안 땅 정복과 재분배에서 이스라엘 각 부족들의 개별적인 역할이 많이 작용했다고 추측된다. 또한 여기서 이스라엘 계약사회 공동체의 종교적 측면을 관찰할 기회가 주어진다.

산간 지역의 에브라임 부족의 미가(Micah)라는 사람이 자신의 신전과

8) Dagon이라는 신은 B.C. 3000년대 메소포타미아의 신으로서, 아마도 셈족에 속한 것 같기도 하다. 구약에서는 팔레스타인의 불레셋인들의 신으로 말해지는데, 그 기능은 불확실하기는 하나, 전쟁, 풍요의 신, 통치자들을 위한 신으로 작용한 것 같다. *ABD* Vol.1, 1~2 참조.

신상들을 만들고 자신의 아들을 사제로 세운다(17:1~5). 미가는 다시 유다 땅 베들레헴의 한 젊은 레위인(Levite)을 자신의 가문의 사제로 세우는데, 미가가 사적으로 사제를 세우지만 출애굽–여호수아 전통에서 발단한 레위 부족의 사제 직분을 전제하고 있었다는 것을 암시하며, 초기 이스라엘의 역사를 반증해 준다고 생각된다(7~13, 특히 13절 참조). 그런데 17장의 미가 이야기는 18장의 단 부족의 새로운 땅 정복과 점령 이야기와 결부되어 있다.

단 부족이 처음에 팔레스타인 남서쪽에 거하고 있었는데(여호수아 19:40~46; 판관기 1:34; 13:2 참조), 아마도 불레셋 족의 압박 아래서(*RSV* 판관기 18:1~31 주 참조) 북쪽 지역의 땅을 점령하게 된다. 그때에 단 부족이 미가의 신상들을 탈취하고 미가의 레위인 사제를, 한 사람(미가의 가족)을 위한 사제이기보다는 '이스라엘 가운데에 있는 한 부족(단)을 위한 사제가 되는 것'이 더 좋다고 데려간다(18:19). 한 사람의 가족 단위보다 한 부족 단위가 이스라엘 전체로서의 계약 공동체를 위한다는 명분으로 미가의 신상들과 사제를 당당하게 빼앗아 간다. 그리고 단 부족의 신전은 북이스라엘 왕국의 멸망 시기까지 실로(Shiloh)의 주요 신전과 더불어 존속했다는 것이다(18:31).[9] 그러

9) 17:6의 미가와 연관된 말의 번역문제가 있다. "그때에는 이스라엘의 왕이 없어서 사람마다 제멋대로 하던 시대였다"는 공동번역의 '제멋대로'라는 문구가 내 마음에 걸린다. *RSV*와 Luther 번역의 *Die Bebel*의 히브리어 번역이 거의 일치하는데, 이에 비추어 번역하자면, "…… 각 사람이 자기가 보기에 옳다고 생각하는 바를 행하였다"고, '제멋대로'가 아니라 '옳다고 생각하는 대로'가 *RSV*나 *Die Bebel* 번역에 가깝다. 미가가 왕이 없던 시기에 자신의 편의를 위하여 신상들을 만들고 사제를 세웠다고 해도, 출애굽–가나안 땅 정복–땅의 재분배의 전통–레위 부족의 사제직분 담지의 전승을 전제하고 있었다고 추정된다. 그러므로 그의 행위가 '제멋대로'는 아닌 듯하다. 판관기 계약사회 공동체의 전체적인 질서가 판관들에 의해서 또 상당 정도 개인들의 자율성에 의해서 성립되었다고 추측되므로 '제멋대로'보다는 '자율적으로'라는 뜻이 더 적합하다고 생각된다. 판관기 18:1에도 단 부족의 새로운 땅 점령 시도의 맥락과 연관하여 '그 시기에는 이스라엘에 왕이 없었다'는 언급이 있다. 단 부족의 땅 점령이 '제멋대로'의 행위라는 의미는 발견되지 않는다. 미가의 맥락에 연관해서 더 말해 둘 것이 있다. 그가 만든 신상들은 출애굽기 20:4의 "하늘 위에 있는 혹은 땅 아래 있는 …… 그 어떤 것으로도 …… 형상(신상)을 만들지 말라"는 계명은 여러 '다른 신들'과 같은 형상을 만들지 말라는 뜻이며, 출애굽–계약의 야웨 하나님에 관련된 신상들에 해당하지 않는다고 해석되어야 할 것 같다. 물론 미가의 신상

한 이야기는 판관기 계약사회 공동체가 아주 느슨한 자율적 체제였다는 것을 보여주는데, 주재자 야웨 하나님과의 계약 관계에 대한 신앙 없이는 그 사회가, 아무리 원시사회 체제였다고 해도, 그렇게 오랫동안 존속할 수 없었을 것이다.

베냐민 부족의 범죄에 대한 온 이스라엘의 전투

마지막으로 판관기 19~21장의 이야기, 즉 에브라임 땅에 사는 한 레위인(Levite)의 첩에 대한 베냐민파(Benjaminites)의 범죄로 야기된, 베냐민파에 대한 온 이스라엘의 유혈투쟁 때문에 베냐민 부족의 멸절 위기, 즉 계약사회 공동체의 파괴 위기를 이스라엘이 집단적으로 어떻게 해결하는가 하는 이 공동체의 단결력을 우리는 주목해야 한다.

에브라임 땅에 사는 한 레위인의 첩이 유다 땅 베들레헴에 있는 친정 아버지의 집으로 달아난 지 여러 달이 되자 그 레위인이 찾아가 그 여인을 데리고 돌아가는 길에 가나안 족이 사는 기브아(Gibeah) 땅, 이스라엘의 베냐민의 지역에서 한 친절한 노인의 집에서 밤을 지내려고 하는데, 밤중에 베냐민파의 야비한 남자들이 닥쳐와 그 나그네를 내놓으라 하니, 주인이 길손에게 그렇게 할 수 없다고 하여 자신의 딸과 그 길손의 첩을 내어줄 테니 마음대로 즐기되 그 길손에게는 악한 짓을 하지 말라고 권하나 그들이 듣지 않자 그 길손의 첩을 강제로 그들에게 내어준다. 그들은 그녀를 밤새도록 농락하다가 놓아주었는데, 그녀는 자신이 머무는 집 문턱에 이르러 쓰러져 죽고 만다. 그러한 범죄가 가나안 족들의 관행이었다는 것이다(*RSV*

들은 그의 개인적 숭배의 대상에 머물러서는 안 된다는 것을 단 부족이 일깨워준 것이다.

19:22~26 주 참조). 기브아 족은 본래 이스라엘에 귀순한 가나안 족인데, 베냐민파도 그들의 악한 관행을 따랐던 것 같다. 그런데 그 레위인은 그의 첩의 사체를 나귀에 태워 집으로 가서, 이스라엘 열두 부족 전통에 따라 그 사체를 열두 조각으로 나누어 이스라엘 온 땅에, "그러한 일은 이스라엘 백성이 애굽 땅에서부터 탈출한 후 오늘까지 결코 일어나지 않았으니, 논의하여 말하시오"라는 전갈을 발송한다(19:30). 그렇게 한 개인이 자신의 첩의 일로 이스라엘을 소집했는데, 40만 명의 온 이스라엘이 칼을 지니고 먼 길을 걸어서 '하나님의 백성의 집회' 에 모인다(20:2). 이 숫자는 과장이라고(RSV 주) 하지만 어쨌든 놀랍다. 첫날의 전투에서 베냐민 진영의 2만 2천 명이 전사한다. 이스라엘은 베델(Bethel) 신전의 야웨 앞에서 통곡하며, 야웨께 다시 더 싸우리이까 하고 물으니 야웨께서 베냐민을 '쳐 올라가라' 고 말씀한다(20:19~23 참조). 둘째 날 전투에서 베냐민파는 이스라엘의 만 8천 명을 쳐 죽인다(20:25). 셋째 날 전투에서 야웨의 도움으로 이스라엘은 베냐민 2만 5천 백 명을 살해하니, 베냐민파는 패배를 절감한다(20:35~36). 치열한 전투는 계속되는데, 베냐민의 만 8천 명, 2만 5천 명이 전사하고 이들의 마을들이 불태워진다(20:36~48 참조).

이제 이스라엘이 "우리 중의 아무도 그의 딸을 베냐민과 결혼하게 해서는 안 되리라"고 서약한다(21:1). 그리고 이스라엘은 베델에 이르러 야웨 앞에서 매우 통곡하고, 야웨 하나님께 "오늘 이스라엘 가운데서 한 부족이 없어지다니, 왜 이런 일이 이스라엘 가운데서 일어나야 했습니까?" 하며 애통한다(21:2-3). 그러면서 온 이스라엘은 베냐민 부족을 되살릴 계책을 강구하는데, 요르단 강 동쪽의 야베스 길르앗(Jabesgilead)의 이스라엘 부족이 대 베냐민 전투와 집회에 불참했다는 사실이 발견되니, 이들 중 4백 명 처녀들 외에 다 쳐 죽이게 하고, 이들 처녀들을 생존한 베냐민 남자들로 하여금 아내로 취하게 하는데, 여자 수가 모자란다(21:8~13 참조). 그래서 실로(Shiloh)에서 해마다 거행되는 '야웨의 축제'에 춤추러 나오는 실로의 딸들을 베냐민 남자들로 하여금 데려가도록 하는데, 그 딸들의 아비들과 오라비들이 항의하니, 이스라엘 장로들의 요청으로 해결하도록 하여, 계약사회 공동체에로의 베냐민 부족을 되살려낸다. 그러한 투쟁과 공동체 의식이 어디에 뿌리 박고 있는가? 그 뿌리는 계약 신앙이다.

한 레위인의 첩에 대한 베냐민의 악행을 계기로 그 레위인이 온 이스라엘의 내전을 일으킬 수 있었다는 것은 계약사회 공동체가 우선 당시의 일반적인 가부장제 남성 지배권을 넘어섰다는 것을 말해 준다. 이보다 더 큰 의의는 그 공동체에서의 개인과 전체가 어떻게 그렇게 놀랍게 통합된 평등한 단결력을 가질 수 있는가 하는 것이다. 왕권체제도 아닌, 중앙통제력도 없는 가시적으로 볼 수도 없는 야웨 하나님과의 계약사회 공동체는 그러한 엄청난 단결력 없이는 두 세기 동안이나 존속할 수 없었을 것이다. 한 레위인의 첩의 사건에서 발단한 대 베냐민 온 이스라엘의 전투는 판관에 의해서 이끌어진 것도 아니다. 계약백성이 야웨의 계약–계명을 부단히 배반했음에도 불구하고, 그러한 계약사회 공동체의 존립·존속의 위기들을 이겨낸 것은 판관들에 의해서만 이루어진 것이 아니다. 계약사회 공동체의 역사신앙과 단결력이 그러한 존립·존속의 원동력이다. 그러한 단결력의 원천이 무엇인가? 모세의 출애굽–시나이 계약–여호수아의 가나안 땅 점령–그 땅에서의 농민혁명과 땅의 재분배라는 구원사적 전통이 그러한 단결력의 원천이 아니겠는가! 대 베냐민 전투의 경우를 다시 보자. '모든 백성(이스라엘)이 한 사람으로서'(혹은 한 사람처럼) 전투태세를 다짐한다(20:8; 11절에도 동일한 문구). 이 말의 의미는 전체와 개체가 하나다!를 명시한다. 그러한 단결력은 땅의 물질혁명에 뿌리박고 있다. 또한 한 분 야웨 하나님에 대한 신앙이 그 계약사회 공동체를 존속하게 한 추동력이다.

구원사적으로 긍정적인 의미에서 판관기 계약사회 공동체의 시간·공간의 의미는 무엇인가? 가나안 땅이 바로 창조자·구원자 야웨 하나님의 땅으로서 그에게서부터 주어진, 계약사회 공동체를 존립하게 하는 공간이며, 그 삶의 존속을 가능하게 하는 시간이다. 판관들에게 주어진 '야웨의 영', 그 공동체에 그가 임재하는 영이 바로 그 공간시간의 원천이다. 이스라엘에게 주어진 가나안 땅은 모든 땅이 창조자의 땅이라는 것의 표식, 따라서 모든 피조물의 땅이 그의 것임을 대표하는 표식이다. 계약백성의 땅은 창조자·구원자 야웨 하나님의 창조의 원시간·원공간의 모든 과거 차원과 구원사의 성취의 모든 미래시간·공간을 함축하고 있다. 그가 계약백성과의 그때 그때의 특정한 관계에서 현재적으로 임재할 때에 그 백성의 시간·역사가 과거–현재–미래의 그러한 영원한 통일적인 동시성(Simultaneity)을 획득하게 된다. 그러나 그 계약백성 전체가 야웨 하나님과의 계약–계명을 배반할 때에는 그 백성의 구원사적 현실은 그러한 통일된 영원한 동시성의 차원과 구원사적 존속성을 상실해 버린다. 야웨께서 판관들을 세워서 계약사회 공동체를 그 백성들의 부단한 배반과 외부의 적대자들의 파괴 위협에도 불구하고 오랫동안 존속하게 했다는 것은 그 존속성의 시간이 창조자·구원자 야웨 하나님의 용서와 은혜로부터 주어진 시간이라는 것을 증언한 것이다. 구원사적 존속성이든 일반역사의 존속성이든 그것은 창조자·구원자 하나님의 궁극적인 미래시간으로부터 역사에 시간이 주어지지 않으면 성립될 수 없다. 일반 사회와 역사는 그 사회의 공간과 역사의 시간의 차원도 유한성의 의미도 모른다. 여기서는 태양계가 지속적으로 운행하니까, 사람들이 죽어도 다른 사람들이 태어나 시간·역사가 지속한다고, 자연적으론 역사가 지속한다고 가상적으로 생각되기도 할 것이다. 출애굽기 20:4과 신명기 5:8~10이 완전히 일치하므로, 출애굽기 20:4이 신명기적 역사자료라고 추정하고, 여기에 함축되어 있는 시간·역사의 존속성의 의미를 다시금 고찰하자면 이러하다. 그 구절들은 하늘 위에 있는, 땅 아래 있는, 땅 아래 물에 있는 그 어떠한 사물의 형상을 신이라고 만들어서 절하거나 추종하지 말라는 계약-계명의 맥락인데, 그것은 야웨 하나님을 미워하는 즉 그의 의로운 계약-계명을 미워하는 자들의 소행이니, 그는 이들의 죄악을 역사의 대의 3, 4대까지 갚아줄(심판할) 것이며, 그를 사랑하고 그의 계명들을 지키는 자들에게는 '수천 대'에 이르도록 지속적으로 '불변의 사랑'을 보여주리라는 것이다. 이 맥락의 언어가 신명기 사가의 시간이해를 특징적으로 나타낸다. 판관기 계약사회 공동체의 시간존속에 대한 특별한 기록도 신명기 역사편찬자의 흔적인 것 같다. 저 성서 구절들이 나타내는 시간존속의 개념은 시간이 근원적으로 야웨 하나님의 것이라는 점, 우상을 만들고 거기에 절하고 추종하는 이스라엘에게도 3, 4대로 한정되기는 했지만, 그럼에도 불구하고 존속의 은혜로운 시간이 주어진다는 점, 야웨 하나님만을 사랑하고 그의 계명들을 지키는 자들에게는 '수천 대'의, 말하자면 거의 영원한 시간존속이 허락된다는 것-이러한 요점들은 시간존속이 야웨 하나님의 자유한 은혜의 선물이라는 것을 특징적으로 나타낸다. 여기서 일반적으로 가상되듯이 인간과 역사의 유한성이 자연의 원리가 아니라, 야웨 하나님과의 관계질서에 따라 그의 자유한 결정에 따라 결정되는 차원이다. 다시 말하자면, 인간과 역사의 유한성이, 인간과 역사의 죄악과 결부되어 영원한 죽음과 멸망에 이를 수고 있고, 구원자 야웨 하나님의 의와 은혜로운 용서에 따라 한정된 유한한 시간에서도 그의 영원한 생명에 참여하는 구원일 수도 있다. 구원사는 구원자 야웨 하나님과의 관계에서 바로 그의 영원한 궁극적인 미래시간(Endzeit)을 함축하고 있기 때문에 예언자적인 차원을 가진다. 구원사의 그러한 시간성은 세계역사를 새롭게 규정하고 변혁하게 하는 가능성을 제공한다. 판관기 이스라엘의 계약사회 공동체는 그러한 세계사적 의의를 지니고 있으며, 자체 내적으로 언제나 불완전하지만, 세계사적 시범적 패러다임으로서의 의의를 가진다.

판관기 이스라엘의 계약사회 공동체는 '야웨 하나님'의 나라이다. '백성'이라는 말은 나라라는 말을 전제한다. 야웨 하나님의 나라에 해당되는 의미를 함축하고 있다. 고대 근동에서 왕권체제에서 해방된 나라는 없었다. 그런데 그러한 계약사회 공동체는 주변 왕국들과의 관계에서, 이들의 세력과의 경쟁에서 더 이상 존속하기 어려웠다고 추측된다. 판관기 시대의 말기에 속하는 판관 사무엘(Samuel) 시기에 그러한 문제가 제기되었으니, 이스라엘 백성이 왕권국가 체제를 요청하기에 이른 것이다. 그 요청은 야웨 하나님만이 왕이시라는 이스라엘의 야웨신앙 혹은 역사신앙에 위배된다(사무엘상 8장). 그럼에도 불구하고 늙은 사무엘은 그 요청을 받아들이라는 야웨의 은혜로운 허락을 듣는다. 상당수의 구약학자들이 왕국체제에로의 이행을 세계사적으로 혹은 발전사적으로 해석하기도 하나, 그 이행을 발전사적으로 해석할 것이 아니라, 다른 모든 왕국들에 대한 하나님의 구원의 경륜에 대한 미래를 사무엘이 내다보았음에 틀림없다고 해석되어야 한다. 예언자 사무엘은 판관기 시대에서 새시대에로의 도약의 모험을 감행한 것이다. 아마도 야웨의 왕권을 세계 왕국들에 중재하려는 신앙의 모험의 결단이었을 것이다. 사무엘의 그러한 새로운 구원사적 역할은 다음 6장에서 논의될 것이다.

6

왕국시대, 왕국의 분열과 멸망, 미래구원의 문제

1) 계약사회 공동체로부터 왕국시대에로의 전환

다시금 말하자면, 판관기 시대(대략 B.C. 1200~1050년)의 이스라엘 계약사회 공동체는, 멘덴홀(G. E. Mendenhall), 고트월드(N. K. Gottwald) 등이 제창했듯이, 야웨 하나님의 계약법(십계명)에 입각하여 가나안 땅의 모든 억압적 왕정국가들을 타파하고 땅의 재분배에 기초하여 창출된 혁명적 사회공동체다. 그러나 주변 적대세력들의 위협과 내부적으로 발생하는 계약법 파기, 즉 야웨 하나님에 대한 배반과 그 외의 '다른 신들'에 대한 추종에 의해서 그 계약사회는 존속의 위기에 직면하곤 하는데, '판관들'이 계약법을 견지하고 외부의 적대자들과의 전쟁을 수행하고, 야웨 하나님의 의로운 왕적 주재권 아래서 미래에로의 계약사회의 존속을 이끌어 간다. 그런데 사무엘상 8장에 의하면, 판관 사무엘에 이르러 이스라엘 백성은 그에게 다른 모든 왕국들처럼 이스라엘을 통치할 '왕'을 세우라고 요청한다(4~9절). 그 요청은 야웨께서 이스라엘의 '왕'(מלך, 멜레크)이기를 거절하는 불복종이라는 것이다. 이 규정은 모든 열국들의 왕권이 본래 야웨 하나님에게 속하는 것이나 그들 자체의 통치권력으로 잘못 행사되고 있다는 것을 말하는 것이다. 그러나 야웨께서는 근심하는 사무엘로 하여금 이스라엘의 요청대로 '왕'을 세워주라고 허락하고, 왕이 백성들을 어떻게 노예들로 만들고 착취하는지를 이들에게 말하라 하니, 사무엘이 왕의 왕권 전횡과 이스라엘 백성들의 노예화와 노역 착취에 대하여 역설한다. 그러나 이들의 완강한 요청에 따라 왕정이 허락된다(10~22절 참조). 한편 일반적으로 이스라엘의 왕정은 부정적인 계기에 의해서 대두한 것이라고 해석되나, 다른 한편 그 왕권국가는 세계 역사적 발전에 따라 필요한 것으로 긍정적으로 해석되기도 한다. 신명기적 역사는 이스라엘 왕국시대에 대한 긍정적인 편찬자료와 부정적인 자료를 포함하고 있는데, 일반적으로 그 왕국시대는 그 두 측면들을 포함하고 있다.

우리의 주요 성서 텍스트는 사무엘상하이다. 사무엘상 4:18, 7:3~17, 8:1~3에 그의 판관 직분에 관계된 기록이 있다. 그런데 그에게서 판관기 계약사회 공동체로부터 이스라엘의 왕국시대에로의 전환이 이루어지기 때문에, 우리는 이 전환점에 집중해서 그의 활동을 고찰하고자 한다.

사무엘상에서 최초로 등장하는 사울 왕권에 대한 서술들은 부정적인 '반 왕정적 자료'(Anti-Monarchical Source)와 긍정적인 '찬 왕정적 자료(Pro-Monarchical Source)'로 엮어져 있으며, 다윗 왕국에 관한 사무엘하의 서술은 대표적으로 '찬 왕정적 자료'다.[1] 사울에 관한 사무엘상에서 '찬 왕

1) 사무엘상에 대한 *RSV*의 서문에 의하면, 신명기적 역사의 '찬 왕정적 자료'는 초기의 것이며 '반 왕정적 후기 자료'(Anti-Monarchical Late Source)는 후기, 즉 B.C. 587년 남유다 왕국의 멸망 이후에 편찬된 후기의 자료라는 것이다. '찬 왕정적 초기 자료(Pro-Monarchical Early Source)'는 아마도 Solomon 왕 시기에 엮어졌다고 추정되기도 한다. 저 *RSV*의 서문은 상반되는 그 두 자료들을 종합적으로 해석해 말하기를, 그것들이 이스라엘의 종교적 공동체를 보호한 신적인 구원의 섭리의 양면이라는 것이다. 이러한 종합적인 해석이 가능하기는 하나, 그 양면의 혁명적인 의의는 간과되어 있다. 그런데 저 서문에 의하면 신명기적 역사의 초기 자료 편찬자는 그보다 약 500년 이후의 역사가 Herodotus에게 적용된 '역사의 아버지'라는 호칭은 저 신명기적 초기 편찬자에게 소급되어야 하리라고 한다. 그런데 혁명적인 새로운 왕권 개념이 신명기적 역사서술에 함축되어 있다는 점이 구약학에 대체로 주목받지 못하고 있다. 또 사실 '찬 왕정적 자료'와 '반 왕정적 자료'는 초기부터 병존하고 있는데, 학자들에게서 초기와 후기 자료들이라는 구분이 잘못되어 있는 것 같다.

정적 초기 자료'라고 추정되는 9:1~10:16에 의하면, 사울은 아름답고 장대한(2절) '하나님의 사람'이며(6절), 야웨께서 사무엘로 하여금 그를 '군주'로 세우게 한다(9:15~16; 10:1). 야웨의 영이 사울에게 임하니, 사울이 예언하게 된다(10:6, 9~11 참조). '찬 왕정적 초기 자료' 11:1~15에 의하면, 사울이 이스라엘을 위협하는 암몬인들(Ammonites)을 제압하고 승리하니, 사무엘이 그를 '왕'으로 세우고 야웨께 화목제를 드린다. 이러한 서술들은 그의 왕권이 야웨께 받아들여진다는 것을 의미한다. 또 '찬 왕정적' 자료인 13:1~7, 15~14:52에 의하면 사울이 강적 불레셋인들(애굽제국의 세력, Philistines)을 비롯한 다른 적대자들과의 전투들에서 이스라엘을 구출한다. 그러한 '찬 왕정적' 서술들은 왕권이 이스라엘의 계약사회 공동체의 신적인 구원을 담지하는 판관들의 역할과 동일하다. 그런데 '반 왕정적' 서술에 의하면, 사울은 사무엘의 제의적 권한을 자신의 임의대로 수행함으로써–제의의 정해진 시간에 사무엘의 임재가 늦어져 일어난 일이지만–야웨께 불복종했다는 것이며, 이 때문에 사울의 왕국은 존속하지 못할 것이라고 정죄된다(13:7b~15a 참조). 후일 다윗 왕이나 솔로몬 왕은 제의를 수행하는데, 사울의 경우는 야웨 하나님의 왕권을 사울에게 중재한 사무엘의 제의권을 임의대로 수행함으로써 자신의 왕권을 자신의 것으로 행사하고 야웨께 불복종할 가능성을 이미 나타냈던 것 같다. 이제 사울의 왕권은 다윗에게로 옮겨져야 한다(16:1~13 참조). 결국 불레셋인들과의 전투에서 그의 아들들이 살해당하고, 그 자신은 비극적으로 자결하고 만다(31장 참조). 이상과 같이 사무엘상에서의 사울에 관한 서술들이 신명기적 역사의 '찬 왕정적 자료'와 '반 왕정적 자료'로 병치되어 엮어져 있다.[2)]

---

2) 사울을 위시한 '찬 왕정적 초기 자료'라고 여겨지는 사무엘상 9:1~19; 11:11, 15; 13~14장 등 참조. '반 왕정적 후기 자료'라고 여겨지는 7:3~4; 10:17~27; 12:1~25 등 참조. 또 판관기 8:22~23;

이스라엘 왕국의 혁명적 왕권 개념은 다윗 왕국에 의해서 대표되는데, 이 왕권 개념은 피조물 세계에 대한 창조자·구원자 야웨 하나님의 주재권(Herrschaft)을 천명하는 출애굽 전통과 십계명을 주축으로 하는 신적 계약법에 함축되어 있다. 십계명은 야웨 하나님께서 이스라엘을 '노예의 집', 애굽 제국으로부터 이끌어냈으니, '너희는 내 앞에서 다른 신들을 섬기지 말라'는 선포로써 시작한다(출애굽기 20:2~3; 신명기 5:6~7 참조). 여기에서의 '다른 신들'이란 백성들을 노예화하고 지배하는, 애굽을 비롯한 세계의 왕적 통치 권력의 신격화의 우상들이다. 신명기적 역사의 '반 왕정적' 자료는 바로 그 계약법 전통에 뿌리박고 있으며 혁명적 개념을 나타낸다.[3]

9장 참조. 다윗 왕에 대한 사무엘하의 서술은 거의 전적으로 찬 왕정적이다. '반 왕정적' 자료가 대체로 B.C. 587년 남유다 왕국의 멸망 후, 바빌론 포로기의 신명기적 역사편찬자, 즉 후기 신명기적 사가에 속하는 것으로 구약학에서 추정되어 있는데, 이와는 달리 F. Crüsemann은 이 자료를 Solmon 왕 시대의 중앙집권화에 대한 반립에 기인한 것으로, 즉 신명기적 역사의 초기 자료에 속하는 것으로 주장하기도 한다. 그의 *Der Widerstand gegen dem Königtum*, Neukirchen-Vluyn, 1978, *ABD* Vol.4, 41f. 참조. 그런데 구약학에서 '반 왕정적' 자료가 솔로몬 왕 시대에 기인했다고, 또 훨씬 그 시대 이후 B.C. 587년 바빌론 포로기의 DH 편찬자에게서 기인했다고 하든, 우리는 그 자료의 기원을 훨씬 그 이전 모세전통의 출애굽-시나이 계약-판관기 계약사회 공동체 시기에로 소급해야 한다. '반 왕정적' 자료는 이스라엘의 왕국시대에만 적용되는 것이 아니다. 그 역사적 전통은 이스라엘 백성을 노예화한 애굽 제국주의적 왕권과 가나안 땅 봉건적 왕권들에 반립한 초기 이스라엘의 출애굽 사건과 왕권들을 폐기한 초기 계약사회 공동체에 뿌리박고 있다고 생각된다. 그 '반 왕정적' 자료가 이스라엘 왕국의 멸망 이후 신명기적 역사편찬에서 부각되었다고 추정한다 해도, 이 역사적 전통은 이스라엘 역사 초기에도 귀속된다. 세계열국들의 왕권에 대한 초기 이스라엘의 그러한 혁명적 반립은 야웨 하나님의 왕적 주재권에 대한 천명이다. 그렇게 본다면, '찬 왕정적 초기 자료'라는 것이 '반 왕정적 후기 자료'보다 전통적으로 후기에, 즉 판관기 시기 이후에 대두한 왕국시대에 기원한 것이라고 생각되기도 하는데, 사실상 저 '찬 왕정적' 자료도 이스라엘 왕국을 비롯한 세계 왕국들의 전제적 왕권에 대한 부정 혹은 심판의 의미를 가진다는 점에서 '반 왕정적' 자료와 마찬가지로 초기 이스라엘 역사전통에 속하는 동일한, 야웨 하나님의 의롭고 은혜로운 왕권을 신포하고 세계의 백성들을 전제적 혹은 전횡적 왕권으로부터 해방시키는 신적인 새로운 혁명적 왕권 개념에 뿌리박고 있다. 그러므로 신명기적 역사 연구학자들이 추정하듯이 '반 왕정적' 자료가 이스라엘의 북왕국과 남 왕국이 다 멸망한 이후의 '후기 자료'에만 속하는 것은 아니다. 두 개의 상반되는 자료들이 모두 이스라엘 초기 역사에 함축되어 있다.

3) 여호수아 12:1~24에 여호수아-이스라엘에 의해서 정복된 31명의 왕들이 열거되어 있다. 이 자료는 출애굽-여호수아-이스라엘을 비롯하여 가나안 땅에 있던 일부 이스라엘 부족들과 'apiru 민중들에 의해서 정복된 가나안 땅의 봉건적 왕권국가들을 말해 준다. 여호수아에 의해

신명기적 역사의 '찬 왕정적 초기 자료'도 '반 왕정적 자료'와 동일한 구약의 계약신앙 전통에서 해석되어야 하는 세계사적으로 혁명적 개념을 내포하고 있다. 이스라엘 왕국의 대두에는 야웨 하나님의 왕적 주재권에 대한 이스라엘 백성의 불복종이 작용했으나, 그의 왕적 주재권을 천명하고 세계 왕국들에게 중재하는 새로운 혁명적인 왕권 개념이 다윗 왕권의 메시아적 의미에서 부각된다. 신명기적 역사의 '반 왕정적 후기 자료'가 '찬 왕정적 초기 자료'보다 후기, 즉 B.C. 587년 남유다 왕국의 멸망 이후에 주로 편찬된 것이라고 추정된바, 그 '후기 자료'는 '초기 자료'보다 오히려 이전의 여호수아-판관기 전통에 뿌리박고 있다. 그런데 '찬 왕정적 초기 자료'도 '반 왕정적' 자료와 마찬가지로 이스라엘의 초기 모세 전통을 전제하고 있으므로, 우리는 신명기적 역사 자료들의 그러한 구약학에서의 자료들에 대한 시기 구분에 집착하지 않아도 될 것 같다.

신명기적 역사의 왕권 개념은 야웨 하나님-이스라엘의 계약법에 근거해 있다. 이스라엘의 왕은 신명기 17:14~20에 의하면, 야웨 하나님의 뜻과 '선택'에 따라서 결정된다는 것(15절), 그가 왕좌에 앉을 때에 그는 자신을 위하여 율법을 책으로 써서 평생토록 야웨 하나님을 경외하고, 읽어야 하며, 그의 마음은 형제들, 즉 백성들 위에 군림해서는 안 된다는 것이

서 중재된 세겜에서의 야웨 하나님-이스라엘의 계약(여호수아 23장)도 '다른 신들'에 대한 배척으로서 시작한다. 일반적으로 구약학 혹은 그리스도교 전통에서 그 '다른 신들'이란 원시 종교들의 우상을, 통치 권력자들과 무관한 추상적이고 무해한 미신들이라고 생각되어 왔다. George E. Mendenhall이 그의 저서 *The Tenth Generation, the Origins of the Biblical Tradition* (*TG*), (The Johns Hopkins University Press, 1973)에서 주장하기를, 그 '다른 신들'이란 바로 "왕들의 신들"이며, 이들의 "통치권력 자체의 투사들"이며, "모든 적대자들에 대한 그 왕들의 권력의 영속화"를 위한 "투사들(Projections)"이라는 것이다. 24, 25, 173, 189, 191, 196 등 참조. 그 '다른 신들'이란 야웨 하나님의 주재권을 거부하는 왕들의 신격화다. 북이스라엘 왕국과 남유다 왕국에서도 야웨 하나님의 주재권에 불복종하는 그러한 일들이 벌어진 것이다. 신명기적 역사의 '반 왕정적 후기 자료'란 바로 초기 이스라엘의 계약사회 공동체 신앙에 뿌리박고 있다고 간주되어야 한다.

다(18, 19, 20). 그러한 왕권은 판관기 계약사회에서의 판관의 임무와 동일하다. 신명기적 역사에서 모세–여호수아 전통의 계약법이 판관기 계약사회와 왕국시대에로의 전환의 동일한 근원이다.

초기 판관기 계약사회로부터 왕국시대에로의 전환에 관한 항목의 마지막 논의로서 멘덴홀의 비판적 문제제기를 고찰한다. 그는 이스라엘의 종교 윤리적 판관기 시대의 계약사회 공동체로부터 왕정국가에로의 전환을, '권력정치의 불건전한, 세계에서의 권력과 부와의 경쟁에 휘말려들게' 한 계기, 이러한 상황에서 사회적 불의의 문제들을 야기시키고 심화시키게 된 잘못된 계기라고 규정하고, 이것은 이스라엘 국가와 문화의 '철저한 이교도주의'를 초래했다는 것이다.[4] 그의 그러한 부정적 왕정시대 해석은 한편 부분적으로 또 현실적으로 타당하다. 그러나 다른 한편 그는 이스라엘 왕국의 왕권 개념이 세계 열국들에게 의롭고 은혜로운 야웨 하나님의 왕적 주재권을 중재하는 새로운 혁명적, 구원사적 의미를 함축하고 있다는 것을 간과했다.

최초로 사울 왕국은 다윗 왕국으로 대치되는 과도기적 의의를 지닐 뿐이다. 사무엘상 16~30장에서 다윗의 대두와 사울과의 갈등이 한 사극처럼 감동스럽고 흥미롭게 서술되어 있으며, 사무엘하는 전적으로 다윗 왕국에 관한 서술이다. 신명기적 역사의 반 왕정적 시각과 찬 왕정적 시각이 변증법적으로 연출되어 있다.

---

4) G. E. Mendenhall, *TG*, 28, 182 등 참조

2) 첫 왕 사울의 긍정성과 부정성↔다윗 왕의 긍정성

야웨께서 사무엘로 하여금 베냐민계의 사울, 아름답고 훤칠한 키의 청년을 기름부어 그의 백성을 다스릴 '수령'(Prince)으로 세우게 하고, 그의 백성을 불레셋 족으로부터 구원하도록 분부한다(사무엘상 9:15f.; 10:1f.). 다른 구절들에서는 사울이 왕으로 기름부음을 받으니, '수령' 이라는 말은 왕과 비등하다. 사울은 그와 같이 야웨와 사무엘의 긍정 아래서 왕으로 세워진다. 사무엘이 사울에게 지시하기를, 사울이 어느 지점에 이르면 악기들을 가진 '예언자들의 무리'를 만날 것이라고, 이들이 예언하면 "그때에 야웨의 영이 강력하게 그대(사울)에게 임하리니, 그대는 그들과 함께 예언하고 다른 사람으로 변하리라"고 하니 사울이 사무엘의 지시대로 행한다(10:3~11). 예언자 사무엘이 이스라엘의 왕국의 미래를 열어놓듯이, 사울이 '다른 사람으로 변하리라'는 것은 왕국의 미래를 담지할 새로운 인물이 되리라는 것을 의미한다. 구약학의 일반적인 해석에 의하면, 그 당시의 예언자들은 무리를 지어 다니며 악기들의 소리에 맞추어 황홀지경(ecstasy)에 떨어져 예언했다고 하는데(*RSV* 주 참조), 사울의 경우에는 왕국의 미래를 담지할 인물로서 변하리라는 뜻으로서 그의 왕권의 구원사적 긍정성을 암시한다. 사무엘상 11장에서도 사울은 긍정적으로 묘사되어 있으니, 그는 동쪽의 암몬 족에 대응하여 이스라엘을 방어해내는 능력을 발휘하고, 모든 이스라엘이 그를 야웨 앞에서 왕으로 받아들인다.

그런데 13:7b~15a에서 사울의 왕권에 부정적 그늘이 드리워진다. 사무엘이(아마도 사울을 위하여) 길갈(Gilgal)에서 번제를 드리기로 사울에게 지시했는데, 사무엘의 도착이 지연되는 상황에서 사울이 조급하게 스스로 번제를 수행한다. 사무엘은 사울이 야웨 하나님의 계명을 위반했다고 질책하며, 사울의 '왕국이 존속하지 못할 것이라'고, 야웨께서는 이미 다른 사람(다윗)을 왕으로 정했다고 선언한다(14절). 이 문맥에서 사울의 제사행위가 부정되는 이유가 무엇인가? 사무엘상 14:35에 의하면 사울이 야웨께 제단을 세우고 제사를 드린다. 그러므로 13장 문맥에서의 사울의 제사행위가 원칙적으로 또 무조건 부정된 것이 아니다. 13장 문맥에서는 이스라엘 사이의 중재자가 사무엘인데, 사무엘의 사제적 중재권을 사울이 임의대로 자신의 권한처럼 제사를 단행함으로써 야웨의 정죄 아래서 그의 왕권의 부정성을 초래한 것이다. 사울의 왕권의 부정성은 또 15:1~9에서도 말해진다. 야웨께서 사울에게, 애굽으로부터 탈출한 이스라엘이 시나이 사막에서 가나안 땅에로의 길목 동쪽에서 아말렉(Amalek 족)의 항쟁을 겪게 하였으므로, 아말렉을 '전적으로 붕괴시키라'라고 명령했으나, 사울이 아말렉의 왕 아각(Agag)을 살려두었을 뿐만 아니라 전리품들을 취함으로써, 야웨의 부정적 정죄 아래 놓인다. 여기서 다시금 주목할 것은 '전적으로 붕괴시키라'는 야웨의 명령은 여호수아기의 표현법인데, 우리는 이미 그러한 말을 그의 심판의 선언적 철저성을 의미한다고 해석했다. '야웨의 백성'에게 적대하는 자들은 바로 야웨께 적대하는 자들이므로 그의 철저한 부정적 심판의 말씀 아래 세워진다는 것을 의미한다. 또한 전리품을 절대로 취하지 말라는 야웨의 명령은 그 전쟁이 '야웨의 전쟁', '거룩한 전쟁'이라는 것, 인간적 왕 사울 자신의 권력욕과 탐욕의 수단이 되어서는 안 된다는 것을 의미한다. 그러한 전쟁이 세계사 어디에서 발견될 수 있겠는가. 사울이 그러한 구원사적 역사신앙전통을 위배한 것이다. 결국 야웨께서 사울을 왕으로 세운 것을 후회하기에 이르자, 사울이 야웨께 울부짖으나, 사무엘은 야웨께서 사울의 왕권을 거부했다고 선언한다(15:10~23). 16:1~13에 의하면, 야웨께서 사무엘로 하여금 베들레헴의 이새(Jesse)의 일곱 아들들을 제쳐놓고 막내아들 다윗(David), 어린 소년을 기름부어 왕으로 선택하게 하는 이야기가 엮어져 있다. 이제 '야웨의 영'이 강력하게 다윗에게 임하고(15:13), 사울에게서부터 떠나니, 사울이 '악한 영'에 의하여 간헐적으로 괴롭힘을 겪게 된다. '악한 영'도 야웨 하나님의 구원의 경륜 아래서 통제되지만, 사울 왕권의식에 틈타 들어온 바 부정적 파괴 세력이다. 사울은 다윗을 질투하여 죽이려고 시도하나, 결국 다윗을 시인하고 축복하게 된다(26:25). 사울과 다윗 사이에서 벌어지는 일들은 구원사 내부에서 일어나는 찬 왕정적(Promonarchical)—반 왕정적(Antimonarchical) 변증법이라고 할까. 그 이야기들이 아주 흥미롭지만 생략해야 할 것 같다. 결국 사울은 숙적 불레셋 족과의 전쟁에서 패하고 비극적으로 자결하고 만다(31:4). 그럼에도 불구하고 사울의 버림받음은 이스라엘 왕국시대의 부정적인 종말을 예고하는 것 같으나, 다윗 왕국의 예고는 왕국시대의 구원사적으로 긍정적인 미래표상이다.

특히 사울 왕권을 위시한 신명기적 역사의 '찬 왕정적' 자료와 '반 왕정적' 자료가, 우리가 앞 주제 아래서 간략하게 제시했듯이, 사무엘상에 병치되어 혹은 교체적으로 제시되어 있는데, 많은 구약학자들이 전자를 이스라엘 역사의 '초기 자료'(Early Source)라고, 후자를 B.C. 587년 남유다 왕국의 멸망과 바빌론 포로기 이후의 '후기 자료'(Late Source)라고, 신명기적 역사편찬자 Dtr.1과 Dtr.2의 자료들로서 구분한다. 노트(M. Noth)는 신명기적 역사편찬자를 포로기 이후의 단일한 역사가라고 추정했으나, 그 이후에 많은 학자들이 신명기적 역사가 Dtr.1과 2와 같은 둘 혹은 그 이상의 신명기적 역사가들을 상정한다. 이들은 사제전통과 결부된 레위인들(Levites)이라는 것이다. *RSV*의 사무엘상 서문에 의하면, 초기의 찬 왕정적 역사기록은 아마도 B.C. 10세기 솔로몬 왕 시기의 아비아달(Abiathar, 사무엘상 22:20~23) 혹은 아히마스(Ahimaz, 사무엘하 18:19~32)에 의해서 이루어졌을 것이라고 추정되는데, 그 자료는 아마도 J 문서 전통에 속하는 것으로서 신명기적 역사편찬에 포괄되었을 것이라고 여겨진다. 많은 학자들은 판관기의 아비멜렉의 불법적 왕권 행사에 대한 부정적 비판과 특히 사무엘상에서의 사울 왕권의 부정성을 나타내는 반 왕정적 역사기록들을 B.C. 587년의 남유다 왕국 멸망과 바빌론 포로기 이후의 신명기적 역사가의 부정적 사관을 반영하는 것으로 규정한다. 우리는 찬 왕정적 자료와 반 왕정적 자료의 그러한 시기 구분이 합당한 추정이 아니라고 처음부터 주장해 왔다. 여기서 다시금 그러한 시기 구분의 문제 상황을 확인해 본다. 알트(A. Alt)의 1996년의 이스라엘 국가 형성에 관한 연구에 의하면, 이스라엘의 왕권은 불레셋 족의 위협과 같은 외부압력의 결과라는 것이며, 사울을 위시한 반 왕정적 성서기록은 왕정국가가 초기 이스라엘에게 합당하지 않은 기구였다는 것을 나타낸다는 것인데, 그러한 알트의 주장이 구약학에서 폭넓게 받아들여졌던 것이다.[5] 그런데 부껠라띠(G. Buccellati)는 1967년에 알트의 주장과 같은 초기 이스라엘의 왕정국가 건설의 부정적 견해는 이스라엘의 사회발전의 동력을 부정하는 것이라고, 왕정국가에로의 이스라엘의 이행을 아마도 발전사적 견지에서 긍정적으로 본 것 같다.[6] 이스라엘 왕정국가 건설의 요청이 외압에 의해서 발단했다는 알트의 지론은 사무엘상 8장의 상황에 우선 합당하다. 그러나 그의 주장은 야웨의 이스라엘 왕정국가 허락의 구원사적으로 긍정적인 의미, 사울에 관한 사무엘상에서의 긍정적

---

5) *ABD* Vol.4, 41; A.Alt, The Formation of Israelite State in Palestine, 1966, 171~237, in *Essays in Old Testament History and Religion*, Oxford 참조.

6) *ABD* Vol.4, *Ibid.*; G.Buccellati, *Cities and Nations of Ancient Syria*, Rome, 1967 참조.

인 기록, 특히 사무엘하에서의 다윗에 관한 찬 왕정적 구원사관을 설명하기 어렵다. 긍정적인 다윗 왕권은 부정적인 사울 왕권의 문제와 대비하여 불가분적으로 해석되어야 한다. 또한 부껠라띠에 의한 발전사적인 이스라엘 왕국 건설이라는 개념은 구원사적 주제의 일부분인 반 왕정적 요인을 해석하기 어렵다. 멘델손(I. Mendelsohn)은 1958년에 사무엘상 8장의 반 왕정적 자료를 당대의 왕정국가 도입에 반대한 것으로 보는데, 크뤼세만(F. Crüsemann)도 유사하게 사무엘상에서의 반 왕정적 자료를 후기의 신명기적 편찬의 반영이라기보다는 우선 솔로몬 왕국 시기의 중앙집권화에 대한 반대를 반영한다고 본다. 그러나 신명기적 역사와 반 왕정적 자료를 솔로몬 왕권이나 어느 개별적인 특정한 왕국 시기에만 해당되는 것으로 해석해서는 안 될 것 같으니, 어느 왕권이나 왕정국가이든 그것이 신적 통치 권력을 행사하면서 백성들을 임의대로 부려먹거나 하는 이스라엘 왕국이든 세계의 모든 왕권에 해당되기 때문이다. 많은 학자들이 신명기적 역사의 '찬 왕정적' 자료를 이스라엘 역사 초기의 것으로 또 '반 왕정적' 자료를 후기, 즉 B.C. 6세기 바빌론 포로기 이후의 자료라고 추정함에는 구원사에 대한 역사 신학적 해석 문제가 내포되어 있다는 사실이 대체로 간과된 것이다. 사무엘상에 대한 *RSV*의 관주들이 다 신명기적 역사 자료의 그러한 시기 구분을 전제로 하고 해석하며, 그 서문에 의하면 초기 신명기적 편찬자, 즉 '찬 왕정적' Dtr.1의 자료는 B.C. 621년의 종교개혁자 요시아(Josiah) 왕까지 그 이전의 왕국시대 대부분에 해당된다는 것이며, 판관기 9장과 사무엘상에서의 '반 왕정적' 자료와 더불어 신명기적 역사 전체의 최종 편찬은 B.C. 6세기 바빌론 포로기 이후의 작업이라는 것이며, 긍정적이든 부정적이든 왕정국가에 대한 찬·반의 해석들은 다 하나님이 어떻게 이스라엘을 잘 보호했는가를 말해 주는 의미를 가진다고 모호하게 종합적으로 해석한다. *RSV*의 이러한 해석은 학자들의 지론들을 종합한 것이라고 생각하는데, 구렁이 담 넘어가듯 관념론적으로 종합하고 있다. 사무엘상에서의 사울에 대한 부정적 자료는 다 그가 야웨의 명령과 사무엘의 중재에 위배했다는 데서 발단한 부정적 심판에 해당되는데, 이것이 찬 왕정적 자료와 저 *RSV*의 서문에서처럼 슬그머니 종합된다면, 이스라엘 왕권의 긍정성과 부정성, 신적인 구원과 심판이라는, 신적인 용서와 은혜 없이는 또 인간역사의 변혁 없이는 종합될 수 없는 혁명사로서의 구원사적 의미가 망각되어 버리고 만다.

신명기적 역사의 '반 왕정적' 자료는 특히 B.C. 6세기 유다 왕국의 멸망을 체험한 후기의 이스라엘의 체험을 반영한다고 해석될 수는 있으나, 그 자료의 구원사적으로 근원적 의미는 '노예의 집 애굽' 으로부터의 이스라엘의 출애굽, 가나안 땅 점령을 계기로 한 땅의 혁명, 왕권을 폐기한 판관기 계약사회 공동체–이러한 구원사적 전통 근저에서 존속하는 부정적 요인이며, J–E 문서전통과 신명기적 역사 전체를 관통하는 역사혁명의 동력이다. 그것이 사울 왕권에 대한, 사무엘상 8장에서의 야웨–사무엘의 경고문에 함축된 의미이다. 사울에게 주어진 왕권의 신적인 긍정성과 부정성은 이스라엘의 계약사회 공동체의 출현에 이어진 것으로서 고대 근동의 왕국들의 왕권이 창조자·구원자 야웨 하나님의 은혜로운 허락 없이는 성립할 수 없다는 근원적으로 긍정적 의미를 내포하고 있으며, 동시에 그 부정성을 제시하고 있다. 즉 사울 왕권의 부정성은 그들이 그들의 왕권을 현실적으로 '다른 신들' 의 이름 아래서의 통치권력을 그들 자신과 동일화하여 절대화시키면서 백성들 위에 신들의 이름으로 군림하고 백성들을 노예들로 부려먹는 현실을 부정적 심판 아래 세우는 것이다. 출애굽에서 발단하여 판관기에 이르기까지의 혁명적 구원사 전통에 고대 근동의 왕권 개념과 역사적 현실에 대한 야웨의 부정적 심판을 의미하며 동시에 이스라엘 왕권은 이스라엘과 세계를 위하여 왕권의 혁명적으로 긍정적인 새로운 구원사적 미래를 열어놓은 위대한 예언자다. 사울의 왕권은 그러한 구원사적 의미의 부정성과 긍정성을 담지한 것이다.[7]

3) 야웨 하나님의 왕권 중재를 위한 다윗-이스라엘 왕국

(1) 다윗의 대두와 이스라엘 왕국

사무엘상 16장 이하에 의하면 미소년 목동 다윗이 사무엘에게 기름부음을 받으니, 그에게 야웨의 영이 임하고(1~13절), 사울에게서는 야웨의 영이 떠나고 악령을 그에게 보내니, 사울이 악령에게 시달려 괴로움을 겪는다(14~15절).[8] 야웨께서 악령을 사울에 보낸다는 것은 악이 야웨의 통제 아

---

7) A. Alt가 초기 이스라엘 역사에서 대두한 왕권 개념이 외압에서 발단한 것으로 주장한 외압설에 반하여, G. Buccellati가 1967년에 주장한 바 근동의 세계사적 왕국들의 사회과학적 고려에서 왕국시대에로 이행한 초기 이스라엘 역사의 추세를 긍정적으로 보았듯이, 많은 구약학자들이 역시 사회과학적인 비교 연구에 의하여 판관기 이스라엘 부족들의 말하자면 좀 미개하다고 생각되는 부족사회로부터 보다 더 발전했다고 생각되는 왕국시대에로의 이행을 역사적으로 필요한 단계로서 간주하는 것 같다. 야웨께서 그의 자유한 결정으로 이스라엘에게 왕정국가 건설을 허락했다는 사무엘상 8장의 이야기는 왕정국가들이 지닌 부정성과 그의 심판을 전제하고 있다는 것을 명시한다. 그렇기 때문에 이스라엘에게서 이제 새롭게 대두한 왕정국가시대는 근동의 기존의 신격화된 왕권 개념과는 다른 혁명적인 새로운 왕권 개념에 기초한 것임에 틀림없다. 문제는 저 구약학자들이 근동의 왕정국가들과의 연관에서 이스라엘 왕정국가의 대두를 그들과 동일한 신화적 왕권 '이데올로기'와 동일 선상에서 설명하고자 하는 데에 있다. *ABD* Vol.4, 41~43 참조. 그들의 해석은 J 문서 전통과 신명기적 역사의 '반 왕정적' 요인을 폐기해 버리는 것이 아닌가 하는 문제가 주목되어야 한다. 우리는 이 문제를 다음 항에서 논의할 것이다. 이 요인이 망각될 때에는 구원사 전통의 혁명적 요인이 해소되어 버린다.

8) 그러한 묘사는 역사서술이라기보다는 원시 신화처럼 보이나, 야웨께 버림받는 상황 설명으로서 사울이 그로부터 받은 왕권을 잘못 행사하는 역사적 상황 묘사이다. 악령이란 신적 부정의 세력인데, 이 악령은 야웨의 심판의 원시적 표상이다. 그 악령과 신적인 심판은 사울뿐만 아니

래 있다는 것을 의미한다. 이스라엘의 강적 불레셋인들(Philistines)과의 전투에서 다윗이 그들의 거대한 장수 골리앗(Goloath)을 돌맹이 다섯 개로 쏘아 죽이고 승기를 잡으니, 사울이 야웨께서 다윗과 함께하신다는 것. 따라서 자신의 왕국이 다윗의 것이 되리라는 것을 직감하고 또 다윗의 추종자들이 증대하는 것을 보고, 다윗을 죽이려 하니, 다윗의 도피 행각이 벌어진다(사무엘상 17~24장 참조).[9]

라 모든 왕국들에게도 해당된다. 따라서 다윗의 대두는 사울을 비롯한 이스라엘뿐만 아니라 모든 왕국들의 희망이다. 즉 사울이 악령 때문에 괴로워할 때마다, 사실은 다윗을 죽이려는 사울 자신의 살기와 권력욕 때문에 괴로워하는데, 다윗이 그를 위하여 수금을 뜯으면, 그는 악령의 괴롭힘에서부터 회복되곤 한다. 그러한 감동적이고 은혜로운 광경은 다윗 왕권이 사울의 또 모든 왕국들의 구원의 미래(미래시간)라는 것을 나타내준다(사무엘상 16:14~23; 18:10 참조). 출애굽기에서 자주 말해지는바, 야웨께서 애굽의 파라오의 마음을 강퍅하게 하여 이스라엘을 풀어주지 못하게 한다는 서술도 사울에게 야웨께서 악령을 보낸다는 상황과 유사하다. 야웨께서 파라오의 마음을 강퍅하게 한다는 것은 이에 대한 야웨의 심판이며, 이렇게 부정적으로 야웨께서 작용한다는 것은 출애굽 이스라엘이 이스라엘뿐만 아니라 파라오의 제국, 애굽에게도 구원의 미래가 열려 있다는 것을 의미한다. 악령 혹은 사탄은 어디로부터 나타나 역사에 작용한다는 말인가? 역사의 죄악에 대한 신적 심판의 표식으로서의 죽음·과거·無(Nihil)의 심연, 즉 부정의 세력(force of negation 혹은 destruction)이 역사의 현재에서 작용하는 악의 세력에 의해서 되살아나곤 하는데, 되살아남도 신적인 세계역사 섭리와 미래시간에 힘입어 역사적 현재에서 한정적으로 사람들을 괴롭히곤 한다. 무속적으로 말하자면, 그 악령은 '저승사자'와 같은 것이라고 할까.

9) 사무엘상 24장에 다윗을 죽이려고 뒤쫓는 사울과 쫓기는 다윗에 관한 또 하나의 감동적인, 사극과 같은 이야기가 실려 있다. 다윗이 자신의 추종자들과 어떤 사막의 굴속에 있었는데, 사울이 그 굴속에 들어와 뒤를 보게 된다. 다윗의 추종자들이 다윗에게 이제 사울을 죽여 버릴 기회가 왔다고 말하나, 다윗은 야웨께서 기름부어 세운 왕을 죽일 수 없다고 하며 다만 사울의 옷자락을 살짝 잘라 가지고, 사울을 뒤쫓아가 그 옷자락을 보이며 말하기를, 자신은 야웨께서 기름부은 왕을 죽이지 않았으니 반역의 의도가 없다고, 자신의 생명의 구출을 애원하니, 사울이 소리 내어 울며 뉘우쳐 말하기를, "네가 정녕 왕이 될 것이며, 이스라엘 왕국이 네 손으로 세워지리라는 것을 내가 아노라" 하며, 자신의 후손들과 그의 베냐민 지파를 멸하지 말아달라고 호소한다. 그런데 다윗이 처음에 팔레스타인 남쪽 유다 지파의 왕으로 세워진 후에 사울의 추종자들은 그의 후손을 북쪽 지파들의 왕으로 세워 한때 다윗 계보와의 사이에 상당기간 전쟁상태가 벌어지기도 했다(사무엘하 2:8~12; 3장 참조). 사울도 기름부음을 받은 왕으로서 이스라엘을 지키고 신적 주재권을 세계에 중재해야 하는 의미를 지니나, 다윗에게로 왕권이 이동하리라는 예측과 더불어 그의 왕권은 자신의 권력욕으로 둔갑해 세계 왕국들과 똑같이 되어버린 것이다. 신명기적 역사의 '반 왕정적' 자료는 바로 그러한 잘못된 왕권에 대한 부정이다.

사무엘하는 전적으로 다윗 왕국의 이야기 역사서술이다.[10] 그는 처음에 남쪽 유다 땅 사람들에 의하여 유다 지파의 왕으로 세워진다(사무엘하 2:4~7). 후에 그는 모든 이스라엘 장로들에 의하여 모든 이스라엘 백성의 왕으로 기름부음을 받고, 오랫동안(B.C. 1000~960년으로 추정) 다스렸다고 한다. 그는 오랫동안 여부스인들(Jebusites)의 땅이었던 예루살렘을 쟁취했으며, 이것이 바로 '다윗 성'으로 일컬어지게 된다. 그의 권력기반과 행정체제를 다져 나가면서 그는 여러 족속들과 유프라테스 지역의 족속들까지도 정복하여 그의 왕국에 복속시킨다(사무엘하 5:11~25; 8장 참조). 그의 왕국은 서쪽으로 지중해와 남쪽으로 북시나이에, 동쪽으로 트란스 요르단에, 북쪽으로 유프라테스에 접근하는, 실로 근동의 한 강력한 제국의 면모를 갖추게 된 것이다. 다윗 왕국의 그러한 팽창 시기에는 애굽과 메소포타미아 나라들은 비교적 조용했다는 것이다. 다윗은 예루살렘을 정치, 종교적 중심지로 만든다(사무엘하 5:7~10 참조). 그는 북쪽 지역에 있었던 '계약 궤'(모세전통의 십계명이 각인된 두 석판의 궤, Ark of the Covenant)를 예루살렘으로 옮겨 제의를 지냄으로써(사무엘하 6장), 그의 왕권에서 제정일치가 정초된다. 그는 음악인이었으며 예언의 자질도 가졌으며, 많은 시편들이 그가 읊은 것으로 전해지며, 야웨 하나님에 대한 그의 신앙심은 대단히 감동적이다. 전 예언서들에서 그는 이스라엘 왕국의 아버지, 역대기상하에서도 그는 신적인 영원한 나라의 아버지이다. 후 예언서들에서 그는 신적인 미래의 메시아 왕의 표상이다.

---

10) 사무엘상 16장부터 사무엘하 5장은 '다윗의 대두(History of David's Rise)'에 대한 서술이며, 사무엘하는 그의 왕국과 '승계의 서술(Succession Narrative)'을 제시해 주는데, 그의 왕국의 왕권 승계문제는 세계 왕국들의 권력투쟁과 똑같아 보인다. 그럼에도 불구하고 야웨 하나님의 왕적 주재권을 세계에 중재해야 하는 그의 왕국의 의미가 어떻게 증언되어 있는가 하는 것이 우리의 관심사다.

그럼에도 불구하고, 다윗은 다른 왕국들의 왕들처럼 수많은 처첩들과 자식들을 거느리고도(사무엘하 5:13~16), 미색을 탐한다. 자신의 충실한 신하 우리아의 아내 바쎄바를 취하고, 음모로써 그의 남편 우리아를 전선에 세워 죽게 한다. 그리고 그의 왕권 승계문제로 왕실의 유혈분쟁들이 벌어진다.[11] 다윗 왕권의 승계문제는 우선 그의 맏아들 압살롬에게서 발단하는데, 압살롬은 그의 누이 다말을 범한 이복형제 암논을 죽이고 부왕의 분노를 피해 있다가 결국 추종자들을 만들어 반역을 일으키니, 다윗이 그의 추종자들과 더불어 압살롬파와의 유혈투쟁을 벌이게 된다(사무엘하 13, 15장; 18:9~33 참조). 압사롬이 결국 죽게 되자 다윗은 통곡하고 절규한다. "내 아들 압살롬아, 내 아들, 내 아들…… 내가 너 대신 죽었어야 하는데, 압살롬아……"(18:33). 아들에 대한 아비의 분노에 담겨 있는 이러한 자애로운 슬픔의 절규는 읽는 자의 눈시울을 뜨겁게 한다.[12] 왕권 승계문제는 다윗의 임종시에 노골화된다. 압살롬 다음으로 연장자인 아도니아가 응당 왕이 되려고 추종자들을 규합하는데, 예언자 나단이 바쎄바의 소생 솔로몬

---

11) 사무엘하 11장에 다윗이 바쎄바를 취하여 그녀의 임신을 알고 그는 교묘한 방법으로 우리아에 의한 임신처럼 상황을 조작하다가 실패하자 우리아를 전쟁 전선에 세우게 하여 계략으로써 죽게 하고 바쎄바를 아내로 취한다. 예언자 나단이 다윗을 문책하고 왕실 내에서 일어날 재앙을 예언하니, 다윗이 뉘우치고 야웨께 죄를 지었다고 고백한다. 그러나 나단은 야웨께서 다윗을 죽이지는 않으리라고 말한다(사무엘하 12:1~14 참조). 그러나 왕실 내에서 일어날 왕자들의 유혈사태와 왕권 승계문제를 위시한 반란사태는 다윗에게 주어진 신적 심판의 혹독한 시련으로서 기술되어 있다. 그러한 서술을 읽자면, 다윗의 왕권도 다른 왕국들의 왕권문제와 대동소이한 것임에도 불구하고, 다윗에 대한 신적 심판과 은혜로운 용서의 자비가 암시되어 있다. 또한 죄책과 슬픔을 토로하는 다윗의 정경이 오히려 우리의 감동을 자아내기까지 한다.

12) 다윗에 관한 사무엘하의 서술은 가장 일관된 초기의 역사기록이라고 여겨지는데, 다윗 왕 측근에 기록자가 있었다고, 그 기록자는 아마도 신명기적 역사의 초기 자료의 저자인 Abiathar(사무엘상 22:20~24 참조)이라고, 또한 Ahimahaz(사무엘하 18:19~20 참조)도 초기 자료의 저자라고 추정되기도 한다. 초기 자료는 Solomon 왕 시대의 기록이라고 하며, 그리스 역사가인 Herodotus보다 그 초기 자료의 역사가는 500년이나 앞서 있으며, 실로 '역사의 아버지'라고 일컬어진다는 것이다. Samuel에 대한 *RSV*의 서문 참조. 주목할 것은 그 자료가 야웨 하나님에 의해서 세워진 다윗 왕을 미화시키지 않고, 그의 음모와 범죄, 그의 참회를 숨기지 않고 서술해 준다는 사실이다.

을 승계자로 추진하고, 솔로몬이 왕으로 기름부음을 받고, 아도니아는 죽임을 당한다(열왕기상 1:1~53 참조). 왕권 승계문제를 위시한 압살롬의 반란과 유혈 진압, 솔로몬의 왕권승계를 위시한 다윗의 아들들 사이의 유혈 사태와 같은 일련의 사건들은 다른 왕국들과 유사한 다윗 왕국의 문제들을 나타낸다. 그럼에도 불구하고, 신명기적 역사에서, 그의 왕권을 찬양하는 일련의 시편들에서, 예언자 전통에서 다윗 왕국은 야웨 하나님과의 영원한 계약을 담지하고 그의 왕적 주재권을 중재하는 '사제들의 왕국' 이라는(출애굽기 19:6 참조) 구원사적 미래의 의의를 담지한다.

(2) 야웨 하나님의 심판 아래서의 다윗 왕권, 그럼에도 불구하고 야웨 하나님의 왕권의 담지자

야웨 하나님의 왕권과 다윗 왕국의 왕권의 관계에 대한 해석문제가 구약학에서 가장 심각한 것이며 오늘에도 여전한 것 같다. 우리는 이 해석문제에 대한 해답을 시도하지 않을 수 없으니, 왜냐하면 다윗 왕국에 대한 시편의 찬양시들과 그 메시아적 의의에 대한 예언자 전통에서 예수의 '하나님 나라' 선포를 위한 신적·예언자적 '말씀전통'(Word Tradition)의 역사적 형성이 규명되어야 하기 때문이다. 그렇게 규명될 때에 성서적 시간·역사의 개념이 밝혀질 것이다.

다윗이 이스라엘을 적대하는 족속들을 정복하고 복속시킨 다음 성전 건립을 생각하게 되었을 때, 사무엘하 7:12b~16에서의 야웨 하나님의 계약의 말씀이 예언자 나단을 통하여 다윗에게 전해진다. 즉,

> 나 야웨가 한 왕조를 일으켜 너를 위대하게 만들리라 ……

네 몸에서 난 자식 하나를 후계자로 삼을 터이니,

그가 국권을 튼튼히 하고 나에게 집(성전)을 지어 ……

나의 이름을 빛낼 것이며

나는 그의 나라를 굳건하게 다지리라.

내가 친히 그의 아비가 되고 그는 내 아들이 되리라 ……

너의 왕국은 내 앞에서 영원토록 확고하게 만들어지리라 ……

현실적으로 성전 건립은 다윗의 승계자 솔로몬의 몫이었던 것 같다. 여기서 주목되어야 할 핵심 요점들을 지적하자면, 첫째로 다윗의 승계자의 신적 아들 됨은 다윗에게 주어진 왕권이 야웨 자신의 왕권에서부터 '탄생한 것'이라는 점이다. 다윗–솔로몬의 신적 아들 됨은 바로 그 왕권과 승계가 다 왕적 주재자 야웨로부터 '탄생한 것'이라는 뜻으로, 신적인 왕권의 '형상'이라는 뜻으로 해석되어야 할 것 같다.[13] 다윗–솔로몬의 신적 아들 됨은 야웨 하나님이 그들의 아버지라는 말인데, 시편들에서 다윗이 그를 '아버지'라고 호칭한다. 둘째로 주목할 것은 신적 아버지–아들 호칭

13) 창세기 1:27에서 하나님이 사람을 '자신의 형상'으로 창조하셨다고 말해지는 '하나님의 형상(Imago Dei)' 개념은 신학전통에서 여러 가지로 해석되어 왔다. 인간의 타락 이전의 '본래의 상태(status originals)', 혹은 인간의 '본래의 의'(justitia originalis), 혹은 이성을 가진 자유한 인간상이라고 생각되기도 한 것이다. D. Bonhoeffer는 그의 *Schöpfung und Fall*에서 '남자와 여자'의 관계성을 하나님의 형상의 유비(analogia relationis)로서 새롭게 해석했으며, K. Barth는 그 관계성의 유비 개념을 하나님의 존재 자체 내적 관계, 즉 삼위일체 하나님의 자체 내적 관계에로 소급시켰다. 나중에 상론할 것이지만, '삼위일체 하나님과 시간'이라는 우리의 주제는 삼위일체 하나님 자체 내적 관계질서를 시간의 원천으로서 어쩌면 신학사에서 처음으로 제창하는 주제이다. 이 글의 맥락에서 우리가 생각해야 할 것은 다윗–솔로몬의 신적 아들 됨이 야웨 하나님의 왕적 주재권으로부터 '탄생한 왕권'을 담지한다는 뜻으로, 즉 '하나님의 형상'으로 해석되어야 할 것 같다. 사실상 역사적으로 다윗–솔로몬의 왕국의 역사는 다른 왕국들처럼 문제적이다. 그럼에도 불구하고 그 왕국을 통해서 신적인 왕국, 자유하고 의로운, 한량없이 은혜로운 나라 건설이 역사적으로 주제화되었다는 사실이 주목되어야 한다. 바로 그러한 '하나님의 나라'를 예수 그리스도가 담지했으며, 다윗–솔로몬을 비롯한 왕권 개념에서 우리는 예수의 하나님 나라 선포를 위한 역사적 예비의 형상을 추적할 것이다.

들과 승계는 원시 고대 근동의 왕정 국가들의 신화적 관념과 관행을 반영하는 것같이 보인다는 점이다. 또 실제로 구약학에서 그렇게 해석되기도 했다. 그러나 애굽을 비롯한 근동의 왕정 국가들에서는 일반적으로 제왕들이 신격화되곤 했으나, 구약의 신명기적 역사나 예언자 전통에서는 어느 왕이든 그는 신적인 심판 아래, 즉 야웨 하나님의 계약법 아래 세워지며 따라서 왕은 결코 신격화되지 않는다. 아버지에게서 아들에로의 왕권 승계도 앞에서 인용된 바, 다윗과의 야웨의 계약의 말씀에 암시되어 있듯이, 다윗 왕권의 승계도 직접적으로 야웨께 속하며 다윗의 권한에 속하지 않는다. 외견상으로 혹은 개념적으로 다윗-솔로몬의 신적 아들 됨과 왕권 승계가 다른 왕정국가들의 관행과 유사하게 보이나, 야웨 하나님의 계약법 아래 세워진 다윗-솔로몬의 왕권 개념은 이스라엘뿐만 아니라 모든 다른 왕정국가들의 왕권을 한정하는, 따라서 이것을 변혁할 수 있는 궁극적인 동력을 함축하고 있다는 점이 간과되어서는 안 된다. 이러한 신적 동력이 간과되어 버린다면, 다윗 왕국의 구원사적 의미가 상실되어 버리거나 다윗 왕국에 대한 야웨의 은혜로운 계약의 말씀은 편파적 이데올로기에 불과한 것으로 되어버린다. 이제 셋째로 그 계약의 말씀에서 주목할 것은 다윗 왕국의 영속성에 대한 해석문제이다. 그의 왕국은 B.C. 587년 바빌론에 의해서 붕괴되었으니, 영속적일 수 없다는[14] 구약학자들의 해석이

14) 사무엘하 7장의 계약의 말씀에 대한 *RSV*의 관주에 의하면, 신명기적 역사의 초기 자료에는 예언자 나단이 나타나지 않으며, 나단이 그 계약의 말씀을 중재한다는 것은 후기 자료라는 것을 의미하는데, 이 후기 자료가 사무엘하 7장 초기 자료에 개입했다는 것이다. 이미 우리가 제시했듯이 후기 자료는 B.C. 587년 다윗 왕조 멸망 후의 신명기적 편찬 자료라는 것이다. 그 왕조의 영속성은 그 멸망을 알고 있는 그 편찬자가 그 왕조의 미래의 회복을 꿈꾸고 있었을 것이라고, 또는 예수가 선포한 영원한 하나님 나라를 '막연하게(vaguely)' 예기하고 있었을 것이라고 한다. 사무엘하 7장이 신명기적 역사의 초기 자료이든 후기 자료이든, 그것이 우리에게는 문제되지 않는다. 다윗 왕조의 영속성은 단순히 그 편찬자가 '꿈꾸고' 있던 미래 회복일 수도 있으나, 야웨 하나님의 약속의 말씀의 영원성과 확실성에 대한 신명기적 역사가의 예언자적 구원

다. 그 영속성은 다윗 왕국이 야웨 하나님의 영원한 왕적 주재권을 담지한다는 의미에서, 이 신적 주재권에 관계해서만, 그의 왕국사에서 여러 왕들의 신적 계약법 배반과 악행에도 불구하고, 그의 왕국이 B.C. 587년에 멸망했음에도 불구하고, 다윗의 왕국이 애초에 야웨 하나님의 계약법 아래서 선택함을 받아 이 계약법이 천명한 야웨 하나님의 왕적 주재권을 담지한다는 의미에서 다윗 왕국에 속하는 영원성이다. 다윗 왕국은 다른 왕국들과 마찬가지로 시간·역사의 횡적인 지평에서 영속할 수 없다. 그럼에도 불구하고 다윗 왕국은 영원한 신적인 왕적 주재권과 나라를 담지함으로써 자체를 능가하고 넘어서는 신적인 영원한 미래의 구원을 예시하고 담지한다.

시편 2편에 의하면, 다윗의 왕권의 구원사적 필요성과 보편적 의의가 다음과 같이 선포되어 있다. 그 필요성은 '땅의 민족들과 왕들이 …… 야웨와 그의 기름부음을 받은 자를 헛되게 공모하여 적대하는(1절)' 세계상황에 비추어서 고려되어야 한다. 야웨께서 다윗에게 이렇게 말씀한다. 즉,

> 너는 내 아들이니, 오늘 내가 너를 낳았느니라
> 내가 민족들을 너의 유산으로 만들고
> 땅 끝까지 너의 소유로 만들리라.
> 너는 그들을 철퇴로 부수어
> 토기장이의 질그릇처럼 산산조각 내라!
> 이제 그러므로 왕들아 깨달으라,

신앙의 고백이라고 해석되어야 할 것이다. 또 그 편찬자가 '막연하게' 신약에서 선포된 하나님 나라를 예상했다는 추정은 너무 성급하게 신약에로 비약한 것 같으며, 다윗 왕국의 영속성이라는 계약의 말씀의 의의는 그 왕국과 직결된 것으로 우선 해석되어야 한다.

땅의 통치자들아, 경종을 들으라.

야웨를 떨리는 마음으로 섬기라.(2:7~11; 89편 비교 참조)

여기서 우리가 주목할 것은 첫째로 모든 민족들과 땅을 다스리는 야웨 하나님의 보편적 주재권이 다윗에게 주어진다는 것이다. 이 다윗의 왕권은 야웨께 적대하는 민족 국가들의 왕들, 통치자들에 대한 정복, 즉 야웨의 심판을 담지하는 통치권을 의미하며, 다윗 왕국 자체도 신명기적 역사에 의하면 이 심판 아래 세워진다. 특히 우리가 유의해야 할 것은 그러한 신적인 부정적 심판이 신적인 은혜로운 구원에 이르는 혁명적 길이다. 혁명적 구원의 표식으로서의 다윗 왕국의 탄생은 모든 민족들의 왕정국가들의 신적인 은혜로운 긍정을 함축하고 있다는 사실이다. 야웨 하나님과 다윗 왕국에 적대하는 민족 국가들의 왕들을 '철퇴로 부수어, 토기장이의 질그릇처럼 산산조각 내라!'는 혁명적 선포가 세계의 왕국들에 대한 신적 심판을 의미한다. 그러한 심판이 바로 그들의 왕권이 의롭고 은혜롭게 행사되게 하는 변혁의 계기를 열어놓는 구원의 미래다. 다윗 왕국은 바로 모든 왕들에게 그 구원의 미래를 열어주는 신적인 역사적 표식으로서 땅 끝까지 이르는 보편적인 신적 주재권을 담지한다. 둘째로 고려할 것은 그의 왕권의 시간성이다. 다윗이 야웨께서 '오늘' '낳은' '맏아들'이라는 표현은 원시 고대 근동의 일반적인 신화처럼 보이나, 여기서는 역사적 개념이다. 그 '오늘'은 '역사적 현재(historical present)', 영원한 신적 시간의 현재이다. 이 영원한 신적 현재에는 신적 창조의 '원시간(Urzeit)'이 함축되어 있고 동시에 모든 피조물과 인간 역사의 궁극적인 미래시간, 즉 '종말시(Endzeit)'가 예시되어 있다. 다시 말하자면, 그 '오늘'의 현재는 근원적인 과거의 원시간과 궁극적인 미래시간을 통일해 가지는 영원한 현재다.

다윗 왕국이 B.C. 587년에 멸망했다고 해도, 그 영속성은 그러한 영원한 '오늘'의 시간성을 담지한다는 의미에서 타당하다. 또 그의 왕권은 고대의 모든 왕국들의 새로운 변혁적인 미래구원을 담지한다는 의미에서 보편성을 가진다.15)

야웨 하나님의 왕권에 대한 시편들의 찬양이 다윗 왕권에 적용될 때에, 구약학에서의 해석의 주요 난점은 그 찬양시들이 '문자 그대로'(litterally) 고려되어야 하는가, 혹은 시적 표현양식의 '과장'(hypobole)으로 간주되어야 하는가 하는 문제라는 것이며, 이것은 구약학에서 미해결의 문제로 머물러 있다는 것이다.16) 그런데 그러한 문제제기가 잘못된 것

---

15) H. Gunkel과 J. Begrich는 그들의 시편연구, *Einleitung in die Psalmen* (Göttingen 1933)에서 시편 47, 93, 96~99 등이 야웨 하나님의 왕권을 축하하는 '즉위식 시편들(Enthronement Psalms)'이라고 규명했다는 것이다. S. Mowinckel은 그의 *Psalmen Studien* II (Oslo,1922)에서 신적 왕권 찬양의 시편들을 '신년축제' 때 낭독한 것이라고 논구했다는 것이다. *ABD* Vol.4, 43f. 참조. 신년축제 때이든 즉위식 때이든 Gunkel을 비롯해서 구약학 일반이 다윗 왕국과 결부해서 읊어진 신적 왕권을 찬양한 시편들을 '왕권 이데올로기(royal ideology)'라고 칭하곤 하는데, '왕권 이데올로기'라는 개념이 모호하게 사용되므로 여기서 검토될 필요가 있다. 우선 피조물 세계에 대한 신적인 왕권 혹은 주재권이 다윗 왕국의 '이데올로기'라고 생각된다면, 이것은 이 왕국의 이념으로서 이 왕국의 왕권의 신적 근거에서부터 생겨났다는 것, 따라서 이 왕권 자체를 강화시키는 역할을 한다는 것을 의미한다. 다윗 왕국, 분열된 북이스라엘 왕국과 남유다 왕국의 여러 왕들에게서 야웨 하나님의 왕권에 대한 신앙이 그러한 의미의 '이데올로기로서 잘못 사용된 경우가 많다. 그러나 모세전통의 시나이 계약법에서 천명된 야웨 하나님의 주재권은 판관기 계약사회 공동체와 다윗 왕국 자체를 정초하는 신적인 근원으로서 그 계약사회나 왕국 자체와 직결되지만, 이것들은 신적 주재권에 종속되어야 하고 복종해야 한다. 그러므로 신적 주재권은 본래 이것들의 '이데올로기'가 아니다. 시편들이 신적인 주재권과 다윗 왕국을 일치시켜 찬양하는 것처럼 보이지만 모든 예언자 전통에서 후자는 전자에 종속된다. 그렇기 때문에 구약에서의 신적 왕권과 나라 개념은 판관기 계약사회나 다윗 왕국을 넘어서 궁극적인 미래의 구원, 미래의 종말시를 함축하고 있다. 구약에서의 야웨 하나님 개념, 그의 창조와 구원에 대한 신앙 자체가 이스라엘의 종교적 이념이라고 생각된다면, 그의 왕권 개념도 다윗 왕국의 '이데올로기'라고 규정될 수 있을 것이나. 언어적 차원에서 신적인 창조와 구원, 또 다윗 왕권의 신적 조건이 인간의 이념/이데올로기로서 작용하는 것처럼 보인다고 해도, 그 이념의 주체는 구약에서 인간의 이념/이데올로기를 넘어서는 하나님 자체를 가리킨다. 그렇지 않다면, 구약과 신약이 증언하는 하나님과 그의 나라는 인간의 이념 자체에로 환원되어 버릴 것이며 성서적 신앙도 부정되어 버릴 것이다. 이데올로기란 모든 왕권들에 대한 야웨 하나님의 심판을 행사할 수 없다.

16) *ABD* Vol.4, 44, 45 참조

같다. '즉위식' 때이든, '신년축제' 때이든 혁혁하고 강력한 다윗 왕권을 계기로 야웨 하나님의 왕권을 찬양하는 시편들의 언어는 '과장'이 아니라 '문자 그대로' 해석될 수밖에 없는데, 시편 45:6에서 다윗의 왕좌가 '신적 왕좌(divine throne)'라고까지 동일화되고 있는데 이에 대한 구약학자들의 해석들이 분분하며, 그러한 동일화는 '과장'이라는 것이다.[17] 다윗 왕국이 신적인 왕권을 세계에 중재하고 담지하는 직분에 대한 찬양이 고조될 때에, 이 경우가 '즉위식'이든 '신년축제'이든 다윗 왕국의 왕좌가 '신적 왕좌'로서 다윗이 '신으로서' 고양될 수 있으니, 다윗 왕권은 신적인 왕권에 종속되지만, 전자를 신적인 왕권으로서 찬양하고 고양시키기 때문이다. 사실 다윗의 신적인 '아들' 호칭이나 그의 왕국의 '영속성' 개념은 신적인 차원이다. 그를 '신'이라고 또 그의 왕좌를 '신적 왕좌'라고 호칭하는 것도 신적 차원이다. 이러한 개념들을 '과장'이라고 규정한다면, 우리는 야웨 하나님의 왕적 주재권을 초역사적으로 추상화시키고 이원화시키게 된다. 그럼에도 불구하고 다윗 왕국이 신적인 계약법을 배반할 때에, 그것은 신적인 심판 아래 처하고 멸망에 이르기까지 한다. 이러한 계기에서 그의 왕권과 왕국은 신적인 왕권과 나라의 영원성도, 중재의 직분도 상실하고 만다. 다윗 자신의 왕권과 왕국도 사울 왕국과 마찬가지로 그러한 신적 심판과 부정의 가능성을 함축하고 있는 것이다. 다윗 왕권과 왕국이 담지하는 신적인 '영속성'이나 그의 신적 아들 됨은 사실상 야웨 하나님의 은혜로운 선택으로서 주어지는 것이며 이것은 그의 왕권이나 왕국을 넘어서는 종말적인 성취의 차원이다. 이러한 의미에서 신적인 왕권 자체와 다윗

---

17) *The Interpreter's Dictionary of the Bible* (*IBD*) K-Q 15쪽은 저 시편을 저자가 과장한 것이라고 한다. 시편 45:6은 *The Jerusalem Bible* (*JB*)의 번역에 의하면, 다윗을 가리켜 "신이여, 당신의 왕좌는 영원토록 존속할 것이며 ……"라고 찬양한다. *JB*의 d주에 의하면 여기서의 '신'이라는 말은 구약에서 때로는 천사들에게도, 모세에게도, 판관들에게도 적용되어 쓰인다는 것이다.

왕국은 엄격히 구별되어 있다.[18]

---

18) '신화와 제의학파(Myth and Ritual School)'라고 일컬어지는 S. Hooke와 M. Engnell을 비롯한 영국계 구약학자들과 G. Widengren과 같은 Uppsala 학파는, 사무엘하 7장의 신적 계약의 말씀과 다윗 왕권에 관계된 시편들의 찬양시들에서 묘사되는 그의 신적인 왕권 개념과 신적 아버지-아들이라는 호칭들이 원시 고대 근동의 왕국들과의 신화들과 동일하다는 것이다. 그들의 그러한 주장은 대체로 구약학자들에게 용인되지는 않는 것 같으나, 어떻게 다윗의 왕권 개념이 그 신화들과 구별되어야 하는가 하는 문제가 명확하게 해답되어 있지 않은 것 같다. *ABD* Vol.4 43~46 ; S. Hooke, *Myth, Ritual and Kingship* (London, 1958); M. Engnell, *Studies in the Divine Kingship in the Ancient Near East* (Uppsala, 1943); G. Widengren, *Sacrales Königtum im Alten Testament und im Judentum* (Stuttgart, 1955) 참조. 우리 나름대로 저 '신화와 제의학파'의 문제점을 밝히기 위해서 우선 기원전 고대 근동의 왕권 신화들의 문제점들을 고찰하고자 한다. 고고학적으로 발굴된 문서들에 의하면, 고대 왕국들은 왕권을 신들에게서 주어진 것으로, 왕은 신성을 가지는 자로, 왕적 계보는 '신적인 후손(divine descent)'으로 신격화되었다는 것이다. 수메르인들의 왕권 찬양시들, 함무라비법전의 서사와 종결문, 메소포타미아로부터 시리아-팔레스타인-이집트에 이르기까지 왕권은 신들에게서 유래한 것이다. Amarna Letters(아르마나 서신들)에 의하면, 애굽 왕 파라오를 가나안 땅 봉건국가들의 백성들은 '나의 신', '나의 목숨'이라고 호칭했으며, 파라오는 Horus, Seth, Osiris와 같은 신들의 현현이며, Re라는 신에게서 태어난, 본성적으로 신적 '아들'로서 '절대적인 입법자'요 정의의 원천이며, 백성들의 생명과 풍요성(firtility)의 부여자이다. 아시리아, 그리스, 로마에서는 신들과 국가권력이 동일화되었다. *IDB* K-Q (Abingdon Press, Newyork), 14f.; *ABD* Vol.4, 44f. 참조. 저 스칸디나비아의 '신화와 제의학파'에게는 다윗을 비롯한 이스라엘 왕국의 왕권 개념이 그러한 고대 근동의 신화들과 동일한 것으로 보인 것이다. '신화와 제의학파'에 대한 구약학자들의 반론을 나는 확인하지 못했으나, 우리 나름대로의 반론을 제시하고자 한다. 첫째로, 그 학파는 모세전통과 여호수아가 중재한 신적 계약법을 전제하고서 발단한 다윗-이스라엘 왕권 개념의 의미를 완전히 간과했기 때문에 이것을 고대 제왕들의 신화적 신격화와 동일화시켰던 것이다. 다윗 왕권이 신적 주재권을 담지하는, 따라서 그가 신적 '아들'이라고 호칭된다는 시편들의 찬양시들은 저 고대 왕들의 신화적 신격화 혹은 신들과의 동일화와 유사한 것같이 들리나, 전자는 결코 다윗의 신격화가 아니다. 신적 계약법 아래 놓여진 다윗 왕국은 신적인 심판 아래 선다는 것을 의미하며, 출애굽기, 레위기, 민수기, 신명기에서의 입법이 애굽이나 함무라비 법전의 영향을 함축하고 있다고 가정해도, 신적 계약법이라는 이름 아래서의 이스라엘 계약공동체와 왕국의 입법은 다윗 왕을 비롯하여 이스라엘의 어느 왕이든 야웨 하나님과 동일화하지 않으며, 따라서 모세도, 여호수아도, 다윗도 함무라비처럼 신적 입법자가 아니다. 인간 제왕이 신적 입법자로서 신격화된다면, 그는 백성들에게 신으로서 군림하고 이들을 임의대로 조종하고 노예화시킨다. 신명기적 역사의 왕권 개념은 다윗-이스라엘 왕국뿐만 아니라 고대 근동의 왕국들의 왕권 개념을 야웨 하나님께로 되돌리고 그의 심판 아래 세우는 보편사적 의미를 함축하고 있다. 저 '신화와 제의학파'는 이러한 신명기적·예언사적 구원사관을 완전히 간과했다고 생각된다. 둘째로 그 학파가 간과한 것은 그러한 역사적 과정에서 고대의 제왕들에 관한 신화적 신격화가 비신화화되었다는 사실을 주시하지 못했다고 생각된다. 피조물 세계의 모든 나라와 왕권은 야웨 하나님께 속한다는 다윗 왕국의 왕권 개념은 사실상 고대 근동의 신적 왕권 개념을 포괄하는 것이다. 이 점에서 양자는 동일한 직관, 세계 통치권과 나라의 근원적인 신적 차원에 대한 동일한 직관을 함축하고 있다. 그러나 그 근원적 직관이 역사적 실천의 장, 즉 왕권이 행사되는 역사적 과정에서 갈라진다. 다윗 왕권은 신적 계약의 계명-계약법과 그 심판 아래서 시작되

이제 다윗 왕권의 사제직분을 고찰함으로써 이 항목을 끝맺으려고 한다. 시편 110편은 구약학에서 난해한 부분인데, 몇 구절만 고찰하자면, 야웨께서 다윗에게 그의 "우편에 앉으라"고 말씀한다(1절). 야웨의 우편에 앉는다는 것은 다윗이 그의 왕적 주재권을 담지한다는 뜻이다. 이미 언급했듯이 다윗의 그러한 왕권은 '하나님의 형상(Imago Dei)' 이라는 뜻으로 해석되어야 한다. 또 야웨께서 다윗에게 "너는 멜기세덱의 법통에 따라 영원한 사제이니라"고 말씀한다(4절). 다윗은 야웨 하나님의 우편에서 신적 주재권을 피조물 세계와 역사에 중재하는 사제직분을 부여받은 것이다. 이 사제직분은 '민족들 가운데서 (신적) 심판을 집행할' 직분이다(5, 6절). 멜기세덱은, 창세기 14:18에 의하면, 'Salem(Jerusalem)의 왕', '지극히 높으신 하나님의 사제' 라는, 가나안 땅의 전설로 유래한 신비로운 형상인 듯하며, 아브라함도 그의 사제직분을 시인했다. 멜기세덱은 가나안 땅에서 전래되던 신화적 전설이라고 추정되는데, 이것이 다윗 왕권에서 역사화된 것이다. 그러나 다윗 왕의 영원한 사제직분은 사실상 다윗 자신의 왕국을 넘어서는, 궁극적으로 종말론적 차원이며, 그의 왕권을 위시하여 종말적 미래에로 투사되고 형성된 예언자적 말씀전통이 엄밀하고 근원적이고 종말적으로 예수 그리스도의 사건에서 이루어진 것이다.[19] 근동의 모든 왕국들이 자체의 왕권을 신화적으로 신격화하고 백성들에게 군림하여 이들을 억압

므로 그 신적 법에 복종하느냐? 그럼으로써 신적 주재권을 세계에 중재하느냐? 아니면 불복종함으로써 그 나라를 상실하느냐? 하는 결단과 시련의 역사적 장에서 비신화화된다. 저 근동의 왕국들도 마찬가지로 결과적으로 역사적 과정에서 비신화화된 것이다. 신명기적 역사에서 우리가 주목하는 것은 다윗-이스라엘 왕국의 왕권 개념이 철저하게 신적 계약법에 함축된 신적 심판 아래서 조명됨으로 제왕들의 신화적 신격화가 철저하게 배제된다는 점이 저 '신화와 제의파' 에서 간과되어버린 것이다.

19) 신약에서는 부활하신 예수 그리스도가 바로 하나님 우편에 앉아 피조물 세계와 역사를 다스리는 왕이며, 그는 영원한 사제라고 해석된다(마태복음 22:44; 사도행전 2:34; 고린도전서 15:22; 에베소서 1:20; 특히 히브리서 7장 참조).

하고 임의대로 부려먹고 노예화시킬 뿐만 아니라, 야웨 하나님의 주재권을 담지하는 다윗 왕국에 적대하는 세계상황에서, 다윗 왕국은 그 왕국들을 야웨 하나님의 심판 아래 세우고 이들로 하여금 그의 의롭고 공평하고 은혜로운 주재권을 시인하고 복종하게 하는 표식으로서 구원사적 사명을 가진 것이다. 그러한 것으로서 다윗 왕국은 세계의 왕국들을 변혁할 수 있는 혁명적 동력을 가진다. 여기에 바로 세계 왕국들에 대한 새로운 혁명적인 긍정이 함축되어 있다.

4) 솔로몬 왕국의 영광, 왕국의 분열, 이스라엘의 계약파기와 멸망

다윗과 마찬가지로 솔로몬도 오랜 기간으로 상징되는 40년 동안, B.C. 970/960~930/920년에 통치했다고 추정된다. 그들은 그 이전 초기의 판관기 시기의 부족동맹 형태의 계약사회 공동체와는 달리, 이제 혁혁한 왕정 민족국가를 건설했다. 그 왕국이 구원사적으로 어떠한 의미를 가지는가 하는 문제가 우리의 주요 관심사다. 다윗의 왕권은 야웨 하나님의 왕적 주재권을 담지하고 이것을 피조물 세계에 중재하는 의미를 지닌다면, 솔로몬의 왕권은 애굽을 비롯한 근동의 종교와 문화사상을 야웨 하나님의 이름 아래서 수렴하여 땅에서 화려하고 풍요한 왕정국가의 체모를 이룬 것이다. 그것이 구원사적으로 무슨 의미를 지니는가? 그 대답을 우리는 결론으로 미뤄둔다.

(1) 야웨 하나님의 은혜, 솔로몬의 '영광'

솔로몬과 그의 왕국에 관한 이하의 모든 서술은 열왕기상에서부터 이끌어내어, 대체로 필자의 해석을 부과한 것이다. 다윗의 맏아들 압살롬이 전사하고, 그다음으로 장자인 아도니아가 지지자들을 규합하여 왕권승계를 도모했으나, 예언자 나단이 바쎄바의 소생 솔로몬의 왕권승계를 추진하여, 솔로몬이 약관 20세에 왕권을 장악하고, 아도니아를 지지한 다윗의 막강한 장수 요압을 가차 없이 처단하고, 다윗의 사제 아비아달을 추방해 버리고, 자신의 통치기반을 다져나간다(열왕기상 1~2장). 유혈과 숙청의 잔혹한 방법으로 그가 왕권을 장악했음에도 불구하고, 그의 통치 권력은 야웨 하나님의 계약법에 의해서 정초된 것으로 대체로 묵인된다. 그의 꿈에 야웨 하나님이 나타나 말씀하기를, "내가 네게 무엇을 줄 것인지 구하라" 하니(3:5), 솔로몬이 간구한다. 즉

> 당신의 종이 당신께서 선택하신 당신의 백성,
> 셀 수도 없고 헤아릴 수도 없는 무리, 큰 민족
> 한복판에 있습니다. 그러니 당신의 종에게
> 선과 악을 구별할 수 있는, 당신의 백성을
> 다스리는 판별력(지혜)을 주소서.
> 누가 감히 이렇게 큰 백성을 다스릴 수 있겠습니까?(3:8~9)

야웨께서 말씀한다.

> 보라 내가 네게 지혜롭고 판별력 있는 마음을 주리니,

너와 같이 (지혜있는) 자는

너 이전에도 없고 너 이후에도 생기지 않으리라.

나는 또한 네게 …… 부와 명예도 주리니,

다른 어떤 왕도 너와 비교할 수 없으리라

만일 네가 나의 법규들과 계명들을 지키면서

내 길을 걷고자 한다면, 내가 네 날들을 길게 하리라.

(3:12~14; 솔로몬의 지혜로운 재판의 예증 16~17절 참조)

위의 인용문에서 새롭게 대두하는 개념이 '지혜'라는 말이다. '지혜'는 근동 일대의 종교·문화사상을 함축하고 있는 개념인데, 여기서 이 개념이 야웨 하나님에게서부터 주어지는 것으로 야웨 하나님의 주재권을 대행하는 것으로 재규정되고 역사화된다. 솔로몬이 신적인 계약법을 지키면, 야웨께서 그의 '날들을 길게 하리라'는 구절은 그의 왕국의 존속의 시간이 야웨 하나님으로부터 주어진다는 것을 명시한다. 야웨 하나님으로부터 그에게 주어질 지혜,[20] 부와 명예는 다름 아니라 그가 근동 일대의 열국들과의 관계에서 획득하는 것이다. 그와 같이 그들은 그에게 야웨 하나님의 한량없는 은혜의 매체이다. 솔로몬에게 주어진 신적인 '지혜'는 신적인 의로운 계약법을 전제하고 신적 왕권의 영광을 세계역사의 축소판인 근동의

20) 우리는 창세기 3장 J 문서에 속하는 타락 설화의 맥락에서 '선과 악의 지식의 나무(2:9)' 열매를 따 먹지 말라는 금기를 창조자 하나님의 '원계명'이라고 규정했다. 그 나무는 그가 바로 선과 악을 판별하는 지혜의 원천이라는 표식이며, 그 금기계명은 피조물 인간이 그를 승인하고 그에게 복종하는가 아니면 신처럼 되고자 하여 불복종하는가 하는 인간의 결단을 요구하는 척도이며, 인간으로 하여금 선과 악을 판별하게 하는 지혜를 금하는 것이 아니라는 것이 솔로몬의 경우에서 명확해진다. 인간이 불복종하는 경우에 그의 생명과 시간·역사는 존속할 수 없으며 죽을 수밖에 없다(2:17). 그러므로 그 선악의 지식의 나무는 바로 '생명의 나무(2:9)'와 동일하다. 그와 같이 '지혜'는 생명과 시간·역사의 존속하는 차원이다.

지혜사상과 이야기들, 종교·문화, 정치·경제에 중재하고 증언해야 하는 지성의 차원이다. 그러한 의미에서 솔로몬은 지혜와 잠언들, 종교·문화를 수렴하고 재조명해야 하는 구원사적 사명을 받은 것이다.

우선 솔로몬은 국제관계를 탄탄하게 하기 위하여 애굽의 왕 파라오의 딸과 결혼한 것(3:1) 같다. 그는 행정체계를 정비하고, 다윗으로부터 이어받은 방대한, 유프라테스 서쪽 지역에서부터 애굽 접경에 이르는 영토와 여러 족속들을 다스렸는데, 사방이 다 평화로웠다고 하니(4:24), 그의 통치력의 지혜가 대단하다는 것을 짐작하게 한다. 그는 광범위한 무역 상거래를 전개했는데, 말 무역에 대단한 관심을 가졌다. 그의 병거들을 끄는 말들의 마구간이 4천 개(혹은 4만 개), 말 조종사가 만 2천 명이 된다. 왕과 그의 식탁이 또한 장관이다. 그의 식탁에서 먹도록 허락된 사람들에게 그의 관리들이 한 달씩 부족함이 없이 양곡을 제공했고, 솔로몬의 하루 양곡은 고운 밀가루 30섬, 거친 밀가루 60섬, 기름진 소 10마리, 목장 소 20마리, 양 100마리, 그밖에 수사슴, 산양, 수노루, 날짐승 등이었다고 하니(4:22~28; *RSV* 참조), 상상해 보기도 어렵다. 모든 부가 창조자 하나님으로부터 주어진다는 표식이다.

하나님께서 솔로몬에게 한없는 지혜와 판별력을 부여했으니, 그의 지혜는 동방의 모든 백성들과 애굽의 지혜를 능가했으며, 그의 지식은 바다의 모래알 같았으며, 그의 명성은 주변의 모든 민족들에게 퍼졌다. 그는 3천 개의 잠언을 지었으며, 그의 노래는 천오 편이나 되었고,[21] 그는 레바

---

21) 구약 경전의 '잠언(Proverbs)'에 대한 *RSV*의 서문에 의하면, '잠언'은 지혜문서의 전형적인 표본이며, '욥기(Job)', '전도서(Ecclesiastes)' 등이 지혜문서에 속한다. 잠언은 B.C. 4~3세기경, 어떤 저자가 수집한 것으로서 오랜 시간 동안의 자료들을 포함하고 있다. 1:1~9:18; 10:1~22:16; 25:1~29:27이 '솔로몬의 잠언'이라는 제목으로 제시되어 있다. 이것은 역사적으로 확증될 수 없으나, 어쨌든 전설화된 '솔로몬의 지혜'와 결부되어 있다. '잠언'에서 애굽의 옛 지혜문서

논에 있는 삼나무로부터 벽에 자라는 우슬초에 이르기까지 수많은 초목들에 관해서 말했으며, 짐승들, 새들, 물고기들을 논했으니, 모든 민족들로부터 사람들이 그의 지혜를 들으러 왔다는 것이다(4:29~34 참조). 그의 지혜와 부는 땅 위의 모든 왕들을 능가했다(10:23).[22]

이제 솔로몬은 다윗이 계획한 예루살렘 성전 건축을 준비하는데(5:1~18), 그는 3만 명의 근로소집령을 내려 레바논과 예루살렘에서 부역하도록 하고, 짐 나르는 7만 명과 돌 깨는 자 8만 명을 동원하고 3천 3백 감독들을 배치하여 기초공사를 위한 값비싼 돌들을 다듬게 한다(13~18절). 7년 동안에 성전 건축이 완수된다(6:1~38 참조). 그리고 솔로몬은 성전에 인접하여 자신의 궁전–행정복합건축을 13년 동안에 완수한다. 그 세부설계의 일부분만 보자면, 물 2천 말이 드는, 바다 모양으로 조형된, 북서남동에 황소 열두 마리가 바치고 있는 큰 세정탕이 만들어졌는데, 역대기하 4:6에 의하면 사제들의 세정을 위한 것(7:23~26), 그 열두 마리 황소는 근동의 종교들의 풍요–권력의 상징물을 모방했다는 것이다(*RSV*). 이미 말했듯이 근동의 종교·문화가 야웨 하나님의 이름 아래서 수렴된 일면이라고 생각된다. 성전 건축은 최근의 구약학 연구에 의하면 근동에서의 여러 가지 신전 유형들을 반영한다고 한다.[23]

(24:23~24)와 아랍 부족(Massa)의 이름이 발견되는 것으로 미루어 보건대, 솔로몬에게서 주제화된 '지혜'는 근동 일대의 지혜에 관한 이야기들과 문서들에 대한 지식을 포괄하고 있다고 추정될 수 있다. 그는 애굽, 아라비아, 메소포타미아 등 근동 일대의 지혜문서들과 이야기들을 야웨 하나님의 이름 아래서 폭넓게 수렴하여 재표현했다고 추측된다. 구약정진의 '솔로몬의 아가(Song of Solomon)'는 B.C. 3세기경의 문서로 추정되는데, 어쨌든 그것은 많은 노래를 지었다는 솔로몬 전통에 결부되어 있는 것 같다.

22) 10:1~13에 남쪽 아라비아(현 Yemen), Sheba의 여왕의 솔로몬 방문기사 참조. 여왕은 솔로몬의 지혜, 궁전, 식탁 등을 목격하고 숨이 막힐 지경이었다고 한다(4~5절). 가히 짐작할 만하다. 한량없는 신적 은혜의 표식이라고 생각된 것이다. 창조 세계의 풍요로움이 야웨 하나님의 경륜에 포함되어 있다. 그러한 풍요가 의로운 정치와 결부해 있다는 것이 요점이다.

23) *ABD* Vol.6, 361 참조.

성전봉헌식이 거행되는데(8:1~66), 솔로몬과 이스라엘이 야웨 하나님의 계약 궤 앞에서 헤아릴 수 없이 많은 양들과 소들로 제사지내고, 사제들이 그 계약 궤를 성전의 밀실, 완전히 캄캄한 지성소에, 거룹들(Cherubim)의 날개들 아래에 가려지도록 안치한다. 모세전통의 십계명이 각인된 두 석판을 안치한 그 계약 궤는 야웨 하나님의 현존(Presence)을 의미한다. 솔로몬이 그에게 아뢰기를,

> 야웨께서는 하늘의 해를 놓으셨으나
> 칠흑같이 캄캄한 데 계시겠다고 하셨습니다.
> 나는 당신께 이 전을 세웠으니
> 당신께서 영원히 계실 곳입니다.(12~13절)

캄캄한 지성소에 계시는 야웨 하나님은 역사에 현존하되 완전히 가려져 있다는 것, 피조물 세계역사와의 구별과 그의 초월을 의미한다. 후론할 것이지만, 신명기적 구원사관에 있어서 그러한 신적 구별과 초월은 이스라엘 왕국을 비롯한 피조물 세계의 모든 왕국들에서 잘못 사용되는 왕적 통치권력에 대한 심판의 원천을 함축하고 있다.[24)]

---

24) 출애굽기 19장에 의하면, 야웨께서 시나이 산에 현현(임재)하여 이스라엘에게 그의 현현 공간에 접근하면 반드시 죽으리라는 경고(12~13절)는 야웨 하나님과의 엄격한 초월의 구별을 의미한다. 여기서 죽음이란 범죄하는 이스라엘에 대한 신적 심판을 함축하고 있다. 이스라엘에게 계약의 계명을 중재하는 모세는 야웨와 얼굴과 얼굴을 마주하여 그의 말씀을 듣지만(출애굽기 33:11), 그가 야웨의 빛나는 영광의 모습을 볼 수가 없다. 그가 야웨의 영광을 보여 달라고 간청하니, 야웨께서 "너는 내 얼굴을 볼 수 없으니, 아무도 나를 보고 살아남지 못하리라(33:18, 19~20)"고 대답하고, "내 광채가 지나갈 때에 내가 너를 바위틈에 세우고 내가 지나갈 때까지 내 손으로 너를 가리우리니, …… 너는 내 등을 보게 할 것이나 내 얼굴은 보여지지 않으리라(33:18, 19~20, 22~23)." 야웨의 임재는 그 맥락에 의하면 그의 이름으로써 모세에게, 또 모세의 말로써 이스라엘에게 계시된다. 그의 이름은 곧 그의 말씀이다. 역사에서의 신적인 임재는 말씀의 형식으로 우리에게 들려온다. 그의 임재의 계시의 말씀에 그의 타자성, 초월성, 인간역사

그럼에도 불구하고 솔로몬은 그 성전을 야웨께서 '영원히 계실 곳'이라고 하며, 그 제단 앞에서 봉헌기도를 드린다(8:22~40). 그 기도의 몇 구절들을 보자면,

> 그런데 하나님이 과연 땅 위에 거하고자 하시는가?
> 보라, 하늘, 가장 높은 하늘도 당신을 모실 수 없지 않겠습니까!
> 그래도 당신의 종의 기도를 …… 고려하소서 ……
> 당신의 눈이 밤낮으로 이 전을 향하여 …… 지키시고 ……
> 당신께서 '내 이름이 거기에 있으리라'고 말씀하셨으니,
> 당신께서 당신의 종이 이곳을 향하여 드리는 기도를 들으소서.
> 이곳을 향해 드리는 당신의 종과 이스라엘 백성의 기도를 들으소서.
> 실로 당신께서는 당신이 거하시는 하늘에서 들으시고,
> 또 당신께서 들으실 때에 용서하소서.(27~30절; 33~34절 참조)

엄밀한 의미에서 하늘도 야웨 하나님의 임재를 보장할 수 없으나, 그럼에도 불구하고 땅과 인간세계와 구별되는 하늘이 상징적으로 그가 계시는 공간으로서의 의미를 대표한다. 그의 현존은 인간세계에 가리워져 있으나, 그의 '이름', 그의 말씀이 그의 은혜로 그 성전을 통하여 이스라엘에게 들려지게 되며, 들려지게 될 때에 초월적 창조자·구원자 하나님이 인간역사에 관계하고 그의 계시의 사건(Geschehen)이 일어난다. 저 기도의 맥락에서(33~34절) 말하자면, 이스라엘에 대한 야웨 하나님의 '용서'가 미래사

에 대한 그의 심판의 차원이 함축되어 있다. 성전의 지극히 거룩한 곳, 캄캄한 지성소에 계약궤가 놓인다는 것은 야웨 하나님의 현존이 이스라엘에게 가려진다는 것을 의미하며, 이것은 죄된 이스라엘의 생존을 위한 신적인 은혜와 자비다. 이에 대하여 후에 상론할 것이다.

건으로서 예언되고 있다. 즉, "당신의 백성 이스라엘을 용서하시고 그들을 다시 당신께서 그들의 조상들에게 주신 땅으로 데려오소서"라는 기도는 B.C. 587년 남유다 왕국의 멸망과 바빌론 포로기 이후의 그들의 복귀를 가리키는 것으로서 포로기 이후 B.C. 6세기의 신명기적 역사편찬자의 서술이다. 그 편찬자에 의한 솔로몬의 기도를 더 들어보자면,

> …… 하늘에서, 당신의 거하시는 곳에서 들으소서, ……
> 땅의 모든 민족들이 당신의 이름을 알고 경외하도록,
> 또 그들이 내가 세운 이 전이 당신의 이름으로써
> 불러진다는 것을 알도록 하소서.(43절; 46, 50절 참조)

이 인용된 기도문에서도 다윗-솔로몬의 왕국의 세계사적·보편적 의의가 명시되어 있으니, 다윗 왕권은 야웨 하나님의 왕적 주재권을 세계사에 중재하는 또 솔로몬은 근동이라는 피조물 세계에로의 종교·문화적 확대-수렴으로서 세계사적 의미를 가진다.

열왕기상 9:1~9에 의하면 야웨께서 두 번째로 솔로몬의 꿈에 나타나 말씀한다. 즉

> …… 나는 네가 세운 이 전을 성별했고,
> 내 이름을 영원히 거기에 둘 것이며,
> 내 눈과 내 마음이 언제나 거기에 있으리라 ……
> 만일 네가 내 앞에서 네 아비 다윗처럼
> 내가 네게 명한 모든 것을 따라 행하면서
> 또 나의 법규들과 계명들을 지키면서,

온전한 마음과 올바름으로써 행한다면,
나는 …… 너의 왕좌를 영원토록 세우리라.
너와 네 후손들이 내 계명들과 법규들을 …… 지키지 않고
다른 신들을 추종하고 경배한다면,
나는 이스라엘을 이 땅에서부터 …… 끊어버릴 것이며,
내가 내 이름을 위하여 성별한 이 전을
내 앞에서 던져버릴 것이며,
이스라엘은 한 속담거리로 될 것이며
모든 민족들 가운데서 조롱거리로 될 것이고,
지나가는 모든 사람들이 …… '왜 야웨가
이 땅에, 또 이 전에, 이렇게 행하였는가' 라고 말하리라. ……
저들(이스라엘)이 저들의 조상들을 애굽 땅에서부터 구출해 낸
야웨 하나님을 버리고 다른 신들을 경배하고 섬겼기 때문에,
야웨가 이 재난을 저들에게 내렸다고 하리라.(3~9절)

이 인용된 구절도 B.C. 587년 이후의 신명기적 역사편찬의 서술로서, 솔로몬 왕국에 대한 신적인 긍정을 주제로 견지하면서 미래의 신적인 부정적 심판을 예시하고 있다. 그런데 솔로몬의 왕좌의 신적인 긍정적 영속성 약속과 그 부정적 멸망예언이 어떻게 양립하는가? 그 신적인 영속성 약속과 부정적 심판은 양면이 다 영원한, 신적인 자유의, 한량없이 은혜로운 결정이다. 솔로몬의 왕국이 시간적으로 얼마나 존속하든, 그 시간성은 신적인 자유와 은혜로부터 주어지는 것이며, 신적인 영원성에 관계하고 영원한 의미를 가진다. '용서하소서' 라는 솔로몬의 기도는 왕국의 멸망에도 불구하고 어떠한 형식이든 신적인 나라의 미래가 주어지리라는 예언자적

희망으로서 새 미래를 열어놓는다. 그러한 신명기적 구원사의 시간이해는 다른 열국들의 존속과 멸망의 시간·역사를 해명하는 보편적 의미를 함축하고 있다. 그것이 다윗–솔로몬의 왕국의 세계사적 의미가 아니겠는가.

솔로몬은 성전과 궁전 이외의 방대한 각종 건축 사업을 전개했는데, 예루살렘 성벽 축성, 예루살렘 밖의 땅과 도시들의 정비, 새 도시들의 건설, 특히 므기또(Megiddo)의 마구간들 등이다. 그의 무역과 상거래 또한 대단하며, 이에 의해서 벌어들이는 부가 엄청나다. 아라비아의 모든 왕들과 지방장관들로부터 벌어들이는 수입 이외에, 그의 한 해 수입은 금 666달란트이다(10:14~15). 그는 대형 방패를 만들었는데, 방패 하나에 금 6백 세겔이 들었고, 또 소형 금방패 3백 개를 만들어 '레바논 숲의 궁전'에 두었고, 또 큰 상아옥좌를 만들어 순금을 입혔고, 그 요란한 부품과 장식들에 대해서는 재서술하기도 버겁다. 그러한 옥좌는 어느 왕국에서도 만들어진 적이 없다는 것이다(10:18~20). 솔로몬의 지혜와 부는 땅의 모든 왕들을 능가했다는 것이다(10:23). 솔로몬이 사용한 술잔들은 다 금술잔들이었으며, 그는 해상무역으로 금, 은, 상아, 원숭이들, 공작새들을 3년마다 들여왔으며, 대규모의 병거들과 말 무역, 수많은 마구간들 설치에 큰 관심을 기울였다(10:26~29 참조). 그와 같이 솔로몬은 신적인 은혜 아래서 피조물 세계의 거의 모든 부와 사물들을 관장한 것 같다.

열왕기상 11장에서 솔로몬의 모든 '영광(마태복음 6:29 참조)'에 부정적 그늘을 드리우는 측면들을 보자면, 그는 애굽 파라오의 딸을 비롯하여 많은 타 족속들의 여인들, 7백 명의 왕후들과 3백 명의 후궁들을 거느렸다. 그들이 그의 마음을 그들의 신들에게로 쏠리게 하여, 그는 시돈인들(Sidonians)의 풍요 여신들(Astoreth)과 암몬인들(Ammonites)의 밀곰 신(Milcom)을 추종하게 되고, 모압족의 게모스(Chemosh)와 암몬인들의 몰렉 신(Molech)

을 위하여 신당을 만들기까지 하고, 솔로몬은 부인들이 하자는 대로 저들의 신들에게 분향하고 제사지냈다(1~8절). 그리하여 야웨께서 분노하여 솔로몬의 적대자들을 일으킨다고, 그의 왕국을 쪼개어 이스라엘의 남쪽 유다 지파만 다윗을 고려하여 솔로몬에게 남겨두고 북쪽 열 지파들을 그의 적대자에게 넘길 것이라고 선언한다(9~13절). 솔로몬에게 반기를 든 적대자들이 대두하는데, 에돔 족의 반란이 일어나고, 르손(Rezon)이 다마스커스를 점령하고 왕이 된다(14~25절). 심각한 문제는 솔로몬의 신하 여로보암의 반란으로 결국 다윗-솔로몬 왕국은 분열되기에 이른다.

여로보암의 반란은 솔로몬의 강제노역 동원에서 발단한다. 성전과 궁전을 비롯한 솔로몬의 과도한 건축 사업들은 막대한 인력의 강제노역을 필요로 했다(9:15~22 참조). 다윗도 정복한 주변 족속들을 노역에 동원했으나, 솔로몬은 타 족속들은 물론이고 이스라엘인들도 노역에 강요했던 것 같다.[25] 과연 공평했는가? 타 족속들의 노역 동원을 위주로 했다면, 솔로몬의 왕국이 신적인 주재권의 공평성을 타 족속들에게 중재하지 못했음에 틀림없고, 특히 북쪽 이스라엘 지파들의 불만을 여로보암이 표출한 것 같다.

신명기적 역사는 이스라엘 역사의 중추이며, 이것을 통하여 우리는 창조자·구원자 하나님에 의해서 주어지는 시간과 그 의미를 규명해야 하므로, 필자는 다윗-솔로몬 왕국의 구원사적 의의를 규명하기 위하여 많이 고심해 왔는데, 특히 솔로몬 왕의 치적에 대하여 그러하다. 솔로몬은 실로 놀라운 재능과 지능을 구비했으며, 유능한 통치자로서 엄청난 치적을 이루어냈으며, 이스라엘 왕국의 짧은 시기 동안, '황금시대'를 창출했다

---

25) 열왕기상 5:27; 9:20~21; 역대기하 8:7~8; *ABD* Vol.6, 108 참조.

고 여겨질 만하다.[26] 그러나 그가 성취한 혁혁한 업적들이 신적인 구원사의 의미를 측정하는 척도는 아니다. 그가 모든 왕들을 능가하는 치적을 성취했다고 해도, 이것이 신적인 구원사의 의미를 가늠하는 척도가 아니다. 솔로몬의 지혜가 피조물 세계에 중재한 것은, 그럼으로써 그가 피조물 세계를 야웨 하나님의 '이름' 아래서 애굽을 비롯한 근동의 모든 지혜사상과 문화 창출의 원천을 수렴했다는 것이 위대한 다윗 왕과 다른, 솔로몬 특유의 구원사적 업적이라고 생각된다. 그가 벌어들이고 소유하고 향유한 엄청난 재물과 금은보화는 창조자·구원자 하나님의 '이름' 아래서 조명된 피조물 세계의 무한한, 은혜로운 풍요함을 나타낸다. 그의 왕국의 그 풍요함은 모든 나라들에게 열려 있다는 하나의 역사적 패러다임이 아니겠는가! 가나안 땅의 바알 신들과 여신들은 전형적인 자연풍요신들인데, 그것들은 자연현상들의 신격화이며, 왕들의 통치권력의 시종들로서 이들의 자의대로 사용되어 백성들을 노예화하고 노역에 복종하게 함으로써, 자신들의 권력욕을 신격화시키는 이데올로기였을 것이다. 솔로몬이 야웨 하나님으로부터 지혜와 더불어 부를 부여받는다는 것은 피조물 세계의 한량없는 풍요함을 그러한 자연신격화의 풍요신들에게서부터 창조자·구원자 하나님의 이름 아래서 수렴한다는 것을 의미한다. 그렇게 수렴된 풍요함은 백성들의 삶을 창조자·구원자의 이름·말씀으로 풍요하게 함에로 환원되어야 하는데, 솔로몬이 그렇게 했는가? 그의 하루 식량공급과 가축들의 엄청난 분량에 대한 기록(열왕기상 4:22f.)과 그의 식탁에서 먹는 사람들에게 분배된 식량(27~28절)에 대한 기록은 그가 백성들을 비교적 풍족하게 먹고 살게 했다는 추정을 가능하게 한다. 그래도 그는 과도하게 부를 소유하고 향

---

26) *ABD* Vol.6, 105 참조.

유했다고 추정된다. 그는 피조물 세계의 거의 한량없는 지혜와 부를 창조자·구원자 하나님의 한량없는 은혜로 부여받은, 피조물 세계에 대한 하나님의 한량없는 풍요함과 은혜를 대표하는 한 패러다임으로서의 의의를 담지했다고 생각된다. 그렇다고 해도, 우리가 솔로몬이 누린 '영광'을 하나님 '나라와 의'를 구하라는 예수의 말씀(마태복음 6:29, 33 참조)처럼, 솔로몬의 왕국이 신적인 나라의 의를 얼마나 피조물 세계에 중재했는가 하는 구원사의 주제는 역사적 평가로 남겨져 있다. 이러한 신적 의로운 계약법의 요청 앞에서 다윗–솔로몬의 왕국은 역사적으로 특히 이들 이후에 엄청난 시련을 겪게 될 것이다. 어쨌든 다윗–솔로몬이 창조자·구원자 하나님의 의의 주재권을 담지하면서, 그의 이름 아래서, 모든 피조물 세계의 신적인 '의로운 나라' 실현이라는 구원사적 주제를 주제화했다. 이 실현이 바로 모든 역사의 혁명의 종말적 목표다.

다윗–솔로몬 왕국은 구원사적으로 야웨 하나님의 영속성 약속을 담지하나, 그 영속성을 왕국 자체의 것으로 만들지 못한다. 신적인 현재적 임재(Presence)와의 관계에서 그들의 왕국은 실로 영속할 수 있는 빛 아래 놓인다. 그럼에도 불구하고 그 왕국의 신적인 의로운 계약법 위반 때문에 그 신적인 약속은 종말적 미래에로 옮겨질 수밖에 없으며, 신적인 현재적 임재는 그들의 왕국에서부터 가려져 있다. 솔로몬의 '영광'도 신적인 임재를 볼 수 없고 신적인 임재와 영광은 성전의 캄캄한 지성소에 가려져 있다. 그것은 다윗–솔로몬 왕국이 모든 열국들을 대표하여, 신적인 심판 아래 놓여 있다는 것을 대표하여, 동일한 심판 아래 놓여 있다는 것을 의미한다. 그럼에도 불구하고, 신적인 한량없는 은혜와 용서 아래서 그들의 왕국은 신적인 영속성 약속과 종말적 미래의 구원에 대한 희망을 담지하고 모든 열국들에게 중재한 것이다. 다윗–솔로몬 왕국에 대한 야웨 하나님의 영속성 약속은 그러한 종말적 미래를 함축하고 있는 주제이다.

(2) 왕국의 분열, 북이스라엘 왕국의 계약파기와 멸망

위대한 다윗-솔로몬의 통일된 왕국은 팔레스타인 유다 지파를 중심으로 한 남쪽의 '유다 왕국'과 북쪽의 열 지파의 '이스라엘 왕국'으로 분열된다. 분열의 원인은 솔로몬의 방대한 건축 사업에 따른 강제노역에서 발단하는데, 분열의 역사의 주요문제는 대체로 남북 두 왕국들의 왕들을 위시한, 야웨 하나님의 계약법 위반과 이에 대한 신적인 심판으로 주제화된다. 다윗 왕이 신적인 왕권의 구원사적 의미를 중재했다면, 솔로몬 왕은 신적인 한량없는 은혜 아래서 주어지는 피조물 세계의 모든 풍요함과 영광을 수렴하고, 나라를 건설했으니, 그의 나라의 영광은 하나님의 은혜 아래서의 피조물 세계의 영광에 해당한다고 해석되어야 할 것이다. 그러나 열왕기상에 의하면, 그가 건설한 구원사적인 신적인 계약법에 정초된 나라의 토대가 흔들리고 분열되기에 이른 것이다. 계약법 위반은 먼저 애굽의 '노예의 집'에서부터 이스라엘 백성을 해방시키고 자유하게 한 야웨 하나님 이외의 '다른 신들'을 섬기지 말라는 계약법의 근원적 정초를 버리게 된 상황을 말하며, 왕들을 비롯한 이스라엘 백성이 다른 열국들처럼 '다른 신들'을 추종함으로써 야웨 하나님과의 자유하고 의롭고 은혜로운 관계질서가 깨어지고, 이에 따라서 사회악이 자행될 수밖에 없게 된다. '다른 신들'이란 백성들로 하여금 왕적 통치자들의 자의에 봉사하게 하고 이들의 권력의지를 이들 마음대로 행사하게 하고 백성들에게 악을 자행하게 하는 원천으로서 작용한다. 그러한 왕국은 야웨 하나님의 자유하게 하는, 의로운, 은혜로운 신적 원천을 상실하고 인간의 자의적인 권력욕으로 둔갑해 버리곤 한다. '다른 신들' 이란 이미 논했듯이 그러한 권력욕에 이용되는, 백성들의 미신을 조장하고 권력자들에게 복종하게 하는 이데올로기의 상징물이다.

다윗–솔로몬 왕국의 분열은 이미 솔로몬 왕국에서 엿보인다. 열왕기상에 의하면 그 분열의 발단은 먼저 솔로몬이 그의 이방 여인들을 위하여 '다른 신들' 의 신당들을 세우고 분향하고 제의를 행함으로써, 야웨 하나님의 계약법을 위반하는 데서 시작한다. 이에 대한 신적인 심판으로서 팔레스타인 남쪽의 유다 지파와 북쪽의 이스라엘 열 지파들이 갈라지게 되는데, 솔로몬 왕국 내에서 적대자들의 반란들이 야기되는 상황에 맞물려 분열이 야기된다(11:9~13, 14~25 참조). 둘째로 그 분열은 솔로몬의 과도한 건축사업에 따른 강제노역에 결부되어 야기되는데, 강제 노역의 감독을 담당한 북쪽 이스라엘의 여로보암의 반란에서 구체화된다.

열왕기상 12장에 의하면, 솔로몬 사후 그의 아들 르호보암이 왕이 되니, 여로보암과 북이스라엘 백성이 르호보암에게 솔로몬이 백성들에게 메웠던 무거운 멍에를 이제 가볍게 해주면 르호보암 왕을 섬기겠다고 말한다. 르호보암이 장로들과 상의하니, 그들이 권고하기를, "만일 당신이 이 백성들의 종이 되어 섬기고자 한다면, 이들에게 좋게 말하면, …… 그들이 영원히 당신의 종들이 되고자 할 것입니다"(4, 6~7절).[27] 그런데 르호보암은 장로들의 권고를 듣지 않고, 자신과 함께 성장한 젊은이들과 상의하니, 이들은 이렇게 대답하라고 한다. 르호보암이 여로보암과 백성들에게 대답하기를, "내 새끼손가락이 내 아버지의 허리보다 굵으오. 내 아버지가 당신

27) 이스라엘 장로들의 '종' 이라는 말은 노예를 의미하는 것이 아니라, 상대를 존중하는 호칭이다. 여기서 주목할 것은 왕과 백성들의 관계가 동등한 상호관계라는 점이다. 왕과 백성들이 상호적으로 섬긴다는 것은 바로 신명기의 계약법에 근거한 개념이다(신명기 17:20 참조).

들에게 무거운 멍에를 지웠으니, 나는 …… 더 무거운 멍에를 지울 것이요, 내 아버지가 당신들을 채찍으로 다스렸으나, 나는 갈고리 채찍으로 다스리겠소"(14절). 그와 같이 르호보암의 왕권은 처음부터 신적인 계약법이 함축하고 있는 자유와 의와 은혜의 차원의 상실을 풍긴다. 그래서 결국 북이스라엘은 여로보암을 왕으로 처음에 세우니, 이가 북'이스라엘 왕국'의 첫 왕으로서 처음에는 세겜을 나중에는 사마리아를 중심으로 통치하게 되는데, 북 왕국의 계약법 배반의 첫 사례로서, 신명기적 역사는 백성들을 죄짓게 하는 원천으로서 규정한다. 르호보암은 예루살렘을 중심으로 유다 지파의 남'유다 왕국'을 통치하게 된다.

한편, 여로보암은 백성들이 예루살렘 성전에서 제사를 드린다면, 이들의 마음이 르호보암에게로 쏠려 자신을 죽이게 될 것이라고 생각하고, 두 금송아지들을 만들어 북쪽 도시, 베델과 단에 두고, 백성들로 하여금 이스라엘 백성을 애굽에서부터 구출한 '두 신들'이라고, 이에 제사지내게 하고 사제들을 임명한다(28절). 이로 인하여 여로보암은 북이스라엘 백성으로 하여금 야웨 하나님 앞에서 죄짓고 범죄하게 하는 계기를 만들었으며, 그의 왕실은 지구상에서 멸절되기에 이르렀다는 것이다(13:32, 33, 34; 14:1~16 참조).

다른 한편, 솔로몬의 아들 르호보암도 열왕기상에 의하면 여로보암과 마찬가지로 종교적으로 타락하고 남유다 백성들도 남신들과 여신들을 위하여 신당들을 세우고, 다른 열국들처럼 남창제의를 자행한다(14:21~24 참조). 르호보암의 왕권을 승계한 그의 아들 아비얌도 그의 아버지와 마찬가지로 온갖 범죄를 자행한다(15:1~8 참조). 북 왕국 여로보암의 전철을 밟은 그의 아들 나답에 이어 나답의 아들 바아아사가 왕위를 승계했는데, 이때에 남유다 왕국과의 전쟁이 끊이지 않았다(15:32). 남유다와 북이스라엘의 타락 상황들이 상호비등하다. 북이스라엘의 오므리(Omuri) 왕조를 주목하자면, 이 왕조는 국제적으로 알려진 기록이 있다.[28] 오므리는 사마리아를 수도로서 정비한다(16:24). 그런데 그는 여로보암을 능가할 정도로 악을 자행했다는 것이다(16:25f.). 남유다 왕국의 아사 왕의 통치 38년째에 오므리의 아들 아합(Ahab)이 북이스라엘을 통치하기 시작했는데, 시돈인들(Siddonians=Phoencians)의 왕의 딸 이세벨과 결혼하고, 이세벨의 바알 신과 풍요 여신 아세라를 추종하고 이들의 신당들을 세우고, 전대의 왕들을 능가하는 악을 자행했다는 것이다(16:29~33).

이제 우리는 열왕기상 17~19장과 열왕기하 1~2장에 서술되어 있는 북 왕국의 특유한, B.C. 9세기 중엽의 엘리야(Elijah)에 관한 이야기를 고찰함으로써, 북 왕국뿐만 아니라 남유다 왕국의 어두운 부정적 역사를 넘어서는 영원한 구원사적 미래의 희망의 빛을 밝히고자 한다.[29] 엘리야는 아합 왕과 그의 아내 이세벨의 바알 신, 비를 주관하는 풍요 신에 야웨 하나님의 이름으로 도전하여, 자신의 '말씀'의 권위 없이는 그 땅에 비 한 방울도 내리지 않게 하겠다고 아합에게 선언한다(열왕기상 17:1). 엘리야는 여기서 창조자 야웨 하나님의 창조의 '말씀'의 능력을 대행하여 선언한 것이다. 사실 그 땅에 만연하고 있는 가뭄과 기아의 현상을 계기로 선언되는 '말씀'이다. 엘리야는 요르단 강 동쪽으로 가서 한 냇물을 마시라는 말씀의 지시

---

28) 구약성서 밖의 모압족 석판(Moabite Stone)의 기록에 의하면, Omri는 Moab을 정복했으며, Assyria 기록들은 오랫동안 이스라엘을 '오므리 왕가의 땅(The Land of the House of Omri)' 이라고 일컬었다고 한다. B.C. 9세기의 왕소는 비교적 강력했던 것 같다(*RSV*). 그러나 신명기적 역사가는 Omri의 아들 Ahab 왕과 그의 이방 여인 Jezebel이 여로보암을 능가할 정도로 백성들로 하여금 이방신들을 추종하게 하고 범죄함으로써 야웨 하나님의 혹독한 심판 아래서 몰락하는 것으로 기록한다.

29) *RSV*에 의하면, 열왕기상 17장에서부터 열왕기하 10장에 이르기까지, 여기서 서술되는 Elijah → Elisha 예언자들과 북 왕국에 관한 이야기들은 북 왕국의 사료에 근거한 것이며, B.C. 721년 북 왕국의 멸망 이후, 남유다 왕국으로 전래되어 최종적으로 편찬된 것으로 추정된다.

를 따르며, 까마귀들이 물어다주는 빵과 고기로 연명하며(17:3~7), 또 야웨의 '말씀'으로 그는 시돈 땅으로 가서 거하도록 지시받고, 그 땅의 이방 여인, 먹을 것이 없고 연명하기도 어려운 가난한 과부에게 물과 떡을 가져오라고 부탁하는데, 야웨 하나님의 능력으로 그 여인과 아들에게 양식이 떨어지지 않게 하고, 또 그 과부의 죽은 아들을 살려낸다(17:8~24 참조). 죽은 아이를 실제로 살려냈는가 하는 것이 문제가 아니라, 바알 신이나 아세라 여신이 아니라 야웨 하나님의 '말씀'이 생명을 주관한다는 것이 이 이야기의 초점이다. 18장은 가르멜 산에서의 엘리야와 바알 신들의 예언자들과의 대결의 이야기를 말해 주는데, 그는 우선 자기의 생명을 걸고 아합을 만나야 한다. 이세벨이 야웨 하나님의 예언자들을 죽였으며, 아합이 엘리야를 두루 수배했으나 만나지 못한 것 같다. 이제 아합을 대변하기 위하여 아합의 집을 돌보는 예언자 오바디아의 중재로 아합이 엘리야를 만난다. 오바디아는 이세벨이 핍박하는, 야웨 하나님의 예언자들을 숨겨주고 먹여준 예언자인데, 이가 살아있다는 것은 북 왕국의 종교가 혼합종교였다고 추측되며, 이러한 상황은 남유다 왕국에서도 마찬가지였을 것이다. 엘리야는 아합에게 모든 백성과 바알의 예언자 4백 명과 아세라의 예언자 4백 명을 가르멜 산으로 모이게 하라고 요청하고, 언제까지 야웨 하나님과 바알 사이에서 절룩거리며 오락가락할 것이냐고, 야웨 하나님을 추종하라고 한다. 엘리야는 황소 두 마리를 요청하고, 그들로 하여금 그 하나를 장작 제단에 놓고 불을 붙이고, 그들의 신의 이름을 부르라고 명한다. 바알의 예언자들이 아침부터 한낮이 되기까지 자신들의 몸에 칼과 창으로 상처를 내어 피를 흘리면서 접신한 듯이 외쳐댄다. 그러나 아무런 응답이 없다. 그때에 엘리야는 남북의 온 이스라엘을 상징하는 12개의 돌로써 야웨의 제단을 쌓고, 제단 주변에 도랑을 만들고, 제단 위에 황소를 놓고, 네 항아리의 물을 그 위에 세 번 부으라고 하고, "오 야웨시여, 나에게 응답하소서, 이 백성이 당신께서 야웨 하나님이시라는 것을, 또 당신께서 저들의 마음을 돌이키셨음을 알도록, 나에게 응답하소서" 하고 기도하니, 불이 떨어져 제물, 장작, 돌들, 먼지까지 태우고, 도랑의 물까지 말려버리니, 백성들이 야웨께서 참 하나님이시라고 고백한다. 엘리야는 그들로 하여금 바알의 예언자들을 다 잡아죽이게 한다. 그리고는 비가 내리고 북 왕국의 기근이 해결됨으로써 비를 주관하는 이가 바알이 아니라 야웨 하나님이라는 것을 엘리야는 확증하고 승리한다(18:41~46 참조).

열왕기상 19장에 의하면, 이세벨이 죽이려 하자, 엘리야는 남쪽 유다의 사막 브엘세바로 도망가 야웨께 사느니보다 차라리 죽게 해달라고 애걸하는데, 야웨께서는 그에게 먹을 것과 마실 것을 주어 기운을 차리게 하고, 호렙(Horeb 산, 유다 전통에서는 Sinai 산)으로 이끈다.[30] 한 동굴에서 지내는 엘리야에게 야웨의 말씀이, "네가 여기서 무엇을 하고 있는가?" 물으니, 엘리야가 "나는 이스라엘 백성이 당신의 계약을 버리고, 당신의 제단을 허물고, 당신의 예언자들을 죽이고, …… 오직 나만이 남아 있는데, 저들이 내 목숨을 빼어가려고 합니다"라고 대답한다. 야웨께서 "앞으로 나아가서 야웨 앞에 있는 산 위에 서거라"고 말씀한다. 그리고 야웨께서 지나가시는데, 한 강한 바람이 그 산을 뒤흔들고 바위들을 산산조각 낸다. 이 무시무시한 현상은 야웨 하나님의 현현(Theophany), 즉 현재적 임재(Presence)를 표시한다. 그러나 야웨께서는 그 바람 속에도 아니 계시고, 그 지진 후에 불이 붙었으나 그 속에도 아니 계신데, 엘리야는 불이 붙은 후에 '한 작은 소

30) 엘리야는 여기서 Sinai 산에서의 야웨 하나님의 임재에 의하여 이스라엘과의 계약 체결을 중재한 모세와 마찬가지로 새롭게 계약의 하나님을 이스라엘 전체에 중재하는 역사적 위치에 서 있다. 그래서 엘리야는 '모세의 재현'(Moses redivivus)이라고 해석된다. *ABD* Vol.2, 464f.; *The Jerusalem Bible*, 447 참조.

리'를 듣고서 얼굴을 가리운다. 야웨께서 시나이 산에서 모세에게 현현했듯이(출애굽기 20장), 여기서 엘리야에게 나타나시나, 그의 임재와 임재하는 공간이 불가시적이다. 시간과 공간은 창조자·구원자 하나님이 피조물 세계와 역사에 관계하는 차원이며 질서다. 그는 피조물 세계와 관계하는 시공을 그의 자유로 한정하고 구체화한다. 그에 의해서 한정되지 않은 피조물의 시공은 있을 수 없으며, 피조물의 존재의 모든 관계성이 시공의 한정성에서 가능하다. 한정된 시공은 측정 가능하다. 그러나 모든 시공의 창조자 하나님의 현재적 임재는 그의 자유에 의해서 결정되고 무한한 시공의 차원이기 때문에 피조물 인간에게 불가시적이다. 그러나 그의 '말씀' 혹은 '소리'가 인간의 시공의 한정성을 돌파하여 엘리야에게 들려온다.

야웨의 '작은 소리'는 엘리야에게 다마스커스의 광야로 가서 하자엘(Hazael)을 왕으로 세워 시리아를 다스리게 하라고, 예후(Jehu)를 기름부어 북이스라엘을 다스리게 하라고, 엘리사(Eisha)를 기름부어 엘리야를 승계하는 예언자로 만들라고 말씀한다(19:9~16 참조). 이들은 다 야웨 하나님의 심판을 대행할 인물들이다(19:17~18 참조). 야웨 하나님은 남유다 왕국과 북이스라엘 왕국 외의 열국들에 대해서도 섭리한다는 것이 여기서 시리아의 왕 하자엘에게서 예증된다. 엘리야의 엘리사 소명이 이루어진다(19:19~21).

아합이 이세벨의 잔인무도한 음모에 힘입어 나봇의 포도원을 탈취하는 이야기가 21장에 나온다. 아합은 자신의 궁전 근처에 있는 나봇의 포도원을 갖기 위해 대신 다른 포도원을 줄 것이니 달라고 요청하였으나, 나봇이 조상들의 유산을 양도할 수 없다고 거절한다. 조상들의 유산이란, 여호수아의 가나안 땅 점령과 땅의 재분배의 전통에 근거한, 궁극적으로 야웨 하나님에게서 받은 유산으로서 매매되거나 양도될 수 없는, 땅과 물질세계와 직결된 구원사적 신앙을 전제하고 있다. 아합이 상심하여 음식을 취하지 않고 앓다시피 하니, 이세벨이 음모를 꾸며, 백성들에게 포고문을 보내고, 나봇을 포박하게 하고 두 무뢰배들로 하여금 나봇이 야웨 하나님과 왕을 저주했다고 고발하게 하여, 백성들이 그를 돌로 쳐 죽이게 하라는 음모를 성사시킨다. 그렇게 이세벨이 나봇의 포도원을 빼앗아 아합에게 바친다. 엘리야가 "개들이 나봇의 피를 핥은 자리에서 당신(아합) 자신의 피를 핥을 것이라"고 야웨 하나님의 심판을 선언한다(21:19). 그 후에 아합이 시리아와의 전쟁에서 죽고, 그 형벌의 저주가 성취되었다는 것이다(22:35, 38). 아합의 아들 아하지아(Ahazia)와 이를 승계한 형제 여호람(Jehoram)에게서 강력해 보이던 오므리 왕조는 끝장난다(열왕기하 1장).

열왕기하 2장에는 엘리야가 회오리바람에 싸여 승천하는 기사가 나온다. 엘리야가 승천하니,31) 그의 영이 엘리사에게 머무른다(15절). 창세기 5장에 나오는 의로운 자 에녹과 엘리야의 승천은 유한성이라는 피조물 인간의 몸이 신적인 영원성에 참여할 수 있는 가능성과 현실성을 예증화하는 것이다. 그러한 성서적 기록은 일반적으로 원시 신화라고 여겨질 수 있으나, 구약은 그렇게 신화적으로 보이는 것을 역사화시킨다는 사실이 잘 주목되어야 한다. 여기서는 '유한한 것은 무한할 수 없다'(*Finitum non capax infiniti*)라는 통념, 시간의 한정성의 극복의 가능성이 창조자·구원자 하나님의 자

31) 히브리 성서에는 네 인물들이 Elijah라는 이름을 가지는데, 여기서 주목되는 예언자 Elijah가 가장 특유하다. 의로운 자가 살아서 승천한다는 경우는 구약성서에서 창세기 5:21~24에 나오는 Enoch과 열왕기하 2장에서 서술되는 엘리야이다. 에녹에 관한 선통들의 수집문서들 중에 'The First Book of Enoch (고대의 Ethiopia 번역, Aram어의 Greek 번역으로부터)' 에 의하면, 의로운 Enoch은 마지막 날에 종말적인 신적 최후 심판의 전령자·담지자이다(*ABD* Vol.2, 509~516 참조). 말라기 4:5~6에서 엘리야는 '야웨의 날', 즉 그의 최후 심판에 도래할 예언자다. 엘리야는 묵시록 문서들에 나타난다(*ABD* Vol.2, 463~466 참조). 후론할 것이지만, 신약성서에서도 엘리야는 모세와 더불어 종말적 구원의 날에 부활한, 예수의 도래에 앞서 나타날 예언자이다(마가복음 9:2~8, 11~12; 마태복음 17:3~4, 10~13; 누가복음 9:30, 33 참조). 우리는 여기에서 성서의 구원사-종말론의 특징적인 시간 개념을 간취한다.

유하고 한량없이 은혜로운 결정에 의하여 주어질 수 있다는 것이 예증화되고 있다. 신적인 영적 차원과 피조물 세계의 물질 차원의 통념적인 이원론도 그의 자유와 은혜에 의해서 극복될 수 있는 것이다. 그런데 에녹과 엘리야의 승천은 무시간 속으로, 어떤 추상적인 영원에로 잠적한 것이 아니다. 에녹과 엘리야는 불가시적인 신적 무한공간에서 시간·역사와 더불어 존속하다가 구원의 마지막 날에 다시 가시적으로 나타날 것이다(주 31 참조).

이제 엘리야를 승계한 엘리사도 야웨 하나님의 이름으로 여러 가지 기적들을 수행하는데, 열왕기하 5장에서의 시리아 왕의 총애 받는 군사령관 나아만의 문둥병 고침의 이야기를 보자면, 그는 엘리사의 지시대로 요르단 강물에 일곱 번 몸을 담그고 깨끗하게 치유되어 엘리사에게 와서, "나는 이스라엘 이외의 어느 땅에도 하나님은 아니 계시다는 것을 알겠소"라고 말하며(15절), 상당한 선물을 엘리사에게 제공하려고 하나, 엘리사는 받지 않는다. 나아만은 엘리사에게 나귀 두 마리에 실어갈 흙을 달라고 요청하는데, 그 흙을 밟으면서 야웨 하나님에게만 번제를 드리겠노라고, 그러나 시리아 왕과 더불어 림몬(Rimmon) 신에게 경배해야 하는 것을 용서하라고 간청한다(17~18절). 엘리사는 그의 청을 은혜롭게 허락한다. 엘리사의 시종 게하지(Gehazi)가 그 선물에 대한 욕심이 발동하여 나아만을 뒤쫓아가 선물을 받아내니, 엘리사의 저주로 게하지는 문둥병에 걸리게 된다(20~27절). 그처럼 엘리사는 예언자로서 은혜로운 기적들을 행하는데, 다른 신을 섬겨야 하는 시리아인도 병 고침의 은혜를 받음으로써 야웨 하나님의 은혜로운 주재권의 보편성이 엘리야에게서처럼 엘리사에게서 예증화된 것이다.

열왕기하 9장의 이야기를 보자면, 엘리사가 자신의 제자 젊은 예언자로 하여금 사령관인 예후(Jehu)를 기름부어 왕으로 세우게 함으로써 북 왕국의 혁명을 조장한다(1~10절). 예후가 일대 숙청과 혁명을 단행하는데, 때는 아합 왕의 아들 요람(Joram=Jehoram)과 아합 왕가와의 혈연관계를 가지는 남유다 왕국의 아하지아(Ahazia)의 통치 시기이며, 우선 이세벨의 우상 섬기기 음란 행위들과 마법 행위들과 나봇의 포도원 약탈과 살해의 범죄를 들어 이세벨, 요람, 아하지아를 죽여 버린다(17~29절). 이세벨의 경우, 그가 자신을 가장하고 창문으로 내다보다가 활에 맞았는데 환관들에 의해서 내던져지고, 엘리야의 예언대로 나봇의 포도원에서 그의 시체가 새들의 먹이가 된다(30~37). 예후는 아합 가문의 남아 있는 자들, 그의 친지들, 그의 사제들까지 모두 죽여 버린다(10:11). 남유다 왕국의 아하지아 가문의 42명을 죽여 버린다(10:12~14). 예후의 숙청은 계속된다. 그는 바알 신의 모든 예언자들과 숭배자들과 사제들을 '바알을 위한 엄숙한 집회를 거룩하게 하라'는 선포로써 그 숭배자들을 다 바알 신당으로 모이게 하여 번제로 죽이도록 하고 바알신당을 파괴해 버린다(10:18~27). 그러나 예후도 북 왕국의 첫 왕 여로보암이 단(Dan)과 베델(Bethel)에 세운 두 금송아지들을 제거해 버리지 않음으로써 여로보암의 죄로부터 벗어나지 못했다(10:29~31). 예후의 아들, 여호아하즈(Jehoahaz)는 다시 여로보암의 선례를 떠나 여러 신들을 추종하고 악을 자행했다.

B.C. 8세기 후반에 아시리아(Assyria)의 왕 디글랏빌레셀(Tiglath-Pileser Ⅲ)이 북 왕국 므나헴(Menahem)의 통치시기에, 또 북 왕국 베가(Pekah) 시기에 쳐들어와 막대한 재물을 약탈하고 일부 백성들을 포로로 잡아갔다(열왕기하 15:19, 20, 29). 열왕기하 17장은 북이스라엘 왕국의 종말을 말해 준다. 북 왕국의 마지막 왕 호세아 시기에 아시리아 왕 샬마네셀(Shalmaneser Ⅴ)이 B.C. 727~722년에 쳐들어와서 마지막 왕 호세아를 신하로 삼고 조공을 바치게 했는데, 호세아가 애굽과 결탁하고 그 조공을 중단하니, 샬마네셀이

호세아를 투옥하고 북 왕국의 모든 영토를 3년간 포위하고, 백성들을 포로로 아시리아로 잡아갔다(17:3~6). B.C. 721년 샬마네셀을 승계한 사르곤II(이사야 20:1)가 북이스라엘 왕국의 종말을 가져왔다.[32] 사마리아는 여러 종족들의 식민지로 되어버렸다.

열왕기하 17:7~18에서의 신명기적 역사가의 해석을 종합적으로 약술하자면, 북이스라엘 왕국의 멸망은 왕들과 백성들이 야웨 하나님과의 계약, 즉 '다른 신들'을 버리고 '야웨 하나님'만을 구원의 하나님으로서 섬기고 그의 의를 행하여야 한다는 계명을 파기하고, 처처에 바알 신들과 풍요여신들(Asherim)의 신당들을 세우고 제사지냄으로써 가나안 땅에서부터 쫓겨난 다른 열국들의 관행을 그대로 답습하고 사회악을 자행했기 때문이라는 것이다. 왕들과 백성들은 야웨 하나님과의 의로운 계약법을 업신여기고, 열국들의 우상들, 여로보암의 금송아지들, 하늘의 별들, 바알 신들, 여신들을 숭배했고, 그들의 자녀들을 다른 열국들의 관행을 따라 희생제물로 바침으로써, 야웨 하나님의 분노를 촉발하고 멸망을 초래했다는 것이다. 이제 유다 지파만 남아 있게 되었다는 것이다.[33]

(3) 남유다 왕국의 계약파기, 히즈키아 왕의 종교개혁과 구원의 미래 희망

B.C. 8세기 북 왕국의 마지막 왕 호세아 통치 시기 남유다 왕국의 히

32) *RSV*에 의하면, 열왕기하 17:7~18은 열왕기상하 전체에서 가장 중요한 부분인데, 첫째의 신명기적(1st Deuteronomistic historian) 저자의 신학적 관점을 명시해 준다는 것이다.

33) 여기서 신명기적 역사가가 북이스라엘 왕국의 종말과 남유다 왕국의 잔존을 언급하면서 유다 왕국의 멸망을 내다본다는 사실은 두 번째의 신명기적(2nd deoteronomistic historian) 역사가의 편찬을 암시한다는 것이다(*RSV*).

즈키아(Hezekiah) 왕과 B.C. 7세기의 요시아(Josiah) 왕은 대대적인 종교개혁의 산맥이다. 남유다 왕국의 왕들과 백성들도 대체로 야웨 하나님과의 계약을 파기하고, 여러 신상들, 석상들, 바알 신의 상징물 아세라 여신들의 상을 세우고 숭배했다. 히즈키아는 그 모든 것들을 철저하게 제거해 버린다. 그러한 개혁은 다윗 왕이 걸은 길이라고 하며, 야웨 하나님의 의를 따라 그 모든 것들을 철저하게 제거해 버린다(열왕기하 18:1~5).

히즈키아 왕이 아시리아에 저항하므로, 그의 통치 14년째에 아시리아 왕 산헤립(Sennacherib)이 유다에 쳐들어왔는데, 아시리아 군 사령관 랍사게(Rabshakeh)가 히즈키아의 대신들에게 왕에게 전하라 하며 말하기를, 무엇에 의지하여 아시리아에 반역하느냐, 꺾어진 갈대 지팡이 같은 애굽을 의지하느냐, 야웨 하나님께 의지하느냐고 조롱하면서, 아시리아도 야웨의 도움 없이 유다에 쳐들어온 것이 아니라고 한다(열왕기하 18:19~25). 여기서 드러나는 것은 야웨는 아시리아의 여러 신들 중의 한 신으로 여겨지고 있다는 사실이다. 따라서 히즈키아가 신당들을 허물어 버리고 오직 야웨 하나님께만 의지하려는 것을 아시리아는 전혀 이해하지 못했던 것이다. 그래서 랍사게는, 야웨가 구원하리라는 히즈키아의 말을 믿지 말라고, 열국들의 신들 중 어느 신이 아시리아 왕의 손으로부터 그들의 땅을 구원했다는 말이냐고 조롱한다(18:33).

열왕기하 19장에 의하면 히즈키아가 B.C. 8세기의 예언자 이사야(Isaiah)의 조언을 구한다(2절). 이사야가 야웨의 말씀을 선포하기를, "두려워 말라…… 내(야웨)가 그(아시리아 왕)에게 한 영(듣는 영)을 보내리니, 그가 한 소문을 듣고 그의 땅으로 돌아가게 할 것이며, 내가 그를 그 자신의 땅에서 칼에 맞아 죽게 하리라"(6~7절). 아시리아 왕과 랍사게는 예루살렘을 함락시키지 못하고 급급히 철군했는데, 그 왕은 그의 아들들에 의해서 살해되었다는 것이다.[34] 성서의 기록대로 본다면, 랍사게가 다시 히즈키아에게 전령자들과 서신을 보내어 히즈키아가 의거하는 신도 예루살렘이 아시리아 왕에게 함락되지 않게 하리라고 생각하지 말라고 하며 조롱한다. 그러나 히즈키아는 오직 천지를 만드신 야웨 하나님께 구출을 간구한다(8~19절). 20~28절에서 이사야는 히즈키아의 기도에 응답하고 유다를 구원할 야웨의 말씀을 전한다. 야웨께서는 '예로부터', 아시리아 왕이 야웨 하나님을 대적하고, 열국들을 침략하여 황폐하게 하고, 백성들을 낙담하게 하는 모든 일들을 이미 '예로부터' 계획하셨다는 것이며(25~26절; 이사야 37:26), 이제 아시리아 왕의 '코에 쇠고리를 꿰고', 그의 "입에 자갈을 물려 그가 쳐들어온 길로 되돌아가게 하리라"는 것이다(27~28절; 이사야 37:29).[35] 어떤 이유에서든 아시리아 군대는 철군했는데, 이사야는 그것을 야웨 하나님의 '예로부터'의 결정에 의해서 일어난 사건으로서 선포한 것이다. 그러한 신적인 '예로부터'의 결정의 의미는 첫째로 아시리아에 의해서 일어나는 일련의 전쟁 사태들에 현재적으로 관계하는 신적인 시간이 이 사태들 이전의 차원, 즉 '선시간'(Vorzeit)이라는 뜻이다. 둘째로 이 신적인 '선시간'은 역사적으로 현재에서 일어나는 사태들과의 '동시성(Simultaneität)'으로서 이러한 역사적 현재의 불의에 대한 신적인 심판

34) *RSV*에 의하면, 예언자 이사야가 아시리아 왕 살해사건을 미리 알았다고 추정되기는 어렵다는 것이다. 어쨌든 이사야는 아시리아 군대 철수와 그 왕의 살해사건을 야웨 하나님의 섭리와 심판으로 선포한 것이다. 이사야가 그 사태를 실제로 알고 예언했는가 하는 역사적 사실문제를 논외로 하고, 우리는 그의 예언이 야웨 하나님의 선행하는 시간성, 즉 아시리아의 전쟁 사태들, 유다침략과 철군, 산헤립의 살해사건 등 그 모든 일들을 야웨 하나님이 '예로부터 계획했다'는 (19:25) 시간성에 합일한다는 것을 주목해야 한다. 신적인 시간이 역사적 사태들과 동시적이지만, 그 시간은 신적인 '원시간(Urzeit)'을 함축하는, 앞서가는 시간(Vorzeit)이다. 이사야의 예언은 그 선시간(Vorzeit)을 전제하고 있다.

35) *RSV*에 의하면, 아시리아 군대는 애굽 첩경에서 패배했는데, 그 군대의 활줄과 가죽장비를 들쥐들이 먹어버렸기 때문이라고 추정된다. 어쨌든 아시리아는 예루살렘을 점령하지 못하고 철군한다.

의 차원이다. '예로부터' 라는 선시간의 차원은 근원적으로 신적인 창조의 '원시간'(Urzeit)을 함축하고 있으며 동시에 신적인 구원의 미래시간을 열어주는 원천이며, 이 미래시간은 궁극적으로 구원의 성취를 가리키는 '종말시'(Endzeit)를 함축하고 있다. '종말시' 를 함축하는 구원의 미래시간이 바로 이사야의 '남은 자(The remnant)' 예언에 해당되는 시간이다(열왕기하 19:30; 이사야 37:31). '남은 자' 는 아시리아의 침략으로부터 살아남은 유다 백성을 가리키는 것 같기도 하고, 신바빌론에 의한 유다 왕국의 멸망 후에도 살아남은 자들이 다시 뿌리를 내리고 예루살렘으로부터 뻗어 나오리라는 미래를 가리키는 것 같기도 하다. 어쨌든 유다의 '남은 자' 예언은 남유다 왕국뿐만 아니라 북이스라엘 왕국과 세계사의 미래희망의 표식이라는 것을 의미하며, 동시적으로 '남은 자' 는 아시리아의 침략에서부터 살아남은 자들이라고 생각된다.

열왕기하 21:1~26에 의하면 히즈키아를 승계한 므나쎄(Manasseh)와 그의 아들 아몬(Amon)은 히즈키아의 종교개혁을 폐기하고 악한 통치를 자행했다. 므나쎄는 부왕이 파괴해버린 신상들을 다시 세우고, 바알을 위한 제단들과 아세라 여신상을 만들고, 하늘의 별들을 숭배했다. 그의 아들을 희생제물로 바치기까지 했으며, 다른 열국들보다 더 많은 악행을 자행했다는 것이다. 그래서 야웨께서는 예루살렘을 북 왕국의 아합 왕실처럼 허물어버릴 것이라고, 야웨의 백성의 '남은 자들' 도 버릴 것이라고 한다. 므나쎄는 무죄한 사람들의 피를 흘려 온 예루살렘을 피바다로 만들었다는 것이다(16절). 아몬도 므나쎄처럼 악행하고, 우상들을 섬기고, 야웨 하나님을 버렸다. 그의 신하들이 그에게 모반하여 살해해 버린 것이다.

(4) 요시아 왕의 종교개혁에도 불구하고 남유다 왕국의 멸망은 다가온다. 미래는?

열왕기하 22:1~20에 의하면, B.C. 640년 8세 때 왕이 된 요시아는 히즈키아 왕처럼 올바른 다윗 왕의 길을 걸었으며, 재위 18년째, 즉 B.C. 621년에 일대 종교개혁을 단행한다. 그때에 성전수축사업이 벌어졌는데 힐기아(Hilkiah) 제사장이 성전에서 한 율법서 두루마리를 발견했다는 것이다. 그는 그 책을 이미 알고 있었을 것이라고 추정되기도 하는데, 그것을 수축시에 발견한 것으로 왕의 신하들에게 고지한다. 그들은 그것을 여예언자 훌다(Huldah)에게 알렸는데, 훌다도 그것을 이미 알고 있었다고 추정되기도 한다.[36] 요시아는 야웨 하나님에 대한 모든 의식을 예루살렘 성전에로 집중시키고, 왕 스스로 모든 유다 백성들 앞에서 그 계약 책을 읽고, 야웨 하나님 앞에서 계약의식을 거행한다. 왕은 힐기아 대제사장, 사제들, 성전 문지기들로 하여금 성전으로부터 바알, 아세라 신상들을 비롯하여 천체의 신들을 위한 모든 기물들을 이끌어내어 불태워버리게 하고, 유다 왕들이 임명한 우상숭배 사제들을 추방하고, 성전 안에 있는 남창의 집들을 파괴해 버리고, 그 외의 모든 신당들을 파괴해 버리고, 아들딸을 번제로 바치는 이방인들의 악습을 금지시키고, 유다 왕들이 성전 문턱에서 태양에 바치던 말들을 제거해 버리는 등등의 일대 종교개혁을 단행한다. 왕은 북 왕국의 첫 번째 왕 여로보암이 북쪽 땅 베델(Bethel)에 세운 신당과 아세라 여신상을 불태워버리고, 사마리아와 도시들에 있는 모든 신당들을 제거하고,

36) 그 율법 두루마리는 거의 확실히 현 신명기의 최초의 형태를 포함하고 있었을 것, 즉 '제2의 율법서(Deuteronomy)'로서 계약갱신을 위한 모세 전통의 재발견의 문서이다(*RSV*). 그 문서는 북 왕국에서 편찬된 것으로서 그 멸망 이후 남유다 왕국으로 넘어왔다고 추정된 것이며, 신명기적 역사편찬의 근간이다.

그 사제들을 죽이고, 모든 백성들로 하여금 그 계약 책에 씌어 있는 대로 과월절을 지키게 한다. 또 요시아는 영매자들과 마법자들을 추방한다(이상 23:1~24). 그와 같이 다윗–솔로몬 왕국 이래 대대적인 종교개혁을 단행하고 모세 전통의 계약신앙을 재확립한 것이다. 그러나 유다 왕국의 죄악에 대한 야웨 하나님의 심판과 분노는 돌이켜지지 않는다(27절). 요시아는 아시리아의 동맹국인 애굽의 파라오 네코(Neco)와의 접전에서 B.C. 609년 살해되니, 그의 아들 여호아하즈(Jehoahaz)가 왕권을 승계했으나 네코가 이를 물리치고 요시아의 다른 아들 엘리아킴(Eliakim)을 왕으로 세우고 이의 이름을 여호야김(Jehoiakim)으로 개칭함으로써 네코에 예속시켰는데, 요시아의 후계자들이 요시아의 대 종교개혁을 따르지 않고 악행을 자행했다(31~36절).

열왕기하 24:1~17에 의하면, 여호야김 시기에 바빌론의 신흥세력인 신바빌론인들(Neo-Babylonians=Chaldeans)의 왕 느부갓네살(Nebuchadnezzar)이 B.C. 605년(예레미아 46:2) 유다의 아시리아–애굽 지배를 제압하고 유다를 신바빌론 지배 아래 둔다. 신명기적 사가는 야웨께서 바빌론인들을 비롯한 시리아인들과 모압인들로 하여금 유다를 침략하게 한다는 것이니, 그것은 유다의 왕들의 계약파기와 악행 때문이라는 것이다(2~3절). 여호야김과 그 아들 여호야긴(Jehoiachin=Jeconiah)의 통치시기에 느부갓네살이 예루살렘에 쳐들어와 성전과 궁전의 보물들을 다 약탈해갔고 백성들, 고관들, 군인 만 명, 은장이들과 대장장이들을 사로잡아 갔다. 바빌론 왕은 여호야긴을 잡아가고 이의 삼촌 마따니아(Mattaniah)를 유다 왕으로 세우고, 이의 이름을 시드키아(Zedekiah)로 개칭했다. 시드키아가 바빌론 왕에게 항거했기 때문에 바빌론 왕의 제2차 예루살렘 침략과 시드키아 체포와 두 눈을 뽑힌 채 B.C. 587/586년 바빌론에로의 압송이, 항거함으로써 엄청난 참상이 초래된다. 그는 거기서 사망했다고 하며, 예루살렘의 성전, 궁전, 집들은 불태워지고, 예루살렘 성벽들은 붕괴되고, 약탈과 포로이송이 벌어졌으니, 그와 같이 B.C. 587/586년에 유다 왕국의 종말이 일어난 것이다. 유다 백성들의 바빌론 포로기 37년째, 바빌론으로 끌려간 여호야긴(Jehoiachin, 시드키아 직전의 왕)이 당시의 바빌론 왕, 에빌메로닥(Evil-merodach)에 의해서 감옥에서부터 풀려나서 그 왕의 식탁에서 식사도 하고 후대를 받았다는 것이다(25:27~30).[37] 구약학자들은 신명기적 역사가 여호야긴의 그러한 생존을 다윗 왕국 혹은 이스라엘 구원사의 미래희망의 한 징조로서 제시한 것으로 생각하는 경향을 가진다. 그렇게 생각될 수는 있으나, 여호야긴은 이스라엘의 구원사적 미래희망을 담지한다고 생각되기에는 너무 미약하고 불

---

37) 우리는 우리의 저 앞 주에서 Martin Noth의 연구에 의한 '신명기적 사가(Dtr.=Deuteronomist)'를 제시했는데, 여기서 Dtr.에 관한 보충설명을 한 후에, 바빌론 왕에 의한 유다 왕 여호야긴의 석방과 후대에 대한 구약학자들의 해석을 일별하고자 한다. Noth는 바빌론 포로기 중반에 단일한 신명기적 사가에 의한 신명기적 역사편찬을 제창했는데, F. M. Cross는 1973년 그의 *Canaanite Myth and Hebrew Epic* (Cambridge, MA)에서 Noth의 단일한 신명기적 사가 대신 '두 신명기적 편찬자들'을 제창했다. 즉 그는 요시아 왕까지 '첫째 Dtr.' 그리고 포로기 이후의 '둘째 Dtr.'를 추정한 것이다. *ABD* Vol.3, 190 참조.
우리가 이스라엘의 계약사회 공동체로부터 왕정제로의 전환문제를 다루는 맥락에서 이미 논했듯이, '반 왕정적 후기 자료(Anti-Monarchical Late Source)'는 주로 둘째의 Dtr.의 편찬 자료라고 구약학자들에 의해서 추정된다. 그런데 우리가 저 맥락에서 이미 논했듯이, 신명기적 '반 왕정적' 사관은 B.C. 721년 북이스라엘 왕국의 멸망과 587년 남유다 왕국의 멸망에 이르게 된 두 왕국들의 왕들에 의한 계약파기의 역사적 상황들을 반영하는 것이라고 해도, 그러한 '반 왕정적' 사관은 출애굽 모세 전통–가나안 땅에서의 반 왕정적 혁명과 계약사회 공동체 창출이라는 초기 이스라엘 역사에서 발단한 것이며, 우리는 우리의 그 주장을 여기서 다시금 확인해 둔다. 또한 신명기적 역사가가 둘 이상이라고 주장되기도 한다.
구약학자들은 Noth의 신명기적 역사연구가 B.C. 587년의 유다 왕국의 멸망으로 끝나는 것이 너무도 부정적이라고 생각한다. 그래서 그들은 바빌론 유배지의 감옥생활 37년 만에 석방되어 바빌론 왕의 후대를 받았다는 유다 왕 여호야긴(Jehoiachin)을 다윗 왕국의 한가닥 미래희망의 징조라고(열왕기하 25:27~30; 예레미아 52:31~34) 생각하는 경향이 있다. *RSV*에 의하면, '둘째 Dtr.'가 B.C. 560년부터 550년경 그의 역사를 끝맺기 전에 여호야긴이 아직 살아있다는 또 바빌론 왕의 후대를 받는다는 소식을 들었을 것이라고 하며, 이것은 고고학적 연구들에 의해서 부분적으로 입증되었다는 것이다. 그런데 여호야긴이 이스라엘 역사의 미래희망의 한가닥의 희망을 암시해 주는 것 같지만, 그가 이스라엘의 구원사적 미래희망을 담지한다고 필자는 생각하기 어렵다.

확실한 인물이다. 우리는 다음 소항목에서 신명기적 역사 혹은 이스라엘의 구원사적 미래희망을 생각해 보고자 한다.

5) 이스라엘 구원사의 미래희망과 시간

구원사는 이스라엘 왕국시대의 종말로서 미래희망 없이 끝나는 것이 아니라 비록 신명기적 역사가 야웨 하나님의 심판 아래서의 유다 왕국의 멸망으로 끝났지만, 야웨 하나님의 구원의 시간 경륜은 끝나지 않은 것이다. 이스라엘 왕국은 그 부정적인 멸망에도 불구하고 모든 피조물 인간역사를 변혁하는 구원의 궁극적인 미래시간과 보편사적인 영원한 의미를 담지하며 그 구원사적 의미는 창조자·구원자 하나님이 살아계시고 또 피조물 세계사를 섭리하는 한 영원하다. 그러한 영원한 미래와 구원의 미래에 대한 희망이 예언자적·신명기적 역사 서술에 함축되어 있기 때문에 그 역사의 미래희망은 열려 있다.

(1) 신명기적 구원사의 미래희망과 시간

신명기(Deuteronomy, 제2의 율법)는 유다 왕국을 포함해서 특히 북 왕국의 왕들과 백성들의 신적 계약파기의 상황에서 과거 모세의 출애굽-계약법 전통을 현재에로 되살려내고 미래희망을 열어주는 모세오경에 귀속된 문서, 계약갱신을 위한 문서로서, 이미 말했듯이 북 왕국 멸망 후, 유다 왕국으로 전래되어 B.C. 621년 요시아의 대 종교개혁의 토대가 된 것이라고 추정된다. 모세 전통의 계약법은 신적 창조의 원시간(Urzeit)을 배후에 전제하고 역사적 현재에서 새롭게 해석되고 예언자적으로 미래희망과 시간을 열어준다.

야웨께서 가나안 땅의 여러 족속들을 그 땅에서부터 쫓아내고 그 땅을 이스라엘 백성에게 부여한 것은, 이 백성이 의롭기 때문이 아니라 그 족속들이 불의하고 사악하기 때문이라는 것이며, 이스라엘이 그들처럼 야웨 하나님 이외에 '다른 신들'을 추종하고 악을 자행한다면, 이 백성도 그 땅에서부터 쫓겨나리라는 것이다(신명기 9:4~5; 4:27~29). 이것이 신명기적 역사관이다. 이 구절은 북이스라엘 왕국–남유다 왕국의 멸망을 전제하는 서술이라고 추정된다. 이스라엘 백성이든 타 족속들이든 땅을 차지하고 나라와 사회집단 혹은 나라를 세우고 산다는 것은 창조자·구원자 하나님의 은혜 아래서 이루어지는 역사적 현실이라는 것이며, 이스라엘 백성의 가나안 땅 점령은 그러한 신적 은혜를 현실화하는 계시 사건이다. 이스라엘의 구원사는 바로 그 은혜의 선포에서 야웨 하나님–이스라엘의 계약관계에서, "너희는 내 백성이니, 나 이외의 다른 신들을 섬기지 말라"는 계약법의 근원적 요청에서 시작한다. '다른 신들'이란 인간역사의 통치권력욕을 비롯한 온갖 불의한 자화상들이다. 그렇기 때문에 구약성서에서 야웨 하나님의 의로운 계명들에 대한 배반은 사회적 악행의 원천이고 사회적 악행과 동일화되어 묘사되어 있다. 야웨 하나님의 은혜는 이제 그러한 역사적 현실에 대한 부정적 심판과 형벌로서 선포되는데, 이스라엘 백성의 가나안 땅 점령과 그 땅에서 타 족속들의 추방이 한편으로는 신적인 용서와 은혜이고, 다른 한편으로는 신적인 부정적 형벌과 심판의 역사적 현실로서 선포된다. 이제 이스라엘 백성이 아시리아와 바빌론에 의해서 신적인 심판 아래서 멸망하고 그 땅에서부터 쫓겨나게 된 것이다. 이스라엘의 구원사는 이제 끝장난 것인가? 아니다. 구원사의 핵심적 의의는 역사혁명이다.

이스라엘 백성에게 부여된 가나안 땅 약속, 출애굽, 계약법 부여, 계약사회 공동체 건설, 이스라엘-유다 왕국의 멸망이 야웨 하나님의 의로운 역사 경륜이라면, 그 멸망 자체도 구원사적 의의를 가진다. 이스라엘이 가나안 땅을 점령하고 그 땅에서부터 야웨 하나님의 의로운 주재권에 역행하는 족속들을 쫓아냄으로써 그의 의로운 심판을 행사했으나, 이제 이스라엘이 아시리아-바빌론에 의한 그 동일한 신적 신판 아래서 그 땅에서부터 쫓겨나 바벨론 포로가 된 것이다. 그런데 이스라엘이나 타 족속들이나 모두 창조자·구원자 하나님을 배반하고 악을 자행하였음에도 창조자 하나님의 땅에서 살도록 허락된 신적인 긍정적 '은혜'가 신적인 부정적 심판보다 앞선다. 이스라엘의 신적인 선택, 선택받은 이스라엘은 그러한 신적인 은혜와 심판을 모든 열국들에 대하여 증언한다는 의미에서 구원사적 영원한, 모든 피조물 세계역사의 구원사적 의미를 담지하는 영원한 의의를 가진다. 이스라엘의 구원사는 본래부터 이스라엘 백성을 비롯한 세계역사에 대한 신적인 의로운 심판을 내포하고 있으며, 그러한 신적인 긍정적 은혜와 부정적 심판을 담지함으로써 세계사 혁명을 중재하는 영원한 의의를 가진다. 창조자 하나님의 은혜로운 용서와 허락 없이 죄된 인간사회와 역사는 도대체 존속할 수 없을 것이며, 그 존속의 원천이 바로 신적인 은혜로운 시간에 의해서 가능하다. 창조자 하나님의 은혜는 인간의 사회역사의 불의한 권력욕과 점유욕, 범죄와 악행에 대한 그의 의로운 심판과 부정에 의해서 사회역사로 하여금 변혁하게 하는, 은혜로운 부정적 계기로서 역사(役事)한다. 신명기적 구원사는 창조자 하나님의 긍정적인 은혜와 부정적인 심판 아래서 모든 역사의 존속과 멸망을 예증화한 증언이다.

신적인 긍정적 은혜와 부정적 심판은 사회역사의 존속과 변혁을 가능하게 한다. 그 자체의 어떤 변증법적 논리나 형평성의 원리가 아니다. 그것은 신적인 자유한 경륜에 의해서 결정되는 것이다. 신명기 5:9~10에 의하면, 야웨 하나님은 "나를 미워하는 자에게는 본인들뿐 아니라 후손들 삼사대까지 갚겠으나, 나(야웨)를 사랑하고 나의 계명들을 지키는 자들에게는 수천 대까지 불변의 사랑을 베푼다"는 것이다. 3, 4대까지 미치게 되는 신적인 심판은 대단히 짧게 한정된 것이지만, 수천 대에 미칠 신적인 사랑은 영속적인 은혜를 암시한다. 우선 여기서 우리가 주목할 것은 신적인 은혜와 사랑이 구원의 시간·역사 존속의 원천이라는 것이며, 신적인 심판과 형벌은 역사적 존속의 시간을 박탈하는 차원이라는 것이다. 후자도 전자와 마찬가지로 신적인 은혜의 차원이며 이 양 측면은 구원사의 핵심 주제들이다. 그런데 전자가 후자를 한정하고, 시간적으로 길다. 따라서 어떤 의미로든 신명기적 역사는 유다 왕국의 멸망으로 끝장나버리는 것이 아니다. 야웨 하나님의 은혜와 사랑에 의하여 탄생하고 존속한, 그의 심판 아래서도 존속한 이스라엘-유다 왕국 자체가 시간·역사적으로 멸망이라는 결정적인 부정적 종말을 가져왔다고 해도, 그 역사 자체 안에 증언되어 있는 구원사적 영원한 미래, 야웨 하나님의 의로운 주재권을 담지하는 메시아 왕권, 엘리야와 엘리사와 같은 예언자적 증언들, 히즈키아와 요시아 왕들의 종교개혁 업적들에서 증언된 영원한 구원사적 미래는 부정적으로 종결되어 버린 것이 아니며, 영원한 미래에로 이스라엘-유다 왕국을 열어놓는다. 그러한 영원한 미래희망은 바로 창조자·구원자 하나님의 은혜롭고 의로운 나라의 성취이니, 이것이 바로 신명기적 구원사의 주제이며 종말적 목표다. 그러므로 신명기적 역사는 영원한 희망과 종말적 미래혁명에로 열려 있다.

(2) 유다 왕국의 멸망과 예레미아의 예언

예레미아는 유다 왕국의 멸망을 구원사적으로 고통 속에서 시인하면서, 이 부정적 종말을 넘어서는 미래희망을 역력히 보여준다. 고난의 예언자 예레미아는 유다 왕국 멸망 시기에 이 멸망을 필연적인 것으로서 받아들이는데, 이것이 바로 야웨 하나님의 심판에 대한 역사신앙에서 가능한 것이다. 유다 왕국의 멸망을 필연적인 것으로서 예언하고 그 고통을 짊어짐으로써 예레미아는 유다 왕들, 사제들, 다른 거짓 예언자들, 백성들에 의해서 모진 핍박을 겪는다. 요시아 왕의 아들 여호야김(Jehoiakim) 통치 시기의 예레미아 성전설교(26:1~6)에 의하면, 만일 유다 백성이 야웨 하나님의 말씀을 듣지 않고 그의 율법의 길을 걷지 않는다면, 야웨께서는 성전을 황폐하게 할 것이며 예루살렘은 열국들에게 저주가 되게 하리라고 외친다. 그러한 설교를 듣자, 사제들과 다른 예언자들과 백성들이 그를 잡아죽이려 한다. 왕실 관리들 앞에서 자기방어에 의해서 예레미아는 풀려난다(7~19절). 요시아 왕의 다른 아들 시드키아(Zedekiah)의 통치 초기에 예레미아는 야웨의 말씀을 이렇게 선포한다. 즉

> 가죽끈으로 멍에를 만들어 너희 목에 걸어라 ……
> 그리고 여러 나라 왕들에게 말하라 …… (중략) 이제
> 내가 이 모든 땅들을 나의 종 바빌론 왕
> 느브갓네살(Nebuchadnezar)에게 넘겨주었노라 …… .
> 모든 열국들이 그와 그의 아들과 손자를 섬겨야 하느니라 ……
> 나는 들판의 짐승들까지도 그에게 맡겼노라.
> 많은 열국들과 왕들이 그를 그들의 노예로 만들 때가 오겠지만,

모든 열국들은 그와 그의 아들과 손자를 섬겨야 하리라.

(27:2, 3, 6~7)

근동의 나라들을 정복하고 재규합하는 느부갓네살이 야웨 하나님의 '종' 이라는 것은 그가 신적인 심판의 대행자라는 것이며, 이러한 예레미아의 선포는 신명기적 역사 개념과 동일한, 세계사에 대한 이스라엘의 구원사의 보편적 의의를 나타낸다. 바빌론도 물론 야웨 하나님의 은혜와 심판 아래 선다. 예레미아는 자신의 목을 걸고, 바빌론 왕의 멍에를 짊어지고 섬기라고 역설하며, 성전과 왕국의 모든 기물들, 보물들, 모든 귀족들이 바빌론으로 끌려가리라고 선언한다(27:12~15). 하나니아(Hananiah)는, 그와 달리, 이렇게 말한다. 즉 "나(야웨)는 바빌론 왕의 멍에를 꺾었다. 두 해 안에 나는 야웨의 전의 모든 기물들을 이 자리에 되돌아 오게 하리라. …… 나는 모든 포로들을 이 자리에 되돌아오게 하리라. …… 내가 바빌론 왕의 멍에를 꺾을 것이다"(28:2~4). 그리고 하나니아는 예레미아의 목에서부터 멍에를 벗겨 꺾어버렸다(28:10). 하나니아에게는 야웨 하나님의 이름이 아직도 불의한 유다 왕국과 백성들의 보호를 위한 이데올로기로 여겨진 것이다. 하나니아의 아들이 예레미아를 붙잡아 대신들에게 넘기니, 이들이 예레미아를 매질하고 투옥한다. 그는 시드키아에게 예루살렘도, 왕 자신도 바빌론에 넘겨지리라고, 예루살렘에 남아 있는 자는 칼에 죽거나 기근과 질병으로 죽는다고, 바빌론으로 가는 자는 살아남을 것이라고 선언한다. 유다 대신들이 예레미아를 죽여야 한다고 하니, 시드키아는 그를 그들의 손에 맡긴다. 그들이 그를 끈에 매달고 근위대 울안에 있는 진흙 구덩이에 던져버려 굶어죽게 만든다. 시드키아의 내시, 에티오피아 사람이 시드키아에게 간청하여 그를 구출해 내니, 그는 시드키아에게 바빌론 왕에게 항복하면 살

것이라고, 예루살렘과 왕궁은 불타지 않을 것이라고 말한다(이상 32:1~5; 37; 11~21; 38; 14~18). 그러나 시드키야는 이미 말했듯이 바빌론에 항거하고 비참한 죽음을 겪는다.

바빌론으로 끌려간 포로들에게 보내는 예레미아의 서신(29:1~23)은 그들이 빠른 시일 내에 팔레스타인으로 되돌아오리라는 잘못된 기대를 염려하여 이렇게 말한다. 즉 그들이 바빌론에서 집들도 세우고, 그곳 산물들을 잘 먹고, 아내도 맞이하고, 아들딸도 낳아 결혼도 시키고, 그곳 도성의 복리를 추구함으로써 복리를 얻으라고, 야웨께서 보내시지 않은 점쟁이들에게 속지 말라고 권고하면서, 70년이 지나면 야웨께서 포로들을 되돌아오게 하리라고 예언한다(29:10). 그때에는 바빌론이 야웨 하나님의 심판 아래 놓이게 되리라고 그는 내다본 것이다(25:12). 지금 바빌론 왕이 유다에 대한 신적인 심판을 대행하지만, 바빌론과 열국들이 야웨 하나님의 '분노의 술잔'을 마시고 그의 심판 아래서 멸망하리라고 한다(25:15~29). 그와 같이 예레미아는 자신의 생명의 위협에도 불구하고, 바빌론의 멍에를 목에 걸고, 신적인 심판 아래서의 자신의 나라의 멸망을 받아들이라고 왕들과 왕족, 대신들과 백성들에게 선포하고, 또 그와 같이 모든 열국들을 신적인 심판 아래 세운다.[38] 신명기적 역사와 예언자들에게서 주제화된 신적인 은혜

38) 구약학에서 일반적으로 '보상과 벌(Reward and Punishment)'이라는 신명기적 도식, 즉 하나님과의 관계에서 우리가 그의 계명들을 지키면 그의 '보상(Reward)'을 받고, 위배하면 심판의 '형벌'을 받는 도식이 도전받게 되었다는 것이다. 왜냐하면 유대교의 맥락에서 볼 때, 세계의 통치 지배자들에 대한 투쟁들에서 야기되는 의로운 자의 고난과 죽음이라는 역사적 현실에 그 도식이 부합하지 않기 때문이라는 것이다. *ABD* Vol.3, 1060 참조. 우리가 나중에 고찰할 것이지만, 의로운 자의 고난이 제2 이사야(40~55장)에서의 의로운 자, '야웨의 종'의 대속적인 고난과 죽음에 '보상과 벌'이라는 개념이 적용될 수 없다. 그런데 신명기적 역사 개념과 예언자들에게서 주제화된 신적 심판 혹은 최후 심판은 여러 상대적인 경우들에 해당하는 '보상과 형벌' 도식과 동일한 것일 수 없다. 이 경우에 신적인 심판은 신적인 '의와 은혜(Righteousness and Grace)' 개념과 직결되어 있다. 가령 출애굽 사건은 노예화된 이스라엘 백성의 신적인 긍정적 은혜로운 구원을 의미하지만 애굽 제국의 파라오에게는 신적인 심판을 의미하며, 신적인

와 의, 이에서 발원하는 신적인 부정적 심판은 세계 사회 역사에 대한 변혁과 혁명의 근원적 원리이며, 이것이 시간의 유한성과 존속의 원리이다. 그러나 야웨 하나님은 부정적 심판을 자유로 한정하고 다시 미래와 희망을 이스라엘 백성에게 열어준다는 신앙이 신명기적 역사에 함축되어 있으며, 예레미아의 미래 예언에서도 확연하다. 그러한 역사신앙은 신적인 자유하고 의롭고 은혜로운 미래 혁명과 구원의 원천이며, 신명기적 역사에 영원히 살아 있다.

계약은 이 백성에 대한 한량없는 은혜이면서 동시에 의로운 심판으로서 작용하기도 하며, 이 관계설정이 신적인 '의와 은혜'에 해당한다. 신적인 부정적 심판은 그 은혜롭고 의로운 관계와 계명들이 위배될 때에 선포되는 개념으로서, 여전히 신적인 '은혜와 의' 개념에 포괄된다. '보상과 벌'은 신적인 '은혜와 의'에 의해서 성립된 계약관계의 현실 안에서 사용될 수 있는 하위개념으로 생각될 수 있다. 신적인 '보상'은 신적인 '은혜와 의' 개념 아래서, 신적인 '벌'은 신적인 심판 아래서 생각될 수 있다. 신적인 은혜롭고 의로운 계약-계약법은 신적인 요청과 심판을 포괄한다. 이때의 심판 개념은 보상에 대하여 상대적인 '형벌' 개념을 능가하는, 인간의 불의한 사회 역사에 대한 근원적인 부정을 의미한다. 신적인 은혜와 의와 심판이 바로 세계의 사회 역사의 변혁과 혁명의 근원적 동력이다. 이스라엘 백성의 가나안 땅 점령, 초기 계약사회 공동체와 이스라엘-다윗 왕국의 역사가 바로 그러한 신적 변혁과 혁명의 동력을 예증화한 것이다. 그 왕국이 신적인 심판 아래서 멸망했다고 해도, 그 역사 자체 안에 새로운 은혜로운 미래와 희망을 열어주는 영원한 요인들이 내포되어 있다.

7

바빌론 포로, 이스라엘 백성의 예루살렘 귀환, 유대교 시대

여기서 우리는 역대기(Chronicles 상·하) 계보에 속하는 에즈라-느헤미아, 구약성서의 역사문서들의 마지막 부분을 고려하고자 한다. 역대기상하, 에즈라-느헤미아는 유다 왕국의 바빌론 포로기 이후, 즉 바빌론에서부터 예루살렘에로의 포로민 이스라엘의 귀환과 유대교 건설 시기의 역사 기록이다. 역대기는 B.C. 350~300년경(혹은 250년경)의 사제적(Priestly) 사가(한 사람인지 몇 사람인지 불분명하나)의 기록이다. 역대기 안에는 대체로 신명기적 역사자료들이 재서술되어 있을 뿐만 아니라, 특히 에즈라-느헤미아 서들은 시대적으로나 내용적으로 그 이전의 신명기적 역사서들과는 달리 유대교(Judaism)의 맥락에 속하므로, 필자는 이 문서들을 별도로 다룰 것인가? 아니면 생략할 것인가? 하는 문제와 더불어 고심해 왔다. 그러나 이 문서들이 구약경전의 마지막 역사서들이기 때문에 또 유다 왕국의 멸망으로 끝나는 신명기적 역사를 보완하기 위해서, 즉 이 역사의 미래희망을 담지하는 문서들이라는 기대 때문에, 좀 무리하게 여겨지기는 하지만 여기에서 이 문서들을 간략하게 고찰하기로 한 것이다. 그런데 결론적으로 미리 밀하사면, 역대기의 기대와는 달리, 에즈라-느헤미아를 위시한 바빌론 포로의 일부 이스라엘 백성의 귀환-예루살렘과 성전 재건과 더불어 형성된 이스라엘 공동체가 이스라엘의 구원사 전체의 궁극적인 미래희망을 담지한다고 생각되기 어렵다. 왜냐하면 유다 왕국 멸망 이후 근동 일대로 또 그 외 인근 여러 지역에로 흩어진 디아스포라(Diaspora)가 예루살렘에로의 귀환자들에 포함되지 않았기 때문이다. 그럼에도 불구하고, 구약의 역사서들의 마지막 부분으로서 또 구약경전에 포함된, 유대교의 한 부분으로서, 우리는 신명기적 역사의 부록으로 생각하면서 이 부분을 다루는 바이다. 이스라엘–다윗 왕국은 B.C. 587/586년으로 일단락된 것이다. 그러나 에즈라–느헤미아서들에 그 역사의 미래희망의 명맥이 제한된 의미에서 되살아난 것이다.

그리스 역사가 헤로도투스(Herodotus)의 *Persian War*에 의하면 페르시아의 고레스(Cyrus)는 B.C. 559년 페르시아 부족들의 기반에서 왕위에 올랐으며, B.C. 539/538년에 바빌론 제국을 정복했으며, 애굽을 제외한 근동 전체를 페르시아 제국으로 병합했다는 것이다. 그의 관용정책은 그의 제국의 개별적 종교들을 긍정하고, 그러한 정책의 일환으로 바빌론의 포로로 끌려온 이스라엘 백성의 예루살렘 귀환, 예루살렘과 성전 재건을 칙령으로써 허락한 것이다.[1] B.C. 538년 그의 칙령에 의하면, "야웨 하나님은 모든 왕국들을 내게 주었으며, 나로 하여금 예루살렘에서의 성전을…… 세우도록 임명했다"고 하며, 그의 백성은 예루살렘으로 돌아가도록 하라는 것이다(역대기하 36:22~23 ; 에즈라 1:2~3). 야웨 하나님은 페르시아에서 한 지역의 신으로 여겨졌던 것 같다(*RSV*). 거기서는 야웨 하나님이 여러 신들 가운데 한 신이었음에 틀림없으나, 어쨌든 구약에서 그가 고레스를 비롯한 모든 왕들의 왕권의 근원으로서, 고레스가 이스라엘 구원사에서 한 중요한 위치에 세워진다. 고레스는 이스라엘의 구원사와의 관계에서 메시아 왕권의 의미를 담지하는 것으로 해석되어 있다. 고레스 왕권의 그러한 메시아

---

1) 이상 *ABD* Vol.1, 1231~32 참조.

적 의미는 한정적으로, 즉 이스라엘의 구원사적 미래의 차원에 관계해서 가지는 한정적 의미로 해석되어야 할 것 같으며, 페르시아 제국 전체의 의미를 규정하는 것은 아니다.

1) 남은 자 이스라엘의 출바빌론, 예루살렘 귀환, 예루살렘 성전 재건

바빌론으로부터 이스라엘 백성의 예루살렘 귀환은 네 차례로 이루어졌는데, 우리는 에즈라에 대한 *RSV* 서문의 역사적 정리를 여기에서 재서술하고자 한다. 즉, 첫 번째의 귀환은 고레스 왕의 칙령과 도움으로 B.C. 538년경 유대인 세스바쌀(Sheshbazzar)의 감독 아래서 이루어졌고, 성전 재건을 시작했으나 예루살렘 지역의 반대자들 때문에 미완으로 남겨지게 된 것이다. 두 번째 귀환은 페르시아의 다리우스 I(Darius I, B.C. 521~485) 치하에서 즈루빠벨, 예수아 등의 주도로 추진되었는데, 여전히 현지의 반대자들에도 불구하고 하깨와 즈가리아와 같은 예언자들의 격려로 B.C. 520년 성전 재건이 완수되었다. 세 번째의 귀환은 아르닥사싸 I(Artaxerxes I, B.C. 464~423)의 칙령과 도움으로 느헤미아의 두 번의 페르시아로부터의 귀환에 의해서 예루살렘 성벽들의 재건이 이루어졌다. 네 번째의 귀환은 아르닥사싸 II(B.C. 404~358) 치하에서 에즈라의 주도에 의하여 이루어졌는데, 그는 모세법전을 가지고 와서, 이에 입각한 이스라엘의 종교적 공동체를 수립했다.

에즈라는 사제이며 율법학자로서 이스라엘 백성들에게 모세율법과 법령들과 법규들을 가르치는 데에 전력했다(에즈라 7:19). 느헤미아 8장에 의하면, 7월 1일 남녀 이스라엘 백성들이 성전 근처 수문(Watergate) 광장에 모이고, 에즈라가 단상에 서서 이른 아침부터 정오 때까지 모세법전을 아마도 히브리어로 읽으면, 그의 곁에 서서 (아마도 백성들이 잘 알아듣는) 아람어로 번역하는 조역들이 있다. 에즈라가 '야웨, 위대하신 하나님' 께 축사한즉, 백성들은 손을 들어 올리고 머리와 얼굴을 땅바닥까지 굽히고, '아멘, 아멘' 으로 화답한다. 그들은 율법을 들으면서 통곡한다. 총독 느헤미아, 에즈라, 백성들을 가르치는 레위인들이 백성들에게 '이날은 야웨 하나님께 거룩한 날이니 슬퍼하거나 울지 말라' 고 권고하니, 저들이 돌아가 먹고 마시고, 기뻐한다. 그 '날' 이 야웨 하나님께 '거룩한 날' 이라는 것은 그 '날' 이 '야웨의 날' 이라는 뜻이다. 그날은 구원의 날이며, 창조의 원시간(Urzeit)과 궁극적인 미래의 종말시(Endzeit)를 함축하고 있는 현시간이다. 이튿날에는 모세율법에 따라 7월의 초막절 행사가 벌어진다. 백성들은 나뭇가지들로 초막을 만들고 거기에 거하면서, 여호수아의 가나안 땅 진입 시의 날들을 기억하며 기뻐한다. 백성들은 7일 동안 초막절을 지키면서 에즈라의 법전 강독을 듣고, 제8일째 엄숙한 집회로서 초막절을 끝낸다(느헤미아 8장 참조). 그런데 느헤미아 총독, 율법학자 에즈라, 사제들, 레위인들, 예언자들의 주관 아래서 새롭게 건설되는 이스라엘 공동체는 바빌론과 팔레스타인에서의 혼혼관계와 가족관계에서 야기되는 그 공동체의 정체성 문제 혹은 혼합종교 문제에 직면하게 된다. 그러한 상황에서 집회와 공동적 죄 고백의 행사가 벌어진다. 이스라엘 백성은 자체를 타 종족들과 엄격히 구별해야 하는 '거룩한 종족' 으로서 분리하고, 단식하며 베옷을 걸치고 머리에 흙을 바르고, 야웨의 율법을 들은 다음 자신들과 조상들의 죄를 고백하며 야웨 하나님을 찬양한다(에즈라 9장과 느헤미아 9장 참조). 그리고 이미 혼혼관계의 가족들은 부부관계든, 부모자식들의 관계든, 다 갈라지게 된다.

그러한 배타성은 종교적 순수성과 정체성을 회복하기 위해서 필연적이었던 것 같다. 그럼에도 불구하고 이 배타성이 지속된다면 세계사에 중재되어야 하는 이스라엘의 구원사적 의미를 미래에로 되살려내는 사명을 상실해 버릴 것 같다. 그런데 유대교 자체 내에서 그러한 배타성에 대한 비판이 일어났다(요나서). 그리고 예언자들과 묵시론적 종말론에서 그러한 배타성 문제는 사라져 버리는 경향인 것 같다. 에즈라-느헤미아를 비롯한 새로운 이스라엘 공동체가 구원사적으로 어떠한 역할을 더 수행했는지에 대한 역사적 자료가 없는 것 같다. 어쨌든 그 공동체가 이스라엘의 구원사의 과거 전통이 증언하는 궁극적 미래희망의 명맥을 제한된 역사적 상황에서 많은 이탈 상황에서도 대체로 견지했다.

유다 왕국의 멸망과, 이스라엘의 바빌론 포로기 이후, 팔레스타인 밖의 애굽, 바빌론, 페르시아에 산재하는 이스라엘이 '유대인(Jew)'이라고 일컬어지기 시작했다. 그들의 종교는 '유대교(Judaism)' 시대로 분류되므로, 에즈라-느헤미아를 비롯한 팔레스타인에서의 이스라엘 공동체 재건운동도 '유대교' 시대에 속하는 한 종파라고 생각되며, 그렇게 구약학에서 규정되고 있다. 유대교 종파들이 어떤 양식으로 이스라엘의 구원사적 미래대망을 담지하는지에 대하여 우리는 가늠하기 어려우나, 에즈라-느헤미아서들에서처럼, 과거 전통들에서 증언된 미래대망의 명맥을, 각자의 제한된 여러 가지 다양한 상황들에서, 반영해 왔으리라고 추정한다. 우리는 여기서 유대교의 역사를 일별함으로써, 이스라엘의 구원사적 미래대망의 의의와 문세를 추정해 보고자 한다.

2) 유대교 시대에 대한 개관

주로 *ABD* Vol.3, "Israel, History of (Post-Monarchical Period)", 567 이하와 "Judaism", 1037 이하에 상당 정도 의거해서, 우리는 유대교에 대한 역사를 일별해 본다.

이미 페르시아 시기에 애굽, 바빌론, 페르시아에 '산재하는 유대인들'(Diaspora)이 존재했으며, 에즈라–느헤미아와 더불어 팔레스타인으로 귀환한 약 5만 명의 이스라엘 백성 외에 귀환하지 않은 디아스포라 유대인들의 종교적 공동체 운동들이 전개되었을 것이며, 유대교 발전에 적지 않은 기반을 제공했을 것이다. 어쨌든 에즈라–느헤미아를 비롯한 팔레스타인 귀환파는 이스라엘의 고위층으로 구성되어 있는 지배적 위치에 있었다는 것이며, 이들의 귀환은 페르시아의 왕권과 결부된 승리에 찬 '이데올로기적', '종파적(sectarian)' 요인을 지녔다는 것이다(575). 예컨대 에즈라 9~10장은 종파적 우월성을 나타내는데, "이스라엘 백성의, 사제 직분의, 성전의, 그리고 텍스트들(예컨대 율법서)의 올바른 해석의 순수성이 그 시기의 지침 원칙들이 되었다"는 것이다(576). 우리 식으로 말하자면, 그들의 공동체는 구원사적 과거 전통들에서부터 지탱되는 현재성을 가지며, 이 현재에서부터 미래희망이 투사되는 격이니, 야웨 하나님과의 새 역사가 일어나는 것은 아니다. 에즈라–느헤미아–이스라엘 백성의 새 공동체가 우월한 배타성 혹은 종파성을 행사했든 어쨌든, 또 과거 전통들의 틀을 넘어서는 새 역사를 창출하지 못하든, 예루살렘 성전과 직결된 그들의 공동체 운동은 모든 디아스포라 공동체들에 영향력을 행사했으리라고 추측한다. 구약학자들은 에즈라–느헤미아 시기, 즉 제2의 성전 시기의 종교적 활동들의 중요성을 폄하하는 경향을 가지는데, 저 *ABD* Vol.3의 저 첫 번째 필자는 그러한 폄하의 경향을 버려야 한다고 주장한다(572). 제2의 성전 시기 즉, 페르시아 시기의 괄목할 만한 사건들은, 이전의 이스라엘의 구원사적 역동성은 간취되기 어렵고 과거 전통들에 대한 회고로서의 현재성을 가지며, 문서 활동으로 부각되었다. 예루살렘 성전 재건을 주축으로 한 유대교의 공동체가 그러한 활동의 기초가 되었다고 추측된다.

제2의 성전 시기에 히브리 성서(The Hebrew Bible)의 상당수 성서 문서들이 산출되었다. 히브리 성서 경전은 헬레니즘 시기 이전의 문헌들만을 포괄한다는 원칙들을 견지했는데, 헬레니즘 시기의 다니엘서만 예외다. 신명기적 역사=DH의 보완작업, 시편들, 예레미아, 에제키엘, 12 소예언서들의 편찬-출현, 역대기, 에즈라-느헤미아서들이 그 시기에 이루어졌으며, 그 외 잠언, 전도서, 요나, 시락(Ben Sira), 욥, 애가, 에스더 등등의 문서들이 그 시기의 산물들이다(*ABD* Vol. 3, 576 참조). 또한 바빌론의 영향을 상당 정도 반영하는 사제적(Priestly) 문서들이 창세기 1장 설화(예컨대 6일 창조와 안식일 전통)를 비롯하여, 창세기의 족장 설화와 출애굽기에 모세오경에 포함된 레위기의 제사 전통들에 편입·편찬된 것이다. 페르시아 시기 유대교의 그와 같은 문헌 활동은 구원사적 과거 전통들을 보존하고 미래에로 전달하는 중요한 업적이다. 그러나 구원사의 새 미래와 희망을 역사적 현실로 혹은 사건으로 창출한 것은 아니다. 그럼에도 불구하고, 그러한 활동은 미래 희망을 함축하고 있다.

우리는 유대교에 미친 바빌론, 페르시아, 헬레니즘의 영향들과 문제들을 여기서 추적할 수는 없다. 여기서 우리가 추론할 수 있는 한 가지 가설은 구약성서 전체의 언어·종교사상이 고대 근동의 종교들, 정치·경제·문화의 맥락의 영향을 함축하고 있다는 것, 그러나 그러한 요인들이 이스라엘의 구원사적 시간·역사신앙에 의해서, 야웨 하나님과의 관계에서 특유한 신적 말씀전통의 언어로 그 요인들의 본래 맥락과는 다르게 재표현되었다는 가설이다. 그런데 우리는 유대교에 대한 바빌론, 페르시아, 헬레니즘의 영향들을 더 이상 이스라엘의 구원사적 사건들과 직결시킬 수 없는, 구원사적 맥락과는 다른, 추적하기 어려운 역사적 맥락들과 관련되어 있기 때문이다. 그런데 구약성서의 구원사적 역사신앙의 말씀전통은 이스라엘 백성의 전유물이 아니며, 애굽, 바빌론, 페르시아, 헬레니즘의 문화권을 비롯해서 세계의 구원사적 의미와 미래희망을 함축하고 있다는 것을 우리는 암시해 온 것이다. 이스라엘-유다 왕국의 멸망과 더불어 이스라엘 백성이 애굽, 바빌론, 페르시아를 비롯하여 북아프리카, 지중해 연안의 지역들, 로마제국과 유럽으로 흩어져 살게 되었다는 역사적 상황이 문제의 초점이 아니다. 창조자·구원자 하나님과의 관계가 세계사적으로 증언되고 선포되었느냐가 문제의 초점이다. 이스라엘의 구원사적 신앙의 말씀전통의 주제는 창조자·구원자 하나님의 피조물 세계에 대한 자유하고 의로운, 선하고 은혜로운 주재권이 땅 위의 나라들에서 선포되고 실현되느냐 하는 것이다. 우리는 그것을 세밀하게 유대교에서 추적할 수가 없다. 1980년대 10년 동안의 유대교 연구는 유대교의 신앙과 실천이 대체로 통일된 형태였다는 종래의 가정을 포기했다는 것이며, B.C. 330년부터 A.D. 200년까지의 시기에 '거의 무한정적인 다양성'을 나타냈다는 것이며, 헬라문화권에서 더욱 가속화되었다는 것이다(1037f.). 이스라엘의 '남은 자' 유대인들은 페르시아의 통치에 이어, 알렉산더(Alexander) 대왕의 팔레스타인-근동 정복 이후 마케도니아(Macedonia) 헬라문화권의 통치, 즉 프톨레미(Ptolemy)와 셀루키드(Seleucid) 왕조들의 통치와, 결국 로마의 지배 아래 놓이게 된 것이다.

그럼에도 불구하고, 구약 예언자 전통, 에즈라-느헤미아 유대교에서 신적인 의로운 주재권을 담지하는 메시아 왕국의 도래에 대한 미래 대망이 존속했으며, 그 대망은 역사적으로 때때로 다윗 왕국에서와 같은 정치적 자주권 회복과 직결되어 표출되었던 것 같다. 팔레스타인에서의 팔레스타인 유대교는 페르시아 시기에 독립적 국가와 같은 위치에서, 예루살렘 성전과 율법(Torah)을 위시하여 종교적 제의, 정치, 법, 경제적 삶을 상당 정도 독자성을 행사했다(*ABD* Vol.3 1059; Vol.4, 439 참조). 그런데 헬라문화권의 시리아계 셀루키드(Seleucid) 왕조의 안티오쿠스(Antiochus) IV(B.C. 175~162)가 자신을 신격화하여 에피파네스(Epiphanes, 神현현이라는 뜻)라고 칭하고, 예루살렘 성전에 제우스(Zeus) 신상을 걸고 숭배하기를 강요하는 등 성전모독을 자행하면서 유대교를 헬라문화권에 복속시키려 함으로써, B.C. 165년에 사제가문 마카베우스(Maccabeus) 가의 치열한 항쟁을 야기시킨 것이다(외경 마카베오상 1장 이하 참조). 마카베우스 가의 항쟁은 셀루키드 왕들로부터의 해방을 위한 투쟁 이상으로 예언의 성취라는, 다윗–솔로몬 왕국의 재건이라는 의미를 내포하고 있었으며, 하스몬(Hashmon) 제사장들의 가문의 왕조를 이루기도 했는데(*ABD* Vol.4, 545, 441f., 545), 헬라문화의 영향권에 기울었기 때문에 점점 더 비판받게 되었으며(*ABD* Vol.4, 441f.; 545), 현대의 시오니즘(Zionism)이 그 계통을 이었다고 하나(*Ibid*. 449) 대단히 문제적이다. 로마제국의 팔레스타인 정복에 따라 로마통치가 B.C. 63년부터 시작되었으며, A.D. 66년에는 로마황제를 위하여 유대교의 성전 제사제의들이 중단되고, 로마와의 정치, 경제, 종교적 갈등이 벌어지게 되었으며, 예루살렘이 황폐화되었으며, 유대인들의 마사다(Massada) 항쟁에서 예루살렘 성전이 A.D. 70년에 파괴되고 말았다. 예루살렘과 주변지역의 비유대교화를 위하여 성전 자리에 로마신전이 세워졌다. 시몬 바르 코크바(Simon bar Kokhbar)의 주도 아래서 로마에 대한 메시아적 항쟁(A.D. 132~135)이 실패하자, 유대교 랍비주의(Rabbinism)는 정치적 독립에 대한 희망을 포기했던 것 같다. 랍비주의 견해들은 국가적 무력함을 묵인할 수밖에 없게 되었으며, 그러한 정치적 혁명을 랍비들이 세계현실의 현재와 미래의 궁극적 현실에 타당하지 않다고 생각했으며, 따라서 B.C. 4세기 이후부터 부각된 유대교의 묵시적(Apocalyptic) 종말론이 그러한 후기 랍비들의 유대교에서 저평가되는 경향이었다고 한다(*ABD* Vol.3, 1084 참조). 그 경우에 세계의 통치 권력들에 대한 창조자·구원자 하나님의 미래 혁명적 동력이 모호하게 되어버릴 수 있다. 그러한 동력이 헬라문화권의 셀루키드 왕조에 대한 마카베우스 가의 항전이나 로마제국에 대한 유대인들의 항쟁들의 원천이었으나, 그러한 신적 메시아 왕국의 동력은 이제 더 이상 이들이 시도한 정치적 독립국가 수립운동과 일치될 수 없었다. 이스라엘-다윗 왕국과 결부해서 증언된 신적 메시아 왕국의 역사적 표식, 즉 이스라엘-유다 왕국은 신적 심판 아래서 멸망했으나, 세계의 통치 권력들 아래서 유대교의 존속이 위협당할 때에 그 메시아적 정치적 독립운동이 일어날 수밖에 없었던 것 같다. 그러나 이스라엘-유다 왕국이 담지한 신적 메시아 왕국의 영원한 구원사적 차원과 미래희망은 이제 더 이상 그 왕국의 역사적 재건이나 재현이 아니다. 오늘의 이스라엘은 구약의 구원사적 미래희망을 담지하고 세계에 중재한다고 생각될 수 없다. 이제 구원사적 미래희망은 이스라엘-유다 왕국을 넘어서는 어떤 궁극적 미래로부터 도래할 새로운 종말적인 나라에 대한 대망으로 바뀔 수밖에 없게 될 것이다.

이제 우리는 결론적으로 신명기적 역사, 예레미아, 역대기(상·하), 유대교를 포함해서 에즈라-느헤미아에서 어떠한 시간 개념이, 이스라엘-유다 왕국의 멸망에도 불구하고, 이스라엘의 구원사의 영원한 미래희망을 버리지 않고 미래시간에로 투사하게 하는가를 총괄적으로 논하고자 한다.

이미 논했듯이 야웨 하나님에 의하여 다윗–솔로몬 왕국에 약속된 이 왕국의 영속성(사무엘하 7:13~14)은 그 왕국의 멸망에도 불구하고 타당하다. 영속성은 그 왕국 자체의 속성이 아니며, 신적인 자유와 의, 선하심과 은혜로우심에서 그 왕국에 약속된 것이므로, 그 왕국의 멸망을 넘어서는 신적인 영원한 시간의 차원이기 때문이다. 아마도 원시 고대국가들을 비롯하여 모든 옛 국가들이 예외 없이 자체들의 영속성을 신화적으로 투사했음에 틀림없으나, 그것은 그들의 임의적인, 영원성에로의 투사였으리라. 그들의 영속적 시간은 그들 자체들의 소유가 아니다. 다윗–솔로몬 왕국의 영속성도 그들의 소유가 아니라는 것을 신명기적 역사자료들과 편찬자는 잘 알고 있다. 그렇기 때문에 그 편찬자는 불의한 이스라엘–유다 왕국을 야웨 하나님의 의로운 심판 아래서의 멸망을 선포할 수 있었던 것이다. 바로 그러한 그 존립과 심판이 역사혁명의 신적 동력이며, 구원사적인 새로운 종말적 미래희망을 열어놓은 것이다. 구약학자들은 신명기적 역사=DH가 이스라엘–유다 왕국의 멸망으로, 즉 부정적으로 끝났다는 것을 좀 보충하려는 노력으로서, 이스라엘 백성의 바빌론 포로기 37년째에 옥에서부터 풀려난 유다의 왕 여호야긴(Jehoiachin)이 바빌론 왕의 융숭한 대우를 받게 되었다는 것(열왕기하 25:27)을 역사적 희망의 표식으로 해석하기도 하는데, 그의 그러한 생존은 아마도 바빌론 유배지의 이스라엘 백성의 해방을 암시하는 징조로서 해석될 수는 있을 것 같으나, 이스라엘 구원의 미래희망의 표식을 확증해 수지 못한다. 더욱이 구약학자들뿐만 아니라 그리스도교와 신학전통은 신적인 심판 아래서의 이스라엘–유다 왕국의 멸망의 혁명적 영원한 의의를 대체로 간과해온 것이다. 그 왕국의 대두와 멸망에 관한 신명기적 해석은 모든 다른 왕국들과 민족들의 흥망성쇠의 역사를 근원적으로 철저하게 창조자·구원자 하나님의 의로운 주재권에 비추어 해석할 수 있는 가능성, 이스라엘–유다 왕국을 비롯한 모든 왕국들의 대두와 멸망을 넘어서는 새로운 혁명적 영원한 미래를 함축하고 있다.

기존의 나라들과 통치체제들의 붕괴와 멸망 없이 새로운 혁명적 미래는 도래하지 않는다. 이스라엘–유다 왕국의 멸망은 전형적으로, 근원적으로 그러한 미래에로, 모든 나라들을 짊어지고, 열어놓은 것이다. 그렇기 때문에 에즈라–느헤미아와 잔존하는 유대교 종파들이 때로는 새 미래의 혁명을 시도하곤 했으나 세계를 제패하고 있던 그리스 국가들과 로마제국에 의해서 실패할 수밖에 없었던 것이다. 그럼에도 불구하고 유대교의 미래대망은 존속했으니, 그것은 창조자·구원자 하나님의 자유하고 의로운, 선하고 은혜로운 영원한 구원과 주재권에 대한 신앙이 폐기될 수 없기 때문이다. 유대교의 그러한 역사신앙에서부터 예언 전통의 종말론이 형성된 것이다. 이 예언과 종말론 전통에서 하나님 나라에 대한 비전이 대두한다.

그러나 새 미래로부터 도래할 그의 나라의 형태는 이제 이스라엘–유다 왕국의 회복일 수 없었다. 신적인 의로운 나라를 중재해야 했던 그 왕국의 사명은 그 대두와 존속과 멸망으로써 이루어졌다고 생각된다. 이제 유대교는 세계와 더불어 새로운 혁명적 미래의 나라를 대망할 수밖에 없지 않은가? 신명기적 역사의 구원사적 핵심 의미는 이스라엘–유다 왕국이 야웨 하나님의 의롭고 은혜로운 주재권을 세계에 중재해야 하는 직분, '사제들의 왕국이며 한 거룩한 민족'[2]의 직분이며, 야웨 하나님의 심판 아래서의 그 왕국의 멸망도 모든 나라들을 대신하여 고백하는 구원사적 의미

---

2) 출애굽기 19:6에서 말해지는 이 구절은 신명기적 시기의 이스라엘–유다 왕국을 가리킨다고 생각된다. '거룩한 민족'이라는 것은 구원의 사제적 사명을 위하여 선택된 백성이라는 뜻으로 해석된다.

를 가지며, 그렇게 멸망한 그 왕국의 구원의 미래대망도 이들을 위한 사제적 의미의 성취이리라.

수백 년의 과거의 모세전통을 새로운 구원의 미래에로 되살려내는 신명기의 시간 개념을 보자. 과거의 모세가 이스라엘 백성에게 멸망을 넘어서는 새 미래를 중재하는 현재의 예언자로서 말한다. 신명기 4:27~31, 32에서 그는 그 백성이 창조자·구원자 야웨 하나님과의 계약법을 배반하고 가나안 땅에서부터 쫓겨날 것을 예언하면서, 그러나 그 백성이 그의 계약법에 복종하면 그 땅으로 되돌아올 것이라고 격려한다. 모세를 통하여 중재된 과거의 구원의 날들은 창조의 원시간으로 소급된다(32절). 그가 현재적으로 그 백성에게 새로운 구원의 미래를 선포하는 현시간은 그와 같이 창조의 원시간(Urzeit)과 미래시간, 궁극적으로 말하자면 종말시(Endzeit)를 함축하고 있다. 그러한 시간은 바로 창조자·구원자 하나님의 영원한 시간(Ewige Zeit)을 가리킨다. 그러한 시간은 공간적으로 '하늘 한끝에서부터 하늘 다른 끝까지(32절)' 포괄하는 통전적 현시공간이다. 모세는 저 문맥에서 가나안 땅에서부터 쫓겨날 이스라엘로 하여금 그러한 시간의 날들을 기억하라고 권고하는데, 이 권고는 출애굽 구원 사건을 기억하라는 것이니, 이 사건이 그 영원한 시간 안에서 일어난 것임을 의미한다. 원시간에서부터 종말시는 '하늘 한끝에서부터 하늘 다른 끝까지'라는 무한시간·무한공간의 폭이 아닌가. 그러한 신적인 무한시간과 무한공간 안에서 이스라엘은 멸망을 넘어서 구원의 새 미래의 도래를 희망할 수 있다는 놀라운 신명기의 구원사적 시간 개념이 4:27~29; 32~40의 문맥에 함축되어 있다. 창조의 원시간을 지닌 수백 년의 과거의 모세전통에서부터 현재화된 모세의 십계명, 계약법이 그러한 영원한 시간·공간 개념의 차원을 내포하고 있다. 예레미야를 비롯한 역대기-에즈라-느헤미아의 미래대망도 그러한 시간·공간 안에서 가능한 것이다.

구약의 구원사적 역사 개념에서 창조자·구원자 하나님과의 관계에서의 피조물 세계와 역사의 시간과 공간의 고유한 차원들이 파악된다. 그의 창조 행위에서, 그의 무한시간과 무한공간에서 하늘과 땅이 나타나기 시작하고 개벽한다. 그 자신의 시간과 공간 자체는 한정될 수 없고 측정될 수 없으므로, 무한시간·무한공간이라고 일컬어질 수밖에 없다. 그러나 피조물 세계 내적 사물과 역사는 그의 무한시공과의 관계에서 한정된다. 천체의 운행에 의하여 우리는 날이 가고 해가 바뀌는 것을, 탄생하고 죽는 것을 체험한다. 그것이 우리의 시간의 한정성이다. 창조자·구원자 하나님 자신이 우리의 시공을 한정한다. 긍정적으로 이 한정성은 바로 모든 시공의 원천이다. 세월이 유수 같고 무상하고 죽는다는 사람의 유한성 의식과 탄식은 우리의 시공의 한정성의 불가피성 때문에 절로 나온다. 특히, 우리의 시공의 유한성/한정성이 사회역사 내적 죄악과 죽음의 세력으로 활용될 때에는 이 유한성은 저주와 멸망, 신적인 시공박탈과 심판의 계기로서 작용한다. 그럼에도 불구하고, 피조물 세계와 역사에 주어지는 시공의 한정성 없이 우리는 시공을 체험하지 못하며 그 은혜로움을 인식할 수도 없으며, 도대체 피조물 세계 내적인 사물들과 사회역사가 존립할 수도 없다. 우리의 시공의 한정성은 근원적으로 창조자·구원자 하나님의 자유와 의, 그의 지혜와 한없는 은혜에 의해서 결정되고 주어지는 것이다. 시공의 한정성은 긍정적으로 바로 관계성이다. 창조자·구원자 하나님의 피조물 세계와의 관계성, 사물과 사물, 사물과 인간, 인간과 인간의 관계성의 차원이다. 그러므로 그 한정성은 피조물의 탄생, 존재와 운동, 운동과 존속을 가능하게 하는 차원이다. 시간은 피조물 세계의 선후관계의 역사적 차원(Nacheinander-Zeitlichkeit)이고, 공간은 상호관계의 사회적 차원(Miternander-Zeitlichkeit)

이다. 시간은 공간성을, 공간은 시간성을 내포하고 양자는 하나이면서 두 차원들이다. 시공은 사물들의 관계에 따라 무궁무진하게 변할 수 있고, 사회역사에 따라 무궁무진한 의미를 가지고 미래에로 진행할 수 있으나, 사회역사의 범죄와 신적 심판과 부정에 따라 단절되고 박탈될 수 있다. 시공이 박탈된다는 것은 죽음, 멸망, 없는 데서 창조되었듯이(*Creatio exnihilo*) 없는 데로 되돌아간다는 것을 의미한다. 시공은 왜, 무엇을 위하여 사물과 사회역사에 계속 주어지는가? 우선 신명기적 역사에 한정해서 그 대답을 시도하자면, 창조자·구원자 하나님의 자유하고 의로운, 한량없이 은혜로운 주재권에 상응하는, 피조물 세계와 역사에서의 그의 나라의 실현을 위해서가 아닌가?

우리는 지금까지 공간을 포함하는 시간이 창조자·구원자 하나님과 피조물 세계-역사와의 관계질서의 가능근거라는 것과 세계-역사 내적 상호관계질서의 가능근거라는 것을 부분적으로 제시해 왔다. 그 양면적 관계질서의 정초가 바로 모세 전통의 시나이 계약·십계명·계약법에 모든 세계 내적 역사를 대표하여 설정되어 있으며, 그 두 차원들의 관계질서의 총체가 바로 신적인 자유와 의와 은혜에 의하여 가나안 땅에 또 세계에 세워져야 하는 나라다. 초기 이스라엘의 계약사회 공동체와 이스라엘-다윗 왕국이 그러한 나라의 표상이다. 모든 땅이 그 나라의 공간이며, 이 공간이 바로 그 나라의 시간·역사의 차원이다. 세계 내적으로는 시공이 역사적 선후관계에서(Nacheinander) 또 상호관계에서(Miteinander) 헤아릴 수 없이 다차원적으로 한정되고 변화하고 유한하며, 사회역사와 더불어 범죄하고 멸망하기도 한다. 창조자·구원자 하나님과의 관계에서 시공은 무한시간·무한공간으로 상정될 수 있다. 그의 측량할 수 없는 자유와 의와 은혜의 계명을 실천하고 세계에 중재해야 하는 다윗 왕국의 영속성은 그러한 수직적 관계에서 타당하며, 또 그러한 관계질서를 시간·역사에서 중재했다는 의미에서 신적인 미래구원의 관계에서 타당하다.

창조자·구원자 하나님과 이스라엘의 계약관계에서 역사적으로 설정된 나라는 어떠한 나라인가? 그의 나라는 그의 자유하고 의롭고 은혜로운 주재권이 성취되는 나라다. 이스라엘이 그의 주재권을 시인하고 그의 의로운 계약의 계명들을 준수함으로써 그와의 관계에서 자유하고, 동시에 타자들과의 사회적 관계에서 이들의 자유를 시인하고, 공평하고 평등한, 의롭고 은혜로운 사회 공동체적 질서와 나라를 실현하는 것이 그의 나라다. 시공은 그러한 수직적·횡적 관계질서와 나라를 가능하게 하는 기본 조건이며 차원이다. 그러한 계약관계질서는 우선 창조자·구원자 하나님과 피조물 세계와 동일한 선상에 있는 이스라엘과의 엄격한 구별을 나타낸다.[3] 그 구별의 관계는 두 측면들을 함축하고 있다: 그것은 우선 근원적으로는 창조자 하나님과 피조물 일반 혹은 피조물 인간과의 구별, 즉 창조질서(Schöpfungsordnung)의 차원이며, 이차적으로는 그 관계를 침범하는 인간역사의 현실, 즉 피조물 세계의 통치권력자들과 형상들을 신격화시키고 백성들로 하여금 숭배하게 하고 노예화시키는 역사적 현실에 대하여 애굽의 '노예의 집'에서부터 구출해낸 야웨만을 하나님으로 시인하고 '다른

---

3) 창세기 19장에 묘사되어 있는 계약 체결의 상황이 바로 그러한 엄격한 구별을 나타낸다. 우선 신적인 임재가 '짙은 구름'으로 가려져 있으며, 이스라엘 백성들은 오직 신적인 말씀을 들을 수 있고 믿어야 한다(19:9, 16~19 참조). 그들이 야웨 하나님의 얼굴을 보려고 마구 접근하면 그들은 살아남을 수가 없다(21~24절). 그의 계약의 계명을 그 백성들에게 중재하는 모세도 그의 얼굴을 직접 대면하지 못하고 구름에 가려진, 아주 가까운 그의 임재를 감지하고 그의 계약의 계명의 말씀을 듣고 백성들에게 중재한다. 그러나 야웨께서는 모세와 직접 얼굴을 맞대고 말씀한다(출애굽기 33:11). 예루살렘 성전의 지성소에서의 신적인 임재도 암흑으로 가려져 있다(열왕기상 8:12 참조). 야웨 하나님과 이스라엘 백성들 사이에 벌어지는 그 괴리는 이들의 죄에 대한 그의 심판의 부정을 암시한다. 그러므로 계약의 관계설정은 야웨 하나님의 자비롭고, 은혜로운 구원의 관계설정을 의미하며 미래의 성취를 암시한다.

신들' 에게서부터 자유하라는 계약의 근원적 계명이 열어주는 변혁의 새로운 관계질서 차원이다. 저 창조질서의 차원은 창조의 원시간에, 이 역사적 현실에서의 변혁의 차원은 구원사적 현재와 미래에 해당된다. 창조질서는 역사에서 부단히 배반되고 파괴되어 왔으나 계약의 관계질서 체결에 포괄되어 있으며 그 현실화는 구원사의 종말적 미래 목표다.[4)]

창조자·구원자 하나님과 피조물 세계와의 구별의 관계질서는 피조물 인간을 자유하게 하는 원초적 사건이다. 그 구별의 계기가 인간의 자유를 원초적으로 각성시키고 그 앞에서 그의 자유하고, 의롭고 은혜로운 주재권을 시인하느냐 부정하느냐 하는 결단을 수행할 계기다. 그럼으로써 인간은 겨레와의 사회적 관계에서 타자들의 자유·평등한 생존권을 시인하느냐 부정하느냐 하는 결단을 수행해야 한다. 자유하고 의롭고 은혜로운, 창조자·구원자의 계명을 배반하고 '다른 신들' 을 추종하고 자신의 욕

4) 다윗 왕국 시대의 J 문서 전통에 속한다는 창세기 2장 설화의 에덴정원은 인류역사 초기에 있었다가 사라진 Utopia가 아니라, 구원의 종말적 성취, 즉 종말시로부터 창조의 원시간에로 소급하여 투사한 창조자—피조물의 의로운 관계질서로서의 본래의 창조질서를 설화적으로 묘사해 준다. 에덴정원에서의 인간은 창조자 하나님을 얼굴과 얼굴을 마주보고 담화하는 의롭고 자유한 인간이다. 에덴정원의 모든 것이 피조물 인간에게 주어져 있으니, 피조물 세계는 그에게 주어진 은혜의 선물이다. 그런데 그가 에덴정원 안에 세워진 '지식의 나무' 의 열매를 먹는 날에는, 그는 반드시 죽으리라는 것은, 말하자면 이미 앞에서 말한 대로, 하나님의 '원계명' 의 표식이다. 그것은 창조자 하나님과 피조물 인간의 근원적인 구별의 관계질서(Schöpfungsordnung)다. 그 구별의 관계에서, 즉 창조자 하나님 앞에서 또 그의 '원계명' 에 직면해서, 그를 시인하느냐 아니면 불복하느냐 하는 결단의 계기가 주어지며, 이 결단의 순간에서 인간의 자유가 각성된다. 그런데 피조물 유혹자는 인간이 그 '지식의 나무' 열매를 먹으면 인간이 하나님처럼 되어 선과 악을 판가름하고 지혜롭게 되고 죽지 않으리라는 것이다(창세기 3:4~5). 솔로몬의 경우를 보자면, 선악을 판별하는 지혜는 야웨 하나님으로부터 주어지는 것으로서 통치자의 심판권이며, 이것은 근원적으로 또 궁극적으로 야웨 하나님의 심판권에 속한다. 에덴정원에서의 유혹의 지혜는 인간이 그 신적인 심판권을 넘보고 하나님처럼 되려고 자신의 것으로 탈취하려는 불복종의 대상으로 둔갑한 것이다. 고대 제왕들이 신들로부터 주어졌다고 하는 자신들의 왕권을 신격화시켜서 백성들을 노예화시키지 않았는가? 에덴정원 중심에 세워진 '지식의 나무' 는 창조자 하나님과 피조물 세계와의 구별의 관계질서 설정이며, 이스라엘과의 계약 체결에서 역사적으로 설정된 관계질서를 태초의 원시간에로 소급하여 투사한 것이다.

심과 권력욕을 신격화시키는 제왕들은 창조자·구원자 하나님의 자유하고 의롭고 은혜로운 주재권을 찬탈하여 자신들의 권력과 욕심을 절대화시키고 백성들을 노예화시키고 착취하게 되며, 자유하고 의롭고 은혜로운 나라의 관계질서를 가능하게 하는, 창조자·구원자로부터 주어지는 시간과 공간의 차원을 왜곡하고 박탈당하고 상실한다. 모세 전통의 출애굽 사건과 시나이 계약, 여호수아에 의해서 중재된 세겜 계약(여호수아 24장)과 판관기 계약사회 공동체, 야웨 하나님의 왕권의 중재를 위한 다윗 왕국은 다 땅 위에서의 그의 자유하고 의롭고 은혜로운 나라의 역사적 실현을 위주하는 주제를 내포하고 있으며, 시공은 그러한 구원사적 주제를 성립시켜 주는 기본차원이며 조건이다.

III

시간·역사와 예언

1

바빌론 포로기 전후 예언자들의 미래예언과 종말론

앞에서 우리는 B.C. 721년 북이스라엘 왕국의 종말과 B.C. 587년 남유다 왕국의 종말에 이르기까지를 고찰했는데, 이스라엘의 구원사는 그 종말로써 끝나버리는 것이 아니니, 구원사의 주제들이 궁극적인 구원의 미래성취를 예언자적으로 함축하고 있기 때문이다. 그래서 구원사는 예언자적 미래예언·종말론의 기반이 된 것이다. 예언자들은 구원사의 주제들을 궁극적 미래에로 투사하고 되살려내되, 앞서간 과거 역사와는 전혀 다른 양식으로 신적 심판 아래서의 역사의 종말을 뛰어넘어 역사를 궁극적 미래 구원의 성취에로 투사한다. 그들은 창조자·구원자 하나님이 그의 영원한 미래시간으로부터 말씀해 오시는 말씀을 들음으로써, 종결된 역사를 그렇게 영원한 미래에로 투사하고, 그럼으로써 구원사를 존속시키고 영원한 미래에로 되살려낸다.

우리의 고찰의 주요자료들은 히브리 경전에 실려 있는 B.C. 8세기 이래의 '문서예언서들'(literary Prophets)인데, 북이스라엘–남유다의 종말 이전, 즉 B.C. 587년 남유다의 바빌론 포로기 이전(preexilic)과 이후(postexilic)의 예언자들이다. 또한 B.C. 4세기 헬레니즘(Hellenism) 시기부터 그 이후의 '묵시적 종말론'(apocalyptic eschatology)이 고찰될 것이다.

구약경전의 분류에 의하면, 창세기–출애굽기–레위기–민수기–신명기는 '오경'(Torah)으로서 율법서에 해당되는데, 우리가 이미 고찰했듯이 오경도 구원사적 기초에 해당하며, 예언자적 성격을 가진다. 어쨌든 오경과는 달리 '전(前) 예언서들'(Former Prophets)로서 여호수아기–판관기–사무엘상하–열왕기상하와 같은 신명기적 역사에 속하는, 역사서들로 간주되는 '전 예언서들'과 이와는 달리, 저 예언서들 자체는 '후 예언서들'(Latter Prophets)이라고 일컬어진다. '후 예언서들'은 '대 예언서들'(major Prophets)과 '소 12 예언서들'(minor 12 Prophets)로 구분되고, 구약경전에서는 전자를 앞에, 후자를 뒤에 배열하고 있다. 우리는 편의상 경전의 그 전후의 순서를 바꾸고 또 시기별로 재조정하여 고찰하고자 한다. 여기서 '대'와 '소'는 예언서들의 가치규정이 아니라 문서부피를 나타내는 것이다. 문서예언서들은 대체로 B.C. 8~3세기들에 걸친 기록물들이라고 추정된다. 또한 묵시적 종말론은 주로 B.C. 4세기 이래의 헬레니즘(Hellenism) 시기를 전후해서 대두했으며, 우리는 다니엘서를 비롯해서 묵시록들의 종말론을 선택적으로 고찰할 것이다.

1) 예언자들의 미래예언·종말론의 시간성

예언자들에게서 창조와 구원의 시간·역사의 전체가 파악될 수 있는데, 중점적으로 말하자면 그들은 구원사의 궁극적인 미래시간을 담지한다. 궁극적인 미래시간에서부터 창조의 태초의 시간이 파악될 수 있으며, 이러한 통전적인 시간은 창조자·구원자 하나님의 영원한 시간이다. 시간은 언제나 공간과 불가분적이며, 상호적으로 내포한다. 시간·공간의 이러한 본질은 그것이 하나님 자체 내의 관계질서, 피조물·세계 사물들과 역사와의 관계질서, 피조물들의 역사적 시간들의 관계들의 차원으로서 그의 시간·공간 자체가 그 모든 관계들을 일으키는, 즉 역사화하게 하는 차원이다. 시간과 공간을 구별하자면, 시간은 주로 선후계기질서(Nacheinander Ordnung)인 그 선후관계가 바로 공간에 의해서 가능하며, 공간은 주로 상호관계질서(Miteinander-Ordnung)로서 시간에 의해서 동적으로 성립된다. 그러나 우리는 논의의 편의상 대체로 '시간' 혹은 '시간성'이라고 말한다. 시간·공간이 우선 창조자·구원자 하나님의 존재·삶·행위의 자체 내적 차원들이며(칼 바르트), 그의 피조물 세계-역사와의 관계질서들의 근원이다. 예언자적 미래예언·종말론에서 그러한 신적인 시간이 통전적으로 전개되어 있으니, 모든 시간이 구원사적으로 혹은 역사적으로 예언자들이 담지하는 미래의 궁극적인 종말시간·후시간(Endzeit·Nachzeit)에 비추어 전체적으로 파악되기 때문이다. '종말시간'이라는 개념은 구원사-세계사에 대한 하나님의 심판·종말적 심판에 관계되는 시간부정이라는 부정적 측면을 나타내기도 하기 때문에, 우리는 '종말시간·후시간'이라는 개념으로써 신적인 구원의 궁극적 성취의 긍정적인 시간을 표식하고자 하는데, '후시간'은 인간역사의 모든 시간이 끝나고 모든 인간이 죽어 무에로 돌아가 버린다 해도, 죽음의 무에서부터 역사의 의의와 인간을 되살아나게 하는 신적인 영원한 시간이다. 그러한 긍정적인 미래의 종말시간으로부터 창조의 태초의 원시간(Urzeit) 혹은 피조물 세계와 역사의 시초 이전의 창조자 하나님의 전시간(Vorzeit)이 소급적으로 상정될 수 있다. 예언자들에게서 종말시간은, 이미 말했듯이, 이중적인 의미를 가진다. 즉 그들은 구원사 자체의 현실에서 신적인 심판·종말적 심판과 구원사 자체의 종말을 예시하면서 새 미래의 궁극적 구원의 성취를 선포한다. 이스라엘의 구원사적 시간도 다른 세계역사의 시간과 마찬가지로 유한하며, 인간과 역사의 유한성은 죄악과 결부해서 죽음의 세력으로서 작용한다. 그럼에도 불구하고 구원사를 이루는 계기들과 주제들은 창조자·구원자 하나님의 영원한 시간성에 관계해서, 이 시간성을 담지하기 때문에 예언자들에게서 궁극적 미래시간에로 새롭게 되살려내게 된다.

창조자·구원자 야웨 하나님의 영원한 시간 '올람'을 주목해 보자. 구원사와 예언자들이 담지하는 창조자·구원자 하나님의 시간이 바로 그 '올람'의 시간성이다. 우리가 그 말의 뜻을 Jenni-Westermann의 *Theologisches Handwörterbuch zum Alten Testament* (제2권, 구약성서의 개념들의 신학사전)에 의거해서 약술하자면(228~243), 그 말의 어원은 불확실하나, 주로 예언자들과 시편들에서의 그 말의 의미는 '아주 먼 과거로부터 아주 먼 미래까지'의 시간들을 표현하는, 무한한 과거 이래 예견될 수 없는 '존속성'(Dauerhaftigkeit), '궁극성'(Endgültigkeit), '불변성'(Unbeänderlichkeit)을 뜻한다(230). 다시 말해서, '원시간에서'(in der Urzeit), '원시간으로부터'(von Urzeit her), '예로부터'(von der alters her), '이전부터'(seit jeher)라는 시간 표현들이 태초를 가리키며 하나님은 모든 사물들의 시초 '이전 시간에'(in der Vorzeit) 존재한다는 것을 전제하고 있다. 한마디로, '과거와 미래의 모든 시간'(die ganze Zeit in Vergangenheit und Zukunft)이 '올람'이라는 개념에 포함되어 있다는 것이다. 처음으로 B.C. 7세기의 예언자 예레미아에게서 그다음 에제키엘에게서 '올람'이라는 말이 하나님의 궁극적인 종말론적 행위를 서술하기 위한 새로운 의미로 사용되었다는 것이다(230~235 참조).

'올람'이라는 말이 어느 때에 대두했는지 확인될 수는 없으나, 어느 때에 대두했든 첫째로 그 개념은 창조자·구원자 하나님의 이스라엘 역사와의 관계설정, 예컨대 그의 아브라함 선택—땅과 후손들의 약속, 특히 출애굽—시나이 계약·계명의 모세 전통 이래 이스라엘의 구원사의 모든 시간을 포괄하는, 이 역사의 궁극적 원천으로서의 창조자·구원자 하나님의 영원한 존속성(constancy)을 표식하는 시간 개념이다. '올람' 이라는 개념이 B.C. 7세기의 예레미아와 에제키엘에서 사용되었다 해도, 그것은 모든 예언 전통의 시간성에 함축된 개념이다. 또한 '올람' 이라는 이스라엘의 구원사–예언 전통의 시간 개념은 일반역사의 시간의 원천이기도 하다. 일반역사가 그 자체의 시간성을 인식하지 못한다 해도, 시간이 창조자·구원자 하나님으로부터 주어지지 않는다면, 도대체 인간역사가 성립할 수 없으며, 이스라엘의 구원사적 시간이 바로 일반역사를 가능하게 하는 시간성의 의미를 밝혀준다. '올람' 의 신적인 영원한 시간 존속성을 특징적으로 나타내주는 원시간·전시간(Urzeit·Vorzeit)과 종말시간·후시간(Endzeit·Nachzeit)이라는 두 극점들(terminus a quo → terminus ad quem)은 창조자·구원자 하나님이 모든 피조물들과 인간역사의 시간성을 한정하는, 즉 이 시간성의 유한성(finitude)을 규정하면서 동시에 이 시간성의 원천으로서 작용한다. 유한성은 피조물들과 역사의 시간성의 부정적 측면, 즉 시작점과 종점을 의미한다. 시간이 신적인 미래시간으로부터 도래하고 피조물과 역사를 존속하게 하고 과거에로 사라져버리는 부정성, 즉 유한성을 가지되, 창조자·구원자 하나님의 '올람' 에 관계하여 그러한 부정성을 넘어서 그의 영원한 시간에 참여할 수 있는 가능성이 주어진다. 구원사는 그러한 '올람' 의 영원한 존속성의 차원을 가지나, 창조자·구원자 하나님과의 관계의 파괴에 의해서 구원사도 일반 역사적 시간과 마찬가지로 무에로 붕괴되어 버릴 수 있다. 예언자들은 구원사–세계사의 현재적 붕괴의 위기를 직시하면서, 하나님의 종말적 심판을 선포하고 동시에 하나님의 궁극적인 새 미래의 구원의 말씀을 역사적 현재에 전달함으로써 구원사–세계사에 새 미래를 열어준다. 사실상 우리는 태초의 원시간도 궁극적 미래의 종말시간도 모른다. 저 두 극점들은 이스라엘의 특수한 역사 체험에서 대두한 예언자적 역사신앙에 근거해 있으므로 역사신앙의 개념들이다. 이에 비추어 보면, 그 두 극점들 없이는 피조물들과 인간역사의 선후 계기하는, 궁극적인 목적성을 가지는 시간의 의미가 이해 불가능하다.

우리는 궁극적 미래시간의 의미를 예언자들을 통해서 계속 해명해 나가야 하는데, 여기서 먼저 모든 시간의 과거를 포괄하는 태초의 창조의 원시간 문제를 다시 확인하고자 한다. 우리는 지금까지 태초의 원시간이 구원사적으로 역사의 어느 시점에서부터 예컨대 B.C. 11~10세기의 J 문서 기자는 다윗–솔로몬 왕국의 역사신앙에서부터 태초에로, P 문서의 기자는 B.C. 6세기로부터 태초에로 소급하여 창조역사를 이야기 역사양식으로, 즉 설화양식(saga)으로 엮어낸 것임을 제시해 왔다. 여기에서 대두한 태초의 원시간은 모든 시간의 출발점(terminus a quo)이다. J–P 문서 기자들이 그렇게 소급하여 모든 과거시간을 포괄하는 태초의 원시간을 포착한 것은 역사의 구원의 하나님이 바로 우주 만물의 창조자이며 우주 만물의 시간이 그에게서부터 주어진다는 것을 인식했기 때문이다. 나는 우주물리학, 진화론 같은 과학적 차원들을 힘에 겨워 구원사적 시간 개념과 연결시키지 못한 것이다.[1] 창조의 태초의 시간에 해당하는 태초의 창조의 시간, 원

---

1) 그런데 근일에 내가 감리교신학대학 구약학의 방석종 명예교수로부터 몇 편의 글들을 받았는데, 창조의 태초의 시간에 관계된 부분을 우선 여기에서 논하고자 한다. 그는 창세기 1:1~2:4a의 P 문서 설화를 우주과학, 진화론, 생물과학과 같은 과학 분야들과 연관해서 실제적인 창조의 시간을 새롭게 제시하고자 시도한 것이다. 여기에서 원용되는 그의 글들, "저녁과 아침의 시작과 처음의 날"(2009. 11); "하나님의 창조의 생명과학적인 이해" (2010. 3. 1); "창세기 6일간(?) 지구 생물사"(2010. 3. 7); "우주와 생명의 기원으로서 예수 그리스도" 등의 논문들에 근거해 있으며, 방 교수의 주요 참고서는 C. Sagan, *Cosmos*, 1980, 홍승수 번역서이다. 방 교수는 창조의 태초의 시기를 우주과학에서 추정된 137억 년 전 대폭발(Big Bang)에 의해서 대두한 천체들과 46억 년 전으로 추정된 지구의 대두, 즉 137억 년과 46억 년 사이에, 첫 피조물 빛(창세기 1:3)에 의해서 질서 잡힌 천지창조의 시기라고 추정한다. 인간의 출현은 46억 년부터 수십억 년 이후 약 600만 년으로, 인간 역사는 약 10000년으로 추정하며, 창세기 2장의 아담–이브와 1:26~28에서의 하나

님 형상으로 창조된 남자–여자는 진화론적 과정을 경과한 인간상으로 추정한다.

우선 나는 방 교수가 창세기 1:1~2:4a를 그와 같이 신화가 아니라 시간·역사의 사실성에 입각해서 해석함에 공감한다. J 문서가 B.C. 11~10세기를, P 문서가 B.C. 6세기를 역사적 배경으로 한 기록들이라면, 창세기 2장의 아담–이브, 1:26~28의 하나님 형상으로서의 남자–여자는 오늘의 인간상과 같다. 인간이 어떠한 진화의 과정을 얼마나 오래 경과했든 바로 그러한 아담–이브, '선과 악의 지식의 나무' 열매를 따먹지 말라는 야웨 하나님의 계명에 직면해서 복종이냐/불복종이냐 하는 결단을 감행해야 하는 그들은 태초의 원시간·원공간에서 그들 자신의 역사를 시작하는 찰나에 불복하게 된다. 또 1:26~28에서의 하나님 형상으로 창조된 남자–여자도 자신들의 역사의 시초에서 신적인 명령을 받는다. 이러한 아담–이브 혹은 하나님 형상으로서의 남자–여자가, 어떠한 진화의 과정을 경과했든, 창조의 태초의 시간 안에서 탄생한 인간이다. 인간역사가, 인류학적으로 10000년부터 전개되었다고 추정된다 해도 창조의 시간을 담지하는 구원사의 시간은, 창조자·구원자 하나님과의 관계에서 태초의 원시간으로 시작되는 모든 시간을 포괄한다. 창세기 1장에서의 6일 창조는 문자 그대로 우주물리학, 진화론, 생물학에서 추정되는 시간들의 틀에 맞출 필요는 없다. 6일 창조는 창조자 하나님의 창조의 시간·역사성과 피조물들의 한정된 유한한 시간성을 근원적으로 나타내는 표식이며, ANE–이스라엘의 일상적인 시간 측정의 양식을 반영하는 것임에 틀림없다. 6일은 피조물의 모든 시간을 한정적으로 또 함축적으로 나타낸다. 제 7일, 창조자 하나님의 날은 6일의 원천이니, 그날에 참여하도록 허락받은 인간역사는 한정된 6일이라는 유한한 시간을 넘어서 그의 영원한 날에 참여할 수 있는 가능성을 희망해야 한다. 이러한 시간 개념은 구원사적 역사신앙의 차원이며, 과학적 가설들을 넘어선다. 그럼에도 불구하고 구원사적 역사신앙과 시간 개념은 과학적 가설들을 참조할 수밖에 없다. 천체들이 137억 년 전에, 지구의 출현이 46억 년 전에, 인간의 출현이 600만 년 전에 출현했다는 과학적 추정들은 가설이라고 해도 어쨌든 놀랍다. 그 피조물들의 출현 시간들의 간격이 아무리 어마어마해도, 그것들의 시원은 다 창조의 태초의 시간에 동시적으로 닿아 있다. 사실상 창조의 태초의 시간은 100억 년, 200억 년 전 식으로 양적으로 소급해 되돌아가 설정될 수 없다. 태초의 시간은 '시간 안에서'(in tempore) 발생하는 모든 사물들의 시초의 시간이며, 창조자·구원자 하나님 자신의 영원한 시간의 차원, 신앙의 차원, 이것 없이는 피조물들의 시간들이 측정될 수 없는 절대적인 차원이다. 사실상 천체의 137억 년, 지구의 46억 년, 인간 출현의 600만 년이라고 추산된 시간들은 이미 과거에로, 무에로 사라져간 가상적인 시간들이기 때문에 이미 이러한 피조물들의 현재적으로 실재하는 시간들이 아니다. 그럼에도 불구하고 과학적으로 그러한 엄청난 시간들이 추정될 수 있다는 것은 현재 → 미래의 시간의 기반 위에서 가능한 것이다. 그런데 이 현재 → 미래시간이라는 전제도 가상적인 상정인 것이다. 과거 → 현재 → 미래의 시간이라는 시간 계기와 존속은 우리의, 과학자들의 관습적인 상정이지 시간의 현재적 실재성(reality)을 담보하고 있지 않다. 시간의 실재성은 오직 창조자·구원자 하나님의 시간과의 관계에서만 성립하는 것이다. 다시 말하자면, 천체의 출현 137억 년, 지구의 46억 년, 인간의 600만 년이라는 흘러간 과거의 시간들이란, 이러한 추산이 아무리 놀라운 지혜의 산물이라고 해도, 가상적인 성격을 가지는 시간성이다. 그러한 가상적인 시간 추산이 창조자·구원자 하나님의 시간의 원천에의 현실적인 관계에서만 실재성을 획득할 수 있기 때문에, 시간성 자체는 신앙의 차원이다. 요점은 137억 년 전이든 46억 년 전이든 600만 년 전이든, 이 시간들의 격차에도 불구하고, 각자 다른 양식들로, 이 피조물들의 시원은 태초의 시간의 창조에 닿아 있다고 해석되어야 한다는 점이다. 우리의 이러한 해석이 방석종 교수와 과학자들에게 받아들여질 수 있는가 하는 문제는 열어두어야 할 것 같다.

자 하나님의 영원한 시간의 표식이며, 모든 피조물들과 인간역사의 시간을 유한한 것으로 한정하며 동시에 원천이다. 그러한 한정성 없이는 피조물들의 시간의 저 측정들(주 1)이 불가능하다. 그러한 '올람'의 시간은 특징적으로 예언자적 구원사의 맥락에서 형성된 개념이다. 태초의 원시간 없이는 궁극적으로 종말시간·후시간이 상정될 수 없으며, 반대로 이 종말시·후시간 없이는 저 태초의 원시간도 상정될 수 없다. 태초의 창조의 원시간은 우리가 과거에로 무한 소급해서 어느 시점이라고 추정할 수 없다. 창세기의 J–P 문서들의 기록자들이 그렇게 태초의 시간을 상정한 것이 아니다. 어떻게 B.C 2000년 이후 어느 시점에서 대두한 이스라엘 족장 아브라함이, B.C. 1250년경으로 추정되는 모세의 출애굽 사건을 위시한 구원사의 출발시점이 어떻게 아득한 태초의 원시간에 이어졌는가? 그 연결은, 구원사가 어느 때에 시작되었든, 우주와 앞서간 인류역사의 흘러간 모든 시간의 원천인 창조자·구원자 하나님의 시간이라는 역사신앙에서 가능하다. 이와 동일한 근거에서, 예언자들은 자신들이 측정할 수 없는 궁극적인 미래의 종말시간·후시간의 실재성을 상정한 것이다. 모든 피조물들과 인간역사의 과거화된 시간들은 이미 이들의 시간들이 아니며, 궁극적인 종말적 미래로부터 현재에로 오시는 구원자 하나님의 현재시간에서부터만 피조물들의 과거시간이 상정될 수 있으므로, 인간의 출현이 매우 늦게 시작했다는 인류역사의 시초가 태초의 창조의 시간에 연결되고 동시적으로 해석될 수 있다.[2)]

---

2) 문제는 많은 구약학자들, 신약학자들, 조직신학자들, 종교학자들, 일반 역사가들과 지식인들이 창조의 원시간·전시간과 종말시간·후시간과 같은 개념들을 신화적이라고 규정해 버린다는 사실이다. 그것은 모든 피조물들의 생성과 역사적 변천의 시간성의 객관적 실재성을 부정해 버리고 따라서 피조물들의 시간성 자체를 해체시켜 버리는 것이다. 내가 확실히 아는 한에서 말하자면, 옛 창조론과 종말론은 어떤 양식으로든, 창조의 원시간과 종말시간을 문자 그대로 견지

2) 선적인 시간성 개념과 순환론의 문제

선적인 시간성(線的 時間性, linear temporality) 개념은 특히 서양의 현대 그리스도교적 역사이해에서 부각된 시간 개념으로서, 고대 그리스와 동양에서의 천체의 순환운동에 근거한 '순환적 시간성'(cyclic temporality) 개념에 대립한 개념이다. 고대 헬레니즘(Hellenism) 시대의 스토아 철학은 우주만물이 천체들의 순환운동을 모형으로 생각된바 자연법칙에 따라 생성을 반복하다가 어느 시점에서 종말에 이르러 붕괴하고 다시 생성하기를 반복하는 순환론적 우주관을 상정하기도 했다는 것이다. 순환론적 시간 개념이 그 배후에서 작용한 것이다. 이에 반하여 '선적인 시간성'은 현재시간을 기점으로 과거로부터 미래에로의 불가역적 선후계기(irreversible succession)의 질서로서의 시간성이 일회성 혹은 획기성을 가지는 인간 역사에 해당한다고 생각된 것 같다. 우리가 우리의 맨 처음 글에서 일별했듯이, 현대 물리학자 뉴턴은 우주자연을 순환론적으로 생각하지 않고, 신적인 영원한 자연법칙을 전제하고서 수학적으로 한순간을 기점으로 삼고 한없이 이어지는 '절대적 시간' 혹은 '무한시간'(infinite time)이라는, 역사적 사건들과 무관한 '선적 시간성'을 상정했는데, 아마도 그는 자연법칙적으로 수학적으로 종말시간과 같은 시간의 끝을 설정할 수 없었을 것이며, 그렇기 때문에 '절대적 시간'을 상정했을 것이다. 사람들이 '무한시간'을 상정하기도 하는데, 시간의 시작과 끝을 모르기 때문이다. 폰 라트는 선적인 시간성 개념을 성서의 종밀론에 의해서 한정하고 보충하여 구원사의

했다고 생각되며, 현대 신학자들로서 칼 바르트(K. Barth), 본회퍼(D. Bonhoeffer), 구약신학자로서 폰 라트(G. von Rad)는 창조의 원시간과 종말시간을 신화라고 생각하지 않는다. 그 외의 학자들에 대한 확인은 후학들에게 기대해 본다.

'연대기적'(Chronological) 서술에 적용하되, 연대기적으로 재건할 수 없다는 모세오경과 여호수아기에는 적용하지 않으며, 판관기 → 열왕기에 이르는 신명기적 역사와 역대기 등의 서술들에 적용한다.[3] 시간의 종말은 구원사적으로는 하나님의 구원의 성취라는 엄밀히 목적론적(teleological) 역사신앙에 의해서만 설정될 수 있다. 이러한 의미에서 폰 라트의 선적 시간성 개념의 저 보완은 타당하다. 그러나 선적 시간성의 개념 자체는 구원사적으로 규명되어야 한다. 그 출발점으로서의 태초의 창조의 원시간은 선적 시간성 개념 자체에서부터 도출되는 것이 아니며, 창조신앙에 근거하고 있으니, 창조자 하나님 자신으로부터 주어지는 것이다. 창세기 2장 에덴정원의 J 설화자가 B.C. 11~10세기경의 역사적 현재에서부터 창조의 원시간을 직관할 수 있었으므로, 창조의 원시간은 구원사의 출발점이 될 수 있었으며, 구원사의 종말시간은 이 원시간과 상관적으로 설정되는 궁극적 미래시간이다.

그런데 성서적 구원사에의 선적 시간성 개념의 폰 라트의 적용범위가 많이 수정되어야 할 것 같다. 그의 구약의 역사 연구와 역사적 재건(historical reconstruction)이 판관기부터 열왕기에 이르는 신명기적 역사와 P 문서 전통에 속하는 역대기(Chronicles)에 대해서는 대체로 적용되어 있는데, 그러나 신명기적 역사는 모세의 출애굽-시나이 계약 전통을 전제로 하고서 여호수아기부터 시작했다는 사실이 폰 라트의 선적 시간성 개념 적용에서 해명되어 있지 않다. 창세기를 전제하는 모세의 출애굽 사건이 여호수아의 가나안 땅 점령 기록의 연대기적(Chronological) 순서에서 고려되지 않았다. 또 B.C. 2000년경 이래의 아브라함을 비롯한 족장들의 역사도, 또

---

3) Von Rad, *TAT* II, 115~116 참조.

한 원시적 인류역사도 연대기적으로 과학적으로 이어질 수 없으니, 폰 라트의 선적 시간성 적용의 범위는 아주 제한적이다. 그럼에도 불구하고 J 문서가 창조역사를 전제하고 아담–이브로 시작되는 인류역사에 이어 이스라엘의 족장들과 출애굽–시나이 계약 전통의 기록들을 순차적으로 엮었다는 사실은 J 문서가 선적인 시간성의 연대기적 시간 순차에 따른 기록이 아니며, 우주 창조의 '날'(창세기 2:46), 즉 원시간을 전제하고, 아담–이브의 불복종에도 불구하고 이들의 원시적 역사를 그 창조의 시간에 연결했으며, 죄된 이 인류역사에 반립한 아브라함의 대두와 역사–모세의 출애굽–시나이 계약과 여호수아의 가나안 땅 점령과 혁명을 엮었다는 것은 J 문서의 시간 개념은 선적인 시간성에 의해서 다 설명될 수 없는 특유의 구원사적 시간 개념을 나타낸다. 그렇다고 해도 제한된 의미에서 선적인 시간 개념이 성서에 적용된 것같이 보인다. 신명기적 역사와 역대기에서의 시간 개념은 J–E 문서들과 이에서 작용한 시간 개념을 전제하고 있으며 종말론적 미래시간을 내다보고 있으므로, 폰 라트에 의한 선적 시간성 개념의 종말론적 보완은 구원사적 시간·역사를 특징 지우는 '올람'의 시간 개념에 근거한 것으로 간주될 수 있을 것 같다. 그러나 어쨌든 선적 시간성 개념이 이스라엘의 판관기 → 열왕기의 신명기적 역사에 또 역대기에 적용되었다는 폰 라트의 주장이 부적합하다고 생각된다. '선적 시간성' 개념이 구원사적 '올람' 개념에 비추어 긍정적으로 부합된다면, 그것은 제한된 의미에서의 부합성이다. 즉 선적 시간성이 피조물들과 인간역사의 시간의 미래에로의 '선후계기질서'를 표식하기에 적합하기 때문이다. 그러나 '선적 시간성' 개념이 구원사적 시간·역사를 총체적으로 설명해 줄 수 있는 개념은 아니다. 오히려 이 개념은 구원사적 '올람' 개념에 의해서 보완되어야 한다.

선적 시간성 개념이 보완되어야 할 또 다른 문제가 있다. 이 개념 자체는 피조물들과 역사의 시간의 미래에로의 선후계기질서에 결부해서 고려되어야 할, 이 계기질서에 내포된 바 선후계기질서의 불가역성(irreversibility)의 문제를 해명해 주지 않는다. 예를 들자면, 우선 구원사적으로 '노예의 집 애굽'으로부터 새미래로 해방된 이스라엘 백성은 과거의 노예상태로 되돌아가서는 안 된다는 것, 애굽 왕 파라오와 동일화된 신들을 추종해서도 안 된다는 것, 이것이 구원사적 시간의 불가역성의 의미다. 과거의 노예의 상태로부터의 해방은 죽음에서부터 삶의 미래에로의 해방과 동일하다. 이때의 '과거'는 창조자·구원자 하나님의 심판 아래서의 시간 박탈과 죽음에 해당된다. 신적인 부정의 심판 아래서 밝혀지는 과거·죄악·죽음의 세력이 현재와 미래에로 되살려내어져서는 안 된다는 것이 혁명적인 구원사적 불가역성이다. '선적 시간성'이라는 표식은 아주 제한된 의미에서 시간의 선후 계기의 질서를 표식하는 부호에 불과하다.

그럼에도 불구하고 그 개념이 서양 현대의 역사의식과 결부하여 중요한 것으로 대두한 것 같은데, 특히 고대 그리스와 헬레니즘시대의 '순환론적 시간성'(cyclical tempolity) 개념에 반립하여, 저 개념은 역사의 미래목표 실현을 위한 역사적 시간이 천체들의 순환운동에 유비된 자연적 '순환론적 시간성'으로써 설명될 수 없다는 데서, 특유하게 목적론적 본질을 가진 역사적 시간 개념으로 부각된 것이다. 서양 역사학의 아버지 격인 고대 희랍의 헤로도투스(Herodotus)의 '순환론적'(κiklisch, Cyclic) '시간법칙'(Gestz der Zeit)이라는 개념은 천체들의 순환운동을 모형으로 구상된 것이며, 고대의 일반적 시간 개념을 반영한다. 순환론적 시간성의 법칙이란 우주와 역사가 주기적으로 종말에 다달아 다시금 처음으로 되돌아가는 인간사(人間事)의 순환 혹은 주기적인 반복을 가리킨다.[4] 헤로도투스의 그러한 시간·

역사 개념은 천체들이 시간의 원천이라는 일반적인 고대의 자연 우주관을 전제하고 있다. 우주의 순환운동도 시간 안에서 가능하고 변천하기 때문에 우주 자체가 시간의 원천일 수는 없으나, 우주 자체가 신이라고 신화적으로 생각된 고대에서 신적 우주가 시간의 원천이라고 생각될 수 있었던 것 같다. 서양의 뉴턴과 역사가들이 창조자 신을 우주와 동일화할 수 없었기 때문에, 그들은 우주의 '순환론적 시간성' 개념을 넘어서서 미래에로 존속하는 선적 시간성을 제창했던 것이다. 이것은 인간의 정의로운 공동체적 삶과 역사의 시작과 미래의 목표설정과 실현을 위한 시간성을 표식한다는 데에 의의가 있다. 이러한 역사적 시간성은 천체들의 주기적 순환운동에 의한 자연사물들의 생성과 사멸의 순환반복의 '법칙'의 제약을 받지만, 이러한 자연의 차원과 구별되는, 창조자·구원자 하나님과의 인간의 관계에서 벌어지는 임의적인 사건들의 역사 특유의 시간성이며, 천체들의 순환운동의 '법칙'에 의해서 주어지는 시간성의 제약을 넘어서는 바 하나님과 인간의 자유한 관계질서에서 주어지는 시간성이다. 이스라엘의 그러한 시간 개념은 이미 천체들의 순환운동이 시간의 원천이라고 생각한 고대의 우주관을 넘어선 것이다. 그것은 이스라엘이 창조자·구원자 하나님을 피조물 천체들과 구별함에서 가능했던 것이다. 헤로도투스의 순환법칙으로서의 시간·역사 개념은 고대 근동의 신화적 우주관을 그대로 전제한 것이다. 서양의 현대적 역사의식을 반영하는 선적 시간성 개념이 저 고대의 '순환론적 시간성' 개념을 넘어섰다면, 그것은 구원사와 예언자적 종말론의 영향을, 의식적이든 무의식적이든 반영한다고 생각되어야 한다. 그러나 선적 시간성 개념은 구원사적 시간성 해명에 큰 도움을 제공하지

---

4) Von Rad, *TAT* II, 110f.와 여기에 제시된 Rheinhardt, *Herodots Persegesdichte*, E. Grassi, 1944 참조.

못한다. 구원사적 시간 개념은 구원사와 예언 전통에 입각해서 해명되는 것이다. 또 부언해 둘 것은 그리스도교의 영향을 받은 서양의 시간·역사 이해는 대체로 천체의 순환운동의 의미를 거의 고려 외로 여겼다. 천체의 규칙적 순환운동은, 시간·역사에서의 인간의 제멋대로의 자의적 시간 규정문제에 반하여, 시간의 객관성과 규칙성과 같은 시간척도를 제공해 준다는 사실을 간과해 버린 것이다.

3) 시간·공간, 하나님과의 피조물 세계의 관계질서들의 차원

우리는 처음부터 시간·공간을 창조자·구원자 하나님과의 피조물 세계–인간과의 관계질서, 인간과 인간의, 인간과 자연사물들의 관계질서(Relationsordnung 혹은 Schöpfungsordnung)라고 말해 왔다. 선적 시간성 개념은 사실상 그러한 관계질서의 차원으로서의 시간·공간을 표식하기에 부족하다. 모든 관계질서는 창조자·구원자 하나님 존재 자체 내적 관계질서에서부터 발원한다는 것을 우리가 명시했다. 우리가 삼위일체론을 논할 때에 더 밝혀질 것이지만, 하나님의 자체 내적 관계의 존재양식이 시간·공간을 내포하고 있으며, 이에서부터 모든 피조물들과 인간역사의 시간·공간에서의 관계질서들이 발원한다. 시간은 특징적으로 사물들의 운동의 선후계기질서(Nacheinander-Ordnung)라면, 공간은 사물들의 상호관계의 질서(Miteinander-Ordnung)라고 말해질 수 있다. 이 두 차원들은 사물들의 생동하고 관계하는 차원들로서 불가분적으로 작용한다. 공간은 시간의 선후관계에 혹은 시대와 시대 사이에 포함되어 있기도 하고, 모든 사물들이 상호관계하게 하는 장(場)이며, 시간은 모든 사물들이 관계망 속에서 미래에로 움직이면서 변천하게 하는 장이다. 시간·공간이 우주와 인간 존재와 모든 사물들 자체에 내면화되어 이들이 운동하고 변천하게 하는 장이다. 근원적으로 말하자면, 시간·공간은 창조자·구원자 하나님이 우주와 그 안에 있는 모든 피조물들과 인간역사와 관계하는, 그의 경륜에 의해서 열리고, 한정되고, 인간들의 죄악에 대한 심판 아래서 박탈되고, 그의 구원의 경륜에 따라 새롭게 다시 주어지게 하는 차원이다.

광대무변한 우주공간은 창조자·구원자 하나님의 무한공간–무한시간을 나타내는 것같이 보인다. 우주가 피조물이므로 그에 의해서 한정된 유한한 것임에도 불구하고, 별들과 사물들을 둘러싸고 있는, 그 별들과 사물들을 꿰뚫고 달리는 시간·공간이 변화무쌍할 뿐만 아니라 측정할 수도 없으니, 무한시간·무한공간처럼 보인다. 그렇게 보이는 것은 우주가 창조자·구원자 하나님의 주재권을 나타내기 때문이 아니겠는가.[5] 우주의 순

5) 2010. 7. 21「한겨레」의 "빼곡한 함수 속 공간을 보는 '매직 아이'"라는 제하에 실린 인터뷰, "황준묵 교수에게 듣는 현대기하학"이 우리 눈에 잡힌다. 대충 요약적으로 재서술하자면, 현대기하학은 이미 19세기에 종래의 Euclid 기하학을 뛰어넘어서 상상하기조차 힘든 "무한차원"의 공간, 함수들의 무한한 공간을 설정했다는 것이다. 19세기의 독일 수학자 난제를리만이 현대기하학의 배경이다. 현대기하학은 "공간에 관한 혁명"이라고 한다. 그것은 현대물리학으로 이어져 Einstein의 중력이론과 요즘의 물리학적 끈 이론에도 영향을 끼쳤다는 것이다.
함수관계들에 따라 공간이 '무한차원'으로 설정될 수 있다면 끝을 설정하기 어려운 무한 수 공간들이 상정될 수 있다는 말이며, 따라서 무한 시간들도 상정될 수 있다는 것이 아니겠는가. 물체들의 중력과 운동에 따라 4차원 공간뿐 아니라 시간·공간들의 헤아릴 수 없는 다차원들이 즉, 무한 시간들–공간들이 상정될 수 있는 것 같다. 그렇다면 우주는 영원하다고 말해질 수 있을 것 같다. 아마도 옛 고대의 현인들이 하늘의 별들을 관측하면서 천문 황도대(Zodiac, 黃道帶)를 구상해 그 무한 수의 별들과의 자연사물들–인간들의 삶의 연관성과 운명들을 점치면서 지혜를 연마하지 않았겠는가. 그래서 그들에게는 하늘과 땅이 神들과 동일시된 것이다. 그런데 이스라엘은 구원사적 맥락에서 창조자·구원자 하나님이 우주의 자유한 주재자로서 그의 신성과 피조물 우주와의 질적인 절대적인 구별의 관계질서를 설정했으며, 이 구별에서 그의 초월성이 부각되기에 이른다. 우주의 별들과 사물들이 존재하고 생동 변천하게 하는 우주의 시간·공간이 무한하게 보이고 무한하게 작용하는 것으로 보이는 까닭은 그것이 하나님의 무한시간·공간을 반영하기 때문이리라. 그럼에도 불구하고 우주의 시간·공간 안에서의 별들과 사물들이 한정적으로 존재하고 생동하다가 소멸한다는 것은 그것들에게 주어진 시간·공간이 유한하기 때문이다. 그러므로 자연적 우주 자체가 무한공간·무한시간이라고 규정되어서는 안 된다.

환운동의 종말은 오직 창조자·구원자 하나님에 의해서 결정될 수 있기 때문에, 우주과학자들에게 우주가 영원한 것으로 가설적으로 생각될 수 있을 것이다. 고대인들에게도 천체들의 순환운동이 영원하다고 직관되었으며, 천체들이 신화적으로 신들과 동일시된 것이다. 이스라엘의 구원사적 역사신앙에서 비로소 그러한 동일화의 신화가 배제된 것이다. 창세기 1~2장과 3장에서의 인간타락 설화는 창조자·구원자 하나님과 피조물 우주자연과 인간과의 구별을 확립함으로써 저 동일화를 배제한 것이다. 그러한 구별이 우주자연과 인간의 시간·공간의 한정성과 유한성의 원천이다. 그런데 우주의 공간·시간, 그 안에서의 별들의 순환운동들과 사물들의 생성과 변천 운동들을 가능하게 하는 우주 전체의 시간·공간은 창조자·구원자 하나님의 영원한 시간·공간을 반영하는 피조물 모형이라고 생각된다. 그래도 우주 공간·시간은 유한하다. 하늘과 땅 사이에 벌어지는 측정될 수 없는 공간 관계는, 하나님과 피조물들을 구별하는 어마어마한 수직적 거리는 그의 초월성(transcendence)을 표식하는 모형이 아니겠는가. 오늘의 우주과학이 하늘의 별들의 세계를 개척하려고 하지만, 절대로 하늘을

현대 물리학자 Stephen Hawking이 그의 1988년『시간의 역사』(*A Brief History of Time*, 김광동 역, 까치)에 의하면 우주가 100억 년 전 Big Bang에 의해서 탄생했고 팽창하다가 다시 Black Hole로 사라질 가능성을 암시하기 때문에, 우주는 유한하다고 상정될 수 있다고 말했는데, 얼마 전「한겨레」 2010년 11월 어느 날 보도에 의하면, Hawking은 우주가 '영원하다'고 말했다는 것이다. 그가 우주의 영원성을 어떻게 밑받침하는지는 알 수 없으나, 어쨌든 그것은 한 가설(hypothesis)이지 확증은 아닐 것이다. 우주의 별들과 자연사물들이 생성과 소멸을 반복하면서 새롭게 존속하기 때문에, 우주가 영원한 것처럼 보이기 때문에, 또한 우주와 사물들을 한정하는 창조자·구원자 하나님이 불가시적인 초월자이기 때문에 우주와 그 시간·공간이 영원한 것으로 보이는 것 같다. 그럼에도 불구하고 우주와 이 공간·시간 안에서의 모든 자연사물들의 생성 소멸의 변천들, 특히 자본주의적 인간역사의 한계를 모르는 우주개발과 자연자원의 남용과 생태계의 현상들은 우주의 대격변과 종말을 암시하는 것 같으며, 우주와 대자연이 인간 역사의 죄악에 대한 창조자·구원자 하나님의 심판 아래서의 파멸의 도구로서 작용할 수도 있을 것이다. 어쨌든 우주의 뭇별들의 빛이 우주의 시간·공간을 무한하게 보이게 하는 것 같은데, 우리가 그 시간·공간을 측정할 수 없으며, 오직 창조자·구원자 하나님만이 측정할 수가 있다. 바로 그렇기 때문에 우주와 자연사물들의 시간 존속성은 유한하다.

정복하고 그 창조력의 비밀들을 낱낱이 밝혀내지는 못하리라. 또한 우주과학이 하늘의 별들 사이에서, 하늘과 땅 사이에서, 인간의 사회역사들의 관계망에서 벌어지는 바, 무한 수의 다차원적 공간들·시간들을 모두 측정하지는 못하리라. 더욱이 인간역사들에서 벌어지는 시간·공간은 인간의 자유한 관계에 의해서 미묘하고 변화무쌍하게 벌어진다. 또한 인간역사의 시간·공간은 인간의 죄악에 의해서 조작되고, 왜곡되고, 오용되며, 박탈하고 박탈당하기도 하는 것이며, 여기에는 시간·공간이 인간의 자유에 맡겨져 있으니, 이러한 역사적 시간·공간은 우주의 객관적인 순환운동이나 자연에 의해서 설명될 수가 없다. 예언자적 종말론적 시간 개념은 더더욱 우주자연의 순환현상에 의해서 해명될 수 없으며, 자유하고 의로운 창조자·구원자 하나님과의 관계질서와 그 파탄의 역사적 현재와 직결해서 해명되어야 하는 개념이다.

앞에서 논의한 선적 시간성 개념은 부분적으로 역사의 시간을 표식함에 유용하다고 해도, 또 헤로도투스에게서 역사의 시간법칙으로 규정된 '순환론적 시간'(cyclic time) 개념에 대한 비판으로서 타당하지만, 우주의 순환운동이 가지는 시간·공간의 의의를 고려하지 않았다는 한계점을 지니고 있다. 그래서 서양 현대의 그리스도교적 영향 아래서의 역사 개념은 우주자연과 인간역사의 상관성을 고려하지 못했으며, 따라서 우주자연과 물질의 차원을 인간의 관념적 사변의 대상으로 처리하게 된 것 같다. 우리는 처음부터 시간·역사를 창조자·구원자 하나님과의 피조물들과의 관계질서들, 피소물 대 피조물의 관계질서들로 설정해 왔으며, 특히 관계 개념은 공간에 해당되며, 그래서 시간과 공간을 불가분적인 것으로 전제해 왔다. 물론 공간도 시간성과 불가분적이다. 이로써 우리는 처음부터 선적 시간성 개념의 적용을 한정해 온 것이다.

우주창조의 태초의 시간(창세기 1:1)은 우주의 태초의 공간과 동일하다. 첫 피조물 '빛', 시간의 한 단위인 '날'이라고 일컬어지는(창세기 1:3, 5) '빛'이 우주의 시간·공간의 모든 관계질서들을 관장하는 창조자·구원자 하나님 자체 안에서의 시간·공간의 모형이 아니겠는가. 그 '빛'이 첫 피조물이니, 이것은 우주 자체를 넘어서는 초월자 하나님의 '빛'이다. 그 빛이 우주의 공간·시간을 광대무변하고 영원한 것으로 보이게 하는 것 같다. 그 빛이 수직선으로, 또 횡선으로, 또 원으로 우주의 공간·시간을 흐르면서 모든 피조물들과 생물들과 인간역사의 공간·시간 질서들을 열어주고 한정하고 측정하게 하는 척도로서 작용한다. 이러한 의미가 저 구원사적 '올람'의 시간성에, 또 예언자적 궁극적 미래시간 직관에 함축되어 있다. 그러므로 선적 시간성 개념을 전제한 근대 서양의 그리스도교적 역사 개념에서처럼 우주의 순환시간이 인간의 시간·역사와 무관한 것으로 생각되어서는 안 된다.

4) 예언자들의 미래예언·종말론의 대두

'예언자들'(단수 nābī', 복수 nebī'im)은 구원사적 시간·역사의 과정에서 특히 미래시간–종말시간을 담지한다. 이스라엘의 구원사적 현실에서 이스라엘이 한 분 야웨 하나님을 가나안 땅의 바알 신들–여신들과 혼합하여 그의 의로운 첫 계명(출애굽기 20:2~3)을 배반하고, 이에 따라 종교적으로 사회적으로 죄악을 자행함으로써 그의 의를 배반하고, 주변 세계에 대하여 한 분 야웨 하나님을 증언하지 못하고 구원사적 소명을 망각해 버리고, 더 이상 '야웨의 백성'으로서의 그의 나라의 미래에로의 존속이 위태롭게 되는 현실에 직면해서 예언자들은 그의 임박한 미래 심판을 선포하면서 그의 구원의 새 미래를 예언하고, 그럼으로써 역사적 현재의 변혁의 계기를 열어놓는다. 그러한 미래는 창조자·구원자 하나님의 시간이며, 예언자들은 그 미래로부터 현재에로 말씀해 오시는 그의 말씀을 그의 '영'의 능력으로 듣고 전달하는 '전령자들'(messengers)이며, 그 미래의 역사의 '파수꾼들'(watchers)이다.

'종말론'(eschatology)이라는 말은 구약의 그리스어 70인 번역 LXX역에서의 eschatos, eschaton, eschata—종말적인 것을 표식하는 말이다. 19세기에 신학분야들이 분화되기 이전에는 종말론에 해당하는 자리가 교의학 체계의 마지막 장에서 '최후의 사물들에 관한 교의'(Doctrine of the Last Things)라는 제목으로 다루어졌다. 그러한 교의학 체계는 역사와 세계가 끝나는 절대적인 끝장을 상정했는데, 지금도 구약학자들이 그러한 절대적 종말을 상정하기도 하지만, 우리는 그러한 종말시간을 알 수 없으며, 현대신학은 실제 역사와의 불가분적 관계에서 종말론 혹은 '최후의 사물들'을 해석해 내고자 하는 경향을 가진다. '최후의 사물들'은 신적인 최후 심판과 하나님 나라의 도래, 죽은 자들의 부활과 영원한 삶과 같은 역사의 궁극적 구원의 성취에 해당하는 주제들인데, 이 종말론적 주제들이 어떻게 역사적 의의를 가지는가, 어떻게 역사와의 연관에서 해명되어야 하는가 하는 문제가 새롭게 규명되어야 할 것이다. 이러한 문제는 특히 B.C. 4세기 이래에 대두하는 묵시론적 종말론과 예수 그리스도의 사건을 위시한 초대 그리스도교의 종말론의 맥락에서 다루어져야 할 것이다.

우선 우리는 그 이전 B.C. 8세기 북이스라엘 왕국과 남유다 왕국시대를 비롯한 '고전적 시기'(classical period)의 '문서 예언자들'(literary 혹은 writing Prophets)에 대한 고찰에서부터 시작하고자 한다. 그들에게서 미래예언—종말론이 고대 근동 ANE의 세계사적 상황들과의 관계에서 구원사적 주제들이 아주 다른 형태로 선포되고 부각되기에 이른다. 그 예언자들에게서는 종말론이 '최후의 사물들' 이라는 주제 아래서 선포되지 않는다. 그들은 혼탁하고 상실될 지경에 이른 이스라엘의 야웨 신앙과 사회적 불의와 주변 세계의 정복전쟁들의 징조들 혹은 전쟁의 소용돌이에 직면해서 이러한 세계 상황들을 야웨 하나님의 심판이라고 선언하면서 그의 미래의 새로운 구원의 행위를 예언한다. 구원사—세계사의 일대 변혁(radical transformation)의 계기를 열어 놓는다. 세계 상황에 따라 그들의 미래예언은 궁극적 종말론으로 바뀌곤 한다. 종말론의 내용은 '최후의 사물들' 이라는 주제에 해당한다고 해석될 수 있지만, 그것은 예언자들에게서는 역사와 세계의 끝나는 어떤 사변적인 시간에 일어날 일들이 아니라 언제나 역사적 시간과 현실에 직결되어 일어날 대변혁을 가리킨다. 그러므로 종말시간 혹은 종말론은 역사적 현재에 다가오는 가까운 미래이기도 하고 궁극적인 먼 미래이기도 하다. 예언자적 미래시간과 종말시간은 역사의 자연적인 연장의 시간이 아니라, 연장 혹은 존속의 시간이 박탈되어 버리는 파멸과 죽음을 넘어서게 하는 시간, 구원자 하나님으로부터 역사적 현재에 새롭게 주어지는 시간이다. 구원사적 맥락에서 대두한 예언자들의 미래의 종말시간은 세계사의 혁명의 원리이다.

5) 미래예언·종말론의 기원문제

우리는 지금까지 구약의 예언자 전통을 구원사적 맥락에서부터 발단하고 대두한 것으로 해석해 왔다. 그런데 구약학자들이 그 기원을 기원전

ANE 신화들에서부터 발단한 것으로 주장하기도 했고 또 상당수의 학자들이 그 기원에 대해서 모호한 입장을 취하고 있는 것 같기도 하다.[6] 어떤 학자들은 구약의 예언자적 미래예언·종말론의 기원이 미해결의 문제로 남아 있다고 생각하는 것 같다. 나중에 논할 것이지만, 특히 후기 유대교의 묵시적 종말론은 페르시아의 영향권 내에서 발단했다는 주장이 우세했고 복잡하다. 여기서는 우선 예언자 전통의 종말론의 기원을 전적으로 기원전 ANE의 신화들에서부터 이끌어낸 바 종교사학파(Religionsgeschichtliche Schule)의 그레쓰만(Hugo Greßmann)이 1905년 *Der Ursprung der israelitisch-jüdischen Eschatologie*(이스라엘-유대교의 종말론의 기원, Göttingen, Vandenhoeck und Ruprecht)의 문제점이 검토되어야 한다. 종교사학파는 구약과 ANE의 신화적 종교들과의 비교연구에 의해서 구약연구와 논의의 범위를 상당히 확장했다는 점에서 많은 기여를 했다고 생각되나, 구약의 구원사-예언 전통 자체의 특유한 역사성을 대체로 신화들에로 해소시켜 버렸다고 생각된다.[7] 상당수의 학자들이 그레쓰만의 종말론적 연구를 지나치게 ANE 신

---

6) B.C. 3000년 중엽에 고대 바빌론 남쪽 우룩(Uruk), 유프라테스 강 유역 마리(Mari), 또 애굽에서 '미래의 전령자'(announcer of the future)라는 개념이 발견되었다는 것이다. *ABD* Vol.5, "Prophecy," 477~481 참조. 그러나 추측컨대, 옛 사람들은 미래에 대한 직관력이 오늘의 사람들보다 월등했다고 여겨지며, 미래예언자들은 세계 어디에서나 보편적으로 존재했을 것이다. 점성가들은 별자리들을 관측하면서 예언했을 것이며, 무당들은 신들 혹은 신명(神明)들에 의거해서 인간사의 길흉을 예언하기도 했을 것이다. 그러한 예언들은 우주와 자연현상들에 결부되어 있으며, 이스라엘의 특유한 창조자·구원자 하나님과의 관계에서 벌어지는 시간·역사의 일관된 역사신앙에 바탕한 혁명적 예언들이라고 추정될 수 없을 것이다.

7) 많은 학자들이 종말론을 B.C. 7세기의 예언자 예레미아에게서, 혹은 B.C. 6세기 이후 유대교 시기에 대두한 것으로 주장하기도 했는데, Greßmann은 종말론을 이스라엘 종교의 처음 시기부터 이스라엘 종교의 대두 이선의 고대 ANE의 여러 자연신화들, 즉 화산의 지진, 대폭풍과 같은 현상들에 결부된 신화들의 동기와 영향을 반영하는 것으로 본다. 우리가 앞에서 이미 논했지만 여기서 Greßmann의 주장을 구체적으로 보기 위해서 모세의 출애굽-시나이 계약에서의 神의 현현·계시에 대한 묘사(출애굽기 19:16ff.)를 다시 논할 필요가 있다. 야웨께서 시나이 산에 임재하시되, 불 가운데에 나타나셨으며, 그 산이 온통 진동했다(18절). 이에서 현현한 신(神)은 '지진의 신', '뇌우의 신', '불의 신', 즉 '자연 神'(Natur Gott)이라는 것이다(Greßmann, *Ursprung*, 41, 48, 49, 58 등등). 예언자들에게서 자주 묘사되는 바, 지진과 불에 의한 야웨 하나님의 종말적 심

화들에로 환원시켜 버렸다고 비판하는데, 그의 문제적인 신화적 기원설의 영향이 아직도 종말론 연구자들에게서 작용하고 있다.

예언자들의 대두와 미래예언·종말론의 기원은 이스라엘 구원사 자체의 맥락에서 또 그 특유한 시간 개념에 근거해서 규명되어야 한다. 우리는 그러한 의미에서 폰 라트의 주장을 주목한다. 그의 *Theologie des Alten Testaments* II의 "Die Eschatologisierung des Geschichtsdenken durch die Propheten"(예언자들에 의한 역사적 사고의 종말론화)라는 항목이(121~129) 종말론의 구원사적 기원을 단적으로 말해 준다. 그런데 그의 구원사적 시간 개념의 해명이 모호하고 불충분한 것으로 머물러 있는 것 같다. '역사적 사고의 종말론화'가 어떻게 가능한가? 하는 문제가 해명되어 있지 않다. 폰 라트는, 우리가 이미 논했듯이, 선적 시간성 개념을 종말론적으로 보충해

판도 그들 이전 ANE의 자연신화들에서부터 유래한 것이라며, 종말론은 이스라엘 구원사–예언 전통보다 훨씬 이전의 바빌론 혹은 애굽에서 기원했다는 것이다. 종교사학파 H. Gunkel도 Greßmann에 동조한다. 그와 같이 그들은 이스라엘의 구원사와 예언자적 종말론의 기원을 훨씬 이전의 바빌론 혹은 애굽의 자연 신화들에로 환원함으로써 구원사–예언자 전통의 시간·역사 개념을 비역사화시켜 버린다.

여기서 모세의 출애굽–시나이 계약 체결에서의 야웨 하나님의 현현 혹은 계시(theophanie 혹은 revelation) 사건에 대한 묘사(출애굽기 19:16ff.)를 다시 해석하자면, 그 묘사는 그가 시나이 산에 임재하되 죄 된 이스라엘 백성과의 엄격한 구별을 설정함으로써 자신의 어마어마한 초월성을 나타내는 광경이다. 야웨 하나님과 이스라엘 백성과의 관계질서 설정을 중재하는 모세는 야웨 앞에서 얼굴과 얼굴을 마주하고 그의 계명의 말씀을 듣는 것 같으나, 사실상 그의 거룩하고 빛나는 얼굴을 보지 못한다(출애굽기 34:20). 시나이 산에 야웨께서 임재하되, 이스라엘 백성이 그의 얼굴을 보려고 몰려들지 못하도록 불과 연기가 자욱하고 땅이 진동한다는 묘사는 야웨의 절대적인 초월성, 죄 된 이스라엘 백성과의 구별의 질서를 설정하는 광경이다. 그러한 구별은 죄 된 이스라엘 백성이 그의 얼굴을 보고 죽음에 이르지 않도록 하는 은혜로운 신적 결정이다. 야웨 하나님의 얼굴을 본 자는 그 앞에서 살아남을 수가 없다(출애굽기 34:20). 그러한 결정이 죄 된 인간들로 하여금 자유한 결단과 시간·역사를 영위할 수 있게 하는 신적인 구원의 경륜이다. 불, 지진, 폭풍과 같은 자연현상들은 우주 자연의 창조자 하나님의 임의대로 일어나고 사용되는 조건들이며, 그의 '지진의 신', '뇌우의 신', '불의 신'이라고 일컬어질 수도 있을 법하나, 그는 우주 자연과 자연현상들을 초월하기 때문에 '자연 신'이라고 일컬어져서는 안 된다. Greßmann은 예언자 모세가 중재하고 전달한 야웨 하나님의 혁명적 초월성의 의미를 ANE의 자연신들과 혼동하고 창조자·구원자 하나님의 역사적 계시사건을 상실해 버렸다.

서 주로 신명기적 역사 서술에 적용하는데(115~116 참조), 그 종말시간이 어디에 근거하고 있는가 하는 문제가 밝혀져야 예언자들의 종말시간 개념이 규명되어 있지 않다. 태초의 창조의 원시간과 마찬가지로 종말시간은 창조자·구원자 하나님 자신의 영원한 시간과의 관계에서만 직관되는 것이다. 저 '올람'의 시간성이 바로 예언자적 미래 예언·종말론 근저에서 작용한다. 예언자적 미래예언의 미래시간은 이스라엘과 주변세계의 문제 상황들에 따라 어느 때라도 순식간에 종말론으로 바뀔 수 있다. 미래시간은 언제라도 종말시간과 연결될 수 있기 때문이다.

6) 종말론 대두의 필연성

이스라엘의 구원사 자체가 궁극적인 미래의 구원의 성취를 지시하며 이 역사신앙이 바로 예언자적 종말론의 대두의 필연성을 나타낸다. 예언자적 종말론은 이스라엘의 역사적 현재가 자체 내적으로 구원사적 의의를 거의 상실하게 되는 상황에서 또 주변세계의 정복 전쟁의 폭풍에 휘말려 들게 될 위기에서 필연적으로 대두한 것이다. 야웨 하나님의 심판이 그 필연성의 척도이다.

그런데 구약학자들이 종말론의 그러한 구원사적 필연성을 간과하고, 종말론의 대두의 이러저러한 심리적 동기를 운운한다. 모빙켈(S. Mowinckel)에 의하면 "종말론의 발생은 심리적으로 설명되어야 하며, 달리는 도대체 설명되지 않는다. …… 종말론은 주변 세계의 생소하고 혹독한, 아직 익숙하지 않은 새로운 경험의 환멸스러운 압박감 아래서 미래에로의 도피처로서, …… 압박에 직면해서 최소한의 저항의 방향에로의 탈출로서 파악될 수 있다."[8] 이러한 모빙켈의 설명은 대단히 부적합한 것으로 보인다. 예언자들의 종말론의 '심리적 동기'가 '역사 환멸'이라기보다는 신적 심판에 상응하는 바, 그들의 역사비판 의식이라고 말함이 더 좋을 것 같다. 그래도 그들이 미래에로 도피하려고 했다는 주장은 구원사의 미래시간에 대한 인식결여라고 생각된다. 지금까지 우리가 역설해 왔듯이 야웨 하나님의 구원의 경륜에 있어서 궁극적 미래의 종말시간이 구원사적 시간·역사를 그 궁극적 성취에로 이끌어가는 주도 개념(leading concept)이다. 그러한 미래시간이 모든 역사를 변혁·진보하게 하고 미래에로 존속하게 하는 필연적 원천이다. 예언자들이 선포하는 바, 신적인 종말적 심판이 바로 역사 변혁의 필연성을 가리킨다. 신적인 종말적 구원에 수반할 수밖에 없는, 역사의 죄악 때문에 일어날 수밖에 없는 신적인 종말적 심판의 멍에 아래서 예언자들은 고투한다. 그러므로 '역사 환멸'이라는 표현은 부당하다. 야웨 하나님 앞에서 죽느냐/사느냐 하는 고투를 예언자들은 감행한다. 대체로 예언자 연구와 신학전통에서 그러한 역사 혁명의 필연적 원천의 불가결한 신적 심판의 차원이 간과되어 오기도 했으며 거북하게 여겨져 오기도 했다. 신적인 종말적 심판은 현대의 역사혁명을 위한 법·정치 경제 사회 비판의 원천이라고 생각된다. 19세기 서양의 많은 그리스도교 사상가들과 신학자들, 또 20세기의 해방신학자들이 칼 마르크스의 역사 혁명론에서 저 예언자적 종말론의 요인들을 주시했다는 사실은 우연이 아니리라.

---

8) 이 인용문은 Von Rad에 의해서 인용된 문구 중에서 재인용된 것이다. *TAT II*, 126, 주 31; Mowinckel의 *Psalmenstudien* II 324에서부터 인용된 것. Von Rad의 동일한 주 31에 또한 유대교의 저명한 신학자 M. ßuber가 언급되어 있는데, Mowinckel의 저 환멸론은 ßuber에게서 유래된 것이라고 하는데, ßuber의 환멸론은 '역사 희망'(Geschichtshoffnung)과 결부되어 있다는 것이다. 그 두 학자들의 '환멸 체험'(Enttäuschung Erlebnis)이라는 개념이 예언자적 종말론 이해에 별 도움이 안되는 부적절한 것이라고 Von Rad는 옳게 말한다. *Ibid*.

7) 종말론의 종말시간은 어느 때인가?

우리는 여기서도 폰 라트의 『구약신학연구』 II에 의거해서 종말시간이 어느 때인가? 하는 문제제기를 이끌어 냈는데, 이 문제제기는 일반 사람들에 의해서도 제기되는 문제다. 횔셔(G. Hölscher)는 종말론이라고 표식될 수 있는 바, 그것은 전적으로 '세계종말'(그의 말)이 일어나는 그때에 국한시켜야 한다는 것이며; 모빙켈도 종말론은 모든 역사의 종말시간에 해당한다는 것이며; 포러(G. Fohrer)도 유사하게 주장하는데, 시간 안에서 일어나는 예언들은 비종말론적인 것으로 간주해야 한다는 것이다.[9] 종말론은 '세계종말' 혹은 모든 시간의 끝에 해당된다는 것이다. 교의학적인 '최후 사물들에 관한 교의'라는 주제도 그러한 모든 시간이 끝나는 세계종말을 전제하고 있었음에 틀림없다. 사람들이 종종 세계종말이 언제쯤 오리라고 계산해 내기도 해왔다. 사실 그러한 추리는 예언자들에게 생소한 사변에 불과하다. 폰 라트에 의하면, 예언자들의 예언의 특징은 역사적 현재에 '가까이 다가올 미래대망'(Naherwartung)이며, 이것이 종말적인 것의 척도라는 것이며, '시간 역사의 절대적인 종말'을 생각함으로써 예언자들이 전혀 모르는 시간 개념을 이들에게 부과한다는 것이다. 그는 예언자들이 언제나 역사에 직결해서, 시간 안에서 일어날 미래사건들을 예언한다는 것이다. 그들은 옛 구원사의 주제들을 기저에 견지하고 옛 출애굽을 새 출애굽으로, 옛 다윗을 새 다윗으로, 옛 시온성을 새 시온성으로, 그렇게 전적으로 새로운 주제들로써 종말적 미래를 표상한다는 것이다. 그러므로

9) Von Rad, *TAT* II, 124, 주 25에 제시됨; Hölscher, *Die Ursprünge der judischen Eschatologie*, 1925; Mowinckel, *HTC*, 149; Fohrer, *Ezekiel* S. X XIX, 216 참조.

세계역사의 절대적인 종말이란 예언자들에게 생소하다는 것이다.[10] 폰 라트의 주장은 옳다. 좀 더 부가해서 말하자면, 어느 누구도 휠셔, 포러, 모빙켈이 말하는 세계역사와 시간의 절대적인 종말을 모른다. 예언자들이 대망하는 미래–종말시간은 바로 역사적 현재에 도래하는 시간, 역사의 미래에로의 존속을 가능하게 하는 원천적 시간이므로, 그들은 역사에 '가까이 다가올 미래대망'을 선포하며, 이 미래는 때로는 먼 미래일 수도 있으나 어쨌든 종말적 사건들이 창조자·구원자 하나님의 '시간 안에서'(in tempore) 이루어지리라는 역사신앙의 시간 개념의 차원이다.

창조가 그의 '시간 안에서' 이루어졌듯이, 종말적 사건도 그의 시간 안에서 일어날 것이다. '시간 안에서'의 시간은 창조자·구원자 하나님 자신이 자유하게 주관하고 결정하는 시간, 즉 자신의 시간이다. 휠셔, 포러, 모빙켈 혹은 이들과 같이 생각하는 학자들은 이러한 창조자·구원자 하나님의 영원한 시간을 고려하지 않은 것이다.

예언자적 종말론의 종말시간은 역사적 죄악에 대한 신적 심판 아래서 인간역사의 존속의 시간 상실이라는 부정적 의미와 이 부정성을 넘어서는 신적 구원의 궁극적 성취라는 긍정적 의미를 가지는 '종말시간'이 종말시간·후시간(Endzeit·Nachzeit)이다. 종말시간은 미래시간과 동일한 시간으로서 이것이 도래하지 않으면 역사는 더 이상 존속할 수 없다. 그러므로 예언자적 종말론의 미래대망은 폰 라트가 말했듯이, 언제나 '가까이 다가올 미래대망'(Naherwartung)을 의미한다. 그러나 가까이 다가올 미래시간은 동시에 궁극적인 먼 미래일 수도 있다. 먼 미래시간도 언제나 역사적 현재와 직결되고 신적인 '시간 안에서' 일어날 사건의 시간이며, 이 종말시간의 도

---

10) *Ibid.*, 124~126, 127f. 참조.

래는 시간의 주재자 하나님의 자유한 결정에 달려 있으며, 역사적 현재의 어느 시점에도 그 도래가 일어날 수 있다. 인간역사의 모든 미래시간이 구원의 종말적 성취의 의미를 담지하지는 않으나, 어느 미래시간도 신적인 자유한 구원의 경륜에 따라 그 종말적 성취의 시간일 수 있다. 인간의 삶과 역사의 유한한 시간이 이 신적인 자유한 경륜과 결정에 상응한다. 예언자들은 역사와 그 죄악의 '파수꾼'(watchers of history)으로서, 열국들의 전쟁들과 지진·화산 폭발과 같은 자연현상들을 통해서 일어날 사회역사 붕괴의 조짐들을 야웨 하나님의 심판의 표징들로서 선포하고, 역사의 회개와 변혁의 필연성을 외치면서 야웨 하나님의 종말적 구원의 성취를 예언한다. 그러한 종말론은 언제나 역사적 과거→현재의 죄악과 파멸의 불가피성 혹은 필연성과 격투하면서 역사변혁의 계기와 새 미래에로의 역사의 행진을 위한 신적인 동력을 중재하는, 구원사적 증언이다.

히브리 경전에서 분류되어 있는바 '대 예언서들'(Major Prophets), 즉 이사야 예레미아 에제키엘 다음에 '소 예언서들'(Minor Prophets)이 이어지는데, 우리는 편의상 소 예언서들과 대 예언서들을 시기별로 고찰하고자 한다. 이미 언급했듯이 '대 예언서들'과 '소 예언서들'의 구별은 그 중요성을 표식하는 것이 아니라 그 부피를 나타내는 것이다. 이사야서는 대체로 구약학에서 제1, 제2, 제3 이사야로 구분되는데, 그 구분이 부적절하다는 논의도 있으나, 우리는 그 구분을 따라 각각 시기별로 고찰하고자 한다. 다니엘서는 유대교 후기 B.C. 4세기 이래의 '묵시적 종말론'(apocalyptic eschatology)에 속하며, 저 예언자적 종말론과 구별하여 별도의 항목으로 논해질 것이다.

우리가 지금까지 고찰한 것처럼, 야웨 하나님의 궁극적인 구원의 미래에로 정향된 창조역사, 구원사적 시원으로서 대두한 족장들의 역사, 구원사의 정초로서의 모세의 출애굽―시나이 계약, 판관기 시대의 계약 공동체, 야웨 하나님의 왕권을 담지하고 ANE 주변세계에 중재해야 하는 대표적인 다윗 왕권―이 모든 역사가 예언자적인 목표의 성취의 궁극적인 종말시간을 함축하고 있다. 개인적 인물들로서, 특히 예언자들 중의 예언자로 일컬어진 모세, 가나안 땅의 혁명의 도화선이 된 여호수아, 판관들, 그 중에서 왕권시대를 연 사무엘, B.C. 9세기 북이스라엘 왕국에서의 야웨 신앙을 위하여 분투한 엘리야와 엘리사―이들의 업적들에 다 예언자적 종말시간이 함축되어 있다. 그러나 B.C. 8세기 이래의 예언자들에게서 북이스라엘과 남유다 두 왕국들의 멸망을 재촉하는바, 구원사적 야웨 신앙과 이스라엘의 비교적 평등하던 사회질서들의 파탄, ANE 주변 왕국들의 제국주의적 정복전쟁들에 직면해서 저 두 왕국들의 갈팡질팡하는 위기 상황들에 대처하여, 예언자들의 미래예언들이 특징적으로 종말론적인 신적 심판과 궁극적 미래구원의 대망으로 바뀌곤 하며, 그러한 종말론은 세계역사를 구원사적으로 결정하는 요인으로서 이해되어야 할 것이다. 예언자들의 미래예언이 종말론과 특징적으로 결부된 시기가 B.C. 8세기 이래부터라고 생각되므로, 우리는 특히 이 시기부터 고찰한다.

2

B.C. 8~3세기의 예언서들

1) 아모스와 호세아, 미가와 제1 이사야(B.C. 8~7세기)

아모스

아모스(Amos)는 남유다 왕국의 태생이며 목축업과 농업에 종사했는데, 야웨의 소명을 받아(1:1; 7:14) 북이스라엘 왕국의 왕 여로보암(Jeroboam II, B.C. 786~746년) 시기에(B.C. 760~750년) 예언활동을 수행했다. 그 시기 북왕국은 영토 확장을 이루었고, 국제무역에 의해서 상당 정도 번영을 누리고 있었고 군사력도 갖추고 있었다고 한다(*RSV* 서문). 여로보암의 통치 시기 직후부터 바빌론 북부지역의 신흥 아시리아(Assyria)의 디글랏 필레셀(B.C. 745~727년, Tiglath-Pileser)의 세력이 북이스라엘을 비롯한 주변의 군소 국가들의 존립을 위협하게 될 것이지만, 어쨌든 북이스라엘은 당시 번영과 평온을 누리고 있었던 것 같은데, 아모스는 북이스라엘의 전반적인 사회적 불의를 들추어내고 이에 대한 야웨 하나님의 혹독한 심판과 아시리아에 의해서 멸망할 것이라고 선포한다. 아모스는 가까운 미래에 ANE 일대에서 일어날 일들을 예리하게 투시한 놀라운 예언자, 역사의 파수꾼이다.

예언자들은 미래로부터 역사에 오시고 행위하리라는 야웨 하나님의

'신탁의 말씀'(Oracles)의 들음과 '미래현시'(비전, visions)를 보는 문장형식으로 선포한다. '오라클'과 '비전'은 아직 역사의 공간에서 일어나는 사건들이 아니므로, 예언자들이 서술문보다는 대체로 시문으로 쏟아내기 때문인지, 그들의 언어가 상상적으로, 자유자재로 또한 이스라엘과 ANE의 역사적 사건들과 이에 연관된 지명들을 순간순간 넘나들면서 토로해내는 시문들을 우리가 번역하고 설명하기가 매우 어렵다. 우리는 그들의 선포들을 요약적인 서술문 형식으로 바꾸어서, 때로는 어느 정도 우리의 자유한 인용부를 사용하여 해설을 시도할 것이다.

아모스는 우선 야웨께서 시온·예루살렘에서 큰 소리로 외치시니, 양떼의 목장들이 한탄하고 북쪽의 가르멜 산마루가 시든다고 선언한다(1:2). 아모스는 남과 북의 두 왕국들의 역사적 현재를 요동치게 하는 야웨의 음성을 듣는다. "이와 같이 야웨께서 말씀하신다"(Thus says the Lord)라는, 대체로 예언자들의 말씀 선포의 정식(定式)으로 여겨지는 표현을 우리는 처음으로 아모스에게서 읽는다(1:3). 아모스는 먼저 주변의 소 왕국들에게 일어날 야웨의 심판으로써 포문을 연다. 야웨께서 말씀하시기를, 시리아 다마스커스의 '쌓이고 쌓인 죄 때문에'(for three transgressions …… and four ……, 공동번역), 길르앗(Gilead) 주민들을 쇠꼬챙이로 돌렸던 죄 때문에 시리아의 통치자들의 궁전에 야웨께서 불을 지르리라는 것이다(1:3~4). 불레셋인들의 '쌓이고 쌓인 죄 때문에' –가자(Gaza)는 백성을 노예로 에돔(Edom)과 거래했으니, 야웨께서 가자의 백성을 불태워 버리리라, 또 불레셋 도시들의 통치자들과 불레셋인들을 멸하리라는 것이다(1:6~8). 띠로(Tyro)와 에돔도, 길르앗 임신부들의 배를 갈라 죽이고 영토를 넓힌 암몬인들(Ammonites)도 야웨께서 불태워 버리라는 것이다(1:6~15). 모압(Moab)도 에돔 왕에게 저지른 죄 때문에 불의 심판을 받으리라는 것이다(2:1). 유다 왕족도 야웨의 법을 위반하고 백성을 오도했으니, 예루살렘 요새들이 그의 심판 아래서 불태워지리라는 것이다(2:4~5). 아모스의 예언은 북이스라엘에 대한 야웨의 심판 선포에 집중하지만, 그와 같이 그의 심판이 주변 국가들에 내려지는 보편성을 가진다는 점에서 종말론에 이르는 시작이라는 것을 암시한다. 북이스라엘과 남유다를 비롯한 주변세계의 '쌓이고 쌓인' 죄악들에 대한 야웨의 보편적 심판의 불가피성을 선포하는 아모스의 투시력과 목숨을 거는 결단력은 구원사적 전통에서 연마된 역사신앙에서부터 솟아오르는 신적인 영의 능력이리라.[1] 그는 구원사적 역사신앙의 눈으로 주변의 세계사에서 일어난 일들을 야웨의 종말적 심판의 징조들로서 열거한 것이다.

이제 북이스라엘에 집중되는 아모스의 미래예언·종말론을 보자면, 그 '쌓이고 쌓인 죄'의 심각성과 총체성에 따라 그에 대한 아모스의 미래예언이 종말론의 성격을 가지게 된다. 종말적 심판의 척도로서 야웨의 '의'(צדקה, 쩨데카)와 이에 병행하는 '정의'(משפט, 미쉬파트)이다.

야웨의 의와 정의를 배반하는 북이스라엘의 상황을 보자면, 사람들이 의로운 자들을 은 몇 푼에, 궁핍한 자들을 신발 한 켤레에 팔아넘기고, 아비와 아들이 한 여인을 취하여 신당들 곁에 누워 뒹굴며, 야웨의 이름을 더

---

1) Amos에게서 처음으로 역사에 대한 야웨의 종말적 심판이 부각되는데, 이 종말적 심판은 북이스라엘을 위시하여 주변의 모든 역사의 총체적 죄악과 결정적 붕괴에 대한 Amos의 투철한 판단과 합일한다. 야웨의 종말적 심판의 주요 역사적 도구는 신흥 Assyria의 정복세력이다. Tiglath-Pileser 3세(B.C. 745~727)에 의한 팔레스타인 연안지역들의 정복이 B.C. 734년에 실제로 일어났으며, Amos는 그 지역들의 붕괴를 야웨의 북이스라엘에 대한 종말적 심판의 징조들로서 투시한 것이다. B.C. 733년 Hazor, Megiddo, Galilee가 정복되었고, Damascus Syria가 B.C. 732년에, 북이스라엘과 남유다가 B.C. 722년에 Assyria에 종속되었고, B.C. 721년에 북이스라엘의 수도 Samaria가 함락됨으로써 북이스라엘이 멸망한 것이다. *ABD* Vol. 1, "Amos" 207 비교 참조. 우리가 이전에 말했듯이, 북이스라엘의 멸망에서 형성된 신명기적 학파의 문서자료, Amos와 호세아의 예언서들이 남유다 왕국으로 옮겨졌을 것이며, 후기 편찬의 기초가 되었을 것이다.

럽히는구나. 이 상황은 아마도 북이스라엘이 가나안 땅 바알신들과 여신들을 위한 신전 성행위를 자행한 무질서를 가리키는 것 같다(2:6~8 참조). 이제 분노한 야웨께서 박두해 오시니, 아무리 강한 자라도, 말을 타고 빨리 달리는 자라도, 아무리 담대한 자라도, '그날에'(in that day) 벌거벗은 채 도망치게 될 것이다(2:6~16 참조). '그날에' 혹은 '그때에'(at that time)라는 시간은 종말적 미래를 가리킨다. "야웨 하나님이 그의 비밀(아직 현재가 아닌 미래 → 비밀)을 그의 종, 예언자들에게 나타내지 않고는 아무것도 행하시지 않는다. 사자가 포효했으니, 누가 예언하지 않겠느냐"(3: 7~8). 미래로부터 야웨께서 말씀해 오시니, 예언자들은 예언할 수밖에 없다. 예언은 역사의 성취를 위한 필연이다. 아모스는 야웨 하나님이 초월의 공간, 저 하늘 위에서부터, 죄악으로 가득 찬 현재의 역사에 말씀해 오시는 말씀을 역사의 죄악의 한복판에서 듣고 토로해낸다. "…… 그날에 내가(야웨께서) 이스라엘의 죄악을 벌하리니, 내가 베델(Bethel)의 제단들을 벌하고, 제단의 뿔들을 잘라버리리라……"(3:14). 가난한 자들을 억압하고, 궁핍한 자들을 짓밟는 자들아, 너희를 끌어낼 그날들이 다가온다(4:1~2). 베델은 북이스라엘의 종교적 중심지였는데, 여기서 이스라엘은 야웨 하나님과 가나안 땅의 바알신들–여신들을 혼합하여 그의 이름을 욕되게 함이 바로 북이스라엘로 하여금 온갖 사회적 불의를 자행하게 한 원천이다. 몇 구절 인용한다.

> 너희, 정의(미쉬파트)를 뒤엎어 소태 같이 쓰게 만들고(공동번역)
> 의(쩨데카)를 땅에 던져버린 자들아!
> 성문 앞에서 시비를 올바로 가리는 사람을 미워하고
> 바른 말 하는 사람을 싫어하는 자들아,
> 너희가 힘없는 자들을 마구 짓밟으며

그들이 지은 곡식을 거둬가는구나(공동번역, *RSV* 5:1~17).

(중략)

야웨의 날(욤 야웨)을 원하는 자들에게 화 있을지니!

위와 같은 아모스에서의 정죄는 오늘의 세계사회에도 타당하다. '정의'와 '의' 개념은 우선 출애굽, '애굽의 노예의 집'에서부터의 피억압 이스라엘 민족의 해방의 사건을 염두에 두고 예언자 당시의 사회문제를 고려해야 하는 개념이다. '정의'와 '의'는 억압을 받고 고통 받는 모든 백성들에 대한 통치자들과 권력을 행사하는 자들에 대한 신적 심판의 척도다. '정의'와 '의'는 예언자적 선포에서의 병행절 동의어의 반복으로 생각해도 될 것 같다. 야웨 하나님의 의(righteousness)와 정의(justice)는 모세의 시나이 계약–계명 전통의, 사회적 계약 공동체 혹은 그의 나라의 질서의 근간을 함축하고 있는 개념이다. 또한 우리는 저 인용문에서 처음으로 '야웨의 날'이라는 문구를 읽는다. 대체로 구약학자들은 그 문구가 종말론적 표현이라는 데에 이의가 없으며, 그레쓰만(H. Greßmann)이 그것을 처음으로 주장했다는 것이다. 아모스는 '야웨의 날'을 '암흑의 날', 일반 이스라엘 사람들과는 반대로 심판의 날로 선포한다(5:18, 20). 5:18, 20에 의하면, 아마도 사람들은 '암흑의 날'과는 반대로 '빛의 날' 혹은 야웨의 '즉위식의 날'(S. Mowinckel)을 생각했을 것 같은데, 아모스는 획기적으로 반대로 새롭게 해석한다고 생각된다.[2] '야웨의 날'은 부정적으로 신적 심판의 날을 의미하

---

2) H. Greßmann은 앞에서 제시한바 저 *Der Ursprung*~에서 예언자들의 종말론의 기원을 이들 이전의 기원전 ANE, 예컨대 바빌론, 애굽에서의 신화들에서 발단한 것으로 보기 때문에, Amos에서의 '야웨의 날', 공포의 날, 심판의 날은 화산 폭발과 지진과 같은 자연현상들에 관련된 신화들의 표상이라는 것이다. Amos 1:2에서 언급된 '지진' 혹은 죄 된 도시들을 불태워 버리리라는 야웨의 심판 선포는 원시 화산폭발이나 지진에 관한 신화들이 '야웨의 날'의 모태라는 것이

든 긍정적으로 신적 구원의 종말적 성취를 의미하든, 역사의 모든 날들, 모든 시간의 원천으로서 모든 과거와 미래를 총괄하여 특수화된 '날', 역사적 현재에 박두해 오는 종말의 날, 종말시간이다. 아모스에게서 그 '날'은 종말적인 심판의 날이지만 그에게서 그 '날'은 종말적인 구원의 '날'로 바

다. 또 가나안 땅에서의 바알 신들의 '축제의 날'(Festtag)이라는 유형들이 '야웨의 날'의 원형이라는 것이다. 모세의 Sinai 계약 체결시의 현현(Theophany)의 날도 '야웨의 날'에 해당된다는 것이다(출애굽기 19:16~18 참조). *Der Ursprung*, 8, 13, 41, 141, 150, 152 등 참조. 그와 같이 아모스에게서의 '야웨의 날'이라는 말이 ANE에서의 신화적인 날들에 관련되어 발단했을 것 같다. 그러나 그러한 신화적 날들이 어떻게 이스라엘 구원사에서 변화되어 새롭게 역사의 종말론적 개념으로 사용되었는가 하는 문제가 Greßmann에게서 완전히 간과되어 버린 것이다. 구원사는 애초부터 ANE의 신화적 신들, 통치권력자들의 권력의 신격화를 위한 신들에 반립해서 시작했다는 역사신앙이 완전히 간과되어 버린 것이다. '야웨의 날'은 Amos에게서 모든 역사의 죄악에 대한 심판의 날을 의미하며, 모든 역사의 시간 전체를 포괄하는 개념이며, 이러한 날은 자연현상들의 신화들에서 기원했다고 추정될 수 없다. 앞으로 계속 '야웨의 날'에 관해서 해명할 것이지만, 창조자·구원자 하나님이 피조물들의 모든 날들을 주관하는 원천을 특수화한 개념이다. Amos 1:2에 언급된 지진은 언제 일어난 것인지, 언제 일어났든, 야웨의 심판의 도구로서 동원된 것이며, 그것이 '야웨의 날'의 기원을 가리킨다는 해석은 Amos의 문맥에 전혀 합당하지 않다. 또 이 맥락에서 S. Mowinckel의 지론을 좀 짚어보자. 그는 '야웨의 날'을 그의 '현현의 날', '축제의 날', 특히 왕적 '즉위의 날'(The day of His enthronement)을 의미한다고 하는데, 후기 유대교에서의 종말론적 희망과 큰 변혁을 총괄하는 개념이라는 것이다. Amos에게는 이러한 종말론이 아직 해당되지 않는다고 그는 생각한다. 엄밀한 종말시간은 Mowinckel에 의하면 세계역사의 마지막에 해당된다. Amos에게서의 '야웨의 날', '그날에', '그때에'라는 개념들은 아직 세계종말이 아니라 단순 미래 예언을 표식한다고 그는 본다. Mowinchkel, *HTC*, 144~145 참조. 그의 종말시간 해석이 문제적이다. 북이스라엘이 신적 심판 아래서 더 이상 존속할 수 없게 되는 시점이 바로 세계종말시간을 예증하는 것이다. 다시 말하자면, Assyria도 신적인 종말론적 심판 아래 세워졌으며, 이 시점이 언제든 그 종말시간은 야웨 하나님의 종말시간과 동시성(Simultaneität)이라는 것을 가리키며, 따라서 북이스라엘의 멸망의 신적인 수단으로서 역할한 Assyria와 북이스라엘의 멸망의 시간들이 야웨 하나님과의 관계에서 동시적인 세계종말의 시간을 예증하는 것이다. 세계종말의 시간이 먼 미래에 올 것이라는 것은 역사적 현재에서부터 추상화된 우리의 상상적인 상정이다. 물론 신적인 종말시간의 빛에서 먼 미래로 상정될 수 있으나, 그 먼 미래의 종말시간이, Amos의 종말론에서 보자면, 북이스라엘에 가까이 다가올 시간으로서 선포된 것이다. Mowinckel의 주장에서 우리가 주목할 것은 '야웨의 날'이 역사의 '큰 변혁을 총괄하는 개념'(the term[야웨의 날] which sums up the great transformation)이라는 말이다. *HTC*, 145. 다른 학자들도 종말론이 큰 변혁(transformation)을 가져오리라는 것을 의미한다고 언급한다. 그런데 그들의 그러한 '변혁'의 개념이 실제 역사와 어떻게 관계되는지에 대하여 말해 주지 않으며, Mowinckel의 그러한 종말론이 신화와 역사를 혼동한다는 사실이 엿보인다. Amos의 '야웨의 날' 선포는 북이스라엘을 비롯한 주변세계의 역동적인 변혁의 계기를 지시하고 있다는 사실이 그들에게서 간과된 것으로 생각된다.

될 수 있다. 이러한 긍정적인 의미가 전제되어 있으나, 그는 북이스라엘의 부정적인 역사적 상황에서 야웨의 심판의 날로 선포한 것이다.

피조물들의 모든 날들, 모든 시간의 원천, '야웨의 날'이라는 특수화된 '날'은 야웨 하나님의 자유한 선택에서 규정된 표상이다. '모든 땅'이 그의 것(출애굽기 19:5)이지만 특수화된 가나안 땅이 이스라엘에게 주어졌듯이, 모든 나라들의 백성들이 그의 백성이지만 이스라엘 백성이 '야웨의 백성', 야웨의 몫으로 선택되고 특수화되었듯이, 그가 역사에 임재하고 행위하는 특수화된 날이 '야웨의 날'이다. 그의 그러한 선택행위 없이는 우리는 그가 모든 시간·공간을 자유로 주재한다는 것을 결코 인식할 수 없다. 그의 자유한 선택과 구원의 경륜에 따라 특수화된 구원사적 시간·공간의 특수성에서 우리는 그가 세계역사를 주관하고 심판하고 종말적 구원의 성취에로 지시하는 '빛', '빛의 날'(창세기 1:5)이라는 것을 인식한다. 아모스는 북이스라엘의 죄악 때문에 '야웨의 날'을 빛의 날이 아니라 '암흑의 날', 부정적 심판의 날이라고 선포한다(5:18, 20). 바로 그 선포는 '빛의 날'의 의미를 전제하고 암시한다. 그러므로 아모스의 혹독한 신적 심판의 선포에도 불구하고 궁극적으로 종말적 구원의 가능성이 북이스라엘에 열려 있다. 신적인 종말적 심판과 구원에 대한 예언자적 역사신앙은 역사를 변혁하게 하는 동력이다. 세계역사가 그 죄악에도 불구하고 변혁하고 구원의 새 미래에로 존속하게 하는 동력이 예언자들에게서부터 밝혀지는 '빛'이다.[3] 아모스의 선포에서 '야웨의 날'이 '암흑의 날'로 바뀐 것은 북이스

3) H. Greßmann의 문제를 또 한번 짚어 본다. 그는 특히 바빌론 포로기 이전의 예언자들에게서 강조적으로 선포되었다는 야웨의 심판이 '구원의 종말론'(Heilseschatologie)에 반하여 '파멸의 종말론'(Unheilseschatologie)이라고 명명한다. 그에 의하면 종말론의 이 두 측면들이 다 구약의 예언자들에게서 기원한 것이 아니라 그들 이전의 ANE의 신화들에서 발단했다는 것이다. *Der Ursprung*, 245. Greßmann을 비롯한 19세기 이래의 서양의 자유주의(liberal) 구약학자들이나 자

라엘의 불의와 죄 때문이다. 아모스의 핵심 선포는 이스라엘 역사에서 "정의를 흐르는 강물처럼 세차게, 의를 끊임없이 흐르는 물줄기처럼 세차게 흐르게 하라"는 것이니(5:24), 이것이 본래적인 '빛의 날', '야웨의 날'에 합당한 구원의 날이다.

아모스는 남유다와 북이스라엘을 함께 질타하다가 곧 북이스라엘에 집중하곤 한다. 남유다 시온에서 안일하게 사는 자들에게 또 북이스라엘의 사마리아 언덕에서 안전하게 사는 자들에게 화가 있을지니, 민족들의 첫째라고 자랑하는 자들아, 너희가 불길한 날(심판의 날)을 밀어내려고 하나 호되게 당하리라. 상아 침상에서 뒹굴고, 안락의자에 누워 있는 자들에게 화 있으리라. 양 새끼 고기를 먹고, 거문고에 맞추어 노래하는 자들, 값비

유주의 신학자들에게서 대체로 구약의 종말론에서의 신적 심판과 구원의 역동적 관계성을 간과했기 때문에 종말론의 역사혁명적 계기를 도외시하게 된 것이다. Greßmann이 말하는바 '파멸의 종말론'은 역사적 죄의식 혹은 윤리 의식과 무관한 폭풍, 지진, 화산 폭발과 같은 자연현상들과 관련된 것이라고 한다. *Ibid*, 153~154 참조. 그런데 예언자들의 선포에서의 신적 종말적 심판은 Greßmann의 주장과는 반대로, 이스라엘 역사를 비롯한 세계역사의 총체적 죄악에 대한 철저한 정죄를 의미하며, 바로 그 철저성과 보편성 때문에 종말적인 성격을 가진다. 신적인 심판의 철저화·보편화·종말론화가 바로 구원사적 역사신앙에서 발단한 것이다. 폭풍, 지진, 화산 폭발과 같은 파괴적 자연현상들이, 이것들이 언제 일어났든 창조자·구원자 하나님의 시간 안에서 일어났기 때문에 역사의 현재에 혹은 미래에 일어날 그의 심판에 동원되곤 하며, 이것은 역사에 대한 그의 심판의 우주적(cosmic) 보편성을 의미하며, 그렇기 때문에 예언자들은 신적인 종말적 심판과 '세계종말'의 시간을 담지한다. 그들의 그러한 역사신앙은 의로운 하나님 신앙의 철저한 윤리의식을 반영한다.

Greßmann은 18, 19세기 이래의 서양의 자유주의(liberalism) 혹은 자유주의 신학(liberal theology)의 윤리적 이상주의(ethical idealism)를 전제하고 Amos를 비롯한 예언자들의 종말론을 보고 있었음에 틀림없다. 자유주의 신학은 대체로 Kant, Fichte, Schelling, Hegel과 같은 독일 관념론에 뿌리박고 있는데, 여기서 상론되기에는 너무 복잡하나, 한 가지만 지적하자면, 서양의 윤리 이념 혹은 이상(ethical ideal)은 신적인 법 개념과 일치화되어 있으며, 특히 Hegel에서 그렇게 신적 법이념과 동일화되어 있다. 그런데 예언자들에게서 선포된 신적인 종말적 심판은 그러한 일치화 혹은 동일화에 반대로 신적인 심판 아래서 인간은 하나님과 단절되고 존속의 시간을 박탈당하므로, Greßmann은 신적인 종말적 심판– '파멸 종말론'은 예언자들의 종교 윤리적 죄의식과 무관한, 파괴적 자연현상들을 가리킨다고 본 것이다. 바로 그러한 관념론적이고 추상적인 종교 윤리 개념에 비추어 19세기 자유주의 신학은 종말론적 신적 심판의 역사변혁의 계기를 간과하고 ANE의 신화적 자연관으로 규정해 버린 것이다.

싼 기름을 몸에 바르고 술을 퍼마시는 자들, 곧 망할 북이스라엘의 요셉의 가문에 아랑곳하지 않는 자들, 너희가 먼저 곧 아시리아의 포로로 끌려갈 테니, 너희의 환락이 사라져 버리리라(6:1~7 참조). 야웨께서 다짐하시느니, 야웨께서는 야곱의 오만과 그 요새를 증오하며, 그 도성을 아시리아에 넘겨주리니, 살아남은 자가 없느니라. 위대한 북이스라엘 가문은 산산조각 나리라. "너희는 정의를 독약으로 만들어 버렸으며, 의의 열매를 소태처럼 쓰게 만들었느니라"(6:12, 공동번역 참조). "보라, 내가 한 민족(Assyria)을 들어 너희를 치게 하리니……"(6:14 참조). 그와 같이 아모스 6장에 북이스라엘의 고위층과 부유층이 번영을 누리며 곧 다가올 멸망에 대하여 무감각하고 역사의 운명을 가늠하지 못하고 환락에 빠져 흥청거리는 상황이 기막히게 묘사되어 있다. 아모스의 투시력과 용기는 어디에서부터 분출하는가?

아모스는 이제 야웨 하나님의 심판을 다섯 가지 '비전'(vision)의 형식으로 본다. 미래 '비전'은 역사적 현재가 아니나, 이 현재에 다가올 일들을 가리키기 때문에 '비전'은 '환상'이라고 번역되어서는 안 된다. 미래의 '영상'이라고 번역되어야 할 것이다. 예언자들은 미래에 일어날 야웨의 행위들을 역사적 사실들(historical facts)로서 서술하기보다는 '비전'의 형식으로, 주로 시문의 형식으로 선포한다. 아모스 7:1~9에 첫 세 가지 비전들이 서술문과 시문으로 기록되어 있다. 7:1~3에서 아모스는 야웨의 메뚜기 재앙의 비전을 본다. 메뚜기 떼가 모내기 싹을 다 먹어치우면, 이스라엘이 먹고 살기 어려우니, 용서하시라고 아모스가 간청하니, 야웨께서 그 재앙을 철회한다. 그의 심판이 그의 자유한 결정이라는 의미가 나타내져 있다. 7:4~6에서 온 땅의 불의 심판이 아모스에게 계시된다. 아모스는 야곱(북이스라엘)이 그것을 견디어내기 어렵다고 아뢰니, 야웨께서 그 재앙도 철회한다. 이와 같이 아모스는 북이스라엘을 위하여 야웨 하나님과 씨름한다. 7:7~9에는 야웨께서 북이스라엘 한복판에 '다림 줄'(Plum line)을 드리워 그 백성이 얼마나 야웨 신앙을 배반했는가를 측정한 다음, 신당들을 황폐하게 하리라는 것이며, 여로보암 2세의 궁전을 칼로 치리라는 것이다. 가나안 땅의 바알 신들과 여신들을 추종하게 한 야웨 배반이 남유다와 분열한 첫 왕 여로보암에게서 시작되었다는 것을 전제하고 있는 심판이다. 북베델의 사제 아마지아(Amaziah)가 여로보암 2세에게 아모스가 반란을 일으킨다고, 왕은 칼에 맞아 죽을 것이라고, 백성은 아시리아의 포로로 끌려갈 것이라고 하니 차마 들을 수가 없다고 고하고, 왕의 신전 베델에서 예언하지 못하도록 명한다(7:10~13). 그러나 아모스는 "야웨께서 이렇게 말씀하시니"(Thus says the Lord) 그렇게 예언할 수밖에 없다고 대답한다(7:14~17). "야웨께서 그렇게(혹은 이렇게) 말씀하시니"(7:17)라는 선포는 대체로 예언자들의 선포의 정식(定式)이라고 말해지는데, 우리는 처음으로 아모스에게서 듣는다. 아모스는 종말적 미래시간으로부터, 저 하늘의 무한 공간으로부터 빛보다 더 빠르게, 순식간에 역사의 현재에로 박두해 다가오는 야웨의 말씀을 들음으로써 북이스라엘의 필연적인 멸망의 비전을 보고 예언한다. 8:1~3에서의 넷째 비전은 무르익은 여름과일 바구니인데, 북이스라엘의 종말이 다가온 '그날에'(in that day) 야웨께서 말씀하시기를, 종말이 다가왔으니, 신전의 노래들이 통곡소리들이 되리라. 궁핍한 자들을 짓밟고, 가난한 자들을 끝내 가난하게 만들어버리고, 빚돈 몇 푼에 종으로 삼는 자들에게 화 있을지니, 그날에 야웨 하나님이 대낮에 해를 꺼지게 할 것이며, 땅을 암흑하게 할 것이며, 북이스라엘의 축제들을 슬픔으로, 노래들을 탄식으로 돌리리라. 이와 같은 재난들은 후기의 묵시적 종말론을 연상하게 한다. 9:1~4에서의 아모스의 다섯 번째 비전은 야웨께서 제단 옆에서 말씀하시기를, 지진을 일으켜 제단의 문설주들을 부수어 그 파편들이 백성의 머리 위에 무너져 내리고, 남아 있는 자들은 칼에 죽고, 한 사람도 살아남지 못하리라. 아무도 그의 심판을 모면할 길이 없다. 보라, 야웨 하나님이 그 죄 된 왕족을 땅에서부터 멸망하게 하시되, "야곱의 집을 완전히 파멸하지 않게 하리라"고 말씀하신다(9:1~8). 한 가닥 희망의 빛이 보인다. 이 맥락에서 언급된 지진은 실제로 아모스 당시 혹은 후에 일어난 것이라고 추정되지 않으며, 과거 어느 때 일어난 지진이든, 그것이 야웨 하나님의 시간 안에서 일어난 것으로서 미래시간에 일어날 신적 심판에 원용될 수 있다. 그렇기 때문에 그것은 신화가 아니라 역사적 붕괴에 관련된 현상이다. 피조물 우주는 이미 창조신앙에서 역사화되었으며, 신화적 신들의 현상이라고 해석되어서는 안 된다.

9:7~10에서 아모스는 근동의 모든 백성들의 죄 된 왕족들을 야웨 하나님의 철저한, 따라서 종말적 심판 아래 세운다(1:2~2:3 비교 참조). 구원사적 빛에서 그러한 종말적인 계기를 열어 놓게 된다. 9:8 마지막에서 아모스는 야웨께서 '야곱의 집' 북이스라엘을 아주 멸망시키지는 않을 것이라는 한 가닥의 미래 희망을 선포한다. 이 희망의 새 미래는 다른 민족들에게도 열려 있다. 9:11~15에서 아모스는 마지막으로 이스라엘 백성의 회복(restoration)의 복된 미래가 도래할 것이라고 선포하는데, 학자들은 이 부분을 후기의 첨가라고 추정한다(*RSV* 주). 신흥 아시리아의 정복전쟁 아래서 북이스라엘은 B.C. 721년에 사마리아 함락으로, 북이스라엘 왕국은 종말을 맞게 되었으며 남유다 왕국은 아시리아에 종속된 것이다. 그러한 종말의 징조들을 투시한 아모스의 예언은 사실상 북이스라엘의 회복을 선언하기 어려웠다. 그래도 아모스는 야곱의 집, 북이스라엘의 존속에 대한 미래 희망

을 암시해 준다. 그러므로 북이스라엘의 회복에 관한 9:11~15의 예언이 후기 편찬의 부가라고 해도 아모스의 의도에 부합한다. 아모스에게서 남유다 왕국의 잔존이 북이스라엘의 미래 회복에 대한 희망에 관련되어 있다고 추정될 수도 있다. 실제로 예레미아와 에제키엘의 종말적 미래희망은 통합적으로 분열된 저 두 왕국들에 해당된다. 북이스라엘이 야웨 하나님의 종말적 심판 아래서 겪은 종말은, 세계사의 한 부분이지만 세계사의 종말시간에 해당된다. 다만 세계사가 북이스라엘의 역사에서 자체의 문제를 인식할 지혜와 인식을 가지지 못할 뿐이다.

호세아

호세아(Hosea)는 아모스와 달리 북이스라엘 출생이었다. 아모스는 여로보암 2세의 통치, 일반적으로 번영을 누리고 평화롭다고 여기던 시기에 북이스라엘의 사회적 죄악에 대하여 야웨의 혹독한 심판 → 종말적 심판을 선포했으며 아시리아에 의한 북이스라엘의 멸망의 징조를 예언했다. 호세아는 아마도 여로보암 2세의 통치(B.C. 786~746년) 말기 혹은 그 이후 B.C. 732~724년, 혹은 721년 아시리아에 의한 북이스라엘 수도 사마리아 함락 시기까지, 활동했다고 추정된다. 'Hosea'라는 이름은 '야웨께서 구원하신다' 혹은 '구원자'를 의미한다. 그는 주로 파괴되어 버린 것 같은, 모세 전통의 야웨 하나님과 이스라엘과의 계약 관계를 특유한 양식으로 재표현하면서 궁극적 미래에로 되살려낸다.

호세아서는 1~3장과 4~14장 두 부분으로 구성되어 있는데, 첫째 부분은 호세아 자신과 그의 음탕한 아내 고멜(Gomer)—세 자식들과의 관계를 야웨 하나님과 음탕한 북이스라엘과의 계약관계 파괴에 비유하면서, 호세아 자신이 신적인 심판 아래서의 이스라엘의 고통을 자신의 것으로 짊어지는 양식으로 그 심판을 선포한다. 그럼으로써 호세아는 북이스라엘을 비롯한 전체 이스라엘의 궁극적으로 종말적 미래 구원을 예언한다. 학자들은 호세아서의 저 두 부분들의 연결이 문제적이라고 보는데, 문제되지 않는다고 생각된다. 이들이 간과한 것은 저 첫 부분은 호세아 자신이 북이스라엘의 멸망을 자신의 역사적 멍에로서 짊어지고 고통을 겪으면서 이스라엘의 종말적 구원을 선포하는, 그의 예언자 소명에 해당된다고 생각되며, 저 두 번째 부분은 북이스라엘에 대한 야웨 하나님의 심판과 종말적 새 미래의 구원을 선포하는 것이다. 우리의 문제는 호세아의 시문들을 인용하기도 번역하기도 어려워, 아모스에 관해서처럼 우리의 해석을 섞어 재서술하고자 한다.

야웨께서 호세아에게, 이 땅이 야웨를 버리고 심히 음탕한 짓을 하니, 음탕한 여자를 네 아내로 취하고 음탕함의 자식들을 낳으라고 말씀하시니, 호세아가 고멜(Gomer)이라는 여인을 아내로 취한다. 첫아들을 얻으니, 야웨께서 아이의 이름을 '이즈르엘'(Jezereel)이라 부르라고 하시니, 문자적으로 "하나님이 씨 뿌린다"는 뜻인데, 그가 북이스라엘 왕국을 끝장내고자 한다는 것을 의미한다(1:2~3, 4~5; *RSV* 주 참조).[4] 현대의 많은 구약학자들은 호세아가 그러한 여인과 결혼했을 리가 없다고, 결혼했다면 그것은 한 '상

4) 열왕기상 19:15~17; 열왕기하 9~10장 참조. B.C. 9세기 북이스라엘 왕국의 예언자 Elisha가 왕으로 기름 부은 Jehu가 야웨의 이름으로 혁명을 일으켜, 야웨와 Baal 신들 사이를 오락가락하는 왕 Ahab과 야웨의 예언자들을 살해한 그의 왕비 Jezebel을 비롯하여 과도하게 유혈을 감행했는데, Jezereel이라는 고장은 Jezebel의 사체가 버려진 곳이다. B.C. 743년 Assyria의 왕 Tiglath-Pileser 3세(B.C. 745~727)가 근동의 정복전쟁에 착수했는데, Hosea의 첫아들 'Jezereel'은 그 왕이 B.C. 733년에 북이스라엘 정복에 승리한 사실과 관련된 이름(1:4~5)이라고 학자들이 추정한다. 아직 Samaria와 Ephraim 부족은 이스라엘 수중에 남아 있던 시기다. *ABD* Vol. 3, 294 참조.

징적인 행위'라고 추측하기도 하고, 또 많은 학자들은 실제로 결혼한 여인은 불성실한 여인이 아니라 다른 여인이었다고도 하며, 대체로 고멜은 신전 성행위자(cultic prostitute)였다고 추정한다.[5] 가나안 땅의 바알 신들–여신들을 위한 음탕한 성행위는 창녀와 다를 바 없다. 그런데 호세아와 창녀 고멜과의 결혼은 '상징적인 행위'가 아니라 역사적인 행위라고 여겨진다. 상징적인 결혼이란 너무도 비역사적이다. 그의 결혼과 자식들의 이름 지음이 북이스라엘의 역사적 문제 상황을 짊어지는 그의 예언자–역사적 실존에 해당한다. 호세아가 불륜의 고멜과 실제로 결혼했을 리가 없다는 학자들의 추론은 남성 지배를 전제한 윤리적 순결의 여성을 호세아의 아내로서 상정하는 바람이었음에 틀림없다. 고멜의 불륜은 야웨와의 계약을 배반한 실제적 이스라엘의 불륜이다. 호세아의 예언자적 직분은 이스라엘의 배반을 자신의 멍에로 시인하고 이스라엘을 야웨께로 돌아오게 하는 중재의 직분이다. 고멜이 두 번째로 딸을 낳으니, 야웨께서 그 이름을 '긍휼히 여기지 않는 자'(Lo-ruhamah)라고 부르라고 하는데, 어떤 학자들은 호세아가 고멜의 불륜을 몰랐다가 알고 나서 그렇게 이름 지었다고 추론한다.[6] 그러한 추론은 호세아의 예언자적 직분에 부적합하다. 고멜이 셋째 자식을 낳으니, 하나님이 그 이름을 '내 백성이 아니다'(Lo-ammi)라고 부르라 하니, 그의 계약의 백성이 아니라는 것이다(1:9). 학자들은 호세아의 자식들이 그의 자식들이 아니라고까지 추측하는데, 이는 자신들 위주의 추측이다. 그런데 호세아 자신은 그렇게 생각하는 것 같지 않다. 혹은 누구의 자식들이든 자신의 자식들이라고 생각함에 틀림없다. 호세아는 그러한 맥락에서 곧 남유다 백성과 북이스라엘 백성이 하나로 모아지리라는 통합

---

5) *Ibid* Vol. 3, 292~3. Gomer이 신전 성행위에 참가했다는 추정은 역사적 사실인 것 같다.
6) *Ibid*, 293.

된 새 미래의 이스라엘을 암시한다(1:11). 이와 유사하게 호세아는 자주 신적 심판을 외치다가 신적 새 미래의 구원 선포에로 옮겨가곤 한다. 연구자들은 호세아의 오락가락함에 당혹스러워한다. 아마도 호세아는 고멜을 취하고 구원사적으로 그러한 부정적 의의를 지니는 자식들의 멍에를 자신의 것으로 수납함으로써, '구원자'로서 대속하는 자신의 예언자적 중재의 위치에 서기 때문에, 신적 형벌의 심판에서부터 곧 신적 구원에로 오락가락하는 것은 아닐까 싶다. 학자들은 호세아서에서의 신적 형벌의 심판에 이어지는 신적 구원의 선포에 대하여 후자는 후기의 기록에 속한다고 추론한다(RSV 주 참조). 그럴 수도 있을 것 같지만, 문맥상의 연결이 호세아 자신의 선포의 양식으로 보인다.

2장에서 호세아는 고멜이 정부들을 추종하며 빵과 물, 양털과 기름 같은 생필품을 얻으려는 행태를 언급하면서, 담장을 쌓아 고멜의 정부들 추종을 막아 버리겠노라고 선포하면서 호세아 자신이 그 모든 생필품을 고멜에게 주지 않느냐고, 자신에게로 돌아오라고 호소한다(2:5~9). 그녀가 찾아 헤매는 정부들이란 다름 아니라 신당 축제들에서 만나는 것들이 아니겠는가. "(야웨께서) 내가 그녀를 바알 신들의 축제의 날들에 벌하리라. 그녀가 신들에게 향을 피우고, 반지와 보석으로 치장하고, 나를 망각하고 정부들을 추종하는구나"(2:13). "보라, 내가 그녀를 사막(출애굽 시의 시나이 사막)으로 이끌어내어, 그녀에게 포도밭을 주고, ……희망의 문을 만들어 주리라"(2:15). 그녀는 바로 이스라엘이다. "그날에 네가 나를 '나의 남편'이라고 부를 것이며, 더 이상 '나의 바알'이라고 부르지 않으리라. 내가 네 입에서 바알 신들의 이름을 치워버리리라. 그날에 내가 너희와 ……한 계약을 맺을 것이며, 내가 너희로 하여금 영원히 의와 정의, 성실한 자비 가운데서 나와 혼인을 맺게 하리라"(2:16~19). "그날에(in that day)…… 내가 하늘에 말하면, 하늘은 땅에 응답하고, 땅은 곡식 술 기름을 낼 것이다. 또 내가 '이즈르엘'(호세아의 첫아들)에게 말하리니, 내가 그를(이스라엘 왕국의 멸망의 '씨 뿌리는 자'가 아니라) 이 땅에서 나를 위하여 '씨 뿌리는 자'가 되게 하리라. 내가 '긍휼히 여기지 않은 자'(호세아의 딸)를 긍휼히 여길 것이며, 내가 '내 백성 아님'(호세아의 아들)을 '너는 내 백성이라'고 말하리라(2:21~23). 이와 같이 호세아는 자신과 불륜의 고멜-세 자식들과의 부정적 관계를, 모세 전통의 계약에 비추어, 즉 야웨의 부정적 심판을 넘어서는 종말적 미래 구원에로 재설정하고 완전히 변화시킨다. 고멜의 자식들이 호세아의 친자식들이 아니라고 추측하는 학자들의 주장은 호세아의 그러한 종말적 변혁의 선포에 부합하지 않는다는 사실이 위에 인용된 구절들에서 명백히 드러난다.

3장에 의하면 야웨께서 호세아로 하여금 정부와 놀아난 여인에게로 가서 다시 데려오라고 말씀하니, 호세아가 은과 보리를 속전으로 주고, 그녀에게 말하기를, "너는 창녀가 되거나 다른 남자에게 속해 살아서는 안 되니, 내 것으로 오래오래(many days) 살아라. …… 그리하면 나도 네게 그리하리라"고 말한다(3:1~3). 학자들은 또 불필요한 추측들을 한다. 그 여인이 고멜과 다른 여인이라고, 고멜은 가족을 버리고 나가 버렸거나 추방되었을 것이라고, 혹은 노예 시장에 부쳐졌다가 호세아가 그녀를 다시 데려왔을 것이라고, 분분한 추측들이다.[7] 호세아 3장은 그 여인이 고멜과 다른 여인이라고 암시해 주는 바 없으며, 그렇게 추정될 필요도 없다. 음탕한 그 여인은 고멜과 다를 바 없다. 우리는 호세아의 가족 이야기는 그의 예언자적 소명에 해당하는 바, 북이스라엘의 야웨 신앙 배반의 역사적 멍

---

7) *ABD, Ibid.*

에를 짊어지게 하는 바, 야웨의 소명이라고 해석해야만 한다. 그래야 호세아서의 1~3장이 4~14장과 통합적인 의미 연관성을 가지게 된다. 북이스라엘에서 야웨 신앙은 만신창이 혼합주의에 오랫동안 빠져왔다.[8] 호세아의 고멜과의 결혼–자식들에 대한 이야기는 북이스라엘 역사의 축소판이다. 많은 주석자들이 오랫동안 호세아서의 앞의 3장들을 그의 예언자적 소명의 역사적 현실이라고 생각하지 않고 '순전한 은유'(pure allegory) 혹은 '비유'(parable) 혹은 비전(vision)과 꿈(dream)과 같은 구상으로 해석했다는 것이다. 그래서 그들은 1~3장과 4~14장의 언어내용들과 구조들을 종합적으로 볼 수 없다는 문제를 해결하지 못하고, 호세아 후기의 편집자들에게서 초래된 결합으로 본 것 같다.[9] 예언자 호세아 자신에 관계된 1~3장을 그렇게 비역사적인 기록으로 본다는 것은 그가 전혀 북이스라엘 역사의 예언자가 아니라는 것을 의미한다. 북이스라엘 출생으로서 호세아는 북이스라엘의 야웨 신앙 배반에 대한 신적 심판과 멸망의 멍에를 짊어지고 이 역사의 구원의 새미래를 예언하도록 소명 받은 예언자다. 학자들의 저 해석들은 호세아를 역사의 방관자로 만드는 것이다. 고멜에 대한 그들의 환상적인 정죄는 그들 자신의 가부장적 지배의식에 결부된 환상적인 여성관을

---

8) B.C. 10세기에 Jeroboam이 Solomon의 노역에 저항하면서 Solomon의 왕국을 계승한 Rehoboam과 대립하여 북이스라엘의 첫 왕으로 대두했는데, 북이스라엘이 남유다 예루살렘 성전 때문에 남쪽으로 기울게 될 것을 우려하여 Jeroboam이 두 금송아지를 만들어 북쪽 Bethel과 Dan 신당들에 세우고 백성들로 하여금 거기서 종교행사들을 거행하게 한 것이다. 그 금송아지들은 가나안 땅의 토착 Baal 신들과 여신들과 같은 풍요신들(fertility gods)을 상징하는 것들이다. 신명기적 역사는 그것이 모든 북이스라엘로 하여금 야웨 신앙을 배반하고 죄 짓게 한 원인으로서 규정한다(열왕기상 12:25~33 참조). Sinai에서 발견된 고대 이스라엘의 한 사적지의 어떤 비문에, "May you be blessed by Yahweh of Samaria and by his Asherah" –너희는 사마리아의 야웨에 의해서 또 그의 아세라(야웨의 여신)에 의해서 축복 받으라–는 문구가 새겨져 있다는 것이다. *ABD*, *Ibid*, 295 참조. 이 비문은 북이스라엘의 혼합주의적 관행들에서 Asherah와 Anat과 같은 여신들이 야웨와 쌍을 이루어 자연의 풍요를 주관하는 신들로서 숭배된 것이다. 그러한 혼합주의는 남유다의 성전에서도 발견되곤 했다.

9) *ABD*, *Ibid*, 293 비교 참조.

전제한 것같이 보인다. 고멜에 대한 호세아의 사랑은 곧 북이스라엘에 대한 가슴 아픈 사랑이다. 그는 출애굽–계약의 야웨 하나님의 무한한 사랑을 북이스라엘의 궁극적 구원의 원천으로서 철저하게 '인식'하고 괴로워하면서 고멜을 선택한 것이다.

이제 호세아 4장 이하의 본문들을 대강 살펴보자. 야웨께서 북이스라엘과 '다투시는데,' 이스라엘은 야웨를 제대로 '인식'하지도 못하고, 성실성도 없고, '맹서하되' '거짓말하고' '죽이고' '도둑질하고' '간음하고' '살인의 살인을 거듭하는구나.' "그래서 그 땅이 슬퍼하고 거기에 사는 모든 사람들이 지쳐버리고, 들의 짐승들도 공중의 새들도 바다의 물고기들도 사라져버렸다"(4:1~3). 추측컨대, 북이스라엘의 사회질서와 생태계가 허물어져 가고 있는 전시상황 같다. "내 백성이 (나에 대한) 인식이 없기 때문에 너희가 인식을 거부했고 내가 너희로 하여금 내게 사제이기를 거부했기 때문에 붕괴하고 있구나"(4:6). 호세아가 특징적으로 사용하는 '인식'(knowledge)이라는 말은 북이스라엘이 모세 전통의 계약의 사랑의 하나님을 가나안 땅의 본래의 바알 신들–여신들과 뒤섞어 올바르고 성실한 '인식'을 버렸다는 상황에 대비되는 말이다. 아시리아의 침략과 북이스라엘의 계약의 질서 붕괴는 야웨 하나님의 심판의 결과다. 호세아는 이스라엘의 파멸에서부터 그의 구원의 미래 구원에로 계속 왔다 갔다 한다. 호세아의 이러한 선포양식은 붕괴되는 북이스라엘의 급박한 상황을 반영하는 것 같다. "그들은 산 위에서 제사지내고, 언덕 위에서 …… 제물을 바친다. …… 너희의 딸들은 창녀 노릇을 하고 …… 신부들은 간통을 저지른다. 남자들은 창녀들과 놀아나고, 제의 성행위로써 제사지내나, 백성이 알지 못하고 파멸에 이르리라"(4:13~14). 여기에서 언급된 창녀들은 신전 성행위에 놀아난 이스라엘의 딸들일 것이다. 이러한 종교적·윤리적 파탄에 빠져 이스라엘이 야웨를 '인식하지 못한다'는 것이다(5:3~4).[10] 북이스라엘의 에브라임은 계약의 야웨 하나님과 바알 신들 사이를 오락가락했음에 틀림없다. 바알 신들-여신들의 창녀가 되어버렸으니, 야웨 하나님의 구원의 능력에 대한 신뢰와 인식을 상실하고, 결국 아시리아에 끌려가게 된 것이다(5:13; 9:3 참조). 호세아는 에브라임을 질타하면서도, 이렇게 외친다.

> 오라, 야웨께로 돌아가자. 그는 병든(5:13) 우리를 치유하기 위하여 찢으셨다. 그는 후려치셨지만 우리를 싸매 주시리라. 이틀이 지나면(after two days-곧) 그는 우리를 되살려 내시리라. 제 3일에는 그가 우리를 일으키시리라. 우리가 그 앞에서 살도록.(6:1~3)

호세아는 끝까지 북이스라엘의 종말적 구원을 희망한다. 그러면서 그는 곧 북이스라엘을 질타한다. 사람들은 악행으로써 왕을 기쁘게 하고, 기만으로써 즐겁게 하는구나. 그들은 간음자들이라(7:1, 3, 4). 북이스라엘의 고위층은 아시리아로 끌려갔으며, 에브라임은 오락가락 동맹자들을 구하고 있다니(8:8~10), 어리석구나! 또 인용형식으로 말하자면,

---

10) B.C. 743년 Assyria의 왕 Tiglath-Pileser 3세(B.C. 745~727)가 근동 일대의 정복전쟁을 착수했는데, 북이스라엘은 굴복과 저항 사이를 오락가락했다는 것이다. 왕 Menahem(B.C. 745~738년)은 Assyria에의 종속을 결정하고 무거운 공물과 세금을 지불했으며, 그 시기에 북이스라엘의 비중이 컸던 Ephiaim 부족은 비둘기처럼 어리석게 Assyria에 항복했는데, 애굽과 Assyria 사이를 오락가락했다고 한다(7:11 참조). Pekah 왕(B.C. 740~737년) 때 북이스라엘은 Syria와 더불어 反Assyria 동맹을 맺어 Syria-Ephraim 전쟁을 시도하고 남유다의 왕 Ahaz를 Syria-Ephraim 전쟁에 합류시키려 했으나, Ahaz는 Assyria의 지배를 받아들였다. 북 왕국의 마지막 왕 Hoshea(B.C. 732년)가 Assyria에 바치는 공물을 중단하고 애굽에 귀의함으로써 Assyria 왕 Shalmaneser 5세(B.C. 727~722년)에 의해서 B.C. 721년 수도 Samaria를 함락되게 하고, 북이스라엘은 결국 멸망한 것이다(열왕기하 16:5~9; 17:1~6). Vol. 3, 294 참조.

형벌의 날들이 다가왔다는 것을
이스라엘은 알아야 하리라.
나 예언자는 바보구나.
영을 받은 내가 미칠 지경이다.
에브라임이 두드려 맞고 뿌리가 말라버렸으니,
그들이 열매를 걷으려 애굽에 붙어
멍청이처럼 오락가락하나 열매를 얻지 못한다.
내가 그들의 사랑하는 자식들을 죽이리라.
그들은 다른 민족들 가운데서 방랑자들이 되어야 하리라.(9:15~17)

호세아 연구자들에 의하면 호세아의 성격이 격정적이었다고 하는데, 특히 북이스라엘의 한때 강성했던 에브라임 때문에 호세아는 미칠 지경에 이르렀던 것 같다. 학자들에 의하면 호세아 9~11장은 아시리아의 정복 전쟁의 결정적인 장면들과 결부되어 있다고 추정한다. 그의 격정적인 성격이란 북이스라엘 멸망의 처참한 상황을 목격함에서 유발되었을 것이다. 그러한 상황에서 그는 '미칠 지경'이다. 북이스라엘의 멸망과 구원 사이에서 오락가락했었을 것이라고 생각된다.

에브라임은 북이스라엘의 '으뜸'가는 부족이니, 에브라임이 말하면 사람들이 떨리는 마음으로 들었다고 할 정도였는데, 야웨 신앙-역사신앙을 상실하고 아시리아에 굴하고 애굽에 의지하여 오락가락 삶을 구걸하는 처지로 몰락했다. "나는 애굽 땅에서부터 너희를 이끌어낸 하나님 야웨이니, 나 이외의 다른 구원자는 없느니라"(13:4). 에브라임은 바알 신들에게, 아시리아와 애굽에서 구원을 찾지 말 것이며 야웨께로 돌아오라고 호세아는 마지막으로 절규한다.

……돌아와 그에게 아뢰거라. 모든 악행을 없애 주소서. …… 아시리아는 우리를 구할 수 없습니다. …… 우리는 더 이상 우리 손으로 만든 우상들에게 '우리의 신이다' 고 말하지 않으리다. 당신 안에서 우리 고아는 자비를 발견하나이다.(14:1~3)

야웨께서 답하신다:

오 에브라임아, 내가 우상들과 무슨 상관이냐? 너희에게 답하고 너희를 돌보는 이가 내가 아니더냐. …… 지혜로운 자는 이것들을 깨달아라, 분별하고 지혜로운 자들은 이것들을 알아두거라. 야웨의 길들은 옳으니, 올곧은 자는 이 길들을 걷느니라. 그러나 범죄하는 자들은 이 길들에서 걸려 넘어지느니라.(14:8~9, 마지막 절)

야웨의 '길들' 은 호세아에게서 야웨와 이스라엘과의 시나이 계약의 계명들을 의미한다. 호세아에게서 '앎' 은 야웨를 시인하고 그의 계명들을 성실하게 실천하라는 뜻이니, 구원사적 전통에 대한 올바른 지식을 가리킨다.

북이스라엘은 끝장났지만 그 구원의 종말적 미래는 남유다의 미래로서 북이스라엘의 아직 성취되지 않은 미래이기도 하다. 아모스와 호세아의 예언 자료들은 남유다 왕국에로 옮겨져 후기에 편찬되었을 것이다. 호세아에게서 선포된 바 모세 전통의 야웨 하나님과 이스라엘과의 계약-계명들은 영원한 것이며, 이 때문에 북이스라엘 왕국이 끝장났다 해도 그 계약-계명들의 종말적 성취에 대한 호세아의 선포는 이스라엘뿐만 아니라 세계사의 궁극적 미래를 밝혀주는 예언자적 파수꾼이다.

미가

미가(Micah)는 남유다 왕국 태생으로서 아모스와 호세아, 또 남유다의 이사야보다 연하의, B.C. 8세기 동시대 예언자인데, 이사야(1~39장)의 제1 이사야의 활동시기가 미가 이후 시기에 관계되므로 미가를 먼저 고찰함이 좋을 것 같다. 미가도 호세아처럼 아시리아가 B.C. 721년 사마리아 함락과 북이스라엘을 멸망시킨 시기에 활동한 예언자다. 아시리아는 남유다를 속국으로 만들었고, 남유다의 왕 히즈키아(Hezekiah)의 반 아시리아 정책 때문에 아시리아의 산헤립(Sennacherib)이 B.C. 701년 예루살렘에 와서 유다의 명맥을 위협했다. 미가는 그러한 위기 상황에서 북이스라엘–남유다의 통치자들과 이스라엘의 정치사회 전반의 불의와 종말적 멸망을 선포했다. 미가의 시문은 아모스와 호세아의 문체를 보다 더 풀이해 서술하기 어렵다. 우리는 해석적으로 또 해석적 인용형식으로 서술해야 할 것 같다. 우선 미리 언급해 둘 것은 대체로 학자들이 미가서 1~3장만을 미가 자신의 예언 자료로 간주하며, 후반부 4~7장을 미가의 역사적 배경과 다른 후기의 편찬 자료라고 추정하는데, 우리는 미가서 처음부터 고찰하면서 후반부에서 제기된 미가서의 통일성 문제를 지적할 것이지만, 순서대로 두 부분들을 고찰해 갈 것이다.

"야웨의 말씀이 미가에 임하셨다"라는 선언으로 미가는 그의 말씀을 선포하는데(1:1), 북이스라엘과 남유다의 이스라엘 전체에게 선포한다. 야웨께서 예루살렘 성전에서부터 나오시어 외치시기를, 사마리아를 허허벌판의 돌무더기로, 그곳의 우상들을 다 부수어 버리시리라고 외치시니, 산들과 골짜기들이 불에 녹아내리듯 갈라져 내린다(1:3~4). 야곱의 죄는 사마리아이며, 유다의 죄는 예루살렘이니라. 야웨께서 사마리아를 허허벌판의 돌무더기로 골짜기에 무너져 내리게 하고 그 우상들을 산산조각 내리라. 그 치유될 수 없는 상처 때문에 예언자는 벌거벗은 채 여우들처럼 울부짖고 타조들처럼 탄식한다. 이 악이 예루살렘 문턱에 이르렀구나(1:5~6). 미가의 이 선포는 아시리아의 산헤립이 유다 예루살렘에 이르러 유다 왕 히즈키아가 야웨를 신뢰하고 아시리아에 저항하려는 것을 조롱하고 유다를 위협하는 상황을 전제하고 있다고 생각된다(*RSV* 주 참조). 아모스와 호세아처럼 미가도 당시 ANE 일대에서 신흥 아시리아의 정복전쟁을 이스라엘에 대한 야웨 하나님의 종말적 심판의 도구로 본다. 그 도구는 '악'이다. 그런데 그 '악'을 미가는 야웨의 능력의 주재권 아래 세운다(1:12). 야웨께서 악을 들어 악을 친다. 그럼으로써 그는 역사로 하여금 악의 세력들을 넘어서게 하는 구원의 새 미래가 도래하리라고 대망한다.

미가의 그와 같은 구원사—세계사 이해가 이스라엘의 사회악에 대한 야웨의 심판 선포에서 확연해진다. 재서술하자면, 잠자리에서 어두운 밤에 악을 획책하고 날이 밝으면 악을 단행하는 자들에게 화 있을지니, 그들은 밭들을 탐하여 탈취하고, 집들을 탐하여 탈취하고, 한 사람을 핍박하여 그의 유산을 뺏는구나. 밭들과 집들은 가나안 땅의 혁명과 재분배에 의한, 조상으로부터 물려받은 '유산'으로서 투기와 매매의 사유재산이 아니라, 구원자 야웨로부터 은혜로 주어진 삶의 터전인데, 이 유산을 탈취하는 자들은 그 구원사적 전통을 파괴한 것이다. 그러므로 야웨께서 말씀하시기를, 이러한 자들에 반하여 악으로 하여금 그들의 목을 옭아매리라는 것이다(이상 2:1~3 참조). "그날에 너희는 조롱의 노래를 들을 것이니, 너희는 탄식하고 통곡하며 우리는 아주 파멸이구나, 그(야웨)가 나의 몫을, 우리의 땅을 포획자들에게 내어 준다"(2:4). 여기서 '그날에'는 아모스와 호세아에게서처럼 야웨의 종말적 심판의 날을 가리킨다. 야곱 가문, 이스라엘이 이 지경에 이르다니, 야웨의 영이 참을성 없어서 일들이 이러한 처참한 지경에 이르렀느냐? 그러한 치욕스러운 일들이 이스라엘에게 일어날 리 없다는 거짓 예언자들의 설교를 비판한다(2:6ff. 참조).

이제 3:9~12에서 미가 예언의 절정이라고 일컬어지는 마지막 예언에로 이끌어가는 3:1 이하부터 여기에서 인용형식으로 재표현하여 제시하고자 한다.

> 내가 말하노라:
> 야곱의 우두머리들, 이스라엘의 통치자들아 들으라!
> 너희가 정의를 알아야 하지 않겠느냐?
> 너희가 선을 미워하고, 악을 사랑하고,
> 내 백성의 가죽을 그들의 뼈로부터 찢어내어,
> 내 백성의 살을 먹고, 그들의 뼈로부터 벗겨내어,
> 뼈를 산산조각내고, 살을 가마솥에 삶아 먹는구나.
> — 중략 —
> 내 백성을 잘못 이끌어가는 예언자들아,
> 먹을 것을 얻으면, '평화' 로다 외치고,
> 먹을 것을 못 얻으면, 전쟁을 선포하고,
> 그러니 너희들에게는 미래비전을 못보는 암흑이로다.
> 암흑에는 예언이 없다.
> 그들에게 태양이 꺼져버리니,
> 빛의 날이 그들에게 어두워져 버리고,
> 미래를 내다보는 자들의 불명예라.

하나님의 응답이 없으니, 그들이 입을 다물어야 하리라.
그런데 나는 야웨의 영의 능력으로
이스라엘의 죄악을 선언할 정의와 능력으로 충만하다.(1~8절)

야웨의 영의 능력이 예언의 능력이라는 것이 여기에서 명백하게 선포되고 있다. 야웨의 심판과 구원의 미래–종말시간은 바로 그의 영의 차원이다. 창조자·구원자 하나님의 모든 시간이 바로 그의 영의 차원, 역사의 차원이다. 이제 3:9~12을 인용한다.

야곱 가문의 우두머리들아, 이스라엘의 군주들아, 들으라.
정의를 역겨워하고, 모든 공평을 그르치는 자들,
시온성을, 예루살렘을 백성의 고혈과 불의로써 세운 자들,
우두머리들은 뇌물을 받고 재판하고,
예언자들은 돈을 받고 예언하고,
그들은 야웨께 의지하여, '야웨께서 우리 가운데 계시지 않느냐?
그러니 재앙이란 우리에게 없으리라' 고 장담하니,
그러므로 너희 때문에
시온은 갈아엎어져 벌판으로 될 것이며,
예루살렘은 돌무더기가 될 것이며,
성전 산언덕은 잡목들의 숲으로 되어 버리리라.

참으로 놀랍다. 군주들이 시퍼렇게 살아 있는데, 이름도 없는 예언자 미가가 그렇게 참담하게 선포한다는 말인가? 아무러한 권력이 없는 예언자 미가가 그러한 예언을 선포하고도 살아남았다면 이스라엘 가운데서 야

웨의 의가 살아있다는 표식이리라. 이스라엘의 사회적 죄악 상황은 근래에 우리 한국의 저축은행들의 우두머리들이 금융계 관료들과 부화뇌동하여 가난한 사람들의 푼돈 저축금을 등쳐먹은 부자 관료들의 음모보다 나을 듯싶으니, 오늘의 간교하고 천박한 금융 자본주의 죄악의 사회적 관계망을 저 이스라엘은 상상조차 할 수 없었을 것이기 때문이다.

그런데 위에 제시한 3:9~12에서의 시온·예루살렘 성전의 붕괴에 대한 미가의 예언은 B.C. 8세기의 아시리아의 정복전쟁에 의해서 일어난 상황이 아니라 B.C. 587년 신흥 바빌론의 정복세력 아래서 벌어질 상황과 결부된 것으로 보인다. 4:10에 남유다 이스라엘의 바빌론 포로 상황이 언급되어 있다. 그래서 학자들은 미가 4~7장을 대체로 바빌론 포로 후기의 편찬자료로서 간주한다. 또한 4장 이하에서 미가는 다윗 왕국을 비롯한 이스라엘의 회복(restoration)을 예언하는데, 이 부분은 이스라엘의 멸망을 예언한 1~3장과 통일적으로 볼 수 없다는 것이 학자들의 주장이다. 그러나 20세기 근래에 이르러 학자들은 미가서의 전반부와 후반부의 통일성을 이렇게 주장한다. 즉 미가서 본래의 핵심이 시간이 경과하는 과정에서 이스라엘 공동체의 예배의식 행사를 위하여 확대되었다는 것이다.[11] 그런데 우리는 미가서가 시온·예루살렘 성전 붕괴의 예언으로써 끝나는 것이라고 생각하기 어려우며, 4~7장의 내용의 상당부분이 1~3장과의 관련성에서 고려되어야 미가의 본래적 예언의 내용의 특유성이 파악될 것 같다.

4:1~5:15에서 다윗 왕국과 이스라엘의 궁극적인 미래의 회복에 관한 예언들이 기록되어 있는데, 그 부분을 우리는 선택적으로 요약하고 해석

11) 이상을 위하여 *ABD* Vol. 4, 807f. 참조.

하면서 인용형식으로 제시하고자 한다.

> 후일에(in the latter days)…… 야웨의 성전의 산이
> 산들 중에서 가장 높은 산으로 우뚝 세워질 것이며, ……
> 많은 민족들이 물밀 듯 그리로 모여들어
> "야웨의 산으로, 야곱의 하나님의 전으로 가자.
> 그가 우리에게 그의 길을 가르치고,
> 우리가 그의 길을 걷도록 하자."
> 그가 많은 민족들 가운데서 시비를 판단하시고……,
> 그들의 칼을 쳐서 보습을 만들 것이며……,
> 나라와 나라가 칼을 들어 더 이상 전쟁을 일으키지 않으리라.
> 모든 민족들이 각각 그 신의 이름으로 살 것이나,
> 우리는 야웨 하나님의 이름으로 영원토록 살리라.(4:1~5)

'후일에'(in the latter days)는 아모스와 호세아에게서의 '그날에'(in that day)와 마찬가지로 부정적 심판이든 긍정적 구원이든 종말적 미래시간을 가리킨다. 특히 여기서 주목할 것은 많은 민족들이 야웨의 전으로 모여들어 그의 의로운 법을 배우고자 하니, 북이스라엘의 멸망과 남유다 왕국, 시온·예루살렘 성전의 붕괴는 바로 많은 민족들이 회복될 이스라엘에로 야웨의 이름을 부르며, 자신들의 '신' 혹은 신들을 섬기되 야웨의 이름 아래서 살리라는 것이나. 저 4:1~5이 아무래도 바빌론 포로 후기의 편찬 자료처럼 생각되지만, 야웨의 이름 아래서 민족들이 자신들의 '신'을 섬길 수 있다는 것은 아마도 미가서에서만 발견되는 것 같다. 여기서 '신'이란 피조물 세계에 속하는 것으로 해석되어야 할 것 같다. 우리 식으로 형상화하

자면, 영혼들, 신명들, 신선들이 다 신들의 차원이니, 미가의 예언의 맥락에서처럼 구원자·창조자 하나님의 이름 아래서 새롭게 해석될 수 있을 것 같다. 4:6~7을 저 인용에 부가하자면,

그날에 야웨께서 말씀하시기를,
내가 내어 쫓았던 절름발이들, 흩어진 자들,
내 재앙(심판)을 받은 자들,
이 남은 자들을 모두 불러 모으리니,
야웨께서 시온산에서, 그들을 이제부터 영원토록 다스리시리라.

이 구절들에서의 이스라엘 남은 자들은 그들의 주변의 많은 민족들과 더불어 살며, 이들에게 야웨 하나님을 중재해야 할 보편사적 소명을 부여받았다는 것이 바로 그 앞에서의 인용문에 제시되어 있다. '그날에'는 '후일에'(in the latter days)와 마찬가지로 미래 구원의 궁극적 종말시간을 가리킨다. 이제 4장의 마지막 11~13절을 인용하자면,

이제 많은 나라들이 너희를 치려고 모여든다.
그런데 그들은 야웨의 경륜을 모르니,
그가 그들을 타작마당의 곡식단을 털도록 한 경륜이다.
일어나 타작하라, 너희는 많은 민족들을 산산조각(타작)하라.
그래서 그들의 소득을 야웨께,
그들의 온 땅의 재물을 야웨께 바치게 하라.

위의 인용문은 미가 당시의 아시리아를(혹은 후기 편찬 자료라면, 바벨론

의 남유다 정복세력을) 비롯한 이스라엘의 적대세력들을 야웨께서 어떻게 조종하는가를 나타낸다. 즉 그가 아시리아라는 악의 정복세력을 들어 이스라엘의 악을 치는 것이 그의 궁극적 구원의 경륜이다. 이스라엘의 남은 자들은 이들 주변의 많은 민족들을 타작마당에서 곡식을 털어내듯이 그들의 재물을 다 털어내어 야웨께 바치라는 것이 야웨의 구원의 경륜이다. 모든 땅이 야웨에게 속하듯이, 모든 민족들의 재물이 다 그의 것이니, 다 그에게로 돌리고 그에게서부터 공평하게 재분배 받으라는 것이다. 이것이 그의 의로운 법의 길을 걷는 혁명적 물질혁명의 길이다. 4:11~13이 미가서의 후기 편찬 자료의 요인을 내포하고 있는 것 같지만, 또한 미가 특유의 본래의 예언 자료임을 나타내는 것 같기도 하다. 5:2~4을 인용해 보자. 미가 4장이 남은 자 이스라엘의 후기의 다윗 왕국 회복의 메시아 대망을 반영한다고 대다수의 학자들이 추정하는데, 5:2~4에서의 미가 특유의 '목자 왕' 예언은 아무래도 그의 본래의 예언임에 틀림없다. 인용하자면,

> 오 베들레헴아 너는 유다 부족들 가운데서 미비하지만,
> 나 야웨를 위하여 너에게서부터 이스라엘의 한 통치자가 나오리라.
> 그의 기원은 오래전 태곳적 날들로부터 유래하느니라.
> 여인이 그를 낳을 때까지 그는 이스라엘을 내버려 두리라.
> 그때에는 나머지 흩어진 형제들이 이스라엘에게로 돌아오리라.
> 그는 그의 양떼를, 야웨의 능력으로,
> 존엄한 그의 이름으로 먹이리니,
> 그들은 평안하게 거할 것이며
> 이제 그는 땅 끝까지 미치는 위대한 목자(왕)이니,
> 이것이 평화로다.

'그의 기원은 오래전 태곳적 날들로부터(from of old, from ancient days) 유래하느니라'(5:2)에 대한 *RSV*의 주에 의하면, '태초의 시간으로부터의 선재라기보다는 다윗의 시기의 날들로부터일 수 있다'는 것이다. 아마도 옛 시기의 구약학에서는 태초의 시간에로 소급된, 따라서 미래에 나타날 목자 왕의 선재(先在, pre-existence)를 주장했었을 것이나, 현대의 성서학자들은 대체로 그러한 선재 개념을 신화적 사변이라고 치부해 버리곤 하는데 *RSV*는 이러한 현대적 해석을 따르고 있다. 이렇게 해석한다는 것은 창세기 1~2장의 창조자·구원자 하나님의 구원의 경륜과 시간 개념을 고려하지 않는다는 말이다. 또한 다윗 왕국은, J−E−P 문서들과 신명기적 역사 전통에 의하면, 창조자·구원자 야웨 하나님의 왕권을 반영하는 영원성을 담지하고 있으므로, 그러한 다윗 왕국의 영원성의 구원사적 기원은 창조의 태초의 시간의 차원을 함축하고 있으며 그러한 의미에서 궁극적으로 미래시간에 나타날 야웨의 목자 왕, 새 통치자의 선재의 시간성은 신화가 아니라 구원사적 차원이다. 그런데 궁극적 미래에 일어날 일들이, 구원사적으로 태초의 시간을 함축하면서, 미래의 새로운 일들이라고 묘사되는 것이다. 미가의 미래시간 묘사를 더 인용하자면,

> 그날들에(in the days) 너희가 애굽의 땅에서부터 탈출했을 때처럼
> 내가 놀라운 일들을 너희에게 보여주리라.
> 민족국가들(주로 아시리아와 애굽)이
> 그들의 권세를 부끄럽게 여기도록 하리라.
> 그들은 그들의 손으로 입을 막게 하고, 귀머거리가 되게 하리라.
> — 중략 —
> 그들은 떨면서 그들의 요새들로부터 나와

야웨 하나님에게로 두려워하면서 나아가리니,
그들은 당신 때문에 당신을 경외하리라.(7:15~17)
죄를 용서하시는, 이스라엘의 남은 자, 그의 몫을 위하여,
그들의 범죄를 넘어가 버리시는,
당신과 같은 하나님은 뉘시오니까?
그는 그의 분노를 영영 품고 계시지 않으니,
그는 변함없는 사랑을 기뻐하시기 때문이다.
그는 우리를 다시 긍휼히 여기시리니,
우리의 죄악을 짓밟아 버리시리라.
우리의 모든 죄를 바다 속 깊이 던져버리소서.
당신께서 오래전부터 우리 조상들에게 맹세하신 것처럼
야곱에게 미쁘심을, 아브라함에게 변함없는 사랑을 베푸셨으니,
이스라엘을 용서하소서! (7:18~20)

야웨 하나님의 용서 없이는 구원사-세계사가 존속할 수 없다. 역사의 죄악과 그의 철저한 심판 아래서의 종말적 위기에도 불구하고, 그의 은혜로운 용서에 의해서 그러한 위기를 넘어서서 존속할 수 있도록 새 미래의 시간이 주어질 수 있다. 미가서의 저 마지막 부분이 미가 자신의 예언이든 후기 편찬 자료이든, 참된 예언자들의 대두는 역사의 죄악에 대한 신적인 심판과 더불어 혁명적 새로운 미래시간의 도래를 알리는 신적 소명에서 성립한다. 그런데 학자들이 추론하듯이 미가의 실제적 예언이 3:12에서 끝난다면, 즉 미가의 예언이 북이스라엘 멸망과 남유다의 예루살렘 붕괴에 한정된다면, 미가는 구원사 폐기의 예언자였다고 규정되어 버릴 것이다. 그러한 예언자는 예언자로서 성립되기 어렵다. 4~7장에서의 긍정적인

종말적 구원 예언 부분이 대체로 1~3장과의 필연적 연관에서 미가의 종말론이 이해되어야 할 것이다.

이사야 1~39장

총 66장으로 구성된 이사야, 대 예언서는 B.C. 8~6세기에 걸쳐 이루어진 문서로서, ANE의 신흥 아시리아 바빌론 페르시아와 같은 제국들과 북이스라엘-남유다 왕국들의 관계에서 일어난 사건들을 이스라엘의 예언자적 미래-종말론적 시각에서, 아마도 세계사의 기록들에서 유례를 보기 어려운 특유한 혁명사적 시간·역사 개념을 제시해 준다. 구약학에서 일반적으로 이사야 1~39장은 B.C. 8세기의 예언자 이사야에, 40~55장은 B.C. 6세기 초의 제2 이사야에, 56~66장은 그보다 좀 더 후기 B.C. 6세기 말경 제3 이사야에 귀속된다.[12] 여기서 우리는 소 예언서들, 즉 B.C. 8세기의 아모스, 호세아, 미가에 이어지는 부분으로서 여기서 같은 세기에 관련된 이사야 1~39장을 고려한다. 이사야(Isaiah)는 남유다 출신으로 미가보다 시기적으로 앞선 동시대 예언자이지만, 미가보다 나중에 고려하는 이유는 저 이사야 본문이 내용적으로 또 시기적으로 복잡하기 때문에 미가 다음에

12) W. Gesenius가 1821년 그의 연구, *Philologisch-Kritischer und historischer Kommentar über den Jesaja* (3 Vols., Leipzig)에서 처음으로 이사야 1~39장을 이사야서로 규정하고, 40~66장을 '가명 이사야서'(Pseudo-Jesaja)라고 구분하고 후기 문서라고 추정했다는 것이다. 그런데 그 후 *Bernhard Duhm*은 *Jesaja Kommentar zum Alten Testament* xii에서 이사야서 1~39장도 40~66장과 마찬가지로 B.C. 587년 바빌론에 의한 남유다의 멸망시기 혹은 6세기 바빌론 포로기 이후의 편찬된 자료들을 포함하고 있다고 주장했으며, 그러나 1~39장은 특히 B.C. 8세기와 관련된 자료들을 포함하고 있다고, 또 40~55장과 55~66장은 각각 B.C. 6세기 시기들의 역사적 상황들을 나타낸다고 해서, Isaiah-Deutero Isaiah-Trito Isaiah로 구별했다는 것이다. 이 구별의 부적합성을 논하는 학자들도 있으나, 그 구별이 폭넓게 구약학계에서 수용되어 왔으며, 우리는 그 구별을 따른다. *ABD* Vol.3, 472~475 참조.

고려한 것이다.

(1) 유다 왕국과 아시리아, 이사야의 메시아 왕 예언

특히 제1 이사야(Isaiah)에 직결된 이사야 1~39장 중에서, 먼저 1~12장이 1번 주제에 해당하는데, 36~37장을 이 맥락에 포함시켜 고찰하고자 한다. 이사야의 시문들 혹은 신탁(oracles)의 시문들의 풍부하고 방만한 내용들이 재표현되기 어려우나, 우리 나름대로 요약적으로 재표현하고자 한다. 이사야는 유다 왕실에 자유롭게 접근할 수 있었던 가문의 출신이었다고 추측되는데, 그러한 여건에서 그는 특히 유다 왕국의 정치적 사건들과 직결된 바 그 왕국의 정치 혁명적 미래 예언으로서 새로운 메시아 왕의 탄생 선포가 주목되어야 한다. 이사야는 유다의 우찌아(Uzzia, B.C. 783~), 요담(Jotham), 아하즈(Ahaz), 히즈키아(Hezekiah) 왕들의 통치시기(이사야 1:1), 북쪽의 신흥 아시리아의 정복세력이 근동을 요동치게 한 시기에, 아마도 B.C. 742~687년 사이에 예언활동을 전개했다고 추정된다. '이사야'라는 이름은 '야웨께서 구원을 주신다'는 뜻이다(*RSV* 주).[13] 야웨의 구원이 바로 미래로부터 위기에 처한 이스라엘 역사적 현재에로 가까이 도래하지 않으면 역사는 존속할 수 없다. 그러므로 예언자들이 담지하는 미래–종말시간의 심판과 구원은 바로 역사로 하여금 변혁하고 새 미래에로 행진하게 하는 원천이다.

---

13) 우리는 *ABD* Vol. 3, 472~506에서의 ANE의 역사적 상황들과 관련된 이사야서 전체의 문서 구조분석에 의거해서 그 고찰의 순서를 이끌어냈다. 이사야의 예언은 (1) 주제에 해당하는 1~12장과 이에 직결된 36~37장을 고찰한 다음 (2) 13~23장; (3) '이사야 묵시록'(Isaiah Apocalyptic)에 해당하는 24~27장이 차례대로 고찰될 것이다.

이제 이사야 본문을 순서대로 고찰하자면, 유다는 '죄 된 민족, 죄악의 멍에를 짊어진 백성, 악행한 자들의 후손'의 나라다. '이스라엘의 거룩한 분'을 배반하여 '다른 신들'을 추종하고 그와의 관계에서부터 이탈한 백성의 나라다(1:4). 유다는 불에 타 버렸고, 타민족들이 그 땅을 삼켜버려 황폐화되었다는 것이다(1:7~8). 이러한 묘사는 아마도 B.C. 701년 아시리아 산헤립(Sennacherib)의 유다 침략(36:1 참조)의 결과를 가리키는 것 같기도 하고, B.C. 587년 바빌론에 의한 유다 왕국 멸망의 상황을 연상하게 하기도 한다. 어쨌든 이사야에게 아시리아의 정복 세력이 야웨의 심판 수단으로 작용하며, 이사야는 심판과 구원 사이를 부단히 왔다 갔다 한다. 2:2 이하에 의하면 그러한 황폐화한 유다의 상황을 넘어서는, '종말시간에'(in the latter days) 일어날 구원의 표식으로서 야웨의 전의 산이 다른 산들 위 높은 곳에 세워질 것이며, '모든 민족들'이 그곳으로 몰려들어 말하기를,

> 야웨의 산으로 가자 …… 우리가 그의 길을 걷도록 가자.
> 시온(Zion)으로부터 야웨의 법이,
> 예루살렘으로부터 야웨의 말씀이 출현하리라.
> 그가 민족들 사이를 판단(심판)하시리라.(2:2, 3, 4)

1장에서는 유다 왕국이 야웨 신앙을 배반하고 사회적 죄악을 자행함으로써 야웨의 심판 아래서 멸망할 지경에 이르렀다고, 그 땅에는 이방민족들이 몰려들어 황폐화되어 버렸다고 묘사되어 있는데, 2장에서는 시온에 몰려들어오는 민족들이 야웨의 법의 길을 걷기를 구하며 그의 말씀을 듣고자 한다고 묘사되어 있다. 야웨의 심판으로서의 아시리아의 유다 침략이 야웨의 종말적 구원의 계기로서 작용한다는 사실이 주목되어야 한

다. 그와 같이 이사야는 역사의 현재에서 종말적 미래시간에로 또 그와 반대로 종말적 미래에서 현재에로 자유롭게 왔다 갔다 한다. 그러한 심판과 구원의 시간·공간 안에서 일어나는 놀라운 변화는 모든 민족들이 보편적으로 야웨의 법 혹은 말씀을 추구하리라는 선포다. 시온 산은 이사야에게서 야웨의 나라, 에덴정원과 같은 종말적으로 궁극적인 영원한 나라의 공간을 표식한다.

그런데 이사야는 3장에서 시온에 거하는 장로들과 군주들과 딸들의 삶의 난맥상에 대한 질타를 마구마구 토로해 낸다. 그 일면을 보자면, 야웨께서 그의 백성의 장로들과 군주들을 재판하러 나타나시어 말씀하시기를,

> 바로 너희가 가난한 자들의 포도밭,
> 이들에게서 빼앗은 노획물을 너희 집에 두고,
> 내 백성을 짓밟고,
> 가난한 자들의 얼굴을 짓이겨 무엇 하자는 것이냐?
> 시온의 딸들이 거만스럽고, 목을 길게 빼고, 눈을 번득거리며,
> 으스대고, 발을 짤랑짤랑 소리 내어 걷는구나.
> 야웨께서 시온의 딸들의 머리를
> 부스럼으로 빠지게 하시리라.(3:14~17)

이사야는 자주 과부들과 고아들을 돌보지 않는, 힘없는 자들을 등쳐 먹는 가진 자들과 권력자들의 불의를 조목조목 엮어내며 꾸짖곤 한다.

4:2 이하에서 이사야의 예언은 시온 산에서 일어날 종말적 구원의 광경으로 바뀐다. 즉

그날에 야웨의 유산의 줄기가 아름답고 영광스럽게 되리니,
그 땅의 열매가 이스라엘의 남은 자들의 자랑과 영광이 되리라.
시온에 남겨진 자는⋯⋯ 거룩하다고 불릴 것이며, ⋯⋯
야웨께서 시온의 딸들의 더러움을 씻어버릴 것이며,
심판의 영과 불타는 영에 의하여
예루살렘의 핏자국을 깨끗하게 하시리라. ⋯⋯ (이하 생략)

야웨의 유산의 줄기(Branch)는 11:1에서 선포된 바 종말적 미래의 메시아의 줄기와 합일한다. '이스라엘의 남은 자들'은 B.C. 6세기 유다 멸망 이후에 바빌론 포로 이스라엘의 남은 자들의 귀환을 암시하는 것 같기도 하지만, 시온을 위시한 예언은 B.C. 8세기를 가리킨다. 제1 이사야도 아시리아에 의한 북이스라엘의 포로들에 관련해서 '남은 자'라는 개념을 사용했다고 생각되는데, 바로 그의 아들, '스알야숩'(Shear-jashub; 7:3)이 '한 남은 자가 돌아오리라'는 이름으로써 북이스라엘의 남은 자들의 역사를 담지한다는 뜻으로 해석된다. '야웨의 유산의 줄기'는 다윗 왕국의 전통을 함축하고 있으나, 역사적인 다윗 왕국은 황폐화되어 버렸으며, 종말적 미래의 구원을 담지하는 전적으로 새로운 야웨의 나라의 도래를 표식한다. '그날에'(in that day)는 이사야서에서 매우 자주 나타나는데, '후일에'(in the latter days)와 마찬가지로 불특정 종말시간을 가리킨다. 불특정하나, 이 시간 없이는 구원사 전통은 끝장나 버린다. 그렇기 때문에 종말시간은 머나먼 세계종말이라는 가상의 시간이 아니라, 역사적 현재를 가능하게 하는, 따라서 역사의 존속을 가능하게 하는 모든 시간의 원천이다. 불특정이라는 것은 역사적 현재에로 다가오는 그러한 궁극적 미래시간이 야웨의 자유한 결정의 시간이기 때문이다. 그가 임재하고 행위하시는 공간으로서의 시

온·예루살렘도 유다 왕국의 죄악과 황폐화를 넘어서는 혁명적인 종말적 새 미래의 야웨의 나라의 공간을 표식한다.

우찌아 왕이 죽던 해(B.C. 742)에 이사야의 예언자 소명이 일어났는데(6:1~13), 이사야 특유의 언어적 서술이 보인다. 그는 야웨께서 높은 보좌에 앉아 계시고 옷자락이 성소에 펼쳐져 있는 광경을 본다. 거기에 있는 여섯 개의 스랍들(seraphim)의 날개들 중, 두 개는 야웨의 얼굴을, 두 개는 그의 발을 가리고 있고 두 개의 날개로 나르는 스랍들이 그를 둘러싸고 있는데, 그들이 "만군의 야웨께서 거룩, 거룩, 거룩하시다. 그의 영광이 온 땅에 가득하시다"고 외치니, 문설주들이 흔들리고 성전에 연기가 가득하게 되는 광경을 이사야는 목도하고, "내가 죽겠구나, 내 입술이 불결하니, 내가 불결한 백성 가운데 살기 때문이라!" 그때에 한 스랍이 제단의 불집게로 불타는 숯을 집어들고 내게로 와 내 입에 대고 말하기를, "이것이 네 입술에 닿았으니, 네 죄가 사함을 받았느니라"고 말한다. 야웨의 음성이 들리는데, "누구를 내가 보내랴?" 하시니, 이사야가 "내가 여기 있나이다! 나를 보내소서." "가거라. 너는 이 백성에게 가서 말하거라. 이 백성이,"

> 듣고 또 들어도 깨닫지 못하고, 보고 또 보아도 알지 못하는구나.
> 이 백성의 마음을 완악하게 만들라. 그들의 귀를 어둡게 하고,
> 그들의 눈을 뜨지 못하게 하라.
> 그들의 눈으로 보지 못하도록, 그들의 귀로 듣지 못하도록,
> 그리하여 돌이키지 못하게 하라.
> 그때에 내가(이사야) '오 주여 언제까지이니까?' 하니,
> 야웨께서 도성들이 허물어지고, 사는 사람들이 없어지고 ……
> 이 땅이 황폐화될 때까지니라.(이하 생략)(6:1~13 참조)

이사야 소명은 그와 같이 성전의 지성소에서 일어나는데, 야웨의 임재를 표식하는 장소다. 그의 임재는 스랍들의 날개들로 가려져 있으니, 이 가려짐은 죄 된 피조물의 세계와 구별하는 그의 거룩성과 초월성을 의미한다. 이사야 소명은 사제적 소명과 같다. 사제 직분과 예언자 직분이 하나로 종합되어 있다. 그는 이스라엘 백성을 위하여 사죄함을 받고, 미래로부터 야웨의 역사에로의 오심을 세상에 중재하는 위치에 놓인다. 그는 야웨를 면대하고서도 야웨의 영광스럽고 빛나는 얼굴을 볼 수 없다. 모세도 야웨와 얼굴을 마주하고 말하는 것 같으나, 야웨의 얼굴을 못 본 것이다. 구약에서의 야웨 신앙은 그를 본 인간은 살아남을 수 없다는 것이다(출애굽기 19:16f. 참조). 이사야는 가리워진 야웨의 면전에서도 자신의 입술이 불결하니 죽을 수밖에 없다고 고백한다. 그가 이스라엘 백성 가운데서 산다는 것과 이 백성의 예언자가 된다는 것은 이 백성의 모든 불결한 죄악을 짊어진다는 것을 의미하기 때문에 사함을 받아야 한 것이다. 이제 야웨의 파송을 받고, 그 파송의 권위로써 그의 말씀을 대변하게 된 것이다. 그런데 그의 파송의 말씀은 대단히 역설적으로 들린다. 이스라엘 백성이 '듣고 또 들어도, 보고 또 보아도 깨닫지 못하도록', 사회적 죄악상을 제대로 보고 돌이켜 구원받지 못하도록 하라는 야웨의 말씀은 바로 그의 심판의 결정이다. 그러한 이사야의 선포에 많은 구약학자들이 당혹스러워하는 것 같다. 그러한 이사야의 선포는 그러한 야웨의 심판 결정이 시간적으로 이사야의 선포에 앞서 일어난다는 것으로 묘사되기 때문에 해석의 어려움을 야기시키는 것 같으나, 그의 이 앞서가는 선행적 심판의 결정적 선포는 죄 된 백성에 대한 그의 심판의 역공격을 의미한다. 이사야의 그러한 역설적인 선포는 모세의 출애굽 사건에서 파라오와 그의 무리가 이스라엘 백성을 놓아주기를 완강히 거부했을 때 야위스트의 선포와 유사하다. 즉 야웨께서 파라오와 그의 무리들의 마음을 강퍅하게 하여 그들이 그렇게 완강하게 저항한다는 것이다(출애굽기 10:1~2 참조). 이스라엘 백성을 놓아주지 않으려는 그들의 강퍅한 마음의 원인은 그들 자신의 욕심에서 발단하나, 그들에 대한 야웨의 심판의 결정은 시간적으로 그들에 앞서가며, 동시에 그의 그렇게 결정함이 그들을 넘어가는 야웨의 미래의 승리와 이스라엘 백성의 해방을 선포하는 양식이다. 야웨의 종말적 심판은 영원한 부정으로서 죄 된 인간 역사의 모든 과거와 모든 미래에 해당된다. 그렇기 때문에 그의 심판은 역사에 앞서는 역사 이전의 결정이며 동시에 역사의 종말에 해당된다. 그런데 '주여 언제까지이니까?' 하는 이사야의 절규하는 물음에, 유다의 도성들이 아시리아에 의해서 허물어지고 그 땅이 황폐화될 때까지라는 야웨의 응답은 야웨께서 자유하고 한량없는 은혜로써 자신의 영원한 심판을 한정하여 구원의 미래를 죄 된 백성에게 허락한다는 뜻이다. 그의 그러한 은혜로운 시간은 이스라엘 백성뿐만 아니라 타민족들에게도 주어질 미래시간의 원천이며, 그의 저 한정은 이스라엘 백성과 다른 '민족들' 에게 야웨의 의와 구원의 말씀을 듣게 하는 새로운 계기가 된다.

이제 7~11장에서 이사야가 어떻게 실역사적 현실정치와 씨름하면서 야웨의 종말적 심판과 구원을 토로해 내는가를 들어보자. 7:1~8:15에 의하면 시리아-북이스라엘 에브라임 동맹이 남유다 아하즈(Ahaz) 왕 시기에 대남유다전쟁(B.C. 734~733년, Syro-Ephraimite war)을 일으켰는데, 대 아시리아 세력을 구축하고자 한 것이다. 이사야는 야웨의 말씀을 따라 자신의 아들 스알야숩(Shear-jashub, '한 남은 자가 귀환하리라')을 대동하고 아하즈를 만나 권고하기를, '조용하고 두려워 말라'(be quiet, do not fear)고 말한다.[14] 이사야는

14) 이사야의 아들을 가리키는 '한 남은 자' 는 북이스라엘과 남유다의 온 이스라엘 백성의 미래의 구원의 역사를 담지하는 뜻으로 해석되어도 될 것이다. 그 이름은 이사야가 '남은 자' 라는 말

시리아 북이스라엘-에브라임이 멀지 않은 시기에 아시리아에 의해서 멸망하리라는 것을 예상하고 그렇게 권고한 것이다(7:7~9 참조).[15] 아하즈는 야웨의 구원을 신뢰하고 조용하게 있기만 해도 아시리아의 시련을 넘어갈 수 있었을 터인데, 야웨의 구원의 능력에 대한 이사야의 예언을 신뢰하지 못한 것이다. 이사야는 아시리아의 정복세력이 야웨의 심판의 도구로서 작용한다는 것을 시인했다. 그러나 이제 이사야는 아시리아가 자체의 한계를 넘어서는 야웨의 존엄과 구원의 권능을 멸시하고 시온·예루살렘을 넘보고 있었다는 사실에 맞서서 야웨의 임재의 공간인 시온의 불가침성을 선포함으로써 아시리아의 오만한 정복세력을 한정한다. 시온을 지켜낼 수 없는 아하즈에게 이사야는 야웨의 표징을 구하라고 촉구하는데, 아하즈는 야웨를 시험할 생각이 없다는 등 구실을 대고 거부한다. 그는 그렇게 할 신앙을 가지지 못하니, 그의 마음이 여러 신들에게로 흩어질 뿐만 아니라 시리아-에브라임 동맹군도 무섭고 아시리아도 무섭기 때문이 아니겠는가. 그래도 이사야는 아하즈에게 야웨의 표징을 선언한다.

> 한 젊은 여인이 잉태하여 한 아들을 낳으리니,
> 그의 이름을 임마누엘이라고 부르라.(7:14~17 참조)

을 여기서 아시리아에게 멸망한 북이스라엘의 '남은 자'를 가리키며, 또한 이사야서 후기 편집자에 의해서 B.C. 6세기 이후 바빌론에서부터의 예루살렘 귀환의 이스라엘의 남은 자들을 포함한다고 추정될 수도 있다. 어쨌든 이사야의 저 아들은 야웨의 심판을 넘어 종말적 구원에 이를 이스라엘 역사 전체의 의미를 담지한다.

15) Ahaz는 이스라엘의 대다수의 왕들과 마찬가지로 야웨를 이방신들과 혼합하고 이방신들을 추종했을 뿐 아니라, 야웨 신앙 전통이 혐오한 인간 번제까지 행하여 자신의 아들을 번제로 바쳤다(열왕기하 6:1~4). 6:5~9에 의하면 Ahaz는 Syria-Ephraimite 전쟁 동맹군의 침략에 직면해서 Assyria의 왕 Tiglath-pileser의 도움을 요청하고, 예루살렘 성전의 은과 금, 왕실의 보물들을 아시리아 왕에 바쳤으며, 유다는 아시리아의 속국이 된 것이다.

'임마누엘'(Immanuel)은 "하나님이 우리와 함께하신다"는 뜻이다(*RSV* 주).16) 이 '임마누엘' 표징은 아하즈의 불신앙에도 불구하고 또 아시리아의 시리아–북이스라엘 정복과 더불어 유다 땅의 황폐화 작전을 막으려는 야웨의 종말적 미래 구원의 표식(8:5~8, 8절에서의 'O Immanuel' 이라는 이사야의

---

16) 19세기의 전통 교회적 해석은 Immanuel 예언은 전적으로 예수 그리스도와 그의 탄생에 관한 메시아 예언으로 간주하고자 했으나, 새 시대의 비판적 해석은 'Immanuel' 표징을 이사야 당시의 역사적 상황에 직결해서 해명하고자 하는데, '한 젊은 여인' 이 누구이며 '임마누엘' 은 역사적으로 누구의 아들인가 하는 문제를 먼저 다룬다. Von Rad, *TAT* II, 179. 먼저 Mowinckel의 지론을 보자면, Immanuel이 역사적 왕 메시아를 지칭하지 않는다고, 이사야는 여기서 신화적 언어와 동기를 역사화했다고, '젊은 여인' 도 그 아들과 마찬가지로 초자연적 신적 왕의 어머니라는 ANE의 신화에서 유래했다고 한다. 그러나 이사야의 예언의 경우는 역사적으로 왕 Ahaz의 아내와 그의 아들 Hezekiah를 가리킨다는 것이다(*HTC*, 115~118 참조). 그런데 Ahaz는 야웨의 표징을 간주하기를 거절했으므로, 그 '젊은 여인' 이 그의 아내라고, 또 Immanuel도 Ahaz의 아들 Hezekiah라고 해석될 수 없다고 생각된다. 더욱이 이사야의 그 예언은 전적으로 역사에서 해석될 수 있음에도 불구하고 ANE의 신화적 기원을 운운하는 것은 Mowinckel뿐만 아니라 다른 학자들도 문제다.
Von Rad의 논술을 좀 더 보자면, 역사적 상황에 직결하여 보자면, Immanuel이 이사야 자신의 아들이라고 추정된다는 것이다. N. K. Gottwald도 동일한 견해를 가진다. Von Rad는 여러 연구 결과들을 종합하면서, Immanuel 표징을 이사야 9장에서의 메시아 탄생 예언과 결부시키고, 이 예언이 Zion과 다윗 왕에 관한 야웨의 선택신앙 전통에 뿌리박고 있다고 한다. 특히 이사야는, 많은 시편들에서 다윗 선택이 부각되어 있는데, Zion 찬양(Zionslieder)을 수반하는, 이사야 특유의 새로운 '시온 전통' 을 세웠다는 것이다. Mowinckel과는 달리 Von Rad는 물론 Immanuel 예언의 종말적 의미를 강조한다. 선택 신앙 전통이 구원사적 주제로서 구원의 과거 시간에 근거해 있지만, Immanuel은 종말적인 미래의 새로운 다윗의 표상으로서 전적으로 과거의 다윗 왕조의 연장이 아니다. 따라서 Zion도 종말적인 전적으로 새로운 것으로 해석되어야 한다. *TAT* II, 179ff. 참조. Gottwald에 관해서는 *ABD* Vol.3, 480~81 참조.
우리가 더 밝혀두어야 할 것은 Immanuel의 포괄적 의미다. '하나님이 우리와 함께하신다' 는 어의 자체가 포괄적이다. 우선 그 어의는 야웨 하나님의 이스라엘을 비롯한 특히 피조물 인간들과의 새로운, 궁극적인 의미에서의 종말적인 관계설정을 의미한다. 그러한 관계설정이 바로 시간·역사의 원천이다. '우리와 함께하신다' 는 뜻은 메시아 왕뿐만 아니라 예언자, 사제와 함께 세계사를 함축한 이스라엘의 구원사와 함께하신다는 보편적인 차원을 배제해서는 안 된다. 그러나 특수화된 대표적인 경우를 생각하자면, 전형적으로 창조자·구원자 하나님의 왕적 주재권, 즉 그의 왕권을 담시하는 메시아 왕과 그의 나라의 경우다. 이사야 7:14~16에서 묘사된 Immanuel 표상은 다윗과 같은 메시아 왕인지 분명하지 않다. 8:16 이하에서 이사야가 자신의 제자들에게 자신의 증언과 가르침을 묶어서 봉인하라고 이르는 맥락에서, 자신과 야웨로부터 주어진 자신의 자식들이 '시온 산에 거하시는 이스라엘 안에서의 특징과 전조들' 이라고 말하는데, Immanuel 표징도 이사야 자신의 아들인 것처럼 보인다. 여기서 이 표징은 특히 이스라엘의 구원을 의미하는 것 같다. 그러나 포괄적인 Immanuel 의미는 이사야 9장에서의 메시아 왕의 탄생 예언에서 대표적으로 특수화되었다고 해석된다.

외치는 말과 10절에서의 '하나님이 우리와 함께 계신다')이라는 말은 아시리아 정복 세력을 넘어서는 야웨의 구원의 선포다. 그때에 이사야의 또다른 아들이 태어났는데, 그 이름이 '마헤르 샬랄 하스 바스'(Maher-shalal-hash-baz, the spoil speeds, the prey hastens)이니, '전리품이 서두르고 포획물이 재촉한다'는 뜻인데, 즉 시리아 다마스커스의 부와 북이스라엘 사마리아의 전리품을 아시리아가 취하도록 시리아–에브라임 동맹이 서둘렀으며, 유다 땅은 황폐화되었는데, 이사야의 아들은 실역사의 멍에를 짊어지고, 유다는 아하즈의 무능력한 불신앙에도 불구하고 유다의 위기를 넘어서는 바, 시온에 거하시는 야웨의 임마누엘에 의하여 종말적 새 미래의 구원의 빛 아래 세워진다(8:1~10 참조). 그와 같이 이사야는 현실 정치문제들과 고투하면서 역사와 종말적 미래의 표징들을 7~8장에서 선포한 것이다. 8:9~10을 인용하자면,

> 민족들아, 너희는 무너져라 그리고 절망하라,
> 먼 데 있는 나라들이여, 들으라,
> 허리띠를 졸라매고 절망하리라. ……
> 모의하거라, 그러나 실패하리라,
> 말이라도 해 보거라, 그러나 아무 소용 없느니라.
> 하나님이 우리와 함께하시기(Immanuel) 때문이다.

아시리아의 정복전쟁이 아무리 근동 일대를 전화의 도가니로 몰아갔지만, 그것은 세계사를 상상해 볼 때에 부분전쟁이다. 그럼에도 불구하고 야웨의 영원한 종말적 심판 아래서 볼 때에 그것은 모든 역사의 모든 민족들의 종말에 해당한다. 야웨의 임마누엘은 그러한 보편적 세계사의 종말을 한정하고 새 미래의 구원의 시간을 열어준다. 임마누엘은 정치적으로

복잡하게 얽힌 문제화된 불의한 역사적 현실을 변혁하여 종말적 새 미래의 구원에로 존속하게 하는 표식이다.17)

이제 9장에서의 이사야의 메시아 왕, 아기의 탄생 예언은 우리가 이미 지적했듯이 임마누엘 표징의 핵심적 구체화로서 해석되어야 한다. 그 아기는 암흑 속에서 천대받고 소외된, 요르단 강 북쪽 갈릴리(Galilee) 지역의 이스라엘의 즈불룬(Zebulun), 납달리(Naphtali), 이싸갈(Issachal)과 같은 부족들과 타민족들에게 나타날 '한 위대한 빛', '종말시간에'(in the latter time) 나타날 큰 기쁨의 빛이다(9:1~2). 6~7절을 인용하자면,

> 우리에게 한 아기가 나셨도다.
> 그의 어깨에 (야웨의) 주권이 메어지리니,
> 그의 이름은 '경이로운 경륜가(Wonderful Counselor),
> 권능의 하나님(Mighty God), 영원한 아버지(Everlasting Father),
> 평화의 왕(Prince of Peace)' 이시라.
> …… 다윗의 왕좌와 그의 왕국은 끝이 없으리니,
> (야웨께서) 정의와 의로써 그것을 세워
> 이 시간부터 영원토록 존속하게 하시리라.

17) 8:16 이하의 기록에 의하면, 이사야가 자신의 '제자들'에게 자신의 가르침과 증언을 묶어 봉인하라고, 야곱의 백성으로부터 얼굴을 감추시는 야웨를 기다리고 그 안에서 미래를 희망하라고 당부하면서, 이사야 자신과 야웨로부터 받은 자신의 아이들이 미래에 일어날 이스라엘의 징조들이라고 말하는데, 우리가 앞에서 지적했듯이 Immanuel이 이사야 자신의 아들이라는 것을 암시하는 듯하다. 두 가지만 여기서 언급할 것이 있다. 우선 이사야가 8:8과 8:10에서 Immanuel을 아시리아의 정복세력과 모든 민족들의 멸망을 넘어서는 야웨의 종말적 구원자로서 호칭한다는 사실이 역력하다. Immanuel이 육적으로 이사야의 아들이라는 것이 사실일 수 있다고 해도, 그는 이사야의 아들의 표징 이상으로 야웨 자신의 구원의 표징이다. 두 번째로 이사야의 '제자들'(16절)이라는 말은 이사야학파가 존재했다는 것을 의미하며, 그의 학파가 이사야서 편찬에 많은 영향을 끼쳤으리라고 추정된다.

이 구절은 헨델(Handel)의 메시아(Messiah) 12에서의 장엄한 합창곡으로 읊어지는 부분이다. 본래 야웨의 왕권을 담지하는 다윗 왕권의 구원사적 의미를 축제하는 찬양의 표현 양식이 종말적으로 새롭게 선포되었다고 추론되기도 한다. 그 새로운 메시아 왕의 탄생은 옛 다윗 자신이 아니라 종말적 미래의 '새 다윗'(Von Rad)을 가리킨다. 그러한 예언으로써 이사야는 그러한 구원사의 의의를 상실한 아하즈로 대표된 유다 왕국을 넘어서는, 구원사의 새미래를 선포한 것이다. 임마누엘은 미래의 메시아 왕에게서 대표적으로 구체화한 것이다.

이 맥락에서 이사야의 메시아 왕 탄생의 예언과 미가(Micah)의 양떼를 먹이는 종말적 미래의 '목자 왕'(Shepherd king, 5:4 *RSV* 주)의 표상을 비교해 볼 필요가 있다. 이사야는 메시아 왕이 담지할 '권능의 하나님, 영원한 아버지'의 왕권을 부각시킨다면, 미가는 그와 같은 지극히 높으신 신적 왕권을 전제하고서 지극히 겸허한 '목자 왕'의 형상을 선포한 것이다. 그 두 예언자들에서의 야웨의 왕권의 두 형상들은 종합적으로 해석되어야 한다. 미가의 '목자 왕'은 비정치적 형상으로 해석되어 정치 차원의 온갖 죄악들을 간과해 역사변혁의 동력을 상실해 버릴 가능성도 있으며, 이사야의 '권능의 하나님, 영원한 아버지'의 왕권 표상은 세상의 권력자들의 정치권력을 한정하고 변혁하게 하는 신적 심판의 원천으로서 미가에서의 한량없이 겸허하고 은혜로운 '목자 왕' 형상에 전제되어야 한다.[18)]

18) 또한 여기서 짚고 넘어가야 할 문제들이 있다. 앞에서 상론했듯이, H. Gunkel, G. Greßmann, S. Mowinckel 등이 이스라엘의 왕권 개념이 본래부터 ANE 왕국들의 신화적 왕권 개념 혹은 왕권 ideology와 동일한 기반에서 기원했다고 주장한 바를 우리는 철저하게 비판했는데, ANE의 신화적 왕권 개념은 신적 왕권과 인간적 왕권을 동일화했으니, 그러한 동일화에 의한 인간적 왕권은 그 자체 영원하고 절대적인 권력으로 곧 둔갑하여 백성들에게 군림하게 될 수밖에 없다. 이에 반하여 이스라엘 왕권은 본래 야웨 하나님에게 속하며, 그의 자유하고 은혜로운 선택에 의해서 인간에게 주어지는 것으로서 그의 심판 아래 세워지고 한정되는, 야웨의 왕권과

우상들을 섬기며, 불의한 법조항들을 제정하여 가난한 자들과 과부들과 고아들을 노략질하는 시리아와 북이스라엘을 아시리아를 들어 붕괴시키고 남유다를 황폐하게 한 것은 바로 시온에서 역사하시는 야웨의 분노의 몽둥이 매질이다(10:1~12). 그러나 아시리아는 야웨의 그러한 심판의 경륜을 인식하지 못할 뿐만 아니라 야웨의 능력을 능가한다는, 아시리아 자체의 권력을 신봉하고 오만을 떤다. 이제 야웨께서 자신의 분노의 도구로 사용한 아시리아를 치고자 하신다(10:5~12). 9장에서 선포된 궁극적 미래의 메시아 왕 예언은 바로 아시리아의 오만한 권력을 한정하는 야웨의 심판이다. 그 궁극적 미래의 메시아 왕은 영원한 먼 미래를 가리키면서 동시에 피정복 이스라엘과 타민족들의 현재에 다가오는 야웨의 구원의 능력이다. 먼 종말시간의 미래는 바로 역사적 현재에 다가오는 시간이다.

11:1에서 이사야는 다윗의 출생의 뿌리 이새(Jesse)의 줄기에서 한 새싹이 뻗어 나오리라고 예언한다. 9장에서의 메시아 왕이 야웨 하나님 자신의 구원의 권능을 찬양하는 표상이라면, 11장에서의 메시아 왕은 인간적 표상이다.

> 야웨의 영이 그에게 머물 것이니, 이는 지혜와 깨달음의 영, 경륜과 능력의 영, 인식과 야웨를 두려워하는 경외의 영이니라. 야웨를 두려워하는 경외가 그의 기쁨이다. 그는 그가 보는 대로 판단

의 구별과 복종의 질서에서 성립되는 왕권이다. 바로 예언자들이 이스라엘 왕국과 타 민족들의 왕국들을 야웨의 심판 아래 세운다는 사실이 그것들을 한정하고 변혁하게 하는 역사 혁명의 원천이다. 이러한 왕권 개념의 역사적 발단은 바로 '노예의 집, 애굽'으로부터의 이스라엘의 출애굽 사건에서이다. 지적해 두어야 할 또 다른 문제는 '영원한 아버지' 하나님의 왕권은 여성 신학자들이 이구동성으로 단정한 바 가부장적 남성 지배의 상(像)이 아니다. 남성들이 역사의 주도 인물들이라는 보편사적 현상이 그들의 지배체제들을 존속시켜 왔으나, 초월적 야웨 하나님의 아버지 되심은 그러한 남성 지배 역사를 심판하는 원천으로서 해석되어야 하리라.

하지 않을 것이며, 그가 듣는 대로 결정하지 않을 것이며, 의로써 가난한 자들을 판별할 것이며, 땅의 온유한 자들을 공평하게 판단할 것이며, 그의 입에서 나오는 말씀으로써 땅을 매질할 것이며, 그의 입술에서 나오는 숨결로써 악한 자들을 죽이리라. 의로움이 그의 허리띠, 신실함이 그의 허리띠라. 늑대가 새끼 양과 함께 살고, 표범이 어린이와 뒹굴고, 송아지, 사자 새끼들이 함께 살고, 어린이가 그것들을 몰고 다닐 것이다.(이하 생략)(11:2~9 참조)

메시아 왕은 '야웨의 영'에 의하여 그의 왕권을 수행하는 자이다. 그는 강자들과 가진 자들의 횡포와 지배세력을 타파하는 야웨의 권능을 행사할 수 있으나, 암흑 속에서 사는 민족들에게 기쁨과 희망의 빛이 되며, 어린이가 맹수들과 노니는 우주적 평화의 나라의 왕, 전화 속에서 소용돌이치는 역사적 현재의 혁명적 새 미래의 나라의 왕이다.

그러한 메시아 왕 선포에 이어지는 12장에서의 야웨 하나님의 종말적 구원에 대한 기쁨의 찬양이 주로 B.C. 8세기 이사야서의 첫 번째 단위를 마무리하는 것처럼 보인다.

이사야 36~37장은 B.C. 701년 아시리아 왕 산헤립(Sennacherib)의 예루살렘 침략에 관한 기록인데, 제1 이사야의 역사적 시기에 해당하며, 그 침략 사건이 처음부터 이사야서에서 작용해 왔다고 생각된다. 특히 아하즈 왕 다음 대의 히즈키아(Hezekiah) 왕 14년째 되는 해에 벌어진 일이며, 이사야 1~12장의 부록처럼 여기서 고려될 필요가 있다.[19)]

---

19) 히즈키아(Hezekiah) 왕은 그의 부왕 Ahaz와 달리 유다가 Assyria에 속국으로 된 상황에서도 항거한 왕이었는데, 열왕기하 18:14~16에 의하면, B.C. 701년 아시리아 침략 시 성전과 왕실의 많

아시리아 왕 산헤립의 군대가 B.C. 701년 유다로 쳐들어와 유다의 요새화된 중요한 도시들을 짓밟았는데, 예루살렘을 함락시키지 못한 채 철군한 일이 벌어졌다. 이 사실이 아마도 이사야의 '시온 불가침성'과 새로운 미래·종말시의 새로운 메시아 왕국 선포의 역사적 계기로서 작용한 것 같다. 산헤립이 자신의 사령관 랍사게(Rabshakeh)로 하여금 히즈키아 왕을 조롱하는 전갈을 대변하게 했다. "그대는 누구에게 의지하여 나를 대적하는가?" "부러진 갈대와 같은 애굽에 의지하느냐?" "야웨를 의지하는가?"(36:5, 6). 그는 야웨가 아시리아 왕으로 하여금 유다를 쳐부수라고 명했다고 하며, 야웨의 심판의 권능을 사칭하며 자신의 정복력을 과시하고 있었으며 히즈키아의 야웨 신앙을 농락했던 것이다(36:10). 히즈키아가 랍사게의 전언을 듣고, 참담하고 두려워 옷을 찢고 삼베옷을 걸치고 애통하며 야웨의 전에 나가서 이사야에게 그 소식을 전하고 기도드려주기를 간청한다(37:1~4). 이사야는 유다의 왕에게 '두려워하지 말라'고 하며, 야웨께서 아시리아 왕을 그 자신의 땅으로 돌아가 거기서 칼에 맞아 죽게 할 것이라고 대답하고(37:6, 7), 시온·예루살렘은 아시리아 왕에게 주어지지 않으리라고(10절) 선언하며, 아시리아 왕을 꾸짖는다. "그대가 누구를 조롱하고 비방했는가?"(23절), "그대는 내가(야웨께서) 이 일을 '오래전에'(long ago) 결정했음을, 내가 오랜 옛날부터(from days of old) 그대가 (유다의) 도성들을 폐허더미로 만들어서는 안 된다는 것을 결정했음을 듣지 못했는가?"(37:26). 그와 같이 이사야는 아시리아보다 먼저 오래전부터 결정되어 온 시온·예루살렘의 '불가침략성'(inviolability)을 선언한다(37:33~35). 아시리아를 능가하는 야웨의 권능의 결정을 의미한다. 그리고 야웨의 천사가 밤에 나타나 산

은 보물들을 바쳤다고 기록되어 있다. 어쨌든 많은 구약학자들이 열왕기보다 이사야의 기록을 더 중요시하며, 우리는 36~37장의 기록을 위주하여 고려한다.

헤립의 군대를 쳐부수었다(37:36~38). 결국 산헤립은 시온·예루살렘을 함락시키지 못하고 자신의 땅으로 돌아갔으며, 후일 자신의 아들들의 칼에 맞아 죽었다는 것이다(37:7; 이상의 기록을 열왕기하 19:1~37와 *RSV* 주 비교 참조).[20]

이 맥락에서 이사야의 예언의 시간 개념을 확인하고자 한다. 그는 아시리아의 정복 세력이 근동 일대의 나라들과 북이스라엘과 남유다에 대한, 아시리아의 정복전쟁 자체를 이제 야웨의 심판 아래 세운다. 아시리아가 자체의 세력이 야웨의 의로운 권능과 구원의 경륜을 전혀 몰각할 뿐만 아니라 조롱하고 사칭하기 때문이며, 근동 일대를 아시리아 자체의 통치 권력 아래서 지배하려는 오만한 권력의지 때문이다. 산헤립이 자신의 아들들에게 칼에 맞아 죽으리라는 이사야의 예언은 야웨의 이미 오래전에 결정된 심판이다. 산헤립의 여러 정복행위들이 '오래전에'(long ago), '오랜 옛날부터'(from days of old)의 야웨의 결정(37:26)이라는 과거의 시간성은 이미 아시리아의 패배가 야웨의 오랜 옛날 시간에서부터 규정된 것이니, 피조물과 인간 역사의 과거는 이미 없는 시간이지만, 오직 모든 시간의 원천인 창조자·구원자 하나님에 의해서만 포착되는 차원이다. 그의 영원한 시간 안에서만 피조물과 역사의 과거가 현재에로 되살려내지고 심판

20) 야웨의 천사가 아시리아 군대를 쳐부수었다는 기록은 출애굽과 가나안 땅 점령 당시의 야웨의 '거룩한 전쟁' 전통이 이사야서에서 되살아난 것으로 생각된다. 그 기록이 실제로 이사야 자신에 관련된 것이라면, 그것은 그의 비전(vision)일 것이며, 실제로 예루살렘이 아시리아에 함락되지 않은 사실은 이사야의 야웨 신앙의 기적이라는 것을 의미하는 vision이리라. 학자들은 이사야가 어떻게 산헤립이 자신의 땅으로 돌아가서, 훨씬 후에 자신의 아들들에 의해서 칼에 맞아 죽으리라는 것을 예견했겠느냐?고 의문을 제기한다. 추측컨대, 그 기록은 아마도 그의 제자들의 후기 편찬 자료라고 생각된다. 어쨌든 이사야는, Von Rad를 비롯한 연구자들이 '역사의 예언자'라고 해석하듯이, 비상한 역사추론가로서 근동의 정치적 상황들에 대한 대단한 판단력을 가지고 있었음에 틀림없다. 어떤 학자들은 그리스의 역사가 Herodotus(*Hist.* II. 141)의 기록을 주목하면서 산헤립의 철군을 추정하는 것 같다. 이 기록에 의하면, Assyria군이 애굽 주변에서 전세가 악화된 것은 활줄과 가죽장치가 들쥐에 의해서 못쓰게 되었으며, 그 전략에 차질이 발생했다는 것이다(열왕기하 19:32~34, *RSV* 주).

된다. 그의 영원한 시간은 창조의 '원시간'(Urzeit) 혹은 피조물 세계와 역사 이전의 '전시간'(Vorzeit)과 종말적 미래시간(Endzeit) 혹은 피조물 세계와 역사 이후의 '후시간'(Nachzeit)을 주재하는 하나님이 피조물 세계역사의 모든 시간과 관계하는 동시성(Simultaneität)을 가지며 그가 자유로 피조물 세계의 모든 역사의 시간을 다스린다는 의미가 저 '오랜 옛날부터'라는 시간 개념에 함축되어 있다. 그런데 '오랜 옛날부터'의 야웨의 결정은 아시리아의 산헤립의 행위들의 원인으로서 작용하는 것이 아니다. 즉 '오래전부터' 하나님의 결정이 산헤립의 행위들의 원인으로서 작용하는 '결정론'(determinism) 개념이 아니다. '오랜 옛날부터'의 야웨의 결정은 산헤립의 역사 전체를 포괄하는 현재적 정복전쟁을 심판하는, 현재에서 동시적으로 일어나는 결정으로서 이해되어야 한다. 또 우리가 주목할 것은 철학자들, 신학자들, 혹은 지식인들이 대체로 관념론적으로 인간은 자유하다는 전제를 가지고 '결정론' 운운하기도 한다. 아시리아의 왕 산헤립의 정복전쟁은 역사의 죄악과 연루되어 있으므로 그는 그 죄악에서부터 자유하지 않다. 오히려 야웨의 의로운 심판의 결정을 산헤립이 승복할 때에 그는 야웨의 의로운 새 미래에로 자유하게 될 수 있다. 구약학자들이 당혹스럽게 여기는 점이 바로 이사야의 그러한 시간 개념을 주시하지 않기 때문이다.

37:33~35에서의 이사야의 '시온 불가침성' 선포는 9, 11장에서의 그의 종말적 미래의 메시아 왕 선포와 어떻게 연결되는가? 그 불가침성은 아시리아 산헤립의 침략의 좌절에 결부된 선포이지만, 이것 이상의 구원사적 의미를 함축하고 있다. 시온은 이사야에게 유일한 왕이신 야웨께서 임재하고 행위하는 공간, 땅의 모든 공간 중의 공간의 표식이다. 모든 날들 중에서 '야웨의 날'이 있듯이, 모든 공간 중의 야웨의 공간이라는 의미를 갖는다. 이사야에게서 '시온 불가침성'은 다윗 왕족의 구원사적 의미를

견지하며 동시에 부패한 실제 시온을 넘어서는 새로운 종말적 의미를 담지하는 공간으로서 9, 11장에서의 종말적 미래의 메시아 왕국의 공간, 보편사적 공간의 의미를 함축하고 있다. 랍사게에 의한 아시리아의 산헤립의 야웨 조롱의 전언을 듣고 참담한 히즈키아 왕이 야웨의 전에서 드리는 기도를 들어보자:

> 오 만군의 야웨, 이스라엘의 하나님, ……
> 당신만이 땅의 모든 왕국들의 하나님이십니다.
> — 중략 —
> 오 야웨, 우리의 하나님, 우리를 그(산헤립)의 손에서 구하소서,
> 땅의 모든 왕국들이 당신만이 야웨 하나님이심을 깨닫도록
> 우리를 구하소서.(37:16~20)

저 기도에서 시온·예루살렘은 야웨의 왕국을 담지하는 공간으로서 이스라엘이 독점할 수 있는 공간이 아니라 모든 왕국들에게 열려 있는 공간이다. 그것은 야웨께서 '거하시는' 특수한 공간이다(11:10). 그러한 의미에서 시온은 종말적 새로운 메시아 왕국의 공간이다. B.C. 587년 바빌론에 의해서 예루살렘이 붕괴되었으니, 이사야의 시온 불가침성 선포가 무슨 의미가 있느냐고 생각하면 안 된다. 본래부터 다윗 왕국의 구원사적 영원한 의의는 횡적인 지평(horizon)의 영속성이 아니다. 역사의 시간 자체가 창조자·구원자 하나님에게 속하며, 따라서 그와의 관계에서부터 추상화된 어떤 상상적인 시간 영속성이란 실재하지 않는 관념이거나, 천체의 규칙적인 운행에 따라 가정될 수 있는 시간 존속이 아니다. 이미 우리가 논했듯이 구약에서의 '올람'의 영원성 혹은 존속성은 뉴턴의 '선적인 시간

성'(linear temporality), 수학적 개념에 의해서, 혹은 천체 운행의 영속성 가정에 의해서 측정될 수 있는 것이 아니다. 모빙켈(S. Mowinckel)을 비롯한 상당수의 구약학자들이 예언자적 종말시간 개념을 세계역사의 마지막이라고 생각함으로써 예언자적 종말론을 이해하지 못한 것이다. 예언자적 종말시간 개념을 세계역사의 마지막이라고 생각한 것은 예언자적 종말론을 이해하지 못한 것이다. 예언자적 종말시간 개념은 사회역사와 나라들의 어느 시점에서든 그것들의 불의한 죄악이 더 이상 존속해서는 안 된다는 예언자들의 판단이 주변 세계 왕국들의 정복·피정복과 같은 위기 상황들에 맞물려서 그들의 시간·역사가 변혁 없이는 더 이상 존속할 수 없다는 데서 발단한다. 그러므로 예언자들은 역사의 어느 시점에서도 종말시간에 일어날 야웨 하나님의 심판과 구원을 선포할 수 있다. 그러나 그러한 역사적 상황이 예언자들 임의대로 판단되는 것이 아니라, 야웨 하나님의 자유에 의해서 결정된다는 그들의 신앙의 판단이다. 그의 의롭고 은혜로운 경륜이 시간·역사의 발단과 존속의 원천이다. 이사야의 '시온 불가침성' 선포가 영원한 종말적 의미를 갖는다는 것은 시온이 야웨의 임재와 행위의 공간이라는 영원한 메시아 왕권과 관계되었기 때문이다. 그러므로 시온·예루살렘이 B.C. 587년까지 존속하다가 붕괴되었다고 저 '불가침' 선포가 종말론적 영원한 의의를 가지지 못한다고 해석될 수 없다.

(2) 민족들에 대한 심판, 이스라엘-애굽-아시리아인들의 야웨 신앙, 이사야 13~23장

이사야서의 이 부분은 주로 B.C. 8~6세기 혹은 그 이전부터 이스라엘 역사와 관련된 여러 민족들에 대한 제1 이사야의 예언들 혹은 야웨의 심판의 신탁 말씀(oracles) 선포를 기록한 것이다. 그 내용의 일부분은 아시리아와 애굽에 관련된 것이며, 일부분은 B.C. 7, 6세기의 바빌론에 대한 야웨의 심판의 말씀이고, 그 외 근동의 여러 부족들에 관한 문제들을 다루고 있다. 그 내용들의 시기들이나 역사적 상황들이 간결하지만 종합적으로 고려되기 어려울 정도로 다양하다. 그렇다고 해도 간략하게 말하자면, 아모스 호세아 미가 이사야를 비롯한 모든 예언자들의 예언들이 이스라엘의 구원사적 전통을 위시해서 고대 근동의 역사 전체의 문제들과 새로운 미래의 구원 문제에 관계된다는 사실이 이사야서 13~23장에서도 발견된다. 그렇기 때문에 이스라엘의 구원사 전통과 예언 전통은 이스라엘의 특수한 역사이면서 동시에 보편사적 죄악↔야웨 하나님의 심판과 종말론적인 구원 문제를 내포하고 있다. 우리는 여기서 이사야서 13~23장 중에서 주로 19~20장을 고려하고자 하는데, 이에 의하면 애굽 땅에 정착한 이스라엘 백성의 야웨 신앙을 위시하여 애굽인들과 아시리아인들이 상호 교류한다는 놀라운 기록을 주목한다.

19:16~24의 기록을 약술하자면, "그날에 애굽인들이 여인들처럼 그들을 흔들어 놓을 만군의 야웨의 손(심판의 손)을 두려워 떨 것이다"(16절). 그런데 "그날에 애굽 땅에 다섯 도시들이 있을 터이며 이들이 가나안 말(히브리어)을 말하고 만군의 야웨를 섬기리라"(18절). "그날에 애굽 땅 한복판에 야웨 제단과 그 땅 변두리에 야웨께 충성을 맹서하는 돌기둥이 있으리라. 그것은 애굽 땅에서의 만군의 야웨에 대한 표징이며 증언이리라." "야웨께서 자신을 애굽인들에게 알려지게 할 것이며, 그날에 그들이 번제를 드려 경배할 것이며, 야웨께 맹서를 수행하리라. 야웨께서 애굽을 후려치고(심판하고) 또 고쳐주시리니, 그들이 야웨께로 돌아오면 그가 그들의 간구를 들으시고 그들을 치유하시라"(19~22절). 19:1~15에서 애굽에 대한 야웨의

심판이 이렇게 묘사되어 있다: 형제끼리, 이웃끼리 싸우고, 도성과 도성끼리, 나라와 나라끼리 싸운다. 야웨께서 애굽인들을 아시리아의 손에 넘기시리라고 한다(19:2, 4). *RSV*의 주에 따르면 그러한 역사적 상황은 제 25번째 에티오피아 왕조시기(B.C. 714~)에로의 전환기를 가리킨다고 추정된다. 아마도 아시리아의 정복세력도 그러한 애굽의 정치적 상황을 노려보았을 것이며, B.C. 701년 아시리아의(36:6), 예루살렘 침략 시에도 '부러진 갈대 지팡이와 같다'는 산헤립의 조롱도 그러한 애굽의 정치적 혼란상황의 연속을 반영한 것 같다. 애굽 땅 한복판에 정착한 일부 이스라엘 백성과 야웨 제단과 돌기둥 이야기는 아마도 B.C. 721년 아시리아에 의한 북이스라엘 멸망 이후 그 일부의 정착민이었을 것 같다. 어쨌든 이스라엘 역사와 예언이 그렇게 근동 일대의 역사와 불가분적이라는 추정이 이사야 13~23장 근저에 놓여 있는바 이사야의 예언의 보편사적 맥락이다. 보편사적 원천은 창조자·구원자 하나님의 나라에 대한 신앙을 나타낸다.

20:1~6은 B.C. 711년(*RSV* 주) 아시리아가 애굽을 침략한 상황에 관련된 기록이라고 생각된다. 애굽인들과 에티오피아인들이 벌거벗은 채 맨발로 아시리아로 끌려갔는데, 이사야는 야웨의 지시대로 삼베옷을 걸치기도 하고 벌거벗기도 하고 맨발로 걸으며 끌려가는 그들의 멍에와 고통에 실제로 동참한 것 같다. 그런데 19:23~24에는 이러한 기록이 있다. "그날에 애굽에서 아시리아에 이르는 큰 길이 있을 것이니, 아시리아인들이 애굽으로 가고 또 애굽인들이 아시리아로 갈 것이며, 애굽사람들과 아시리아인들과 더불어 (야웨께) 경배드리리라"(23절). "그날에 이스라엘은 애굽과 아시리아와 더불어 제 3자(the third)가 되리니, 땅 한복판에서 축복이라. 이를 만군의 야웨께서 축복하여 말씀하시기를, 애굽 내 백성이 복되도다. 아시리아는 내 손의 업적이며, 이스라엘은 내 유산(heritage)이로다"(24절).

놀라운 기록이다! 이러한 기록의 시기가 언제인지는 추정되기 어려우나, 어쨌든 이사야의 제자들의 기록이라고 생각되며, 이사야의 구원사 개념과 예언 활동의 보편사적 의미를 역력히 나타내 준다. 14:24에서 이사야는 아시리아에 대한 야웨의 혹독한 심판을 선언하는데, 그의 혹독한 부정의 심판은 심판으로서 끝나버리지 않고 그의 용서와 구원의 길을 열어준다. 그의 종말적 심판은 현재에로 육박해 오는 시간이며, 이 현재에로 오는 미래시간은 '오래전부터', 아시리아의 모든 시간·역사를 포괄하는 시간임을 의미한다. '오래전부터' 계획된 야웨의 아시리아 심판의 현재는 아시리아를 야웨의 종말적 미래구원에로 지향하게 하는 아시리아의 역사 혁명의 신호다. 그렇기 때문에 이사야는 이스라엘에 대한 야웨의 종말적 심판과 구원 사이를 왔다 갔다 하듯이 아시리아에 대해서도, 심판과 용서 사이를 왔다 갔다 하면서도 용서와 구원과 보편적 의와 평화의 비전을 부각시킨다.

(3) '이사야 묵시록'(Isaiah Apocalypse) 24~27장

'묵시록' 혹은 '계시록'이라고 번역되는 'Apocalypse'는 일반적으로 마지막 날 혹은 모든 역사의 종말시간에(in the latter days, in the latter times) 일어날, 하나님의 마지막 심판 아래서의 우주와 사회역사의 총체적 붕괴와 이 붕괴 다음에 올 영원한 구원의 일들(the last things)의 계시를 의미한다. 그러한 묵시적 종말론(apocalyptic eschatology)은 대체로 B.C. 4세기 알렉산더 대왕에 의한 소아시아와 근동 일대의 정복을 비롯한 B.C. 4, 3세기 이래의 그리스 헬레니즘 시대와 관계해서 대두한 후기 유대교의 특유한 종말론은 일반적으로 구약학에서 B.C. 8, 7, 6세기의 예언자들의 종말론과 구별된다. 그렇다면 B.C. 8~7세기의 예언자 이사야에 관계된 '이사야 묵시록'은 어느 시기에 해당되는가? 구약학자들의 해답은 그 묵시록은 B.C. 8세기 이래의 예언자적 종말론과 4세기 이래의 묵시적 종말론 사이의 시기인 B.C. 540~425년의 문서로서, 이사야 전통을 형성한 제자들에 의해서 기록된 문서라는 것이다. 이 시기는 B.C. 587년 아시리아를 정복한 신흥 바빌론에 의한 남유다의 멸망과 B.C. 539년 바빌론을 정복한 페르시아의 시대에 해당된다. 제2 이사야와 제3 이사야(40~66장)의 시기와 겹치는 시기다. 이사야 24~27장을 보자면, B.C. 587년 바빌론 포로기 이전의 자료들과 포로기 이후 바빌론 포로들의 이스라엘의 예루살렘 귀환의 자료들(27:12~13 참조)이 결합되어 있는 것처럼 보이기는 하나, 24~27장의 편찬시기로서 저 B.C. 540~425년이라는 추정은 제1 이사야와 너무 먼 시기인 것 같다.[21] B.C. 8세기의 예언자들의 심판예언들도 지진, 폭풍, 화산폭발과 같은 우주의 혼돈이 당시에 일어난 것이 아니라도 과거의 체험들을 현재의 불의한 역사에 대한 야웨의 심판의 수단들로서 동원된다고 생각된다. 그러나

21) *ABD* Vol.3, 'Isaiah 24~27(Little Apocalypse)에 의하면 Duhm은 "Jesaja," *Handkommentar zum Alten Testament*, 172~94에서 이사야 24~27장의 시기를 바빌론 포로 후기의 묵시적 종말론의 시기라고 규정한 데 반하여, E. Kissane은 *The Book of Isaiah* (1941, Dublin)에서 바빌론 포로기 전 예언자적 종말론의 시기라고 주장했다는 것이다. 즉 이사야 24~27장은 야웨의 심판에 대한 제1 이사야의 선포의 기록이라는 것이다. J. Lindblom은 1938년 24~27장을 B.C. 4, 3세기 이래의 묵시론적 종말론이라기보다는 예언자적 종말론으로서 이해했는데, 이 주장은 Kissane의 입장과 거의 같은 것 같다. 그런데 P. D. Hanson이 1979년 *The Dawn of Apocalyptic*(Rev. ed. Philadelphia)에서 24~27장을 B.C. 4, 3세기 이래의 묵시론적 종말론 시기 이전의 '초기 아포칼립틱'(early apocalyptic)이라고, 예언자적 종말론과 묵시론적 종말론 시기들의 중간시기에 대두한 초기 묵시론적 문서라고 추정한 것 같다. 그래서 구약학자들이 대체로 저 시기규정, 즉 B.C. 540~425년이라는 추정을 받아들인 것 같다.
우리의 관심은 이사야 24~27장이 어느 시기의 문서이든 상관없으며, 다만 객관적 시기 규정을 주목할 뿐이다. Kissane과 Lindblom의 주장들도 타당한 것 같은데, 특히 27장이 B.C. 587년의 바빌론 포로 이스라엘 백성의 남은 자들의 예루살렘 귀환을 암시하는 것 같고 또 요동치는 우주자연의 현상들과 도성들의 혼돈 상황 묘사들이 후기의 묵시론적 종말론의 요인들 같아서, 우리는 Hanson의 주장에 무게를 두기는 하지만, Kissane과 Lindblom의 주장들의 타당가능성을 배제하지는 않는다.

이사야 24~27장이 묵시론적 종말론의 유형의 초기 형태라고 규정될 수 있는 가능성도 배제하기 어렵기 때문에 이를 모호한 채로 남겨둔다. 그래도 B.C. 4세기 이후의 묵시록-묵시론적 종말론이 B.C. 8세기 이래의 예언 전통과 이어진다는 사실이 기억되기 바란다.

본문을 대략 순서대로 고찰해 보자. 우선 24:1~6을 보자면, 야웨께서 땅을 황폐화시키고, 그 표면을 비틀리게 하고, 주민들을 흩어지게 한다(1절). 지진을 묘사한다고 생각된다. 그러한 현상은 사회역사가 야웨의 의로운 법을 어기고 그의 '영원한 계약'을 파기했으므로 땅을 삼켜버리는 저주의 표식이다(5, 6절). 종말적 우주의 붕괴 현상의 핵심은 역사의 죄악이다. *RSV* 각주는 '영원한 계약'이라는 언급을 자연 붕괴와 관련시켜 노아 홍수시기의 노아와의 계약을 가리키는 것으로 해석하는데, 자연붕괴가 왕국시대의 야웨의 계약파기라는 역사상황에 직결시켜 해석될 수 있다. 지진 혹은 화산폭발과 같은 우주론적 변괴가 B.C. 8세기의 예언자들의 심판 예언에도 작용한다.

24:21~23: "그날에(on that day) 야웨께서 하늘에 있는 하늘 군대(heavenly host)를, 땅 위에 있는 왕들을 벌하실 것이니"(21절), "그때에 달이 혼동을 일으키고 해가 빛을 잃을 것이니, 만군의 야웨께서 시온산, 예루살렘에서 다스리시기 때문이다"(23절). 제1 이사야의 특징적인 표현, '만군의 야웨'는 바로 출애굽 당시의 모세와 여호수아를 돕는 야웨의 '거룩한 전쟁' 전통을 가리키는데, 저 21절의 맥락에서 그가 하늘 군대를 '벌하시리라'는 것은 바로 땅 위에서의 '왕들'을 벌하시리라는 역사적 심판의 표식으로서 후기 유대교의 제1 에녹서의 묵시론적 종말론의 비전과 동일하다. 또 그 모든 심판의 일들을 시온 산에 임재하시는 야웨께서 행하시리라는 것(23절)

은 제1 이사야의 시기에 적합하다. '시온 전통'은, 폰 라트가 역설하듯이, 제1 이사야가 확립한 구원사적으로 새로운 전통인데, B.C. 4세기 이래의 묵시론에서도 발견된다. 필자가 B.C. 8세기 이래의 고전적 예언 전통과 B.C. 4세기 이후의 묵시록–묵시론적 종말론을 분리 구별시키는 묵시록 연구자들의 지론을 크게 수정할 것이기 때문이다.

25장을 보자면, 야웨께서 "오래전에 계획하신 놀라운 일들(plans formed of old)을 행하셨다"(1절)는 선포는 마지막 종말시간에서부터 그의 심판 아래 세워진 바 북이스라엘과 남유다를 비롯한 아시리아와 같은, 아마도 구약학자들이 주장하듯이 바빌론을 포함한, ANE의 나라들을 붕괴시킨 정복자들의 모든 시간·역사를 심판하셨다는 것을 의미한다. 바로 그렇기 때문에 야웨께서는 가난한 자들과 궁핍한 자들을 도우시는, 폭풍을 막아주시는 '피난처'이시라(4절)는 것이다.

26장에서의 야웨의 종말적 승리의 노래를 들어보자:

> 그는 높은 곳의 주민들을 낮은 곳으로 끌어내리시고
> 높은 도성을 낮은 땅바닥으로 끌어내려
> 흙먼지 바닥으로 던져버리시니,
> 가난한 자들, 궁핍한 자들의 발이 짓밟는다.
> 의로운 자들의 길은 평평하니(5, 6절),
> 당신께서 의로운 자들의 길을 평평하게 만드시나이다.
> 당신의 심판의 길에서 우리가 당신을 기다리나이다.
> — 중략 —
> 당신의 심판이 땅에 있으니, 세상 사람들이 의를 배웁니다.
> 당신의 은혜가 악한 자에게 주어져도, 그는 의를 배우지 못하고

의로운 땅에서도 그는 사악하게 행동하고,
야웨의 존귀함을 보지 못합니다.(5~10절)
당신의 죽은 자들이 살아날 것이니,
그들의 몸들이 일어날 것입니다.
오, 흙먼지에서 사는 사람들아,
깨어나 기뻐 노래할지어다! (19절)

B.C. 8세기 이사야의 평등사상의 노래가 아닌가! 그의 평등사상이 바로 그의 보편사상이다. 야웨의 혹독한 심판이 바로 세상에서 의를 배우는 길이다. 야웨의 의로운 심판이 바로 혁명의 길, 처음부터 구원사 전통에 제시되어 있는 길이다. 몸의 부활이 저 노래에 선포되어 있으니, 후기 유대교의 묵시론적 종말론의 특징이 여기에서도 선포된다. 그것은 에제키엘 예언서에도 암시되어 있으며, 나중에 논할 것이지만, 구원사적 시간·역사 개념에 몸의 부활 개념이 함축되어 있다는 사실이 주목되어야 한다.

27:12~13을 인용해 보자면,

그날에 유프라테스 강에서부터 애굽의 강에 이르기까지
야웨께서 곡식을 타작하시리니,
오, 이스라엘의 백성아, 너희를 모으시리라.
그날에 큰 나팔소리가 나면
아시리아 땅에 흩어진 자들과 애굽 땅으로 쫓겨 간 자들이
예루살렘의 거룩한 산으로 모여 야웨를 경배하리라.

유프라테스 언급은 바빌론 포로 이스라엘의 남은 자들을 가리키는 것

같으며, 그들의 예루살렘에로의 귀환을 의미하는 것 같은데 아시리아에 끌려간 북이스라엘의 남은 자들이 초점이며, 총체적으로 남유다의 이스라엘이 포괄되어 있다. 이사야 24~27장의 편찬시기가 언제이든, 그 편찬자는 B.C. 8세기의 예언자 이사야를 중심으로 하여 기록했음에 틀림없다. 그리고 마지막으로 말해 둘 것은 몸의 부활은 우선 이스라엘의 역사적 현실을 가리킨다는 점이다. 그의 부활은 야웨께서 타작하는 물질의 질서와 불가분적이며, 물질 혁명적으로 평등한 미래의 새 질서에서의 몸이다. 그와 같이 이사야는 구원사를 미래에로 되살려낸 것이다.[22]

2) 나훔, 스바니아, 하바꾹, 오바디아(B.C. 7~ 6세기)

나훔

예언자 나훔(Nahum) 개인에 관해서는 별로 알려져 있지 않다고 하나, 신탁의 말씀(oracles) 선포는 대단히 강렬하다. 그의 예언 활동은 B.C. 626~612년 사이라고 추정되며, 주로 ANE 일대를 위협하고 정복한 아시리

---

22) *ABD* Vol. 3, 507에 "Martyrdom and Ascension of Isaiah"(이사야의 순교와 승천)에 관한 기록이 있다. 에티오피아어, 익명의 문서 1~5장 "이사야의 순교," 6~11장 "이사야의 vision"에 의하면, 야웨 신앙을 복원하고 이사야와 협력했던 Hezekiah 왕의 아들 Manasseh가 야웨 신앙을 배빈히 리라고 이사야가 예언했는데, Manasseh가 즉위한 후 이사야의 몸을 두 토막 내어 처참하게 살해했다는 것이다. 이 사건은 유대교의 바빌로니아-예루살렘 판본 Talmud에 기록되어 있으며, Qumran 공동체의 기록이라고 전해지기도 한다. 열왕기하 16장에 의하면, Manasseh는 부왕 Hezekiah가 허물어버린 바알-아세라 여신들의 신전들을 다시 세우고, 하늘의 성체들을 숭배하고, 자신의 아들을 번제로 바치고, 무구한 자들을 죽여 예루살렘에 유혈이 낭자했다는 것이며, 근동의 나라들을 능가하는 악행을 자행했다는 것이다. 이사야의 순교에 대한 슬픔에 나는 할 말을 잃고 한동안 쓰지 못했다.

아 제국에 대한 야웨의 철저한 심판과 그 멸망, 그리고 그 멸망과 이스라엘에 대한 야웨의 구원 선포가 나훔의 1~3장의 주요 내용이다.

아시리아 제국은 몇 세기 동안, 그러나 길지 않은 시기에 메소포타미아에서부터 지중해 연안 지역에 이르기까지 공포의 대상이었으나, B.C. 630년 왕 아수르바니팔(Ashurbanipal)의 사후 쇠퇴하기 시작했는데, 페르시아 북쪽의 메데인들(Medes)과 남쪽 바빌론의 갈대아인들(Chaldeans)의 공격에 의해서 B.C. 612년 아시리아의 수도 니느웨(Nineveh) 시의 붕괴로써 멸망한 것이다(*RSV* 서언 참조). 나훔의 예언은 612년 아시리아 멸망의 역사적 사건을 위주했으니, 야웨의 심판 아래 세워진 역사의 중심적 장(場)이 주로 ANE 일대의 국제적인 공간이다. 학자들은 나훔의 예언을 '강렬한 민족주의'(virulent nationalism)라고 본다.[23] 그렇게 볼 수도 있다. 그러나 이에 못지않게 나훔이 B.C. 8세기의 예언자들처럼 국제적 보편성의 시야를 특유하게 나타낸다는 사실이 주목되어야 한다.

1:8~3:19, 나훔의 마지막 부분을 위시해서 니느웨에 대한 야웨의 심판과 아시리아의 멸망에 관한 그의 선포를 보자. 그 심판과 멸망은 이스라엘의 구원의 소식이다.

> 범람하는 홍수로써 그는 (이스라엘의) 적대자들을
> 완전히 단번에 끝장내시려
> 그의 원수들을 암흑에 이르기까지 추적하시리라.(1:8)
> 이렇게 야웨께서 말씀하시기를, 그들이 강하고 무수하지만,
> 그들은 단절되고, 없어져야 하리라……

---

23) *ABD* Vol. 4, 999.

이제 나는 너희(이스라엘)의 멍에를 벗겨주고
너희의 굴레들을 끊어져 버리게 하리라.(1:12~13)
니느웨는 말라버리는 물웅덩이 같구나.
멈추라! 멈추라! 사람들이 외쳐도 물길은 되돌아오지 않는다.
은을 약탈하라, 금을 약탈하라! 보고의 끝이 없구나,
귀중한 보물의 부가 끝없구나.(2:8~9)
유혈의 도시(니느웨)에 화 있을지니, 거짓과 노략질로 가득하고,
끝없는 약탈의 도시에 화 있을지어다! (3:1)
말 탄 자들이 칼을 번쩍이고 창을 번득이니,
살해된 자들의 사체더미,
무수한 시체들이 시체들 위에 쌓였구나!

음탕한 매력자의 무수한 음행들을 위하여
민족들을 팔아넘기는 너희에게 (야웨께서) 대적하시느니,
너희의 치마로 얼굴을 가려라.
내가 민족들로 하여금 너희의 벗은 몸을,
왕국들로 하여금 너희의 수치를 보게 하리라.
내가 너희에게 오물을 뿌리고, …… 너희를 구경거리로 만들어,
너희를 보는 사람마다 치를 떨고 말하리니,
망했구나, 니느웨여, 누가 그녀를 애도하랴? ……(3:3~7)
오, 아시리아의 왕이여, 그대의 목자들이 잠자고 있구나,
그대의 백성이 이산 저산으로 흩어져 있구나……,
아무도 너희의 깊은 상처를 처매주지 않고,
너희의 소식을 듣는 자는 다 손뼉을 치니,

너희의 악행을 받지 않은 자가 없기 때문이 아니냐?

(3:18~19 마지막 절)

이상에서 본 것처럼, 나훔의 예언은 주로 B.C. 612년 바빌론에 의한 아시리아의 수도 니느웨 함락에 집중해서 이 사건을 야웨의 종말적 심판으로서 선포한 것이다. 그의 심판이 아시리아를 끝장내는 것이라는 점에서(1:8, 9 참조) 종말적인 예언의 성격을 드러내준다. 나훔이, 이사야에서처럼, 야웨의 종말적 심판을 넘어서는 아시리아의 새로운 미래를 암시해 주지 않는다는 데서, 아마도 학자들이 그의 예언을 '강렬한 민족주의'라고 해석하는 것 같다. 그러나 곰곰이 들여다보면, 나훔에게서 이스라엘의 구원사의 주제인 야웨 하나님의 심판과 구원의 주요 장이 아시리아를 위시한 근동 일대의 역사의 장이라는 사실은 근동의 역사 전체가 구원사의 공간과 시간 안에 포괄되어 있다는 것을 의미한다. 다만 나훔의 예언활동이 니느웨의 멸망을 야웨의 심판 아래서 일어난 것이라는 선포에서 끝난다는 사실 때문에, 그는 그 사건을 넘어서는 아시리아의 새로운 미래를 예시하지 못했다고 해석되어야 할 것이다. 어쨌든 나훔은 근동 일대의 역사를 이스라엘의 구원사의 빛에서 특수화시켰다는 점에서 단순히 민족주의자라고만 해석하는 데서 멈추면 안 된다. 야웨의 심판 아래서 아시리아의 종말적 새미래는 열려 있다. 나중에 요나서를 보라.

스바니아

스바니아(Zephaniah)는 유다 히즈키아 왕의 후손으로서, 요시아(Josiah) 왕의 통치 시기(B.C. 640~609년)에 예언활동을 수행했다.[24] 스바니아는 B.C.

8세기의 예언 전통, 특히 이사야의 영향을 반영하며, 동시대의 예레미아(Jeremiah), 에제키엘(Ezekiel)의 예언사상을 공유하기도 하며, 스바니아 문서의 후기 편찬 자료에서의 종말론은 제2 이사야와의 유사성을 나타내기도 한다는 것이다.[25] 역사 비판학은 스바니아 문서를 후기의 상당한 부가 자료들에 의해서 확대된 것으로 본 것이다. 그러한 견해의 한 극단적인 주장은 1장과 2:12~15만을 요시아 왕 시기에 활동한 스바니아에게 귀속시키며, 그 외 상당부분이 B.C. 587년의 이스라엘의 바빌론 포로기와 포로 후기에 확대된 부분이라는 주장이다. 그런데 근년의 연구는 스바니아 문서의 더 많은 부분을 그에게 귀속시키는 경향을 가지며, 그러나 포로기와 포로 후기의 확대 편찬되었다는 것을 시인한다.[26] 우리는 필요하다면, 스바니아의 시기적 배경을 고려할 것이지만 통합적으로 그의 문서를 고려해도 될 것 같다.

스바니아 문서는 1:1~3:20으로 구성된 짧은 문서다. 일반적으로 연구자들은 1:2~6을 야웨의 종말적 심판 아래서의 '묵시적 보편적 세계붕괴'(apocalyptic universal destruction)를 선포하는 것으로 해석하고 있다. 우선 1:2~6을 인용하고 간략한 해석을 시도한다.

나(야웨)는 모든 것을 땅에서부터 쓸어버릴 것이니,

---

24) 대다수의 학자들은 Zephaniah가 B.C. 8세기의 Hezekiah 왕의 후손이라고 확증되기 어렵다고 간주해 왔는데, 반대로 R. R. Wilson은 그의 1980년 *Prophecy and Society in Ancient Israel* (Philadelphia)에서 스바니아의 왕실 후손임을 주장했다는 것이다. *Ibid*, 1075.

25) *Ibid*, 1078. Zephaniah가 예언자 예레미아의 조카였을 것이라고 추정되기도 한다(예레미아 32:7; 35:4; 29:29 참조).

26) *Ibid*, 1077f.

…… 사람과 짐승, 공중의 새들, 바다의 생물을 멸하리라.
악한 자들을 뒤엎어 버릴 것이며,
인류를 땅에서 쓸어버리리라. …… (1~3절)
나는 내 손을 유다에 뻗어 예루살렘의 모든 주민들을 치리라.
나는 바알의 남은 자들을 이 땅에서 잘라버리고,
우상 섬기는 사제들의 이름을, …… 하늘의 뭇별들에 절하고,
야웨께 맹세하고
또 밀콤(Milcom)에게 맹세하는 모든 자들을 없애버리리라.
이들은 야웨께 등을 돌리고,
야웨를 구하지도 찾지도 않는 자들이다.(4~6절)

밀콤(Milcom)은 암몬 족(Ammonites)의 신이고, 아시리아는 하늘의 뭇별들을 숭배했다. 1~3절에서의 우주의 생물들과 인류에 대한 심판이 '묵시론적' 종말론의 양식이라고 해석되는 부분인데, 그렇게 해석한다면 미가, 특히 제1 이사야 24~27장도 B.C. 587년 포로기와 포로 후기에 속하는 문서가 아니라, 아마도 이사야 자신에게 속하는 문서라고 추측될 수 있을 것 같다. 4~6절에 의하면, 구원사적 야웨 신앙 전통이 북이스라엘에서처럼, 남유다에서도 전체적으로 근동의 신들과의 혼합과 붕괴의 역사적 위기에 처하여 스바니아의 저 묵시론적 종말심판이 선포된 것이다. 야웨의 심판 아래서의 묵시론적 종말론의 특징으로서 묘사되는 우주적 붕괴현상에 결부된 피조물들과 역사의 총체적 멸망 예언은 이스라엘의 구원사적 야웨 신앙의 총체적 붕괴에 직면해서 내려지는, 예언자적 직관이며, 그러나 예언자적 직관을 넘어서 초월적 하나님의 객관적인 새로운 계시 사건을 선포하는 종말론적 형식이다. 우주와 역사의 일대 변혁의 계기를 의미한다. 신

흥 바빌론의 대두를 비롯한 세계사적 지배세력들의 상충하는 정치 상황과 이스라엘의 구원사적 야웨 신앙의 총체적 파탄에 직면해서 스바니아는 그러한 묵시론적인 우주-역사의 총체적 붕괴를 선언한 것이다.[27]

1:7~2:3에서 임박한 '야웨의 날', 묵시론적 종말시간에 일어날 심판이 묘사되어 있다.

> 야웨의 날이 가까이 다가왔느니라.
> 내가 한 제사를 차려놓고……, 그날에
> 내가 고관들과 왕의 아들들을 벌하리니, ……
> 그들이 모두 문턱을 넘나들며, 주인의 집을 가득 채우되
> 폭행과 사기쳐 주인의 집을 채우는구나.(7~9절)
> 그때에(그날에) 내가 등불을 들고 예루살렘을 뒤지리라.
> 사람들이 후미진 곳에서, 마음속으로 말하기를
> '야웨가 복을 주랴, 화를 주랴(공동번역), 아무것도 못 한다'고.
> 그들의 재물을 내가 약탈할 것이며,
> 그들의 집들을 황폐하게 하리라. ……

---

27) 그러한 근동의 세계사적 정치상황과 이스라엘의 혼합 종교적 야웨 신앙의 파탄에 직면해서, Josiah 왕의 B.C. 621년의 종교개혁이 이해되어야 하며, 그의 종교개혁의 상황이 Zephaniah의 묵시론적 종말론의 배경이라고 생각된다. 열왕기하 23장에 요시아 왕의 대 종교개혁과 아시리아와 결탁한 애굽에 대한 항전과 전사에 관한 기록이 있다. 그의 대 개혁의 계기는 예루살렘 성전 수축 시에 발견되었다는, 신명기의 기초 문서라고 추정된 율법서의 발견이다. 요시아는 성전에서부터 Baal과 그의 여신상들(Asherah)을 비롯한 여러 신상들, 해와 달, 하늘의 뭇성좌들과 같은 숭배상들을 끌어내어 파괴해 버리고, 신전음행의 집들과 여러 곳의 신전들을 부수어 버리고, 그 사제들과 점쟁이들을 추방해 버린 것이다. 그와 같이 야웨의 성전이 여러 '다른 신들'과 뒤섞여 혼합되어 있었던 것이다. 요시아는 모든 예배를 정화된 예루살렘 성전에로 통합하여, 야웨 종교 재건을 성취했으나, 얼마 후 B.C. 609년에 애굽-아시리아 결탁에 항전하다가 전사했으며, 그의 대 종교개혁의 결실은 지탱되기 어려웠으며, 유다 왕국은 곧 아시리아를 정복한 신흥 바빌론의 위협에 직면하게 된 것이다. 그러한 유다 왕국에서의 야웨 신앙의 총체적 파탄과 국제적 정치 위기의 상황들이 Zephaniah의 묵시론적 종말론의 배경이다.

그들이 포도밭을 가꾸어도,
그 술을 마시지 못하게 하리라.(12~13절)
야웨의 위대한 날이 가까이 다가오기를 재촉한다.
야웨의 날의 다가오는 소리가 무서워,
세력 있는 자가 큰 소리를 지른다.
그날은 분노의 날, 환란과 고통의 날,
파멸의 날, 먹구름과 암흑의 날이라,
나팔과 전투의 날이라도(14~15절)
그의 질투하는 분노의 불 속에서 온 땅이 타버릴 것이니,
다 타버리고, 실로 갑작스러운 종말이라.(18절)

2:1~2에서도 여전히 야웨의 분노의 날이 유다 땅에 드리워져 있다. 2:3에서 비로소 야웨의 권고의 말씀이 선포된다.

이 땅의 모든 겸허한 자들, 그의 계명들을 지키는 자들이여,
야웨께 구하라, 그의 의를 구하고, 겸허함을 구하라.
그리하면 아마도 너희가 야웨의 분노의 날을 모면하리라.

우리는 위에서 고찰한 부분이 다 스바니아 자신의 묵시론적 종말론에 속한다고 생각한다.

2:4~15에서의 민족들에 대한 야웨의 심판의 말씀 선포에 이어지는 3:1~5에서 예루살렘에 대한 심판이 그 종말적인 보편성을 나타낸다.

반항하고 더럽혀지고 억압하는 도성에 화가 있을지어다!

(야웨의) 음성도 듣지 않고, 징계도 받아들이지 않고,
야웨를 신뢰하지 않고, 야웨 하나님을 멀리하는구나.
도성 안의 관리들은 으르렁대는 사자들이고,
도성의 판관들은 저녁 늑대들이고……,
도성의 예언자들은 제멋대로 말하는 신실하지 못한 자들이고,
도성의 사제들은 성스러운 것을 모독하고, 법을 어기는 자들이다.
야웨께서는 …… 의로우시며,
…… 매일 아침 그는 그의 정의를 보여주시되,
불의한 자들은 부끄러움을 모른다.

스바니아는 3:1~5에서 예루살렘 도성에 사는 자들의 사회적 불의를 질타하고 있다. 학자들에 의하면 스바니아에게서 가난한 자들이나 힘없는 자들을 대변하는 측면이 결여된 것처럼 해석하는 경향이 있는데, 민족들의 불의, 특히 유다 예루살렘에서의 야웨 신앙의 총체적 파탄에 대한 그의 철저한 묵시론적 심판 선언은 유다뿐만 아니라 세계사회에서의 불의에 대한 심판을 포괄하고 있다는 것을 간과해서는 안 된다. 예루살렘의 고관들과 왕의 아들들의 거들먹거리는 형태(1:8~9)는 그들의 사회적 불의에 대한 스바니아의 질타의 표적이다.

이제 3장의 마지막 구절들에서 스바니아가 어떻게 야웨의 긍정적인 종말적 구원을 선포하는가를 고찰해야 한다. 많은 학자들이 특히 이 부분을 B.C. 587년 이후, 즉 바빌론 포로 후기 자료라고 규정한다. 그렇다고 해도, 스바니아의 부정적인 종말적 심판 예언이 최후의 말이라고 생각될 수는 없다. 예언자들의 미래 예언들은 야웨의 부정적 심판을 넘어서는 긍정적인 종말적 구원을 투사한다. 모든 역사에 미래시간이 주어진다면, 그것

은 근원적으로 역사의 성립과 목표의 긍정성을 의미한다. 예언자들의 종말론은 창조자·구원자 하나님과의 관계에서 궁극적인 심판과 구원을 주제화하지만, 역사적 상황들에 따라 부정적인 심판 선포로써 끝날 수도 있다. 사실상 B.C. 7세기 근동의 정치권력들의 정복–피정복 소용돌이와 무엇보다도 유다 왕국의 야웨 신앙의 총체적 파탄에 직면해서, 스바니아는 긍정적인 새 미래의 구원을 선포하기 어려웠다. 그럼에도 불구하고 그는 어떤 형식으로든 그러한 새 미래의 비전을 담지하고 있었음에 틀림없으며, 그러한 요인이 3장 마지막 부분들에 함축되어 있음에 틀림없다고 추정된다. 이제 3:8~20을 요약적으로 고찰함으로써 끝마치고자 한다.

> 내가 일어나 증언하는 그날에
> 나의 결정은 민족들,
> 왕국들에게 내 분노를 쏟아 부으려는 것이니, ……
> 나의 질투하는 분노의 불 속에 모든 땅이 타버리게 함이다.
> 실로 그때에 내가 민족들의 말을 순수한 말로 변화시키려 함은
> 그들이 다 야웨의 이름을 부를 수 있게 함이다. ……(3:8~9)
> — 중략 —
> 내가 너희 한가운데서부터 오만하게 건방 떠는 자들을 제거하여
> 더 이상 내 거룩한 산에 얼씬도 못하게 하리라.
> 내가 너희 한가운데에 한 겸허하고 낮은 백성을 남겨 두리니, ……
> 이는 …… 이스라엘 가운데서 남은 자들이다.(3:11~13)
> — 중략 —
> 소리 높여 노래하라, 오 시온의 딸, 외쳐라, 오 이스라엘! ……
> 야웨께서 너희에 대한 심판들을 제거하셨으니,

너희의 원수들을 쫓아내셨음이라.

이스라엘의 왕, 야웨께서 너희 가운데 계시니라. ……(3:14~15)

그 이하 18~20절 마지막 절에서, 바빌론 포로 이스라엘의 예루살렘 귀환을 배경으로, 모든 민족들 가운데서 이름을 떨치는 이스라엘 백성의 축제와 찬양의 장면이 투사되고 있다.

마지막으로 역사적 현재에로 박두해 오는 종말시간의 의미를 여기서 좀 더 해명해 보기로 한다. 스바니아 1:14~2:3에서 묘사되는 '야웨의 날'을 학자들이 '묵시론적'(apocalyptic)이라고 규정하는데, 스바니아에게서 특유하게 묘사되는 것은 그날이 야웨의 불과 같은 분노의 날, 암흑과 파멸의 날로서 유다에, 피조물 우주와 온 역사에 박두해오는 공포의 날로 선포되기 때문이다. 우주와 역사의 모든 시간이 끝장나 버리는 것 같다. 왜 그렇게 우주와 역사가 부각되는가? 그 발단의 계기는 우선 창조자·구원자 하나님의 왕적인 의로운 주재권과 정의로운 세계사회의 나라들의 파탄지경에 직면해서 선포되는 그의 궁극적인 심판에 대한 신앙에서 파악되는 계기가 바로 그것이다. '야웨의 날'은 창조자·구원자 하나님의 모든 시간에 모든 미래로부터 악한 역사의 현재에로 심판하러 박두해 오는, 그의 모든 미래의 압축된 '날'이다. 그 '날'은 모든 역사가 모든 세계의 운명을 걸고 현재의 악하고 불의한 역사를 변혁하고 그의 영원한 시간으로부터 주어질 구원의 시간을 대망하게 하는, 새로운 '날'로, 우주와 세계 인류의 축제의 날로 바뀔 수 있다-는 신앙이 예언자들의 시간의식에 함축되어 있다-는 사실이 주시되어야 한다. 그렇지 않으면 후기에 편찬자들이 임의대로 그들의 심판 예언들에다가 구원 예언들을 부가할 수 없었을 것이다.

하바꾹

하바꾹(Habakkuk)은 B.C. 608~594년 예언 활동했다고 추정되는데, 그 개인에 관해서는 알려진 바가 없다고 하며, '예언자 하바꾹' 으로만 알려졌다고 한다. 하바꾹 예언서는 1~3장, 짧은 문서로 구성되어 있다.[28] 하바꾹서는 1~3장의 짧은 문서인데, 부분적으로 그 본래의 후기 자료들이 지적되었으나 1~2장은 대체로 하바꾹서로 여겨지고, 3장은 후기 자료라고 여겨지는 경향이 크다. 3장은 주로 하바꾹의 구원자 야웨 하나님에 대한 기도와 찬양이며, 1~2장에서 그의 특유한 예언의 주제가 파악될 수 있다. 그 특유성은 예언자들에서의 종말적 심판과 구원을 전제하고서 한 새로운 주제가 대두하는데, 역사적 현실에서 승승하는 '악한 자들'(the wicked)에 의하여 억압당하고 폭행당하는 '의로운 자들'(the righteous)의 의가 어떻게 성립할 수 있는가 하는, 말하자면 인간의 역사적 실존문제를 제기하고 야웨 하나님의 궁극적인 해답을 요청한다는 점이다. 하바꾹 문서가 아주 짧지만, 후기 유대교와 신약성서에 미치는 영향력이 크다. '의로운 자' 는 누구들이며, '악한 자' 는 누구들인지에 대한 해석 문제가 많이 논의된 것 같다. 이 문제는 역사적 상황들이 다르지만 바로 오늘의 세계 사회 역사의 문제이다.

하바꾹의 예언 형식은 야웨 하나님에 대한 질문으로 시작한다. 오랫동안 야웨 하나님의 의로운 구원을 기다려온 예언자의 고뇌에 찬 질문이다. 1:2~4에서 하바꾹은 야웨 하나님께 이렇게 외친다. 즉,

---

28) 하바꾹서의 히브리 원전 주해들, 고대 필사본들, 번역본들의 상이한 주해들 때문에 하바꾹서 연구에 난관들이 초래되었으나, 1970년대 중반 동안에 철저한 역사적 연구가 이루어졌다는 것이다. *ABD* Vol. 3, 1~5 참조.

얼마나 오랫동안 내가 도움을 청하오리까,
당신은 들으시려고 하십니까?
얼마만큼 내가 당신께 '폭력'이라고 외쳐야 합니까?
당신은 구원하지 않으시렵니까?
파괴와 폭력이 내 앞에서 벌어지고 언쟁과 싸움판이 일어납니다.
그러니 법은 모호해지고, 정의는 앞으로 나아가지 못합니다.
악한 자들이 의로운 자들을 에워싸고 정의는 왜곡되어 갑니다.

이상의 인용문을 들여다보자면, 유다 내부에서 벌어지는, 모세 전통의 법 아래서의 '의로운 자'와 '악한 자'의 대립과 논쟁의 상황이 벌어지곤 한 것처럼 보이며, 학자들이 이렇게 주장하기도 했는데, 1:5~11에서의 야웨 하나님의 응답을 보자면 '악한 자'가 바빌론 갈대아인들(Chaldeans)을 가리키는 것 같다. 우선 1:5~11을 인용하자면,

민족들 가운데서 내(야웨)가 행하는 놀라운 일을
네가 사는 날들 동안 보아라. 놀랍지 아니하냐.
내 말을 듣고도 믿으려 하지 않는구나.
보라, 내가 갈대아인들을 일으켜 세우고 있다.
이들이 혹독하고 성급한 민족이니, 넓은 땅을 헤집고 돌아다니며
남의 주거지를 탈취한다. 그들은 무섭고 공포스럽고,
그들의 정의와 권위는
그들 제멋대로 자신들에게서 나오는 것이다.
— 중략 — (8절)
그들은 다 폭력을 휘두르고, ……

포로들을 모래처럼 휩쓸어간다.
그들은 왕들을 조롱하고, …… 모든 요새들을 비웃고, ……
바람처럼 휩쓸고 다닌다. 죄인들이다.
그들 자신의 힘이 그들의 신이니라!

야웨 하나님의 응답은 하바꾹의 질문에 어떻게 타당한가 하는 문제가 해명되어야 하는 것 같다. 1:2~4에서의 하바꾹의 질문은 유다 왕국 내에서 모세의 율법 전통을 위시한, 역사적 현장에서 벌어지는 바 '악한 자'(the wicked)에 의한 '의로운 자'(the righteous)에 대한 억압과 폭력에 직면해서, 야웨의 의와 정의가 판별되기 어렵고 괴롭다는 사실과 이에 대한 해답을 요청하는 질문이다. 그의 의와 정의에 관한 이해와 모호하다는 논쟁이 벌어지는데, 이 논쟁은 유다 왕국 내에서 벌어지는 문제 상황을 암시한다. 그런데 1:5~11에서의 야웨의 응답은 실제적으로 주요 악한 세력이 바빌론의 '갈대아인들'(Chaldeans)에게서 발원한다는 것을 나타낸다(1:6~11).

1:12~17에서 하바꾹의 두 번째의 질문이 제기되어 있다.

당신께서는 영원부터 계시지 않습니까? ……
오 야웨이시여, 당신께서 그들(갈대아인들)을 ……
우리를 징계하시려고(오래전부터) 정하지 않으셨습니까?
당신께서는 악을 보시는 더 순전한 눈을 가지셨으니, ……
당신께서 신실하지 못한 인간들을 보시고
악한 자가 …… 의로운 자를 삼켜 버릴 때
왜 침묵하십니까? — 하략 —(14~17절)

하바꾹은 그렇게 질문하고서, 야웨의 응답의 비전을 대망하고, 등대탑 망루에 올라선다(2:1). 이제 야웨께서 그에게 응답하시기를(2:2~5),

> 네가 본 비전을 누구나 읽도록 판에 새기거라.
> 그 비전은 아직 기다려야 할 시간이 필요하며,
> 종말시간에로 서두르니, 반드시 오리라.
> 그것이 더디게 오더라도 기다리거라.
> 그것은 반드시 올 것이니, 늦지 않으리라.(2:2~3)
> 보라, 그 안의 영혼이 올바르지 않은 자는 끝장날 것이나
> 의로운 자는 그의 믿음(신실함)으로써 살리라.(2:4)
> …… 오만한 자(불의한 자) 오래 견디어내지 못하리니,
> 그의 욕심이 죽음에 이르기까지 채워지지 않으며,
> 모든 민족들을 자신을 위해서 모으고 자신의 소유로 만든다.(2:5)

분분한 하바꾹 해석들의 문제를 나중으로, 우선 그의 첫 번째 문제제기를 포함해서 두 번째 문제제기에 대한 야웨 하나님의 응답의 핵심이 2:4에 제시되어 있으므로, 그 핵심적 의미를 지적하자면, '의로운 자'의 의는 야웨 하나님의 의에 대한 '신앙 혹은 신실함'(*RSV*)에서 성립될 삶의 종말적 목표이다(4 하반절). 그런데 '악한 자' 혹은 '불의한 자'는 누구이며 '의로운 자'는 누구인가? 하는 학자들의 문제제기와 2:4에 관해서 야기된 상이한 해석문제들이 헷갈린다.[29] '악한 자'가 '의로운 자'를 억압하는 상

29) 1:2~4에서의 하바꾹의 질문에 의하면 '악한 자'와 '의로운 자'에 대한 논쟁이 모세의 율법전통을 가진 유다 왕국 내에서 벌어지는 것 같으며, 저 양자의 대립도 유다 땅 내에서 일어나는 권력자들에 의한 신실한 자들에 대한 억압과 폭행의 상황 같기도 하다. 그렇게 해석하는 학자들도 있는 데 반하여, 유다의 외적인 적대자들, 즉 아시리아와 애굽 혹은 바빌론 갈대아 혹은 그

황은 물론 유다 왕국 내에서 끊임없이 발생했다. 그러나 하바꾹의 첫 질문(1:2~4)에 대한 신적인 응답(1:5~11)에 비추어 볼 때 '의로운 자' -상대적인 의미에서-를 억압하고 폭행하는 '악한 자'는 바빌론의 갈대아인들을 가리킨다고 많은 학자들이 주장하는 것 같다. 바빌론은 아직 유다 왕국을 국가적으로 위협하지는 않았다고 해도, 아시리아를 제압한 바빌론의 갈대아인들의 난폭함이(1:5~11) 이미 유다의 이스라엘 백성에게도 작동했다고 추측된다. 어쨌든 '악한 자'에 의한 '의로운 자' 억압과 폭력은 유다 왕국 내에서 일어난 상황이라기보다는 국제적 장에서 일어난 상황을 가리키며, 특히 1:5~11에서 묘사된바 바빌론의 갈대아인들의 국제적 폭행과 약탈의

리스와 같은 적대자들에 의한 유다에 대한 억압과 폭행을 가리킨다고 주장하는 학자들도 있다. 그런데 본래 하바꾹에서의 악한 억압자들은 유다 내부의 지배 계급에 해당되었으나, 나중에 1:6~11을 비롯해서 2장에서 바빌론 갈대아에 적용되었다고 주장되기도 했다. *ABD* Vol. 3, 3 참조. 어쨌든 '악한 자'와 '의로운 자'의 대립상황은 유다 내부에서도 벌어졌음에 틀림없지만, 국제적인 상황이 하바꾹서의 주요 관심사이므로 주로 이 상황에서 저 대립문제가 해석되어야 할 것 같다. 그런데 B.C. 7세기의 요시아 왕 시기에 아시리아와 애굽이 결탁하여 유다에 어느 정도 위협이 되었기 때문에 이들을 학자들이 유다 외부의 적대자로 추정했었음에 틀림없으나, 아시리아가 신흥 바빌론에 의해서 쇠퇴하게 되었으므로, 하바꾹 당시이든, 후기이든, 바빌론의 강성한 갈대아인들이 유다의 이스라엘 백성을 억압하는 악한 세력으로 대두했던 것 같다. M. D. Johnson은 그의 1985년의 "The Paralysis of Torah in Habakkuk 1:4," *Vetus Testamentum* (Leiden) 35:257~66에서 갈대아를 하바꾹 시기에 유다의 적극적인 적대자로 보아서는 안 된다고, 1:5~11에서 묘사된 갈대아인의 억압은 그들의 '배신'으로 간주되어야 한다고 주장하는데, 바빌론은 B.C. 8세기 Hezekiah 왕 시기부터 7세기 Josiah 왕 시기까지 유다의 적대자는 아니었다는 사실에 비추어서 Johnson은 그렇게 주장했다. 그러나 학자들이 유다의 외적 적대자로서 바빌론 갈대아로 규정하는 경향이 크다고 생각된다. *ABD* Vol. 3, *Ibid*, 3~4 참조. 그런데 2:4에 대한 학자들의 해석 문제들을 고려하자면, 그들이 2:4을 하바꾹의 질문들에 대한 하나님의 응답의 핵심이라고 보는 데서 학자들이 일치하지만, 2:4의 히브리 성서에 대한 주해가 문법적으로 모호하기 때문에, 그들의 해석이 분분하다. J. A. Emerton의 1977년의 "The Textual and Linguistic Problems of Habakkuk" II. 4~5, *in Journal of Theological Studies* (Oxford)라는 연구가 하바꾹 2:4a의 언어적 문제를 총괄적으로 규명했다는 것이다. 2:4a에 관한 언어적 문제의 요점은 '악한 자'를 묘사하는 히브리어 원전의 ύppělâ- 'puffed up'(우쭐하다)는, 즉 "그의 혼이 '우쭐하는 자'는 실패하게 되리라"고 번역된다면, 이것은 4b에서의 "의로운 자는 그의 신앙(신실함)으로써 살리다"는 표현과의 대립적 의미를 나타내지 못하고 모호하기 때문에 학자들의 해석들이 분분했다. Emerton이 제안한 번역은 이러하다. 즉 "Behold, he whose soul is not upright(puffed up 수정) in him shall fail, but the righteous shall live by his faith(or faithfulness)- 이것은 *RSV* 의 번역이다. *ABD* Vol. 3, 4 참조. 우리는 *RSV*의 번역을 따라 이미 제시했다.

상황이 하바꾹의 첫 번째 질문의 표적이었다고 생각된다.

2:6~20에서 하바꾹이 선포하는 야웨 하나님의 심판, 즉 다섯 가지 환란(woe)이 아시리아인들, 바빌론인들, 마케도니아인들(Macedonians)에게 보편적으로 또한 우상들을 추종하는 민족들에게(2:19~20) 겨누어져 있다. 하바꾹이 처음부터 제기한바 '의로운 자'에 대한 '악한 자'의 억압, 폭력, 약탈의 상황은 구원사 전통에 입각한 유다의 이스라엘 백성과 바빌론의 갈대아인들의 대립 갈등상황을 위주한 것이라는 추정이 구약학자들에게 우세한 것 같다. 역사적으로 유다와 바빌론의 관계는 요시아 왕 시대까지 유다에 위협적이 아니었기 때문에 학자들이 아시리아 혹은 애굽 혹은 마케도니아를 유다의 억압 세력이라고 추정하게 된 것 같다. 하바꾹의 첫 질문에 대한 신적인 응답(1:5~11)이 갈대아인들의 사나운 폭력과 약탈 행위들을 가리킨다는 것은 신흥 바빌론을 유다와 타 민족들에게 위협적 억압세력으로 대두하리라는 것을 예시한 것 같으며, 이스라엘에 대한 억압자로서의 '악한 자'는 전적으로 갈대아인들에게만 한정되어서는 안될 것 같으며, 아시리아-애굽 세력들이 억압적 '악한 자' 개념에 함축되어 있다.

위에서 논의한 문제들을 종합해서 결론적으로 말하자면, 하바꾹의 첫 질문(1:2~4)-신적인 응답(1:5~11)과 두 번째 질문(1:12~17)-신적인 응답(2:2~5)을 총괄하는 신적인 응답으로서 2:4이 이해되어야 할 것이다. 2:4a의 응답, "마음(혼) 속에 올바름이 없는 자", 즉 '악한 자'는 끝장나게 될 것이나, "'의로운 자'는 그의 신앙으로써 살게 될 것이다"(4b)(*RSV* 번역)에 관한 해석이 논의될 필요가 있다. 4a절: 여기서 '마음 안에 올바름이 없는 자'라는 표현은 야웨 하나님의 영의 역사하심을 전제하고 있다. 특히 예언자들이 아직 역사의 현재가 아닌 미래-종말시간으로부터 비전(vision)으로 보고 말씀으로서 듣고 역사적 현재에 선포하는 예언은 야웨 하나님의 영의 역사로서 자주 묘사된다. 종말적 미래시간으로부터 말씀해 오시는 영이 바로 인간의 시간·역사의 원천이며(창세기 1:2 비교 참조), 동시에 역사에서 의의 성취를 위한 모든 미래시간을 주관하며, 인간으로 하여금 시간·역사의 주체가 되게 한다. 그런데 그의 마음이 야웨 하나님의 진리의 영에 위배되는, 그의 욕심에 의해서 행위하는 '악한 자'는 '끝장나게 되리라' 혹은 존속하지 못하리라는, 시간·역사의 존속성을 상실하리라는 것이다. 이에 반하여 "의로운 자는 신앙에 의해서 살게 되리라"(4b절)는 선포는 영원한 야웨 하나님의 의를 시인하는 신앙에서 '악한 자'의 '억압과 폭행에 에워싸여 있어도' 그의 의의 종말적 성취의 영원한 미래에로 존속하리라는 것이다. 이러한 역사적 존속의 과정에서 성립하는 '의로운 자'는 모든 시간·역사의 자유한 주체로서 불의에 의해서 야기된 역사를 타파하고 변혁해 나가야 하는 의로운 하나님의 계명 아래서 심판과 의로운 새 역사의 도래를 선포하는 예언자 자신이다. 명예도 없이 하바꾹이라는 이름만 남기고 역사에서 사라진 그는 창조자·구원자 하나님의 의로운 영원한 시간·공간 어디에서 영원히 살리라!

기원전 고대 ANE에서부터 서양 역사에서 주제화된 '신정론'(神正論, Theodicy) 문제가 제기되었는데, 역사에서 불의와 죄악이 판치고 상대적으로 의로운 자 혹은 피억압자가 고통 받는 세계에서 신적인 정의란 과연 존립하는가 하는 신적인 정의 문제를 주제로 한 신정론이 하바꾹에서도 발견된다고 학자들 혹은 사상가들이 주장했는데, 그들이 하바꾹에서 어떤 해답을 얻었는지, 어쨌든 구약 연구가들이 해답을 얻었다고 생각하지 않는 것 같다. 하나님의 영원한 의와 세계에 대한 그의 심판과 궁극적 구원을 주제로 하는 구원사적 전통에 입각한 예언자들은 별도로 신정론을 주제화할 필요는 없다. 어쨌든 하바꾹은 2:4에서 사실상 해답을 천명한 것이다.

하바꾹 1~2장은 후기 유대교, 쿰란(Qumran)공동체, 그리스도교 전통에서 중요한 의의를 가지며, 나중에 우리가 신약성서에서의 시간·역사론을 논할 때에 밝힐 것이지만, 로마서, 갈라디아서, 히브리서에서의 '신앙에 의한 의인'(justification by faith)론의 기초적 역사자료로서 작용한다. 탈무드(Talmud)의 학자 랍비 심라이(Rabbi Simlai)는 하바꾹 2:4을 토라(Torah, 모세의 율법 전통)의 613 계명들의 총괄로서 규정한다는 것이다.[30)]

하바꾹 2:4에서의 불의한 자와 의로운 자에 관한 인간의 인식은 상관적으로 작용하며, 이 문제는 역사적 상황에서는 대체로 상대성을 지닌다. 그러나 의의 원천의 궁극적 성취를 야웨 하나님에게로, 그에게서부터 시간·역사에 계시되고 주어지는 것으로 신앙하고 선포하는 이스라엘의 구원사 전통에서 의는 불의를 타파하고 변혁하고, 궁극적으로 의와 불의의 역사적 상대성을 넘어서는 종말적 미래시간에 궁극적으로 완성 혹은 성취되리라고 예언자들에게서 선포된다. 의는 창조자·구원자 하나님과 피조물 세계와의 관계질서의 성립조건의 기본이다. 이러한 예언자적인 개념은 구원사의 핵심주제이다. 2:4b의 '신앙에 의해서 살리라'는 것은 의를 역사적 삶에서 궁극적 미래에로 관철하라는 뜻이다. 그 관철의 의지가 바로 예언자적 역사신앙이다.

칼 마르크스의 역사 혁명과 공산주의도 의를 주제로 제시한 역사 신앙의 미래에로의 투사로서 예언자적 종말론과 같다는 것을 1970년대 말에서부터 상당수의 서양 그리스도교의 목사들, 신학자들, 사상가들이 주목해 왔는데, 한국의 몇몇 그리스도교인들과 항일 민족운동가들도 1920년대 전후부터 그러한 서양사상의 영향을 다소 반영하기도 했다. 마르크스의

---

30) *ABD* Vol. 3, 5 참조. 우리는 하바꾹에서 3장의 기도와 찬양시에 대한 고찰을 생략하고자 한다.

혁명적 역사 개념의 원천이 어디에서부터 발단했는가? 그것은 정신사적으로 이스라엘의 구원사적 역사신앙에서 해명되어야 할 것이다. 의의 실현을 주제로 하는 어떤 다른 철저한 역사혁명론도 구원사에 유비되는 역사 신앙을 함축하고 있음에 틀림없다. 역사 개념 일반도 시간 개념과 마찬가지로 어떤 궁극적인 역사 신앙을 함축하고 있다. 하바꾹 2:4의 의미는 그러한 역사 개념의 원천을 전제하고 궁극적으로 종말적인 성취를 위한 전형적인 추동력을 제시해 준다.

오바디아

오바디아(Obadiah)의 인물에 관해서 아무것도 알려져 있지 않다고 한다. 그의 문서는 1:21로 이루어진 가장 짧은 자료다. 그것도 그의 기록이라기보다는 어떤 예언자들의 서클에 의해서 수집된 기록인 것 같으며, 아마도 이스라엘 열두 부족들에 상응하는 '소 12 예언서들' 이라는 숫자에 맞추어진 것이라고 추정되기도 한다.[31]

오바디아에서 에돔(Edom)족에 집중되는 야웨의 심판이 족장시대 이래의 야곱·이스라엘에 대립한 에사오·에돔족의 적대성보다는, B.C. 587년 바빌론에 의한 예루살렘 함락과 유다 멸망 시에 에돔이 바빌론에 협조하

31) *RSV* 서언과 *ABD* Vol. II, 3 참조. 나는 이 문서에 대한 논의를 생략하려고 하다가, 이 글에서 야웨의 종말적 심판이 주로 에돔(Edom) 족에 대해서인데, 이는 이사악(Isaac)의 쌍둥이 아들 야곱의 형 에사오의 부족이다(창세기 25:23~27 참조). 에돔 족은 다윗 왕국 시기에 유다에 복속되기도 했고, 이후에 분리되어 나가기도 했으며, 아랍 족의 일부다. 그런데 에돔 족이 B.C. 587년 바빌론에 의한 예루살렘 함락과 유다의 멸망 당시에 바빌론의 예루살렘 함락을 도왔고, 바빌론에 빌붙어 형제의 나라 유다의 멸망에 가담했다. 에돔의 그 상황이 미국에 빌붙어 대북전쟁 훈련을 일삼아온 남한의 상황을 연상하게 하기 때문에 오바디아에 대해서 간략하게 고려할 필요가 있는 것 같다(시편 137:7과 예레미아 49:7ff.와 *RSV* 주 참조).

여 유다 땅 일부를 점령한 바 그의 형제의 나라 배반 행위에 직결된 것이라고 생각된다. 이러한 추정이 대체로 학자들의 견해이다. 에돔에 대한 심판이 다른 민족들에 대한 심판을 대표하는 것처럼 보이며, 이 심판이 '그날에'(on that day, 8, 11절) 혹은 '야웨의 날'(the day of the Load, 15절)에 일어날 심판이라는 점에서 종말론적이다. 종말적 심판은 이스라엘에 대한 에돔의 옛 적대관계라기보다 B.C. 587년을 기점으로 선포되었다 해도 그 이전과 이후의 모든 시간에 해당하는 심판이다. 아마도 그 때문에 에돔이 다른 민족들에 대한 야웨의 심판을 대표해서 그대로 다 받을 것이라고 혹독하게 선포된다. 12절 이하를 인용하자면,

> 그런데 너(에돔)는 너의 형제의 날,
> 불행의 날에 기뻐하지 말았어야 했다.
> — 생략 —
> 너는 내 백성의 문을 환난의 날에 들어오지 말았어야 했다.
> — 생략 —
> 너는 그 환난의 날에 너의 형제를 약탈하지 말았어야 했다.
> — 생략 —
> 너는 너의 형제들의 살아남는 자들을 잡아
> 넘겨주지 말았어야 했다.(12~14절)
> 야웨의 날이(종말적 심판의 날이) 모든 민족들에게 가까이 왔으니,
> 네가 행한 대로 너에게 행하여지리라. …… (15절)
> 네가 나의 거룩한 산에서 취했듯이
> 주변의 모든 민족들도 쓴잔을 마시리라.
> — 생략 —

> 더러는 시온산에 피신하리라. ……
> 야곱의 집은 불덩어리가 되고, 요셉의 집은 불씨가 되어
> 에사오의 집을 불태워 버리리니,
> 그의 집의 살아남은 자가 없으리라. ……
> — 생략 —
> 이스라엘의 구원자들이 시온산으로 올라가,
> 에사오의 산을 다스릴 것이며,
> 그 왕국이 야웨의 것이 되리라.(21절)

시편 137:7을 더 인용하자면,

> 오, 야웨시여, 에돔인들을 기억하소서.
> 예루살렘이 함락되던 날. 그들이 말하기를,
> '파괴하라, 그것을 파괴하라, 밑바닥에 이르기까지 파괴하라!

에돔인들이 B.C. 587년 바빌론 파괴자들을 그렇게 격려하고 협조한 것이다. 시편에서는 야웨의 심판 아래 세워진 민족들은 불특정하나, 에돔에 집중되어 심판이 선포되어 있으며, 이에 따라 바빌론이 언급된다. 오바디아는 에돔에 대한 심판을 위주하면서 주변의 '모든 민족들'을 불특정하게 포괄적으로 야웨의 종말적 심판 아래(16절) 세우는 것으로 미루어 보건대, 야곱·이스라엘에 대한 에사오·에돔 족의 적대성은 이스라엘에 대한 '모든 민족들'의 적대성을 전형화한 것 같다. 전형화했다면, 유다를 멸망에 이르게 한 바빌론을 비롯한 ANE의 모든 적대적 민족들이 다 이스라엘의 형제들이라는 의미가 그 전형화에 함축되어 있다고 추정될 수 있다. 야

곱—에사오의 적대성이 이삭의 아내 레베카의 모태에서 시작되었다(창세기 25:23ff.)는 설화는 후기 구원사적 과정에서의 이스라엘—에돔의 적대성이 특히 에돔에 대한 야웨의 종말적 심판에 비추어 볼 때 저 쌍둥이 형제가 바빌론의 정복 세력에 의해서 받은 심판의 파멸이 '오래전부터'(from time of old) 종말적 미래시간이라는 모든 시간성을 가진다는 것을 의미하는데, 바로 그러한 시간성이 창조자·구원자 하나님의 시간 경륜을 가리킨다. 이에서부터 더 인류역사 시초에로 소급하자면, 창세기 4장 야위스트 설화에 의하면 아담과 이브의 첫 아들 카인(Cain)이 아우 아벨(Abel)을 살해한 행위가 야웨의 구원의 표징으로 선택받은 이스라엘에 대한 ANE의 '모든 민족들'의 적대성의 역사적 전형이다. 오바디아에서 다른 '모든 민족들'에 대한 야웨의 종말적 심판이 에돔에게 집중되며, 에돔은 이스라엘에 대한 '모든 민족들'의 적대성의 전형이다. 그러한 역사적 전형화는 구원사적 시간·역사와 미래의 구원의 성취라는 예언자적 시각에서 파악되는 개념이다.

그러한 전형적 적대관계는 본래 이스라엘과 ANE의 '모든 민족들'이—ANE의 민족들은 피조물 세계의 민족들을 대표하는데—형제들이라는 것을 전제하고 있으며, 역사적 과정에서 반립하게 된 것이며, 오바디아의 마지막 21절은 이스라엘과 에돔, 이스라엘과 모든 민족들이 다 야웨의 종말적 심판의 시련들을 겪은 후에 그의 종말적 구원의 왕국의 주재권 아래 세워진다. 그의 심판은 역사의 불의와 죄악을 변혁하면서 그의 궁극적 구원에 이르는 길이다.[32] 그와 같이 그의 심판은 변혁의 과정에서 화해의 새

32) '구원자들이 에사오의 산을 다스리기 위하여 시온산에 올라가리라'는 21절은 Esau의 에돔 족을 남김없이 불태워 죽이고(18절) 그의 왕국을 이스라엘이 점령한다는 것으로 해석해서는 안 된다. 시온산에서 다스릴 '구원자들'은 분명히 B.C. 6세기 후반 바빌론에서부터 예루살렘으로 귀환한 이스라엘을 가리키는 것 같기도 하고, 혹은 오바디아서의 수집과 편집자들이 구원사 전통에 따라, 야웨의 왕권을 증언하고 대행한다는 구원사적 의미를 총괄하는 일반적인 표

미래의 도래를 배제하지 않는다. 이 화해의 세 미래가 우리의 남·북 화해의 날의 빛으로서 포착되어야 하리라.

3) 예레미아, 에제키엘, 제2–제3 이사야(B.C. 7~5세기)

예레미아

ABD Vol. 3, "Jeremiah"(686~687쪽)에 의하면, 예레미아(Jeremiah)에 관련된 여러 문서들이 있으나, 우리는 히브리경전에서의 예레미아서(*RSV* 역)를 우리의 고찰의 텍스트로서 한정하고, 저 참고서의 "Jeremiah, Book of"(706~721, 이후 'JB 필자'로)에 의거해서 예레미아서 전체의 문서적 윤곽을 개관했다. 예레미아의 예언활동들의 역사적 배경들의 상이한 상황들에 따라, 또 예레미아서의 큰 부피 때문에 초기와 후기로 나누어 고찰함이 편의상 필요하다. 그의 초기 예언활동은 JB 필자에 의하면, 예레미아서 1~20장에서의 기록인데, 이 자료는 그의 문서의 초기 수집이라고 하며, 저 필자는 이 예언 자료는 특히 요시아 왕의 종교개혁의 주요 과제와의 연관성을 나타낸다는 것이다.

현으로 해석될 수도 있다. 어쨌든 '이스라엘 구원자들'(*RSV* 역)은 이스라엘이 에돔과 모든 민족들을 다스리고 지배한다는 민족주의적 의미로 해석되어서는 안 된다. 에사오에 대한 혹독한 심판은 에사오–에돔 족에 화해의 가능성을 다시 열어주는 계기로서 해석되어야 한다. 그것이 구원사 전통의 보편적 주제이다.

(1) 예레미아의 초기 예언활동

우선 1:1~3에서 예레미아의 예언자 소명기록에 그의 예언활동의 역사적 배경이 제시되어 있다. 그는 예루살렘 북쪽 베냐민 부족의 땅 아나돗(Anathoth)에 거한 사제 힐기아(Hilkiah)의 아들로서, 유다 왕 요시아(Josiah, B.C. 640~609) 재위 13년째, 즉 B.C. 627년에 예언자 소명을 받았다. 예레미아가 B.C. 640년에 출생했다고 추정되는데, 그렇다면 그의 나이 13세의 소년이었다는 것이다. 그의 소명 기록 1:6에 의하면, 소명 받을 때 예레미아는 자신을 말할 줄 모르는 '소년'에 불과하다고 주춤했는데, 그 '소년'의 나이를 이전 세대 학자들은 18에서 25세 사이라고 추측했다. 그러나 근래의 학자들은 좀 다르게 추정하는데, 즉 소명 받을 당시 예레미아는 옛 판관 사무엘(Samuel)처럼 12/13세 소년으로서 소명 받고서(사무엘상 2:11, 18, 21, 26; 3:1~8), 실제 예언 활동을 B.C. 622년 예루살렘에 와서 18세시에 예언활동을 시작했다고 한다. B.C. 622년이라면, 유다의 요시아 왕이 대 종교개혁을 추진한 시초이니, 북이스라엘과 남유다가 거의 전반적으로 야웨 신앙을 배신하고 가나안 땅의 바알 신들-아세라 여신들과 같은 풍요(fertility) 신들을 야웨와 혼합하여 구원사적 모세 전통의 야웨 신앙·계약 신앙의 파탄 상황에서, 요시아는 그 모든 '다른 신들'과 그 제단들과 제의들을 타파하고, 야웨 신앙·계약 신앙을 복원하고, 북이스라엘-남유다 백성들의 예배를 예루살렘 성전에로의 집중화를 단행한 시기다. 불행하게도 요시아는 아시리아-애굽의 연합 전선에 대한 항쟁으로 애굽의 왕 네코(Neco)와의 전투에서 B.C. 609년에 전사함으로써, 그의 종교개혁의 결실이 요시아 다음 대에서 급격하게 무효화되었다고 생각되며, 유다는 애굽의 속국이 된 것이다(열왕기하 22~23장 참조). 어쨌든 요시아의 종교개혁은 예레미아의 초기 예언활동과 연관되어 있었음에 틀림없으나, 그의 후기의 예언활동은 종말론적으로 유다의 국가내적 종교개혁을 넘어서는 종말적 미래시간에 또 근동의 많은 민족들과의 관계에서 보편사적 공간에 관계된다.

저 JB 필자에 의하면, 예레미아서 1~20장은 전체 문서 중에서 초기에 수집된 문서자료라는데, 여기에 포함된 그의 예언자 소명 기록은 이 초기 수집의 시기를 넘어서 그의 전체 예언자 활동 시기에 해당된다. 1:4~10의 소명기록과 이에 직결된 11~19절이 바로 그와 같이 예레미아의 모든 활동 시기에 해당한다.

야웨께서 말씀하시기를,

나는 네가 모태 안에 생기기도 전에 너를 알았으며,
네가 태어나기도 전에 너를 성별(선택)하여
네가 민족들에게 예언자가 되도록 정했다.(1:4~5)

예레미아가 답하기를,

아, 야웨 하나님이시여! 보소서,
나는 아이일 뿐이니 말할 줄 모릅니다. 하니,
야웨께서 …… 아이일 뿐이라고 말하지 말거라.
내가 너를 보내는 모든 사람들에게 가서
내가 네게 명하는 것을 너는 말하기만 하면 된다.
그들을 무서워하지 말라. 내가 너를 구해줄 것이라. ……

보라 내가 내 말을 네 입에 넣었다.
보라, 내가 너를 오늘 민족들과 왕국들 위에 세웠으니,
너는 뽑기도, 무너지게도 하고, 파괴하고 뒤엎어 버리기도 하고,
세우기도 하고, 심기도 하도록 함이다.(1:6~10)

그렇게 말씀하신 후 야웨께서 예레미야가 그의 말씀을 수행하는지 지켜보겠노라고 언명한 것으로 보아(1:11), 예레미야가, 저 JB 필자가 지적하듯이, 곧장 예언활동을 시작한 것 같지는 않다(1:12 참조). 그리고 이어서 다시금 야웨께서 예레미야에게 비전(vision), 즉 '북쪽에서부터 부글부글 끓어내리는 솥물'을 보여준다(1:13). 그 비전은 야웨께서 "북쪽으로부터 악을 일으켜 이 땅(유다)의 모든 주민들을 덮치게 할 것이며, …… 북쪽의 왕국들을 …… 불러일으켜," "예루살렘 성문들의 문턱에, 그들의 왕좌를 세우게 하리라"(1:13~14). 야웨께서 그들로 하여금, 야웨를 버리고 '다른 신들'에게 향을 피우고 추종하는 유다, 유다의 왕들과 고관들과 사제들을 치게 하리라는 것이다(1:16~18). 그리고 이들이 그렇게 예언하는 예레미야를 치려고 할 것이나, 야웨께서 그와 함께하시고 그를 구출해 줄 것이라고 약속하신다(1:19).

이상의 예언자 소명기록에서의 예언자적 역할은, 예레미야의 활동이 요시아 왕의 종교개혁의 범위를 넘어서는 미래·종말시간에 관계되는 의의를 나타내고 그의 전 생애에 관계되는 것이며, 1~20장이 초기의 수집 자료라고 한다면 소명기록은 이 자료수집 이후의 자료라고 생각되나, 우리는 그러한 초기 자료-후기 자료의 구별 문제에 구애받지 않고, 그의 예언자 소명의 특수성을 주목하면 된다.

우선 예레미아 1:1~10의 예언자 소명 기록의 시간성을 보자. 그가 모태에 생기기도 전에 또 태어나기도 전에 소명의 선택을 받았다는 것은 그의 예언자 직분이 창조자·구원자의 전 시간성을 가진다는 것을 의미한다. 다른 예언자들도 동일한 시간성을 가진다. 그러나 처음으로 그러한 시간성이 예레미아 소명에 제시되어 있다. 예언자들의 미래—종말시간 자체가 모든 시간을 포괄하는 원천이기 때문에, 그들이 어느 한정된 시간에 태어났든 또 어느 한정된 시간에 그들이 활동했든 그들이 창조자·구원자 하나님의 통전적 시간·시간성에 참여한다. 또 주목할 것은 예레미아의 직분이 이스라엘을 비롯한 다른 민족들을 뽑아버리기도 하고 파괴할 수도 있고 심고 살려내고 구원할 수도 있는 야웨 하나님의 심판과 구원의 권한을 부여받았다는 점이다. 실로 어마어마한 신적 권한이 아닌가! 이 권한은 요시아의 왕권 개념을 능가하는 야웨 하나님의 말씀의 권한이다. 그러한 권한이 다른 예언자들에게도 주어져 있으나, 예레미아에게서 그것이 선언된 것은 그가 장차 직면할 유다 왕국을 비롯하여 ANE 왕국들의 정복—피정복의 엄청난 사건들의 폭풍의 역사를 겪어야 할 것이기 때문이다.

앞에서 제시한, 예언자 소명에 직결된 바 1:13~18을 다시 본다. 예레미아는 유다 '북쪽에서 부글부글 끓는 솥물이 흘러내리는' 비전을 보는데, 그것이 야웨께서 일으키는 심판의 도구, '악'의 세력이다. 이것이 야웨 이외의 다른 신들을 추종하는 유다의 왕들과 고관들, 사제들과 백성들을 치리라는 것이다. 북쪽에서 소용돌이치는 '악'의 세력은 어떤 상황을 가리키는가?[33] 초기 예언활동에서 복합적으로 아시리아와 바빌론 등을 암시

33) 북쪽에서 부글부글 끓는 왕국세력들은 아마도 아시리아, 바빌론, 메디아(Media)와 같은 신흥 부족들을 포괄적으로 지칭하는 것 같다. B.C. 626년에 바빌론이 Assyria를 제압했다고 하며, B.C. 612년에 바빌론과 메디아가 연합하여 아시리아의 수도 Nineveh를 제압했으니, 북이스라엘을 멸망하게 하고 남유다를 속국으로 만든 아시리아는 쇠퇴기에 처해 있었겠으나, 북쪽

하는 것 같으며, 후기에는 주로 바빌론으로 드러난다.

이제 대략적으로 1~20장의 예언 내용을 개관한다. 예레미아는 2:14~19에서 이스라엘이 야웨와의 계약 신앙을 버리고 아시리아와 애굽에 노예가 되어 무엇을 얻을 것이냐, 이스라엘이 야웨 하나님을 모르고 경외하지 않는다고 외친다. 예레미아는 때로는 북이스라엘과 남유다를 별칭하기도 하고 때로는 여기에서처럼 종합적으로 '이스라엘'이라고 칭하기도 한다. 그리고 그는 북이스라엘의 호세아가 특징적으로 부각시킨 바 이스라엘의 야웨 하나님과의 계약 배반을 '창녀', '간음행위'와 같은 언어를 계속 사용한다. 그러한 표현은 호세아처럼 북이스라엘에서 발단한 신명기적 모세 전통을 반영한다고 생각되며, 이 점에서 유다의 요시아 왕의 종교개혁의 주제와 합일한다.

4:1~3에서 예레미아는 멸망한 북이스라엘의 아마도 남은 자들에게,

> 오, 이스라엘! 만일 너희가 야웨께로 돌아온다면,
> 만일 너희가 가증스러운 행위들을 버리고 돌아온다면……,
> 만일 너희가 '야웨께서 살아계신다'고,

의 왕국들과 부족들은 부글부글 끓고 있었을 것 같다. 요시아 왕 시기는 유다가 아시리아의 속국이라는 상황에서 벗어나 있었는데, 요시아가 애굽-아시리아 연합군이 일으킨 전쟁에서 애굽 왕 Neco를 공격하다가 B.C. 609년에 전사함으로써, Neco가 요시아의 아들 Jehoiakim을 유다 왕으로 세우니, 유다가 애굽의 종속국으로 된 것이다. 그런데 B.C. 605년 바빌론의 느부갓네살(Nebuchadnezzar)이 애굽을 Carchemish, 유프라테스 강 근처에서 격파하고 불레셋을 치니, B.C. 598년 Jehoiakim은 사망했는데, 아마도 살해당했던 것 같다(예레미아 22:18~19, 36:30 참조). '북쪽에서 부글부글 끓는 솥물'은 아마도 그러한 소용돌이를 배경으로 한 예언인 것 같다. 1:18에 언급된 유다 왕들과 고관들은 요시아 왕 시기 이후의 일련의 왕들을 가리키는 것 같다. B.C. 609~605년의 시기가 아마도 예레미아의 예언 활동의 전환기라고 추정된다. 이상에 관해서 *ABD* Vol. 3, 684~686 참조.

진리와 정의와 의로움에서 맹세한다면
그때에는 민족들이 그 안에서 자신들을 복 받게 할 것이며,
그 안에서 자신들을 영광스럽다 하리라.

이스라엘이 살아계신 야웨를 진리와 의 가운데서 시인한다면, 그 증언에 따라 다른 민족들이 복되신 영광의 야웨를 승인하고 자신들도 복되고 영광스럽게 되리라는 것이다. 이것이 이미 멸망한 북이스라엘의 종말적 구원의 미래희망이라는 것을 의미한다. 4:5~6에서의 유다, 예루살렘에 대한 선포를 보자.

온 땅에서 나팔을 불어라. ……
시온을 향해서 안전하게 도피하라, 머뭇거리지 말라.
내가 북쪽으로부터 악을 불러일으켜 큰 파괴를 가져오게 한다.

'그날에'(종말시에) 유다의 왕과 고관들, 사제들과 예언자들이 소스라쳐 놀랄 것이라고 야웨께서 말씀하시니, 예레미아가 말하기를,

아, 야웨 하나님, 당신께서는 '너는 무사할 것이지만,
칼날이 그들의 생명을 겨누고 있으라' 고 말씀하시니,
당신은 이 백성과 예루살렘을 속이셨습니다.(4:9~10)

야웨께서 '속이셨다' 는 예레미아의 절규는 북쪽에서부터 쳐내려올 전쟁의 나팔 소리를 예감하면서 유다와 예루살렘이 최후의 멸망을 모면하리라는 것을 전제하고서 야웨의 용서와 구원을 요청하는 절규이다.

나의 고뇌– 나의 고뇌. 나는 고통 속에서 몸부림친다.
내 심장을 에워싼 장벽들아!
내 심장이 마구마구 뛰니, 내가 침묵할 수 없구나.
내가 나팔소리, 전쟁의 경고를 듣기 때문이다.(4:19)

그래도 야웨께서 말씀하시기를,

온 땅이 황폐하게 될 것이나,
나는 끝장(a full end)내지는 않으리라고.(4:27)

이 때문에 예레미아는 애통하고 절규하면서도 벽창호 같은 유다에 회개하고 야웨의 말씀을 들으라고 외쳐댄다. 그가 반복적으로 선언하는 바, 북쪽에서부터 닥쳐올 '악' 혹은 '적대자'(foe)의 세력(4:6 등등)은 차츰 신흥 바빌론으로 밝혀진다. 바빌론이 B.C. 612년에 아시리아를 제압하고, B.C. 605년에 아시리아와의 동맹을 맺은 애굽을 제압했다. 이 사건이 바빌론으로 하여금 유다를 비롯해서 근동의 왕국들의 존망을 좌우한 세력으로 대두한 것이다. 위에 인용된 예레미아서 구절들은 아마도 그때의 근동의 국제적 상황을 가리킨다고 생각된다.

7:1~15에서의 예레미아의 성전 설교(the temple sermon)를, 아마도 그와의 동역자·서기관 바룩(Baruch)의 편집으로서 알려진 성전 설교자료 26:1~24과 종합적으로 여기서 고찰하고자 한다. 예레미아가 성전 문에 서서 야웨의 말씀을 이렇게 선포한다. 우리 나름대로의 인용형식으로 말하자면,

야웨의 전이다. 야웨의 전이다. 야웨의 전이다.

이러한 거짓된 말을 믿지 말고, 너희는 행동을 고쳐라.

너희가 나그네, 고아와 과부를 억압하지 않는다면,

무구한 피를 흘리지 않는다면, 다른 신들을 추종하지 않는다면,

내가 너희를 이 땅에서 살게 하리라……

너희가 도둑질하고, 살인하고, 간음하고, 거짓 맹세하고,

바알에게 향 피우고, 다른 신들을 추종하면서……

우리는 구원 받았다! 고 외치다니,

야웨의 전이 도적들의 소굴이 되는구나. ……

내가 끊임없이 너희에게 말했으나, 너희는 듣지 않았으며,

내가 너희를 불러도 너희는 응답하지 않았으니,

내가 이 성전을 ……

옛 실로(Shiloh)[34]의 전처럼 허물어지게 할 것이며,

너희를 …… 에브라임의 후손들처럼

내 면전에서부터 쫓아내리라는 것이다.

---

34) *ABD* Vol. 4, "Shiloh," 1213~1215에 의하면 Shiloh는 여호수의 가나안 땅 정복 이후에 야웨 하나님의 임재를 표식하는 궤(Ark, 혹은 계약 궤 Ark of the Covenant)를 위한 성스러운 곳으로 여겨진 곳인데, 야웨 하나님은 천막에 거하시며 자유로 어느 공간에도 임재하실 수 있으나, 아마도 Shiloh에서 축제절기에 집회가 벌어졌다는 것 같다. 거기에 성전이 있었다고 추정되기는 어려우나, 어쨌든 Shiloh는 북쪽의 이스라엘 부족들의 종교·정치적 연합을 위해서 중요한 곳이다. *RSV*의 예레미아 7:1~15 각주는 Shiloh가 B.C. 1050년경 파괴되었으며, 시편 78:60을 보자면, 이스라엘 백성이 야웨 하나님을 배반했기 때문에 그가 Shiloh-tent에서의 그의 거하심을 거절했다고 하며, 사무엘상 4~6장 맥락에서는 불레셋이 한때 Shiloh에서의 계약 궤를 탈취한 소동이 벌어졌다. *RSV*의 저 각주는 이때를 가리켜 Shiloh가 파괴되었다고 말한 것 같다. 그때에 Shiloh가 어느 정도 파괴되었다고 해도, 근년의 고고학적 발굴물들에 의하면, Shiloh에 사제적 잔존물들이 남아 있다는 것이다. *ABD* Vol. 1, 388과 1 Sam. 4:4 참조. 어쨌든 Shiloh는 B.C. 721년 아시리아에 의한 북이스라엘 멸망 이래 황폐화되었음에 틀림없다.

26:1~24에 수록된 바 성전설교의 시기는 요시아 왕의 아들 여호야김(Jehoiakim)의 통치 시초라고 표시되어 있다. 그때는 B.C. 609년 요시아가 아시리아의 동맹군 애굽의 파라오 네코(Neco)와의 전투에서 전사하자, 네코가 여호야김을 유다 왕으로 세워 유다를 애굽에 복속시켰다. 예레미아의 성전설교 직후 그는 예언자들, 모든 사제들, 모든 백성들에게 체포되었으며, 성전이 실로처럼 파괴될 것이라, 또 예루살렘이 황폐화될 것이라고 선포한 예레미아를 '죽어 마땅하다!' 고 위협했다(26:1~6). 그러자 고관들이 모여들었는데, 예레미아는 자신의 생명이 그들의 손에 달려 있다고 하며, 그들의 권위를 시인하면서, '무구한 피 흘림' 의 죄책이 그들에게로 돌아갈 것이니 명심하라고 언명하니, 어떤 장로들이 말하기를, 예언자 미가가 야웨께서 '시온을 갈아엎어 벌판이 되게 할 것이며 예루살렘을 폐허더미로 되게 하리라' (미가 3:12)고 예언했으나, 당시의 왕 히즈키아는 미가를 죽이지 않았으며, 야웨를 두려워하고 그의 용서를 간구하므로, 야웨께서 심판의 의도를 '후회하셨으니' 어찌 예레미아를 죽일 수 있겠느냐고 발언한다(26:7~19). 그런데 왕 여호야김은 예레미아를 죽일 수도 있었을 것이다(26:20~23 비교 참조). 그런데 요시아 왕의 서기관이었던 사반(Shaphan)의 아들 아히캄(Ahikam)에 의해서 예레미아는 죽음을 모면했던 것이다(26:24). 그러나 예레미아는 북쪽에서부터 닥쳐올 적대자에 의한 유다의 멸망의 위기가 시시각각으로 다가온다는 것을 계속 경고한다. 유다는 왕실과 고관들, 대다수의 예언자들과 모든 사제들은 북이스라엘의 멸망과 유다의 야웨 배반과 만연한 사회적 불의에도 불구하고, 성전을 유다의 안보의 담보물처럼, 안보 이데올로기로서 확보하고 있다는 헛된 생각 때문에 예레미아를 죽이려고 한 것이다.

예레미아는 야웨를 버리고 다른 신들을 추종하고 간음하는, 장차 살육당할 유다 백성들에 대하여 밤낮으로 울고 애통한다. 그의 눈물은 강물처럼 흐르고, 그의 눈은 '눈물의 샘' 이로다(9:1). 야웨께서 예루살렘을 잿더미로 만드시니, 우리의 눈에서 물이 쏟아지고, 시온에서 통곡소리가 터져 나온다(9:11, 19). 어떻게 그렇게 유다와 예루살렘이 이미 다 파멸한 것처럼 예레미야는 울며 탄식한다. 야웨께서도, 탄식하시며 이렇게 말씀한다. 즉,

> 나는 나의 전을 버렸다. 나는 나의 유산을 포기했다.
> 나는 나의 사랑하는 자들을 원수들의 손에 넘겼다.
> 나의 유산은 내게 숲속의 사자 같이 되었고,
> 그가 내게 소리를 지르니, 나는 그녀를 증오한다.(12:7~9)

야웨의 탄식이 바로 예레미야의 탄식이다. 그는 탄식 속에서 자신의 출생을 원망하기까지 자신의 소명을 회고한다. 즉,

> 어머니, 당신이 낳으신 내가 온 나라와 싸우고 다투어야 하고,
> 모든 백성이 나를 저주하니, 내가 괴롭습니다.
> — 중략 —
> 당신의 말씀들을 들으면 나는 그 말씀들을 먹었습니다.
> 당신의 말씀들은 내 마음에 기쁨이 되었고 즐거움이었으니,
> 당신의 이름으로 …… 내가 소명 받았기 때문입니다.
> — 중략 —
> 왜 나의 고통이 멈추지 않고,
> 나의 상처가 나아지지 않고, 나아지기를 거부합니까?
> 당신께서는 흐르다가 멈추어 버리는 냇물처럼

나를 속이십니까?(15:10~18)

야웨께서 말씀하신다:

— 중략 —

너는 내 입처럼 되어야 한다.

— 중략 —

이 백성이 네게 반하여 싸우나,

그들은 너를 이기지 못하리니,

내가 너와 함께하며, 너를 구출하기 때문이다.(15:19~29)

그렇게 예레미아는 탄식하고, 고뇌하고, 야웨께 항거하면서 불가항적인 그의 말씀에 복종하고 유다의 멸망 위기와 씨름한다.

이제 우리는 예레미아의 초기 예언활동의 본문 1~20장의 마지막 19~20장의 기록되어 있는 바, 그의 예언에 대한 박해의 한 세례와 그의 탄식을 듣고, B.C. 587년 바빌론에 의한 유다 멸망 시기를 위시한 본문 21장 이하에서의 그의 고통에 찬 후기 예언활동을 고찰하고자 한다.

19장에 의하면, 야웨께서 예레미아에게 오지그릇을 구하여, 힌놈(Hinnom) 살육의 골짜기로 가서 유다의 왕들과 예루살렘 백성들에게 그의 말씀을 선포하라고 하신다.

그들은 이곳에 무구한 자들의 피로 가득 채웠으니,

바알에게 신전을 세우고 자식들을 번제로 태워 바쳤다.

이곳은 이제 힌놈(혹은 Topheth)의 골짜기가 아니라 살육의 골짜기다.

나는 이곳에서 …… 유다와 예루살렘의 백성들을

원수들의 칼에 맞아 쓰러지게 할 것이다. ……

나는 그들의 시체들을

공중의 새들과 땅의 짐승들에게 먹이로 줄 것이다. ……

나는 그들이 자신들의 아들딸들의 살을, 원수들 포위 속에서

모든 사람이 그의 이웃의 살을 먹게 할 것이다.

그때에 너(예레미야)는 사람들이 보는 데서 부수어라.

그리고 말하라.

그와 같이 내(야웨)가 이 백성과 이 도시를,

토기장이가 토기를 깨부수듯이, 깨부수리라.

이곳은 결코 복구되지 못하리라. ……

예루살렘의 집들, 유다의 왕들의 집들이,

모든 집들의 지붕 위에서

하늘의 뭇별들에게, 다른 신들에게 제주가 부어지곤 한

그 집들이 이곳 힌놈·도베트 골짜기처럼

흉가로 되게 하리라.(19:1~13 참조)

처참한 선포다. 예레미야가 그곳에서 나와 성전 안에서 사람들에게 외치기를, 야웨께서 예루살렘과 모든 마을들에 재앙을 일으키시리니, 그들이 그의 말씀들을 듣기를 완강히 거부하는, 목이 곧은 자들이기 때문이라는 것이다(19:14~15). 20장에 의하면 성전 감독, 사제 바스훌(Pashhur)이 예레미야를 두드려 패고, 성전의 베냐민 문안에 있는 창고에 가두었다가, 이튿날 예레미야를 풀어주었는데, 예레미야가 바스훌을 '폭행자'라고 명명

하고, 야웨께서 유다를 바빌론 왕의 손에 넘겨줄 것이라고 말한다. 비로소 북쪽에서부터 쳐내려올 '악'의 재앙은 바빌론으로 드러난다. 예레미야는 예루살렘의 모든 부, 모든 값비싼 소유물들, 유다 왕들의 보물들을 바빌론이 탈취해 갈 것이라고, 바스훌과 식구들도, 바빌론 포로로 끌려가 거기서 죽으리라고, 바스훌의 거짓 예언을 들은 그의 친구들도 함께 끌려갈 것이라고 선언한다(20:1~6).

20장의 마지막 7~18절에서 우리는 예레미야의 처절한 종말적 탄식과 승리의 시를 듣는다. 우리의 인용 형식으로 제시하자면,

> 오 야웨시여, 당신은 나를 속이셨고, 나는 속았습니다.
> 당신은 나보다 강하시고, 당신이 이기셨습니다.
> 나는 허구한 날 조롱거리가 되었으며,
> 모든 사람이 나를 조롱했습니다.
> 말할 때마다 나는 소리쳐, '폭력과 파괴라!' 고 외쳤으니,
> 야웨의 말씀이 내게 온종일 비난과 웃음거리가 되었습니다.
> 내가 만일 야웨를 언급하지도,
> 그의 이름으로 다시는 말하지 않겠노라고 말한다면,
> 뼈 속에 갇힌 불덩어리가 내 가슴속에서 타오르곤 합니다.
> 나는 그것을 내 가슴에 담고 있기에 지쳤고,
> 그리할 수도 없습니다.
> 내게 사방에서 수군거리는 테러가 들리니!
> '그를 공격하자! 그를 공격하자!' 고 하며,
> 가까운 친구들이 내가 쓰러지는 것을 기다리면서,
> '아마도 그(예레미야)가 속았을 거야,

그런데 야웨께서는 무서운 전투사로 나와 함께 계시니,
나의 박해자들은 넘어져 나를 이기지 못하리라. ……
그들의 수치와 영원한 불명예는 결코 잊혀지지 않으리.
오 만군의 야웨시여, 당신은 의로운 자를 판단하시고,
마음을 관찰하시니, 내 옳음을 당신의 판단에 맡기오니,
그들에게 갚아주소서! (20:7~12)

예레미아가 야웨께 '속았다는 것'은 그가 선포하는 그의 말씀이 그를 위협하는 박해자들 때문에 제기되는 절규이다. 그럼에도 불구하고 야웨의 말씀의 권능이 그들을 능가한다는 예레미아의 신뢰는 불길처럼 타오른다. 그래서 그는 계속 선포한다. '속았다는 것'은 진리가 진리로 백성들, 사제들, 군주들에게 받아들여지지 않는 데서, 야웨께 항거하는 절규이다.

그의 탄식의 절정은 남유다가 멸망할 시기가 절박하게 다가온다는, 피할 수 없는 필연적 운명 때문이다.

내가 태어난 그날, 저주받은 날!
나의 어머니가 나를 낳은 날, 복 받은 날이 아니로다!
'한 아들이 태어났다'고,
내 아버지에게 소식을 전한 그 사람도 저주받을지라.
그 사람은 야웨께서 뒤엎어 버릴 도시들처럼 되리니,
그 사람은 아침에는 울음소리를, 정오에는 경보를 들을지라.
그 사람은 나를 모태 속에서 죽이지 않았기 때문이니,
그래서 모태가 차라리 내 무덤이었더라면!
왜 내가 모태에서 나왔던가,

내 수고와 슬픔을 보려고?
모든 나의 나날을 수치스럽게 보내려고?

그와 같은 예레미아의 고뇌와 탄식을 어떻게 해석해야 할까? 그는 야웨의 말씀들을 들었을 때, 그 말씀들을 '먹었다'고 토로한다(15:16). 그 말씀들은 바로 그의 몸과 피에 녹아들어간, 그의 역사적 생명과 실존에 육화된 말씀이며, 그의 예언자 됨의 '기쁨'이다(15:16). 그가 저 인용문에서처럼 자신의 출생 자체를 저주하고, 차라리 모태가 그의 영원한 '무덤'이었더라면 하는, 그의 고뇌와 탄식은 곧 닥쳐올, 바빌론에 의한 종말적 유다 멸망이라는 야웨의 돌이킬 수 없는 마지막 종말적 심판의 멍에를 자신의 역사적 존재로서 수긍하고 받아들이는 선포이니, 유다의 멸망이 그의 죽음의 저주에 이르는 고뇌와 동일하다. 또 저 고뇌와 탄식은 예레미아서의 문서적 구조에서 볼 때, 그의 예언활동의 초기에서부터 후기에로 넘어가는 시점을 의미한다. 그가 초기에는 유다와 예루살렘과 백성이 회개하고 야웨의 심판과 멸망을 모면할 수 있다는 구원의 희망을 지탱할 수 있었으나, 유다의 완악함과 현실적으로 닥쳐오는, 북쪽의 바빌론의 정복 세력에 직면하면서, 예레미아는 유다와 자신의 명맥의 존속의 종말을 예감하고서, 저 고뇌와 탄식을 토로한 것이다. 그는 '죽음에 이르는 절망'(S. Kierkegaard)에서 야웨의 한량없이 은혜로운 종말적 구원의 미래에로의 도약을 감행하게 된다. 그는 야웨의 말씀의 이러한 능력에 대한 신뢰를 상실하지 않았다. 야웨께서 자신을 '속이셨다'는 그의 말은 그에 대한 그의 그러한 신뢰의 반어법적 표현이다. 죽음이라는 한 극점에서 새로운 궁극적 미래 구원과 삶이라는, 다른 궁극적 극점을 함축하고 있는 반어법적 표현이다. 예레미아의 이러한 예언양식에 따라, 우리는 저 20:14~18을 20장의 마지막 말로서 20장을 끝내게 하지 않고, 20:13의 그의 선포를 18절 다음에 옮겨놓고, 1~20장에 의한 그의 초기 예언활동의 끝으로 삼고자 한다. 즉,

> 야웨께 노래하라, 야웨를 찬양하라!
> 그가 궁핍한 자들의 삶을 악행자들의 손에서 구출하셨음이라.

(2) 예레미아의 예언, 유다 왕국의 멸망과 종말적 미래 구원

예레미아서 21장의 시작이 1~20장과는 다른, 그의 후기 예언활동의 시작을 암시하는 것 같다. 지금까지 그가 북쪽에서 부글부글하는 적대자들의 움직임을 지적해 왔는데, 그 적대자들의 세력들이 이제 21:1~2에서 바빌론의 왕 느부갓네살(Nebuchadnezzar)에로 단일화되어 명시되고 있다. 또 이 맥락에서 B.C. 597년 그가 제1차 유다 침략시 유다를 제압하고 세운 유다 왕 시드키아(Zedekiah), 유다의 마지막 비극적 왕이 될 시드키아의 느부갓네살에 대한 항전 의도에 반대하는 예레미아의 단호한 예언은 유다 왕국의 멸망의 불가피성을 예시한다. 시드키아가 항전의도를 가지고 바스훌(Pashhur) 성전 감독과 사제 스바니아(우리가 이미 고찰한 예언자 Zephaniah)를 예레미아에게 보내어 야웨께서 유다를 살려주실지, 야웨의 뜻을 물어보라고 한다(21:1~2). 그러나 예레미아는 시드키아의 의도에 단호하게 반대되는 야웨의 말씀을 전달한다. 즉,

> 나는 예루살렘 성 밖에서 너를 에워싸고 있는 갈대아인들과 바빌론 왕을 겨누고 있는 네 전쟁무기들을 막으리라. …… 나 자신이 …… 너 자신에 반하여 싸우고자 한다. …… 내가 이 도시의 주민

들을 …… 치리라. …… 내가 유다의 왕 시드키아와 그의 신하들 과 백성들을 …… 바빌론 왕 느부갓네살의 손에 넘겨주리니 …… 그가 그들을 칼로 치리라. ……(21:2~5)

예레미아는 그러한 야웨의 말씀을 시드키아 왕에게 전달하라고 한다. 어느 역사에서 어느 사제 어느 예언자가 왕에 대하여 그와 같은 신탁의 말씀을 토로할 수 있었을까. 어떻게 예레미아가 살아남을 수 있을까? 그의 그러한 선언은 바빌론에 의한 유다 멸망의 불가피성을 투시함에서, 역사의 현재에서 듣는 야웨의 말씀이다. 종말적 유다 멸망을 선포하면서도 이 맥락에서 동시에 그는 바빌론인들에게 '항복하는 자는' '살아남을 것'이라고 외친다(21:9). 이 외침이 바로 종말적 구원의 예언이다. 이 구원은 유다의 멸망을 야웨의 심판의 형벌이라는 것을 승인하고, 회개하고, 불의한 현실을 변혁하게 하는 계기와 희망이다. 시드키아 왕, 대다수의 예언자들과 사제들과 백성들은 그러한 계기들을 이미 상실하곤 했다. 그럼에도 불구하고, 예레미아는 여전히 종말적 구원의 미래에 대한 희망을 견지한다. 그렇기 때문에 그는 탄식하면서도 여전히 야웨의 심판의 말씀을 여전히 선포한다.

예레미아와 시드키아의 만남의 이야기는 나중에 계속될 것이므로, 그 이전의 왕 여호야김(Jehoiakim)을 정죄하는 22:13~19을 보자.[35] 즉,

---

35) 열왕기하 24~25:1~7에 Jehoiakim → Jehoiachin → Zedekiah 왕들에 대한 기록을 보자. 여호야김은 B.C. 621년 대종교개혁을 시작한, 신명기적 역사=DH의 큰 희망의 표상 Josiah 왕의 아들이나, 부왕과는 전혀 다른 악한 왕의 표상이다. 요시아가 아시리아의 동맹국 애굽의 왕 Neco와의 전투에서 B.C. 609년에 애석하게도 전사했다. Neco가 유다를 애굽에 복속시키고, 요시아의 아들 여호야김을 유다의 왕으로 세웠다. B.C. 605년 Babylon이 애굽을 제압함으로써 유다는 이제 바빌론에 복속되었는데, 여호야김은 항복했으나, 얼마 후 항거했던 것이다. 그러나 여호야김은 B.C. 598년 사망햇는데, 바빌론으로 끌려갔다고, 혹은 살해당했다고 전해진다. 그의 아

불의한 수단으로 제 궁궐을 세우는 자에게,

사취한 수단으로 누각을 세우는 자에게,

품값을 주지 않고 이웃을 부려먹는 자에게 재앙이 내린다.

— 중략 —

너는 네가 왕이라고 생각하느냐,

송백나무 장식으로 우월하다고 생각하느냐?

네 아비(Josiah 왕)는 먹고 마시고 정의와 의를 행하지 않았더냐?

그래서 그는 잘 다스렸다.

그가 가난한 자들과 궁핍한 자들을 위하여 잘 다스렸다.

이것이 바로 나 야웨를 안다는 일이 아니냐? ……

네 눈과 마음은 오직 부당한 이득을 얻고,

무구한 피를 흘리고, 억압과 폭행을 일삼는구나.

— 중략 —

그의 사체는 죽은 나귀처럼

예루살렘 성문들 밖에 던져버려지리라.

저 인용된 마지막 부분(22:19)이 여호야김이 살해되었다는 것을 암시하는 것처럼 보인다. 그의 아들 여호야긴(Jehoiachin, 혹은 Coniah)이 B.C. 598년

들 여호야긴(Jehoiachin)이 왕권을 승계했는데, B.C. 597년 바빌론 왕 Nebuchadnezzar가 제1차 유다 침략으로 예루살렘이 포위되었을 때 여호야긴은 즉시 항복함으로써 살아남을 수 있었다. 그때에 그 왕을 비롯한 고관들, 권력자들, 기술공들, 성전과 왕실의 보물들이 바빌론으로 이송되었다. 그때에 Zedekiah, 요시아의 다른 아들이 바빌론에 의해서 유다 왕으로 세워졌는데, 결국 시드키아가 바빌론에 항거함으로써 B.C. 587년 그의 면전에서 그의 두 아들들이 살해되고, 시드키아의 두 눈이 뽑히고, 제2차 바빌론 포로들과 함께 바빌론으로 이송되었으며, 거기서 사망했을 것이다. 그러나 Jehoiahin은 바빌론에서 37년 만에 감금상태에서 풀려났고, 바빌론 왕의 식탁에서 식사를 했고, 넉넉하게 여생을 보낸 것 같다(열왕기하 25:27 이하).

왕위를 승계했으나, 예레미아는 야웨께서 여호야긴의 오른손의 옥새 반지를 박탈하고 이를 바빌론 왕 느부갓네살의 손에 넘겨주실 것이며 그의 대는 단절될 것이라는 심판을 선언한다(22:24~30 참조). 결국 여호야긴은 B.C. 597년 유다의 제1차 포로들과 함께 바빌론으로 이송되었다.

예레미아는 유다가 야웨의 말씀에 복종하지 않았기 때문에, 야웨께서 북쪽의 부족들과 '나의 종' 바빌론 왕 느부갓네살로 하여금 유다 땅과 주민들, 또 주변의 모든 민족들을 다 파괴하도록 하고, 이들을 철저히 '영원한 폐허'로 만드실 것이라고 선포한다(25:8~9). 느부갓네살이 야웨의 '종'이라면, 북쪽에서 대두한 아시리아, 메디아 등 여러 부족들이 야웨의 종들로서의 역사적 역할을 수행한다는 것이니, 쳐부수는 민족이든 부수어지는 민족이든 다 만군의 야웨의 보편적 역사 경륜 안에서 대두하고 사라져 간다는 뜻이다. 유다를 비롯한 그 주변의 민족들의 나라들이 '영원한 폐허'가 되리라는 것은 야웨의 그때그때의 심판의 종말적인 철저함을 가리키며, 철저한 역사 변혁의 계기를 불러일으킨다. 이어서 예레미아는 유다와 주변 민족들이 바빌론 왕을 70년 동안 섬겨야 할 것이라고, 70년 후에는 야웨께서 그 왕과 그의 갈대아인들의 나라를 벌하시리라고 예언하며, 유다와 많은 민족들의 땅들을 폐허로 만든 죄 때문에 바빌론을 그의 심판 아래 세운다(25:11~12). 유다가 B.C. 538년부터 페르시아에 의해서 바빌론에서부터 풀려나기 시작했으니, 바빌론에의 종속이 대체로 50~60년 동안이었으므로, 70년은 거의 정확한 계산이라고 여겨진다. 70년 유다의 바빌론 포로생활은 구원사적 의미에서 유다의 속죄의 표식이며, 예레미아는 포로 유다 백성의 예루살렘 귀환을 정확히 예언했으니, 이것은 한편 그의 야웨의 미래 구원에 대한 불굴의 신앙과 북쪽의 바빌론을 위시한 국제 정세에 대한 예리한 정치적 판단을 나타낸다.

다시 시드키아 왕과 관련된 예레미아의 권고와 예언 활동을 고찰하고자 한다. 27:1에 시드키아 통치의 시초 시기가 제시되어 있으니, 그가 B.C. 587년 유다의 멸망 이전 B.C. 597년 이후 *RSV*의 각주에 의하면, B.C. 594년에 바빌론 왕 느부갓네살에 항전할 계책을 세웠으나, 아마도 예레미아의 경고에 따라 그 계책을 수행하지 않은 것 같다고 한다. 그 때문에 시드키아는 그때에 살아남았다고 생각된다. 27장의 서술에 의하면, 야웨께서 예레미아로 하여금 나무막대들을 가죽 끈으로 묶은 멍에를 목에 걸고, 시드키아를 찾아오는 주변 나라들의 왕들에게 이렇게 말하라고 하신다. 즉,

> 이제 내가 이 모든 나라들을 나의 종 느부갓네살에게 넘겼으니,
> …… 모든 민족들은 그와 그의 아들과 그의 손자를 섬겨라.
> 그 자신의 나라의 정해진 시간이 올 때까지다.
> 그때에는 많은 민족들과 왕들이 그를 그들의 종으로 만들리라.
> 그러나 만일 어느 민족이나
> 왕국이 바빌론 왕 ……의 멍에를 목에 걸지 않는다면,
> 나는 그 민족을 칼, 기근, 역병으로 치리라. ……
> 그러니 너희의 예언자들, 점쟁이들, 마술사들의 말을 듣지 말라.
> 그들이 바빌론 왕을 섬기지 말라는 말은 거짓이다.
> — 하략 — (27:1~11 참조)

예레미아의 저 선포는, 세계사적 시야에서 보자면, 고대 ANE의 역사의 한 사례다. 그러나 그의 선포에서 세계사적 죄악의 문제가 천명되어 있으며 세계사의 궁극적 미래 구원을 가리키는 예언이 들려온다. 지배자·정복자 바빌론 왕을 섬겨야 하는 피지배자들은 당대에서 역사적으로 벌어진

온갖 죄악들의 주체들이다. 정복과 피정복의 소용돌이에서 그 죄악들이 계시된다는 사실이 이스라엘의 구원사적 전통의 빛 아래서, 예레미아를 통해서, 밝혀져 있다. 그의 구원사적 시야가 바로 그의 예언자 소명의 의미다. 그 자신이 모든 역사의 멍에를 목에 걸고, 모든 부족국가들의 왕들에게 바빌론의 멍에를 목에 걸고 바빌론을 섬기라고 외친다. 그럼으로써 그는 그들이 바빌론의 세력 아래서 살아남으라고 권고한다. 그러한 예언자는 세계역사 혁명의 새 미래를 예언할 수 있다. 예레미아는 유다와 더불어 세계역사의 새미래를 내다본 것이다.

예레미아는 항쟁하려는 유다의 시드키아 왕에게 충정의 권고를 이렇게 말한다. 즉,

> 당신의 목에 바빌론 왕의 멍에를 짊어지고,
> 그와 그의 백성을 섬기고, 살아남으시오.
> 왜 당신과 당신의 백성이 칼, 기근, 역병으로 죽고자 합니까?
> ……
> '당신은 바빌론 왕을 섬겨서는 아니 되오'
> 이렇게 말하는 예언자들의 말들을 듣지 마시오.
> 그것은 거짓입니다.
> — 하략 — (27:12~15 참조)

바빌론 왕의 멍에를 짊어지라는 것은 시드키아가 유다를 대표해서 유다의 악행들과 야웨의 심판을 대행하는 바빌론 왕을 시인하라는, 그럼으로써 유다와 백성들의 살아남을 미래구원을 표식하는 행위다.

예레미아의 그러한 역사적 상황 판단과 예언이 당대의 다른 예언자

들과 사제들과 백성들의 비판과 폭행을 초래했다. 이들은 유다의 야웨 배반과 사회적 불의에도 불구하고, 야웨께서 유다와 자신들의 안보와 평화를 담보해 준다는, 말하자면, 야웨의 의로운 역사 심판을 간과하고 자신들의 잘못된 평화·안보 이데올로기에 안주하고 있었다. 예레미아는 처음부터 유다의 지배층의 그러한 타성에 정면으로 반립했고, 그들의 위협 아래서 탄식하고, 자신의 출생을 저주하기까지 했으며, 우리는 이제 시드키아의 통치 초기(아마도 B.C. 594년 느부갓네살에 대한 항전의 획책이 감돌고 있던 상황에서, *RSV* 예레미아서 27장 주)에, 예레미아와 예언자 하나니아(Hannaniah)와의 반립상황을 예증으로 고찰하고자 한다.

28장을 보자면, 하나니아가 예레미아에게 정면으로 충돌한다. 하나니아가 예레미아에게 사제들과 모든 백성들이 모여 있는 성전에서 말하기를,

> 이와 같이 만군의 야웨, 이스라엘의 하나님이 말씀하신다:
> 내가 바빌론 왕의 멍에를 꺾었노라.
> 두 해 안에 내가 바빌론 왕 느부갓네살이 바빌론으로 탈취해 간
> 야웨의 성전의 모든 기물들을 이곳에 되찾아오리라.
> 나는 또한 유다의 왕 여호야김(Jehoiakim)의 아들
> 여고니아(여호야긴, Jehoiachin)와 바빌론으로 끌려간
> 유다의 모든 포로들(B.C. 597년)을 이곳으로 데려오리라고
> 야웨께서 말씀하시니,
> 나는 바빌론 왕의 멍에를 꺾고자 한다.(28:1~4)

그러자 예레미아가 그 같은 장소에서 사제들과 모든 백성들에게 말한다.

아멘! 원컨대 야웨께서 그렇게 하소서,
그대가 예언한 말들이 참되게 하소서.
그리고 야웨의 성전의 기물들과 모든 포로들을
이곳으로 데려오소서.
그런데 이제 내가 당신(하나니아)에게 …… 하는 이 말을 들으시오.
당신과 나를 앞서간 예언자들이 예로부터 전쟁, 기근, 역병을
많은 나라들과 큰 왕국들에 반하여 예언하였소.
평화를 예언하는 예언자는 그의 말이 그대로 일어날 때에,
그때에 비로소 야웨께서 참으로 그 예언자를 보내셨다는 것이
알려지게 되리다.(28:5~9)

그러자 예언자 하나니아가 예언자 예레미아의 목에서 그 막대 멍에를 취하여 꺾어버리고, 이와 같이 바빌론 왕의 멍에를 모든 민족들의 목에서 두 해 안에 꺾어버리겠다고 선언하니, 예레미아는 떠나버린다(28:10~11). 얼마 후 야웨께서 예레미아로 하여금 하나니아에게 말해 두라고, 즉 하나니아는 나무 멍에를 꺾었지만 야웨께서 이제 쇠 멍에를 만들어, 바빌론의 멍에로서 모든 민족들의 목에 걸겠노라고 한다. 그리고 예레미아는 하나니아에게 "야웨께서 당신을 예언자로 보내시지 않았다고, 당신은 이 백성으로 하여금 거짓을 신뢰하게 했다고", 그해에 하나니아는 죽을 것이라고 선언하는데, 그대로 되었다는 것이다(28:12~16).

예레미아는, B.C. 597년 제1차 바빌론 포로들이 예언자 하나니아와 같은 부류의 거짓 예언자들, 아합(Ahab)과 시드키아(유다 왕 Zedekiah가 아닌 거짓 예언자)에 의한 조속한 시일 내의 예루살렘 귀환이라는 허황된 예언에 오도되지 않도록, 서신을 저 포로들에게 보내어 바빌론에 정착해 살아가도

록 권고한다. 즉,

만군의 야웨, 이스라엘의 하나님께서
내가 예루살렘에서 바빌론으로 보낸 모든 포로들에게
이렇게 말씀하신다: 집들을 짓고 살아라.
결혼도 하여 아내들, 아들딸들을 데리고 살고,
딸들을 결혼하게 하여 아들딸들을 낳게 하고,
거기서 번창하며 줄어들지 않게 하라.
너희가 살고 있는 도시의 번영을 추구하고,
그 도시의 복리를 위하여 야웨께 기도하고,
그 도시의 복리에서 너희의 복리를 찾으라. ……
너희 가운데 있는 예언자들, 점쟁이들에게 속지 말거라. ……
그들이 너희에게 내 이름으로 예언하는 것은 거짓이다.
나는 그들을 파송하지 않았느니라.(29:3~9))
…… 바빌론에서 70년이 차면, 내가 너희를 찾아갈 것이며,
너희에 대한 내 약속을 이루고, 너희를 이곳으로 데려오리라.
나는 너희를 위한 경륜들(plans)을 알고 있으니,
악이 아니라 복리를 위한 경륜들이며,
너희에게 (새) 미래와 희망을 주기 위함이다.
너희가 나를 부르고, 내게로 와서 내게 기도하면,
내가 너희에게 들으리라.
…… 너희가 너희의 온 마음으로 나를 구하면,
나는 너희에게 발견될 것이며, 너희의 복락을 회복시키고, ……
내가 너희를 내어쫓은 이곳으로 데려오리라.(29:10~14)

바빌론 포로들의 생존과 바빌론을 위한 예레미아의 은혜로운 권고는 이들 모두를 위한 야웨의 은혜로운 미래시간과 구원의 경륜을 내다보는 예언을 함축하고 있는 권고다. 70년 동안의 포로생활은 야웨의 엄격한 심판과 유다의 속죄의 기간이며, 동시대 예레미아의 국제정세에 대한 정확한 판단에 의한 계산을 나타낸다. 하나니아와 그 부류의 아합이나 시드키아는 유다를 비롯한 민족들의 죄과와 이에 대한 야웨의 정의로운 심판을 몰각한 것이다. 아합과 시드키아는 바빌론 왕에 의해서 처형된 것 같다(29:21~22 비교 참조). 예레미아가 바빌론 포로들에게 두 번째 편지를 보낸 계기는 거기에 있던 스마이아(Shemaiah, 하나니아의 또 다른 부류)가 예루살렘의 모든 사제들과 백성들, 특히 성전감독을 맡은 스바니아에게 편지를 보내, 포로들이 오랫동안 견디어내도록 집 짓고 정원 가꾸고 그 결실을 먹으며 번창하라고 권고한 '미치광이' 예언자를 체포하여 차꼬를 채우고 칼을 씌우지 않았느냐는 식으로 예레미아 처벌을 촉구했는데, 스바니아는 오히려 예레미아에게 그 편지를 읽어주니(29:24~29), 예레미아는 다시 편지를 보내어 스마이아에 대한 야웨의 정죄를 선언한다(29:29~32 참조).

30~31장은 포괄적으로 이스라엘과 유다의 모든 백성들을 위로하는 바 미래의 복귀(restoration)를 예언하는 '책'이라고 하는데, 예레미아의 동역자 서기관 바룩(Baruch)의 기록 자료인 것 같다(30:1~3; *RSV* 주 참조). 31장에서 몇 구절 인용한다. 즉,

> 통곡하면서 이스라엘이 돌아올 테니,
> 위로하면서 나는 그들을 데려오리라.
> 나는 이스라엘의 아버지이니, 에브라임은 나의 장자니라.
> 이스라엘을 흩어지게 한 바로 그분이 이스라엘을 모으신다.

야웨께서 야곱을 속죄하게 하셨으니,

그들은 너무도 강력한 세력들에 의해서 속죄받게 하셨다.

야웨께서 이제 그들을 구원하시리니,

그들은 돌아와 시온 산 높은 데서 소리 높여 노래하리라.(31:9~12)

이 마지막 인용구는 필자에 의해서 많이 의역되었지만, 북이스라엘과 남유다의 멸망은 이스라엘의 죗값으로 치러진 속죄의 사건이라는 뜻이다. 구원사 개념은 바로 그러한 속죄 개념을 처음부터 내포하고 있다. 야웨의 구원의 경륜에 따라 선택받은 이스라엘의 장자권(the first born)은 처음부터 그의 구원을 모든 민족들에게 중재하고 증언해야 하는 사제직분을 포함하고 있다. 장자권을 부여받은 이스라엘 자체도 야웨의 심판 아래서 속죄의 죗값을 치른 것이다. 예레미아가 짊어진 바빌론 왕의 멍에는 이스라엘을 비롯하여 다른 민족들에게도 부가된 죽음의 고통에 이르는 멍에다. 역사의 죄악에 결부된 이러한 속죄의 필연성이 바로 야웨의 영원한 미래 구원과 복락에 이르는 부정적 계기다. 속죄의 필연성은 역사의 죄악 때문이다.

북이스라엘의 멸망에 이어 유다의 멸망을 야웨 하나님의 종말적 심판 아래서의 속죄의 역사라고 선포한 예레미아는 이제 온 이스라엘의 복귀(restoration)와 더불어 궁극적인 새 인간의 출현을 31:31~34에서 이렇게 선포한다. 즉,

보라, 야웨께서 말씀하셨다. 내가 이스라엘과 유다와 더불어

새 계약을 맺을 날들이 다가온다.

이는 내가 애굽 땅에서 이끌어낸

그들의 조상들과 맺은 계약과 같지 않으니,

저 계약을 저들은 파기했느니라. ……

그러나 내가 온 이스라엘과 맺을 이 계약은, ……

내가 내 법을 이들의 내면에 심어줄 것이니,

이들의 마음 마음에다 새겨줄 것이며,

그래서 나는 이들의 하나님이고 이들은 내 백성이 되리라.

— 중략 —

나는 그들의 죄를 더 이상 기억하지 않을 것이다.

31:36의 한 구절을 더 인용하자면,

하늘의 만군의 야웨께서 …… 말씀하신다. 이 정해진 우주 질서가 내 앞에서 사라져버려도, 이스라엘의 후손들은 내 앞에서 한 영원한 민족이기를 멈추지 않을 것이라.

저 새 계약은 출애굽 시 모세가 중재한 계약과 그 전통과 어떻게 관계되는가? 이스라엘의 조상들이 그 계약법을 배반했다고 해서, 그것이 무효화되는 것은 아니다. 그러나 이제 예레미아는 그 계약법의 한 새로운 사건, 즉 사람의 마음에 내면화될, 사람이 더 이상 야웨의 의로운 법을 배반하지 않게 될 의로운 사람으로 변화할 궁극적인 인간성 혁명의 사건을 예언한다. 그 혁명의 주체는 여전히 야웨 하나님이다. 그러나 사람의 마음 내면에서부터 그러한 혁명적 변화를 일으키는 주체는, 모세의 중재의 사건에서 보듯이 인간 주체와 구별되는, 밖으로부터 인간에게 다가오는 초월자 하나님을 전제하지만, 이제 인간 내면, 사회 역사 내면에서 인간성을 변화시키는 그의 말씀과 영의 역사적 사건으로서 인간의 주체성 자체를 변화하게 하는 차원이다. 인간 밖에서부터, 즉 초월자 야웨 하나님으로부터 인간에게 말씀해 오시는 초월적 말씀이 그의 영에 의해서 인간으로 하여금 의로운 행위의 주체로 변화하게 한다. 우리가 앞에서 고찰한 모든 예언자들의 예언활동에도 그와 같은 야웨의 영의 역사가 함축되어 있다. 특히 이사야가 11장에서 선포한 종말적 미래의 메시아 왕의 통치가 '야웨의 영'(the Spirit of Yahweh, 2절)의 역사와 동일화되어 있으며, 그 영이 '지혜와 깨달음의 영'(the spirit of wisdom-understanding)으로, 혹은 '지략과 능력의 영'(the spirit of counsel and might)으로, 혹은 '야웨에 대한 인식과 경외의 영'(the spirit of knowledge and fear of the Lord, 2절)으로 메시아의 왕의 통치에서 작용한다. 예레미아는 인용된 저 구절에서 모세의 계약법 전통에로 소급하여 이 전통을 전제하고서, 이 법을 인간의 마음에 내면화시키고, 구원자 하나님과 인간의 의로운 계약에 의한 새로운 혁명적 인간성을 종말적 미래에로 투사한다. 예레미아는 저 맥락에서 '야웨의 영'을 언급하지는 않으나, 이사야를 비롯한 앞서간 예언자들에게 작용한 '야웨의 영'에 관한 전통을 염두에 두고 있었다고 추측된다. 그 영은 인간성을 변화시켜 역사 변혁의 주체가 되게 하는, 궁극적으로 종말적인 영의 역사를 가리킨다. 31:36에서 부각되는 야웨의 '영원한 민족' 이스라엘은 야웨의 영의 역사의 빛에서 해명되어야 하는, 구원의 종말적 미래의 성취를 가리키는 개념이다. '영원한 민족'은 모빙켈(S. Mowinckel), 혹은 아마도 그의 영향을 받은 노르웨이학파들이 생각하는 바 옛 이스라엘의 '민족주의'(Nationalism) 개념이라고, 창조자·구원자 하나님의 피조물 세계 역사에 관계하는 보편적 의미에 못 미친다고 생각된 민족주의 개념이라고 규정되어서는 안 된다. '영원한 민족'은 우선 구원사의 영원한 주체, 야웨 하나님과의 관계에서 성립하며, 그의 구원의 경륜에 따라 모든 민족들을 위한 구원사적 중재와 증언을 위한 전형적 패러다임으로서의 이스라엘 역사의 주체성을 가리킨다. 야웨 하나님의 의로운 계약법이 마음에 새겨진 인간성은 바로 구원사적 미래의 주체성의 성취를 가리킨다. 인간성 혁명의 예언이다!

이제 우리는 B.C. 587년 바빌론에 의한 예루살렘 함락과 유다의 종말 전후와 관련된 예레미아서 37장 이하를 고찰하고자 한다. B.C. 588년경 애굽의 군대가 예루살렘을 포위한 바빌론 갈대아 군대에 대적하여 예루살렘에 이르니, 갈대아 군대가 일단 예루살렘에서부터 철거했다(37:7, 11). 그 때에 예레미아에 반대한 예언자 하나니아의 손자 이리야(Irijah)가 예레미아가 바빌론으로 망명하려 한다고 이를 체포하여 유다 고관들에게 넘기니, 이들이 예레미아를 때리고 총리의 관저 지하감옥에 가두었다. 시드키아가, 바빌론이 예루살렘에서 철수했으니, 자신과 이 도성이 무사하게 될지 모른다는 생각에, 예레미아를 저 감옥에서 불러내게 하여, 야웨의 말씀을 듣고자 한다. 시드키아는 애굽 편에서 유다와 예루살렘이 무사하리라는 멘토들에 기울어져 있는데, 예레미아는 그가 '바빌론 왕의 손에 넘겨질 것' 이라고 단적으로 직언한다. 그와 같이 예레미아는 시드키아 정면에서 그가 바라지 않는 바를 선언하고서, 자신의 정당함을 역설하면서 저 감옥에서 죽지 않도록 그리로 보내지 말아달라고 간청한다. 시드키아는 예레미아를 근위대 울 안에 있게 하고 먹을 빵도 제공받게 하는 조처를 취한다(37장 참조). 많은 사제들과 예언자들, 고관들과 백성들에게 반립하여 박해와 죽음을 무릅쓰고, 예레미아가 그와 같이 유다의 멸망을 선언하는 것은 그의 예리한 국제 정세에 대한 투시력을 근저에 지니고 있지만, 우선 유다의 전반에서 야웨 하나님과의 의로운 관계질서 파괴에 대한 그의 철저한 판단에서 역사를 새롭게 하실 야웨 하나님의 영원한 말씀에 대한 역사 신앙을 나타낸다는 점이다. 예레미아에게 반대하는 저 사제들과 예언자들, 왕실과 고관들, 대다수의 백성들은 다른 신들과의 혼합 속에서 야웨 하나님 신앙을 자신들의 안전 보장을 위한 이데올로기 정도로 이용한다는 점에서 불신앙과 다른 신들을 추종함과 마찬가지로 사회 세계 문제에의 투시력을 가지지 못한다.

예레미아는 유다 왕실과 백성들이 야웨의 심판 아래서 죗값을 치러야 한다는 확고한 신앙에 따라 야웨께서 일으킨 바빌론 왕의 대 유다 전쟁을 속죄의 계기로 본다. 그는 시드키아가 바빌론 왕에게 항복하고 유다 백성들을 살아남게 하려고, 이렇게 계속 외친다. 즉,

> 이 도성(예루살렘)에 남아 있는 자는 칼, 기근, 역병에 의해서 죽을 것이나, 갈대아로 떠나는 자는 살아남을 것이니, 이는 전쟁의 대가(속죄)로 …… 살리라. …… 이 도성은 분명히 바빌론 왕의 군대에 넘겨질 것이다.(38:2~3)

예레미아의 그러한 말을 듣는 고관들은 유다 왕에게 그가 유다 백성의 복리에 배반한다고, 그를 죽이라고 요청하고, 근위대 울 안, 유다 왕의 아들의 지하 수조에 예레미아를 줄에 매달아 던져버렸다. 그 수조에 물은 없었으나, 진흙 구덩이에 가라앉아 죽을 판이다(38:4~6). 그때에 왕궁 내관, 에티오피아 사람 에베드 멜렉(Ebed-melech)이 왕에게, 저들이 예레미아에게 악행을 행하였다고 고하니, 왕이 세 사람들을 데리고 건져내라고 하니, 그 내관이 왕실 창고의 헌옷들을 예레미아의 겨드랑이에 끼게 하고 이를 줄에 매달아 끌어올려냈다. 예레미아는 근위대 울 안에 머물러 있다(38:7~13). 왕이 그를 은근히 불러내어, 모든 것을 다 말해 달라고 청하니, 예레미아가

자신을 죽이지 않도록 간청한다. 왕이 비밀리에 약속해 준다(38:14~16). 예레미아가 왕 시드키아를 위하여 최종적으로, 야웨의 말씀을 전한다. 즉,

> 만일 당신이 바빌론 왕의 신하들에게 항복한다면, 당신의 목숨을 건지게 될 것이며, 이 도성은 불타버리지 않을 것이며, 당신과 당신의 왕실도 살아남을 것이오 하니.(38:17~18)

시드키아 왕이 예레미아에게,

> 나는 갈대아로 떠난 유민, 유대인들이 두렵소.
> 내가 (바빌론으로 끌려가) 그들에게 넘겨지게 되면,
> 그들이 나를 얼마나 비방할 것인지, 두렵소.(38:19)

시드키아는 자신의 잘못으로 유대인들이 바빌론으로 끌려갔다는 것을 시인하고 있다. 그러나 예레미아는 왕이 그들에게 넘겨지지 않을 것이라고 격려하면서, 이렇게 설득한다. 즉, 해석적으로 요약하자면,

> 바빌론의 침략전쟁을 야웨 하나님의 심판으로서 시인하고,
> 왕이 꺾인 애굽을 신뢰하지 말고,
> 바빌론에 항복하고, 바빌론 왕의 손에 넘겨질지라도,
> 살아남을 것이며, 예루살렘과 유다에
> 남아 있는 백성들도 살아남을 것이며, 그렇지 않으면,
> 바빌론에 끌려간 유다 왕실의 모든
> 여인들과 아들들이 왕을 질책하여 말하기를,

왕이 자신의 신뢰하던 자들에 의하여 속았으니,
이제 진흙구덩이에 가라앉아 있다고 하며,
왕을 멀리할 것이라고,
결국 예루살렘 도성은 함락되어 불타버릴 것이라고,
예레미아는 왕에게 진언한다.(38:20~23 참조)

시드키아 왕은 예레미아의 조언에 대하여 결국 용단을 못 내리고, 그러한 대담을 아무에게도 알리지 말라고, 예레미아를 죽이게 하지는 않을 것이라고 말할 뿐이다(38:24~27 참조). 왕이 예레미아의 조언을 따라 선택할 용단과 살아남을 기회를 가지지 못하는 상황에 처해 있었던 것 같다.

결국 바빌론 왕 느부갓네살(Nebuchadnezzar)의 군대는 B.C. 587년 다시 예루살렘에 쳐들어 오니, 시드키아와 그의 군대는 도망치다가 추격되었다. 시드키아는 여리고에서 사로잡혀, 그의 면전에서 그의 자식들과 유다의 모든 귀족들이 살해되고, 시드키아의 두 눈이 뽑히고, 묶여서 바빌론으로 끌려가게 된다. 그의 왕궁과 백성들의 집들이 불태워지고, 예루살렘 성벽들이 무너져 버린다. 가난한 사람들만이 유다에 머물러 있다(39:1~10). 예레미아는 바빌론 왕의 근위대장의 보호 아래서, 유다의 총독으로 임명된 게달리아(Gedaliah, 오랫동안 예레미아를 돕던 요시아 왕의 서기 Shaphan의 손자)에게 맡겨지니, 예레미아가 남아 있는 백성들 가운데 거하게 된 것이다(39:11~14; 40:1~6 참조). 게달리아와 많은 유대인들이 불안정한 상황에서 살해당했다(41:2~3).

애굽으로 끌려간 예레미아의 예언 활동:

유다에 남아 있는 군대들, 패잔병들의 사령관 요하난(Johanan)을 비롯한 사령관들이 바빌론이 세운 총독 게달리아가 살해됨에 따라 바빌론의 보복이 두려워 애굽에로의 피난을 생각하면서, 예레미아에게 자신들의 갈 길에 관해서 야웨의 뜻과 말씀을 알려주도록 요청한다(41:17~42:3). 예레미아는 유다의 남아 있는 자들이 유다에 그대로 남아 있으라고 권하면서, 유다에 대한 야웨의 용서를 구하면서 간곡하게 또 역설적으로 그들을 설득한다. 인용 형식으로 요약하자면,

> 만일 너희가 이 땅에 머물러 있고자 한다면,
> 나는 너희를 허물어 버리지 않고 세우리라,
> 너희를 뽑아버리지 않고 심으리라. 이제
> 내가 너희에게 행한 재앙을 후회(용서)한다.
> 바빌론 왕을 두려워 마라. 내가 너희와 함께하며,
> 그의 손에서 너희를 구출하고자 하고
> 너희 자신의 땅에 머물게 하리라.
> 만일 너희가 야웨의 말씀에 불복종하고 전쟁이 없는
> 애굽 땅으로 가서, 배고프지 않게 거기서 살겠다고 하면,
> 너희가 두려워하는 칼이 너희를 덮칠 것이며,
> 애굽으로 가 살고자 하는 자들은
> 칼과 기근과 역병으로 죽으리라.(42:10~22 참조)

예레미아는 한편 유다 땅의 남은 자들이 그 땅에 머물러 그 땅을 지키면서 70년 후쯤 바빌론 포로들의 귀환을 대비함이 마땅하다고 생각했음에 틀림없으며, 다른 한편 애굽이 바빌론의 침략을 받으리라고 예측했기 때문에 유다의 남은 자들의 애굽에로의 피난의도가 잘못된 정세 판단이라는

것을 말해 준 것이다. 실제로 바빌론 왕이 B.C. 568/567년에 애굽 침략과 제압에 성공했다는 것이다(*RSV*, 예레미아 43:8~45:5 주 참조). 예레미아가 유다의 모든 남은 자들에게 저 권고의 말을 끝내자 그들이 예레미아가 거짓말한다고, 그의 서기 바룩(Baruch)이 자신들을 갈대아인들에게 넘겨주려 한다고 소동을 피웠으며, 요하난을 비롯한 유다의 패잔병들의 사령관들이 유다의 잔류민들과 흩어졌다 모여든 모든 백성들과 예레미아와 바룩을 이끌고 애굽 땅 다흐반헤스(Tahpanhes)에 이르렀다(43:1~7).

예레미아는 다흐반헤스에서의 유대인들에게 야웨의 심판의 말씀을 여전히 강렬하게 선포한다. 야웨께서 그에게 큰 돌 몇 개를 다흐반헤스에서의 파라오 궁전 문 앞 유대인들이 보는 데에 놓고, 그들에게 말하라고 명한다. '보라, 내가 나의 종 바빌론 왕 느브갓네살을 보내리니, 그가 그의 왕좌를 이 돌들 위에 세우리라. …… 그가 와서 애굽 땅을 칠 것이라. …… 그가 B.C. 568/567년 실제로 바빌론 왕이 애굽을 침략하여 제압했으니, 예레미아의 정세 판단과 예언은 적중했다. 다흐반헤스 시 이외에 애굽의 믹돌 시(Migdol), 멤피스 시(Memphis), 바드롯 시(Pathros)도 이미 유대인 디아스포라의 정착지들로 형성되어 있었던 것 같다(44:1). 그 유대인들은 '다른 신들'을, 특히 애굽의 태양신 레(Re)를 추종했으며, 예레미아의 말을 듣지 않겠다고 항거한다(44:1~10, 16). 바드롯 시에서의 경우를 보자면, 특히 여인들이 하늘의 여왕 신에게 분향하고, 제주를 부으면서 맹세를 서약하면서, 동시에 '야웨 하나님이 살아 계시는 한' 야웨 하나님의 이름도 부르는 것 같다. 그래서 예레미아는 '야웨 하나님'의 이름을 부르지 말라고 외친다(44:24~19). 북이스라엘에서처럼 많은 유다인들도 곧잘 혼합주의에 빠졌던 것 같다. 예레미아가 애굽에 거하는 모든 유대인들에게 선언하는 마지막 예언을 들어본다.

보라, 내가 재앙을 받을 그들을 지켜보고 있느니라. ……
애굽 땅에 거하는 유다의 모든 남은 자들은 끝장날 때까지
(전쟁의) 칼과 기근 때문에 소멸하리라.
칼을 모면한다 해도, 유다 땅으로 돌아올 자는 소수일 것이다.
애굽 땅으로 온 유다의 모든 남은 자들은
내 말이 옳은지, 자신들의 말이 옳은지 알게 되리라.
내가 너희를 이곳에서 벌하고자 하는,
정녕 너희에게 보여줄 표징이 있으니, ……
보라, 내가 애굽 왕 파라오 호브라(Hophra)를
그의 생명을 노리는 적대자들의 손에 넘기리니,
내가 유다의 시드키아 왕을 느부갓네살 바빌론 왕의 손에
넘겨준 것처럼 하리라.(44:27~30)

애굽 왕 호브라는 B.C. 569년 실제로 아모시스(Ahmosis II)에 의해서, 아마도 바빌론의 침략의 와중에서, 살해되었다는 것이다(*RSV* 주 참조). 애굽에서의 예레미아의 예언 활동은 44장에서 끝난다. 그는 애굽에서 살아남기 어려웠을 것이다. 그가 거기에서 파란 많은 생을 마쳤다고도 하고, 혹자들은 맞아 죽었다고도 추정한다. 어쨌든 그의 곁에 바룩이 있었겠지만, 그의 예언자적 마지막 생애는 이전과 마찬가지로 고통스러웠을 것이다. 45장에서 예레미아가 야웨의 말씀을 자신의 서기관 반려자에게 대변한다.

오 바룩, 그대는 내게 재앙이 닥쳤다고!
야웨께서 나의 고통에 슬픔을 더하시니 말이요.
나는 고뇌로 지치고 쉬지 못하오.

야웨께서 말씀하시기를,

내가 세우고 허물어버리며,

내가 심고 뽑아버리니, 바로 이 땅이라.

그대는 큰일들을 구하나, 그러지 마시오.

야웨께서 모든 육체(모든 인간)에 재앙을 닥치게 하나

그대에게는 어디로 가든지

그 모든 곳에서 전쟁을 치른 대가로 삶을 주시리라.(45:1~5)

5절로 구성된 이 짧은 45장은 예레미아의 평생의 협동자 서기관 바룩(Baruch)에 의해서 애굽에서의 예레미아의 마지막 고별사 같은 신탁의 말씀(oracle for Baruch)이라고 생각된다. '전쟁을 치른 대가'는 우리가 이미 제시했듯이 대 유다 바빌론 전쟁에 살아남은 속죄의 생명으로서, 예레미아가 바룩에게 전달하는 야웨의 종말적 구원의 말씀이다.36)

예레미아 46:1~51:64은 여러 타민족들에 대한 심판의 예언신탁에 관한 기록들을 제시한다. 우리는 그중에서 50~51장에서의 바빌론에 대한 야웨의 심판 예언 부분을 고려하고자 한다. 처음부터 구원사적 관점에서 아시리아와 바빌론 같은 강대한 신흥 정복 세력들은 악의 세력들로 규정되었다. 그들에게 정복된 근동의 다른 국가들도 이들의 여러 악행들 때문에

36) 예레미아의 예언은 애굽에서 B.C. 586년 어느 때 마지막으로 전해졌다고 한다. 그가 애굽에로 도피한 유대인들 사이에서 살아남기란 대단히 힘들었을 터인데, 그들에게 살해되었다고 전해지기도 하고, 생을 마쳤다고도 한다. 어쨌든 저 45장은 바룩이 예레미아의 예언활동을 정리할 때 이 맥락에 삽입한 것 같다. 예레미아서 1~51장의 두 편찬본들이 있는데, 첫째 것은 Baruch에 의해서 애굽에서 작성되었다고 하며, 이것은 희랍어 번역 LXX에 포함되어 있으며, 다른 편찬본은 좀 다르게 바빌론에서 포로로 거기에 간 바룩의 형제 Seraiah에 의해서 편찬되었다고 한다. 이 편찬본은 Qumran 예레미아 텍스트에 보존되었다는 것이다. 예레미아서 51장은 신명기적 역사=DH의 자료로서 첨가 부분이다. *ABD* Vol. 3, H. "The Book of Books", 716 참조.

황폐화되었고 종속되거나 그들에게 흡수되어 버렸을 것이다. 그러한 전쟁들이 야웨 하나님의 심판의 도구들로서 일으켜졌다는 판단은 이스라엘-유다의 구원사적, 즉 야웨의 의로운 구원의 경륜에 대한 역사신앙의 관점에서 가능한 역사관이다. 창조자·구원자 하나님이 악을 일으켜 악을 침으로써 이스라엘-유다를 비롯한 모든 나라들을 심판한다는 것은 사회 역사적 악을 악으로 쳐 계시하는 그의 의로운 구원의 경륜이다. 야웨께서 당신의 '종'이라고 지칭한 바빌론 왕 느부갓네살의 강성하던 나라가 이제 바빌론 북동쪽의 메디아(Media)의 위협 아래 처하게 된 것 같으며, B.C. 539년 페르시아에 의해서 멸망한다. 50~51장이 바빌론에 대한 야웨의 심판, 신탁의 말씀이다. 그 자료들은 예레미아의 예언에 속하지만, 아마도 그에 의해서 구성된 문서는 아닐 것이라고 추정된다(*RSV* 주). 50:2 이하를 보자면,

> 민족들에게 선포하라, ……
> 바빌론이 함락되리라고,
> 벨 신(Bel=Baal)이 수치를 당하고,
> 메로닥 신(Merodach)이 실망하고,
> 바빌론의 우상들이 절망한다고 선포하라.
> 북쪽에서부터 한 민족(Media)이 바빌론을 치러 왔으니,
> 그 땅이 황폐하게 되었고, 아무도 거기에 거하지 않고 도망하리라.
> 그날들에, 그때에 ……, 이스라엘-유다의 백성들이
> 울면서 돌아와, 야웨 하나님을 찾으리라.
> 그들이 시온에 이르는 길을 무르며, 시온을 바라보며 말하기를,
> 가자, 우리가 야웨께로 가자,
> 다시는 잊혀지지 않을 영원한 계약에로 함께 모이자.(50:2~5)

이 문맥에서의 '그날들에', '그때에'는 야웨의 종말적 구원의 새 미래를 가리킨다. 31:31 이하에서 선포된 '새 계약'의 백성의 출현이 바로 야웨의 종말적 구원의 새 미래의 비전이다. 바빌론을 붕괴시킬 주체는 메디아(Media)를 지시하는 것 같은데, 시온을 바라보고 귀환하는 이스라엘-유다 백성들의 상황은 메디아(Media)의 시기보다는, B.C. 539년의 페르시아에 의한 바빌론 정복 시기에 일어난 상황이다. 이 문맥에 좀 혼선이 있는 것 같다. 5:11에 바빌론 붕괴의 주체로서 '메디아(Media)'가 지적되어 있는데, 메디아(Media)와 페르시아가 함께 바빌론을 멸망에 이르게 했다고 추측된다. 주목할 것은 예레미아가 아시리아를 비롯하여 바빌론과 메디아(Media)의 역사들을 구원사적 관점에서 부각시키고 있다는 사실이다.

51:1~2, 11을 인용하자면, 야웨께서 말씀하시기를,

> 보라, 내가 바빌론, 갈대아의 주민들을 칠,
> 파괴자의 영을 불러일으키려고 하노라.
> 내가 바빌론을 키질할 자들을 보내리니,
> 그들이 사방에서 바빌론으로 닥쳐가 키질하리라. ……
> 야웨께서 메디아의 왕들의 영을 일으키셨으니,
> 그의 뜻은 바빌론을 붕괴시키는 것이며,
> 그것이 그의 성전을 위한 보복이니라.

바빌론의 유다 정복은 야웨를 배반한 악의 정복으로서 창조자·구원자 하나님의 의로운 심판의 역할을 수행한 것이다. 그러나 바빌론은 야웨의 성전을 노략질하고 파괴한 것은 저 하나님을 적대한 악행이며, 이제 바빌론의 이 악행이 야웨의 심판으로서의 보복을 받을 차례다. 바빌론과 유

다 양자의 악은 바로 야웨 하나님의 구원의 의에 비추어서 판정된 것이다. 악의 세력은 우선적으로 또 근원적으로 창조자·구원자 의로운 하나님의 척도에 비추어서 판정되는 것이다. 바빌론이 섬기는 '벨' 신(=바알 신)이나 '메로닥' 신은 그와 같이 역사적 악과 불의를 심판하고 변혁하고 궁극적 미래의 구원에로 계시하는 역할을 수행하지 못한다. 이 때문에 바빌론에 대한 야웨의 심판은 의롭다. 바빌론의 우상들에 대하여 예레미아는 이렇게 선언한다. 즉,

> 모든 사람이 어리석고 무식하구나.
> 모든 금·은장이가 만들어내는 우상들 때문에 수치당해야 하니,
> 그의 형상들은 거짓이고, 이것들에는 생명의 숨결이 없고,
> 무가치하고, 착각의 작품이로다.
> 심판의 때가 오면 그것들은 사라져 버리리라.(51:17~18)
> 보라, 거만한 자여, 내가 너희 바빌론을 치리라.
> 만군의 야웨 하나님이 말씀하신다.
> 내가 너희를 벌할 날이 다가왔다.
> 거만한 자는 비틀거리고 쓰러지리라.
> 그를 일으켜 세울 자 아무도 없으며,
> 내가 그의 도시들에 불을 질러
> 그의 주변에 있는 모든 것을 태워버리리라.
> 이스라엘-유다의 백성들이 억압받으며,
> 이들을 포로로 이끌어간 자들이 백성들을 놓아주지 않으니,
> 강하신 구원자, 만군의 야웨께서 정녕 이들을 변호하시고,
> 이들이 쉴 땅을 주시고, 바빌론 주민들을 벌하시리라.(50:31~34)

그와 같이 야웨께서 정복자들의 피정복자들에 대한 오만한 억압을 꺾으시리라는 선포다. 학자들은 바빌론에 대한 야웨의 그토록 신랄한 심판의 선포가 다 예레미아의 예언 자료라고 생각하지 않는 것 같다. 그것이 후기 편찬자들의 첨가라고 해도, 어쨌든 예레미아의 예언 활동과의 연속성을 가지고 있음에 틀림없고 예레미아의 예언에 합당하다.

B.C. 8세기의 예언자들이 북이스라엘-남유다의 멸망을 예언했으나, 그 멸망의 역사적 현장 한복판에서 그 역사를 목격한 예언자들은 북이스라엘의 예언자 호세아와 남유다의 예레미아다. 호세아는 박두해 오는 또 현재 벌어지는 아시리아의 정복전쟁 한복판에서, 이 역사의 죄악과 멍에를 자신과 자신의 가족의 운명으로서 짊어지고, 야웨 하나님의 심판과 속죄와 새 미래의 구원을 외쳤다. 예레미아는 위대한 다윗 왕국의 전통을 담지한 남유다의 멸망의 역사 현장의 한복판에서, 이 멍에를 짊어지고 이 멍에를 야웨의 심판으로서 받아들이라고 선포하는 괴로운 예언자이다. 그러한 위기의 역사적 현장에서 그는 왕들과 고관들, 거의 모든 사제들 예언자들 백성들과 대립할 수밖에 없었으니, 왜냐하면 그러한 국가적 존망의 위기에서 야웨 하나님을 유다의 보호 신(神)으로 완강하게 고집하려는 그들과 예레미아의 예언은, 그의 종교·정치적 판단이 옳음에도 불구하고, 정면충돌할 수밖에 없으니, 박해와 죽음의 위협, 탄식과 고통 속에서 투쟁적으로 야웨의 말씀을 선포하곤 했다. 자신의 나라의 멸망을 선포한 예레미아의 탄식이 오늘의 우리의 심금을 울린다.

이제 바빌론의 멸망의 '종말'이(51:11), '그날들'이 다가온다고, 이미 다가왔다고 선포함으로써(51:47, 52 등) 예레미아는 바빌론과 같은 타민족국가에 대하여 이스라엘의 구원사적 관점에서 선포한다. 이 선포는 다른 모든 민족사들에도 해당된다. 이스라엘은 예레미아에게서 모든 다른 민족사들의 혁명적 패러다임으로서 의의를 가진다. 그러한 의의가 다른 예언자들에게서도 관통하고 있다. 창조자·구원자 하나님이 악의 세력을 멸망하게 함으로써 악의 세력들을 노출시키고 멸망에 이르게 하고, 악의 세력들을 변혁하게 하고 넘어서서 그의 의로운 나라의 궁극적 미래에로 행진하게 함이 구원사의 주제이다.

에제키엘

긴 예레미아서에 이어 또 긴 대 예언서, 1~48장으로 구성된 에제키엘서를 고찰할 차례인데, 가급적 간략하게 제시하고자 한다. 에제키엘(Ezekiel)은 거의 예레미아와 동시대이면서 좀 후기 B.C. 598/7년 유다의 첫 번째 바빌론 포로 이송의 해, 혹은 *RSV*의 에제키엘서에 대한 서문에 의하면 B.C. 593~563년 바빌론 포로기에 예언활동을 수행했다고 한다.[37] 일반적으로 구약연구는 에제키엘서를 세 부분으로 구분한다: 1~24장은 이스라엘

37) *ABD* Vol. 2, "Ezekiel, Book of"(721~722)에 의하면, 20세기 초부터 에제키엘 문서의 저자와 기록 시기에 관한 논의들이 분분했는데, 제2차 세계대전 이후에 학자들이 그 문서자료들이 포로기 혹은 포로후기 상황에 결부되어 있다는 것을 주목하게 되었다. Walther Zimmerli의 1969년 *Biblisher Kommentar Altes Testaments* XIII/ I 에 실린 2권의 대 주석서들이 20세기 혹은 아마도 그 이래의 Ezekiel서 연구를 위한 기본 참고서로서의 위치에 있는 것 같다. 그 영역 첫 권, 1979년 *Hermeneia*: Ezekiel I (Philadelphia: Fortress)이 내게 있으나, 나는 그것을 참고할 시간을 내지 못했다. 저 *ABD* Vol. 2에 의하면, 그는 에제키엘서의 '기본 텍스트'(Grundtext)와 그의 학파에 의한 '후기해석'(Nachinterpretation)으로 구별했는데, 그 문서의 많은 부분이 에제키엘 자신에게서 유래했는지, 아닌지 하는 의문과 논란을 야기시켜온 것 같다. 그러나 오늘의 모든 학자들이 그에게 힘입어 에제키엘서 편찬 과정이, 포로 후기의 사제적 재건운동의 목표들에 관계 되었다기 보다는, 에제키엘 자신의 본래의 사상에 결부되었다고 본다. *ABD* Vol. 2, 715~716 참조. 포로 후기의 사제적 개혁운동에 관계된 에제키엘서에서의 성전 재건 관심사(40~47장)는 B.C. 593~571년 시기에 해당한다고 추정한다는 것이다. 그러므로 에제키엘의 성전 재건의 비전 신탁은 포로기 이후의 기록이라기보다 B.C. 6세기의 바빌론 포로기의 자료라고 추정되어도 타당하다. *ABD* Vol. 2, 715~716, 718 참조.

에 대한 야웨 하나님의 심판 선포이며, 25~32장은 타 민족들에 대한 심판 선포이며, 33~48장은 신적인 종말적 구원의 비전으로서 이스라엘의 구원사 재건의 구상을 제시한다. 둘째 부분들은 다른 예언자들, 특히 예레미아의 예언과 중첩되기는 하나, 에제키엘의 언어와 상징적 표현 양식이 특유하다. 이 문서는 시문 형식보다는 서술문이다. 그런데 그 서술문이 *RSV* 영역으로 읽어도 음율적인 시문처럼 느껴지는데, 우리가 해석적으로 재서술하자면, 그러한 언어양식이 표현되기 어렵다.

(1) 유다 멸망, 에제키엘의 예언자 소명과 유다 종말의 재현(1~24장)

에제키엘의 예언자 소명기록(1:1~3:27)을 보자면, 느닷없이 '30년째 되는 해'(1:1)라는 말이 대두한다. 학자들의 추론을 반영하는 *RSV*의 각주는 B.C. 598년 유다의 첫 바빌론 포로 이송시기에서부터 30년째 되는 해를 기점으로 설정하고, 이때에 바빌론 포로로 이송된 유다 왕 여호야긴(Jehoiachin)의 '5년째 되는 해'(1:1) 에제키엘이 포로들 가운데서 바빌론 그발 강(Chebar)가에 있을 때, "하늘이 열리고 하나님의 비전을 보고 야웨의 말씀이 사제 에제키엘에 이르렀다"(1:2~3)고 한다면, 에제키엘의 예언자 소명은 B.C. 598−5=593년이고, 30년째 되는 B.C. 563년은 그의 예언들의 기록의 시초라고 해서 *RSV*는 그의 예언활동의 시기를, 이미 우리가 제시한 대로, B.C. 593~563년으로 본다. 하늘이 열리는 그의 비전은 후기의 묵시론적 표현을 반영하는 것 같아서 에제키엘서의 기록 시기에 대한 논란들이 발생한 것 같다. 어쨌든, 이미 우리가 지적한 대로, 그의 언어양식이 B.C. 6세기의 사제적 개혁운동을 반영한다면, 그의 예언활동 시기가 바빌론 포로기라고 추정할 만하다. 1:4~28에 묘사된, 에제키엘의 예언자 소명의 비전을 일일이 재서술하기는 어려우나, 요점적으로 말하자면, 그 비전은 예루살렘 성전 지성소에서의 야웨의 임재와 보좌를 표식하는 거룹들(Cherubim)을 모형으로 하여 묘사된 바, '야웨의 영광의 형상'(1:28)이다. 에제키엘은 야웨의 영광을 직접 대면하지 못한다. 이스라엘-유다의 역사적 죄악의 멍에 아래 있는 사제·예언자는 야웨의 영광을 직접 우러러보지 못한다. 그는 다만 그의 영광의 얼굴의 형상을 비전으로만 보았을 뿐이다. 그러자 그는 땅에 엎드려 말하는 분의 음성을 들었을 뿐이다(1:28).

야웨께서 에제키엘을 '사람'(son of man) 혹은 '인자'라고 부른다. 이 특징적인 호칭에 대한 해명이 에제키엘서에 없으나, 후기의 묵시론적 종말론에서 특정한 의미를 가지는 개념이다. 그 '사람' 혹은 '인자' 개념 외에 또 특유한 의미에서의 영(Spirit)이라는 말이 자주 쓰인다. 여기서는 야웨의 '영'을 가리킨다. "영이 내 안으로 들어와 나를 일으켜 세운다"고 한다(2:2). 야웨께서 그를 '반역자들의 민족'에게 '그들의 조상들이 바로 오늘까지도 내게 배반해 온 이스라엘 민족'에게 보내신다고 말씀하시면서, "내가 네게 주는 것을 먹어라" 하시고, 그의 말씀이 '기록된 두루마리'를 내어 주셨는데, "거기에는 탄식과 재앙의 말씀들이 씌어 있다"(2:8~10)는 것이다. 그래서 에제키엘이 그 두루마리를 먹으니, 꿀처럼 입에 달았다는 것이다(3:3). 그가 야웨의 말씀을 먹었다는 것은 이스라엘-유다의 멸망의 역사를 자신의 멍에로 받아들였다는 것을 의미한다. 예레미아와 똑같은 말이다. 그렇게 야웨의 말씀이 그에게서 육화(incarnatio) 혹은 역사화된 것이다. 그는 야웨의 말씀을 듣지 않는 완강한 이마를 가진 이스라엘 백성에게로 가서 말씀을 선포하기를 두려워하지 않도록, 야웨께서 그들보다 더 단단한 부싯돌 이마로 만들어 주셨다고 설득하면서, 당신의 백성 포로들에게로 보내신다(3:1~11). 야웨의 영이 에제키엘을 일으켜 세우니, 그가 야웨의 손길의 힘에 의해서 자신의 영의 열기의 강렬함에서 포로들 가운데로 향해 간다(3:1~15). 7일 마지막에 야웨께서 "내가 너를 이스라엘 백성을 위한 '파수꾼'(watchman)으로 만들었으니," 그들에게 '경고'를 주라고 하신다. 파수꾼의 경고의 역할이 묘하다. 만일 야웨께서 악한 자에게, "너는 반드시 죽어야 하리라"고 말한다고 해도, 파수꾼 에제키엘이 악한 자로 하여금 그의 악한 길에서부터 돌이켜 구원받고 살도록 '경고'하지 않는다면, 야웨께서 그의 죽음의 대가를 에제키엘에게서 요구하리라고 하신다는 것이다(3:18). 그러나 만일 에제키엘이 악한 자에게 '경고'한다면, 그가 그의 악함에서부터 돌이키지 않고 그의 악행에서 죽을 수밖에 없다 해도, "너는 네 생명을 구원받게 되리라"는 것이다(3:19). 야웨를 배반하고 사회적 악을 자행하는 자의 죽음은 야웨의 자유한 결정에 달려 있지만, 예언자 '파수꾼'은 악한 자를 지켜보고 반드시 야웨의 경고의 말씀을 선포하고 중재해야 하는, 두려워하지 말고 증언하라는 역사적 임무를 부여받는다. 에제키엘의 예언자적 말씀선포는 3:22~27에서 다음과 같이 서술되어 있다. 야웨의 말씀을 들을 때마다 에제키엘은 몸으로 그의 손길을 느끼는데, 이렇게 자신에게 압도해오는 신적인 능력을 그는 그의 영의 능력이라고 고백한다. 영의 능력은 에제키엘의 호흡과 같이, 죽느냐 사느냐 하는 고뇌에서 그의 몸을 살아나게 하는 힘이다. 야웨의 지시대로 그는 들판으로 나가서, 그발 강가에서 보았듯이, 다시금 야웨의 영광을 목도하고 엎드리니, 야웨의 영이 그를 일으켜 세운다. "너는 네 집안으로 들어가거라. 오, 인자야, 네가 포승으로 묶여지리니, 백성들 가운데에 나갈 수 없다. …… 내가 네 혀를 입천장에 말려들게 하여 네가 말할 수 없게 하리라. 그러니 반역하는 백성을 책망하지도 말거라. …… 내가 다시 네 입을 열어줄 것이니, 너는 그들에게 말하라. 야웨 하나님이 말씀하시기를, 듣고자 하는 자는 들어라. 그리고 듣기를 거부하는 자는 거부하거라, 그들은 반역하는 백성이니"(3:22~27). 이 맥락에서 야웨 하나님의 말씀을 말하도록 소명 받는다는 것은 그의 임재의 영광을 목도하는 체험 가운데서, 예언자의 혀가 새롭게 영에 의해서 열려져 비로소 그의 말씀을 선포할 수 있게 하리라는 것을 의미하는 것 같다.

위의 예언자 소명에 관련된 비전 기록에 이어 이제 4장에서 에제키엘서는 바빌론에 의한 예루살렘 포위와 공격의 지난 일을 대단히 특유한 비전·영상으로써 서술하고 있다. 야웨께서 에제키엘에게 명하신다. 요약해 묘사하자면, 벽돌을 앞에 놓고, 그 위에 예루살렘시를 새기고 포위 벽을 세우라고, 철판을 철벽처럼 에제키엘과 예루살렘시 사이에 설치하여 포위 벽으로 삼아 그 시를 압박하라는 것이다. "이것은 온 이스라엘을 위한 표징이라"(4:1~3). "그리고 너는 너의 왼쪽으로 누워라. 내가 이스라엘의 형벌을 네 위에 지우려고 하느니라. 네가 누워 있는 날들이 네가 그들의 형벌을 짊어지는 날짜들이니, …… 390일, 그들의 형벌의 햇수니라. 그 기간이 끝나면, 너는 이제 오른쪽 옆으로 누워 40일 동안 유다의 형벌을 짊어져라. 하루가 한 해에 해당하니(40년에 해당하는바 출애굽 시 광야에서의 40을 가리킨다) …… 그리고 너는 예루살렘에 대한 심판의 형벌을 예언하라"(4:4~7). 에제키엘은 바빌론 포로들 사이에서 지난 일을 그렇게 상징적으로 묘사하는데, 이 기막히는 상징 묘사는 바로 포로들의 현재적 실제 상황에 관련되어 있다고 추측되기도 한다.[38] 에제키엘은 포위된 예루살렘의 고통을 자

---

38) *RSV*의 각주는 4:4~8에 묘사된 바, 390일의 고행은 사실상 실행불가능하다는 것이다. 우리의 공동번역은 그리스어 번역(아마도 LXX 번역)에 의해서 '390일'(4:5) 대신 '190일'이라고 번역한 것이다. *Hermenea*에서의 Walther Zimmerli의 Ezekiel 1에 의하면, 학자들은 저 4장에서의 에제키엘은 심리적인 병적 상태라고도, 혹은 황홀경(ecstasy) 혹은 강경증 상태였다고 추정한다. Zimmerli는 3:22ff., 즉 에제키엘의 저 예언자 소명 마지막 부분에서 묘사된바 그의 혀가 입천장에 붙어 말을 못하게 된 상태도, 또 4장에서의 390+40일의 병적 상태도 그의 '강경증'(catalepsy)을 암시하는 것이라고 한다. Ezekiel 1, 17쪽 참조. 바빌론 포로생활에서, 에제키

신의 꼼짝할 수 없이 누워 있는 몸의 상태로 겪는다. 그의 고통은 계속한다. 390일 동안 누워 있을 때 에제키엘이 밀–보리–강낭콩–편두콩–조–가축사료 등으로 만든 빵을 하루 한끼 먹고, 하루 한 번 일정량의 물을 마시라는 지시다. 빵을 굽되, 사람들이 보는 데서 인분 위에다 구우라는 지시다. 에제키엘이 자신은 어린 시절부터 불결한 것, 죽은 짐승고기나 불결한 고기를 먹지 않는다고 아뢰니, 그러면 소똥에 구워 먹으라신다(4:9, 15). 이러한 서술도 포로들의 생활 상황과 관련된 것 같다. 5장에서는 에제키엘이 칼로써 면도칼처럼 자신의 머리를 깎고, 깎은 머리 1/3을 예루살렘시의 바빌론에 의한 포위와 소각이 끝날 때 불태워버리고, 1/3을 예루살렘 백성들이 칼에 맞아죽듯이 칼로 치고, 그 1/3을 야웨의 법을 어기고 반역한 백성들을 흩어버리시듯이 바람에 흩어버리라 한다. 에제키엘은 그러한 상징적 행위로써 민족들이 보는 한복판에서 예루살렘에 대한 야웨의 심판에 실존적으로 관여한다(5:1~12). 에제키엘의 그러한 상징적 행위가 B.C. 597년 바빌론의 침략과 첫 예루살렘 포위의 멍에를 그의 몸에 지니는 바로 역사적 행위라는 것을 의미한다. 에제키엘의 그러한 기막히는 상징행위는 사실상 상징이 아니라 그의 역사적 실존이다.

7장을 보면, 야웨께서 유다의 땅, 이스라엘의 땅에 종말이 왔다고 말씀하신다. '종말! 온 땅의 종말이 왔다. 너희에게 종말이구나.' 이렇게 연달아 선포된다. '야웨의 분노의 날'이다(7:2~23 참조). 재난은 재난에 이어

엘은 고통과 탄식 속에서 실제로 그러그러한 병에 걸렸을 것 같다. 그러나 우리가 숙고해야 할 것은 에제키엘이, 실제로 어떠한 병에 걸렸든 혹은 마음의 고뇌 상태이든, 예언자 소명 기록과 야웨 하나님의 위탁을 비롯하여, 앞으로 우리가 고찰할 것이지만, 파괴된 이스라엘의 구원사 설계도를 그리듯이 예언자적으로, 미래의 종말시에로 재건해냈다는 점이다. 또 그가 자신의 괴로운 심신의 상태를 이스라엘의 죄에 대한 야웨 하나님의 심판의 형벌로서, 그 백성의 죄를 속죄하는 멍에의 표징으로서, 그가 실존적으로 짊어지는 상황으로 해석되어야 한다.

연달아 닥치고, 야웨의 법은 사제에게서 붕괴되고, 장로들의 권면도 사라지고, 왕은 통곡하고 신하는 절망에 휩싸인다(7:26~27 등). 이미 일어난 일들을 에제키엘이 그렇게 비전으로 바빌론 포로들에게 외치고 있다.

8장은 에제키엘이 야웨 하나님의 성전, 이미 파괴되었지만 비전의 양식으로 현재화된 성전에서의 혐오스러운 광경을 서술해 준다. 그가 유다의 장로들과 더불어 자신의 집에 있을 때, '야웨 하나님의 자신에 몸에 임하는 손길' 을 느꼈는데–야웨 하나님의 영이 자신에게 들어왔다는 뜻으로 해석된다. '한 사람의 모양을 가진 형상'(8:2)이 그의 허리 아래에는 불같은 것이 있고, 그의 허리 위에는 빛나는 놋쇠 같은 것이 있다. 이 형상은 누구를 가리키는지 분명하지 않다. 공중에 들어올려 그가 예루살렘 성전 북쪽 뜰 내전에서 '이스라엘의 하나님의 영광' 의 비전을 본다(8:3). 그는 제단의 북쪽 입구에서 이스라엘이 가증스러운 짓들을 하는데, 여러 종류의 기는, 혐오스러운 짐승들과 같은 우상들을 본다. 더 혐오스러운 짓들은 야웨의 전 북쪽 입구에서 여자들이 담무즈 신(Tammuz, 수메르–앗카디아의 식물신, 식물들이 말라 시드는 시기에, *RSV* 각주)을 위해 슬피 우는 광경이다. 더 혐오스러운 짓들은 25명가량의 남자들이 동쪽을 향하여 태양을 경배하는 광경이다. 이스라엘의 그러한 야웨 신앙 파탄과 혼돈 때문에 야웨께서 이스라엘에 분노의 재앙으로써 벌하신다(8:14~18). 에제키엘은 '야웨의 영광' 이 예루살렘 성전을 떠나신다고 한다(10장 참조).

이상의 우리의 고찰에서 볼 수 있듯이, 에제키엘의 예언 양식은 특유하다. 그는 이스라엘의 먼 구원사 전통을 전제하고, 가까운 과거에 일어난 북이스라엘–유다 멸망을 종말적 미래로부터 현재에로 말씀해 오시는 야웨 하나님의 말씀, 심판과 구원의 말씀에 비추어, 비전(vision)의 양식으로 서술하고 선포한다. 이 비전의 서술이 상징적으로 엮어지는데, 에제키엘 자신이 그 멸망의 역사에 몸과 행위로써 관여하는 양식이 상징적으로 묘사되지만 실제적이다. 상징적으로 관여하나 그 멸망의 역사의 멍에와 자기 자신을 동일화시키는 바, 바로 그 자신의 괴로운 역사다. 그렇기 때문에 연구자들 가운데서 에제키엘의 예언은 예언하기보다 상징론같이 보인다고 생각하는 것 같다. 앞으로 우리가 고찰할 것이지만, 에제키엘의 예언의 핵심은 구원사 자체의 재건이다. 아마도 그렇기 때문에 그의 예언서는 대체로 서술문의 양식으로 이루어진 것 같다. 이제부터 우리는 11~24장 고찰에서 많은 부분들을 생략하고자 하며, 구원사 재건 부분에 더 집중하고자 한다.

12장을 보자면, 야웨께서 에제키엘에게 바빌론 포로로 떠날 보따리를 준비하라고, 사람들이 보는 낮에 떠나라고 지시한다(12:6). 포로로 떠나되, 사람들이 보는 데서 성벽을 뚫어 빠져나가라는 것이다(12:3~5). 아마도 반역하는 죄 된 이스라엘은 구멍으로 빠져나가라는 것을 의미하는 것 같다. 야웨께서 에제키엘을 "이스라엘을 위한 표징(상징)으로 만드셨다"(12:6)는 것은 그가 그러한 포로이송을 야웨께서 행하시는 심판이라는 것을 시인하고 예언자적으로 선포한다는 의미를 가진다고 생각된다. 그는 이스라엘 백성을 위한 그러한 표징일 뿐만 아니라 '군주'(Zedekiah를 가리킴, 12:10~11, *RSV* 주 참조)가 바빌론에서 죽으리라는 것이다. 야웨께서 칼을 뽑아들고 포로들을 추격하면서 이들을 민족들 가운데로 흩어지게 하시리라는 것이며, 그들의 유다 땅은 약탈되고 황폐하게 되리라는 것이다(12:12~20). 그리고 그러한 '종말'의 '비전'이 다 이루어질 '날들'이 다가와 있다는 것이다(12:22~23).

에제키엘서의 여러 장들을 생략하고 24장을 본다. 24장에서 바빌론에 의한 B.C. 587년 예루살렘 포위와 유다의 멸망의 '날'이 반드시 기록되어야 하는 날이다(24:2). 불타는 예루살렘은 살과 뼈들을 끓이는 녹슨 가마솥 같다(24:3~5). 녹슨 가마솥, 더러운 예루살렘은 이스라엘의 음탕함이다(24:13). 그런데 야웨께서 에제키엘의 아내를 별안간 데려가겠다고 하며, "너는 애통하고 울지도 말고 눈물을 흘리지도 말거라. 한숨 쉬되, 크게 쉬지 말거라. …… 그래서 내가 아침에 백성들에게 말했는데, 저녁에 내 아내가 죽었다." 에제키엘은 지시 받은 대로 했다(24:16~18). 마찬가지로 많은 아들들과 딸들이 칼에 죽어도 그들은 애곡하지 말라는 것, 아내를 잃은 에제키엘이 애곡하지 않는 것은 예루살렘의 참상이 야웨에 의해서 일어난 심판이라는 것을 시인하는 행위이다. 그러한 행위가 포로민들을 위한 '표징'(24:24, 27)이라고 해석된다.

여기까지 우리는 에제키엘이 그의 예언자 소명에 해당하는 바, 그가 이전에 일어난 유다 멸망을 자신의 역사적 멍에로서 받아들이고, 그 과거의 역사를 야웨 하나님의 종말적 미래시간에 비추어 현재적 비전들의 양식으로 어떻게 재현시켰는가를 보았다(1~24장). 다시 말하자면, 그는 과거의 종말적 사건을 자신의 실존과 포로민들을 위해서 현재화시킨 것이다. 다시 말하자면, 영원한 하나님의 시간을 전제하고 또 전망할 때에 과거 역사의 죄악에 대한 종말적 심판과 동시에 그 역사의 궁극적 미래의 비전이 열리게 된 것이다. 종말적 비전은 본질적으로 역사의 영상이며 또 그 이상의 새미래의 영상이다.

(2) 에제키엘의 예언, 이스라엘 구원사의 종말적 재건

25장에서부터 시작되는 타민족들에 관련된 야웨 하나님의 심판에 대한 부분을 생략하고, 우리는 이스라엘에 직결되는 에제키엘의 예언들을 위시해서, 그가 어떻게 이스라엘 구원사를 종말적 미래시간에로 재건하는가를 주목한다. 멸망하고 끝장난 이스라엘(북이스라엘과 유다의 총칭)의 미래에로의 재건 예언은 야웨 하나님의 심판과 형벌 아래서 이스라엘이 겪은 죽음의 고통과 속죄를 넘어서는, 궁극적으로 종말적 미래의 재건이다. 그의 한량없는 용서의 은혜로 구원의 새로운 미래시간이 주어진다는 시간·역사 신앙이 없이는 그러한 재건은 불가능하다. 예언자들은 다 그러한 종말적 미래시간을 담지한다.

에제키엘은 36장에서 '이스라엘의 산들'에게 예언하라는 야웨의 말씀을 듣는다. 이스라엘의 원수가 이스라엘에 관하여 말하기를, "아하! 옛적의 고지대들이 우리의 소유가 되었으니,"(36:2) 에제키엘은 이스라엘의 산들, 언덕들, 계곡들, 도성들에게 예언한다(36:1~3ff.). 여호수아가 정복한 가나안 땅이 아마 대체로 고지대였다고 추정되기도 하는데, 저 인용구는 이스라엘의 원수의 조롱을 나타낸 것 같다. 이스라엘이 다 망했다고, 주변의 민족들이 이스라엘을 그렇게 야유한다. 그 민족들에 반하여, 에제키엘은 이제 여호수아 전통의 땅의 주제를 새롭게 부각시킨다. "오 이스라엘의 산들아, 너희는 나뭇가지들을 싹트게 하고, 내 백성 이스라엘을 위하여 과실을 영글게 하라. 그들이 곧 귀환할 터이나", "내가 너희 산들과 언덕들에 옛날처럼 사람들이 살게 하고, 전보다 더 좋은 것으로 만들리라", "너희는 그들(이스라엘)의 유산이다"(36:8, 11, 12). 야웨께서 그의 "'거룩한 이름'을, 이스라엘이 민족들 가운데서 욕되게 한, 그의 '거룩함'을 민족들 가운데서 입증하고자 하신다"(36:23). 야웨의 '거룩함'은 사람들이 만들어낸 풍요신들과 같은 바알 신들과 여신들, 천체의 신들과 여신들과의 그의 구별(differentiation)과 초월성을 의미하며, 달리 말하자면, 세상의 불의와 죄악에서 그 자신이 자신을 구별함을 가리키며, 그가 세상의 불의와 죄악을 심판하는 의가 그의 '거룩함'을 의미한다. 그의 '거룩함'은 그 자신에 의해서 입증된다는 의미가 바로 그 자신이 자신을 불의와 더러움에서부터 구별한다는 개념이다. 야웨 하나님과 여러 신들과의 혼동이, 특히 제1 이사야와 에제키엘과 같은 사제적 예언자들에게서, 죄된 '불결함'(36:25)이라고 규정되어 있다. 인용 형식으로 서술하자면,

> 야웨께서 이스라엘에게 이제 '새로운 마음', '새로운 영'을 주시고자, 그들의 '돌과 같은 마음'을 그들의 육체에서부터 제거하고, '육체의 마음'을 그들에게 넣어주시고자 한다. '내가 너희 속에 내 영을 넣어주어, 너희가 내 법규들과 법도들을 지키게 할 것이며,' '내가 너희를 너희의 모든 불결함(죄악)에서부터 구원하리라'(36:26, 27, 29). '내가 너희를 모든 죄악에서부터 깨끗하게 하는 그날에, 내가 너희를 이 도시들에서 거주하게 하리라. …… 황폐화된 이 땅이 에덴정원처럼 되었구나. …… 그때의 너희 주변의 민족들이, 나 야웨가 폐허가 된 도시들을 재건했다는 것을 …… 알게 되리라. ……'(36:33~36)

이 마지막 문구에서 우리가 주목할 것은, 야웨께서 아시리아와 바빌론의 악의 세력들을 들어 이스라엘 백성들을 심판하고, 이들을 여러 민족들 가운데로 흩어지게 한 그의 오묘한 보편적 구원의 경륜이라는 것이다. 또 저 인용 형식의 서술에서 주목할 것은 야웨의 영에 의해서 의로운, 깨끗한 마음을 부여받을 이스라엘은 예레미아 31:31ff.에서 선포된 바, 혁명적인 새 인간성의 도래에 대한 예언과 동일하다는 점이다. 사실 우리가 이미

고찰한 다른 예언자들에게서도 그러한 인간성 혁명의 미래가 함축되어 있다. 에제키엘 36장에서의 주제는 출애굽 계약 전통과 가나안 땅의 재분배에 의한 땅의 혁명을 전제한 바, 종말적 미래시간에 일어날, 황폐화된 이스라엘의 땅의 혁명적 재건이다.

37장에서의 주제는 이스라엘 죽은 자들의 해골 골짜기에 아무렇게나 쌓여 있는 '마른 뼈들'이 되살아나는 이스라엘 백성의 복원이다. *RSV*는 37장 서두에 관련된 각주에서 그 마른 뼈들은 이스라엘 왕국을 재건할 희망을 가지지 못한 '포로들', 아마도 바빌론 포로들을 가리킨다고 하는데, 에제키엘이 생각한 그 '마른 뼈들'은 포괄적 의미를 가지는 바, 아시리아에 의해서 죽은 북이스라엘과 바빌론에 의해서 살해된 유다 백성 이상으로, 죽어간 모든 이스라엘을 포괄한다고 생각되는데, 그 주제는 특히 북이스라엘과 남유다의 통일 왕국의 재건이다. '야웨의 영'이 에제키엘을 '마른 뼈들로 가득 찬 골짜기 한복판에로' 이 뼈들에게 예언하도록 이끌어 간다.

> 오, 마른 뼈들이여, ……
> 내가 너희 안에다 호흡(영)을 불어넣게 하리니,
> 너희가 살아나리라.
> 내가 너희 뼈에다 근육과 살을 붙게 하고,
> 피부로써 너희를 씌워 주리라.(37:1, 4~6; 창세기 2:7ff. 참조)

그와 같이 선포하는 에제키엘은 창조자·구원자 하나님처럼 창조의 원시간과 종말의 후시간 사이를 순식간에 왔다 갔다 한다. 그러자 뼈들이 덜걱덜걱 서로 맞추고 근육과 피부로 씌워지니, 에제키엘이 영의 숨결(살아 있는 인간, 네페쉬)에게 예언하기를, '오, 숨결이여, 사방의 바람들을 타고 와서, 이 살해된 자들이 살아나도록 숨을 불어 넣으라' 하니, 그들이 살아 일어서는데, '심히 큰 무리' 더라는 것이다(37:7~10). 그 뼈들은 전 이스라엘 백성이다(37:11). 그리고 야웨께서 에제키엘에게 막대기 하나에 이렇게 쓰라고, 즉 '유다를 위하여–이스라엘의 온 백성이 유다와 통합되었다' 라고; 다른 막대기 하나에는 "요셉(에브라임의 막대기)을 위하여–이스라엘의 온 백성이 그와 통합되었다"라고 기록하라고 말씀한 다음, 그 막대기들을 하나로 이으라고 지시한다(37:15~17). 북이스라엘–유다 왕국으로 분열된 두 왕국들의 백성들이 통일된 하나의 민족으로서 종말적 미래시간에로 그렇게 부활하도록 투사된 것이다. 마른 뼈들이 그렇게 구원받아 되살아난다는 것은 여러 민족들 가운데 흩어진 이스라엘이 자신들의 땅으로 곧 귀환하리라는 예언이다. 37장의 마지막 부분을 인용 형식으로 서술하자면,

> 야웨 하나님이 말씀하신다:
> 보라, 내가 민족들 가운데 흩어져 있는 이스라엘 백성들을
> 이들의 땅으로 불러 모아, 이들을 하나의 민족으로 만들리라.
> 하나의 왕이 두 왕국이 아니라 하나의 왕국을 다스리게 하리라.
> 그들은 자신들을 더 이상 우상들과 범죄로써 더럽혀서는 안 된다.
> 내가 그들을 깨끗하게 하여, 그들이 내 백성이 되게 하고,
> 나는 그들의 하나님이 되리라.(새 계약)
> 나의 종 다윗이 그들의 왕이 되리니, 이는 이스라엘의
> 하나의 목자니라.
> 내가 그들과 평화의 계약을 맺으리니, 이는 영원한 계약이다.
> 내가 그들을 축복하고, 번창하게 하고 나의 성소를 영원히
> 그들 가운데 세우리라.

그래서 내가 그들의 하나님이 되고, 그들이 내 백성이 되리라.

그때에는 민족들이

나, 야웨가 이스라엘을 선택하고 구별한 뜻을 알게 되리니,

그래서 내가 내 성소를 이스라엘 가운데 세우느니라.

(37:21~28 참조)

북이스라엘과 남유다의 통일된 전 이스라엘 백성은 37장에서 본래의 통합된 새로운 미래의 다윗 왕국의 재건과 불가분적인 구원사의 주제다. 그런데 38~39장은 37장의 연속으로서 고찰되기 어려운, 묵시론적(apocalyptic) 종말론에 해당하므로, 우리는 40~47장에 재구성된 바, 예루살렘 성전 주제를 37장에 이어서 간략하게 고찰함으로써 에제키엘의 종말론을 끝내고자 한다.[39)]

에제키엘은 바빌론 포로 이전 솔로몬 왕 시기에 세워진 역사적 성전의 사제였기(*RSV*, 40:3 주) 때문에 성전지역, 문들, 성전 내외부 궁정들의 구조와 치수를 익히 알고 있었으며, 그 모형으로 파괴된 성전을 궁극적 종말 시간·후시간에로 세밀하게 재건해내는데, 우리가 그것을 재서술하기도 어렵고 그럴 필요도 없는 것 같다. 다만 요점적으로 재서술하자면, 에제키

39) 40:1에 제시된바, 에제키엘이 성전 재건에 관한 야웨의 신탁의 말씀을 받은 해는 B.C. 587년 바빌론에 의한 예루살렘의 함락과 성전 붕괴 이후 14년째 되는 해이니, B.C. 573년인 듯하다. 이 맥락에서 우리가 밝혀둘 것은 에제키엘이 야웨의 신탁의 말씀을 들을 때에, 대체로 그때의 연월일을 제시하는데, 그러한 연대기(chronology)는 그의 특유한 시간·역사의식을 나타낸 것이라고 해석되며, 그의 세밀한 이스라엘 구원사의 종말적 미래에로의 재건 예언의 성격이 성전 재건 설계도에서 대단히 특징적이다. 그의 성전 재건 설계 때문에 구약학자들 사이에서 그의 예언활동이 B.C. 538년 이후로 간주되는 포로후기에 해당한다고 주장되기도 한 것 같다. 그러나 에제키엘 자신이 40:1에서 제시한 대로 그가 포로기에 예언활동 했다는 것이 사실인 듯하다.

엘이 야웨의 영력에 의해 예루살렘의 한 높은 산으로 이끌려 간다. 이스라엘의 땅도, 백성도, 또한 성전도 인간 에제키엘 자신에 의해서가 아니라, 야웨의 영원한 말씀에 의해서 재건될 수 있다. 성전 재건의 경우에는 대단히 정밀한 설계를 지시하는 '한 사람,' 청동같이 빛나는 형상이 그의 손에 아마 줄과 측정 막대기를 가진 사람이 예언자에게 이스라엘에게 선포하도록 성전의 위치와 방향, 문들과 내외전들의 설계도를 일일이 보여준다(40장). 저 사람은 누구인가? 하나님 같기도, 천사 같기도 한데, 어쨌든 야웨 하나님의 대리격인 '사람'의 형상이다(40:3~4). 41~42장을 생략하고, 43장을 보면, '하나님의 영광'이 동쪽 문으로부터 성전 안으로 들어오시는데, 그의 영광의 빛이 땅에 가득하고, 많은 강물들이 흐르는 굉장한 소리를 내며 성전 내전으로 들어오시니, 그의 영광이 성전에 가득하다. 에제키엘이 그의 영광의 비전을 보자 바닥에 엎드리니, 그 '사람'이 그에게 말하기를,

> 이것이 내 보좌니라. ……(그 '사람'은 야웨의 형상이다)
> 내가 이스라엘 백성 한가운데서 영원히 거하리라.
> 이스라엘도, 왕들도 더 이상 내 거룩한 이름을
> 그들의 음탕한 우상들로써, 왕들의 죽은 시체들로써……
> 더럽혀서는 안 된다. ……
> 이것들을 내게서부터 멀리 치워버려라.
> 내가 백성들 한가운데 영원히 거하리라.
> 그들이 그들의 행한 짓거리들을 부끄럽게 여기면,
> 성전의 출입구들과 축조형태, 모든 법도들과 법들을
> 그들이 보는 데서 기록하여
> 그 모든 법도들과 법들을 지키고 행하도록 하라.

이것이 성전의 법이니, 산 위 전 영역을 가장 거룩하게 하라.
이것이 성전법이니라.(43:2~12)

45~46장에 제사법규들과 사제와 군주의 책무들이 제시되어 있다. 그와 같이 에제키엘은 이스라엘의 왕들과 군주들, 백성들에 의해서 여러 신들과 가증스러운 종교적 관행들과 혼합되고 더럽혀지고 붕괴된 예루살렘 성전의 청결과 재건에 의해서 제사 전통을 새롭게 영원한 미래에로 축조한 것이다.

마지막 48장에서, 이스라엘 부족들에게의 가나안 땅의 혁명적 재분배에 관한 여호수아 전통이 새롭게 설정되는데, 부족들에게 분배될 땅의 경계들이 제시되고, 이전의 전통에서 모호하던 레위 부족–사제들의 몫이 특유하게 제시된다. 예루살렘 시는 군주에게 귀속되는 도읍지다. 그 한복판에서의 성전과 더불어 있는 군주의 소유에 또한 레위족–사제들의 몫이 겹친다(48:21~22). 그리고 예루살렘 도성의 이름은 "야웨께서 거기에 계신다"(Yahweh-Shammah)는 새로운 이름이다. 그와 같이 에제키엘은 이스라엘의 영원한 구원사를 영원한 설계사처럼 예언한 것이다.

에제키엘 연구자들 사이에서, 그는 비정상적인 심리상태 혹은 황홀 엑스타시(ecstasy) 상태에서 예언했다고 논의되기도 한 것 같다. 그런데 에제키엘서가 제시하는 바, 그가 야웨의 말씀과 야웨의 영의 능력의 작용을 암시하는 그의 몸과 마음의 상태 묘사, 말씀의 신탁을 받을 때에 자주 제시하는 역사적 시간의 연월일자 제시, 비전들의 상세한 묘사들, 역사 재건, 특히 성전 재건의 정밀한 설계 묘사들을 보자면, 에제키엘이 비정상적인 황홀경에 빠진, 중언부언하는 예언자가 결코 아니다. 그는 역사의 '파수꾼'(watchman, 3:17)으로서 이스라엘의 죄악들을 샅샅이 들추어내고, ANE의 특히 아시리아–바빌론을 비롯한 세계사적 소용돌이들의 정확한 정세들을 관찰하면서, 이스라엘 구원사의 종말적 새 미래를 아름답게, 세밀하게 재건한 건축 설계사로서, 대단히 정상적인 정신의 소유자다. 어떻게 영원한 미래에로 그의 구원사 재건이 현실적으로 가능한가? 이 물음은 우리의 영속적인 물음이다. 다만 여기서 말해 둘 것은 야웨 하나님의 아브라함 선택, 모세의 출애굽–시나이 계약 중재, 가나안 땅의 정복과 재분배를 비롯한 구원사 초기에 그의 영원한 구원의 경륜이 함축되어 있다. 구원사는 영원한 역사 신앙에서 성립된 것이다. 에제키엘의 구원사 재건은 그러한 역사 신앙 전통의 조형물이다.

제2 이사야

이사야 1~39장은 제1 이사야서로서 이미 B.C. 8세기의 예언서들의 맥락에서 고찰되었다. 대 예언서 이사야 1~66장을 우리가 나누어서 고찰하는 일이 썩 보기 좋은 구조는 아닌 것 같으나, 모든 문서 예언서들을 시기별로 고찰하자니, 그렇게 된 것이다. B.C. 6세기의 제2 이사야(Deutero-Isaiah=the Second Isaiah → SI로 표기함) 40~55장과 이보다 좀 후기; 그러나 같은 6세기 말경의 제3 이사야(Trito-Isaiah=the Third Isaiah → TI로 표기함) 56~66장은 연이어 고찰하기로 한다. B.C. 8세기의 이사야는 신흥 아시리아 제국(B.C. 935~612년)과의 관계에서의 남유다의 존망의 위기에서, 유다에 대한 야웨의 심판과 궁극적 구원을 예언했으며, SI는 아시리아 제국을 정복한 신흥 바빌론 제국(B.C. 626~539년)을 정복한 페르시아(Persia)의 왕 고레스(Cyrus)의 대두(B.C. 539년)를 계기로, 바빌론에서 예언활동을 시작했다. 그러므로 그의 예언, 40~55장은 1~39장과는 현저하게 다른 형식으로 부각되어 있다. SI

의 40~55장은 바빌론에서 기록되었으며, 또 에제키엘서, 모세오경과 신명기적 역사=DH도 바빌론에서 기록된 것이다.[40] SI와 TI 예언자들 자신들의 이름들은 전혀 제시되어 있지 않은데, 아마도 이 두 예언자들은 다 B.C. 8세기의 이사야 시기에 형성된 '제자들'(8:16)의 계보에 속한다는 것을 암시하는 것 같다. 예컨대, 40~55장에서의 SI에게서 현저하게 강조된 바, 보편적 구원사 개념은 B.C. 8세기 이사야의 역사 개념의 확대로 보이며, 보편적 세계사의 종말적인 구원사적 해석의 방향을 명시해 준다. 보편적 세계사의 구원사적 의미를 가지는 SI 특유의 역사 개념은 B.C. 8세기 이래 ANE 제국들의 정복전쟁들과의 관계에서 획득된 것이다.[41]

(1) 바빌론 포로 이스라엘의 예루살렘 귀환을 격려하는 SI(40~48장)

주 41에서 제시하였듯이 예언자 SI는 B.C. 538년 페르시아의 왕 고레스(Cyrus)의 예루살렘 성전 재건을 위한 칙령에 따른 바빌론 포로들의 이스

---

40) *ABD* Vol. 3, "Isaiah, Book of"(Second Isaiah), 493 참조.

41) 신 바빌론, Neo-Babylon 제국(B.C. 625~539년)은 Neo-Assyria 제국(B.C. 935~612년)을 Media와 더불어 제압했으며, B.C. 605년에 바빌론의 Nebuchadnezzar 왕이 애굽을 제압하고서 Assyria 서쪽 제국을 승계했다. B.C. 597년, 587년, 582년에 바빌론은 유다 예루살렘을 침략했으며, 이스라엘을 포로로 이끌어갔다. 바빌론이 쇠퇴했을 때 페르시아의 Cyrus가 대두했는데, Media가 당시의 바빌론 왕에 반기를 들어 치고 B.C. 550년경에 이 바빌론 왕을 Cyrus에게 넘겼다는 것이다. 그런데 바빌론 왕 Amed-Marduk, B.C. 597년 바빌론 포로로 끌려간 유다 왕 Jehoiachin을 37년 만에 구금에서 석방시키고 융숭하게 대접했다는 Evil-merodach 왕(열왕기하 25:27)이 Cyrus의 어질고 올바른 행동을 목격하고, Cyrus를 세계의 통치자라고 선언하고, 바빌론 시를 공격하도록 허락했다는 것이다(ANET, 315~16; *ABD* Vol. 3, 494 참조). Cyrus 왕이 Babylon과 Media를 페르시아로 통합하고 B.C. 539년 ANE의 위대한 제왕으로 대두하게 된 것이다. B.C. 538년 Cyrus는 바빌론 포로 이스라엘 백성으로 하여금 예루살렘과 성전을 재건하도록 하고, 페르시아 왕실의 재정 지원을 지시하는 칙령을 공표했다(Ezra 6:3~5 참조). *ABD, Ibid*, 490~494 참조. 그러한 Cyrus의 대두를 계기로 SI 예언자가 분연히 일어나 바빌론 포로 이스라엘 백성의 바빌론 탈출(출애굽과 비등한 Exodus)을 격려하고, 이 백성의 종말적 구원을 선언하면서, 이러한 사건에 비추어 보편적 세계사의 구원사적 미래를 예언한 것이다.

라엘의 출바빌론, 출애굽에 버금가는 사건을 위시한 예언자이다. 40~55장 전체가 야웨의 심판 아래서 혹독한 시련과 고통 속에서 살아온 바빌론 포로 이스라엘 백성을 그의 한량없이 은혜로운 용서와 위로, 궁극적인 새 미래의 구원에로 불러일으켜 세우는 예언 선포다. 우리는 40~48장을 위시하여 SI가 어떻게 이스라엘 백성을 위로하고 격려하면서, 출바빌론·엑소더스(Exodus)를, 야웨의 새로운 궁극적, 그러나 아주 가까운 종말적 미래의 구원으로서 선포하는가를 고찰하고, 49~55장에서의 SI 특유의 '야웨의 종'에 대한 노래들에 관해서 우리의 해석을 시도할 것이다. 바빌론 'Exodus'라는 표현은 구약학자들의 명명이다.

① SI의 외침, 이스라엘의 출바빌론, 야웨의 백성의 예루살렘 귀환, 세계사의 빛

우선 40:1~11에서의 SI 선포를 보자.

> 위로하라, 내 백성을 위로하라. 하나님이 말씀하신다.
> 예루살렘에도 기쁜 소식을 외쳐라:
> 이제 그의 속죄의 복역이 끝났다고,
> 그의 죄가 용서 받았다고,
> 그가 야웨로부터 곱절이나 용서받았다고 외쳐라:
> 한 소리(야웨의 음성)가 외친다:
> 광야에 야웨의 길을 예비하고, 사막에 대로를 만들라.
> 모든 골짜기가 메워지게, 모든 산과 언덕은 낮아지게 하라.
> 길바닥이 고르게, 험한 곳들이 평평하게 하라.(1~5절)

SI는 '광야에 야웨의 길을, 사막에 대로를 만들라'는 표현이 모세의 영도 아래서의 이스라엘 백성의 애굽 탈출과 시나이 광야에서 오랫동안 머물렀다는 출애굽 사건에 견주어 출바빌론, 바빌론 Exodus의 길, 야웨의 길을 열라고 외친다.

> 야웨의 영광이 나타나시리니,
> 모든 육체가 다 그를 보리라. ……
> 한 소리가 '외쳐라!' 하시니,
> 내가(SI) 무엇이라고 외치리까? 하니,
> 모든 육체는 풀이고,
> 모든 아름다움은 들에 핀 꽃과 같다고 외치라신다.
> 스치는 야웨의 숨결에 풀은 마르고 꽃은 시든다.
> 그 백성은 풀이니, 풀은 마르고 꽃은 시든다.
> 그 백성은 풀이니, 풀은 마르고 꽃은 시드나
> 우리 하나님의 말씀은 영원토록 서리라.(40:6~8)

모든 육체의 그러한 유한성에도 불구하고, 모든 육체가 역사에 오시는 야웨 하나님의 '영광을 보리라'는 것이니(5절), 마르는 풀과 같은 이스라엘 백성이 야웨의 영원한 구원의 역사의 빛 아래 선다. 40:9~11을 보자면,

> 오, 시온, 기쁜 소식의 전령자여, 힘차게 네 소리를 높여라.
> 오, 예루살렘, 좋은 소식의 전령자여,
> 두려워 말고 유다의 도시들에 외치거라:
> 보라, 너희의 하나님 야웨께서 권능으로 임하신다.

그의 백성의 복역(포로 생활의 고통)을 갚아 주신다.

— 하략 —

그와 같이 SI는 한편 바빌론 포로 이스라엘에게 야웨 하나님의 위로와 구원의 말씀을 선포하면서, 그들로 하여금 시온·예루살렘에로의 출바빌론의 용기를 가지도록 재촉한다. 다른 한편 이러한 이스라엘 역사의 새 미래에 맞추어 우주 창조(40:12~14)를 읊으면서, 창조 세계에서의 풀과 같은 민족들의 부질없는 우상들을 힐책하고, 창조자 하나님이 바로 이스라엘의 구원자 야웨 하나님이라는 것을 선포한다. 즉 야웨의 우주 창조에 비하면, 민족들이란 '물 긷는 두레박에서 떨어지는 물방울 같고, 저울 위 먼지와 같고'(15절), 창조자 앞에서는 아무것도 아니라(17절)는 것이다. 그들이 추종하는 신들이란 대장장이들이 만들고 은장이들이 금을 입힌, 움직이지도 못하는 우상물들이 아니더냐(19~20절)고, SI는 창조자·구원자 야웨가 태초부터 그들의 창조자 하나님이라는 것을 민족들에게 선포하곤 한다. 즉,

너희가 알지 못했는가? 듣지 못했는가?

너희에게 태초부터 말해져 오지 않았더냐?

너희가 땅의 기초가 놓일 때부터 깨닫지 못하느냐?

그가 바로 지구 위 저 높은 데 계신 분이라는 것을,

땅 위에 사는 자들은 메뚜기 같다는 것을,

그가 바로 저 하늘을 커튼처럼 펼치시고,

그들이 살 텐트처럼 쳐 놓으셨느니라.(40:21~23)

그가 군주들과 땅의 통치자들을 무로 돌리신다.(40:24)

근동의 여러 나라들과 민족들을 정복한 아시리아 제국과 바빌론 제국의 흥망성쇠도 태초부터 창조자·구원자 야웨 하나님의 창조와 구원의 경륜 안에서의 일들이라는 SI의 선포다. 그의 태초의 시간 전체가 궁극적 미래시간에서부터 역사적 현재에로 오시는, 모든 시간의 주체인 창조자·구원자 하나님이 모든 역사를 주관한다고 말해져 왔거늘, 민족들이 듣지 못했다는 말이냐?는 SI의 선포다. 그처럼 SI는 바빌론 포로 이스라엘 백성에게 창조와 구원의 모든 시간·역사를 주관하시는 야웨 하나님을 가르치고 중재하면서, 그들의 예루살렘 귀환의 길을 예비하고 있다. 구원사의 보편사적 의의가 이전의 예언서들에서보다 훨씬 더 역설적으로 선포된다(주 41번 참조).

41장에 페르시아의 왕 고레스가 SI 예언에 출현한다.

바닷가(지중해 연안)에 사는 민족들아, 내 말을 들으라.
우리가 법정(심판의 법정)에 모여 말해 보자.
누가 동쪽에서 한 사람(Cyrus)을 일으켜,
가는 곳마다 승리하게 하고,
그에게 민족들을 넘겨주고,
왕들을 굴복하게 하는 분이 누구이냐?
그의 칼에 그들은 먼지처럼 쓰러지고,
그의 활에 그루터기처럼 쫓긴다.
그는 그들을 추격하되, 안전하게 통과하고,
그의 길에 걸릴 것이 없다.
누가 이 일을 행하느냐?
태초부터 모든 세대들을 불러일으키는 자,

나, 야웨, 처음과 마지막을 주관하는 자,
내가 바로 그니라.(41:1~4)

이어서 42:25~29을 보자면,

내가 북쪽에서부터 한 사람(고레스)을 일으키니,
해 뜨는 동쪽에서부터 그가 왔다. ……
그가 회반죽처럼 통치자들을 짓밟게 하리라.
옹기장이가 흙 반죽을 밟듯이.
누가 태초부터 선포했는가?
우리가 이 일을 알 수 있도록,
미리 '그가 옳으시다' 고 말할 수 있도록.
그 일을 선포한 자는 아무도 없으니,
아무도 야웨의 말씀을 듣지 못했느니라.
내가 그 일을 처음으로 시온에 선포하고,
내가 예루살렘에 기쁜 소식의 전령자를 보낸다.
그런데 내가 보니, 이 일을 수행할 자가,
그들(민족들) 가운데 아무도 없구나.
그들의 우상들은 놀림거리, 아무것도 못하는 공허한 바람이다.

여기서 민족들은 여러 부족들이다. '민족' 혹은 '민족들' 이라는 말은 기원전 고대로부터 근동에서 사용된 개념이다. SI는, 이미 말했듯이, 모든 시간·공간을 주관하는 창조자·구원자의 궁극적 미래시간으로부터 태초의 창조의 시간을, 즉 태초의 원시간과 미래의 종말시간을 통전적으로 파악하고 있다. 역사의 현재에 오시는 하나님의 영원한 시간에 관계해서 그러한 통전적 시간이 파악될 수 있다. 구체적으로 위 인용문에서 보자면, 역사의 현재에서의 페르시아의 왕 고레스의 대두에 창조자·구원자 하나님의 영원한 구원의 시간 경륜이 집중되어 선포된다. 현재에서 고레스를 비롯하여 일어나는 사건의 시간성이 태초의 원시간과 종말시간을 주관하는 창조자·구원자 하나님의 통전적 현재의 행위에서 파악된다.

SI의 예언 가운데 4편의 야웨의 '종의 노래들'(the Servant Songs)이 있는데, 42:1~4에 그 첫 번째 노래, 예언시가 제시되어 있다. 이것은 우리의 ①번 주제의 맥락에 속하므로 여기서, 2—3-4 세편들은 우리의 ②번 주제의 맥락에서 고찰하고자 한다. '야웨의 종(ebed YHWH)이 누구인가' 하는 문제가 아주 많이 논의되고 논란되어 왔는데, 아직도 미해결의 문제로 남아 있다. 특히 네 번째의 '종의 노래'의 해석이 문제다. 우선 첫 번째 '종의 노래'를 보자.

> 보라, 내가 세운 종을,
> 내 마음이 기뻐하는, 내가 선택한 자다.
> 나의 영을 받은 그가 민족들에게 정의를 보여주리라.
> 그는 외치지도, 소리를 높이지도 않으니,
> 거리에서 들리지도 않는다.
> 상한 갈대도 꺾지 않고, 꺼져가는 심지도 끄지 않는다.
> 그는 성실하게 정의를 펼친다.
> 그는 땅에 정의를 세울 때까지 낙담하지 않으니,
> 바닷가 민족들이 그의 법을 대망한다.(42:1~4)

그 종은 고레스를 가리키는 것 같으며, 아마도 여러 학자들이 그렇게 생각하는 것 같다. 그런데 *RSV* 주는 고레스가 아니라 이스라엘을 가리킨다고 생각하는 학자들의 편을 대변한다. 그런데 그 종은 개인으로 표시되어 있다. 그 첫 번째 '종의 노래'의 맥락으로서 41장이 고려된다면, 야웨 하나님의 선택을 받은 이스라엘을 가리키는 것 같기도 하다(41:8, 9). 그러나 저 인용된 시는 개인을 가리키고, '민족들에게 정의를 보여줄' 사람, 민족들에게 '정의를 펼치는' 자, 그들이 그의 법을 대망한다는 등등의 묘사는 특수한 정치적 역할을 수행하는 고레스 왕을 가리키는 것 같기도 하다. 또한 '상한 갈대도 꺾지 않고, 꺼져가는 심지도 끄지 않는다'는 묘사도, 바빌론이 정복한 민족들에게 관대한 정책을 펼치고자 했다는 고레스 왕을 가리키는 것 같기도 하다. 그런데 저 종의 노래에 이어지는 42:6 이하를 보자면 그 '종'이 이스라엘 백성을 가리키는 것 같기도 하다. 즉,

> 나 야웨가 너희를 의 가운데서 소명했으며, ……
> 내가 너희를 계약의 백성으로, 민족들에게 빛이 되도록,
> 눈먼 자들의 눈을 뜨게 하는, 토굴 속 암흑에 갇혀 있는 자들을
> 이끌어내는 빛이 되도록 소명했다.
> — 중략 —
> 보라 이전 일들(former things)을 지나가게 하고,
> 이제 새 일들(new things)을 내가 선포하노라. ……(42:6~9)

문맥으로 보자면 저 첫 번째 '종의 노래'의 종이 이스라엘 백성을 가리키는 것 같기도 하지만, 이 문맥에서의 이스라엘은 모세의 중재에 의한 계약 백성 전통과 임박한 미래의 출바빌론, 바빌론 Exodus와 예루살렘 귀

환에 비추어서 새롭게 종말론적으로 해석된 이스라엘을 가리키며 저 노래의 종과 동일하다고 생각하기 어렵다. 이 맥락에서 언급된 바, '이전 일들'과 '새 일들'에 대한 학자들의 해석이 좀 불분명하다고 여겨지는데, '이전 일들'은 이스라엘에 대한 야웨의 종말적 심판을, '새 일들'은 이제 그의 궁극적인 의미에서의 종말적 구원을 가리키는, 불가분적이나 전자에서 후자에로 넘어가는, 전자의 사건은 지나가게 하고 후자의 사건이 도래하는, 죽음에서 삶에로 혹은 과거에서 미래에로, 혁명적 새 역사가 일어나리라는 것을 나타내는 대립적 개념들로 해석되어야 할 것 같다. 그 두 개념들은 SI에서 자주 씌어 있다. 이와 유사한 의미가 바빌론에서 페르시아의 고레스 왕에로의 근동의 역사 변혁을 가리키는 것 같다.

> 너희(바빌론 포로 이스라엘)를 위하여
> 내가 바빌론에 (고레스를) 보내어 모든 굴레들을 꺾어버릴 테니,
> 갈대아인들의 아우성 소리가 탄식으로 변할 것이다.
> 나는 야웨, 너희의 거룩한 자, 이스라엘의 창조자, 너희의 왕이다.
> — 중략 —
> 이전 일들을 기억하지 말고, 옛일들을 생각하지 말라.
> 보라, 내가 행하는 새 일이 솟아 나오는데,
> 너희는 알지 못하느냐?
> 내가 사막에 길을 내고, 내가 선택한 백성이 마시도록
> 강물줄기들을 터놓으리라.(43:14~20)

이 문맥에서 '이전 일들'은 야웨의 유다에 대한 심판의 대역을 담당한 바빌론 제국의 정복 세력을, '새 일'은 페르시아의 고레스의 역사적 역할

을 가리킨다. SI는 위 문맥에서 바빌론 포로 이스라엘 백성의 출바빌론을 출애굽(Exodus) 당시의 시나이 사막의 길과 바위에서 터져 나오는 물줄기(출애굽기 17:1~6 참조)에 비추어 구원사적으로 출바빌론, 바빌론 'Exodus'로 해석하면서 재촉하고 야웨 하나님을 새롭게 찾는 길을 밝히고 있다.

SI의 구원사적 시간성 개념이 특유하게 선포되고 있는데, 우선 44:6~8에서의 그의 선포를 인용한다. 즉,

> 이스라엘의 왕, 그 구원자, …… 야웨께서 말씀하신다.
> 나는 처음이요(the first) 마지막(the last)이니,
> 나 외에 다른 신은 없다.
> 누가 나와 같으냐? 그러한 신이 있다면, 선언하여 보라.
> 내 앞에서 선언하여라.
> 누가 예로부터 지금 일어날 일들을 예고했다는 말이냐? ……
> 내가 너희에게 말하고 선포하지 않았더냐?
> 너희가 내 증인들이라!
> — 하략 —

SI는 바빌론 포로 이스라엘에게 야웨가 누구이신가를 해명하고 있다. 야웨께서 지금 곧 일어날 일들을 '예로부터' 그들에게 알려주었다는 것은 구원사의 처음시간부터, 구원사의 태초의 시간, 원시간부터 예고되어 왔다는 것을 망각한 무지한 바빌론의 신들에 반하여 이스라엘에게 일깨워주고 있다. SI는 태초의 창조의 원시간이 구원사적으로 이미 정향되어 있다(창세기 1, 2장의 창조 설화)는 것을 전제하고, 야웨께서는 '처음이고 마지막'으로서 모든 시간·역사를 주관한다고 선언한다. 예언자는 종말적 미래시

간·후시간의 빛에 비추어 창조의 원시간을 파악하고, 장차 곧 역사의 현재에서 일어날 일들을 선포하고 있다. 야웨 하나님 이외의 다른 신들은 그러한 시간·역사성을 가지지 못하기 때문에, 민족들의 신들이란 신화적 상상의 산물이고 그들의 왕권들의 지배 이데올로기로 작용했던 것이다. SI가 야웨께서 '처음이요 마지막'이라고 선포함으로써, 출바빌론 이스라엘이 모든 민족들의 '빛'(42:6)이라는, 이스라엘 백성의 보편사적인 새로운 역할을 가리키고 있다. SI가 그와 같이 특유하게 강조적으로 창조와 구원을 연결하는 것은 ANE를 비롯한 모든 민족사들을 위한 이스라엘 구원사의 패러다임 역할과 의미를 부각시킨다는 것이 주목되어야 한다. SI에게서 구원사의 그러한 세계 보편사적 시야는, 창조자·구원자 하나님에 대한 신앙에 근거해 있지만, 역사적 계기로서 페르시아 고레스 왕의 대두에 의해서 촉발되었다. 아시리아와 바빌론은 야웨의 구원의 경륜에 있어서 이스라엘에 대한 그의 부정적인 의미에서의 심판을 수행하지만, 고레스는 긍정적인 의미에서 야웨의 구원의 경륜을 수행한다. 45:1~7을 인용하자면,

> 야웨께서 그의 기름부음을 받은 자, 고레스에게 말씀하신다.
> 그의 오른손을 잡으시고 민족들을 정복하도록,
> 왕들의 권력을 해제시키도록 하신다.
> — 중략 —
> 내가 그들의 철문과 잠금쇠들을 산산조각 내리라.
> 내가 그들의 비밀 장소에 쌓아둔 어둠의 보물들……을
> 고레스에게 넘겨주리니,
> 나, 이스라엘의 하나님, 야웨가
> 나의 종 야곱과 이스라엘을 위하여, 고레스를 불러일으켰다.

나는 야웨, 나 외에 다른 신은 없느니라.
고레스, 너는 나를 모르지만, 내가 너를 지켜준다.
나는 빛과 어둠을, 복과 재앙을 만들어내니,
나, 야웨가 이 모든 일들을 행하느니라.

이어서 SI는 또 이렇게 외친다. 즉,

오, 하늘이여, 의를 비 오듯 위로부터 내리소서.
땅이여, 열려라, 구원과 의가 땅으로부터 솟아나거라.
나, 야웨가 하늘과 땅을 창조하였느니라.(45:8)

고레스가 야웨의 '기름부음을 받은 자'라면, 그의 왕권이 야웨로부터 주어진 것이라는 말이다. SI는 이와 같이 구원사의 빛에서 고레스의 의미를 새롭게 조명한다. 바로 고레스의 대두의 사건이 SI가 구원사를 보편적 세계사의 패러다임으로 선언하는 중대한 계기다. 인용된 45:8의 선포에서 "땅이여, 열려라, 구원과 의가 땅으로부터 솟아나거라"는 구절에서 SI는 고레스를 계기로 하여 구원사 밖의 세계사에서도 야웨의 의와 구원이 이루어지리라는 새로운 미래 비전을 제시하고 있다. 다시 말하자면, SI는 고레스를 계기로 세계사의 구원사적 역할을 새롭게 해석하면서, 고레스를 넘어서는 종말적 미래의 역할을 예언하고 있다. 그런데 땅에서 솟아날 구원자는 고레스에게 한정되어 있지 않다. 구원사의 세계사적 역할의 계기가 열려 있다는 것이다. ② 항목에서의 야웨의 종이 바로 땅에서 솟아날 구원자이다.

47장에서 SI는 바빌론의 갈대아인들이 포로 된 이스라엘 백성에게 부과한 무자비한 멍에에 대하여 야웨께서 복수하시리라고 선포한다(47:1~3, 6 참조). SI는 그들이 쾌락을 즐기고, 자신들 이외에 아무것도 없다는 식으로 오만을 떨고, 악행을 자행하면서도 자신들은 안전하다고 여기는데, 재앙과 환란과 파멸이 그들에게 닥쳐오리라고 선언한다. 48장이, SI 예언의 ① 주제에 대한 우리의 고찰의 마지막 부분에서, SI는 고레스에 의한 바빌론 포로 이스라엘의 예루살렘 귀환 조처를 야웨의 종말적 구원의 계기로 부각시키고 이들의 바빌론 탈출을 재촉한다. 즉,

> 오, 야곱아, 내가 소명하는 이스라엘아!
> 내가 바로 그이니, 나는 처음이요 마지막이니,
> 창조자요 구원자, 야웨 바로 그다.(48:12)

또 인용하자면,

> 바빌론을 탈출하라, 갈대아에서 도망치라.
> 이 일을 기쁨의 외침으로 선언하고 수행하라.
> 이 소식을 땅 끝까지 전파하라:
> '야웨께서 그의 종 야곱을 구원하셨다!' 고,
> 그들(이스라엘=야곱)은 야웨께서
> 사막을 통과하도록 인도하셨을 때(출애굽),
> 그들은 목마르지 않았으니,
> 그가 바위를 쳐 물이 솟아나오게 함이라.
> '악한 자들(갈대아인들)에게 평화란 없다' 고,
> 야웨께서 말씀하신다.(48:20~22)

SI는 여기서도 출바빌론을 출애굽과 버금가는 해방의 구원 사건으로 묘사하고 있다. 되돌아가 46장 마지막 맥락에서 SI는 이스라엘 백성에게 "예로부터 일어난 이전 일들을 기억하지 말라"고 또 다시 권고한다. 이미 지적했듯이, 이전에 조상들 때부터 자행한 이스라엘의 야웨 신앙 배반과 사회적 악행들에 대한 신적 심판과 북이스라엘–남유다의 멸망에 결부된 모든 고통스러운 '이전 일들'(former things)을 기억하지 말고 야웨께서 행하실 '새 일들'(new things), 그의 용서와 구원의 일들, 예루살렘·시온과 성전 재건의 '새 일들'을 생각하라고, SI는 재촉한다. '처음이고 마지막'(the first and the last)인, 창조자이고 종말시간의 구원자, 야웨 하나님을 선포하면서, SI는 대체로 바빌론에서 야웨 하나님을 망각하고 살아온 이스라엘 백성에게 그가 바로 역사를 주재하는 분이고, 그 이외의 다른 신들이란 없다는 것을 가르치면서 야웨 신앙을 불러일으키고 있다. 태초의 원시간과 최후의 종말시간·영원한 시간이 현재의 출바빌론 사건에서 파악되고 있다.

② SI에서의 '야웨의 종'의 구원사적 형상

여기에서 우리는 SI의 '종의 노래들'(the Servant Songs/Poems)을 위주하면서, 그의 마지막 49~55장을 고찰하고자 한다. 그의 문서에 네 편의 '야웨의 종'(ʿeḇed YHWH)에 관한 시들이 있는데, 우리는 이미 42:1~4의 첫 번째 시를, 이것이 우리의 ① 항목의 범위에 속하기 때문에, 이미 고찰했다. '종'이 누구를 가리키는가 하는 문제가 구약학자들 사이에서 많이 논해져 왔으나, 특히 네 번째 종의 노래의 종이 누구냐 하는 문제는 아직도 미해결의 뜨거운 문제이다.

첫 번째 종의 노래: 42:1~4

두 번째 종의 노래: 49:1~6

세 번째 종의 노래: 50:4~11

네 번째 종의 노래: 52:13~53:12

이미 우리는 첫 번째 종의 노래의 종이, 다른 학자들의 견해처럼, 이스라엘 백성이라기보다는 페르시아의 고레스를 가리킨다고 생각된다고 논했다. 그러나 다른 해석의 가능성은 여전히 열려 있다. 49:1~6의 두 번째 '종의 노래'를 인용한다.

오, 해안가 너희, 먼 곳의 민족들아, 내 말을 들으라.
야웨께서 나를 내 어머니 모태로부터
내 이름을 부르고 소명하셨느니라.
내 입을 날쌘 칼처럼 만드시어 그의 화살통에 간직하시고,
나를 강한 화살처럼 반드시 그의 화살통에 간직하시고,
'너는 내 종, 이스라엘이니, 네게서 내 영광이 드러나리라'
그러나 나는 말했다:
'나는 헛수고 했고, 내 힘을 헛되게 썼습니다.
그래도 야웨께서 내가 옳다고 여기셨으니,
하나님, 당신께 내 보상이 있습니다.'
야웨께서 나를 모태로부터 그의 종이 되도록,
그의 백성을 그에게로 돌아오게 하도록 만드셨으니,
내가 그의 눈에 기뻐하심이 되고, 하나님이 나의 힘이 되셨도다.
이제 야웨께서 말씀하시기를,
'네가 내 종이 되어, 야곱의 부족들,

살아남은 이스라엘을 일으키도록 함이 네게 충분하니라.(JB 역)

내가 너를 민족들에게 빛이 되게 하여

내 구원이 땅 끝까지 미치게 함이라.'

위의 두 번째 '종의 노래'는 분명히 SI 자신의 예언자 소명에 해당되는 시다. 야웨께서 그의 모태로부터 이름을 불러 그의 종이 되어, 이스라엘 백성을 야웨께로 되돌아오게 하도록 만드셨다는 묘사는 예레미아의 예언자 소명 기록과 유사하다. 모태로부터 야웨의 종으로 예정되었다는 것은 SI가 자신의 모든 생애를 그의 종 됨으로써 파악한다는 것을 의미하며, 그렇게 예정됨이 바로 그의 현재적 예언 활동의 시간성, 처음과 마지막 전체 시간의 주재자 야웨 하나님과의 현재적 관계에서 파악되는 시간성이다. 이러한 SI의 시간성 개념은, 고레스가 이스라엘과 민족들을 위해서 행하는 모든 일들과 그를 통해서 야웨께서 행하실 새 일들(new things)이 예로부터(from of old) 선포되어 왔다는, SI의 시간성 개념과 동일한 것이다. 그런데 종전의 많은 학자들은 저 '종'이 '이스라엘'을 가리킨다고 해석하는 경향인데 반하여, 근년의 학자들은 개인을, 저 두 번째 종의 노래에서는 SI 자신을 가리킨다고 본다. 저 시의 일인칭 대명사들은 물론 한 개인, SI를 가리킨다고 해석될 수 있으나, 학자들은 개인과 이스라엘을 구별하여 생각하는 경향을 보인다. 저 시 3절에서 분명히 개인으로서의 그 '종'은 '이스라엘'과 동일화되어 있으므로, 제2 이사야·이스라엘이라고 해석되어야 한다. 이스라엘이라는 집단의 '인격화'(personification)가 아니라, 제2 이사야의 예언적 실존이 곧 이스라엘이다. 이러한 동일화 없이 그가 이스라엘의, 이스라엘을 위한 예언자일 수 없으며, 이스라엘이 '다른 신들'을 추종하면서 야웨 하나님을 망각하고, 그러나 고통당하고 암흑에 갇힌 눈먼 자들이라고 해도, 예언자는 이들을 야웨의 백성으로서 야웨께 되돌아오게 해야 하는 그의 위탁을 받은 자로서 자신이 곧 이스라엘이다.

50:4~11의 세 번째 '종의 노래'를 들어보자.

> 야웨께서 내게 학자들(배운 자들·제자들·학자들)의 혀를 주셨으니,
> 내가 지친 자들을 어떻게 말로써 도울지 알게 하심이다.
> 아침마다 그가 나를 깨워 제자들처럼 듣게 하시고,
> 내 귀를 열어주셨으니, 내가 거역하지도, 회피하지도 않았다.
> 때리는 자들에게 내 등을 내밀었고,
> 수염을 뽑는 자들에게 내 턱을 내밀었다.
> 나를 조롱하고 침 뱉는 자들에게 내 얼굴을 가리지 않았다.
> 야웨께서 나를 도우시니, 내가 모욕당하지 않으며,
> 내 얼굴이 차돌 같으니, 내가 조롱당하지 않는다.
> 내 변호자가 가까이 계시니, 누가 나를 송사하리요?
> 우리 함께 법정으로 가자. ……
> 야웨께서 나를 도우시니, 누가 나를 정죄하리요?
> 그들은 좀 먹은 옷처럼 찢어지리라.(10~11절 생략)

50:4 '배우는 자들'(~those who are taught)의 번역 문제가 있다. 나는 *RSV* 번역을 위주하여 이 문구를 '제자들'이라는 복수명사를 사용했는데, 루터의 번역 *Die Bibel*을 따른 것이다. 아마도 우리의 개역성경에는 '학자들'이라고 번역된 것 같다. 배우는 자–제자–학자는 상통한다고 생각된다. 그런데 예루살렘 성서(*Jerusalem Bible*)는 '제자'라는 단수명사로 번역했으니, 이는 예언자 SI 한 개인을 표시하기 위한 것이라고 생각되는데, 이것은 오

역이다. 왜냐하면 저 세 번째 '종의 노래'의 종이 단지 SI 개인을 가리킨다고 생각될 수 없기 때문이다. 4절의 '배우는 자들'은 '제자들' 혹은 예언자 단련을 받는, 어떤 예언자 집단을 담지하는 SI 개인, B.C. 8세기 이래의 예언자 전통 혹은 이사야학파에 속하는 예언자들을 가리킨다고 추측되며, SI는 그들과의 관계 속에서 예언자 전통을 담지하는 개인으로서 '야웨의 종'이라고 해석되어야 할 것 같다. 예레미아가 유다에서처럼, SI도 바빌론에서 이스라엘 포로들과 아마도 갈대아인들 가운데서 모욕당하고 조롱당하고, 수염도 뽑히고 곤욕을 겪으면서도, '학자들'처럼 눌린 자들과 지친 사람들을 가르치고 격려하는 '야웨의 종' 예언자 그다. 그는 개인으로서, 그러나 이스라엘-예언자들의 사명을 대표하는 개인이다.

우리는 51:3~16에서 SI의 종말적 구원 예언의 시간·공간성 비전과 이스라엘-세계민족들의 보편적 구원 비전을 고찰하고, 이러한 배경에서 네 번째 '종의 노래'에서의 '야웨의 종'의 의미를 규명해 보자. 51:3~16을 인용한다.

> 야웨께서 황폐화된 시온을 위로하시리라.
> 이 사막을 에덴, 야웨의 정원처럼 만드시리니,
> 그곳은 기쁨과 즐거움의, 감사와 노래의 정원이다.(51:3)

태초의 창조의 에덴정원, 원 공간이 새로 건설될 종말적 미래의 시온·예루살렘과 동일화된다. 에덴정원은 애초부터 창조자 야웨께서 임재하시는 원시간·원공간으로서 궁극적 미래의 구원을 예시한 시·공이다. 본래부터 에덴정원은 '기쁨의 정원'을 의미하며, 모든 피조물과 역사의 궁극적 목표다. 계속 인용하자면,

내 백성아, 내 말을 들어라, 내 민족아, 내게 귀 기울여라.
내 법이 내게로부터, 뻗어 나가리니,
곧 내 정의가 민족들에게 빛이 되리라.
너희의 구출이 박두해온다. 너희의 구원이 이미 시작되었으니,
내 팔이 민족들을 다스리리라.
해변가 민족들아, 나를 기다리거라.
너희의 눈을 들어 하늘을 보고, 땅을 내려다보라.
하늘이 연기처럼 사라질지라도, 땅이 옷처럼 낡아버릴지라도,
거기에 사는 자들이 날벌레들처럼 죽을지라도,
나의 구원은 영원하리니,
나의 구출은 결단코 끝나버리지 않으리라.(51:4~6)

SI의 위와 같은 구원 선포의 궁극적 목표는 바빌론 포로인 이스라엘 백성의 획기적인 구원사적 신앙의 각성을 불러일으켜, 시온·예루살렘 재건을 이루어내게 하고, 그럼으로써 이 백성이 모든 민족들에게 새로운 빛, 창조자·구원자의 의로운 나라의 도래를 위한 중재의 사명을 이루어내게 하는 것이다. 그러한 SI의 구원 선포는 구원사 전통의 종말론적 세계혁명의 비전이다. SI는 특히 B.C. 8세기의 이사야와 그의 예언자들의 예언 전통을 그와 같이 명확하게 저 세 번째 '야웨의 종'의 형상으로 대변한 것이다. 네 번째 '종의 노래'에서 SI는 '야웨의 종' 고난의 종의 형상을 선포하는데, 이 고난의 종은 세계사의 혁명의 소용돌이 가운데서 세계사의 죄악의 멍에를 짊어지고 세계의 죄악을 죄악으로서 확증하게 하는 야웨 하나님의 심판과 구원의 경륜을 드러낸다.

네 번째 '종의 노래' 52:13~53:12을 인용한다.

보라, 나의 종이 흥할 것이며, 높이높이 고양되리라.
많은 사람들은 그의 몰골에 놀랐으니,
그의 꼴이 망가져 사람의 형상 같지 않았다.
그래서 그는 많은 민족들을 놀라게 할 것이며,
왕들은 그를 보고 입을 다물어 버릴 것이다.
이들이 들어본 적이 없는 광경을 볼 것이며,
들어본 적이 없는 일을 알게 되리라.(52:13~15)
우리가 들은 바를 누가 믿었겠는가?
누구에게 야웨의 팔(권능)이 계시되었는가?
그는 야웨 앞에서 어린 나무처럼, 마른 땅에 뿌리박고 자랐다.
그는 늠름한 볼품도 가지지 못했고, 우리가 바라는 미모도 없다.
그는 사람들에게 멸시 받고 거절당한,
고통스러웠고, 병고를 겪곤 했으니,
사람들의 얼굴을 가리게 하는 그,
멸시 받고 천대 받은 그다.(53:1~4)

정녕 그는 우리의 병고, 우리의 고통을 대신 짊어졌으니,
그가 하나님에게 벌 받고, 매 맞고, 고통 받았느니라.
그는 우리의 반역죄 때문에, 우리의 악행 때문에 상처받았고
우리를 온전하게 하기 위한 징벌이 그에게 지워졌다.
그가 받은 매질로써 우리가 온전케 되었느니라.
야웨께서 우리 모두의 죄악을 그가 지게 하셨다.
그가 억압당했고, 고통당했으나, 입을 다물고 묵묵히
살육장으로 끌려가는 어린 양처럼, 털 깎이는 양처럼 침묵했다.

…… 그가 살아있는 자들의 땅에서 끊어졌고,
내 백성의 반역 때문에 그가 매 맞아 죽었고,
그들은 악한 자들, 부자들과 더불어 그의 무덤을 만들었다.(53:4~9)

실로 그를 그렇게 상하게 한 일이, 야웨의 뜻이었으니, ……
그가 그를 속죄 제물로 만들어,
그의 후손들을 보게 하시고, 그의 날들을 연장하게 하시리라.
그는 그의 영혼의 고통의 결실을 보게 되리라
의로운 자, 나의 종이 그의 지혜로써
많은 사람들을 의롭다고 야웨께 용납되게 만드니,
그가 그들의 죄악을 짊어지기 때문이다.
그러므로 내가 그의 몫을 위대한 자들,
강한 자들과 나누게 하리니,
그가 그의 영혼을 죽음에 이르기까지 쏟아부어,
반역자들과 함께 간주되었기 때문이다.
그가 많은 사람들의 죄를 짊어졌고,
반역자들을 위하여 중재했기 때문이다.(53:10~12)

저 네 번째의 '야웨의 종'의 고유한 의미, 앞에서 고찰한 세 가지 '종의 노래들'의 '종'의 의미들을 넘어서는 의미는 특히 그의 대속적인 속죄의 고난과 죽음(53:10~12) 그리고 52:13 서두에서 선포된 바 그의 부활을 의미하는 그의 홍함과 높임이다. 그 '종'의 역사적 부활을 계기로 그의 후손들의 삶의 날들·시간들이 연장되고 존속하리라는 것(53:10)은 그가 모든 역사에 시간·생명·존속을 가능하게 한다는 것을 의미한다. 그 '종'은 누구를 가리키는가? 미해결의 이 문제를 다루기 전에 앞에서 논한 바 세 번의 '종의 노래들'을 재론하고자 한다. 이스라엘은 모든 노래들에 포함된 공통분모다.

첫째 노래의 '종'은 고레스를 가리킨다고 제시했는데, 이스라엘이라고 주장하는 학자들의 주장을 감안하자면, 긍정적인 의미에서의 이스라엘의 구원에 한 결정적인 역할을 수행한 고레스로서, 이스라엘의 구원의 매개자(mediator) 고레스라고 규정함이 좋을 것 같다. 두 번째 노래의 '종'은 분명히 SI의 예언자 소명을 의미하며, 이렇게 생각하는 학자들도 있다. 그러나 이스라엘의 종말적 구원의 선포자 SI로서 이스라엘을 대표하는 SI라고 말해져야 한다. 즉 예언자 SI 개인은 '야웨의 백성'이라는 집단과 불가분적으로 생각되어야 한다. 세 번째 노래의 '종'은 아마도 예언자 전통, 특히 B.C. 8세기 이래 형성된 예언자학파에서 훈련받은 SI가 그 예언자들을 총칭하는 개인의 형상으로서의 '야웨의 종'이라고 해석된다. 네 번째 '종의 노래'의 '종'은 이스라엘을 총칭하는 개인 형상으로 묘사된 '종'이라고 추정할 수 있을 것 같다. 우리의 이 결론적 추정을 밑받침하기 위해서, 우리는 모빙켈(S. Mowinckel)의 *He That Cometh*=*HTC*에 의거해서 학자들의 논의들을 검토하고자 한다.

> 모든 '종의 노래들'에서의 '종'은 일반적으로 이전 시기에는 '이상적인'(ideal) 혹은 '영적인'(spiritual) 이스라엘의 '개인 인격화'(personification)라고 해석되었는데, 근년에는 개인과 집단(즉 이스라엘)을 종합하려는 학자들의 경향이 돋보인다(*HTC*, 2/3, 주2). 그런데 모빙켈은 모든 집단적 해석을 거부하는데, 그와 같은 해석을 하는 다른 학자들도 있는 것 같다. 그 '종'은 '한 개인 예언자',

즉 SI 자신을 가리킨다는 것이 모빙켈의 주장이다. 우리가 이미 제시했듯이 이스라엘의 현재와 과거, 그 역사의 멍에를 짊어지지 않는 예언자는 없으며, 예언자 개인은 이스라엘의 '개인 인격화'가 아니라 그 자신이 이스라엘이다. 그 예언자적 이스라엘은 이상적인 혹은 영적인 이스라엘이 아니라, 역사적으로 의로우신 야웨의 계명들을 배반하고 사회적으로 불의한 역사적 이스라엘이며, 예언자들은 관념론적인 이상화된 이스라엘이 아니라 역사적 이스라엘과 더불어 야웨의 심판 아래서의 이스라엘과 함께 멸망의 고통을 당한 자들이며, '이상적인' 이스라엘의 '개인 인격화'가 아니다. 모빙켈은 아마도 서양의 개인주의적 사상을 반영하는 것처럼 보인다. 모빙켈에 의하면, 저 네 번째 '종의 노래'의 '종'은 무죄하게 고난당하고, 죄 된 이스라엘을 속죄하는 자 개인으로 묘사되어 있으며, 어느 예언자도 이러한 이스라엘 백성을 말하지 않는다는 것이며, 그 '종'은 좋은 '개인 예언자'라는 것이다(*HTC*, 214).

그런데 모빙켈에 의하면, 근년에 페데르센(J. Pedersen), 아이스펠트(O. Eissfeldt), 로빈슨(Wehler Robinson) 등은 고대의 '집단적 개인성'(corporate personality) 개념을 적용하여 개인–집단을 결합하고자 시도했다. 그 '종'은 '예언자'이며, 이는 다른 이스라엘의 회개를 역설하는 '이스라엘'이라고 로빈슨(Robinson)은 주장한다는 것이다. 나이버그(H. S. Nyberg)는 그 '종'이 이스라엘 족장(예컨대 야곱)과, 이에게 집중되어 있는 이스라엘 백성을 가리킨다고 주장한다는 것이다. 벤젠(A. Bentzen)은 그 '종'이 제2 이사야와 이스라엘이라고, 이스라엘을 위하여 죽을 각오를 가진 메시아적 '새 모세'(new Moses)이기도 하다는 것이다. 페데르센(J. Pederson)은 로빈슨(Wheeler Robinson)의 견해에 접근한다는 것이다(이상 *HTC*, 주 1, 2와 215 참조). 모빙켈의 저 학자들에 대한 비판의 요점은, 불신하는 죄된 이스라엘에 대한 사명을 가지는 그 '종'의 모습에서 王의 형상을 발견하려고 시도했는데, 모빙켈은 그러한 왕적 이데올로기를 배격한다(*HTC*, 219).

놀트(C. R. North)가 그의 *The Suffering Servant in Deutero Isaiah : a Historical and Critical Study* (London, 1948)에서 벤젠(Bentzen)보다 강하게 그 '종'에 대한 묘사에서의 정치적 모습들을 강조한다는 것인데, 모빙켈은 놀트(North)가 첫 번째 '종의 노래'(42:1, 3)에서의 그 '종'이 '민족들에게 정의를 펼치고', '땅에 정의를 세울 때까지'라는 묘사에 너무 의존한다고 비판하며, 또한 놀트(North)가 '야곱의 부족들을 일으킨다는 것'은 정치적인 회복을 가리킨다고 해석하는 데 반하여, 모빙켈은 이스라엘의 '도덕적 재무장'에 의한 회복이어야 한다는 식으로 그 '종'의 정치적 의미를 도외시한다(*HTC*, 219). 코펜스(J. Coppens)는 젤린(E. Sellin)의 해석과 유사하게 왕 여호야긴(B.C. 597년에 바빌론 포로들과 더불어 바빌론에 끌려가 감금된 지 37년째 되는 해에 석방되고, 바빌론 왕의 대우를 받고 살았다는 것, 열왕기하 25:27)을 첫 세 편의 '종의 노래들'의 '종'의 원형이라고 해석하며, 네 번째 '종의 노래'의 모형은 왕 시드키아(Zedekiah)라는 것이다(*HTC*, 주 1, 247). 나이버그(Nyberg)와 벤젠(Bentzen)은 근래에 이르러 그 '종'이 제2 이사야의 동시대의 인물을 가리킨다고 생각하면서 제2 이사야를 주목한다는 것 같다(*HTC*, 249). 모빙켈은 SI가 저 '종의 노래들'의 저자가 아니라 SI 이후 그의 서클에 속하는 예언자 시인들 중 한 사람 혹은 SI의 제자가 그 노래들의 저자라고 추정하는데, 그렇게 추정할 근거 제시가 미흡하며 그렇게 추정할 필요가 없는 것 같다.

저 학자들의 해석들을 일일이 점검하고 논평할 수 없는 것은, 우선 그들의 서적들이 내 수중에 없기 때문이다. 대체적으로 논평하자면, 그들의 해석은 SI에서 '야웨의 종'의 모형을 찾아 구약의 구원사 전체를 이리저리 헤맸다는 생각이 든다. 우리는 그 '종'의 시상(詩想)을 SI에 가까운 역사적 맥락, 말하자면 B.C. 8세기 이래의 예언 전통과 이에 직결된 ANE 제국들과의 관계에서 벌어진 북이스라엘–남유다의 멸망과 SI의 종말적 미래 구원의 예언에서 부각된 그 '종'의 형상을 해석했고, 이제 네 번째 종의 노래를 해석하고자 한다. 우리의 비판의 초점은 모빙켈에 집중될 것이다.

네 번째 '종의 노래'의 '종'의 처참한 모습은 전형적으로 B.C. 587년 바빌론의 왕 느부갓네살의 예루살렘 함락과 이스라엘 포로 이송 시, 바빌론에 저항했던 유다 왕 시드키아(Zedekah)–두 눈이 뽑히고 매 맞고 바빌론으로 끌려간–를 모형으로, 그뿐만이 아니라 수많은 이스라엘이 겪은 매질과 기아, 질병과 죽음, 말로 다 할 수 없는 고통과 슬픔, 온갖 고초와 학대, 절망과 암흑 속에서 묵묵히 견디어내는 포로 이스라엘의 시상이요 영상이다. 어찌 포로 이스라엘뿐이랴. 유다 땅에 남아 있는 가난한 자들, 뿔뿔이 흩어진 다아스포라, 모든 이스라엘의 고통과 슬픔을 다 짊어진 그 종의 영상은 야웨께서 하신 일이라는 신앙에서 묵묵히 견디어내는 이스라엘 모형이다. 저 네 번째 '종의 노래'에서의 동사들이 과거형 아니면 완료형이다. 그 동사들은 SI와 그의 세대가 겪은 역사적 사건들을 가리킨다. SI의 속죄 개념을 잘 투시해 보라. 고난과 고통, 박해와 상처를 견디어낸 이스라엘은 속죄 받은 무죄한 새 이스라엘이다. 현실적인 이스라엘은, SI의 뿜어내는 시구들에 의하면, 눈 멀고 귀머거리고, 고집불통이고 완악하다. 야웨의 심판 아래서 가차 없이 심판받은 이스라엘은 이제 야웨의 한량없이 은혜로운 용서의 빛 아래서, 종말적 새 미래의 그의 구원의 빛에서, SI는 속죄받은 이스라엘, 이스라엘을 영상화시킨 것이다. 이 영상은 정적인 그림이 아니다. 그 '종'의 영상은 실제 이스라엘의 인간성 변혁의 표식이다. 그 '종'의 고난과 죽음은 살아 있는 모든 죄된 이스라엘과 민족들을 위해서 겪은 속죄의 고난과 죽음이다. 이스라엘의 구원사의 조상, 모세, 다윗 왕, 모든 예언자들이 그 '종'의 형상에 포괄되어 있다. 그 '종'이 많은 사람들, 많은 민족들의 죄를 속죄하는 속죄 제물로 죽음으로써, 야웨께서 그들을 의롭다고 간주할 수 있는, 그들의 인간성의 변혁 가능한 새 미래를 중재한 것이다. 그래서 그들의 과거 역사의 온갖 죄악에도 불구하고, 그들의 후손들의 미래에로의 존속의 '날들', 시간들이 주어지리라는 것이다(53:10). 야웨의 이스라엘 백성 선택과 구원, 이스라엘 왕권은 본래부터 그러한 사제적 중재의 사명을 부여받은 역사가 아닌가. 특히 저 네 번째 '종의 노래'의 종이, 모빙켈의 주장이 간과한 바, SI의 새로운 구원사적 미래 비전에 의한 새로운 이스라엘 선포라는 점이다. 또한 그 '종'이 예언자적 개인을 가리킨다고 주장하면서, 모빙켈은 그 개인 예언자를 이스라엘과 구별한 개인주의적 비 예언자상, 게다가 그 '종'의 속죄의 의미를 ANE 신화와 연결시킨 오류를 떨쳐버리지 못했다(*HTC*, 235~237 참조). 또 확인해 둘 비판점은 모빙켈이 놀트(C. R. North)가 첫 번째 '종의 노래'의 '종'이 '민족들에게 정의를 펼치고', '땅에 정의를 세운다'(42:1, 3)는 정치적 사명을 가진다고 주장한 것을 비판하고, 모빙켈이 이스라엘의 '도덕적인 재무장'을 강조했는데, 구원사 자체의 핵심주제가 ANE의 모든 민족들의 법질서와 정치사회경제 질서의 변혁이라는 것을 간과한 모빙켈은 관념론적 도덕주의로 대치시킨 것이다. 그의 이러한 문제는 서양 그리스도교의 거의 전반적인 문제를 반영한다. 그렇기 때문에 세계교회들은 대체로 세계 역사의 변두리로 밀려나 세계 역사를 위한 빛과 소금의 역할을 대체로 상실해 온 것이다.

모빙켈에 의하면, 저 네 편의 종의 노래들의 저자는 SI 이후에 SI의 제자들 중의 한 시인이었다고 추정하는데, 그 주요 이유는 SI와 그의 동시대 예언자들인 하깨(Haggai)와 즈가리아(Zecharia)－나중에 고찰될 예언자들－에 의한 예언들, 바빌론 포로 이스라엘의 예루살렘 귀환－예루살렘과 성전 재건을 위시한 희망찬 예언들이 전혀 이루어지지 않았기 때문에, SI의 저 네 번째 '고난의 종'이 씌어지게 되었다는 것이다(*HTC*, 243). 그렇지 않다. 우리가 앞에서 논했듯이 그 '고난의 종'은 유다 멸망의 과정에서 모든 이스라엘이 겪은 엄청난 역사적 기본 바탕에 결부된, 이스라엘의 죄와 국제적 죄에 대한 야웨의 심판 아래서 일어난 일들이고 예언자들에 의해서 선포된, 거기에서 야기된 '고난의 종'이다. SI는 그러한 엄청난 고난을 겪은 이스라엘은 야웨의 심판 아래서 속죄 받았으니, 이제 이스라엘을 야웨께서 용서하시고 의롭다고 간주하시기 때문에, 그러한 '고난의 종'은 의로우며, 대속적인 고통의 죽음을 수행했다는 것이다. 그러므로 '높이높이 고양된', 야웨의 영원한 생명에로 고양된 그 '종'은 이스라엘 후손들의 역사적 존속을 가능하게 했고, 모든 민족들에게 야웨의 의와 궁극적 구원의 빛을 발한다. SI의 그러한 비전과 예언이 역사에서 이루어지지 않았다는 모빙켈의 해석은 용인될 수 없다. SI의 그러한 예언은 세계 역사의 존속의 원천, 역사 혁명의 원천으로서 해석되어야 할 것이다. SI의 저 '종의 노래들은' SI 특유의 예언시이므로 그의 후기의 저자의 작품이라고 생각되어서는 안 된다. 따라서 모빙켈의 그 '종'에 대한 결론적 추정은 수정되어야 할 것이다. 즉 그 종은 한 예언자이니, 아마도 '이사야와 제2 이사야 서클에서부터 대두한' '한 예언자'라는 것인데, 이 지론에 대한 우리의 비판은 위에서 충분히 논해졌다고 생각한다.

고난의 '종'의 대속적인 죽음으로써 구원자 야웨께서 그를 영화롭게 고양시킨다는 것(53:10)은 그가 야웨의 영원한 미래에로 부활한다는 것을 의미한다. 그 종은 새 이스라엘을 총칭하는 개인으로서 영상화된 영원한 이스라엘이다. 이러한 이스라엘은 이상화된 영적인(idealized, spiritual) 관념론적 이스라엘이 아니라, 바로 죄 된 속죄 받은 역사적 이스라엘의 부활의 영상이다. 그 '종'은 야웨와의 새로운 계약의 이스라엘(54:10)이기도 하고, 모든 민족들을 야웨께로 모이게 하는 사령관, 다윗이기도 하고, 예언자이기도 하며(55:3, 4, 5), 궁극적 새 미래의 이스라엘의 영상이다. 그 '종'은 바로 땅에서부터 솟아오른 구원자요 예언자이기도 하다(45:8 비교 참조). 그 '고난의 종'은 바로 이스라엘의 구원사의 시적 영상, 첫째, 둘째, 셋째 종의 노래들에 있어서의 '종'의 의미의 총괄적 영상이다. 제2 이사야서 마지막 55장에 관한 고찰은 생략한다.

제2 이사야에서 부각된바, 이스라엘의 구원사를 비롯한 세계사의 보편적 역사 개념은 특히 B.C. 8세기의 아모스, 미가, 호세아, 특히 제1 이사야와 예레미야의 역사 개념의 완성이라고 생각된다. 이러한 예언자 전통에서 구원사는 세계사의 역사 혁명의 모형 혹은 패러다임이라고 해석되어야 할 것이다. 그 역사 혁명의 영원한 주체는 창조자·구원자 야웨 하나님이다. 그 이외의 다른 신들은 추종하지 말라는, 모세에 의해서 중재된 시나이·계약의 선포는 사실상 야웨 하나님의 유일성 선포다. 그런데 많은 구약 신학자들이 부질없이 주장하기를, 구약의 신관은 본래 '단일신론'(henotheism 혹은 monolatry)으로서 야웨 하나님 이외에 다른 신들이 존재한다는 식으로 구약의 신관을 규정했는데, 제2 이사야에서 비로소 유일신 신앙이 제창되었다고 주장했던 것이다. 그러한 해석은 오류다. ANE의 다른 민족들과 같이 이스라엘도 한 분 하나님 야웨를 배반하고 다른 신들을 추종하곤 했지만, 이러한 다른 신들이란 사람들이 만들어 세운 '우상들'이라는 구원사적 규정이 구원사의 초기부터 분명히 제창되었으며, 제2 이사야에게서 특유하게 강조적으로 유일신 신앙이 재천명된 것이다. 다신론은 본래부터 역사에서의 통치 지배자들의 권력 이데올로기로서 통치권력자들의 신격화이며, 역사혁명 혹은 법·정치·경제사회의 혁명의 장애물이다. 구원사는 먼저 창조자·구원자 야웨, 의로우신 한 분 하나님, 역사 변혁의 원천을 주제로, 법·정치·경제사회의 변혁의 주제들을 포괄하고 있다. 예언자들의 종말론은 그러한 역사 혁명 혹은 변혁을 철저화하여 영원한 하나님이 주재하는 의로운 나라를 영상화시켜 나간다. 저 '고난의 종'은 죄악의 역사를 짊어지고, 대속적으로 죽고, 모든 역사를, 그 죄악에도 불구하고 존속하게 하되, 끊임없이 변혁과 혁명을 시도하게 하는, 역사적으로 부활하는 구원자의 표상이다.

제3 이사야

제3 이사야(the Third Isaiah=TI) 56~66장의 역사적 배경이 명확하게 규정될 수 없다고 해서, 학자들이 그의 활동시기에 관해서 많은 논란들을 야기했던 것 같다. 그의 문서가 19세기 말부터 20세기 전반기까지 이스라엘의 바빌론 포로 전기에 혹은 부분적으로 B.C. 4세기 이후의 헬라 문명시대에 해당하는 문서라고 추정되기도 했다는 것이다.[42] TI의 문서 내용이 얼핏 보기에 SI의 그것보다 언어적으로 또 내용적으로 아주 다르게 보여질 수도 있으나, 양자의 종말적 구원 예언이 동일한 세계 보편사적 시야를 열어준다는 점에서 일치한다. SI는 바빌론에서 포로 된 이스라엘의 바빌론 탈출을 재촉했으며, TI는 예루살렘 성전 재건을 위시한 이스라엘 백성과 세계 민족들에게 역사의 종말적 미래구원을 선포했으며, 포로후기 B.C. 6세기 말 하깨(Haggai)와 즈가리아(Zechariah)와 동시대의 예언자이며, B.C. 6세기 말~5세기 초에 활동했다고 추정된다.

이제 56~66장의 내용을 선택적으로 고찰하고자 한다. 우선 56:1~8을 우리 나름대로 인용한다.

> 이렇게 야웨께서 말씀하신다.
> 곧 나의 구원이 이르리니, 나의 구출이 나타나리니,
> 정의를 지키고, 의를 행하라.
> 안식일을 속되게 하지 않고 지키는 자는 복되리라.(56:1~2)

> 야웨께로 개종하고, 그에게 종사하고, 그의 이름을 사랑하고,

42) *ABD* Vol. 3, "Isaiah, Book of"(Trito Isaiah), 502 참조. Bernhard Duhm이 TI 56~66장이 B.C. 6세기의 SI 이후의 문서라는 주장을 학자들에게 많이 설파하여, 이제는 대체로 제2 이사야(Deutero-Isaiah)와 구별되는 제3 이사야서로서 승인되었다는 것이다. 그의 이사야 주석, 1892년 *HKAT* (*Hand Kommentar zum Alten Testament*); *ABD, Ibid*, 490~491 참조. 그런데 Duhm의 TI는, SI와는 아주 다르게, '제의'(sacrifice) 혹은 '안식일'(sabbath) 혹은 '율법'(law) 준수를 강조한 포로후기 예루살렘 성전 재건을 위시한 이스라엘 복귀 시대의 Ezra의 시기를 반영한 데 반하여, Karl Elligar는 TI의 문서를 예루살렘 성전 재건(B.C. 515년경) 시기 이전과 이후라고 추정함으로써, Duhm에게서보다는 SI와 TI 사이의 관련성을 더 밀접한 것으로 추정한 것이다. *ABD, Ibid,* 502 참조. Elligar의 견해가 TI 56~66장의 내용상 더 타당한 것으로 보인다.

그를 섬기는 자들이 되려는 이방인들이
안식일을 속되게 하지 않고 지키며, 나의 계약을 굳게 지키는
이방인들을 나는 내 거룩한 산(시온산)으로 데려가리라.
나의 전은 모든 민족들의 기도하는 집이니라.
쫓겨났던 이스라엘을 다시 모으는 야웨 하나님은
이들 외에 다른 민족들도 모이게 하신다.(56:6~8)

TI는 사제 직분을 예언자로서 수행하고 있다. 위의 인용구절들은 예루살렘 성전의 재건(B.C. 515년경)을 전제하고 있는 것 같다. 유다 왕국의 정치체제가 부재한 상황에서, 예루살렘에 귀환한 이스라엘의 정체성 확립은 여러 민족들이 혼재한 유다-예루살렘에서 대단히 힘들었으며, 안식일 준수와 제사 제의에 의해서 표식될 수밖에 없었다고 생각한다. 율법학자·사제 에즈라(Ezra)와 마찬가지로 TI도 안식일 준수를 강조한다. 그러나 주변의 '이방인들'의 야웨 종교에로의 개종의 사례들을 지켜본 TI는 그들을 포괄하는, 새로운 종말적 구원의 미래를 선포하면서, 구원사의 보편사적 시야를 넓혀나간다. 56:9~12에 의하면, 탐욕스러운 '짐승들'(*RSV* 주: 민족들)은 약탈하고, 타성에 빠진 '파수꾼들'(watchman: 예언자들)은 눈멀어 판별도 못하고 외치지도 못하고 욕심스럽고, '목자들'(통치자들)은 판별도 못하고, 다 제멋대로이고, 음주에서 헤어나지 못하고, 다 미래를 상실한 자들의 판이다. 57:1~13을 보자면, 의로운 자가 망해도 아무도 아랑곳없으며, 점쟁이들의, 음탕한 자들의, 범법자들의 자식들이 판치고(1~4절), 모든 푸른 나무 아래서, 계곡들의 바위틈에서 자식들을 죽여 돌 위에 놓고 음료를 부으면서 제사지내는 이방인들의 참담한 몰골들, 우상 숭배의 악습이 묘사되어 있다. TI가 직면한 역사적 상황은 난장판이다. 그래도 그는 구원의 새 미

래를 선포하고 이스라엘을 격려한다. 57:14~21을 대충 인용 형식으로 제시하자면,

> 세우고, 또 세우고, 길을 예비하라. 내 백성의 길에서
> 모든 걸림돌을 치워버려라.
> 지극히 높으신 분, 영원에 거하시는 분, 그의 이름은 거룩한 분,
> 그가 말씀하신다: 나는 높고 거룩한 곳에 거하되,
> 내가 겸허한 자의 영을, 뉘우치는 자의 마음을 살려낸다.
> 나는 언제나 책망하지 않고, 언제나 분노하지 않는다.
> 생명의 숨결을 불어넣은 영(창세기 2:7)이 내게서 발현한다.
> 그의 욕심의 죄악 때문에 내가 분노했고, 그를 쳤느니라.(과거 역사)
> …… 내가 그를 고쳐주고, 위로하고 보답하리라.
> — 생략 —
> 평화로다, 평화로다, 먼 데 있는 자들과 가까운 데 있는 자들에게,
> — 생략 —
> 악한 자들은 요동치는 바다와 같으니,
> …… 악한 자들에게는 평화가 없다고, 하나님이 말씀하신다.

높은 데 계시는 거룩한 분은 죄 된 역사와 구별되는 초월자를 가리킨다. 초월자이시나 그는 가난한 자, 뉘우치는 자를 살리시는 그의 영을 보내주신다. 58:3~7에서 TI는 유대인들의 종교적 금식 행위를 질타한다. 그들의 금식은 쾌락을 위해서다. 그들은 단식하면서 싸움질하고, 주먹질하고, 자신들의 단식을 야웨가 알기나 하느냐고, 단식해서 무엇 하느냐고 소란을 피운다. 야웨께서 기뻐하시고 선택하시는 일은 "굶주리는 자와 빵을

나누어 먹고, 집 없는 가난한 자를 집으로 데려가고, 헐벗은 자를 입혀주는 일이 아니겠느냐"는 것이다.

SI와 마찬가지로 TI에게서도 창조자·구원자 야웨 하나님의 궁극적 종말적 구원의 경륜은 이스라엘을 통해서 세계사에 증언되고 중재되게 하는 것이다. 아브라함의 선택, 시나이 계약의 중재를 위한 모세 선택, 이제 예루살렘·시온, 그의 임재의 공간이 구원사적 주제로서, 세계사에 대한 야웨의 역사 경륜으로서 이스라엘 구원사의 주제로 부각된다. 유다 왕국은 멸망했으나, 그 왕국이 담지한 구원사의 세계사적인 영원한 중재의 주제는 제1 이사야–제2, 제3 이사야에게서 야웨 하나님의 영광이 영원히 임재하실 공간으로서 예루살렘·시온이 부각되곤 한다. 61:1~11에서 우리는 SI에서의 세 번째 '종의 노래', 즉 예언 전통을 담지하는 예언자 SI를 가리키는 (50:4~11) 시와 유사한 시 한 편을 본다. 즉,

> 야웨 하나님의 영이 내게 임하시니,
> 야웨께서 내게 기름 부으시어
> 기쁜 소식을 곤핍한 자들에게 전하도록,
> 상심한 자들을 싸매주도록, 갇힌 자들에게 자유를,
> 억압된 자들에게 자유를, …… 해방을,
> 야웨의 은혜로운 해를 선포하게 하시고,
> 애통하는 모든 사람들,
> 시온에서 애통하는 자들을 위로하게 하심이라.
> – 3절 중략 –
> 그들이 야웨께 영광을 돌리고, 그의 의를 심는
> 의의 느티나무들이라고 일컬어지게 하라.(61:1~3)

그들이 오래된 폐허들을 재건하게 하라.

– 4, 5절 부분 생략 –

너희는 야웨의 사제들이라고 일컬어지게 하라.

사람들이 너희를 하나님의 봉사자들이라고 말하리라.

너희는 (사제들로서) 민족들의 재물을 먹고 살리라. ……(61:5, 6)

내가 너희와 영원한 계약을 맺으리라.(61:8)

위 인용구절에 이어서 61:10~11을 인용하면 다음과 같다.

나는 야웨 안에서 크게 기뻐하고,

나의 영혼이 하나님 안에서 기뻐 뛴다.

그가 나를 구원의 옷으로 입혀 주셨고,

그가 나를 의의 겉옷으로 가리워 주셨다. ……

야웨 하나님이 모든 민족들 앞에서

의와 찬양을 솟아오르게 하시리라. (61:10~11)

61장 서두에서의 '나'는 SI에서의 '야웨의 종'과 동일한, 야웨께 헌신하는 봉사자(minister 혹은 shepherd)를 가리키는데, 이스라엘과 구별되는 별도의 개인이 아니라, 개인으로서 표시된 TI 자신 혹은 온 이스라엘을 담지하는, 이스라엘·개인이다. '기름 부음'이 주로 '왕'에게 적용되었는데, 여기서 예언자에게도 적용된 것이다. 이 예언자는 땅에서부터 솟아난 '구원자'에 해당한다. 즉 그의 사명은 상심한 자들을 싸매주고, 갇힌 자들을 해방시키고, 역사적 과정에서 노예화된 이스라엘 백성들의 빚을 탕감받게 하고, 조상 때부터 물려받은 재산을 되돌려 받아 자유하게 하는 '희년'(Jubelee)의 선포자 역이다.43) 그러한 이스라엘·예언자는 야웨의 종말적 구원을 모든 민족들에게 증언하고 중재해야 하는 사제의 형상을 지닌다. 이스라엘 부족들 중에서 레위 족(Levites)이 이스라엘 백성을 위한 사제의 사명을 지니듯이, 이제 TI에서 이스라엘 백성이 다른 민족들을 위한 사제들로서 새로운 보편사적 의미를 획득한다. 그렇기 때문에 이스라엘은 '민족들의 재물을 먹고 살리라'고 선포된 것이다(61:6). 61:10~11에서 그러한 사제 이스라엘은 땅에서 솟아오른, 야웨에 의해서 '의의 옷', '의의 겉옷'이 입혀진 구원자의 위치에 세워지리라고 선포되어 있다. 그와 같이 TI에서 이스라엘의 구원사 개념이 종말론적으로 완성되어야 한다는 것이다. SI의 선포와 중첩되기도 하고 또 TI가 처해 있는 새로운 상황들이 엿보인다.

바로 그것이 62:1~12에서 선포된바, 야웨 하나님의 백성의 영광이며, 시온의 의와 영광이다. 62:1~5, 11~12을 인용한다. 즉,

> 민족들이 시온의 정의를 보리라.
> 모든 왕들이 시온의 영광을 보리라.
> 그대, 시온은 새로운 이름으로 일컬어지리라.
> 그대, 시온은 야웨의 손 안에 있는 아름다움의 왕관이리라.
> 그대, 시온은 이제는 버려진 도성의 이름이 아니다.
> 그대, 시온의 땅은 이제 버려진 폐허가 아니라,
> '나의 즐거움'이 있는 공간(에덴정원)이라 일컬어지리니,

43) 희년에 관한 우리의 해명의 맥락이 주어지리라고 예상한다. 희년은 대략 50년을 간격으로 반복해서 일어나야 할 해방의 '해'(Jabelee)는 역사적 과정에서 조상으로부터 받은 땅과 집을 상실하고 노예화된 백성들이 땅과 집을 되돌려 받고, 빚을 탕감 받아 자유하게 되는 '해'다(레위기 25장 참조). 가나안 땅 정복 시에 단행된 땅과 사회 혁명의 회복의 해가 재천명되고 실천되어야 한다는 희년 선포이다.

그대의 땅은 내 아내니라.(1~5절)

보라, 땅 끝에 이르도록 선포하였다.
시온의 딸에게 말씀하신다: 보라, 그대의 구원이 온다. ……
거룩한 백성이라 불릴 내 백성,
야웨의 속죄 받은 백성이라 일컬어지고,
시온은 버려진 도성이 아니라 다시 '찾은 도성'이라고
일컬어지리라.(11~12절)

제1 이사야가 침략자 아시리아에 반해서 시온성의 불가침성을 선포했으나, 바빌론에 의해서 시온성은 폐허가 되어버렸다. 그럼에도 불구하고 제1 이사야의 영원한 시온 주제는 제2, 제3 이사야에게서 야웨 하나님의 창조와 구원의 영원한 공간으로서 되살아 나온다. TI에게도 시온은 이스라엘과 민족들이 야웨 하나님의 영과의 임재와 의를 우러러볼 영원한 공간으로서 새롭게 투사된다. 이 공간은 하늘과 땅 사이의 모든 피조물 공간의 원천이고 모형·패러다임으로서, 이에 자유로 임재하는 창조자·구원자 야웨 하나님의 공간으로서, 창조와 구원의 원시간과 종말적 후시간을 포괄하는 현재이기도 하다. 그렇기 때문에, SI와 마찬가지로 TI도 그 공간·시간에서 과거에로 혹은 원시간에로 또한 미래에로 궁극적 종말시간·후시간에로 자유로 왔다 갔다 하면서 야웨의 말씀과 구원의 경륜을 선포한다는 사실이다. 예언자들은 궁극적인 미래시간·후시간에 성취될 신적인 구원에 비추어 과거 역사 혹은 창조시의 일들을 새롭게 조명한다. 그렇기 때문에 그들의 예언들이 모든 역사에, 그 역사의 과거와 미래에 일어날 일에 대하여 종말적 시간(the Last Time 혹은 the Latter Time)으로 관계한다. 이 의

미가 이해하기 어려우므로 나중에 다시 설명할 것이다. 여기서는 TI를 위시하여 우리가 예언자들의 시간성의 폭을 파악하는 일이 중요하다. 바로 그들의 시간 폭이 시간 전체를 포괄하기 때문에, 기원전에 이루어진 그들의 예언들의 시간성이 모든 역사에 근원적으로 동시에 종말론적으로 관계한다. 다시금 TI의 예언 구절들을 인용하여 이스라엘의 구원사와 TI의 시간성의 의미를 구체적으로 보자. 63:10~16과 64:9~10을 인용한다. 즉,

> 그들(야웨의 백성들)이 반역하여, 그의 거룩한 영을 슬프게 했고,
> 그래서 그가 그들의 원수로 바뀌어, 그들에 적대하여 싸웠다.
> 그런데 그는 오래전 옛날들, 그의 종 모세의 날들을 기억했다.
> 그의 양 떼의 목자들을 바다(홍해)를 건너 데리고 나온
> 그는 어디에 계신가?
> 그들 한복판에 그의 거룩한 영을 임재하게 한 그는 어디에 계신가?
> — 12절 생략 —
> 누가 그의 팔로 모세의 오른손을 이끌었는가,
> 누가 그들 앞에서 바닷물을 갈라놓았는가? ……
> 가축 떼처럼 그들은 계곡을 내려갔다.
> 야웨의 영이 그들에게 휴식을 주었다.
> 그처럼 당신께서 당신의 백성을 인도하셨으니,
> 당신의 영광의 이름을 위하여.
> — 15절 생략 —
> 당신은 우리의 아버지,
> 아브라함은 우리를 모르지만,
> 또 이스라엘은 우리를 알아보지 못하나,

오, 야웨시여, 당신은 우리의 아버지,
예로부터 우리의 구원자(속죄자)가 당신의 이름입니다.(10~16절)

오, 야웨시여, 당신은 우리의 아버지이시고,
우리는 진흙덩이, 당신은 우리의 옹기장이십니다.
(64:8~10; 창세기 2:7)

그와 같이 TI는 종말적 미래시간에서부터 역사의 현재에 오시는 야웨의 구원의 시간으로부터 구원사적 과거와 창조의 시간을 파악하고 조명한다. 야웨 하나님이, 유한한 조상 아브라함을 넘어서, 영원한 '아버지'로서, 그의 창조의 영이 구원의 '거룩한 영'으로서 새롭게, 즉 종말적 미래구원에 비추어 해석되고 있다. 다시 말하거니와, 여기에서 '아버지' 호칭은 오늘의 여성신학자들이 대체로 여성들 위에 군림하는 가부장제 남성 지배상으로 여기고 배제하는 그러한 아버지 상이 아니다.

이제 마지막으로 65:17과 마지막 66장의 몇 구절들을 인용하고, TI의 묵시론적 종말론(apocalyptic eschatology)의 요인들과 우주-보편사적 구원 예언의 의미를 생각해 보고자 한다.

보라, 내가 새 하늘 새 땅을 창조하여,
이전 일들을 기억하지 않게 하고
마음에 담지도 않게 하리라.(65:17; 66:22 참조)

새 하늘-새 땅의 새로운 창조와 세계역사 전체에 관계된 바, 우주-보편사적 종말론은, B.C. 4세기 이후 헬라 문명권 시기의 묵시론적 종말론의 주제다. 우리는 이 주제를 B.C. 8세기 이래의 문서 예언자들에 대한 고찰 이후에 다룰 것이다. 제1 이사야서에 속하는 24~27장도 학자들 사이에서 묵시론적 종말론, B.C. 4세기 이전 B.C. 6, 5세기의 문서로서 추정되기도 했으며, 우리는 이 추정을 묵인했으나, B.C. 8세기의 이사야 자신에 속하는 자료로서 추정될 수도 있다고도 본다. '새 하늘-새 땅'의 창조라는 저 TI의 비전도 B.C. 6, 5세기경 TI 자신의 비전이라고 추정될 수 있다. 어쨌든 많은 학자들이 저 주제를 B.C. 4세기 이후의 묵시론적 종말론의 특징이라고 추정했기 때문에, TI의 56~66장의 역사적 시기 추정에 대하여 불필요한 논의가 분분했던 것 같다. 묵시론적 종말론의 주제처럼 보이는 저 주제는 TI 자신의 종말적 미래 비전으로 추정되어도 될 것 같다. 그의 종말적 구원 개념이 창조 역사를 포괄하고 있으므로, '새 하늘-새 땅의 창조'라는 주제를 궁극적 미래시간에로 투영할 수 있는데, 구체적으로 현재에서 재건되고 있는 혹은 이미 재건된 새 예루살렘·시온이 저 '새 하늘-새 땅의 창조'의 모형이다. '새 하늘-새 땅'은 이스라엘 역사의 모든 죄악, 이에 대한 야웨 하나님의 심판의 매체 역을 수행한 제국들의 침략전쟁과 이 제국들과 군소 국가들에 대한 그의 심판과 멸망을 넘어서고 잊혀지게 하는, 궁극적인 우주 보편사적 세계 혁명의 표식이다.

마지막으로 TI의 66장 몇 구절들을 인용하고 해석함으로써, 이사야서 전체의 구원사 개념을 짚어보고자 한다. 우선 66:10, 12을 부분적으로 인용한다. 즉,

> 예루살렘과 함께 기뻐하여라.
> 예루살렘을 사랑하는 너희는 다
> 예루살렘을 위하여 즐거워하여라.(10절)

내가 예루살렘의 번영을 강물처럼 뻗어 흐르게 하고,
민족들의 재물을 넘쳐흐르는 물줄기처럼 흘러들게 하리라.(12절)

예루살렘·시온은 다윗 왕국의 도성이었던 과거를 넘어서, 야웨 하나님이 임재하시는, 이스라엘과 더불어 세계 민족들이 공존하고 이들의 제물이 흘러들어오는, 사제 이스라엘과 세계민족들의 공생(共生)의 거룩한 공간이다. 66:18~21을 인용하자면,

나는 모든 민족들과 언어들, 그들이 하는 일들과 생각들을 안다.
내가 그들에게로 가고 있으니, 그들이 와서 내 영광을 보리라.
— 18절 일부분과 19절 상당부분 생략 —
그들이 민족들 가운데서 내 영광을 선포하리라.
그들이 모든 민족들로부터 너희의 형제들을 데려오고,
야웨께 드릴 제물을 마차에 싣고 ……
나의 거룩한 산 예루살렘으로 가져오리니,
이스라엘이 정결한 그릇에 담아 곡식을 야웨의 전으로
가져오듯이…….(18~21절)

66:22~23을 인용한다. 즉,

내가 만들 새 하늘과 새 땅은 언제나 내 앞에 머물러 있으리라.
너희 후손들과 너희의 이름도 그렇게 내 앞에 머물러 있으리니,
새 달부터 새달, 매달마다,
안식일로부터 안식일, 안식일마다,

모든 육체가 내 앞에 예배하러 오리라.

야웨께서 그렇게 말씀하신다.

하늘은 하나님의 '보좌'요 땅은 그의 '발판'이니라(66:1). 하늘과 땅은 그의 피조물이며, 천신도 지신도 아니다. 그의 자유하고 은혜로운 결정에 따라 하늘과 땅은 그 앞에 영원히 머물러 있을 것이다. 글로벌 자본주의 세계의 아귀들이 하늘과 땅을 지배하려고, 생태계를 파괴하고, 천지의 이변을 일으켜 역습을 받고, 인간들의 평화로운 생존의 위협을 야기시키지만, 하늘과 땅은 창조자·구원자 하나님에 의해서 새로워지면서 그 앞에 머물러 있으리라. 중동의 오늘의 현 이스라엘의 시온주의는 예언자들과 이사야 전통의 증언들을 다시 읽고, 팔레스타인 아랍계와의 평화롭고 정의로운 공존의 길을 찾으라. 아랍인들도 이슬람의 뿌리, 구약과 예언 전통을 다시 읽으라. TI가 직면하고 있었던 실제의 유다-예루살렘은 그의 저 아름다운 예언들과는 정반대로 별의별 우상 숭배 제의들, 민족들 사이의 갈등과 싸움판이 끊임없이 도처에서 벌어진 곳이었을 것이다. 66장의 마지막 한 구절을 인용한다. 즉,

사람들이 끝내 나에게 반역한 사람들의 시체들을 보리니,

그것들을 파먹은 벌레는 죽지 않을 것이며,

그들을 괴롭히는 불은 꺼지지 않을 것이며,

그것들은 모든 육체(사람)에게 혐오의 주검이리라.(24절)

이 구절은 야웨께 영영 반역하는 자들의 영원한 죽음의 종말, 영원히 그에 의해서 멸망할 악의 세력에 결부된 죽음을 가리키는 것 같다. 우리는

그러한 신적인 절대 부정의 세력을 알 수 없으나, 다만 절대적으로 의롭고 은혜로우신 창조자·구원자 하나님에 적대하는 악과 사망의 세력이 상정될 수가 있다고 생각된다. 이러한 문제가 나중에 다룰 묵시론적 종말론에서 대두할 것이다. 우리의 예언자 TI가 야웨 하나님의 세계 보편사적인 종말시간에 이루어질 그의 궁극적인 구원의 비전을 예언하면서, 그러한 절대 부정의 악과 사망의 권세를 힐끗 직관했다고 생각한다.

이사야 1~66장의 B.C. 8세기부터 6, 5세기에 이르는 세 예언자들은 시기적으로 구별되고, 각자의 특유한 언어적 표현 양식들과 예언 비전들에도 불구하고, 통일적으로 파악되어야 할 것 같은 전통을 이룬다. 이스라엘의 구원사(Heilsgeschichte) 개념이 여기서 폭넓게 제시되어 있으니, 그것은 이스라엘 역사를 위시하여, 한정된 ANE의 역사의 영역에 직결해서, 세계사의 시야와 문제들을 궁극적으로 혹은 종말적으로 밝혀주는 개념이다. 이러한 역사적 시야가 B.C. 8세기의 아모스, 이사야, 미가, 호세아의 예언 비전들에 함축되어 있으며, 특히 제1 이사야 → 예레미아 → 에제키엘에게서 역력하게 제시되어 있으며, 이제 제2 → 제3 이사야에게서 구원사는 모든 역사의 혁명적 패러다임 혹은 모형으로 떠오른다. 구원사의 혁명적인 원동력은 야웨 하나님의 부정적인 심판과 긍정적인 구원과 용서라는 두 계기, 말하자면 역사 변증법적 계기다. 이 두 계기가 역사의 혁명을 가능하게 하는 신적인 원천이다. 예언자들은 이 두 계기를 구원사 자체 내에서 동시에 ANE의 여러 민족들과의 전쟁 관계들에서 읽어내면서, 역사변혁에로 이끌어낸다. 아시리아와 바빌론은 야웨 하나님의 부정적 심판의 계기로서, 페르시아의 고레스는 그의 긍정적인 구원의 계기로서 작용하며, 이러한 국제적 계기들이 이사야서 예레미아서 에제키엘서의 구원사의 세계보편사적 시야를 떠오르게 한 요인들이다. 그런데 아시리아 바빌론 페르시아도 야웨 하나님의 종말적 심판 아래 세워짐으로써, 야웨 하나님의 심판과 구원의 구원사적 주제는 바로 세계 혁명의 주제로 떠오른다. 이것이 후기의 묵시론적 종말론에서 다른 양식으로 밝혀질 것이다.

4) 하깨, 즈가리아, 말라기(B.C. 6~5세기)

이 주제는 이스라엘 남은 자들의 출바빌론 이후 유대교 건설 시기의 예언자들에 해당한다. 이 시기는 이스라엘의 역사 재건 시기이며, 우리는 이 시기까지를 구원사로 또 역사와 직결된 예언 전통으로 간주한다. 하깨(Haggai)와 즈가리아(Zechariah)는 페르시아 고레스(Cyrus)가 바빌론 제국을 B.C. 539년에 정복하고, 다음해 그의 칙령으로써 이스라엘의 바빌론 포로 유민들로 하여금 예루살렘 귀환과 예루살렘 성전 재건을 허락함에 따라, B.C. 538년 제1차 예루살렘 귀환이 이루어졌으나, 현지의 여러 종족 주민들과 관리들의 반대에 의해서 예루살렘 성전 재건이 진척되지 못했다. 다리우스 1세(Darius Ⅰ, B.C. 521~485년) 때 520년에 이스라엘의 제2차 예루살렘 귀환이 유다 왕가의 즈루빠벨(Zrubbabel)과 사제 예수아(Joshua 혹은 Jeshua)의 지도하에서 이루어졌으나 성전 재건은 여전히 주민들의 반대에 부딪혀 진척되기 어려웠다. 이때에 하깨와 즈가리아와 같은 예언자들의 노력과 격려에 의해서 예루살렘 성전의 기초공사와 재건(B.C. 515년경)이 이루어진 것이다.

하깨와 즈가리아는 그와 같이 공역했으므로, 우리는 이들을 함께 엮어서 고찰하고자 하는데, 이 두 예언자들의 예언형식들이, 예루살렘 성전 재건에 집중하면서도, 상이하기 때문에 별도로 고찰하고자 한다. 말라기(Malachi)의 활동 시기는 B.C. 500~450년, 즉 5세기라고 추정되지만, 편의상 저 두 예언자들에 이어서 고찰하고자 한다.

하깨

하깨는 B.C. 520년 6~9월 동안 아주 짧은 기간에 총독 즈루빠벨과 대사제 예수아의 성전 재건을 위하여 크게 격려하고, 또한 사제들로 하여금 유대인·이스라엘의 종교적 공동체 형성의 통일을 강력하게 역설했다. 페르시아의 왕 다리우스(Darius Ⅰ) 둘째 해(B.C. 520년) 6월 1일에 하깨는 야웨의 말씀을 유다의 총독 즈루빠벨과 대사제의 아들 예수아에게 전달하면서 성전 재건을 재촉한다(1:1). 하깨는 아직도 허물어져 있는 성전을 목도한다. 가뭄에 땅과 언덕들, 곡식이 마르고, 사람들과 가축들의 노고가 결실을 얻지 못하는 상황을 성전 재건을 추진하지 못함에 대한 야웨의 벌이라고 설파한다(1:5~6, 7~11). 즈루빠벨과 예수아가 이스라엘의 남은 자들과 더불어 하깨의 선포를 야웨 하나님의 음성으로 듣고 복종하는 마음으로 성전 재건을 서두른다. 하깨가 야웨의 격려의 말씀을 또 이렇게 선포한다.

> 야웨께서 말씀하시기를, '내가 너희와 함께 있다.'
> 그가 즈루빠벨의 영과 예수아의 영,
> 또 이스라엘의 모든 남은 자들의 영을 불러일으키니,
> 그들이 모여와 만군의 야웨 하나님의 전의 재건을
> 6월 16일 촉진시키도록 하니,
> 때는 6월 24일(B.C. 520년)이다.(1:13~15)

2장 서두에서의 7월 21일자 하깨의 말씀 선포 중에서, 제2 이사야에게서처럼, 하깨는 출애굽 사건을 회상시키면서 성전 재건을 격려한다.

> 야웨의 말씀이다.
> 오, 즈루빠벨이여, 이 땅의 너희 모든 백성이여, 용기를 가지라.
> 만군의 야웨, 내가 너희와 함께 있으니,
> 이는 너희가 애굽에서 탈출할 때 너희에게 준 나의 약속이다.
> 내 영이 너희 가운데 거하니,
> 두려워 말라. 만군의 야웨께서 다시금 잠시 후에,
> 하늘과 땅, 바다와 마른 땅을 뒤흔들고
> 모든 민족들을 뒤흔들어 놓으리니,
> 그래서 모든 민족들의 보물들이 이 전으로 들어오게 하리라.
> 내가 이전 성전의 광채가 가득하게 하리라. ……
> 나중 광채가 이전 것(솔로몬 시기의 성전)보다 더 크리라. ……
> 이곳에 내가 번영을 내려주리라.(2:4~9)

하깨는 성전 재건의 계기에서 구원사의 시초, 출애굽 사건의 역사를 되살려내고, 동시에 성전의 보편사적 의미를 부각시킨다. 출애굽 사건도 솔로몬 시기의 예루살렘 성전도 다 영원한 보편사적 구원의 의미를 함축적으로 내포하고 있었으나, 제3 이사야와 하깨-즈가리아에서, 유다의 멸망과 이스라엘의 예루살렘 귀환과 성전 재건을 계기로 구원사의 보편사적 의미가 두드러지게 부각된 것이다. 그와 같이 구원사는 세계 혁명의 주제들을 내포하고 있다. 성전은 이제 민족들과 그들의 보물들이 창조자·구원자 야웨 하나님에게로 모여들게 하고, 민족들에게로 분배될 중심적 표식으로서, 하깨에게서 성전의 보편사적 의미가 새롭게 부각되어 있다. 성전은 민족들의 혁명의 구심체가 아닌가?

2:10~23, 마지막까지의 기록은 다리우스 재위 2년째 해 9월 24일자 하깨의 말씀선포인 것 같다. 우선 12:10~19을 보자면, 야웨께서 하깨로 하여금 이렇게 선포하게 하신다. 즉,

> 사제들에게 이 물음을 결정하거라:
> '만일 한 사람이 거룩한 고기(제물)를 옷자락에 싸가지고 갈 때,
> 이에 닿는 옷자락이나……
> 다른 종류의 음식물도 거룩하게 되는가?'
> 사제들이 '아니'라고 대답한다.
> 또 하깨가 '만일 사체와 접촉한 한 사람이 취급하는 음식물도
> 불결하게 되는가?' 물으니,
> 사제들이 불결하게 된다고 대답한다.
> 그때에 하깨가 이 백성에게도 ……
> 이들이 손으로 하는 모든 일에도 마찬가지라고 말한다.
> 이들의 제사도 불결하다. 이제부터 일어날 일을 잘 생각하여라.
> 야웨의 전에 돌이 돌 위에 놓여지기 전에,
> 너희가 어떻게 행하였는가?
> 곡식 20단을 거두던 사람이 10단밖에 안 되고,
> 50동이 내던 사람이 20동이 밖에 안 되니, 내가 그 모든 수확을
> 곰팡이 병충해 우박으로 너희의 수고를 쳐서 그리되었느니라.
> 그래도 너희는 내게로 돌이키지 않았다. 이날, 9월 24일부터,
> 야웨의 성전의 주춧돌이 놓여진 이날부터 지켜 보거라. ……

이날부터는 내가 너희의 수확을 풍성하게 축복하리라.(2:10~19)

성전 재건의 주춧돌이 놓여지기까지 하깨는 즈루빠벨과 예수아와 이스라엘의 모든 남은 자들을 공사를 위하여 열광적으로 격려하고 설득한 것이다. 성전 재건은 미래로부터 역사적 현재에로 오시는 야웨의 임재의 표식, 구원사의 재건의 표식, 그의 의로운 나라의 종말적 성취에로의 새로운 출발점이다. 저 인용된 이야기식 예언은 제사 전통의 중요한 일면을 나타내준다. 제사를 드리는 사람이나 사제가 접촉하게 된 저 사체는 어떠한 죽음 혹은 사체인가? 사람이 살만큼 살다가 죽은, 말하자면 유한한 삶의 자연적인 죽음·사체가 아니라, 죄악에 대한 신적인 저주 혹은 절대적인 심판 아래서의 부정을 표식하는 사체다. 즈루빠벨도, 대사제의 아들 예수아도, 이스라엘의 모든 남은 자들도, 이방인들도 다 역사적 죄악에 대한 그러한 종말적 심판의 부정성 아래 서 있다. 이러한 역사 문제를 밝혀주는 빛이 바로 구원사의 빛이다. 그러한 종말적 궁극적 부정성은 악의 세력과의 결탁에서 일어나는 역사 문제다. 저 인용된 바 하깨의 종말적 예언은 이스라엘의 모든 남은 자들이 야웨 하나님의 한량없는 은혜와 용서에 의해서 그러한 종말적 절대 부정성에서부터 해방되고, 역사의 몰락에서부터 구출되어, 이제 그와의 새로운 관계질서에로, 그의 물질적 축복에로 역사를 새롭게 시작하는 표식이 바로 성전 재건의 기초공사라는 것이다.

이제 하깨 2:20~23 마지막 부분을 인용한다. 그 시기는 성전 기초공사가 이루어진 9월 24일자에 하깨의 야웨의 말씀 선포다. 즉,

유다의 총독 즈루빠벨에게 말하거라.

내가 곧 하늘과 땅을 뒤흔들어 놓으려 하니,

왕국들의 왕좌를 뒤엎어 버리기 위함이다.
내가 민족들의 왕국들의 세력을 파괴하려 하고,
그들의 군마들을 뒤엎어 버리려 하니,
말들과 말 탄 자들이 추락하고,
모든 사람이 그의 겨레의 칼에 죽으리라.
그날에(on that day) 만군의 야웨께서 말씀하시기를,
내가, 오 즈루빠벨,
나의 종…… 너를 옥새와 같은 인장으로 되도록
내가 너를 선택함이라.(2:20~23)

'그날에'는 불특정 미래를 가리키는 것처럼 보이나, 궁극적인 종말 시간을 가리킨다고 해석되어야 한다. 마지막 절의 *RSV* 각주는 '야웨께서 메시아 왕국을 세울 때에, 즈루빠벨이 그의 메시아가 되리라'고 해석하면서 즈가리아 3:8; 6:12~13을 동일한 의미로 해석한다. 그런데 하깨와 즈가리아가 즈루빠벨이 종말시간에 혹은 불특정한 미래에 세워질 메시아 왕국의 왕이 되리라고 예언했다고 생각되지 않는다. 즈루빠벨이 야웨의 '선택함을 받은 종'으로서 '옥새와 같은 인장'(signet ring)으로 되게 하리라(23절)는 것은 유다 왕통의 후손으로서 다윗, 히즈키아와 요시아와 같은 유다 왕국의 대표적 왕들의 왕통을, 야웨의 의로운 왕권을 세상에 증언하고 매개해야 하는 구원사적 주제를 궁극적 미래에로 되살려내는 표식으로서, '인장'이라는 의미로서 해석되어야 하며, 즈루빠벨이 메시아 왕이 되리라는 것은 아니다. 하깨와 즈가리아, 느헤미아와 에스라도 불특정한 어떤 미래의 이스라엘 왕국이 즈루빠벨 살아생전에 세워지리라고 예언할 수도, 기대할 수도 없었을 것이다. 그럼에도 불구하고 하깨와 즈가리아는 땅 위에,

세계 역사에, 즈루빠벨을 넘어서서, 궁극적 미래시간에 야웨 하나님의 나라, 메시아 왕국이 이루어지리라고 대망한 것이다. 야웨 하나님의 메시아 왕국에 대한 그와 같은 대망은 이사야서, 예레미아서, 에제키엘서에서도 선포된 것이다. 야웨 하나님의 영원한 왕권과의 관계에서, 북이스라엘–남유다의 멸망에도 불구하고, 예언자들이 시간·역사 안에서 궁극적으로 성취될 그의 영원한 나라의 역사적 현재에로의 도래를 선포하지 않고는, 그들의 예언자적 소명과 직분이 성립될 수 없다. 그 나라의 역사에로의 도래에 대한 역사신앙이 바로 구원사적 역사 혁명의 영원한 동력이다.

하깨와 즈가리아에게 유다 총독 즈루빠벨과 대사제 예수아는 궁극적 종말시간에 이루어질 야웨 하나님의 나라의 역사적 현재에서, 그 나라를 세계사에 증언하고 표식하는 두 필연적인 존재들이다. 전자는 야웨 하나님의 왕권의 표식, 후자는 그의 왕권을 세상에 중재하고 매개해야 하는 사제적 표식으로서 대두함으로써 구원사 전통을 역사적 현재에로 또 궁극적 종말시간에 성취될 야웨 하나님의 영원한 나라를 우리의 두 예언자들로 하여금 종말적 미래를 내다보게 하는 두 축, 즉 즈루빠벨과 예수아이다. 이 둘은 저 두 예언자들에게 종말적 미래의 나라를 예언하게 하는 현재적 표식이다.

즈가리아

하깨와 즈가리아(Zechariah)는 페르시아의 제2대 왕 다리우스 제2년, 즉 B.C. 520년에 즈루빠벨과 예수아의 지도 아래서 바빌론 포로 이스라엘의 남은 자들과 더불어 제2차로 예루살렘에 복귀하여, 예언 활동을 함께 시작한 동역자들이다. 하깨는 B.C. 520년 6월 1일에(1:1), 즈가리아는 8월에(1:1)

활동을 시작했는데, 후자는 전자보다 2년여, 즉 B.C. 518년까지 활동했다고 한다.

즈가리아 1~8장은 이 두 예언자들의 예언활동들을 포괄하는 부분이고, 마지막 9~14장은 즈가리아의 저작이 아니라고 연구자들에 의해서 밝혀져 있다. 1~8장은 하깨를 비롯한 즈가리아의 예언활동이 페르시아의 시대 배경에 직결되어 있으나, 9~14장은 페르시아 시대 이후의 B.C. 4, 3세기의 그리스·헬라시대에 관계된 묵시론적 종말론(apocalyptic eschatology)에 해당하는 부분이라 해서, 즈가리아 자신의 예언 자료가 아니라고 한다. 9~14장은 아마도 그의 제자에 의한 기록이라고 구약학계에서 추정되고 있다.[44]

(1) 즈가리아의 예언 비전, 역사의 영상

즈가리아 1~8장이 하깨와 즈가리아의 동시기의 복합적인 예언활동의 기록이지만, 양자의 예언양식들은 아주 다르다. 즈가리아는 대체로 비전의 양식을 사용하며, 후기 다니엘서의 묵시론적 종말론에서처럼, 천사의 해명으로 비전들을 제시한다.[45] 이 두 예언자들은 즈루빠벨과 예수아의

---

44) Zechariah서의 문서구조에 대해서 ABD Vol. 6, "Zechariah, Book of", 1061~1068 참조. 즈가리아 1~8장과 9~14장의 구별은 기본이다. 그 외에 더 상세한 문서구조들이 저 *ABD* Vol.6에 제시되어 있으나, 이에 대한 고려는 생략되어도 될 것 같다. 1~8장은 Haggai와 Zechariah의 복합적인 예언활동에 해당된 기록이라는 것이며, 9~14장은 다른 저자, 아마도 그의 제자 혹은 제2 즈가리아(Deutero Zechariah)에 의해서 기록된 문서라고 구약학계에서 추정되고 있다. 9~14장 중에서, 9~11장은 포로기 전기 자료들을 포함하고 있으며, 12~14장은 그리스·헬라문화권과 관련되어 있다는 것이다. 우리는 1~8장, 페르시아 시기와 관련된 부분과 주로 12~14장에서의 종말론을 위주하여 고찰하고자 한다.

45) '비전'(vision)을 공동번역이나 한국 신학에서 대체로 '환상'이라고 번역하는데, '환상'이나 '환각'은 헛것을 본다는 의미를 내포하고 있는데, B.C. 8세기 이래의 예언자들이나 즈가리아 혹은 앞으로 우리가 고찰할 묵시론적 종말론에서 '비전'은 아직 현재화되지 않은, 그러나 현

영도 아래서 바빌론 포로 이스라엘의 남은 자들의 제2차 예루살렘에로의 귀환과 더불어 당면한 바 우선 성전 재건의 과제, 이스라엘의 과거의 죄악을 넘어서 동시에 과거의 구원사적 전통을 되살려내어 야웨 신앙의 공동체적 삶을 재건해야 할 과제, 뒤섞여 공존해야 하는 주변의 여러 족속들의 적대성을 넘어서 그들에게 야웨 하나님의 의와 미래구원의 빛을 증언해야 하는 새로운 사제적 과제 등, 헤아릴 수 없는 여러 가지 난관들에도 불구하고, 저 두 예언자들은 야웨의 영의 능력으로 그의 새미래–종말적 구원의 말씀과 희망의 빛을 선포한다. 우리는 여기서 즈가리아의 예언 비전들을 위시하여 1~8장을 고찰하고자 한다.

1:8~17에 의하면 페르시아의 왕 다리우스 2년(B.C. 520년) 11월 24일 즈가리아가 본 첫 비전은 밤에 붉은 말을 탄 한 사람(천사)이 거닐고 있는데, 그의 뒤에는 붉은 말들이 있는 광경이다. 천사가 즈가리아에게 설명하기를, 그들은 예루살렘 순찰을 위해서 야웨께서 보낸 이들인데, 모든 땅이 아무것도 하지 않고 정지 상태라는 것이다. 천사가 말하기를, '오, 만군의 야웨시여, 언제까지 당신께서 예루살렘과 유다의 시민에게 자비를 보여주지 않으시렵니까?' 하니, 야웨께서 '외치라, 내가 내 도시들의 번영이 차고 넘치게 할 것이며, 시온·예루살렘을 위로하리라' 고 말씀하신다.

1:18~21에서의 둘째 비전은 야웨께서 유다–이스라엘–예루살렘을 산산히 흩어지게 한 네 개의 뿔들·적대자 민족들과 이 뿔들을 돋아나게 한

재에 직결된 바 미래–종말시간에 일어날 일들을 가리키며, 신기루 같은 헛것을 보는 것이 아니라, 종전의 구원사에 입각한, 미래에서부터 역사적 현재에 도래할, 말하자면 '미래영상' 이라고 번역되어야 할 것 같다. '미래영상' 은 아직 현재가 아니지만(not yet/noch nicht) 현재에 도래할, 그러면서 죄악과 결탁하여 신적 심판의 부정 아래서 과거의 無에로 사라져가는 현재와 창조의 원시간을 미래–종말시간에로, 구원의 궁극적 미래시간에로 되살려내는, 그렇기 때문에 역사성을 가지는 '미래영상' 이다.

네 대장장이들을 쳐 버리려고 왔다는 것이다.

2:1~5에서의 셋째 비전은 예루살렘의 폭과 길이를 재러 온, 측량줄을 가진 한 사람인데, 예루살렘의 재건을 예시하는 비전이다. 야웨께서 예루살렘에 수많은 사람들과 가축들을 살게 할 것이니, 마을들의 울타리 벽을 없게 하라고, 야웨께서 그 울타리 벽이 되어 그의 영광이 빛나게 하리라는 것이다. 이 셋째 비전은 이에 이어지는 2:6~12에 비추어 해석되어야 할 것 같다. 즉 즈가리아는 이스라엘의 남은 자들에게 북쪽 땅(바빌론)으로부터 도망쳐 시온으로 도피하라고 선포한다. 야웨께서,

> 내가 와서 너희 가운데 거하느니,
> 많은 민족들이 그날에 야웨께로 와서 내 백성이 되게 하리라.
> 내가 너희 가운데 거하리라.
> 너희가 만군의 야웨께서 나(즈가리아)를 너희에게 보내셨음을
> 알게 하시리라.
> 야웨께서 유다를 당신의 백성의 몫으로 삼고,
> 다시금 예루살렘을 당신의 몫으로 선택하시리라.

야웨께서 예루살렘에 거하시고, 그 울타리 성벽이 되고, 거기에 민족들이 이스라엘 백성과 함께 모여들게 하리라는 선포는 예루살렘을 세계 민족들에게로 보편화시키고, 이 민족들을 그의 백성으로 삼으시라는 것이다. 실제로 예루살렘에 이스라엘의 남은 자들과 혼재하는 민족들은 대체로 예루살렘에 귀환한 이들 남은 자들에게 적대자들임에 틀림없음에도 불구하고, 즈가리아는 예루살렘을 그들 모두에게 열려진 화해의 새로운 공간으로서 선포한다.

3:1~10, 네 번째 비전은 즈가리아가 보니, 대사제 예수아가 야웨의 천사 앞에 서 있는데, 사탄이[46] 야웨의 오른손에서 예수아를 책잡아 정죄하려는 장면–하늘의 법정의 장면(*RSV* 의 주)–을 본다. 야웨께서 꾸짖는다. "오, 사탄아! 이 사람 예수아는 불에서 끄집어낸 나무토막이 아니더냐?" 즉 전쟁의 참화의 불속에서 속죄 받은 사제 아니냐는 야웨의 변호, 한량없는 은혜와 용서에 의한 사제라는 변호다. 그때에 천사가 야웨의 지시에 따라 부유하고 깨끗한 옷으로 예수아를 갈아입힌다. 야웨께서 예수아에게 법의 길을 걷고, 성전 울안을 다스리고, 사제 직분을 수행하라고 분부하시고는, 예수아에게, "내가 나의 종 새싹(the Bransh, 다윗의 즈루빠벨을 가리킨다는 것, *RSV* 주)을 돋아나게 하리라"고 말씀하신다. 그리고 야웨께서 예수아 앞에 일곱 개의 눈들이 있는 하나의 돌을 놓고, 이 돌 위에다 "내가 단 하루에 이 땅의 죄책을 제거하라는 비문을 새겨 넣으리라. 그날에 너희가 다 이웃을 초청하여 포도나무와 무화과나무 아래서 잔치를 열리라"고 만군의 야웨께서 말씀하신다. 새 옷을 갈아입은 예수아는 성전 재건의 주춧돌이 놓이면서 새롭게 대사제로서 임명되는 의식을 표식한다. 그 주춧돌에 있는

46) *RSV* 각주에 의하면, 사탄(Satan)은 악의 화신(incarnation)이 아니라, 잘못한 사람을 고소하는 하늘 법정에서의 소송자의 기능을 수행하는 자(욥기 1:6~8 비교 참조)라고 해석되어 있다. 일반적으로 구약학자들과 지식인들은 Zechariah의 그러한 비전 묘사는 신화라고 규정해 버린다. 저 *RSV*의 해석도 크게 보완되어야 하고, 이 신화라는 일반적인 규정도 크게 수정되어야 할 것이다. '사탄'이라는 정체 모를 악의 형상이 묵시론적 종말론의 맥락에서 상론되어야 하리라고 예상한다. 여기서 간략히 해명해 둘 것은 사탄이라는 말이 근동의 역사에서 신화적으로 대두했든, 어떻게 대두했든, Zechariah의 저 네 번째 예언 비전이나 욥기에서 보자면, 사탄은 의로운 야웨의 주재권 아래서 피조물 인간들을 죄악의 세력과 결부지어 송사하고 부정해 버리려는 부정의 의인화된 세력의 영상이다. 그것이 하늘에 있으니, 창조자·구원자 야웨 하나님의 권능에 도전하는 자, 그러나 사탄은 이 권능 아래 한정되어 있으므로, 궁극적으로 피조물 세계와 역사를 좌지우지하고 궁극적으로 파멸과 절대 無의 부정 세력이 될 수 없다. 저 하늘 법정에서 예수아 대사제를 고소하는 사탄은 바로 북이스라엘–남유다의 멸망을 초래한 죄과를 짊어진 예수아가 이스라엘 남은 자들을 위하여 성전 재건의 주춧돌 기초공사에서 대사제 직분을 위임 받음으로써, 야웨에 의해서 부정되어 버릴 절대적 부정의 영상이다.

일곱 눈들은 성전을 지켜보는 신적인 상징이라고 추측된다. 야웨께서 그 돌에다 "단 하루에 내가 이 땅의 죄책을 제거하겠노라고 새겨 놓으리라"는 즈가리아의 선포는 야웨께서 이스라엘의 모든 죄책을, 사탄의 송사에 반하여, 단번에 용서함으로써 그 죄책을 벗겨버리겠노라는 선포다. 그는 그의 의에 따라 심판하고 그의 구원의 은혜에 따라 이스라엘의 모든 역사적 죄책을 용서함으로써 영원한 미래에로 이스라엘을 되살려낸다는 선포다. 사탄은 피조물과 역사의 죄악의 총체적 영상, 피조물과 역사를 절대 무에로 돌려버리는 절대 부정의 영상으로서, 야웨의 궁극적인 용서와 긍정에 의해서 그 자체 파멸해 버릴, 정체모를, 그렇기 때문에 창조와 역사의 시공 안에 존재할 수 없는 절대 죽음과 부정의 적대 세력으로 떠오른다. 다윗의 후손 즈루빠벨은, 우리가 하깨 2:23 해석에서 이미 제시했듯이, 그 자신이 장차 궁극적으로 도래할 메시아 왕국의 메시아 표식이 아니라, 그 자신을 넘어서는, 이 궁극적 메시아 왕국에 대한 종말적 미래 대망을 가능하게 하는 역사적 표식이라고 해석되어야 한다. 이사야도 11:1에서, 예레미아도 23:5; 33:15에서 그와 같은 궁극적 미래의 메시아 왕국을 투시한 것이다. 대사제 여호수아가 이스라엘의 남은 자들과 모든 민족들에게 야웨 하나님의 메시아 왕국을 중재해야 한다면, 즈루빠벨은 이 메시아 왕국의 역사적 맥을 이어갈, 다윗 왕국의 '한 가지'(Branch)를 이어갈, 종말적 미래에 왕국의 현재적 표식이며, 그 왕국의 메시아 왕은 아니다. 성전 재건의 주춧돌이 놓이면서, 그러한 양식으로 하깨와 즈가리아는 현 상황을 넘어서는 종말적 메시아 왕국의 성취를 선포한 것이다.

4:1~14, 다섯 번째 비전을 천사가 잠든 즈가리아를 깨워서 보여주는데, 금으로 된 등잔대와 일곱 등잔들이 보인다. 아마도 완성되어 가는 성전 재건의 성물들이다. 그 등잔대 좌우에는 올리브 나무들이 있다. 즈루빠벨

이 큰 산의 머릿돌을 옮겨 성전의 주춧돌을 놓았으니, '장하다, 장하다'는 함성들이 터져 나오리니, 그가 성전을 완성하리라는 것이다. 그 일곱 등잔들은 온 땅을 밝혀주는 야웨의 손이다. 그 등잔대 좌우의 올리브 나무들은 야웨 곁에 서 있는 두 기름 부음 받은 여호수아와 즈루빠벨이다. 이 두 인물들이 유대인들의 새로운 신앙 공동체에서의 야웨 하나님의 통치(다윗 왕국과 같은 매개체 없이, 신적 왕권의 통치)를 표식하는 신정 통치(神政, Theocracy)의 질서를 주관하는 대행자들이다.

5:1~4, 여섯 번째 비전은 즈가리아가 날아다니는 두루마리 한 권(flying scroll)을 보는데, "이것은 온 땅 위를 날아다니는 저주이니", 도둑질하는 자, 야웨의 이름으로 거짓 맹서하는 자 등등, 종교 사회질서를 침범하는 자들의 죄악을 정화시키는 저주, 신적 심판에 해당하는, 공동체적 질서를 관장하는 표식이다.

5:5~11의 일곱 번째 비전과 6:1~8의 여덟 번째 비전을 생략한다. 여기서 우리가 확언해 둘 것은 예언자적 '비전'(vision)은 학자들이나 지식인들이 '환상'이라고 번역하곤 하는데, 그것은 환상이 아니라, 가까운 미래 혹은 궁극적인 종말적 후시간의 차원을 함축하고 있는, 동시에 현재에서 일어나고 있는 예루살렘 성전의 기초공사 혹은 완공을 내다보는, 그 기초공사와 완공의 궁극적 종말적 대망을 투사하는 영상, 역사적 영상이라는 점이다. 그 비전은 한마디로 구원사의 미래에로의 성취이다. 우리는 (1) 즈가리아의 예언비전이라는 주제에 이어지는 8장 일부분을 고찰하고, 마지막으로 9~14장의 묵시론적 종말론을 고찰하고자 한다. 즈루빠벨과 여호수아는 재건될 수 없는 다윗-이스라엘 왕국의 현재적 표상이며, 동시에 궁극적 종말시간의 야웨 하나님 나라의 예시의 표식이다.

8:3, 7, 8을 보자. 야웨께서 말씀하신다.

보라, 내가 시온으로 돌아가, 예루살렘 한복판에 거하리니
예루살렘은 신실한 도시라고 일컬어지게 하리라.(3절)
내가 동과 서로 흩어진 내 백성을 구원하여,
예루살렘에 거하도록 데려오리니,
그들은 내 백성이고,
나는 그들의 신실하고 의로운 하나님이다.(7, 8절)

성전의 기초공사가 이루어진 현재에서(8:9~13) 즈가리아는 7, 8절에서 모세 전통의 계약의 백성의 나라를 예언적으로 선포한다. 9:22~23을 인용하자면 다음과 같다.

많은 민족들과 강성한 나라들이
예루살렘에 임재하시는 야웨께로 모여와
야웨의 은혜를 구하리라.
그날들이 오면(in those days, 불특정한 가까운 미래)
각자의 언어를 말하는 나라들의 사람들이
유대인의 옷자락을 잡고, '우리가 당신과 함께 가리다.
하나님이 당신과 함께 계신다는 것을 들어왔으니,
우리가 당신과 함께 가리라' 고 말하리라.

모세의 계약 전통의 백성의 나라가 그와 같이 여러 민족들에게 열려지는 새로운 보편사적 구원의 미래가 바로 궁극적 종말시간의 미래에로 이어지는데, 우리가 마지막으로 고찰한 즈가리아의 묵시론적 종말론이 성전 재건과 계약 전통의 보편사적 재정립에 입각한 것으로 해석되어야 할

것이다.

(2) 즈가리아의 묵시론적 종말론(9~14장)

즈가리아 9~14장, 마지막 장들은 즈가리아가 하깨와 더불어, 페르시아의 왕 다리우스 시기에 즈루빠벨과 여호수아의 지도 아래서 예루살렘으로 귀환한 바빌론 포로 이스라엘 남은 자들의 성전 재건 사업을 재촉하고 격려하면서, 예언활동을 전개한 바, 즈가리아 1~8장의 역사적 시기와는 다른 시기를 반영한다고 학자들에 의해서 밝혀져 있다. 따라서 9~14장의 저자는 즈가리아가 아니라, 말하자면 그의 제자 혹은 제2 즈가리아(Deutero Zechariah)가 후기에 기록한 것이라고 추정되어 있다.[47)]

그런데 9~14장 중에서도 9~11장과 12~14장의 문서 구조들이 시기적으로 구분된다. 9~11장에는 B.C. 6세기 이전, 즉 바빌론 포로기 이전의 자료들이 포함되어 있는데, 이 부분이 종말론적 방향에서 조명되어 있기는 하나, B.C. 4세기 이후의 묵시론적 종말론의 성격을 나타낸다고 보기는 어렵다. 그런데 12~14장의 역사적 맥락은 지금까지의 예루살렘 성전 재건을 중심으로 출바빌론 이스라엘의 남은 자들의 종교적 공동체 건설을 위한 하깨와 즈가리아의 예언 활동들과는 다른 역사적 맥락을 암시한다. 즈가리아 1~8장에서도 그는 현재에서 추진되어야 할 성전 재건과 종교적 공동체 건설에 직결해서, 즈루빠벨과 여호수아를 야웨 하나님의 종말적 메시아 왕국의 현재적 표식으로서 궁극적 미래 영상을 선포한다. 그러나 12~14장은 즈가리아의 미래→종말적 미래 예언의 역사적 기반이 총체적

---

47) *ABD* Vol.6, 1061 참조.

으로 붕괴되어 가는 것 같은 상황에서, 역사의 최후의 날(Latter Day)에 일어날 심판과 구원을 예언한다. 그래서 학자들이 즈가리아 12~14장에서의 종말 예언을 B.C. 4세기 이후 유대교의 역사적 존립을 위협하는 그리스·헬레니즘의 맥락과 관계된 문서로서 추정한 것이다. 구약학에서 일반적으로 예언자적 종말론과 묵시론적 종말론을 구별하는데, 이 문제를 우리는 나중에 상론하기로 할 것이지만, 여기서 우선 지적해 둘 것은 묵시론적 종말론도, 예언자적 종말론처럼 구원사와 세계사의 기반에서 발단했다는 사실이다. 즈가리아 12~14장은 바로 그렇게 구원사와 직결되어 있다.

12~14장에서는 '그날에'(on that day)라는 종말시간을 가리키는 문구가 연속으로 씌어 있다. '그날에'의 날은 야웨께서 한편 그에게 반역하고 야웨 신앙을 우상숭배와 혼동하는 예루살렘을 그러한 우상숭배의 죄책에서부터 완전히 깨끗하게 함으로써 야웨와의 계약을 재확립하고, 다른 한편 예루살렘에 적대하는 모든 민족들을 심판하고, 모든 땅을 그의 의로써 다스리는 날, '야웨의 날'(14:1)과 동일한 날이다. '야웨의 날', '그날에'는 창조의 원시간과 역사의 모든 시간을 수렴하는, 창조와 역사의 마지막 통전적 시간을 의미한다. 제2, 제3 이사야와 마찬가지로 즈가리아도 종말적인 일들을 표상할 때에 야웨 하나님의 태초의 창조를 종말적 궁극적 미래시간에 비추어 새롭게 현재화시킨다. 그 전형적인 비전이 예루살렘·시온인데, 이 공간에서 태초의 원시간과 종말적 미래시간이 통전적으로 파악된다. 즈가리아 12:1~5을 보자.

> 하늘을 펼치고, 땅의 기초를 놓으시고,
> 사람을 만드시되, 사람에게 영을 불어넣으신,

야웨께서 말씀하신다.
보라, 내가 예루살렘을 주변의 모든 민족들에게
술잔이 되게 하여, 유다를 치고 예루살렘을 공격하게 하리라.
그날에 내가 예루살렘을 모든 민족들에게
무거운 돌이 되게 하리니, 그것을 들어 옮기려는
모든 민족들이 자신들을 크게 다치게 하리라.
— 하략 —

이 예언은 바빌론에 의한 예루살렘 함락 이후, 또 이스라엘의 포로기 이후 예루살렘 성전 재건 시기부터 그 이후 시기의 역사적 상황을 암시하는데, 민족들이 유대인들과 예루살렘을 공격하려고 압박하는 상황이다. 놀라운 것은 야웨께서, 아시리아와 바빌론을 통해서 북이스라엘과 남유다를 멸망하게 한 것처럼, 많은 민족들이 예루살렘 재건 이후에도 예루살렘을 공격하게 하되, 예루살렘을 파괴하지 못하리라는 것이다. 예루살렘·시온은 창조자·구원자 하나님의 영원한 임재의 도성이기 때문이다. 그 도성은 그의 임재의 영원한 공간이며 동시에 우주와 역사의 모든 날들의 원천이다.

12:7부터 마지막 14장에서의 즈가리아의 종말론을 요약해서 우리 나름대로 서술하고 해석하고자 한다.

그날에 야웨께서 유다의 초막(옛 출애굽 시의 초막)에 승리를, 다윗 가문과 예루살렘 백성들에게 영광을 부여할 것이다. 그날에 야웨께서 예루살렘을 치는 모든 나라들을 멸하고자 한다.(7~9절) 야웨께서 다윗 가문과 예루살렘 백성들에게 긍휼과 탄원의 영을 부어

주리니, 그들이 장자처럼 그를 위하여 애곡하리라. 그들의 땅, 모든 가정, 다윗 가문, 나단(Nathan, 다윗 왕 시기의 예언자)의 가정, 그들의 아내들과 아이들, 모두 애곡하리라.(12:10~14) 역사 전체가 애곡할 대 참회의 날이 미래로부터 선포되고 있다. 그날에 한 샘물이 터져 나오리니(출애굽 시 사막에서처럼), 다윗 가문과 예루살렘 백성들을 그들의 죄와 불결함에서부터 정결하게 하리라. 그날에 야웨께서 우상들을 땅에서 없애버리리니, 그것들이 더 이상 기억되지도 않게 하리라. 또한 그가 거짓말하는 예언자들의 불결한 영을 땅에서 제거해 버리리라. 그날에 모든 예언자가 자신의 예언 비전을 부끄럽게 여기리니, 그는 속임수로 입은 털 많은 외투를 벗어버리고, '나는 예언자가 아니요, 나는 밭 가는 자요……라고' 말할 것이다.(13:1~6)

'깨어 일어나거라, 오 칼아, 내 목자, 내 곁에 있는 사람을 치라.' 만군의 야웨의 말씀이다. '양떼가 흩어지도록 그 목자를 치라' …… 야웨께서 온 땅을 치면, 삼분의 절반 이상은 죽을 것이며, 나는 이 살아남은 자들도, 은장이 금장이가 은과 금을 연마해 내듯이, 불속에 넣어 단련시키리니, 이들이 나의 백성들이며, 나를 '야웨는 나의 하나님' 이라고 말하리라.(13:7~9)

야웨의 '목자' 도 그의 양떼 백성들도 마지막 날에 혹독한 죽음의 시련을 겪고, 그의 백성들로 살아남으리라는 것이다.

야웨의 날에, 야웨께서 모든 민족들로 하여금 예루살렘을 치게 하리니, 모든 집들이 약탈당하고, 여자들이 겁탈당할 것이며, 주민의 반은 잡혀가고, 그러나 반은 그 도성에 살아남으리라. 그때에 야웨께서 출동하여, '거룩한 전쟁' 때처럼(출애굽 시기, 판관기 시대에서처럼), 그 민족들을 치시리라. 그다음 야웨 하나님이 그의 백성들을 데려오시리라.(14:1~5) 그날은 춥지도 않고, 찬 서리도 없을 것이다. '그날은 야웨께서 알고 계시는 날! 낮과 밤이 교체하지 않고, 밤에도 비치는 빛의 날로 계속되는 날이다.'(14:6~7, *RSV*와 Luther의 *Die Bibel*과 창세기 1:5 참조) 즉 영원한 빛의 날, 야웨께서 주관하시는 영원의 시간이다. 밤과 낮이 교체하는 날은 피조물의 유한한 시간성의 특징이다. 밤과 낮이 교체하는 날은 피조물의 유한한 시간성의 특징이다. '그날에 생명수가 예루살렘으로부터, 반은 동해로, 반은 서해로 흐르리니, 여름에도 겨울에도 계속 흐르리라.'(14:8) 그날에는 야웨께서 모든 땅들을 다스리는 '왕'이 되시리니, 야웨 한 분의 이름이 그이시리라.(14:9) 모든 땅이 평지가 될 것이나, 예루살렘은 그대로 높은 곳에 솟아 있으리라.(14:10) 야웨께서 예루살렘에 적대하여 전쟁을 일으키는 모든 민족들을 치리니, 그들에게 끔찍한 죽음과 고통이 닥치리라.(14:12, 13) 예루살렘을 적대하고도 살아남은 민족들은 다 해마다 왕이신, 만군의 야웨를 경배하러 예루살렘으로 올라와야 하리라. 애굽인들도 예루살렘에 와 초막절을 지키지 않으며, 옛날 이스라엘의 출애굽 당시에 내려진 재앙을 받으리라.(14:16~19)

즈가리아 12:77부터 14장의 내용의 부분적 재서술에서 몇 가지 확인해 둘 요점들이 있다. 하깨에서처럼, 즈가리아에서도 다윗 왕국 자체는

B.C. 587년 유다 왕국의 멸망으로써 끝난 것으로 전제되어 있다. 그렇다면 다윗 왕국의 '영원한' 구원사적 의미(사무엘하 7:13, 16)는 무효화된 것인가? 그렇지 않다. 이사야서, 예레미아, 에제키엘, 하깨, 즈가리아와 같은 예언자들이 궁극적 종말시간에서의 야웨의 심판과 구원의 성취를 선포한다는 것은 다윗 왕국의 영원한 의미가 살아 존속한다는 것을 의미한다. 다윗 왕국은 시간 안에서 사라졌다 해도 그것이 담지하는 야웨 하나님의 왕권이 이제 저 예언자들에게 궁극적인 미래로부터 모든 역사를 변혁하고 미래에로 새롭게 존속하게 하는 원천이기 때문이다. 다윗 왕권이 담지하던 왕권 대신, 이제는 신적인 '신정적 왕권'(Theocracy)이 바빌론 포로기 이후 이스라엘 북구시대에 부각된 것이니, 에제키엘, 제2·제3 이사야, 즈가리아에게서 선포된 '만군의 야웨의 영광'의 비전들이 바로 야웨 하나님의 왕권의 '계시' -아포칼립시스(apokalypsis)를 가리킨다. 그의 영광이 현현하는 곳에서 또 현현하는 '그날에'는 이스라엘의 모든 야웨 배반의 죄악과 민족들의 우상들과 불의의 죄악에 대한 그의 종말적 심판이 벌어지고, 이스라엘의 남은 자들의 종말적 구원과 이에 동참하는 다른 민족들의 구원이 선포된다. 이러한 마지막 날의 광경이 예루살렘에서, 피조물 세계의 시간·공간에서 일어나며, 그렇기 때문에 예언자적 종말론은 바로 혁명적 역사 개념의 핵심 주제이며, 많은 학자들과 지식인들과 종교학자들이 생각하는 신화가 아니다.

즈가리아 12~14장에서의 이른바 '묵시론적 종말론'(apocalyptic eschatology)이 B.C. 6세기경 출바빌론 이스라엘 남은 자들의 예루살렘 성전 재건 시기 이후 어느 시기에 제2 즈가리아에 의한 기록이든, 누구의 기록이든 그의 '묵시론적 종말론'은 예언자적 종말론에 속한다. 대체로 구약학자들도 '묵시론적 종말론'과 예언자적 종말론을 구별하는데, 대체로 전자는

B.C. 4세기 이후 그릭·헬레니즘 시기에 유대교가 역사적으로 존립 존속하기 어려운 위기에 처해서 발생한 것으로서 완전히 말세론적이었다고, 따라서 역사와의 관련성이 결여된, 말하자면 비역사적인 신화적인 것으로서 해석되고, 따라서 학자들은 역사와 직결된 예언자적 종말론과 구별하는 경향을 가진다. 우리는 이 구별의 문제를 나중에 재론하기로 한다. 즈가리아 12~14장에서의 종말론이 '묵시적 종말론'이 부분적으로 1~8장의 저자 즈가리아와 다른 제2의 즈가리아라고 추정하기 어려울 정도이며, 즈가리아 자신의 종말론과 동일하다고 생각되어야 할 것이다. 다만 시기적으로 즈가리아 12~14장은 B.C. 6세기의 예루살렘 성전 재건 혹은 초기 유대교의 복구(restoration) 이후 후기 유대교 시대를 부분적으로 반영하는 것 같은데, 후기 편집자에게서 유래했다고 생각된다.

말라기

말라기(Malachi)서는 히브리 경전과 LXX역본에서는 12 소 예언서들(minor prophets) 마지막에, 루터의 *Die Bibel* 과 다른 성서들에서는 12 소 예언서 마지막–구약성서 마지막에 수록되어 있다. 말라기서는 3장으로 구성된 아주 짧은 문서다. 그런데 히브리 경전과 루터의 번역 *Die Bibel* 등 다른 번역본들에는 말라기서가 3장으로 되어 있는데, *RSV*에서는 마지막 3장이 3~4장으로 나뉘어 있으며, 말라기서 내용은 다 동일하다. 우리는 우리의 글에서 주로 *RSV*를 우리의 주요 텍스트로 사용해 왔기 때문에, 이것의 말라기서의 순서를 따르기로 한다. 예언자 말라기는 하깨와 즈가리아보다는 후기 B.C. 540~500년 사이에 활동했다고 하는데, 이들은 동시대로 간주되기 때문에, 우리는 하깨와 즈가리아에 이어서 말라기를 고찰한다. 말라기라는 예언자 자신에 관해서는 알려진 바가 없다고 하며, 그의 문서가 아주 짧지만, 그의 종말적 예언 내용이 아주 중요하다. 그의 예언자적 직분은 '전령자'(messenger, 3:1)로서 특징 지어져 있다. 그의 말씀 선포의 양식은 야웨께 질문을 제기하고, 야웨의 대답의 말씀을 선포하는 특유한 양식을 나타낸다.

그러한 양식의 첫 사례만 재서술하자면, 야웨께서 말라기에게 주신 신탁(oracle)의 말씀은, 야웨께서 "내가 너희(이스라엘)를 사랑했노라"고 말씀하셨는데, 예언자가 "어떻게 당신이 우리를 사랑하셨습니까?"고 물으니, 야웨께서 답하신다. "실로 내가 야곱을 사랑했고 에사오(그의 형 Esau)를 미워했으니, 내가 그의 땅을 황폐하게 만들었고, 그의 유산을 사막의 짐승들에게 주어버렸느니라." 에사오의 부족 에돔(Edom)이 "우리는 산산조각 났으나 이 폐허를 다시 세우리라" 하나 만군의 야웨께서, "그들은 세울지라도 나는 허물어 버리리니, 그들이 악한 자의 나라라고 일컬어질 때까지 그리하리라. 이 백성에 대해서 야웨께서 영원히 분노하시리라." 이에 말라기가, "야웨께서는 이스라엘의 경계선을 넘어서까지 위대하시도다!"라고 외친다(1:1~5).

말라기의 문서는 짧지만, 그와 같이 이스라엘 역사의 처음에서 시작한다. 에돔 족에 대한 야웨의 영원한 저주와 분노는 그의 종말적 부정의 심판을 의미한다. 그러한 심판의 가장 결정적 사건은 아마도 B.C. 587년 바빌론이 유다와 예루살렘을 붕괴시키고 있었을 때 에돔 족이 바빌론에 편승하여 유다의 멸망을 고무시켰던 사건일 것이다. 그런데 우리가 이미 논했듯이, 에사오는 자기 스스로 자신의 장자권을 야곱에게 내어준 것이다. 그런데 또한 야웨의 야곱 선택과 사랑은 그의 자유한 결정이며, 구원사 경륜이다. 그러나 그의 그 자유한 선택과 사랑은 에돔 족이나 타민족들에게 부당한 것이 아니고, 이들에 대한 그의 심판은 이들 자신들에게 합당하며, 이러한 심판이 이들의 역사적 죄악들이 밝혀지게 하는 원천이다. 북이스라엘과 남유다의 멸망이 야웨의 종말적 심판 아래서 일어난 역사라는 예언자들의 선포는 모든 역사에 대한 야웨 하나님의 심판의 패러다임이고 모형이다. 그래도 고난과 절망의 바빌론 포로기를 넘어서 예루살렘에 귀환한 이스라엘 남은 자들의 복귀시대는 종말적 심판의 시련을 넘어선 은혜로운 구원의 새 시대의 맥락에서 저 말라기 1:1~5의 선포가 이해되어야 한다. 말라기의 그 선포는 구원사 전통의 바탕에 입각해서 야웨 하나님의 영원한 미래 구원과 그의 나라의 성취를 내다보면서 '위대하신 야웨'를 외친 것이다. 그 선포는 '이스라엘의 국경을 넘어서' 에돔과 많은 민족들에게 그의 영원한 부정의 심판에서부터 그의 영원한, 위대한, 궁극적인 구원의 계기를 열어주는 선포다. 그러한 선포에도 불구하고 말라기는 대단히 암담한 현실에 직면하고 있다는 사실이다. 성전이 재건되었다고 해도, 새로운 성전 예배와 제의 질서를 비롯한 이스라엘의 종교적 삶의 공동체의 새 질서들을 이끌어 갈 사제들이 문제다. 말라기의 예언은 사제들이 올바른 예배와 제의, 구원사적 전통의 계약법 준수에 따라 주변의 적대적인 여러 민족들에게 야웨 하나님의 의로운 심판과 구원을 증언하고 중재함으로써, 그들이 그 하나님을 시인하고 경배하도록 하는 계기가 된다는 것을 역설한다.

그런데 사제들이 야웨의 이름을 업신여기고, 부정한 음식 제물, 눈멀고 절름거리고 병든 동물들을 그의 제단에 바치면서 그의 은혜를 빌곤 하니, 차라리 누가 성전문들을 닫아버리고 야웨의 제단에 헛되게 불을 밝히지 말도록 하라는 것이다(1:6~10). 해가 뜨고 지기까지 야웨의 이름이 민족들 가운데서 위대하시니, 그의 이름에 향과 순수한 제물을 바쳐야 하거늘,

사제들은 그의 이름을 모독하고, 그의 제단을 더럽히고, 난폭하게 잡은 절고 병든 제물을 가져오니, 야웨께서 받으시겠느냐. 가축 떼 가운데 좋은 수컷들을 가진 자가 거짓 맹세하고, 야웨께 흠 있는 것을 바친다. 그러한 자들은 저주받을지니, '위대한 왕이신' 야웨의 이름을 민족들이 경외하도록 함이다(1:11~14). 야웨의 이러한 계명이 사제들에게 선포되었으니, 만일 이들이 이 계명을 마음에 새기고 야웨의 이름에 영광을 돌리지 않는다면, 야웨께서 사제들에게 부여한 축복들을 저주하시리라. 그가 사제들의 제물들과 얼굴들에 오물을 뿌리고, 이들을 그의 면전에서 쫓아내시라(2:1~3). 말라기는 레위인(Levi)에게 주어진 야웨의 계약의 구원사적 의미를 이렇게 말한다. 야웨께서 말씀하시기를,

> 레위인과의 나의 계약은 …… 삶과 평화의 계약이었으니, …… 그가 나를 경외하도록 함이라. 그가 나를 경외했으며, …… 참된 법이 그의 입에서 나오는 교훈에 있었으며, 그의 입술에 잘못이 없었다. 그는 나와 더불어 평화와 의 가운데서 걸었다. 한 사제의 입술은 참된 인식을 지켜야 하느니, 사람들이 그의 입에서부터 계약의 법을 들어야 한다. 그는 만군의 야웨의 전령자이기 때문이다.(2:4~7) 그런데 너희(사제들)는 그 길을 어겼다. 너희는 많은 사람들을 너희의 가르침 때문에 실족하게 했느니라. 너희는 레위인의 계약을 부패하게 만들었으니, …… 내가 너희를 모든 백성 앞에서 멸시 당하게 만들었다. ……(2:8~9)

'레위인의 계약'이라는 표현은 아마도 말라기에서 처음으로 발견된 것 같다. 전통적으로 사제와 제의법은 모세의 계약법에 귀속되어 있으므

로, '레위인의 계약'은 계약법을 중재한 모세를 가리킨다고 생각된다. 인용된 저 2:7에서 사제를 야웨의 '전령자'라고 칭한 것은 3:1에서의 '전령자'(messenger)라는 호칭이 예언자 말라기 자신의 호칭임에 틀림없는데, 이 호칭이 사제에게도 적용된다는 사실이 주목된다. 사실은 구원사 자체도, 야웨의 법·계약법을 중재한 모세도, 마지막 판관 사무엘도, 야웨의 왕권을 세계 민족들에게 증언하고 중재해야 하는 다윗 왕권도 다 사제직분을 수행하는 예언자적 성격을 지닌다. 사제 직분의 주제는 특징적으로 에제키엘의 성전 재건 비전 예언에도, 제2 이사야의 특히 네 번째의 '야웨의 종'의 속죄의 죽음과 부활, 제3 이사야와 하깨와 즈가리아에도 부각되어 있으니, 사제와 예언자 직분이 하나다. 한때 구약학에서 예언전통이 강조되고 사제 직분에 대립하는 것으로 여겨졌으나, 유대교에서 사제와 예언자가 하나로서 부각된다. 말라기는 구원사의 그러한 사제 전통을 배경으로, 포로 후기에 접어들어 문란해진 사제들의 문제들을 질책하면서 구원사의 사제 전통의 궁극적 의의를 3~4장에서의 그의 종말적 비전에서 부각시킨다. 이스라엘의 레위 부족이 본래 사제 직분을 담지한다는 전통이 창세기 출애굽기 민수기 등에 전해져 있으나, 현대의 학자들에 의하면, 사제 직분이 반드시 레위 부족에 혈통적으로 결부된 것은 아니라고 한다. 그런데 바빌론 포로기 이후 예루살렘 성전 재건을 위시하여 유대교의 종교적 공동체들에서 사제들과 레위 부족과의 연계 관계가 형성된 것 같다. 그런데 이미 우리가 지적했듯이 에제키엘에서부터 말라기에 이르기까지, 바빌론 포로기와 포로 후기에서도 사제 직분이 혈통적 레위 부족에 한정된 것은 아니라고 생각되나, 어쨌든 그 시기에 사제 직분의 중요성이 부각된 것이다.

유대교 사제들과 공동체적 삶이 유다와 예루살렘에 혼재한 여러 종족들과 이방신들을 추종하는 사람들 가운데서 이스라엘 전통을 지키기도,

사제들의 순수하고 올곧은 제의가 수행되기도 어려웠을 것이다. 그러한 외부적 여건들에 따라 유대인들의 공동체적 삶 내부에서 종교적 불신실함, 상호 불성실함과 불협화, 이방신들을 추종하는 여자들과의 결혼 문제 등이 야기되곤 한 것 같다. 2:10 이하 2장 마지막 부분에 그러한 종교와 사회 문제들이 제시되어 있다.

> 우리에게는 한 분 아버지가 계시지 않느냐?
> 우리를 창조하신 한 분 하나님이 계시지 않느냐?
> 왜 우리가 서로서로에 불성실하다는 말인가,
> 우리의 조상들의 계약을 욕되게 하는가?
> 유다는 불성실해 왔고, 가증스러운 일을 자행해 왔다. ……
> 유다는 야웨의 성전을 욕되게 해왔으며,
> 이방인의 딸을 사랑하고 결혼했다. ……(10~11절)
> …… 야웨께서 너와 네 아내 사이의 ……
> 계약의 증인이시었는데,
> 네 아내는 계약에 의한 네 동반자이거늘,
> 네 아내에게 지금까지 불성실해 왔다.(2:14)
> 야웨께서는 이혼을 미워하시니,
> 이는 한 사람의 옷을 폭력으로 찢는 것과 같다.(공동번역)
> 그러니 불성실하게 변심하지 말도록 명심하여라.(2:16)

말라기는 야웨 하나님과 이스라엘의 계약 관계에 비추어서, 와해되곤 하는 부부 관계와 종교사회적 공동체의 삶을 온전케 하려고 설법하고 있다. 사제들의 올곧은 순전한 제의가 온전한 사회 공동체적 삶의 중심을 발휘하지 못하는 상황에서, 말라기의 놀라운 종말론이 선포된다.

야웨께서 그의 '계약의 전령자', 말라기를 그가 종말적인 미래로부터 역사에 오시는 길을 '예비하도록 파송하신다.' 그가 '홀연히 그의 성전에 오시리라(3:1).

보라, 그가 다가오신다.
그러나 그의 오시는 날을 견디어 낼 수 있느냐,
누가 그가 나타나실 때를 버텨내랴?
그는 대장간 대장장이의 불과 같고, 직물공의 비누 같으니,
그는 은을 걸러내고 깨끗하게 하는 분이라.
그는 레위의 자식들을 깨끗하게 하고,
그들이 금과 은으로 연마되어,
야웨께 올바른 제물을 바칠 때까지. ……
그때에 내가 심판하러 너희에게 가까이 다가오리니,
마술사들, 간음한 자들, 거짓 맹세한 자들, 날품팔이,
과부와 고아를 억압하는 자들,
뜨내기들을 밀쳐버리는 자들, 나를 두려워하지 않는
이러한 자들을 신속하게 가려내어 심판하리라.(3:2~5)

보라, 그날이 온다. 불타는 화덕처럼, …… 그날에
모든 오만한 자들과 악행자들을 태워 버리리라. ……
내 이름을 경외하는 자들에게는 의의 태양이 떠오르리니, ……
너희는 악한 자들을 짓밟아버리고,
그들은 너희의 발바닥에 재가 되리라. ……

그날은 야웨, 내가 행동하는 날이니라.
내가 나의 종 모세에게 호렙 산(시나이 사막)에서 계명들을 주었으니,
그의 법을 기억하라.(4:1~4)

보라, 내가 그 위대하고 무서운 야웨의 날이 오기 전에,
내가 너희에게 예언자 엘리아(Elijah)를 보내리니,
그가 아비들의 마음을 자식들에게, 자식들의 마음을 아비들에게
화해하게 하리니,
내가 이 땅을 저주하고 쳐버리지 않게 하도록 함이라.(4:5~6)

말라기는 야웨 하나님이 유대인들의 종교사회 공동체 자체 내적 근원으로서 '한 분 아버지'로서 호칭하고 중재한다. 이 호칭은 모든 민족들에게도 중재되어야 할 주제라는 것을 명시하고 있다. 바로 이 호칭이 4:6 마지막 절에서 선포된 바 궁극적인 마지막 날, 야웨의 날에 이루어질 화해와 평화 선포의 원천이다. 이것이 말라기에게서의 올곧은 사제들이 이스라엘과 모든 민족들에게 중재해야 할 주제다. 그러한 사제적 의미에서 모세 전통의 계약법이 새롭게 부각된 것이다(4:1~4). 여기서 사제 직분과 야웨의 말씀의 전령자로서의 예언자 직분이 둘이 아니라 하나로 일치한다. 말라기에게서 창세기, 출애굽기, 민수기, 신명기, 또한 바빌론 포로기와 포로 후기에서의 사제 예언자적 의미가 종말적으로 관철되어 있다. 본래부터 구원사의 주제가 이스라엘 백성의 신적인 선택과 소명이 창조자·구원자 야웨 하나님의 나라를 이스라엘 자체 내적 삶과 세계 민족들에게 중재하고 선포함으로써, 모든 역사로 하여금 그의 나라의 궁극적 성취에로 행진하게 하는 일이다.

저 인용된 바 말라기서 4:5~6을 다시 보자. 마지막 날, 야웨의 날에 일어날 그의 두려운 심판을 견디어낼 자는 아무도 없다(3:2). 말라기가 직면하고 있는 상황은 이스라엘·유대인들의 자체 내적 반목과 불화, 이들에 대한 여러 종족들의 적대성과 분쟁 상황이었을 것이다. 말라기는 야웨 하나님이 그의 평화적 계약의 강력한 중재자로서 B.C. 9세기경의 예언자 엘리야(Elijah)를 보내시어, 한 분 야웨 하나님 아래서의 세계의 민족들 사이에서 궁극적 화해와 평화를 이루어 내게 하시리라는 종말적 예언을 선포한 것이다. 예언자 엘리야는 여기서 종말론적 사제의 사명을 담지하고 있다.

엘리야는 B.C. 9세기 북이스라엘의 왕 아합(Ahab)과 그의 아내, 악명을 떨친 이세벨(Jezebel), 야웨의 예언자들을 죽인 바알 신 숭배자 시기에, 이들에 대항하고, 승리한 강력한 예언자다(열왕기상 17장 이하 참조). 엘리야는 살아서 야웨께서 하늘로 데려갔다는 이야기가 전해져 있다(열왕기하 2장 참조). 아마도 그는 창조자·구원자 야웨 하나님의 영원한 미래시간을 담지하는 예언자이므로 이 종말시간에로, 신적인 무한한 공간에로 승천했다는 비전 영상이라고 생각된다. 말라기는 그러한 엘리야를 종말적 미래시간의 역사의 공간에로 다시 내려오게 하려는 것이다. 엘리야는, 분쟁 속에 휘말려 있는 세상 사람들이 야웨의 심판 아래서 다 멸망하지 않도록, 화해와 평화를 중재하는 사제적 예언자로 도래할 구원자다. 말라기는 모세의 계약 전통을 '삶과 평화의 계약'으로서(2:4, 5) 새롭게 선포하고, 구원사를 궁극적 미래의 종말시간에로 되살려낸 것이다. 이름없는 말라기가 이스라엘 민족과 세계 민족들을 위하여 과거 역사의 의의를 그렇게 궁극적 미래에로 되살려낸 것이다.

5) 요엘과 요나

요엘의 종말론

요엘(Joel) 개인은 누구인지 알려져 있지 않은 예언자라고 하며, 그의 문서는 1~3장으로 된 짧은 것이다. 히브리 경전에서 그 문서는 B.C. 8세기의 예언서 호세아(Hosea) 다음에 배열되어 있는데, *RSV* 서언에 의하면, 요엘은 페르시아 제국의 시기(B.C. 539~331년)에 직결된 포로기 이후의 유대교를 배경으로 유다에 살았으며, B.C. 406~350년경에 활동했다고 추정된다. 그는 예루살렘 성전과 제의 문제에 관심한 사제적 예언자였던 것 같다. 그런데 그의 예언이 아시리아, 바빌론, 페르시아에 대하여 언급하지 않고, 야웨 하나님의 이스라엘에 대한 심판의 매체가 아시리아와 바빌론의 정복전쟁들과 북이스라엘–남유다의 멸망과 같은 역사적 사건들과 관련되어 있다기보다는, 출애굽시기 이래 자주 제기되어온 바 메뚜기 떼에 의한 재앙들, 이에 따라 포도나무 무화과나무 석류나무 등의 황폐화와 같은 삶의 물질적 조건들의 황폐화 예언이 전면에서 선포되어 있다. 아마도 그렇기 때문에 요엘 문서가 히브리 경전에서 B.C. 8세기경의 호세아서 다음에 배열된 것 같다. 그러나 요엘에서의 메뚜기 떼 재앙들은 1:15부터 줄기차게 선포된 바 묵시론적 종말론의 양식을 반영하는 예언처럼 보이며, 처음의 메뚜기 떼 재앙들 선포는 바빌론 포로기 이전 아시리아와 바빌론의 정복전쟁들과는 다른 새로운, 임박해오는 심판의 전조로서 해석되어야 할 것 같다. 요엘은 아시리아와 바빌론의 정복전쟁들과 북이스라엘–유다 멸망의 역사를 전제하고서 메뚜기 떼 재앙들에 대한 묘사로서 구원사의 옛 상황을 회상하면서, 이스라엘·유대교의 종말적 미래를 내다보고 있다. 1:15부터의 예언 선포가 그의 그러한 역사의식을 암시해 준다. 메뚜기 떼 재앙들은 요엘에게서 이전의 역사에서와는 달리, 야웨의 미래의 종말적 심판에 해당하며, 이러한 의미에서 메뚜기 떼 재앙이라는, 자연적 현상이 요엘의 종말적 비전에서 새롭게 파악된 것으로 보인다.

요엘은, 말라기와는 달리, 유대교의 사제들과 불순한 제의 행위들의 문제보다는 유대교 자체의 존속의 위기를 감지하고 있다. 또 메뚜기 떼 재앙들은 현재적인 극심한 가뭄과 결부되어 있고, 더 나가서 전쟁의 전조들을 암시하는 근동 일대의 국제 정치적 상황들이 그의 야웨의 종말적 심판과 구원 선포에 개재해 있다. 1:12~14을 보자면, 사제들은 삼베옷을 걸치고 통곡하라고, 제단에 바칠 곡물과 포도주가 바닥나 버렸으니, 거룩한 단식을 거행하라고, 장로들과 유다의 주민들을 모이게 하고, 야웨께 외치라고 선포한다. 그러한 선포가 요엘의 종말론에로 곧 이어진다. 즉,

오호라, 그날이 온다!
야웨의 날이 가까이 다가왔으니,
전능한 분으로부터 파멸이 다가온다.
우리 눈앞에서 식량이 끊어졌으니,
기쁨과 즐거움이 하나님의 전에서 사라진 것이냐?(1:15~16)

마른 흙 아래서 씨가 말라 버리고,
창고들이 텅텅 비고, 말라 버렸으니,
곡식이 바닥나 있기 때문이다.
동물들이 신음하는구나!
가축 떼, 양 떼가 울부짖는다.(1:17~18)

오, 야웨시여, 당신께 내가 외치나이다.
들판의 목장들이, 나무들이 다 타버렸고,
물줄기들이 말라버렸으니,
들짐승들이 당신께 울부짖나이다.(1:19~20)

메뚜기 떼는 본래 2장에서 군대, 전투병들로 묘사되어 있다. 자연적 메뚜기 떼는 야웨의 종말적 심판의 날에 일어날, 이스라엘·유대교와 민족들의 파멸을, 근동 일대의 파멸을 가져올 역사적 군대를 가리킨다. 요엘의 2장 이하의 예언은 본격적으로 묵시론적 종말론의 양식으로 선포되어 있다.

시온에서 나팔을 불어라.
내 거룩한 산에서 경종을 울려라!
야웨의 날이 가까이 다가왔으니,
이 땅의 주민들은 다 두려워 떨거라.
그날은 음산하고, 구름 뒤덮인 암흑의 날!
— 중략 —
불길이 그들 목전에서 또 뒤에서 타오르니,
에덴정원과 같은 이 땅(시온)이
사막처럼 황폐하게 되는구나. ……(2:1~3)

말들이 나타나, 전투하는 말들처럼 달리며,
산들 위에도 뛰어오르고, ……
전투를 위해서 출동한 강력한 군대 같다.
그들 앞에서 민족들이 절망하여, 얼굴들이 창백해진다.

전투자들처럼 그들은 달리고 병사들처럼 벽을 기어오른다.

— 하략 —

그들 앞에서 땅이 뻐그러지고, 하늘이 떨고,
해와 달이 캄캄해지고, 별들이 빛을 잃는다.
야웨께서 그의 군대 앞에서 호령하시니,
그의 군대가 심히 위대하다.
그는 말씀을 집행하시는 권능의 하나님이다.
야웨의 날은 위대하고 매우 두렵다.
누가 감히 그날을 견디어 내랴?(2:10~11)

야웨의 날은 여기서 역사의 최후의 날(the latter day 혹은 last day), 그의 종말적 심판의 날로서 제시되어 있다. 그날은 그가 역사의 죄악을 더 이상 묵과해서는 안 된다고 판단할 때에, 역사의 어느 때에도 그의 자유한 결정에 따라 도래하는 시간이다. 이스라엘의 예언자들은 그 시간을 세계 상황들에 따라 감지하고 선포한다. 그 시간은 역사의 일대 변혁의 시각이다. 그러한 신적인 변혁의 날에, 위 인용부분에 제시된 것처럼, 우주의 이변이 발생한다. 우주와 역사의 총체적 이변과 혁명이 야기된다. 대체로 구약학자들은 그러한 종말론을 '묵시론적 종말론'(apocalypticism)이라고 규정하며, 대체로 신화적이라고 간주하는 경향이다. 나중에 고찰할 것이지만, 그러한 종말론은 B.C. 4세기 알렉산더 대제(Alexander, the Great)의 근동 일대의 정복에 의해서 시작된 헬레니즘 시대에 대두한 후기 유대교 사상을 가리킨다. 인용한바, 요엘의 저 종말적 야웨의 날에 일어날 일들은 아마도 B.C. 4세기 알렉산더의 정복전쟁의 전조들을 암시하는 것 같다. 요엘도 그러한 전조들을 '하늘의 군대들'(heavenly host)을 거느리신 야웨 하나님이 일으키시는 종말적 심판으로 묘사한다. 이사야, 예레미아, 에제키엘이 아시리아와 바빌론의 정복전쟁들을 그의 심판의 매체로서 선포한 것과 유사하다. '하늘 군대를 거느리신 야웨'라는 표상은 모든 예언자들에게서 작용한다. 하늘의 뭇별들이 다 야웨의 군대로서, 야웨께서 역사의 죄악을 심판하고 새 역사의 계기를 마련하는, 역사의 변혁에 동참한다. 이것은 신화가 아니라 역사다. '하늘 군대를 거느리신 야웨'라는 표상은 출애굽·가나안 땅 진입과 땅의 점령 시기에 결부된 야웨의 전쟁 혹은 '거룩한 전쟁'에 연관되어 있는 전통이다. 그 표상이 신화적인 것 같으나 구원사에서 역사화되었다고 해석되어야 한다.

야웨의 날에 일어날, 우주와 역사의 총체적 붕괴의 전조에 직면해서, 요엘은 인간성의 철저한 변혁을 이렇게 외친다. 즉,

> '바로 지금', 야웨께서 말씀하시기를,
> '내게로 돌아오라,
> 단식하고, 통곡하고, 애통해하면서 돌아오라.
> 너희의 마음을 찢어라, 옷만 찢지 말고.'
> 야웨 하나님에게로 돌아오라.
> — 하략 — (2:12~13)

마음을 찢을 정도로 애통하고 회개하며, 야웨 신앙을 지키라고 요엘이 이스라엘의 남은 자들에게 호소한다. 그 길만이 그들이 살아남을 길, 구원사가 새 미래에로 존속하는 길이다. 그럼으로써 이 역사가 죄 많은 여러 민족들이 변혁을 거듭하면서 야웨 하나님의 의로운 새 미래의 나라에로

존속할 수 있는 가능성을 밝혀주는 계기가 된다. 가슴을 찢을 정도로 애통하고 회개한다는 것은 인간성을 야웨 하나님의 의를 따라 변혁하라는, 인간성 변혁의 계기다. 2:17~19을 보자.

출입문과 제단 사이에서 사제들은…… 통곡하고 말하라,
'오, 야웨시여 당신의 백성을 살려주시고
당신의 유산(이스라엘 백성)을 질책하지 마소서.
민족들 가운데서 웃음거리가 되지 않도록.
민족들 가운데서 이들이 말하기를,
그들(이스라엘)의 신이 어디에 있는가?' 라고
조롱하지 않도록 하소서.

그때에 야웨께서 그의 땅을 위하여 애태우시고,
그의 백성을 측은히 여기시어 그의 백성에게 응답하신다.
'보라, 내가 너희에게 곡식 포도주 기름을 보내주리라.
그리고 내가 더 이상 너희를 민족들 가운데서
질책하지 않으리라' 고 하신다.

인간성 변혁과 새로운 삶의 동력은 야웨의 영이다. 야웨의 날에 그의 영이 모든 인간에게 부어지리니, 인간성의 큰 변혁이 일어날 것이다. 그날에,

내가 나의 영을 모든 육체(인간)에 부어주리니,
너희의 아들들과 딸들이 예언하리라.

너희 늙은이들이 꿈을 꾸고,
너희 젊은이들이 비전들을 보리라.
남종들과 여종들에게도
그날들에 내가 나의 영을 부어주리라.(2:28~29)

'모든 육체'는 이스라엘을 가리킨다는 *RSV* 주에서의 해석은 그 문맥에서 옳은 것 같으나, 모든 인간들을 함축하고 있다고 해석되어야 할 것 같다(공동번역 참조). 또 신약의 사도행전 2:17에 그렇게 선포되어 있다. '야웨의 영'은 현저하게 예언자들에게서 자주 언급된다. '모든 육체'에 부어질 그의 영은 바로 구원사 자체를 가능하게 한 근거로서 시간의 근원이며, 예언자들에게서 역사하는 미래·종말시간을 투시하게 하는 영, 인간성을 변혁하게 하는 영, 역사 변혁의 필요성을 인식하게 하는 영이다. 저 인용된 바 요엘의 예언(2:28~29)에서 야웨의 영의 새로운 의미, 즉 궁극적인 종말시간에서부터 구원사를 전체적으로 인식할 수 있는 원천의 보편성의 근거가 제시되어 있다. 한마디로, 창조와 역사의 구원의 영의 종말론적 의미가 제시되어 있다. 인간들의 차별을 넘어서서 모든 육체에게 부어질 야웨의 영은 모든 역사의 죄악들을 판별하고, 변혁하게 하고, 그의 구원과 영원한 삶에 이르게 하는 영임에 틀림없다. 바로 그 영이 '야웨의 날'이 위대하고 무서운 심판의 날이라는 인식의 원천이다. 그 영은 역사와 우주의 철저한 변혁의 필연성을 인식하게 하는 영이다. 즉 그날이 오기 전에 일어날 심판의 전조, '해가 암흑으로, 달이 피로 변하리라'는 묵시론적 우주적 붕괴현상(2:30~31)이 바로 역사 붕괴의 종말적 전조다. 이러한 예언 선포는 역사로 하여금 철저하게 변혁하라는 선포다. 그러한 심판의 날들에 야웨께서 모든 민족들을 그의 '심판의 골짜기'(the valley of Jehoshaphat)로 모으시고, 이스라엘을 핍박하고, 그의 땅을 짓밟은, 이스라엘 소년 소녀를 팔아먹은 민족들을 심판하시리라(3:2~3 이하 참조). 야웨의 종말적 심판 아래 세워지는 민족들은 또한 이스라엘의 종말적 구원의 빛 아래 세워질 계기를 가지게 된다.

마지막으로 요엘의 시온·예루살렘에 관한 예언의 종말적 의미를 짚어본다.

> 야웨께서 시온에부터 고함치시고, 예루살렘에서부터 소리치시니,
> 하늘과 땅이 요동친다.
> 그러나 야웨께서는 그의 백성의 피난처이며,
> 이스라엘 백성에게 요새이다.(3:16)

요엘이 직면한 세계는 아마도 전운이 널리 드리워져 있거나, 이미 전쟁의 소용돌이에 휩싸이기 시작한 시대에 접어든 것 같다. 아마도 B.C. 4세기 초반 페르시아와 알렉산더를 위시한 그리스 세계와의 전쟁 소용돌이의 징조들이 메뚜기 떼 재앙들에 비유된 것 같다. 실제로 이 재앙들이 저 전운의 소용돌이와 얽혀 있었던 것 같기도 하다. 어쨌든 요엘은 그러한 요동치는 세상에, 즉 종말적 변혁의 위기에 직면해서, 시온·예루살렘을 이스라엘 백성의 영원한 피난처·요새로서 선포한 것이다. B.C. 8세기의 이사야의 영원한 시온 선포도, 에제키엘이 선포한 바 야웨께서 임재하시는 영원한 예루살렘도, 제2 이사야가 선포한 에덴정원과 같은 시온도, 제3 이사야의 종말적인 새 예루살렘도, 요엘에게서의 이스라엘의 영원한 피난처 시온도, 다 창조자·구원자 하나님이 역사에 관계하고 임재하시는 영원한 공간을 표식한다. 이 공간에 우주와 역사의 모든 공간들과 시간들이 포괄되어 있다. 그러한 B.C. 8세기 이래 예언자적 전통에서 부각된 '시온'은 옛

다윗 왕국을 대체한 바, 구원사의 새로운 주제며, 오늘날 세계 역사가 새롭게 추구해야 할, 인류가 정의롭고 평화롭게 공존해야 할 공간의 혁명적 패러다임이어야 할 것이다. 팔레스타인에 현존하는 이스라엘 국가의 '시오니즘'(Zionism)은 그와 같은 구약 본래의 시온·예루살렘의 구원사적 의미에 부합하지 않으니, 그 본래의 영원한 의미를 혁명적으로 새롭게 설정하는 길을 모색해야 할 것이다.

요나의 이야기 예언

요나(Jonah)의 이름은 B.C. 8세기 북이스라엘의 여로보암 2세(B.C. 784~746)와 연관해서 열왕기하 14:25에 언급되어 있으나, B.C. 4, 3세기, 바빌론 포로 후기에 팔레스타인 북쪽 갈릴리(Galilee)에 살았던 예언자를 가리키는 것 같다(*RSV* 서문). 그의 이야기는 옛 아시리아 시대와 관련된 것 같은 가상의 아시리아이며, 그의 이야기 내용은 포로 후기에 에즈라(Ezra), 느헤미아(Nehemiah), 역대기(Chronicles)에서의 출바빌론 이스라엘의 남은 자들의 귀환과 성전·예루살렘 재건과 더불어 유대교 공동체와 유대교의 정체성 확립에 있어서 유대인들의 이방여인들과의 혼혼 문제가 제기되고 이들이 갈라져야 했던 역사적 상황에 직결된다. 요나의 이야기식 예언은 유대교의 그러한 배타주의 비판과 야웨 하나님의 심판과 구원의 보편적 경륜을 부각시킨다.

요나의 이야기를 요약하자면, 야웨께서 요나에게 아시리아의 대도시 니느웨(Nineveh)의 사악함이 하늘에 닿았으니, 니느웨에 재앙이 닥치리라고 외치라고 이르신다. 그러나 요나는 야웨의 소명을 어기고, 다르싯(Tarshish, 아마도 남쪽 스페인, *RSV*)으로, 야웨로부터 멀리 떠나려고 배를 탄다. 그러나 야웨께서 바다에 폭풍을 일으켜 파선할 지경이다. 요나는 배 한가운데서 깊은 잠이 들었다. 선장이 그에게 와서 '우리가 멸망하지 않도록 …… 그대의 신에게 간구하라' 고 말한다(1:6). 선원들이 누구 때문에 그러한 재앙이 발생했는지 제비뽑기로 알아보자고 한다. 요나가 야웨 하나님으로부터 도망친 자이므로, 자신을 바다에 던져버리라고 자청한다. 그들이 그의 말대로 하니, 바다가 잔잔해진 것이다. 야웨께서 큰 물고기로 하여금 요나를 삼키도록 하니, 그가 고기 뱃속에 3일간 갇혀 있으면서, 야웨께 간구한다. '어떻게 내가 다시 당신의 거룩한 성전을 보게 되겠습니까?' (2:4) 하고 간곡하게 기도하니, 물고기가 그를 토해낸 것이다(1:1~2).

야웨께서 다시 요나를 아시리아의 대도시 니느웨로 파송하니, 요나가 거기에 이르러 그 위대한 도시가 '40일 안에 붕괴되리라!' 고 외치니, 니느웨 백성이 다 야웨 하나님을 믿고, 단식하고, 베옷을 걸치고 회개한다. 니느웨의 왕까지도 단식하고, 베옷을 걸치고, 칙령을 반포하여 신하들, 백성들, 가축들까지도 식음을 전폐하고, 야웨 하나님의 진노 아래서 멸망하지 않도록 거국적 회개를 촉구한다. 그러자 니느웨에 재앙을 내리려 하던 야웨 하나님이 후회하시고 심판의 재앙을 거두어들이신다(3장).

그런데 요나는 화가 치밀어 오른다. 왜? 북이스라엘을 멸망시킨 아시리아를 그는 용서할 수가 없었기 때문에, 그가 니느웨 사람들이 회개하고 야웨 하나님의 용서와 구원 받기를 원하지 않았기 때문이라고 우리는 상상해 본다. 그가 니느웨로 가지 않고 멀리 도망치려고 한 것은, 애초부터 그가 니느웨에 회개 운동이 벌어지고, 하나님의 용서와 구원을 믿으리라는 것을 알고 있었기 때문이라고 고백한다. 왜냐하면 "당신은 은혜롭고 자비하시고, 분노하기를 더디하고, 넘치는 신실한 사랑으로, 재앙의 심판을 후회하는 분이시지 않습니까"(해석 번역, 4:2). 요나는 하나님의 니느웨에 대한 그러한 용서와 구원을 용인하기 어려운 심정을 끝내 이렇게 고집한다. 즉 "야웨시여, 원하옵건대 내 생명을 거두어주소서, 사는 것보다 죽는 게 낫습니다"(4:3). 야웨께서 말씀하신다: "네가 화내는 일이 잘하는 일이냐"(4:4). 그때에 요나가 니느웨 도시 동쪽으로 물러가서 초막에 거하면서, 그 도시가 어찌 될 것인지 지켜보고 있다(4:1~5).

그러자 야웨께서 한 나무가 자라게 하여, 요나에게 그늘을 만들어 주어 시원하게 가려 주다가, 벌레가 먹어 하루 만에 시들어 버리니, 요나가 햇볕 아래서 죽어 버리는 것이 좋겠다고 화를 낸다. 하나님이 말씀하시기를,

> 네가 수고하여 키운 나무도 아닌데,
> 그 나무가 시들어 죽는다고 화를 내느냐? 그러니
> 내가 저 큰 도시를 회개하고 멸망하지 않도록 아끼지 않겠느냐?
> 거기에 12만 명이나 되는 사람들이 살고 있으며,
> 오른손과 왼손을 구별하지도 못하는 사람들이니라.
> 또한 가축들도 많으니, 내가 아끼지 않겠느냐?(4:6~11)

니느웨에 대한 야웨의 심판의 예언 선포는 바로 니느웨의 회개를 촉구하여 그의 구원에 이르게 하는 새 미래의 시간을 열어주는 계기다. 심판은 창조와 역사의 근원이고 궁극적 목표로서의 창조자·구원자 하나님에 의한 역사 변혁의 동력이며, 회개는 잘못된 인간역사 측면으로부터의 변혁의 계기다. 이 두 계기들 없이는 역사의 발전적 진보는 없다. 예언자적 종말론은 그러한 변혁을 위에서 발단하는 역사 혁명의 개념이다. 이스라엘의 바빌론 포로기 이후 유대교의 종교적 공동체의 건설은 유다와 예루살렘에 혼재하는 여러 부족들과 민족들 사이에서 이루어져야 하는 난관들

에 직면해서, 에즈라와 느헤미아 시기 이래 유대교의 배타성이 불가피하기도 했었을 것이다. 그럼에도 불구하고 유대교는 타 민족들 가운데서 이들에게 하나님의 심판과 구원을 선포할 수밖에 없다. 요나의 이야기는 가상적으로 엮어진 것이나, 그러한 역사적 상황을 표출한 것이다. 요나의 예언 선포는, 그의 저항에도 불구하고, 신적인 구원의 경륜의 성취를 이루어낸 것이다. 신적인 구원의 경륜의 세계사적 보편성은, 요나의 절망의 저항에도 불구하고, 하나님의 은혜로운 심판과 용서에 의해서 종말적으로 이루어져야 할 세계사의 목표다.

지금까지 우리가 고찰해 온 바, B.C. 8세기 이래의 모든 문서 예언자들(literary Prophets)은 B.C. 721~587년 북이스라엘-남유다 왕국의 멸망 시기들과, 그 이후 B.C. 538년부터 시작된 4차에 걸친 남은 자 이스라엘 중에서 부분적으로 출바빌론(Babylon Exodus)에 참여한 팔레스타인-예루살렘 귀환, 이스라엘 민족의 재건된 성전-예루살렘 성 중심의 유대교와 직결된 예언서들이다. 구약학자들은 저 문서 예언자들 이후에도 예언자들의 활발한 예언활동이 지속되었다고 추정한다. 우리는 이들을 추적할 수 없다. 구약학자들이 이스라엘의 구원사 이해를 위하여 예언자들의 역할을 중요시하고 또 구약의 예언 전통 없이 신약성서가 이해될 수 없다는 것을 아마도 예외 없이 그들이 시인한다고 생각한다. 그런데 구약학자들이 이스라엘 역사, 즉 구원사는 실패했다고 생각하는 경향을 나타내고 있으며, 특히 대체로 그리스도교 신학자들이 그렇게 생각하는 것 같다. 이스라엘 민족의 편에서 보자면 실패한 것이다. 그렇게만 보면 안 된다. 창조자·구원자 하나님의 구원의 경륜은 실패하지 않았다. 창조자·구원자 하나님의 권능과 구원의 경륜은 하늘과 땅이 무너져도 결단코 종말시간에 이루어지리라는 것이 예언 전통의 선포이다. 그러한 절대적 역사신앙이 어디에서 발원하는가? 창조와 역사의 주재자·구원자 하나님의 의로우신 권능과 신실하심에 대한 절대적 신뢰와 역사신앙에서 발원한다. 그러한 절대적 역사신앙과 개념이 도대체 어느 다른 역사기록에서 발견될 수 있는가? 구약학자들은 예언자들의 미래 예언들 혹은 종말적 미래 예언들이 역사 내에서 대체로 이루어지지 않았다는 문제의식을 종종 언급하기도 한다. 그렇다. 예컨대 이사야 9, 11장에서의 혁혁한 신적인 왕 메시아 왕 탄생과 탁월한 의로운 통치 예언도 예레미아 31:31f.에서 사람의 심성에 새겨져 거역 불가능한 새 계약법 예언도, 죽은 온 이스라엘 백성의 마른 뼈들이 되살아나는 에제키엘의 부활의 비전 영상도(37장), 다른 예언자들의 새 미래의 이스라엘–시온성의 영광도 대망한 대로 역사적으로 가시화되지 않았다. 그렇다면 예언자들의 예언들이 헛된 것이었는가? 그렇지 않다. 그들의 이스라엘의 미래 구원과 영광의 비전은 출애굽–시나이 계약–가나안 땅 정복과 혁명–판관기 시기의 야웨의 백성의 나라 다윗 왕국 시대와 같은 놀라운 역사적 성취에 기반한 예언자적 대망도 미래에로의 혁명적 새로운 역사 영상으로, 즉 시상(詩想)으로 머물러 있다. 그렇기 때문에 '예언자들의 미래 예언들이 역사적으로 이루어졌느냐?' 고 우리가 질문하면 안 된다. 예언자들은 이미 이루어진 구원사적 기반에 입각해 있으며, 그들의 미래 예언·종말론적 시상은 한갓 신화적 환상이 아니다. 역사적 현실에 입각해서 본래부터 그 역사에 내포되어 있는 궁극적인 구원의 주제의 종말적 실현을 엮어내는 역사 영상·시상이다. 그러한 종말적 실현은 예언자들의 권능을 넘어서는 창조자·구원자 하나님의 차원이기 때문에, 그들은 "하나님이 이렇게 말씀하신다"고 외치면서 미래의 비전을 내다보고 선포하는 것이다. 과거의 역사 전통이 미래로부터 "이렇게 말씀하신다"로 예언자들에게 들려오는 말씀이다. 구원사 전통이 미래에로 부활하지 않는가! 의로운 전통이어야 부활한다. 악의 세력은 영원히 무(無)로 되돌려지리라. 그것이 역사 혁명이다.

북이스라엘–남유다의 멸망 그 자체가 모든 역사 혁명의 모형이다. 그러나 구원사의 주제는세계사의 그러한 부정적 혁명에서 끝나버리지 않는다. 예언자들은 심판자 하나님의 종말적 구원, 즉 그의 의와 나라의 궁극적인 성취에 대한 절대적 희망과 신앙에서 역사로 하여금 저 심판의 부정의 계기를 넘어서게 한다. 그것이 역사 혁명의 부정↔긍정의 두 축이다. 이렇게 본다면, 저 멸망은 실패가 아니라, 신적인 구원의 경륜이고 역사의 필연, 신적인 의와 결투의 필연의 결과이나, 멸망을 넘어서는 의와 구원의 성취를 선포한다는 것 자체가 예언자들의 절대적 신앙의 결단을 필요로 한다. 그러한 절대적 역사신앙 없이 예언자들이 하나님의 종말적 부정의 심판을 판별할 수도, 이 부정의 위기를 넘어서는 종말적 구원을 선포할 수 없다. 절대적 역사신앙 없이 어떻게 예레미아가 생명의 위협에 직면해서도 유다의 멸망의 멍에를 짊어질 수 있었겠는가, 또 에제키엘이 폐허화한 예루살렘에 성전 재건을 설계하고, 이스라엘의 죽은 마른 뼈들의 부활의 비전을 선포할 수 있었겠는가. 예언자들은 그와 같이 이스라엘 구원사의 그러한 영원한 역사적 의미를 영원한 미래시간에로 구원사를 되살려냈다. 그럼으로써 구원사는 모든 역사를 살아낸 것이다! 그렇기 때문에 구원사는 모든 역사의 개량 개혁, 변혁과 혁명의 패러다임, 모형이다.

3

후기 유대교의 묵시록–묵시론적 종말론

후기 유대교의 묵시록–묵시론적 종말에 관한 상론을 시작하기 전에 지적해 둘 것은, 이 항목이 예언자 전통의 연속으로 표시되어 있는데, 많은 구약학자들의 주장에 의하면 종래의 예언 전통과 묵시록들이 상호 연계될 수 없을 정도로 확연하게 구별 지어져 있다. 우리의 판단으로는, 이하에서 논의될 것이지만, 그들은 우선 묵시록과 묵시론적 종말론을 구별하는데, 그 구별이 매우 모호하고 불필요하게 생각된다. 그들은 묵시론적 종말론(apocalyptic eschatology)은 후기 유대교의 종교적 운동이라는 예언자적 의의를 가진다고 여기는 것 같으며, 묵시록들은 '문서적 유형'(literary genre)으로서 예언 전통과는 아주 다른, 구원사적 시간·역사 개념과 합일할 수 없는 문제들을 가진다는 것이다. 필자는 그들의 주장에 아주 날카롭게 대립한다. 우선 우리 글의 구조에 나타나 있듯이, 묵시록–묵시론적 종말론이라는 항목을 예언 전통의 맥락의 연속으로서 표시함에서 우리의 고찰의 새로운 시도가 예시되어 있다는 점이 주시될 필요가 있다.

'묵시'(ἀποκαλυψις: apocalypse)는 '계시'(revelation)를 의미하며 처음으로 신약의 요한계시록에 적용된 말인데, B.C. 4세기 이후의 후기 유대교 이래 유대교에서의 묵시론적 문서들에 적용된 말이다. 구약학자들은 구약의 정경화 시기를 넘어서는 시기들의 묵시록들과 묵시론적 종말론을 대체로 구별하여 묵시록을 특유한 '문서적인 유형' 이라고 규정하고 묵시론적 종말론을 유대교의 특유한 종교적 운동으로 간주한다.[1] 이 구별은 매우 문제적이다. 후기 유대교의 묵시론적 종말론이 그 시기의 묵시록들과 불가분적으로 결부되어 있기 때문이다. 우리는 '묵시록–묵시론적(apocalypse-apocalyptic) 종말론' 이라고 연결된 주제 아래서 논하고자 한다. 또 우리는 '계시' 라는 개념을 신약의 예수 그리스도에 관계해서, '묵시' 개념을 주로 구약에 관계된 것으로서 사용한다. '묵시' 는 창조자·구원자 하나님 자신의 '계시' 를 가리키므로 근본적으로는 '계시' 와 동일하지만 '묵시' 는 구약의 차원에서, '계시' 는 그 자신의 계시(self-revelation)가 역사에서 이루어지지 않은 아직 감추어져 있다는 의미에서 사용되는 개념이라고 생각하면 된다.

B.C. 2세기의 묵시록 다니엘서(Daniel)는 히브리 경전에 수록되어 있으나 다른 묵시록들은 경전 안에 포함되어 있고 '문서들' (writings)에 귀속되어 있다. 경전 외의 묵시록들, 예를 들자면 *1 Enoch*(1 에녹), *2 Esdras*(= *Ezra*, =4 에즈라), *Abraham*(아브라함) 묵시록, *Zephania*(스바니아) 묵시록, 그 외 유사 묵시록들, 후기 유대교 시기를 훨씬 넘어선 시기의 묵시록들, 예수 그리스도를 위시한 그리스도교 묵시록들도 있다. 구약에 관련된 묵시록들 중에서 우리는 1 에녹서, 다니엘서, 4 에즈라서 등에 관해서만 제한적으로 고찰하고자 한다. 다니엘서와 4 에즈라서의 본문 텍스트들만 우리 수중에 있을 뿐인데, 1 에녹서는 우리의 고려에서 제외될 수 없기 때문에, 우리의 고찰에 포함한다. *ABD*에 의거해서 묵시록들을 고찰해야 하는데, 우리의 자유한 해석이 상당히 제한받게 되기 때문에 1 에녹서 고찰에만 한정한다.

---

1) *ABD* Vol. 1, 279~292, "Apocalypse and Apocalypticism"에서 280 참조.

1) 묵시록-묵시론적 종말론의 의미, 기원, 시간성

우리의 주요 관심은 후기 유대교의 묵시록-묵시론적 종말론이 우리가 고찰해 온 바 B.C. 8세기 이래의 예언자적 종말론과 어떻게 연관되는가 하는, 주로 그 해석-기원-시간성 문제들이다. 대다수 학자들의 아마도 거의 일치된 견해는 예언자적 종말론이 이스라엘의 역사 신앙과 직결되는 역사적 종말론이라는 점이다. 이와 달리 학자들은 묵시록-묵시론적 종말론이 우주와 모든 역사의 최후 시간에서 '초자연적'(supernatural), '타세계적'(otherworldly) 비전들(신화적 visions)을 우주와 역사 내의 사람들에게 전달하고자 한다는 것이며, 이러한 신적인 '묵시를 보는 자들'(the seers of apocalypse) 혹은 묵시론자들은 초자연적인 천사들에 의한 묵시들의 해석에 의거해서 전달한다. 그리고 그 묵시론자들은 지금까지의 모든 역사의 시간을 '옛 시간들'(old times) 혹은 '옛 시대들'(old ages)이라고 규정하고 이 시간들의 시대와는 전혀 다른 '새 시간들' 혹은 '새 시대들'(new times 혹은 new ages)을 대립시킨다는데, 즉 옛 αἰῶνα와 새 αἰῶνα의 대립으로 이 세상과 저 세상, 새 하늘·새 땅의 두 별개의 시간들을 상정하는, '이원론'(dualism)을 말한다는 것이다.[2)]

---

2) 종래의 예언자들과 다른 이상의 묵시-묵시론의 의미 규정에 대하여 *ABD* Vol. 1, "Apocalypses and Apocalypticism", 279~291쪽에서, 특히 279에서의 J. J. Collins의 규정 비교 참조. 많은 학자들이 Collins의 규정을 받아들이는 것 같다. 또한 Von Rad의 *Theologie des Alten Testament (TAT) II*에서의 "Daniel und die Apokalytik", 316~338 참조. 그는 특히 묵시론의 '역사 결정론'(Geschichtsdeterminismus)을 비판한다. '결정론'(determinism) 비판은 일반적으로 제기되고 있으나 특히 Von Rad가 그 문제를 예리하게 제기한다. 역사결정론이란 모든 역사의 사건들을 처음부터 신적으로 결정된 것처럼 '시기화'(periodization)한다는 뜻인데, 그렇다면 인간의 역사적 자유한 행위가 성립할 수 없다는 것이다. Von Rad의 그러한 비판이 이제는 별 주목을 받지 않는다는 것이다. 그러나 결정론 문제가 여전히 묵시론적 종말론에 관련해서 해명되지 않은 채 머물러 있는 것 같아서, 우리는 후론하고자 한다.

그러한 묵시론의 이원론적 의미 규정이 종래의 예언자 전통에 생소하므로, 학자들은 한때 그 기원과 원천을 페르시아의 조로아스터(Zoroaster)교의 이원론적 사상의 영향권 내에서 발단한 것으로 추정했다. 그런데 그러한 논거로 사용된 문서들이 유대교의 묵시론적 전개보다 약 500년 후 시기에 기록되었다는 사실이 밝혀짐에 따라, 저 페르시아 기원론 추정이 사라져 버렸다는 것이다.[3] 악한 이 세상을 넘어서는 초월적 의로운 영원한 나라의 비전 혹은 묵시론은 영원에서부터의 이원론이 아니라 야웨 하나님의 궁극적 최후 심판이라는 비전의 묵시 혹은 계시에서 결정되는 역사적 상황은 그의 권능의 심판 아래서 벌어지는 바 악한 세력과 하나님 나라의 절대적 구별의 표상이다. 그러므로 형이상학적인 이원론도 아니고 일원론(monism)도 아니다. 일원론은 범신론(pantheism)에서처럼 역사의 죄악과 신적인 최후 심판의 의미를 슬그머니 해소시켜 버릴 때 발단한다. 이원론이란 엄밀한 의미에서 시간·역사에로 계속 되살아나오는 악의 세력을 영구화시킨다는 뜻이며, 창조자·구원자 하나님과의 그의 의로운 관계질서로서의 나라의 성취라는 구원사적 궁극적 의미에 배치된다. 인간과 세계를 지배하는 권력자들이 야웨 하나님의 시공 안에서 이 세상↔저 세상 혹은 두 반립하는 시대들이 최후의 종말시에 대립하는, 역사 내적으로 극에 달

---

3) B.C. 1500년경에 대두한 Persia의 Zoroaster교의 이원론적 사상에 의하면, 선한 神 창조자 Ahura Mazda는 영원부터 악령(Evil Spirit)과 대립하여 투쟁하다가, 종말에는 저 선한 신이 악령을 정복하고 승리한다는 것이다. 그의 사상이 B.C. 550~331년경 페르시아 역사에서 부각되었으며 B.C. 334~3년 Alexander 대왕에 의한 페르시아 정복 후 이란에서의 페르시아계 인들 사이에서 또 소아시아에서 A.D. 3~5세기까지 잔존한 것 같다. A.D. 7세기 Arab의 이란 정복 이후 그 Zoroaster교는 점차로 사라졌다는 것이다. *ABD* Vol. 6, "Zoraaster Zoroastrianism", 1170~1172 참조. 어쨌든 창조자·구원자 야웨 하나님에 영원부터 대립한 반대세력 '악령'이란 이스라엘의 구원사 전통에 존재하지 않으며, 묵시록–묵시론적 종말론에도 없다. 여기에서의 악한 이 세상↔의로운 새 세상 혹은 옛 시대↔새 시대라는 반립 표상들은, 앞으로 계속 논의될 것이지만, 역사에서 발생한, 그러나 궁극적으로 극복되어야 할 상황이기 때문에 어떤 영원성을 가지는 이원론으로 생각되어서는 안될 것이다.

하는 악의 세력은 대체로 세계의 지배자들에 의해서 초래된다. 그러한 상황이 이원론처럼 해석되는 것 같다. 그러나 신적인 심판에 의해서 영원한 부정에로 결정될 수밖에 없으므로, 이원론적으로 해석되어서는 안 된다. 그런데 아직도 구약학은 묵시론적 종말론의 이원론적 기원과 원천 문제를 미해결 문제로 본다. 옛 시대↔새 시대라는 반립 표상은 두 별도의 이원론적 시간들을 가리키는 것이 아니다. '옛 시대'라는 규정은 바로 창조자·구원자 하나님의 심판의 부정을 의미하며, 죄악의 역사의 모든 시간이 영원한 무(無, 창조 이전의 Nihil)에로 사라져버릴 것이며, 도래할 미래 구원의 '새 시대', 말하자면 세계 혁명의 '새 시대'에 반대되는 부정된 무(無)이며 과거적 그림자일 뿐이다. 묵시록-묵시론적 종말론의 종말시간은 종래의 예언자적 종말론의 시간과 동일한 차원이다. 예언자들이 선포한 '야웨의 날', '그날에'와 같은 시간은 역사의 어느 시기에도 가까이 다가오는, 또한 모든 역사와 우주의 최후적인 절대적 마지막 시간들에도 심판자 하나님으로부터 역사에 가까이 다가오는 동일한 종말시간을 가리킨다. 그러나 예언자들은 북이스라엘-남유다 왕국의 종말적 멸망을 넘어서는, 속죄의 시련을 통과하고 다시 종말적 미래시간에로의 역사적 존속을 대망했으니, 이 역사신앙이 바로 야웨 하나님의 의로운 나라의 종말적 성취에 대한 역사신앙이다. 그런데 후기 유대교의 묵시록-묵시론적 종말론은, 헬레니즘의 문명권과 통치자들의 세력권으로 편입된 세계에서의 적대적 통치자들 아래서 유대교가 거의 존립 존속할 수 없는 상황들에 직면해서, 묵시-묵시론자들은 모든 역사의 최후시간들에 직면해서, 신적 부정의 심판 아래서의 모든 역사의 멸망의 최후시간들을 넘어서는 야웨 하나님의 구원의 새 시대-새 나라의 계시를 갈망하게 된 것이다. 그러나 이 계시는 묵시론자들에게 아직 역사화되어 있지 않은 따라서 아직 감추어져 있는, 하나님의 자유한 결정에 따라서 역사에서 실현될 수 있는 것으로 머물러 있다. 그 때문에 묵시론자들이 '이 세상' 대 '저 세상', '옛 시대' 대 '새 시대'라는, 이원론적으로 보이는, 모든 역사를 변혁하는, 즉 초월하는 새 시대·새 하늘·새 땅의 비전을 제시한다. 그러나 그들의 그러한 최후시간들의 예언들은 종래의 예언자들의 야웨 신앙 혹은 그의 종말적 심판과 구원에 대한 역사신앙을 그대로 전제하고 있으며, 영원히 대립한 두 시간들 혹은 세계들을 말하는 것이 아니다.

구약학자들 사이에서 묵시록—묵시론적 종말론의 기원 문제도 아직 미해결의 문제로 남아 있다. 그래도 그들은 '초기 묵시록'(early apocalypse)이라고 일컬어진 이사야 24~27장, 제3 이사야 56~66장에서의 종말적인 새 하늘과 새 땅과 우주의 이변들과 같은 후기 예언자들의 예언들 혹은 즈가리아 9~14장에서의 역사의 최후 시간들에 일어날 전쟁들과 우주의 이변들에 대한 예언 등, 초기 묵시론적 종말론이 예언자적 종말론 계통에서 발단했다는 것을 긍정하면서, 후기 유대교의 묵시록—묵시론적 종말론의 기원들이 일부 예언자 전통의 '연속된 하나의 두 측면들'(two sides of a continuum)이라고, 즉 후자가 일부분 전자의 전통에서 기원했다는 것을 주목한다. 그러나 후기 유대교는 헬레니즘 시기의 사회 정치적으로 변화된 조건들과 적대 세력들 아래서, 이 세상의 총체적 붕괴와 새로운 저 세상에로의 신적인 구원을 이원론적으로 투사했다는 것이다.[4] 저 예언서들에서의 묵시론적

---

4) *ABD* Vol. 1, 281. 여기에 제시된 이원론적 구원관의 발단의 세계사적 기원에 대한 논술을 인용한다. "…… 하나님의 새 질서는 세계의 현실들 내부에서 펼쳐질 것이다. (이 말은 예언자 전통을 전제하며, 이원론적이 아니다.) 그런데 유대인들의 공동체가 그 내부에서의 적대자들과 타 민족들의 적대자들의 손아귀에서 받는 극도의 고난의 시기들에서 인간적인 개혁의 실효성에 대하여 회의를 일으키게 하고, 그래서 묵시론적 종말론을 촉발시키되, 신적인 구원의 보다 더 엄격하게 이원론적 견지에서의 세계의 (총체적) 파멸과 신실한 자들의 복된 하늘나라 존재에로의 부활이라는 이원론적 견지에서의 종말론을 투사하게 하는 경향을 가지게 한 것이다." *Ibid.* 그런데

종말론은 후기 유대교의 묵시록-묵시론적 종말론의 기원과 원천을 종래의 고전적 예언 전통에 기반한 것으로 해석할 수 있는 길을 열어 놓았으나, 묵시론적 종말론의 이원론 문제는 구약학에 여전히 미해결로 남아 있다. 이 문제는 계속 후론될 것이다.

묵시-묵시록들이 구약 성서와 구원사적 전통들을 넘어서고 그 내용들이 다양할 뿐만 아니라, 거기에 대두하는 달력의 역법(calendar), 우주발생론(cosmology), 악마론(demonology), 천사론(angelology) 등의 주제들이 종래의 예언자적 종말론의 범위 내에 속한다고 해석되기 어려운 것 같아 보인다. 그래서 학자들은 묵시록들(apocalypses)과 유대교의 묵시론적 종말론(apocalypticism 혹은 apocalyptic eschatology)을 구별하여, 전자를 '문서의 한 유형'(a literary genre)이라고, 후자를 유대교의 공동체적 운동, 즉 종말론적 미래 전망을 부각시키는 '이데올로기'로서 규정하기도 한다.[5] 하나님의 의와 나라의 도래 혹은 실현을 갈구하는 유대교의 종말론을 '이데올로기'라고 규정하는 것은 적절하지 않으며, 필자는 그것을 역사신앙이라고 말한다. 그러나 필자가 모든 묵시록들을 다 검토할 수 없기 때문에 저 구별이 무의미하다고 단언하기 어렵다. 원칙적으로 말하자면, 묵시론적 종말론이 그 해당 묵시록과 구별될 수 없다. 유대교의 묵시록-묵시론적 종말론은, 세계변혁 혹은 세계혁명을 최후 시간들에 투사하는 구원사적인 역사신앙의 한

이 인용문의 시작하는 문구는 이원론적 해석과 배치된다는 점이 주목되어야 한다. 우리가 이미 지적했듯이 이 세상과 저 초월적 구원의 '새 질서'는 창조자·구원자 한 분 하나님의 시간과 공간 안에서의 최종적 변혁을 의미한다. 그러므로 이원론이라는 해석은 원칙적으로 부적합하다. 그러나 저 인용문에서 주목할 것은 묵시론적 종말론이 후기 유대교가 처한 세계 상황들에서 발단했다는 사실이 시인되고 있다는 점이다. 이 상황들이 종래의 예언자적 세계 상황들과 다르다는 점이 주목되고 있다. 아무리 그 상황들이 절망적이라고 해도 묵시론자들은 저 세상에로 도피하여 역사를 포기하지 않는다.

5) *ABD*, *Ibid*, 280, Koch, P. Hanson, Collins 등의 지론 참조.

유형이다. 창조자·구원자 하나님의 최후 심판 아래서 사라져야 할 죄 된 옛 시대가 아직 머물러 있어 그의 의가 지배하는 새 시대의 새 나라와 맞서 있기 때문에, 묵시론적 종말론이 이원론적인 것으로 규정될 수 없다. 그의 최후 심판 아래 세워진, 사라져야 할 악의 세력이 멸망의 죽음의 그늘 아래서 아직도 악의 세력이 그의 시공에 머물고 있으나, 그러나 그의 주재권에 절대적으로 대립하는 세력이 아니므로, 원칙적으로 이원론적 세계 상황이 아니다. 이러한 해석의 근거는 처음부터 이스라엘의 구원사 전통에 함축되어 왔으며, 이것이 종래의 예언자들의 종말론의 역사적 기반이듯이 또 묵시론적 종말의 역사적 원천이다.

어쨌든 묵시록—묵시론적 종말론의 기원 문제에 관해서 지난 1980년대 전후해서, 페르시아 기원론을 제쳐놓고, 최고대의 메소포타미아 문명권에서 그 기원을 찾으려는 연구들이 진척되었다는 것이다. 앞 단락에서 언급한 바, 묵시론에서 대두한 달력 역법과 우주론과 같은 주제들이 그 문명권의 점성학 혹은 고도의 천문학적인 지식들과 우주론의 영향을 반영한다는 추정과 가설들이 제기된 것이다. 메소포타미아(Mesopotamia)의 수메르(Sumer) 문명은 그 지역의 셈족 앗카디아(Akkadia)와 바빌론과 아시리아 문명권들에 계승되어 있었으며, 페르시아도 이 문명권에 속한다고 생각된다. 고고학적으로 수메르 문명의 최초의 문서들이 발견되었고 구약학자들의 주목을 이끌었던 것이다.[6] 앗카디아 문헌들에서 묵시론적 예언들의 요

---

6) *ABD, Ibid,* 281; 또 Vol. 6, "Sumer, Sumerians," 231~236 참조. 이에 관련된 바(281쪽), J. J. Collins, 1977, The Apocalyptic Vision of the Book of Daniel, *HSM (Harvard Semitic Monograph)*, 16, Missula와 M.E. Stone, 1976, Lists of Revealed Things in the Apocalyptic Literature, 414~52 in *Magnalia Dei : The Mighty Acts of God,* ed. F. M. Cross et. al., Garden City, N. Y. 이 문서들을 제시하는 이유는 필자의 이 구약 편의 시간·역사론 결론에서 메소포타미아의 Sumer 대(對) Abraham의 대두에 관해서 두 민족들의 관련성과 대립 그리고 그 종말론적 미래의 전망을, 본론에서 다루지 못한 부분을 논하고자 함이고, 민족과 나라의 개념들의 근원을 검토하기 위함인

인들이 발견된다는데, 즉 왕조 예언(Dynastic Prophecy) 혹은 메소포타미아의 우르크 왕국의 예언(Uruk Prophecy)에 의하면, 한 왕이 대두하여 세계를 다스릴 것이라는, B.C. 1000년 이전부터의 예언이 묵시록-묵시론적 종말론의 기원일 수 있다는 구약학자들의 조심스러운 추정이다. 그런데 메소포타미아 → 앗카디아 예언들이 묵시록의 유형을 암시하기는 하나, 묵시론적 종말론 사상이라는 것이라고 확증될 수는 없다는 것이다.[7] 그렇다면 묵시록-묵시론적 종말론의 기원은 구약학에서 아직도 모호한 채로 머물러 있다고 생각된다. 우리는 그 기원을 우선적으로 종래의 예언자적 전통에 관련시켜서 해석을 시도해야 할 것 같다. B.C. 4세기 후 헬레니즘 시대와 그 이후의 세계 상황들에 직면해서 전개된 묵시록의 요인들을 우리가 다 종래의 예언자 전통에 비추어 해석하기 어려우나, 어쨌든 예언자적 종말론과 역사의 궁극적인 미래 전망이 B.C. 6, 5세기의 예루살렘 성전 재건시대를 위시한, 종래의 구원사적 전통에 기반한 유대교의 공동체 형성 운동을 넘어서는, 종말시간에 일어날 신적인 심판과 구원을 지향하고 있었으며, 그러한 예언자 전통이 새롭게 대두한 묵시록-묵시론적 종말론에 추동력으로 작용했음에 틀림없다.

묵시론에서 두드러지게 대두한 저 우주론적 요인들이 메소포타미아-수메르 문명권의 천문학적 영향을 반영한다는 추정은 사실에 가까운 가설이라고 생각된다. 그런데 이스라엘의 구원사 전통에 우주론적 차원이 처음부터 관련되어 있으니, 예컨대 B.C. 11~10세기 야위스트 설화에서의 '땅과 하늘'의 창조의 '날'(창세기 2:4)은 아담과 이브의 창조와 야웨의 구원사 경륜과 미래에로 정향된, 시작하는 시간이다. 이러한 우주-인류 역사

데, 독자들이 저 학자들의 서적들을 고려할 필요가 있기 때문이다.

7) 위의 논술을 위하여 *ABD, Ibid.*, 282 참조.

의 태초의 시간이 메소포타미아의 수메르 문명권의 우주론에서 발견될 수 있는 개념일 수는 없을 것 같은데, 어떤 관련성이 있는가 하는 문제는 열려 있다. 창세기 1장의 창조 설화는 B.C. 6세기의 사제(Priestly) 문서로서 현대의 구약학에서 알려져 있는데, 이 창조 설화에서의 6일 창조는 바빌론의 우주론적 역법(calendar)의 영향을 반영한다고 추정되어 왔다. 그러나 그 6일도 창조의 시간성의 원천은 제7일 안식일이며, 이날이 창조를 6일에 한정하고 동시에 6일이 창조자 하나님의 시간이라는 것과 제7일이 구원사적 목표로서의 구원의 날이라는 것을 암시한다. 다시 말하자면, 창조의 모든 시간이 구원사적 목표로서의 구원의 날이라는 것을 암시하고, 모든 시간이 구원사적 미래시간에로 정향되어 있다. 이러한 구원사적 시간 개념이 수메르 문명권의 우주론에서 발견되거나 확증되지 못할 것이다. 아모스 이래 예언자들에게서 간간이 선포된 '야웨의 날'은, 자주 선포된 바 지진과 불과 같은 심판의 매체들도 우주론적 시간 개념과 현상을 가리키기도 하며, 그와 같이 우주가 그의 종말적 심판과 구원에 관여한다. 예언자들에게서 자주 '만군의 야웨'라는 종래의 예언자들의 호칭도 우주론적 차원을 전제하고 있다. '만군'(heavenly hosts)이라는 '하늘군대'는 공동번역에 뭇별들을 가리키는 것으로 번역되어 있기도 하다. '하늘군대'는 천사들을 가리킬 수도 있다. 묵시록—묵시론적 종말론에서의 우주론적 현상들이 예언자들에게서 보다 더 훨씬 복잡하고 다양한 상징들로서 작용한다.이 우주론이 본래 메소포타미아 수메르 문명권의 영향을 반영한다고 추정해도, 우선적으로 묵시론적 종말론의 기원과 의미는 구원사와 예언자적 전통에 비추어서 해명되어야 할 것이다. 그렇지 않으면 묵시론적 종말론의 기원 문제는 영원히 미궁에 빠져버릴 것이다. 메소포타미아 수메르의 우주론이 창세기 1장에 영향을 끼쳤다고 추정해도, 이 창조 설화의 구원사적 미래에로의 정향은 하나님의 아브라함 선택과 모세에 의한 출애굽 전통을 전제하고 있으며, 예언자적 역사 종말론과 묵시론적 종말론은 이 구원사적 전통에서 기원했다고 해석되어야 한다.

2) 제1 에녹: 우주공간-모든 시간·역사의 편력-하나님 나라 비전

이제 묵시록들에 관한 각론을 시작한다. 1 에녹(Enoch)은 후기 유대교의 첫 번째 묵시록이다. 묵시록들의 저자들은 구원사적으로 권위 있는 가명들을 사용했는데, 에녹은 창세기 5장 사제문서의 인류역사 서술의 맥락에 대두한, 므두셀라(Methuselah)의 아버지 에녹, 하나님 앞에서의 의로운 자로서 365세 때 살아서 하나님이 하늘로 데려갔다는 것이다(5:21f. 참조). 잔존하는 1 에녹서는 아람어 원본들의 그리스어 번역의 에티오피아 번역본으로서, 그 에녹과 3 에녹 문서들도 남아 있는 것 같은데, 학자들은 1 에녹을 묵시록의 유일본으로 여긴다. 1 에녹은 이사야 1~66장의 문서만큼이나 큰 문서라고 하는데, 그 필사본의 단편들이 쿰란(Qumran) 동굴에서 발견된 쿰란 종파의 두루마리들에 포함되어 있었다고 한다. 다니엘서보다 50년 전에 대두한 1 에녹은 B.C. 4~3세기의 묵시록이라고 하는데, 실제로 B.C. 1세기에 걸쳐 여러 저자들에 의해서 기록된 것이라고 한다. 그래서 다니엘서가 첫 묵시록이라고 여겨지기도 한다.

1 에녹은 우리의 수중에 없다. 그래서 우리는 *ABD* Vol. 2, "Enoch, First Book of", 508~516에서 여러 학자들의 연구들에 의거한 본문 분석과 해석을 우리의 텍스트로 사용할 수밖에 없다.

거기에 제한된 우리의 해석이 시도될 것이다. 그러나 우리의 해석이 자유롭지 못할 것이다.

(1) '빛의 천체들에 관한 책'(The Book of the Heavenly Luminaries, 72~82장)

1 에녹서에 제시되어 있는 '세 가지 신화들' 중 첫째 신화는 창세기 5:21~24(P 문서)에 근거해 있는 바 에녹의 '하늘 보좌실 여정'(journey to the heavenly throne room)이며, '두 다른 신화들'은 '하늘의 원시 반란'을 제시하는데, '하늘에서 일어난 원시 반란'의 상이한 이야기들에 관계되어 있다는 것이다.

에녹 묵시록들 중에서 가장 오래된 부분은 72~82장에서의 '빛의 천체들에 관한 책'(the Book of the heavenly Luminaries)인데, 이것은 페르시아 시기에 대두한 에녹의 비전의 기록이며, 에녹이 그의 아들 므두셀라(Methuselah)에게 그의 하늘과 지구여행에서 본 비전들을 천사장 우리엘(Uriel)의 해석을 따라 전해준다. 그런데 에녹의 이 최초의 문서가 단편적으로 남아 있기 때문에 많은 부분 그 의미들이 정확하게 제시되기 어렵다는 것이다. 그러므로 해석도 제대로 하기 어렵다. 이 부분에서 중요한 '조약서'가 있는데, 이것이 역법(calendar)에 관한 것이다. 364일 한 해가 364일=90일의 4계절들 360일+각 계절에 1일=364일이라는 양력법(solar calendar)에 관한 것이다. B.C. 2세기에 유대교 공동체들이 양력법/음력법(solar/lunar calendar)의 신적인 제정에 관한 심각한 논쟁에 빠져 있었다고 하며, 그 증거가 쿰란 종파의 문서들과 *Jubilee*(희년) 묵시록(4:17~21)에서 발견된다고 한다. 이 묵시록은 '이교도적인' 음력법에 대한 반론을 지지했다는 것이다(*Jub.* 6:35~38). 그런데 특정한 경향이 없는 1 에녹서의 저 '조약서'는 아마도 음력법에 대한 방어를 위해서 기록된 것이 아니라 (양력법?)이 신적으로 제정된 '법'(Torah)으로서 제시된 것 같다는 것이다. 어쨌든 이 부분에 대한 *ABD* Vol. 2의 해설이 모호한데, 아마도 이 모호성은 단편적인 1 에녹서에 기인한 것 같다(이상 *ABD* 509 참조).[8)]

우리는 이상에서의 *ABD* Vol. 2의 1 에녹 해설에 기초하여 우리의 새로운 종합적 해석을 시도하고자 한다. 우리에게 에녹 묵시록 자체의 텍스트가 없으므로 해석의 많은 제한이 있으나, 저 기초적 해설자의 자료에 의거할 수밖에 없다. 첫째로 왜 1 에녹 묵시록의 종말론은 우주와 원시 역사의 시대에로 되돌아가 '하늘 보좌'(heavenly throne room)와 지구 여행의 비전을 보는가? 에녹의 저자는 우주와 모든 역사의 종말시간에 직면해서, 더 이상 다윗 왕국의 회복과 예루살렘·시온에 임재하시는 하나님의 영광의 비전을 역사의 미래에 투사할 수 없기 때문에, '하늘 보좌'에 임재하시는 하나님을 알현하기 위해서 하늘과 우주여행의 비전을 보게 된다. 묵시록은 역사의 최후 시간에서부터 태초에 창조된 우주와 원시 역사에로 되돌아가 우주와 역사 전체의 비전을 본다. 우주와 역사의 최후시간에서의 신적인 묵시·계시는 인간의 지혜와 이해를 초월하기 때문에 하늘 보좌의 사자 천사장의 해설의 매개(mediation)를 필요로 한다. 천사장의 해설에도 불구하고 '하늘 보좌실'의 창조와 역사의 주재자 왕이신 하나님의 모습은 에녹에게 완전히 감추어져 있다고 추정된다. 어느 피조물도 하나님을 얼굴과 얼굴을 대하듯 볼 수 없으므로 그의 계시는 가리워진 계시, 즉 묵시로서 비선에 의해서 이해된다. 이 묵시는 역사의 영상을 넘어서는 창조자·구원자 하나님의 초월적, 즉 객관적 현실적 임재를 가리킨다. 그렇기 때문에 그

8) 이상의 서술에 대하여 *ABD* Vol. 2, 509 참조. 우리가 1 에녹 원 텍스트를 접할 기회가 없을 것 같아, 그 텍스트의 전거들, 즉 세부적 장들과 절들을 제시하지 않기로 한다.

묵시는 원시 신화들과 동일한 것으로 구약학자들과 대다수의 신학자들이 주장해 온 것이다. 그런데 1 에녹서의 주제는 우주와 역사 전체다. 이러한 의미에서 그의 묵시가 원시 신화들과 동일시되어서 해석된다면, 그의 역사적 기반이 사라져 버리고 만다. 1 에녹의 저자가 원시 시대의 인물 에녹을 저자로 내세운 것은 에녹이 살아서 승천했다는 P 문서 저자의 전통에 입각해서 하늘 보좌실 묵시로서 창조와 역사를 다스리는 주재자 왕이신, 구원사의 야웨 하나님 신앙과 종말적 구원의 나라를 선포하는 양식이다. 창조와 역사의 최후 시간에서부터 1 에녹은 창조와 역사의 원시시대에로의 여행을 통해서 시간·역사의 전체의 비전을 획득한다. 하늘 보좌에 임재하시는 창조와 역사의 주재자, 야웨 하나님은 출애굽 이스라엘의 왕, 특히 판관기 시대와 열왕기 시대를 관통하는, 왕이신 하나님과 그의 나라와 그 종말적 성취에 대한 구원사적 역사 신앙의 주체이시다. 하늘 보좌실은 그의 초월성, 그러나 처음과 나중, 모든 시간·역사를 주재하는 주체의 임재하는 공간을 가리키고 증언한다.[9]

---

9) 에녹이 '하늘 보좌실'과 지구여행을 했다는 것은 그가 살아서 승천했다는 P 문서 전통에 속하는 창세기 5:21~24 기사에 관련되어 있었을 것이다. 이 기사에 대한 *RSV* 주에 의하면 바빌론에서도 노아 홍수 이전에 한 영웅이 살아서 승천했다는 보도가 있다는 것이다. 현대의 구약학은 P 문서 전통이 대체로 이스라엘의 바빌론 포로기 이후 B.C. 6세기에 형성된 것으로 간주하며, 에녹 승천설은 아마도 창세기 1장의 창조 설화와 마찬가지로 바빌론의 영향을 반영한다고 추정된 것 같다. 그렇다고 해도, P 문서의 저 에녹 승천설은 보다 더 이스라엘의 구원사 전통의 기반에서 해석하자면 에녹의 승천은 창조자·구원자 하나님의 영원한 의에 의한 의로운 자의 영원한 삶을 암시해 주는 것 같다. 묵시론적 종말론에서 대두하는 부활 사상이 바로 그러한 영원한 삶의 궁극적 미래 비전에서 대두한 것이다. 그러한 영원한 삶은 '초자연적인 타 세계'의 삶이 아니라, 역사적 삶과 직결되어 있다. 에녹의 '하늘 보좌'와 지구에로의 여행은 그가 모든 시간·역사의 과정을 관통하여 최후시간의 신적인 영원한 의의 성취에로의 삶을 총괄한다. 저 바빌론 전통에서 전해지는 어떤 영웅의 승천도, 신화론적으로 보이지만, 이러한 구원사적 역사 신앙에 비추어 새롭게 해석할 수 있는 가능성이 열린다. 한마디로 그것은 역사적 부활이다.
B.C. 2세기에 유대교 공동체들이 양력법과 음력법의 신적인 제정에 관한 찬반 논쟁에 몰입했다는 저 *ABD* Vol. 2의 해설자의 해명이, 1 에녹의 단편적인 텍스트 정황 때문에, 충분하지 않으나, 이 논쟁의 계기는 분명히 유대교 공동체들이 B.C. 4세기 이후의 페르시아를 비롯하여 근동 일대를 정복한 헬레니즘의 지배의 문명권에서 새로운 천문학과 음력법을 접하면서 유대교 자체

(2) '**파수꾼들에 관한 책**'(The Book of Watchers, 1~36장)

① 이 책은 1 에녹의 두 번째로 오래된, B.C. 3세기 후반 시기의 문서로서, B.C. 4세기 후반의 전통들의 골자에 이어지는 발전적 부분이라고 한다. 1~5장은 그 책에 대한 서론에 해당하며 1:1~3의 서술은 에녹이 의로운 사람으로서 천사들에 의해 해설된 하늘비전들을 보았다는 것과 종말적 심판의 시간에 살 '선택받은 의로운 자를 위한 축복' 으로서 어떻게 전달하는가를 말해 준다는 것이다. 종래의 예언자적 문체로 의로운 자들에 대한 축복과 죄인들에 대한 저주가 종래의 예언자적 문체로, 신탁(oracle)의 시문 양식으로 제시되어 있다는 것이다. '파수꾼들에 관한 책' 은 심판에 관한 계시들(묵시들)의 수록이며, 예언자적 지혜와 사제 서클에서 관측되는 형식들로, 하나님 현현들(계시들)에 관한 성서적 서술들(신명기 33장에서의 모세의 축복들, 미가 1장, 즈가리아 14장)에서부터 이끌어내진 형식들로, 또 이사야 65장에

내적으로 논전을 벌였던 것 같다. 그 천문학적 역법(calendar)은 어디에서부터 유래했었을까? 그 기원은 동이족(東夷族)의 나라 환국(桓國)의 문명권의 한 지류인 Mesopotamia의 Sumer 문명권과 이것을 이어받은 기원전 고대의 셈족 Akkadia → Assyria → Babylon → Persia에로, 그리고 그리스·헬레니즘의 지중해 일대의 문명권에로 확산된 천문학에 접하면서, 유대교 공동체들 내부에서 추정해 본다. 필자의 이러한 추측의 배후는 이러하다. 나는 얼마 전부터 증산도(甑山道)의 STB 상생방송 채널 521의 역사특강들을 즐겨 봐왔는데, 한 천문학 강의에 의하면, 古朝鮮 → 고구려 → 신라 → 조선시대에로 전래된 천상열차분야지도(天象列次分野之圖)가 있는데, 이것이(일본 다카마스 기토라 고분에서 발견된) 고구려 1세기의 천문도로 밝혀진 것이며, 신라에로 전래된 것이다. Sumer 문명권이 그 천문도를 몰랐다고 생각할 수 없으며, Persia를 통하여 그리스·헬레니즘 세계로 전파되고 확산되었다고 추측된다. 그 천문도의 음력법이 유대교 공동체들에게 아마도 걸림돌이 되었던 것 같다. 왜냐하면, P 문서 전통의 창세기 1:3에 의하면 첫 창조물이 '빛' 이며, 이 빛에 의해서 빛과 어둠, 낮과 밤이 구별되며(4~5절), 창조의 첫 날이 그 빛의 날이다(5절). 음력법은 빛에 의해서 결정되는 첫 날에 위배되는 것처럼 유대교에서 해석되었을 것 같다. 어쨌든 유대교가 음력법을 이교도의 역법이라고 생각했기 때문에 논쟁의 늪에서 헤어나기 어려웠을 것이나, 양력법/음력법을 신적인 제정으로서 받아들인 것 같다. 어쨌든 1 에녹이 이교도의 천문학의 영향을 받으면서도 이스라엘의 구원사 전통과 율법(Torah)을 중요시했다는 사실이 역력하니, 우리는 우선적으로 1 에녹의 종말론을 종래의 예언자 전통에 이어지는 것으로 해석할 수밖에 없다.

서의 '새 창조'에 관한 종말적 비전 등을 원용한 복합적 형식들로 선포한다(이상 *ABD* Vol.2, 509). '파수꾼들'이라는 말이 예언자들을 가리키며, 예언 전통에 기반해 있다는 것을 암시한다.

② **파수꾼들의 반란에 관한 신화**(The Myth of the Watchers' Rebellion, 6~11장) 앞에서의 파수꾼들은 묵시의 비전을 보는 의로운 예언자들을, 여기서는 천사들(사실상 원시 인간들), 원시 반란자들을 가리킨다. 종말적 심판에 계시될 악의 세력들의 근원이 원시간에서의 반란으로 소급된 것이다. 1 에녹 해설자는 그것을 에녹서 저자들의 '신화적 기반'이라고 규정하는데, 이러한 신화적 해석은 구약학자들의 일반적 견해다. 원시 반란에 관한 성서적 텍스트는 우선 창세기 6~9장이다. 6:2에서의 '신의 아들들'(sons of God)이 천사들과 비등한, 원시 지구상에서의 강대한 '거인들'(Nephilim)이다. 이들이 인간들의 딸들을 아내로 취하여, 악하고 강대한 거인들을 지구상에 확산시키며, 지구상의 '모든 육체'(모든 인간)의 죄를 야기시킨다. 그래서 하나님이 인간을 창조한 것을 후회하고 대 홍수 심판을 내린다. 원시 시대에 전해진 대홍수 전설이 노아 홍수 설화로서 창세기 7장 이하에 펼쳐져 있다. 대홍수 이후에 지구가 복구되고 노아의 방주 안에서 생존한 인간들과 생물들이 살아나온다. 그리고 하나님과 노아와의 구원의 '계약'이 설정된다(9:8 이하). 1 에녹의 저자는 역사의 최후 종말시간에서의 하나님의 시판과 구원을 그와 같이 노아 홍수 설화에서 추적한 것이다. B.C. 4세기 이후의 헬레니즘 시기에서 세계종말에 일어날 최후 심판과 종말적 구원의 비전이 그와 같이 원시시대에로 소급된 묵시록 비전이다. 1 에녹 해설자는 창세기 6장에서의 천사와 같은 '신의 아들들'이라는 반란자들이 '모든 육체'(여자들을 비롯한 모든 인간들)의 '폭행적 희생'(violent victimization)의 죄악을

저질렀다고 해석한다.[10)]

비판적으로 우리가 저 필자의 해석을 새롭게 해석하자면, 첫째로 1 에녹 저자 혹은 저자들은 지구상의 죄악의 구원을 신화가 아니라 바로 세계사에서 작동해온 죄악의 근원을 종말시간에서부터 원시에로 소급하여 역사 전체의 악의 문제를 파악하고 있다. 그것은 구원사 전통의 기반에 서서 보는 최후시간에 일어날 신적 심판과 구원의 비전이다. 둘째로 원시 반란이 '모든 육체'의 왜곡과 희생을 초래했다는 저 해설자의 규정 이전에, 우리가 먼저 생각해야 할 것은 원시 반란이 우선적으로 창조자·구원자 하나님 자체에 대한 반란이라는 점이다. 자칭 '신의 아들들'은 자신들을 신격화함으로써 창조자 하나님과 피조물 인간과의 올바른 관계질서를 배반한 것이다. 그럼으로써 그들은 세상의 여자들을 자신들의 소유물로 왜곡하고 임의대로 취하고, '모든 육체들'의 정의롭고 은혜로운 관계질서–창조질서(Schöpfungsordnung)의 '왜곡'(victimzation)을 초래한 죄악의 원시적 원천이었을 것이며, 원시 역사에서부터 추적된, 역사적 죄악이 창조자 하나님의 창조질서 파괴의 원천이다. 그러한 욕심이 물욕과 정치권력욕의 원천이 아니겠는가. 그러한 역사적 죄악이 창조자·구원자 하나님에 대한 반란이기 때문에, 1 에녹 저자는 그것을 하늘의 천사들, '파수꾼들의 반란'으로서 모든 역사의 시초에로 소급한 것이다. 그것이 헬레니즘 시기에도 만연한 성적 폭행과 정치 경제적 죄악의 세계 정황이었을 것이다. 1 에녹은 그러한 악의 세력들을 원시 홍수대란의 전설을 원용하며 신적 심판으로 제시하고, 노아를 위시한 구원의 새 시대를 암시함으로써 헬레니즘 시대의 종말적 심판과 구원의 묵시를 예비한 것이다. ② 항목은 에덴정원에서의 선과 악의

10) *ABD* Vol. 2, 509.

나무 열매를 따 먹고 하나님과 같이 되고자 한 이브와 아담의 설화와 같다. 이 설화는 역사의 시초를 가리키니, 신화가 아니라 역사이다. 왜 에녹 저자는 역사적 죄악의 발단을 천사들의 반란으로 규정했는가? 악의 세력을 근원적으로 밝히기 위해서이다. 악은 근원적으로 창조자·구원자 하나님에게 적대하여 피조물 세계와 역사와의 그의 의로운 관계질서들을 파괴하는, 즉 부정(Nihil)의 세력으로서, 말하자면 모든 역사를 관통하여 작용하는 초역사적인 천사들과 비등한 세력으로서, 하나님께 가장 가까운 측근에 있는 천사들의 반란으로 규정된 것이다. B.C. 4세기 이래 헬레니즘 시기(혹은 로마 시기)의 군왕들의 형상들 혹은 '거인들'(Nephilism)에 비유된 것이다.

③ 심판의 예언자로서의 에녹의 소명(12~16장)

이 부분은 하늘 보좌실에로의 에녹의 승천을 그의 예언자 소명으로서 묘사하는데, 에제키엘이 1~2장에서의 예언자 소명에서 야웨 하나님의 영광의 비전을 보는 것과 같다는 것이다.[11] 그렇다면 에제키엘의 예언자 소명이 구원사 전통의 기반에서 해석되어야 하는 것처럼, 1 에녹의 묵시록의 기원과 의미도 종래의 예언 전통에 기반을 둔 것으로서 해석되어야 할 것이다. 땅에서는 인간들이 자칭 신들이라고 난동을 피우니, 승천한 에녹은 자신의 소명을 하늘 보좌실에서 받는다. 하늘공간은 신화의 세계가 아니라 역사의 원 공간이다.

④ 서쪽에로의 에녹의 여정(17~19장)

천사 우리엘이 지구의 서쪽 끝에 이르는 여정을 수반하고, 이 여정은 두 비

11) *Ibid.*, 510.

전들에서, 즉 반란 파수꾼들의 형벌의 장소와 어떤 반역한 별들의 형벌의 장소에 관한 두 비전들에서 절정에 이른다. (4)항과 (5)항에 해당하는 *ABD* vol.2의 해설자의 논술을 재서술하기가 불편하여 많이 생략한다.

⑤ 동쪽에로의 에녹의 여정(20~36장)

에녹은 최후의 보상과 형벌의 시간까지 죽은 자들의 영들이 거하는 산에 이른다. 에녹은 하나님의 보좌(임재)가 있는 산 에덴정원(Paradise)을 방문한다. 여기에 '생명의 나무'(the Tree of Life)가 보존되어 있는데, 새 시대에서의 의로운 자들을 먹여 살릴 새 예루살렘에 있는 성전의 산에로 옮겨질 때까지 보존되어 있다. 에녹의 예루살렘 비전은 힌놈(Hinnom)의 저주의 계곡, 여기서 악한 자들이 영원히 심판의 벌을 받게 될 계곡에 집중한다. 24~26장은 부활을 위한 지형을 묘사한다. 33장에서 에녹은 지구의 동쪽 끝에 이른다. 여기서 우리엘이 에녹에게 천체들에서부터의 출구를 보여준다. 파수꾼들의 책은 34~36장에서 끝난다.[12)]

에녹이 하늘 보좌실에 임재하시는 하나님의 영광 아래서 예언자 소명을 받고, 이제 지구의 서쪽과 동쪽을 여행하면서 동쪽산 에덴정원에 이른다. 이 정원에도 하늘 창공에서의 하늘 보좌실에 상응하는 하나님의 임재의 보좌와 그가 주재하시는 '생명의 나무'(Tree of Life)가 있는데, 아마도 '선과 악의 지식(지혜)의 나무'와 동일한 것 같다(창세기 2:9). 이 나무는 역사의 최후 심판이 창조자·구원자 야웨 하나님의 주재권을 표식한다. 이 주재권에 대한 아담과 이브의 원시 불복종이 하늘에서의 파수꾼들의 반란에 상응한다. 에녹은 모든 역사의 최후 시간에서 신적인 최후 심판을 선포할 예

12) 위의 ④와 ⑤ 부분, *Ibid.*, 510~510.

언자 소명을 받고, 모든 역사의 악의 세력의 원천의 비전을 원시간·원공간에서 본다. 그럼으로써 에녹은 우주와 역사를 전체적으로 개관한다. 그것이 그의 우주 여행의 비전이다. 신적인 최후 심판에서 영원한 삶과 영원한 죽음이 결정될 것이다. 에덴정원에서의 '선과 악의 지식의 나무'는 그러한 최후 결정이 의로우신 창조자·구원자 하나님의 주재권임을 표식한다. 저 '생명의 나무'는 영원히 살아계시는 하나님 자신을 표식하며, 최후 심판에서의 의로운 자의 부활의 원천이다. 창세기 2장의 야위스트 창조 설화의 구원사적 의미가 1 에녹 묵시록에서 그렇게 파악된 것이다. 누구들이 영원한 죽음에로 또 누구들이 영원한 삶에로 결정되느냐? 아무도 모른다. 그것은 창조자·구원자 하나님의 자유한, 은혜로운 결정에 달려 있다(Karl Barth). 우리는 오직 그의 자비와 은혜를 간주할 따름이다. 그러한 간주는 죽는 순간에 할 기도이며, 역사에 살아 있다면, 우리가 에녹의 묵시론적 최후 심판의 비전에서 곧 주목할 초점은 악한 자들의 영원한 죽음과 의로운 자들의 영원한 삶에로의 부활은 바로 세계 혁명(radical transformation)이라는 점이다. 부활은 새 인간으로서 세계혁명의 주체, 새 인간의 탄생의 비전, 종말시간으로부터 역사에서 탄생하는 인간성 비전이다. 옛 사람과 새 사람, 옛 시대와 새 시대, 이 세상과 저 세상의 분리가 이원론적으로 해석된다면, 부활의 새 사람과 새 시대는 역사에서부터 추상되고, 역사의 혁명을 위한 궁극적 동력을 상실해 버리고 만다. 부활의 새 인간성 개념은 구원사 개념에 함축되어 있으며, 예레미아의 '새 계약' 개념에, 이사야 24~27장의 초기 묵시론적 미래 비전에, 제2 이사야의 '야웨의 종,' 특히 제4의 야웨의 종의 대속적인 죽음과 부활에, 제3 이사야의 새 하늘·새 땅 비전에, 에제키엘에서의 마른 뼈들에서부터의 이스라엘의 되살아남 비전에 다 함축되어 있다. 에녹은 그러한 전통들의 역사 신앙에 기반해서 최후시간의 묵시를 본다. 그러므로 그의 묵시록의 기원은 바로 그 전통들에서 발단한 것이다.

(3) 에녹의 두 꿈의 비전(93~90장)

에녹이 자신의 아들 므두셀라(Methuselah, 창세기 5:25)에게 그의 비전의 내용들을 설명하는데, 역사와 종말시기에 일어날 일들을 가르치기 위해서라고 생각된다. 원시 역사에서부터 종말시까지 개관되고 있다. 첫째로 에녹은 원시 대홍수(노아홍수)의 비전을 말해 주고, 그의 후손들이 멸망하지 않도록 기도한다. 둘째 비전은 아담에서 종말시에 이르기까지의 이스라엘 역사를 중심으로 술회한다. 아브라함–이사악을 황소에 비유하고,13) 야곱

13) 에녹이 원시의 사람이므로 원시에서부터 종말시의 비전을 본다. 원시의 대홍수(노아홍수) 전설이 하나의 종말시의 위기였으며, 그 이후에 대두한 아브라함과 이사악이 황소와, 야곱과 그의 후손들이 양떼와 결부되어 있는데, 왜 아브라함과 이사악은 황소와 결부되어 있는가? 황소는 Mesopotamia의 가장 오랜 문명권 Sumer 왕국의 원류 12 환국(桓國, 환단고기) 시대에 이어진 배달국의 환웅(桓雄)의 상징동물이다. 배달은 바로 단군조선·고조선으로 이어진다. 황소가 치우천왕의 토템(totem)이었다고 전해진다. 원시에 토템 혹은 토템들이 숭배의 대상이었다고 하는데, 이 문제는 여기서 논외로 치고, 에녹의 경우에는 전혀 숭배 대상이 아니다. 아마도 환웅 배달국에서도 황소가 숭배의 대상은 아니었다고 생각된다. 어쨌든 황소 상징은 원시 배달국계의 Sumer 문명권을 이어받은 바빌론 왕조와 관련된 것이라고 추정해 본다. 에녹은 아브라함과 이사악을 아브라함의 조상의 땅, Mesopotamia 북서쪽 Haran 땅에서의(창세기 11:27 이하) 황소 전승과 결부시켰다고 생각된다. 환국→배달국→고조선의 사람들은 아마도 수백 년, 천여 년의 수명을 살았던 것 같으며, 에녹의 아들 Methuselah가 969세를 살았다(창세기 5:27)는 P 설화의 기록은 아마도 바빌론의 전승을 반영하는 것 같다. 수백 년 혹은 천수를 세려면, 천문학적 표식과 지식이 필요했을 것인데, 아마도 Sumer→바빌론 문명권의 천문학의 지식을 원용했던 것 같다. 1 에녹과 다니엘서에서의 '지혜'도 그 천문학에서 기원했던 것 같다. 우주와 역사의 원시로부터 종말시까지의 비전이 그러한 '지혜'를 전제하고 있음에 틀림없는데, 에녹과 다니엘서의 저자들은 그러한 '지혜'를 창조자·구원자 이스라엘의 하나님에게로 돌린다는 사실이 주목되어야 한다. 특히 주목할 것은 아브라함과 이사악의 황소도 또 다른 짐승들이 종말시에다 하얀 소들로 변화되고, 창조된 인류의 본래적인 순전성(purity)이 회복되리라는 에녹의 묵시론적 비전 신화에로 환원된다면, 그 역사적 일대 변화의 혁명적 의의가 사라져 버리리라는 점, Sumer-Babylon 문명도 그 혁명의 비전 아래 세워져 있다는 점이 주목되어야 한다. 이 비전은 신화가 아니라, 인간성 혁명과 궁극적 성취를 부각시키는 역사 신앙의 표상으로 예언자적으로 해석되어야 할 것이다.

'두 꿈의 비전'에서 언급된 종말시기는 B.C. 2세기 유대교의 마카베오(Maccabeus) 사제 가문이

과 그의 후손들을 양떼로 묘사하는데, 이방인 짐승들에 의해서 계속 희생되므로, 70 천사들(예레미아의 이스라엘 바빌론 포로 70년 예언에 비추어)에게 맡겨진다. 그와 같이 역사를 개관하여 말하고 에녹은 종말시기를 두 단계로, 첫째 B.C. 2세기 헬레니즘 시기 이방 민족들에 대한 유다 마카베오(Judas Maccabeus, 위대한 수양의 뿔)의 전쟁과 반란 파수꾼들과 유다인 반역자들에 대한 신적인 최후 심판의 비전이 묘사된다. 그다음 둘째로 예루살렘 성전이 비길 데 없이 영광스럽게 재건된다. 또 하얀 소가 나타나는데, 에녹 해설자에 의하면 '원 인간'(primodial man, 혹은 메시아상)이 탄생하고, 양떼와 다른 짐승들이 하얀 소들로 변화한다. 그와 같이 인류가 종말적으로 통일되어 태초의 창조된 순전성을 회복하고 구원이 완성되리라는 비전이다. 그와 같이 구원사와 구원의 주제가 최후의 종말시간에로 되살아난다. 이는 역사 부활이 아닌가.

셀루키드(Seleucid) 왕조의 안티오쿠스(Antiochus IV, B.C. 175~164년)에 대한 전쟁을 일으킨 시기다. 마케도니아의 Alexander가 Persia와 근동 일대를 정복하고, Syria와 Mesopotamia 등 팔레스타인 북쪽의 Seleucid 왕국과 애굽의 Ptolemy 왕국을 세웠다(*RSV* 의 1 Maccabeus 1:1~10에 대한 주 참조). Antiochus IV, Epiphanius(자칭 神 현현)은 애굽과의 전쟁에서 팔레스타인을 탈취하고, Syria, Mesopotamia, Persia, 소 아시아 일부분을 다스리게 된 것이다. 광신적 그리스 문명 추종자 Antiochus IV는 유대교를 박해하고 말살하고자 했다(1 마카베오 1:41~64 참조). 그 위기 상황이 1 에녹과 다니엘 7장이 직면한 세계사의 종말 시기다. 우리가 B.C. 8세기 이래의 예언자들의 종말론적 예언이 그 연구자들, 많은 신학자들, 일반 사람들이 상상해 내는 추상적인 세계 최후의 어떤 종말시간을 가리키는 것이 아닌가 하고 상상하는 것처럼, 묵시론적 종말시기는 그러한 추상적인 세계 최후의 시간을 가리키는 것이 아니다. 후자의 종말시기는 전자의 종말시기보다 구체적으론 훨씬 더 보편적으로 세계 전체를 대표한다고 생각된 헬레니즘 문명권에 해당하는 시기에 일어난 사건들에 해당한다. 헬레니즘 문명권도 얼마 못가서 로마제국에 의해서 대치됨으로써 유대교의 묵시론적 종말론은 연속 종말시기를 겪은 것이다. 종말시기는 창조자·구원자 하나님의 의로운 주재권과 나라가 땅 위에서 말살될 지경에 이른 시기를 가리킨다. 그가 인류 사회 역사에 허락하는 시간·공간과 그의 의가 파탄나는 시기다. 그러한 시기 혹은 시기들을 하나님의 의로운 심판—최후 심판에 세움으로써 예언자적—묵시론적 종말론은 역사—세계사의 의로운 혁명의 계기를 증언한 것이다.

(4) 에녹의 지상에로의 귀환과 후손들을 위한 교육(81:1~82:3; 91)

이 제목은 우리가 에녹 해설자와 좀 다르게 표현한 것이다. 에녹은 우주여행에서 지상에로 돌아와, 자신의 아들 므두셀라와 후손들에게 일년 동안의 자신의 여행에서 획득한 지혜(wisdom)와 증언을 전달하고 가르친다. 이들이 최후의 멸망을 넘어설 수 있도록 하는 지혜가 전달된다.[14] 에녹은 살아서 승천한 사람인데, 다시 지상의 삶에로 돌아왔다는 것은 그가 이스라엘 역사에서 살아 있다는 것을 의미한다. 텍스트의 내용이 우리에게 충분하지 않으므로 우리가 좀 더 정확하게 해석하기는 어려우나, 어쨌든 에녹은 역사와 더불어 살아서 원시에서부터의 모든 역사의 종말에 이르는 전 시간·역사의 비전을 본다. 그러한 비전의 지혜는 하늘 보좌실에서 획득한 것이라는 뜻이다. 이러한 묵시는 폰 라트(Von Rad)나 모든 구약학자들에게 완전히 신화로서 규정된다. 그것은 물론 종래의 역사적 종말론과 판이하게 다르게 여겨진다. 그럼에도 불구하고 에녹의 관심은 역사적 후손들을 위한 역사와 종말시간의 일들을 가르치려는 데 집중한다는 사실이다. 이것은 에녹의 묵시록의 근간이 신화가 아니라는 뜻이다. 신화들처럼 보이나 이 역사를 총괄하는 양식이니, 특히 묵시록–묵시론적 종말론에서 그러하다.

(5) 에녹 서신(92~105장)

에녹 서신은 여러 장(章)들을 포괄하는데, 마지막 세대들을 사는 후손

---

14) *ABD* Vol. 2, 511.

들에게 전하는 그의 서신은 주간들(weeks, 시간 존속의 단위들, 창세기 1장 설화에서의 6일 창조와 제7일 참조) 단위로, 에녹에서부터 종말시간까지의 인류역사를 도식화하고, 창조의 원시간에 반립·대립하고 있는 종말시의 죄악상, 즉 의로운 창조의 의와 진리에 반대되는 불의와 폭행과 사기가 판치는 종말시기(헬레니즘 시기)의 죄악상에 대한 종말적 심판의 묵시를 제시한다. 열 번째 주간에 더럽혀진 성전이 새롭게 건립될 것이라는, 의로운 율법·토라의 계시가 모든 인간성을 의롭게 할 것이라는 비전이 제시된다. 특히 부유하고 권력 있는 죄인들이 의로운 자들을 핍박한다는 서술이 역사 서술을 관통하는 근간을 이룬다는 것이다. 마지막 주요 부분에서 저자(B.C. 2세기)는 신정론(神正論, Theodicy)의 문제, 즉 어떻게 하나님의 정의가 성립하는가 하는 문제를 제기하며, 그 해답은 최후 심판이니, 이에서 죽은 의로운 자들에게는 새로운 삶이, 벌 받지 않고 죽은 불의한 자들에게는 형벌이 주어지리라는 것이다. 이러한 서신의 전달 시기는 B.C. 2세기 마카베오(Maccabeus) 가문의 반 그리스 셀루키드 왕조의 안티오쿠스(Antiochus IV)와의 전쟁과 그 가문의 왕조(Hasmonean dynasty) 시기다.[15] 에녹의 서신의 종말론에서의 새 세계 비전은 물론 불의한 모든 세계 역사를 초월하는 것이다. 그러나 그러한 초월적 새 세계 비전은 이원론적으로 두 세계들을 긍정하는 것이 아니니, 죄악의 세계 역사에서부터 의로운 새 세계에로의 최후 변혁(transformation)을 의미하기 때문이다. 최후 시간의 시간역사 혁명이다!

---

15) *ABD* Vol. 2, 511~512; Vol. 3, "Hasmonean Dynasty" 참조. Maccabeus 가의 가장 강력한 Judas Maccabeus의 아버지 Mattathias 가문으로서 본래 제사장의 출신이었는데, Seleucid 왕조의 Antichus IV에 대한 전쟁의 결과 B.C. 142~63년에 유다 땅을 다스린 왕조다. 이 왕조는 유대교에 유리하기도 했지만, 헬레니즘화하는 경향 때문에 유대교 측의 많은 비판을 받기도 했으나, 어쨌든 세계사적 종말 시기를 넘어서 유대교가 존속할 여지의 시공을 열었음에 틀림없다. 그것은 유대교의 역사적 부활의 가능 근거로 여겨지기도 할 것 같다.

(6) 비유들(Parables 혹은 Similitudes, 37~71장)

1 에녹의 해설자의 6번과 7번을 생략하고, 우리는 여기서 그의 8번을 다룬다. 에녹 묵시록의 특유성은 대 심판에 관계된 하늘 보좌실 묘사다. 이에서 부각되는 주요 형상은 '초월적인 하늘의 형상'(transcendent heavenly figure)인데, 하나님에 의해서 '종말적 심판자와 의로운 선택된 자들의 변호자로서 위임 받은 자'다. 에녹 본문은 그를 '선택된 사람' 혹은 '기름부음 받은 자'라고 지칭하는데, 다니엘서 7장에서의 '인자'(Son of Man), 제2 이사야의 '야웨의 종'(이사야 42, 49, 52~53장), 다윗과 같은 왕(시편 2편과 이사야 11장)과 유사하다. 그 선택된 사람은 두 그룹들의 죄인들, 즉 의로운 자들을 핍박하는 왕들과 권세 부리는 자들을 정죄할 심판관이다. 더러의 비유들은 쿰란 종파의 1 에녹의 아람어 본 단편들에는 없으며, 초기 그리스도교인들의 산물인 것 같다.16)

위의 비유들에서의 하늘 보좌실 하늘의 심판자·인자에 관한 해석 문제는 다니엘 7:13에서의 '사람의 아들'(son of man)에 대한 해석 문제와 결부해서 상론될 것이다. 거듭 말하거니와, 그는 완전히 신화적 형상처럼 보이나, 신화적 해석에 머물러 버린다면, 구원사의 종말론적 의미가 완전히 유실되어 버릴 것이다. 사람의 형상을 가진 바 그는 창조와 역사의 원시간과

16) *Ibid*. Vol. 2, 512. 대다수의 학자들은 그 비유들을 유대교 혹은 B.C. 1세기 혹은 A.D. 1세기의 기록이라고 추정하기도 한다는 것이다. '하늘 보좌실'의 광경, 거기에서 위임받은 종말적 재판관–'원인간'(primodial man, 인자)–의 형상은, 1 에녹 해설자에 의하면, 성서적인 예언 전통을 반영하지만, 바빌론 신화들에서의 현자(sage) 혹은 그리스의 Prometheus의 형상 혹은 근동의 우주론에서 기원한 것이라고 추정되고 있다. *Ibid*., 515. 그러나 바빌론 신화들 혹은 그리스 신화들에서 과연 모든 역사의 종말론적 심판자라는 형상이 도출될 수 있을까? 그러한 확증들이 성서학자들에게서 제시되어 있지 않은 것 같다. 그러한 추론은 1 에녹의 묵시록의 역사적 소재들(materials)이 이스라엘 구원사에 뿌리박고 있다는 사실의 의의를 혼란스럽게 만든다.

종말시간을 담지하는 창조자·구원자 하나님의 자체 내적 '형상'(imago Dei)임에 틀림없다. 그는 구원사 전통에서부터 부각된 심판자·구원자의 형상이다. 어떻게 에녹 저자가 그러한 형상의 비전을 볼 수 있는가? 이스라엘의 구원사의 종말과 세계사의 종말에 직면해서 그 저자는 이 역사 전체와 인류를 새롭게 새 미래에로 부활시킬 수 있는, 옛 시간부터 존재해온, 미래시간을 지니는 영원한 인간 형상의 비전을 본 것이다.

1 에녹 묵시록의 텍스트 해설자의, 우리의 간접적 텍스트 해설들은 위 (6)항목으로써 끝내고, 그 해석에 있어서의 이원론적 문제를 다시 한 번 검토하고, 1 에녹에 대한 고찰을 일단 끝내고자 한다. 이원론 문제는 특히 악의 문제에 결부되어 있는데, 앞에서 보았듯이 에녹의 저자들은 악의 기원을 신화적으로 하늘공간의 원시적 과거에서 발생한 천사들의 반란에서 보며, 따라서 그 저자들은 악에 대한 신적 심판과 근절도 우리의 실제적 경험세계를 넘어서는 타 세계의 '새 시간'에서 이루어진다는 이원론적 우주관을 제시한다는 것이다. 그러한 이원론이 종래의 예언자 전통에서의 역사적 종말론과는 질적으로 다르다는 것이다.[17] 1 에녹의 저자 혹은 저자들이 악의 세력의 기원을 하늘의 천사들의 반란으로서 인간 창조 이전에로 설정한 것으로 보인다는 점에서는 이원론이라고 해석될 가능성이 있다. 그러나 이미 우리가 확인했듯이 예언자적 종말론과 묵시론적 종말론의 종말시간에서부터 보자면, 악은 창조자·구원자 하나님의 피조물 세계와 역사에 대한 파괴 세력으로서 우선적으로 그에게 반역하는 세력이므로, 1 에녹 저자는 이 세력을 그의 하늘 보좌실에서 시중드는 천사들의 반란에서 기원한 것으로서, 원시 역사 처음부터 작용해 온 것으로서 규정한다. 천사들

17) *Ibid.*, 514~515 참조.

의 반란이란 신화처럼 보이지만, 악의 세력은 신화가 아니라 역사 전체에서 작동해온 바, 창조와 역사의 파괴 세력으로서 역사의 모든 과정에 결부된 역사적 세력이라는 것이 주목되어야 한다. 우리가 논의한 바 원시의 실역사에서 작동한 악의 세력은 창세기 6:1~4에서의 '거대인간들'(Nephilim), 자신들을 '신의 아들들'(sons of God)이라고 신과 동일화한 거대인간들이 세상의 딸들을 임의대로 취하여 남자와 여자의 관계질서(창세기 1:27)를 파괴함으로써 인류에 대한 대홍수 심판(창세기 7장 이하)을 초래했다는 것이다. 한마디로 그들은 신적 권능을 자신들의 세상에 대한 욕심과 동일화하면서 세상의 딸들을 비롯하여 타 인간들에게 폭행을 자행한 것이다. 또한 (6)의 비유들에서 제시되었듯이, 1 에녹은 역사적 과거에서부터 최후의 종말 시, 즉 B.C. 2세기 헬레니즘 시기의 그리스·헬라 왕국들의 시기 전반에서 부유한 자들과 왕적 통치자들의 의로운 자들에 대한 횡포를 신적인 최후 심판 아래 세운다. 악의 세력은 남녀 관계 왜곡을 비롯하여 부유한 자들과 통치 권력자들에게서 집중적으로 작동한다. 결국 악의 세력은 사람의 권력과 물질세계의 소유욕에서 작동하는데, 그 욕심이 신적 권력과 동일화하고 절대화된다. 1 에녹에서 악의 세력이 하늘 보좌실의 천사들의 반란에로 귀결된 것은 초인간적 세력으로 둔갑한 악의 세력을 지칭한다고 해석되어야 할 것이다. 그럼에도 불구하고 악의 세력은 창조자·구원자 하나님의 최후 심판 아래서 무(無, Nihil)에로 부정되어 버리기 때문에, 창조와 역사에 절대적으로 대립하는 이원론이라는 규정에서, 더욱이 신화라고 해석된다면, 최후 심판도 신화적 상상물이 되어버린다. 그것은 창조와 역사에서 작용하는 악의 세력과 고투하고 정복하고 세계사의 최후 혁명의 예언자적 비전 영상을 헛되게 만들어 버리는 것이며, 신적인 최후 심판과 악의 세력을 넘어서는 구원과 인간성 회복의 구원사적 주제를 허공에 날려 버리는 것과 같다. 하나님의 초월적 새 나라는 악한 옛 세계의 변혁 없이 환상적으로 떠오르는 허상이 아니다.

3) 다니엘: 근동-그리스 왕국들의 종말시간들과 하나님 나라 비전 (1~12장)

다니엘서는 히브리 경전에 포함되어 있는, 최초의 대 묵시록 작품이다. 히브리 경전에서는 이 문서가 에즈라-느헤미아-역대기상하와 같은 '문서들'(writings)에 귀속되어 있는데 그리스어 번역 LXX에는 예언서로 분류되어 있다. 이미 앞에서 논했듯이 우리는 묵시록들의 의미를 예언 전통의 맥락과의 관계에서 해석한다. 다니엘서의 저자 다니엘도 다른 묵시론적 문서들과 마찬가지로 가명이며, 그가 B.C. 6세기 이스라엘의 바빌론 포로들 중에 한 사람으로 대두하나, 아마도 그 이전의 전설적인 인물인 것 같다고 여겨지기도 한다. 다니엘서의 실제 저자는 B.C. 4세기 알렉산더의 페르시아 정복을 비롯한 근동 일대의 통치권 확립 직후에 그에 의해서 세워진 그리스 왕국들 중에서 시리아의 셀루키드(Seleucid) 왕조의 안티오쿠스 4세(B.C. 167~164년, Antiochus Epiphanes: '신현현'이라는 신적 권력을 자처한 자)의 잔혹은 유대인 박해와 예루살렘 성전 모독을 일삼던 시기에 속한다. B.C. 4세기 이래에 대두한 후대 유대교의 묵시론적 종말론과 묵시록들은, 우리가 이미 1 에녹 고찰의 맥락에서 보았듯이, 알렉산더에 의한 근동 일대의 정복전쟁들과 그리스·헬레니즘 문명권 내에서 세워진 왕정 국가들 사이에서의 일련의 전쟁을 일으킨 왕정 국가들의 시기가 포괄적으로 하나님의 종말적 심판 아래서의 부정적 종말 시기에 해당한다. 그러한 세계 상황에서 판치는 전반적인 정치 사회적 죄악들과 유대인들에 대한 박해와 유대교의 존립 위기에서 유대교의 묵시론적 종말론이 대두한다. 묵시록들은 세계 역사의 총체적 불의에 대한 창조자·구원자 하나님의 최후 심판과 그러한 죄악의 역사와 최후 심판을 능가하는 그의 긍정적이고 새로운, 의롭고 영원한 나라와 구원을 꿈과 비전의 형식들을 통한 선포의 기록물들이다. 그러한 최후 심판과 궁극적인 영원한 나라는 아직 미래이며 따라서 실역사적 서술로서 선포될 수 없기 때문에 꿈의 비전들의 형식 혹은 상징들로서만 서술되고 선포된다. 그렇기 때문에 그 비전들과 선포가 신화라고 잘못 해석되곤 한다. 최후 심판과 궁극적인 영원한 나라는 창조자·구원자 하나님의 공간과 시간에서 일어날 것이며, 이원론적인 타 세계의 시간과 공간은 생각될 수 없다.

(1) 다니엘의 바빌론–메디아–페르시아–그리스 왕국들의 종말예언 (1~6장)

다니엘 1~6장은, B.C. 4세기 이래의 헬레니즘 시기 혹은 B.C. 2세기 그리스 왕국들 시기의 시리아계 셀루키드 왕국의 안티오쿠스 4세 이전 시기, 이스라엘의 바빌론 포로기와 그 이래 그리스 왕국들의 종말 예언에 해당하는 자료다. 다니엘 연구의 구약학자들은 1~6장을 다니엘의 묵시록으로 간주하지 않는다. 1~6장의 서술형식은 그렇게 보인다.[18] 왜냐하면 다니엘 자신의 묵시록을 바빌론 왕들의 묵시록으로 증언하는 형식을 취하기 때문이다.

---

18) *ABD* Vol. 2, "Daniel Book of", 29~37 참조.

그러나 실제적으로는 저 왕국들에 대한 다니엘의 묵시론적 종말 예언으로서 1~6장이 해석되어야 할 것이다. 왜 다니엘은 그의 묵시록을 이스라엘의 바빌론 포로들 중의 한 사람으로서 바빌론의 종말예언에서부터 시작하는가? 추측컨대, 남유다 왕국의 종말을 가져온 바 바빌론 왕국의 종말시기를 기점으로 다니엘은 세계사의 총체적 종말을 예언하고자 한 것이다. 여기에 이스라엘의 구원사적 종말론이 세계사의 종말론적 해석의 원천 혹은 모형으로서 작용한다고 생각된다. 그렇게 볼 때에 다니엘서의 통일성이 성립한다.

때는 유다의 멸망을 일으킨 바빌론 왕 느부갓네살(Nebuchadnezzar)의 통치시기다(1:1f.). 왕이 신하로 하여금 이스라엘 포로들 중에서 왕족에 속하는 유능한 젊은이들을 골라내어 바빌론의 갈대아 언어를 가르치게 하고 왕을 시중들게 하라고 명하니, 유대인 다니엘과 세 청년들이 선발된 것이다(1:3~7). 2장에서 왕의 기괴한 꿈과 다니엘의 꿈 해석이 이야기되어 있다. 왕이 그 나라의 마술사들과 술객들로 하여금 왕 자신이 무슨 꿈을 꾸었는지 말하고 해석하지 못하면 그들을 찢어 죽이고 그들의 가족들을 파멸시킬 것이라고 선언하니, 왕권의 횡포를 짐작할 만하다. 물론 그들이 그의 꿈이 무엇인지 알아내지 못하니, 이제 죽을 판인데, 다니엘이 그러한 처벌을 막아주고, 다니엘 자신의 지혜가 아니라 하나님의 권능과 지혜에 의거해서 왕의 꿈 자체를 알아내고 해석을 말해 준다(2:1~30). 다니엘의 이 말이 바로 묵시의 신비는 하나님에 의해서 계시된다는 전형적인 묵시론이다. 왕의 꿈을 다니엘이 이렇게 묘사한다. 왕은 매우 두렵고 권능 있고 번쩍이는 커다란 형상을 보았는데, 그 형상의 머리는 금으로, 그 가슴과 팔은 은으로, 배와 두 넓적다리는 놋쇠로, 정강이는 쇠로, 두 발은 쇠와 흙으로 된 형상이다. 한 돌멩이가 그 형상의 발을 쳐부수니, 그 형상 전체가 부서져 타작마당의 겨처럼 바람에 흩어져버리고, 그 돌은 바위가 되어 그 자리를 채우더라는 것이다. 그 꿈은 '마지막에 일어날 일들'을 하나님께서 미리 왕에게 알려주신 것이라고 한다(인용구 2:28; 31~35절). 모든 역사의 마지막 일들은 하나님의 권능에 속하는 일들이기 때문에 인간은 그 일들을 역사의 현재로서 직설법적으로 서술할 수 없으며, 오직 꿈 혹은 비전의 양식으로 상징적으로 서술될 수 있다는 것이 모든 묵시록들에 전제되어 있다. 묵시 비전이 상징적이라고 해도 그 비전은 역사적 영상이다. 그 상징들이 역사와 직결되어 있으므로 신화적으로 해석되면 안 된다.

다니엘의 꿈 해석은 이러하다. 그 형상의 금 머리는 바빌론이고, 은 가슴은 메디아(Media)이고 놋쇠청동의 배와 넓적다리는 페르시아이고, 넷째로 철과 흙의 두 발들은 그리스인데, 강하나 분리된 약한 나라들, 즉 시리아 셀루키드와 애굽의 프톨레미(Ptolemy) 왕조들이라는 것이다(2:36~43). 그 나라들의 네 왕들의 '날들에'(종말시기들에)

> 하늘의 하나님이 한 나라를 세우시리니,
> 이는 결코 망하지 않을 것이며,
> 그 주권은 다른 민족에게 넘겨지지 않으리라.
> 그 나라가 이 모든 나라들을 부수어 버릴 것이며,
> 종말에 이르도록 끝장내 버리고, 영원토록 서리라.(2:44)

그와 같이 다니엘이 느부갓네살의 꿈 자체를 밝혀내고 해석함에는 그의 친구들이 다 참여한다. 다니엘이 대변한다. 느부갓네살이 다니엘의 꿈 묘사와 해석을 듣자, 바닥에 엎드려 다니엘의 하나님의 권능을 시인하고, '신비들(묵시들)의 계시자……'라고 고백하고(2:47), 다니엘에게 포상을 내리고 바빌론 전역을 통치하게 한다(2:48). 느부갓네살의 꿈과 이러한 행위는 실제로 그에 관한 역사적 사실이 아니라, 마지막 날에 일어날 하나님의 최후 심판에 의한 저 네 나라들의 붕괴 예언에도 불구하고, 다니엘이 왕으로 하여금 그렇게 묵시론적으로 고백하게 함으로써 왕을 하나님의 궁극적인 영원한 의로운 나라의 빛에 세우는 것이다. 그럼으로써 왕은 다시 역사적 결단, 즉 그의 백성과 이스라엘 포로민에 대하여 의를 행하느냐/ 악행을 하느냐 하는 결단 앞에 세워진다. 특히 주목할 것은 위에 인용된 바 2:44에서의 하나님의 저 궁극적인 영원한 나라는 분명히 묵시론적 최후의 날에 도래할 나라를 가리키는데, 이 나라는 신화적이고 이원론적인, 비역사적 '타 세계'를 가리키지 않는다는 점이다. 저 붕괴될 왕조들에 이어지는, 역사적으로 세워질 궁극적인 새 나라이다.

구약학자들이 주장하듯이 익명의 다니엘이 실제로 B.C. 2세기 셀루키드 왕조의 안티오쿠스 4세의 유대인 유대교 박해시의 인물이라는 사실이 느부갓네살의 꿈 자체의 묘사와 해석에 전제되어 있다. 그 묘사와 해석은 메디아와 페르시아에 의한 바빌론 정복과 알렉산더에 의한 페르시아 정복과 셀루키드 왕조의 대두를 전제하고 있으면서, 저자는 이 왕국들의 멸망을 느부갓네살 시기를 기점으로 하여 모든 역사의 최후 심판의 궁극적 미래시간에 이루어질 묵시록적 비전들의 양식으로 내다보면서, 그 왕국들의 멸망을 느부갓네살로 하여금 말하게 한다는 사실이다. 그럼으로써 다니엘은 저 열국들의 역사를 종말론의 의미로 해석하고 증언한다. 그렇기 때문에 구약학자들이 7~12장을 다니엘 묵시록으로 규정하고, 1~6장을 7~12장에로의 연속성을 부정함에 반하여, 우리는 텍스트의 그 두 부분들을 통합적으로 다니엘 묵시록으로서 해석한다. 1~6장은 다니엘이 이스라엘 역사의 종말사건에 입각하여 주변의 세계역사를 종말론적으로 해석한다. 다니엘 묵시록에서의 종말시간은 세계역사의 마지막 최후시간을 가리킨다. 그러나 B.C. 6세기의 유다 왕국의 종말을 기점으로 메디아–페르시아에 의한 느부갓네살의 바빌론 왕국의 종말, 메디아의 페르시아에로의 합병, 알렉산더에 의한 페르시아 정복과 그리스 왕조들의 대두가 다 종말시기에 해당한다. 느부갓네살의 꿈 해석에 그러한 세계사적 묵시록의 종말시기들이 암시되어 있으며, 다니엘의 하나님의 영원한 왕국을 시인하는 그 왕의 고백이 그러한 종말시기를 암시한다. 세계사의 최후의 종말시간은 하나님의 최후 심판의 시간으로서 저 나라들의 어느 시기에도 해당되는 동시성(Simultaneität 혹은 contemporaneity)을 가지므로, 그의 자유한 결정에 따라 도래하는 시간이다.

다니엘 3장에서의 이야기도 얼핏 보자면 묵시론적 종말론과 거리가 있는 것처럼 보인다. 즉 느부갓네살이 금으로 된 60척의 신상을 만들어 세우고, 자신의 신하들과 백성들, 모든 민족들로 하여금 그 신상 앞에 엎드려 경배하라고 선포하니, 그들이 다 그렇게 하는데, 다니엘과 그의 세 친구들은 불복한다. 느부갓네살이 분노하여 그들을 불화덕에 던져버린다. 그런데 그들은 천사의 도움으로 타죽지 않고 걸어 나오더라는 것이다(3:13~25). 그 광경을 본 느부갓네살은 놀라워하며, 그들의 '하나님이 복되시다' 라고 찬양하며, 어떤 민족도 국가도, 언어도 그들의 하나님에 역행하는 말을 해서는 안 된다는 칙령을 선포한다(4:1~3). 구약학자들에게 이 이야기는 묵시록의 유형에 속하지 않는 것으로 보인다. 그 이야기는 바빌론 시기에 한정된 역사적 사실이라고 생각될 수도 없고, 신화도 아니다. 그 이야기는 바빌론의 시기를 비롯한, 그 이후 헬레니즘 시기 전반에서의 반 유대교 상황에서 일어나는 유대인 박해를 암시하는, 즉 묵시론적 종말시기를 가리키는 이야기라고 생각된다. 천사의 도움으로 불타는 용광로에서부터 살아나온

2세 유대인들은 종말적 최후시간에서의 하나님의 궁극적 구원의 권능을 보는 묵시론적 비전으로서 박해받는 유대교인들을 격려하기 위한 선포가 아니겠는가. 그 사건은 하나님의 궁극적인 구원의 비전으로서 느부갓네살을 대표로 알렉산더의 그리스 왕국들에 대한 경고라고 생각된다.

4장에 느부갓네살의 또다른 무서운 꿈과 그의 괴상한 광증에 관한 이야기가 있다. 바빌론의 지혜 있다는 술객들이 그의 꿈 해석을 못하자, 다니엘이 하나님으로부터 주어지는 지혜에 의해서 해석해 낸다(4:1~9). 왕이 땅 한복판에 있는 큰 나무를 보는데, 그것이 하늘에 닿도록 온 땅의 끝자락에서도 보이니, 말하자면 '세계의 나무'(world tree, *RSV* 주)다. 그 잎이 아름답고, 과일이 풍성하여 모든 사람들이 먹고 살 양식이 되고, 짐승들이 그 그늘 아래서 쉬고, 새들이 둥지를 틀어 깃들어 산다. 그런데 하늘에서 천사가 내려와 외치기를, 그 나무를 찍어내고, 잎을 흩어버리고 과일을 따버리고, 짐승들과 새들을 쫓아버리고, 그 뿌리를 쇠줄과 동줄로 묶어서 땅에 놔두라는 것이다(4:10~15a). 그 나무의 운명은 바로 느부갓네살 혹은 그의 왕국의 멸망을 가리킨다. 역시 묵시록 형식으로 묘사된 비전이다. 저 4:15a에 이어지는 이야기는 느부갓네살이 짐승들과 똑같은 마음으로 짐승들과 더불어 풀에 젖으며 풀을 먹고사는 광증에 걸린다는 것이다. 구원사적인 시간 개념으로, 7년을 그렇게 살아야 한다(4:15a~16). 이 이야기는 실제적 역사와 관계되어 있으나, 어쨌든 느부갓네살의 종말을 재촉하는 이야기로 해석된다.

> *RSV* 주에 의하면, 느부갓네살이 그러한 희귀 질병에 걸리지 않았으며, 사해문서에 의하면 그의 아들 Nabonidus가 유사한 병증을 앓았던 것 같다는 것이다. 어쨌든 화려한 바빌론 왕국은 역사적

으로 멸망했다. 다니엘은 그 멸망을 묵시론적 종말시기의 비전으로 해석한다는 사실이다.(4:22~27)

마지막 종말에 이르기까지(to the end) 살아 있는 자들은 이들로 하여금 가장 높으신 하나님이 나라를 다스리신다는 것을 알게 함이다. 그분은 자신의 뜻에 따라 나라를 그가 부여하고자 하는 자에게 주시리니, 나라를 사람들 중에서 가장 낮은 자들 위에 세우신다(4:10~16, 17). 어떤 나라이든 하나님이 세우고 다스리신다는 것이다. 그러니 멸망할 악한 나라들과 모든 역사의 최후시간 너머의 영원한 구원의 왕국에 대한 묵시론적 비전은 이원론적인 초자연적 타세계가 아니라, 모든 불완전한 역사적 나라들의 변혁에 의한 새 나라 비전이다. 그런데 그 궁극적인 나라는 누구들에게 세워질 나라이냐? 하나님이 "사람들 중에서 가장 낮은 자들 위에 세우신다"는 것이다(4:17). 그것은 궁극적인 혁명의 나라가 아니냐!

5장에 바빌론의 마지막 왕 벨사살(Belshazzar)의 연회를 계기로 일어나는, 바빌론 망조의 비전 이야기가 있다. 느부갓네살이 예루살렘 성전에서 약탈해온 금은 그릇들로써 벨사살이 대신들과 처첩들과 더불어 술을 마시며 신들을 찬양하는 판에, 사람의 손가락들이 나타나 왕국 벽에 글씨를 쓴다. 왕이 명하여 현자들 술객들 점성가들에게 해석하라고 하나, 결국 못하니, 다니엘이 불려와 해석하기를, 지극히 높으신 하나님께서 느부갓네살에게 왕권과 영광과 존엄, 백성들과 민족들과 언어들을 주셨는데, 느부갓네살이 신하들을 높여주기도 하고 내리치기도 했다고, 그의 마음이 오만하고 강퍅하여 임의대로 행하니, 그가 왕좌에서 쫓겨나고, 짐승처럼 살게 했다고, 이제 벨사살이 하나님의 성전의 기물들을 함부로 오만하게 사용하고, 우상들을 찬양하고, 지극히 높으신 하나님께 영예를 돌리지 않는다고 질책한다(5:17~23). 그래서 하나님이 손가락을 보내시어 '메네, 메네(Mene), 테켈(Tekel), 그리고 파르신(Parsin)'이라고 쓰게 하셨으니, '메네 메네'는 하나님이 왕의 나라의 날들을 종말에 이르기까지 세어 끝장내겠다는 뜻이며, '테겔'은 왕을 저울에 재보니 모자란다는 것이고, '파르신'은 왕의 나라를 메데인들과 페르시아인들에게 나누어지게 한다는 뜻이라고 한다. 그러자 왕은 다니엘의 꿈 해석에 굴복하고 큰 포상을 내린다. 그러나 왕 벨사살은 그날 밤에 살해되고 만다(5:24~30). 5장의 이 기록은 바빌론이 메디아-페르시아에 의해서 이미 멸망한 역사에 바탕하여, 그 역사를 묵시론적 종말시간에 일어난 비전의 형식으로 엮어진 이야기다. 메디아가 바빌론 멸망에 일역을 담당하였으나, B.C. 539년 페르시아의 왕 고레스(Cyrus)가 바빌론을 정복한 것이다. 저 30절에 '메데인 다리우스'(Darius the Mede)가 바빌론 왕국을 이어받은 것으로 언급되어 있으나, 이 인물은 역사적 오류이며(*RSV* 주), 아마도 고레스를 가리키는 것 같다. 6:1~5에서 '메데인 다리우스' 왕이 다니엘을 그 나라를 통치하도록 세웠다는 것은 어쨌든 역사가 아니다. 아마도 '메데인 다리우스'가 다니엘을 그 나라의 통치자로 세웠다는 것은 결정적인 바빌론 정복자 고레스 왕에 관련된 바, 그러나 페르시아 왕국을 넘어서는 종말시기에 도래할 하나님의 영원한 왕국의 묵시론적 비전에 해당된다고 해석되어야 할 것이다.

6장에 다니엘이 사자 굴에 던져졌다가 살아나오는 이야기가 있다. 그가 그 나라(아마도 바빌론-메디아-페르시아인들의 나라)에서 모든 지방장관들을 관장하는 높은 자리에 세워지니, 그들이 다니엘을 질투하여 음모를 꾸민다. 즉 그들이 30일 동안 왕 이외의 다른 신에게 기도하는 자가 있다면 이는 사자들 우리에 던져진다는 법령을 왕으로부터 유도해내어, 이에 불복한 다니엘이 사자들 우리에 갇히게 된다. 그러나 천사의 구원으로 그는 무사히 살아나오니, 왕이 고발한 자들을 사자들 우리에 집어넣어 죽게 한다(6:6~24). 그리고 왕은 다니엘의 하나님 앞에서 그의 나라의 모든 사람들이 떨림과 두려움으로써 경외하라는 칙령을 내리고, 이렇게 고백한다. 즉,

> 실로 그분은 영원토록 살아계시는, 하나님이시니,
> 그의 왕국은 결코 무너지지 않을 것이며,
> 그의 주권은 모든 나라들의 종말을 넘어서 영원하리라.
> 그는 살리고 구원하시고, 표적들과 놀라운 일들을 행하시고……,
> 다니엘을 사자들의 세력에서부터 구출하셨다.
> — 하략 —

사자들 우리에서 살아난 다니엘 이야기도 저 인용문도 바빌론-메디아-페르시아 시기에 관계된 역사적 사건들이 아니다. 다니엘의 이 이야기도 불타는 용광로에서 살아난 그의 세 친구들의 이야기와 마찬가지로 헬레니즘 시기 혹은 B.C. 2세기의 셀루키드 왕조의 안티오쿠스 4세 시기의 유대교 박해 상황의 묵시론적 비전의 이야기라고 해석되어야 한다. 앞에서 인용한바 느부갓네살에 의한 이스라엘의 하나님의 영원한 왕국 선포(2:44)와 위에 제시한 페르시아 왕의 저 고백(6:26~28)은 바로 세계 왕국들에 대한 하나님의 최후 심판을 넘어서는 궁극적인 묵시론적 주제, 그의 의로운 영원한 나라를 가리킨다. 다니엘의 느부갓네살의 꿈 해석과 사자들 우리에서 생존한 다니엘 이야기가 그 주제에 직결되어 있다는 사실이 그 이야기들의 묵시론적 성격을 드러내 준다. 결론적으로 말해서, 1~6장은 다니엘이 묵시론적으로 주변의 세계 왕국들을 해석하고 그 왕들로 하여금 하나님의 영원한 나라의 묵시론적 주제를 시인하게 한다. 그럼으로써 다니엘은 그 나라

의 세계사적 보편성의 비전을 제시한 것이다. 다니엘 묵시록 1~6장의 저자는 B.C. 2세기의 셀루키드 왕조의 시기에 산 사람이지만, 유다의 멸망과 종말을 기점으로 바빌로니아―메디아와 페르시아 왕국들의 종말을 묵시록·종말론적으로 해석하는 저자이다. 즉 이스라엘의 종말이 다른 나라들의 종말들을 해석하는 패러다임으로 다니엘 저자에게서 작용한 것이다.

(2) 다니엘 자신의 묵시, 궁극적 구원의 하나님의 나라(7~12장)

1~6장에서 세계사적 상황들과 묵시론적 종말에 관한 비전들의 다니엘의 회고적 해석을 세계사적 맥락으로 전제하고, 7장에서 최후 심판의 법정이 열린다. 7~12장은 다니엘 자신의 직접적인 역사적 맥락에서의 역사해석과 묵시록 비전들을 제시한다. 그의 묵시록의 비전은 바빌론의 마지막 통치자 벨사살(Belshazzar, B.C. 554년)의 첫해에서 출발하니, 6장에서 바빌론의 정복자 메디아―페르시아 왕국의 통치시기에서 그 이전 시기에로 되돌아간 것이다. 역사적 진행이 좀 어색하지만, 이스라엘의 종말을 전제하고서 바빌론 왕국의 종말 상황이 결정적인 세계종말시기의 거점으로 작용한 것 같다. 그 때문에 다니엘 묵시론적 꿈의 비전은 2장에서의 느부갓네살의 그것과 유사하다. 즉 꿈에 네 큰 짐승들이 바다에서부터 대두하는데, 첫째 것은 사자 같은 몸과 독수리 날개를 가진 짐승으로 바빌론 왕에 해당하고, 둘째 것은 곰 같은, 이빨에 갈비들을 물고 있는 짐승으로 메데인 왕, 셋째 것은 네 날개들을 가진 표범 같은 짐승으로 페르시아 왕, 넷째 것은 용과 같은 그리스인들, 알렉산더를 계승한 10개의 뿔들인데, 그중에서 한 '작은 뿔'(little horn)은 셀루키드의 안티오쿠스 4세를 가리킨다(7:1~8). 그런데 다니엘이 바라보니,

보좌들이 놓여 있고,
태곳적부터 계신 분이(one that was of ancient days)
그 위에 앉아 계시다.
그의 옷은 눈같이 희고, 그의 머리털은 양털 같고,
그의 보좌는 타오르는 불길이고,
그 바퀴들은 타오르는 불길이다.
그의 현전에서부터 불길이 흘러나온다.
그 앞에 천만 신하들이 그분에게 시중들고,
억조창생들이 그 앞에 서 있는 심판의 법정이 열리니,
역사기록의 책들이 펼쳐진다.
…… 그 뿔이(Antiochus IV가) 큰 소리로 외쳐대는데,
내가 (다니엘이) 바라보니, 그 짐승은 살해되고,
…… 다른 짐승들의 권세는 빼앗겼으나,
그들의 목숨은 한동안 부지된다.(7:9~12)

다니엘이 꿈의 비전들을 보는데,
하늘의 구름을 타고 온 인자(人子, a son of man)와 같은 이가
태곳적부터 계신 분(the Ancient of Days) 앞으로 나아가니,
그에게(인자에게) 주권과 영광과 나라가 주어진다.
모든 민족들과 나라들과 언어들이 그를 섬겨야 하리라.
그의 주권은 영원하며 소멸하지 않을 것이며,
그의 나라는 붕괴되지 않으리라.(7:13~14)

가장 높으신 자의 성도들이 그 왕국을 영원토록 받으리라.(7:18)

다니엘이 위와 같은 비전을 보고 매우 두려워 그 비전을 본 현장에 있던 자들(아마도 천사들) 중의 한 분에게 물으니, 다니엘에게 그 진리를 알려준다. 그 비전은 모든 역사의 궁극적인 마지막 이들의 신적 계시(묵시)이기 때문에 다니엘의 인식과 해석을 넘어서는 것이다. 그 때문에 천사의 해석과 신적인 지혜에 의해서 역사적 인간이 알게 된다는 것이 묵시록의 특징이다(7:15~16 참조). 천사의 해석은 이러하다. 저 네 커다란 짐승들은 네 나라들의, 땅으로부터 대두할 네 왕들이며, 이들에게서부터 왕권이 박탈될 것이라는 종말시기의 대표적 왕들이다. 그 네 왕들은 역사에서의 왕권의 근원이신 창조자·구원자 한 분 하나님을 시인하지 않으므로 혼돈의 바다에서부터(창세기 1:2, 공허하고 질서 없는 암흑의 땅과 바다에서부터) 대두한 원시 짐승들과 같은 이들이다. 그들을 대치하여 '가장 높으신 분의 성도들이 이 왕국을 받으리니, 이 왕국은 영원토록 존속하리라' 는 것이다(7:17~18). 다니엘은 특히 네 번째의, 다른 짐승들과는 달리 뿔이 열 개 달린 아주 무서운 짐승, 쇠 이빨과 놋쇠 발톱으로 삼켜버리고, 산산조각내고, 남은 것을 짓밟아 버리는 짐승(알렉산더)과, 10개의 뿔 달린(알렉산더에 의해서 세워진 열 그리스 왕들) 짐승 중에서 엄청나게 큰소리치는 한 뿔(한 '작은 뿔' 이지만 자신을 '신현현' (Epiphanes)이라고 신격화한 안티오쿠스 IV)의 정체를 알고자 하는데, 이는 태곳적부터 계신 분이 최후시간의 법정에 이르시기까지 유대교의 의로운 성도들을 박해한 자이다(7:19~22). 그의 통치권이 하늘법정에서 박탈될 것이며, 종말에 파괴되리라. 하늘 아래 왕국들의 위대함이 가장 높으신 분의 성도들에게 주어지리니, 이들의 왕국은 영속할 것이며, 모든 통치권들이 이들을 섬기리라는 것이다(7:26~27). 7장은 다니엘 묵시록의 절정이다.

이제 차근차근 해석해 보자. 다니엘 7장에서의 최후 심판의 법정의 중심, 하늘 '보좌실들' (thrones)은 1 에녹의 '하늘 보좌실' 과 마찬가지로, 학자들이 해석하듯이 초자연적 타세계가 아니라, 세계의 시간·역사와의 관계에서의 창조자·구원자 하나님의 직접적인 임재의 하늘 공간이다. 임재하시는 최후의 심판자 하나님의 모습은 불길에 둘러싸여 불가시적이다. 인간은, 특히 죄 된 인간은 초월자 하나님의 얼굴을 볼 수 없다는 것이 구약 전통을 관통한다. 그럼에도 불구하고 그는 '태곳적부터 계신 분'(the Ancient of days)이니, 모든 시간·역사의 근원이시고 주재자이다. 최후 심판은 모든 시간·역사의 최종점에 해당되므로, 타세계적 혹은 신화적 개념이 아니다. 그의 임재의 면전에 늘어선 천만 만만의 신하들은 예언자들이나 시편들에 자주 쓰이는 '만군의 야웨'는 '하늘군대'(heavenly hosts)를 거느리시는 분이니, 무궁무진한 천체들이 다 그의 군대로서 혹은 천사들로서 사역할 수 있다. 그는 무궁무진한 창조와 역사의 경륜에 따라 천체들은 그분이 실재하신다는 것을 전제한다면, 만군의 천사들로 또 신하들로 표상될 수 있다. 그런데 하늘 보좌에 계신 분이 그의 '주재권'(dominion)을 하늘의 구름 타고 온 '인자'(人子)에게 부여하니, 이것은 하나님의 나라의 영원한 주재권이며, 모든 민족들이 그의 왕국을 섬겨야 할 것이다(7:13~14). 그렇다면 인자는 메시아 왕의 형상이다. 1 에녹의 '비유들'(similitude)의 맥락에서 '인자' 형상도 '기름 부음을 받은' 메시아 형상이며, 다니엘 7장에서의 '인자' 개념과 동일한 것으로, 역사적 다윗 왕국에 결부된 구원사적 주제로서의 하나님의 왕권을 반영하는 묵시론적 개념으로 해석되어야 한다. 그런데 많은 학자들이 '인자' 개념을 유대인들을 가리키는 '암호'(Cipher)로서 해석하는가 하면, 이 해석을 부적합하다고 하여 다른 학자들은 하늘의 천사들, 특히 천사장 '미가엘'(Michael), 이스라엘의 구원자로서의 '미가엘'을 가리킨다고 해석한다. 미가엘은 가나안 땅의 최고의 신 바알(Baal)을 대체하는, 그러나 여전히 신화적 초자연적 하늘의 형상이라고 해석되고 있다. 이러한 해석들은 '인자' 개념이 지니고 있는 인간 형상의 역사적 의미를 상실해 버린다. 천사가 피조물 세계에서의 창조자·구원자 하나님의 궁극적인 의로운 나라의 통치권을 부여받는다는 것은 그야말로 엉뚱한 신화적 해석이며, 이스라엘의 구원사 전통에 전적으로 배치된다. 판관기 전통과 왕국시대의 구원사적 주제가 바로 하나님의 의로운 주재권을 어떻게 땅 위에 세우고 세계에 증언하고 중재해야 하느냐 하는 문제다. 왕국시대는 결국 그러한 주재권의 사명을 배반함으로써 종말을 맞았다. 그의 나라의 주재권은 태초의 창조 때부터 창조자 자체의 '형상'(imago Dei)으로 창조된 인간(창세기 1:26~28)의 원형, 창조자 하나님의 자체 내적인 인간성을 지닌 인자에게 주어진 사명이며, 이제 그 본래의 인간이 최후시간에서의 심판의 법정에 나타난 '인자'의 형상이라고 해석될 수밖에 없는 것 같다.

위에서 고찰한 다니엘 7장이 바빌론의 마지막 왕 벨사살의 통치 첫 해에 해당하는 묵시록인데, 이제 8장에서의 다니엘의 묵시록이 그의 통치 3년 째의 해(B.C. 551년)에 보여진 비전이라는 것이다(8:1~2). 아마도 이 시기는 실제로는 그를 정복한 메디아-페르시아의 시기 혹은 페르시아의 초기를 가리키는 것 같다(*RSV* 주 참조). 그런데 8장의 묵시록은 B.C. 4세기 알렉산더의 페르시아 정복과 그 이후의 알렉산더가 세운 네 그리스 왕국들에 관계된 비전이다. 특히 그 왕국들 중에서 시리아의 셀루키드, B.C. 2세기의 왕국의 안티오쿠스 4세의 난폭한 유대교 박해와 예루살렘 성전 모독 그리고 그의 파멸의 종말적 예언이 다니엘의 묵시록의 초점이다. 대다수의 학자들이 추정하듯이 다니엘은 그 시기에 속하는 익명의 저자다. 그러나 다니엘은 B.C. 6세기 후반의 이스라엘의 바빌론 포로기의 유대인으로서, B.C. 4세기 → 2세기의 안티오쿠스 시기를 예언하고 있다. 다니엘 묵시록의 이러한 구조는 무엇을 의미하는가? 우리가 이미 지적했듯이 그는 그의 묵시론적 종말론의 기점은 유다 왕국의 멸망 시기라는 것을 암시한다. 그의 종말론은 페르시아 시기의 바빌론 포로들의 예루살렘 귀환–예루살렘과 성전 재건의 시기에서 출발하지 않는다. 페르시아 왕국의 시기로 알렉산더와 그의 그리스 왕국들의 시기들도 다 세계 역사의 최후시간의 심판에로 치닫고 있기 때문이다. 이와 같은 세계 역사의 최후시간이라는 다니엘의 종말론의 거점이 바로 유다 왕국의 멸망의 시점이기 때문에 다니엘서의 저자는 바빌론 포로들의 한 사람으로 설정된 것이라고 해석된다. 즉 모든 역사의 최후시간이라는 개념은 세계역사 일반에서부터 도출되지 않는다는 뜻이며, 하나님과의 관계질서를 담지하는 이스라엘의 구원사의 토대에 직결되는 개념이다.

8장에서의 다니엘의 묵시록 비전은 이러하다. 그가 두 뿔 달린 수양을 보는데, 이것은 메디아–페르시아를 정복한 알렉산더(Alexander) 대제다. 그의 강력한 뿔이 갑자기 부러지니, 그에게서 네 뿔들, 그가 세운 네 그리스 왕국들이 대두한다(8:3~8). 그 네 뿔들 중에서 한 '작은 뿔'(a little horn)이 매우 크게 되더니, 동쪽으로 페르시아를 치고 남쪽으로 애굽의 프톨레미(Ptolemy, 그리스 왕국)와 전쟁을 일으키고 옥신각신한다. 또 팔레스타인을 정복하고 유대인들을 박해하고, 자신을 '신현현'(Epiphany)이라고 오만을 떨치고 하늘의 성좌들도 떨어뜨리고 짓밟고자 하고, 모든 왕들을 주재하시는 왕이신 하나님에 적대하여 그의 성전의 제단을 뒤집어 엎어버리고 짓밟아 버린다(8:9~14, 25). 다니엘이 그 광경을 목도하나, 그 광경이 모든 역사의 종말에 일어날 일이라는 것을 깨닫지 못하니, 천사가 나타나 그에게 일러주기를, "인자야 그 비전은 마지막 시간을 가리키는 비전이다"(8:17)고 한다.

여기서 '인자'라는 다니엘 자신의 호칭은 땅 위에서 사는 사람을 가리키며, 7:13에서의 '하늘에서의 인자'는 모든 인간성의 창조의 원천이다. 다니엘의 비전이 천사의 해석을 필요로 하는 것은 세계 역사의 종말에 일어날 일들을 어느 역사도, 어느 인간도 인식할 수 있는 것이 아니라, 창조자·구원자 하나님의 계시(Offenbarung)에 의해서만 깨달을 수 있다는 것을 말한다. 날뛰는 안티오쿠스 4세는 반드시 멸망하리라는 예언이 8장에서의 다니엘 묵시록의 결론이다(8:25). 그런데 그가 본 비전은 '많은 날들 후에' 일어날 것이니, '봉인해 두라'(seal up, 8:26)는 것이다. 그 비전의 역사화의 시각은 오직 모든 시간·역사를 주재하시는 하나님의 결정과 계시에 달려 있다는 뜻이다.

9장에서 다니엘은 이스라엘 역사에서의 조상들의 죄를 회고하고 참회하고, 하나님의 자비와 구원을 간구한다. 그와 같이 이스라엘의 구원사가 묵시록들에서의 세계 최후의 날들에 일어날 일들의 기반으로 작용하며, 이것은 B.C. 8세기 이래의 예언자적 종말론과 공통적이다.

이제 10~12장에 다니엘 묵시록의 마지막 비전들이 연속적으로 제시되어 있는데, 바빌론을 정복한 페르시아의 왕 고레스(Cyrus)의 통치 셋째 해 B.C. 535년의 시기다(10:1). 이 시기에서부터 다니엘은 그 이후의 알렉산더의 대두와 페르시아 정복과 그리스의 네 왕국들, 특히 북쪽 시리아의 셀루키드와 남쪽 애굽의 프톨레미 왕조 사이에서의 갈등과 불의한 타협과 전쟁들의 역사를 세계의 종말시기에 일어날 예언의 비전들로서 엮어내는데, 비전이라기보다는 역사 서술처럼 보이니, 묵시의 내용이 예언자들에게서처럼 역사 영상인 것이다. 간략하게 중심적으로 북쪽의 셀루키드의 안티오쿠스 4세를 위시하여 고찰하고자 한다.

안티오쿠스는 위법적으로 왕권을 거머쥐게 된 것 같다(11:21). 그는 B.C. 169년 애굽을 침략하여 프톨레미 4세를 사로잡는다. 그러나 자신의 나라에서 문제들이 일어나 애굽을 철수할 수밖에 없는데, 도중에 예루살렘을 봉쇄하고, 유대인들을 잔혹하게 박해하고 성전의 보물들을 노략질한다(11:25~28, *RSV* 주). 그는 두 번째로 애굽 침략을 시도할 것인데, 로마에서부터 출정한 함선들에 의해서 저지될 것이다. 그는 퇴각할 수밖에 없을 것이나 다시 B.C. 167년 예루살렘을 공격하고, 성전을 모독하여 제단에 드리는 번제를 치워버리고, 혐오스러운 그리스 신의 제단으로 성전 질서를 뒤집어엎을 것이라는 다니엘의 예언이다(11:29~31). 그는 또 유대인들을 꼬여 이스라엘의 계약법 전통을 파기하게 할 것이나, 신실하고 지혜있는 자들은 칼과 불에 타 순교할지라도 굳건히 버티리라는 것이다(11:32~33). 학자들의 추정에 의하면 다니엘과 그의 세 친구들은 의롭고 지혜있는 순교의 정신을 대표한다는 것이며, 다니엘은 순교정신을 가진 그들 중의 한 사람이라는 것이다(11:34~35). 안티오쿠스 4세는 그리스 신들, 제우스(Zeus) 신을 내세워 주변의 백성들로 하여금 자신을 신격화하고, 주변의 백성들로 하여금 자신에게 아부하게 하고 관직을 팔아먹는다(11:36~39). '그 종말 시기에' 다니엘은 그가 애굽과 남쪽의 에티오피아인들 리비아인들을 쳐, 그들의 금은보화들을 지배하고자 하나, 결국 끝장나 버리리라는 역사 과정의 비전을 본다(11:40~45). 그런데 안티오쿠스의 이 욕망은 이루어지지 않는다.

그때에 이스라엘 백성의 수호자 미가엘 천사가 다니엘에게 일러주기를, 어느 민족도 겪어보지 못한 환란의 시간이 닥치리라고, 그러나 이스라엘 백성이 구원 받으리라고 하며, 마지막 날에 땅의 먼지 속에 묻혀 있는 자들이 깨어 일어날 것이며, 그중에 어떤 자들은 영속적인 삶에로 또 어떤 자들은 영속적인 수치와 멸시 받음에로 부활할 것이라고 한다. 지혜 있는 자들은 창공처럼 빛날 것이며, 많은 사람들을 의로움에로 이끈 자들은 별들처럼 영원토록 빛나리라(12:1~3). 다니엘이 천사에게 묻기를, '이러한 놀라운 일들이 종말시간까지 얼마나 시간이 걸리겠습니까?' 하니 '한 때, 두 때 그리고 반 때'(a time, two times and half a time= 3년 반)(7:25~28에 대한 *RSV*의 주) 라고 대답하는데, 이스라엘 백성의 깨부수는 자(안티오쿠스 4세)가 끝나면, 그 모든 일들이 이루어지리라고 산정한다(12:6, 7). 그런데 또 이렇게 산정하는데, 1,290일, 혹은 1,335일이라고도 한다.

이 맥락은 종말시기의 특정한 어느 시점, 즉 안티오쿠스 4세의 죽음의 시점이 문제의 초점이기 때문에 그 날짜의 산정이 오락가락할 수밖에 없다. 다니엘 묵시록에서의 세계사적 종말 시기는 이스라엘의 북이스라엘과 남유다의 멸망을 기점으로 하고, 근동의 주변 역사와 B.C. 4세기 이래의 헬레니즘 시기에 해당한다. 그러나 종말시기에 특정한 악역을 연출한 인물, 안티오쿠스 같은 인물 혹은 인물들을 위시하여 특정한 '시간'(עת-'ēt)으로서 종말시간이 다니엘 12장에서처럼 구체적으로 시간을 의미한다. 이 특정한 종말시점은 바빌론–메디아·페르시아–알렉산더에게서 비롯된 그리스 네 왕국들을 포괄하는 헬레니즘 시기를 다 함축하고 있다고 해석되어야 한다.[19] 다니엘 1~6장과 10~12장에서의 묵시론적 비전들이 다 통합적으로 그 왕국들의 시기에 해당하는 역사·종말론 범위를 구성하기 때문에, 우리는 1~6장과 7~12장을 통합적으로 고려하고 해석한 것이다. 그 왕국들의 멸망시기가 인간적 역사지평에서 각각의 시기들에서 발생했다고

---

19) Ernst Jenni와 Claus Westermann의 *Theologisches Handwörterbuch zum Alten Testament*, Band II, 1976, Chr Kaiser Verlag München, 383 참조. 위 책에서 'ēt עת는 예언자들에게서 자주 대두하는 '야웨의 날' (Tage Jahweh)이 특정한 날로서 종말론적 시점을 의미하기도 하다는 것이며, LXX 그리스어 번역 성서에서 가장 자주 'ēt는 καιρός(kairos)로 번역되어 있으며, 후에 상론할 것이지만, 신약에서 특징적으로 모든 시간·역사의 구원사적 종말시간에서의 성취를 의미한다.

해도, 각각의 멸망시기가 모두 하나님의 최후 심판의 시간에 해당한다.

다니엘 묵시록의 내용들이 다 역사비전들이며, 따라서 역사의 영상들의 특징을 가지며 신화적으로 혹은 역사 대 타세계의 이원론적으로 해석될 여지가 없다. 무엇보다도 먼저 고려해야 할 점은 일관되게 부각되는 바 하나님의 영속적인 나라는 모든 역사의 죄악에 대한 그의 최후 심판에 이어지는 구원의 성취로서 이스라엘의 구원사와 예언 전통의 궁극적 주제라는 점이다. 그 나라가 이스라엘의 구원사의 궁극적 주제로서 세계사를 부정적 심판과 긍정적 구원의 비추어 보게 하는 척도이므로, 그 나라가 '초자연적' '타세계' 이승과 저승의 이원론으로 해석될 여지가 없다. 그렇게 이원론적으로 해석된다면, 모든 역사와 나라들에 대한 그 나라의 최종 혁명의 동력이 신화적 타세계에로 상실되어 버린다. 다니엘 12:2에서 언급된 바, 땅 속에 묻힌 죽은 자들의 부활도 역사적 부활(historical resurrection)로 해석되어야 할 것이다. '어떤 사람들은 영원한 삶에로' 또 '어떤 사람들은 수치와 영원한 경멸에로' 부활할 것이라는 것은 그 양편이 다 땅 먼지 속에 잠들어 있다가 최후의 시간·역사의 공간에로 깨어 일어나 최후 심판에서 판가름나고 그 양편이 구별된다. 여기서 두 세계들이 이원론적으로 성립하지 못한다. 왜냐하면 '영원한 경멸'이란 신적인 영원한 부정에 해당되므로 영원한 니힐(Nihil)에로 환원되어 버리라는 것을 의미한다. 여기서 우리는 역사적 부활(historical resurrection)이라는, 신학전통에 없는 새로운 개념을 생각하지 않을 수 없다.[20)]

---

20) 우리 남한의 민주화 운동권에 참여한 신학자들이 '민중의 부활'이라는 말을 자주 사용했는데, 신학적으로 전혀 해명되지 않았으나, 어쨌든 '역사적 부활'이라는 의미에서 해석할 필요가 있다. 사실 역사학 일반의 탐구와 기록이 '역사적 부활'이라는 의미를 함축하고 있되, 대체로 사학자들은 그러한 의미를 해명하지 않는다. 역사박물관의 소장품들, 사적지 보존, '역사공정', 역사 도둑질과 왜곡까지 포함한 그 모든 학문적 현상들이 다 그래서 무엇 하나 하는 시간·역

역사적 부활은 모든 시간·역사와 공간의 근원, 주재자 하나님에 의해서 가능하다. 그의 궁극적 미래시간으로부터 현재시간을 성립하게 하는 시간이 역사에 도달함으로써 모든 과거의 인물들과 행적들이 현재에로 부활한다. 천체와 지구가 규칙적으로 회전하면서, 우리는 시간이 저절로 주어지는 것처럼 생각한다. 천체의 회전은 시간·역사의 최후시간을 말해 주지 않는다. '나는 처음이고 나중이다'(I am the first and I am the last, 이사야 48:12) 고 말씀하는 창조자·구원자 하나님이 모든 시간·역사의 태초와 최후시간의 주재자이시다. 이러한 예언자적 시간·역사 개념에 묵시론적 최후시간의 심판 개념이 뿌리박고 있다. 이 시간 밖에로의, 저승에로의 이원론적 부활은 있을 수 없다. 다니엘은 창조자·구원자 하나님의 그러한 시간·공간성 안에서 최후의 심판의 비전과 땅속에 잠들어 있는 자들의 부활의 비전을 본다. 다니엘 12:2에서의 '땅에 묻혀 잠들어 있는 자' 들의 죽음은 하나님의 최후 심판 아래서의 그의 부정과 영원한 죽음과 다르다. 전자는 일반적으로 생각되는 인생의 유한성(finitude)의 죽음, 역사적 현재에로 되살아나올 수 있는 상대적 죽음이며, 후자는 최후 심판의 절대적 부정으로서의 죽음에 해당된다. 이 후자의 죽음은 오직 하나님의 결정권에 속한다. 다니

사의 의미에 대해서는 다 제멋대로다. 그 현상들은 상대적/절대적 가치 판단들이 필요한데, 제멋대로다. 우리가 여기서 그 현상들을 추적해 낼 수는 없으나, 다만 구약성서의 구원사적 전통에 비추어 중점적으로 지적하자면, 창조자·구원자 하나님의 시간이 궁극적인 미래로부터 인간 역사에 도래함으로써 이 역사의 현재시간을 계속 있게 하여 과거에로 사라져버린 인물들과 유산들을 되살아나게 하는 원천이다. 이들이 다 묵시론적 세계사의 최후 심판 아래 세워진다는 것이다. 제멋대로 평가되고 조작되는 역사적 행적들이 최후 심판에서 가려내지지 않는다면, 역사의 진위와 진리와 의미는 결국 혼돈과 망각 속에 묻혀버릴 것이다. 억압 받고 착취당하고 죽어간 민중들의 역사적 현재에로의 되살아 나옴은, 묵시론적 최후 심판의 빛에서 볼 때, 모든 불의한 역사의 변혁을 위한 동력으로 작용한다. 그러나 그러한 변혁의 동력도 시간이 경과되면 잊혀진다. 또 우리의 민중의 부활이 궁극적으로 세계사적 변혁의 동력이 되기는 어렵다. 세계사적 변혁의 한 계기로서의 의미를 가질 수 있다면, 그것은 바로 세계 역사를 주관하는 전능하시고 의로우신 하나님에 의해서이리라.

엘은 그러한 최후 심판에 의한 절대 무와 죽음을 넘어서는, 하늘의 창공처럼 빛나는 하나님의 나라와 거룩한 백성의 구원의 비전을 본다. 여기에 이원론의 자리는 없고 그의 의와 나라의 궁극적 성취의 비전이 있을 뿐이다. 그러나 그의 비전의 역사적 실현은 그의 비전의 한계를 넘어선다. 그것은 오직 하나님의 경륜과 권능에 속한다. 그러한 한계에도 불구하고 다니엘 묵시록은 이스라엘의 구원사의 궁극적 최후시간의 주제를 세계사에 매개함으로써, 하나님의 나라의 도래에 상응하는 세계 혁명의 필연성과 목표를 증언한 것이다.

부록: 묵시론에 대한 폰 라트의 문제제기

다니엘 묵시록(Apokalypse)을 비롯한 묵시론(Apokalyptik) 일반에 대한 폰 라트(Gerhard von Rad)의 비판적 문제제기들이 대단히 문제적이다. 그의 대작 *Theologie des Alten Testaments,* Band II는 예언자들에 관한 훌륭한 연구라고 생각된다. 그런데 II권 마지막 부분, "Daniel und die Apokalyptik"(316 이하)에서 제기된 바, 묵시록들에 대한 그의 매우 부정적인 해석 문제들이 우리의 다니엘 묵시론에 대한 논의의 맥락들에서 고려되기 어려웠기 때문에, 간략하게 중점적으로 고찰될 필요가 있다고 생각된다.

다니엘, 1 에녹, 4 에즈라(그리스어 LXX 번역에 Esdras) 등의 묵시록들 혹은 묵시론적(apocalyptic) 종말론이, 폰 라트에 의하면, 예언자적 전통의 종말론, 말하자면 구원사와 불가분적인 역사적 종말론과 거의, 전혀 합일화될 수 없다는 것이다. 우리의 지금까지의 해석과 정반대되는 주장이다.

(1) 먼저 폰 라트의 문제제기들을 중점적으로 제시하자면, 예언자들의

종말적 미래 대망은 언제나 역사에 '가까이 다가오는'(Nahe-Erwartung) 데 반하여 묵시론의 종말대망은 '먼 미래 대망'(Fernerwartung)이니, 구약에 '아주 생소한 현상'(eigentlich fremdes phänomen)이라는 것, 묵시론적 '전제들'과 '개념들'이 구약의 범위를 넘어서는 세계보편사적 역사 개념을 나타낸다는 것이다(316). 묵시록들의 기원은 지금까지 정확하게 규명되어 있지는 않으나, 예언 전통에서 이해될 수 없는 바, '종말적인 일들'(die Eschata, 말하자면 신적 심판과 구원)이 태초로부터 확정된 것이니(→결정론, Determinismus), 역사적 현재에서 인간들의 자유한 결단과 행위를 촉구하는 예언자적 역사 개념과 전혀 다르다는 것이다(*TAT* II, 320, 321, 322, 323 등).

(2) 묵시론은 어떤 '지혜전승들'에 결부되어 있는데, 어떤 '현자들의 신격화'(Apotheose der Weisheitslehrer) 혹은 지혜 선생들을 전제하고 있는 것 같다는 것이다(다니엘 12:8). '지혜'(Weisheit, Wisdom)는, 일상생활과 결부된 바 이스라엘에게서의 지혜 개념과 달리, 다니엘과 1 에녹에서는 천문질서들에 관한 우주론적 지식들과 사변들이 작용한다는 것이다(318, 319).

(3) 폰 라트의 가장 특징적인 묵시론 비판은, 묵시론이 세계사를 태초로부터 종말시기까지 시대구분하는(Periodisierung) 도식들(Schemata)로 엮는 것은 '역사 결정론'(Geschichtsdeterminismus)이라는 것이다. 세계사의 최후시간에 일어날 일들, 즉 신적 심판과 구원이 태초로부터 결정되어 있다면, 역사적 현재에서 야웨 하나님의 의를 행하라는 예언자들의 경우 인간의 현재적인 자유한 결단이 필요한데, 그러한 자유가 성립할 수 없으며, 이미 태초로부터 결정된 대로 모든 것이 종말시간에 연출될 것이니, 역사의 죄책에 대한 신적 심판이란 성립될 수 없는 역사결정론이 아니냐는 것이다(322,

323 등). 또한 1 에녹에서의 '10주간 묵시'(Zehnwochen Apokalypse, 93; 91:12~17) 등의 도식들은 우주론 혹은 천문학 자료들의 지식을 포괄하고 있는데, 어떻게 그 자료들이 B.C. 2세기의 안티오쿠스 4세의 유대교 박해에 귀결되는지 이해될 수 없다는 것이다. 또 다니엘의 경우 사자 바빌론 왕–곰 메디아인들과 표범 페르시아 왕–네 개의 머리 가진 짐승, 그리스의 왕들, 이들이 어떻게 안티오쿠스 4세에 집중되는바, 하늘법정에서의 최후시간에(다니엘 7장) '태곳적부터 계신 분'(the Ancient of Days)에 의한 심판의 법정에로 도식화되어 이해될 수 있는가 하는 문제다(325 등). 어쨌든 그는 그러한 세계사 개념과 우주론적 지혜가 구약의 예언자적 종말론과 상관없다고 생각하는 경향이다.

(1)에서의 폰 라트의 종말시간 개념의 문제점: 그의 종말시간 개념은 예언자적 종말시간 개념에 부합하지 않는다는 사실이 묵시론의 종말론에 대한 비판에서 확연해진 것이다. 그에게서 종말시간은 세계사가 다 끝나는 시점이라고 가정되어 있다는 것이 분명하다. 아마도 다른 구약학자들도 그렇게 가정하는 것 같다. 우리가 이미 논했듯이 모빙켈(S. Mowinckel)은 예언자들의 종말적 미래 대망은 사실 종말시간을 가리키지 않는다고, 세계사의 종말을 가리키는 묵시론이 진짜 종말론이라고 주장한다(*HTC*). 예언자들, 묵시론자들, 우리는 모두 세계역사의 그러한 종말을 말할 수 없다. 이스라엘의 구원사이든 세계역사이든 역사의 종말시간은 예언자들과 묵시론자들의 역사신앙에 근거한 개념이다. 우선 이 신앙은 창조자·구원자 하나님이 세계의 모든 시간·역사의 근원이고 주재자이라는 신앙이다. 역사의 시간 존속이 그의 자유와 은혜에 달려 있다는 신앙이다. 그가 그 자신 안에서 가지는 관계성의 존재 양식이 시간의 원천이라고 이미 논했다.

그 자신의 '시간 안에서'(in tempore)의 태초의 창조가 바로 모든 피조물의 존속시간의 원천이다. 이 존속은 시간이 그의 미래시간으로부터 현재에로 도래하기 때문에 가능하다. 그의 미래시간의 극점이 종말시간(end time)이다. 하나님은 '처음과 나중이시다'는 피조물 세계의 모든 시간이 그의 것이라는 뜻이다. 그 종말시간은 역사와 세계의 어느 시점에도 닥쳐올 수 있다는 것이 예언자들과 묵시론자들의 예언의 대전제이다. 전자들은 역사적 현재의 불의와 죄악의 변혁이 시급한 상황에서 가까이 다가오는 미래 대망을 외친다. 이 도래하는 미래시간이 바로 하나님의 심판과 구원의 미래시간이다. 이 시간은 때로는 박두해 오는 시간으로, 때로는 좀 먼 미래시간 혹은 최후의 종말시간으로 선포된다. 이들에게는 구원사의 현재적 실역사의 주체가 주변의 세계사의 불의한 전쟁들과 죄악의 소용돌이에서, 즉 헬레니즘 시기의 그리스 왕국들, 특히 셀루키드의 안티오쿠스 4세와 같은 상황에서, 피억압 유대교 박해 상황에서 유대교가 존립할 수 없는 세계 상황에 처하여, 묵시론자들은 우주 변괴를 수반하는 모든 역사의 최후시간에 일어날 하나님의 심판과 구원(종말적인 사건들, Eschata)을 비전으로 본 것이다. 그 최후시간의 도래는 바빌론 왕국, 메디아–페르시아 왕국, 그리스 왕국들의 경우들이 세계사의 편에서 보자면 모두 다른 시간들에 해당한다. 그러나 모두 하나님의 종말적 심판의 시간에 직면한다. 안티오쿠스 4세의 종말시간의 경우는 특수하게 특정화된 시간을 의미한다. 1 에녹의 본문 자체가 우리에게 없기 때문에, 이 문서에 관해서 우리는 구체적으로 해석할 수가 없었다. 어쨌든 1 에녹은 메소포타미아의 수메르→바빌로니아계의 문명권에서의 우주론과 지식의 요인들을 많이 반영했다고 추정된다. 이에 대하여 후론할 기회가 있을 것이다. 그러나 다니엘의 경우에는 그 최후시간이 가까이 다가오는 시간으로서 특정화되기도 하고, 전체적으로 본다면

'먼 미래 대망'으로 보인다. 그러나 '먼 미래 대망'의 세계 보편사적 시야가 예언자 전통과 다르다고 생각하는 폰 라트의 시간과 구원사 개념이 문제적이다. 창조자·구원자 하나님의 미래시간은 그의 자유한 영원한 시간이므로, 붕괴된 나라와 백성을 영영 끝내버릴 수도 또한 붕괴된 영원한 잿더미에서부터 새 나라와 백성을 일으킬 수도 있다. 그의 영원한 미래시간은 태초로부터의 모든 시간을 자체 안에 동시적으로 통일해 가지므로, 역사의 어느 시기에도 역사와 접하는 시간성이다. 1 에녹은 원시에로 우주에로 여행을 하고 모든 역사의 비전을 본다. 그러한 종말시간의 주재자는 모든 세계역사의 끝을 결정하는 분이다. 세계역사의 존속의 어느 시점에서도 그의 종말적 최후 심판을 집행될 수 있으며, 역사의 대변혁의 동력으로 작용하는 시간을 가진다. 막연히 가정하는 모든 역사의 종말시간이란 역사변혁의 동력이 되지 못하는 게으른 부질없는 가상이다. 묵시론적 종말론은 예언자 전통에서의 역사혁명의 필연성을 최후시간의 세계혁명의 계기로서 관철시키고 예증화한 바 세계 혁명의 패러다임이다. 폰 라트는 구원사의 그러한 세계사적 의미를 간과했다.

(2) 묵시론적 비전들의 이해를 위한 '지혜' 개념의 기원이 폰 라트나 다른 구약학자들에게서 헬레니즘 시기에 일반화된 천문지식을 반영하는 것으로, 혹은 애굽 문명과 메소포타미아의 수메르 천문학에 관련된 것으로 추론되는데, 그러한 기원론 추론의 논거가 대체로 불확실할 뿐만 아니라, 그러한 지혜 개념이 왜 또 그렇게 묵시론에 연결되었는지의 문제들이 밝혀져 있지 않다.

그러나 우선 물어야 할 문제는 왜 예언자들의 종말론은 야웨 하나님의 말씀 선포에 집중하는 데 반하여 묵시론적 비전들의 해명은 천사의 중보를 필요로 하는 지혜가 필요한가? 하는 문제다. 폰 라트가 말하는 것처럼, 천사는 '지혜의 선생의 신격화'가 아니다. 그렇게 말한다면 역사에 전달되는 지혜를 신화화하는 것이다. 예언자들은 북이스라엘과 남유다의 종말적 멸망의 시기에 직면해서도 구원사를 담지하는 역사적 주체를 전제하고 있기 때문에, 불의한 역사적 현재에로 야웨 하나님이 말씀해 오신다는, 말하자면 역사적 종말의 심판과 구원을 대망한 데 반하여, 묵시론자들에게는 그러한 역사적 주체가 해체되어 있으므로, 이제 이스라엘과의 하나님의 관계에 어마어마한 괴리가 벌어져 있고 역사적 심판의 법정이 하늘 보좌들에서 열려질 수밖에 없다(1 에녹과 다니엘 7장). 지상에 있는 묵시론자들은 그 어마어마한 괴리의 심연 저편, 하늘에 계신 초월적 하나님 자체를 구원사 전통에서부터 유추하여 비전으로밖에는 못 본다. 죄 많은 역사에서 있는 묵시론적 예언자들은 '지극히 높으신 분'의 계시(= 감추어진 묵시)를 비전으로만 보아도, 에제키엘이나 다니엘의 경우들을 보자면, 까무라쳐 일어서지도 못한다. 천사가 일으켜 세워주고, 그들의 비전들을 해명해준다. 다니엘은 하늘에서의 세계사·최후시간의 심판자 하나님을 둘러싸고 있는 불길만 볼 뿐이다. 다니엘은 그러한 비전을 감당하지도 못한다. 묵시론자들은 천사의 해석을 듣고 세계사에 증언할 뿐이다.

묵시론에서의 비전들을 천사가 해석하여 예언자들 혹은 묵시론자들에게 전달한다는 것은 그들이 그들 자신들의 비전을, 즉 감추어진 계시의 현실을 모른다는 것을 의미한다. 궁극적으로 세계사 최후시간의 일들의 비전들은 피조물 세계에서부터 감추어진 초월적 하나님 자신의 자유한 뜻과 행위를 묵시론자들에게 전달하는데, 그 의미를 전령자 천사들이 이들에게 밝혀준다. 예언자들은 역사에 오시는 야웨 하나님의 말씀을 역사의 현장에서 들을 수 있었으나, 이제 구원사적 역사현실이 사라진 헬레니즘의 세계현장에서 유대교를 박해하고 전쟁들을 일삼는 헬레니즘 세계에서 하나님의 심판과 구원을 갈구하는 묵시론자들에게 꿈 혹은 비전의 형식으로 현시하신다는 것은 예언자적 역사신앙의 새로운 형태이다. 묵시론자들은 초월적 하나님과 세계사적 역사 현장과의 괴리 때문에 하나님의 그러한 계시 혹은 현시의 의미를 우리와 똑같이 모른다. 그래서 신적인 전령자 천사의 해석을 필요로 하며, '지혜'는 그 이해를 위한 매체다. 지혜는 구약에서, 특히 유대교 후기에서 여러 가지 의미로 사용되는 개념인데, 묵시론에서 종말론적 '계시 전달자'(Offenbarungsmittler)로서의 의미를 나타낸다.[21] 이 경우에 지혜는 초월적 감추어진 하나님의 계시의 뜻과 의미를 인식하게 하는, 말하자면 그의 영에 속하는 능력이다.

또한 묵시론에서의 '지혜' 개념의 기원은 창세기 1, 2장의 창조 설화들에 관련되어 있다고 생각된다. 우선 아담과 이브가 에덴정원에서의 '선과 악의 지식의 나무' 열매를 먹으면 반드시 죽으리라는 이야기 2:16~17을 보자면, 피조물 세계와 역사에서 선과 악을 가려내고 심판하는 권능과 지식이 창조자·구원자 야웨 하나님에게 속한다는 것을 암시한다. 물론 인간들이 그러한 권능을 행사한다. 그러나 이들은 법을 제멋대로 다루고 왜곡하고 기만하곤 한다. 더욱이 세계사의 궁극적인 법정은 그들을 능가할 뿐만 아니라 그들까지도 그 법정에 세워진다. 세계사의 최후시간에 직면한 묵시론자들은 태초의 그러한 지혜 개념을 부각시켰다고 추정될 수 있을 것 같다. 솔로몬의 경우를 보자면, 야웨로부터 받은 그의 지혜가 세상에서의 선악을 판별해내는 통치력의 근원이다. 또 창세기 1:4~5에 의하면 하나님의 첫 피조물 '빛'이 '날의 빛'이라고 일컬어지니, 이 빛은 시

21) '계시중보자' 개념, 위에 제시된 Jenni와 Westermann의 *Handwörtebach*, Band I, 566.

간의 지혜에 해당하는 우주의 광명과 시공의 질서를 주관하는 원천이다. 1 에녹과 다니엘 7장에서의 하늘 보좌들의 광채는 바로 그 '날의 빛' '지혜'가 아니겠는가! 이러한 지혜 개념은 이스라엘의 구원사 전통에 포괄되어 있는 개념이다. 그 지혜 개념이 묵시록들에서 부각된 것으로 해석된다.

그런데 현대의 구약학자들이 추정하는바 B.C. 6세기경의 창세기 1장 서술이, 2장과는 달리, 우주창조의 질서들을 나타냄에 있어서 바빌론의 우주론을 반영한다고 추정하며, 또 그들은 1 에녹이나 다니엘에서의 하늘 보좌들과 하늘의 법정의 비전들이 메소포타미아-바빌론의 천문에 관한 우주론적 지식의 요인들에서 기원했다고 추론한다. 우리는 이러한 추론에 앞서서 묵시론에서의 지혜 개념과 우주론적 요인들을 구원사와 예언 전통의 맥락에서 밝혀냄에 집중했는데, 저 메소포타미아-바빌론 문명권과의 관련성을 주목하고 있으며, 우리의 이 구약편의 시간·역사론에 대한 마지막 후론에서 논하고자 한다.

(3) 묵시론이 '역사결정론'이라는 폰 라트의 비판은 우선 그의 한정된 문제적인 시간 개념에서 발단한다. 그는 현대의 서양에서 대두한 '선적인 시간성'(linear temporality) 개념을 구약의 구원사 전통들의 특히 신명기적 역사 기록의 시간성 해명에 적용한다는 것을 우리는 이미 상당 정도 논의했다. 선적인 시간성은 역사 전후계기들의 역대기적(periodizing) 서술에 한정된 의미에서 필요하다. 그러나 그 개념은 하나님 자체 내적 시공 관계와 피조물 세계와의 관계질서를 설명할 수 없다는 것을 우리는 이미 논했다. 그의 영원한 시간성은 과거 → 현재 → 미래에로 계기하는, 혹은 궁극적 미래 → 현재 → 과거의 원시간에로의 방향에서도 이해될 수 있는데, 그의 시간은 언제나 통전적으로, 즉 동시성으로(simultaneously) 피조물 세계와 관계

한다. 예컨대 B.C. 8세기 이래의 예언자들이 창조자·구원자 야웨 하나님의 종말적 미래 심판을 '야웨의 날'로 특정화하듯이, 우주와 역사의 모든 날들이 그의 날이지만, 그날을 '야웨의 날'로 특정화하여 역사 전체 파악의 모멘트(moment)로 특정화하여 선포한 것이다. 또한 '나는 처음이고 나중이다'(이사야 48:12)는 야웨의 말씀은 그가 태초의 원시간과 세계사의 최후시간을 주재하신다는 뜻이다. 1 에녹의 '10주간 묵시록'이나 원시에로의 그의 시간 여행도 세계사의 최후시간 비전에서, 직관하는 그의 원시간에로의 여정에서 모든 역사에서 작용해온 악의 세력을 들여다보게 하는 여행이다. 다니엘도 임의대로 왕국사들을 도식화하는 것이 아니라 이미 일어난 왕국사들을 '태곳적부터 계신 분'의 최후 심판의 법정에로 소집하면서, 안티오쿠스 4세에게로 특정화하고 있다. 그들은 다 자신들이 자행한 죗값으로 심판받는다. 그들의 악행들이 태곳적부터 '결정된 대로' 행하여지는 것이 아니라, 심판자 하나님의 결정이 그 왕국들 혹은 개인들의 행위들을 시간적으로 앞선다는 것은 그 행위들이 하나님의 결정대로 일어난다는 것이 아니라, 그 행위들을 정죄하는 결정권이 앞선다는, 그의 우월한 권능을 가리킨다. 그들이 행한 대로 과거에도 현재에서도 미래에도 모든 역사에서 심판받는다는 것이다. 폰 라트의 묵시론에 대한 잘못된 결정론 비판에 대한 우리의 역비판이 그의 대작 *Theologie des Alten Testaments* 전체의 공로를 감소시키지 않을 것이다. 어쨌든 다른 구약학자들과 마찬가지로 폰 라트의 묵시록의 종말 해석이 매우 문제적이다. 우리는 다른 구약학자들과 일반 신학자들의 묵시론 해석들을 대체로 거의 다 비판해 왔으며, 이 때문에 필자는 많이 망설였다.

앞에서 우리가 논의한 바 다니엘 7장 몇 구절들에 관련된 폰 라트와 다른 학자들의 해석문제를 비판하면서 우리의 묵시록 고찰을 끝내고

자 한다. 7:12 이하에 관한 폰 라트와 다른 학자들의 해석문제를 재론할 필요가 있다. 하늘법정에 구름 타고 나타나는 인자와 같은 하늘의 형상이 태곳적부터 계신 지극히 높으신 심판자 하나님의 영원한 나라의 '주재권'(dominion)을 부여받아 하나님의 영원한 나라를 다스릴 분이다. 그런데 현대의 저 학자들은 그 인자가 천사라고 추론한다. 하늘에서 구름타고 나타나는 인자의 형상이 천사의 모습처럼 생각된 것이다. 그의 주재권이 '모든 백성들, 민족들, 언어들'을 다스릴 주재권(7:14)이 어떻게 천사의 주재권이란 말인가? 이러한 해석은 이스라엘 구원사 전통에서 전혀 발견될 수 없다. 그 하늘의 인자는 그들 학자들에게는, 이스라엘이든 창조의 첫 인간 아담이든 어느 인간일 수 없다는 또 묵시론적 종말론이 저승의 타세계 비전이라는 이원론적 해석의 전제가 작용하기 때문에 인자를 천사와 일치시킨 것이다. 하늘도 땅도 창조자·구원자 하나님이 주재하는 시간과 공간 안에서 창조된 피조물인데, 이스라엘의 구원사가 종결된 헬레니즘 세계 어디에서도 그의 심판과 구원의 시간·공간이 없기 때문에, 다니엘은 그의 법정이 하늘에서 벌어지는 비전을 본 것이다. 다니엘 묵시록 어디에서도 최후시간에서의 하나님의 나라가 저승의 타세계로 묘사되어 있지 않다. 살아있는 사람들에게나 죽어 잠들어 있는 사람들이 다 하나님의 시간·공간 안에 있다(12:2). 우리는 그 인자와 같은 형상을 창세기 1:26~27에 암시된 바 창조자 하나님 자신 안에서의 '우리의 형상'(26절)이라는 그 안에서의 인간성으로 해석했다. 그 인간성은 바로 이스라엘의 구원사적 빛에서 본 의로운 원인간성이 아니겠는가. 태초의 그 인간성이 모든 역사의 최후시간의 하늘법정에서 계시된 인자가 아니겠는가. 바빌론을 비롯한 일련의 왕국들과 그리스 왕국들의 붕괴, 특히 유대교에 대한 박해와 전쟁을 일으킨 안티오쿠스 4세의 임박한 종말 후에 주어질 지극히 높으신 자 하나님의 나라의 주재권을 부여받은 인자는 천사로서 해석되어서는 안 된다. 천사가 어찌 '민족들, 왕국들, 이들의 언어들'을 다스릴 것인가?(7:12~14) 폰 라트도, 다른 학자들과 마찬가지로, 인자를 천사로서 추정하고자 하기 때문에, 저 지극히 높으신 자 하나님의 나라를 이어받을 '성도들을 하늘의 존재들'(himmlishe Wesen)로 생각함이 다니엘 묵시록의 비전에 가깝다는 것이다(335). '하늘의 존재들'이라면, 천사들이 아니겠는가. 아마도 종전의 구약학자들은 그 '성도들'이 이스라엘 백성을 가리킨다고 해석한 것 같은데, 20세기의 학자들은 이스라엘의 죄 된 역사의 종말에 비추어 그러한 해석을 거부한 것 같다.우리가 다니엘 묵시록 7장에 한정해서 그 '성도들'의 의미를 생각해 볼 필요가 있다. '성도들'이라는 개념 자체는 포괄적이나, 7장에서 벌어지는 최후 심판이 바빌론–페르시아–그리스 왕국들, 특히 셀루키드의 안티오쿠스 4세의 붕괴에 집중하는데, 그 '성도들'은 특히 B.C. 2세기에 예루살렘을 유대인들의 무덤으로 만들겠다는 안티오쿠스의 광적인 전쟁 아래서 순교당하고 죽어가고 고통 받는 유대인들을 가리킨다고 생각된다. 그러나 포괄적으로 '성도들'은 최후 심판에서 하나님이 저 왕국들의 왕권을 박탈하고 물려받을 하나님의 영원한 나라에 동참할 세계의 새로운 백성을 가리키는 보편적 의미를 내포하고 있는 개념이라고 해석되어야 다니엘 저자의 의도에 부합한다.

4) 제4 에즈라: 로마제국의 종말–하나님 나라에로의 구원사적 전통 문서들의 부활 비전

4 에즈라(4Ezra=2Esdras) 묵시록의 문서구조와 전달 과정이 매우 복잡

하다. 이 문서의 중심부분은 3~14장인데, 저자는 팔레스타인의 유대인으로 추정되며, A.D. 첫 세기의 마지막 10년 동안에 히브리어 혹은 아람어로 기록된 것 같다. 본래의 기록이 유실되기 전 그리스어로 번역되었다는 것이다. 1~2장은 서론 격으로 어떤 그리스도교인 편집자에 의해서 그리스어로, 15~16장은 그리스어로 또 다른 그리스도교인에 의해서 부가된 부분이라고 추정된다. 총 1~16장이 라틴 판본으로 서방에서 출현했는데, *4 Ezra*는 로마 가톨릭 성경 *Vulgata*에 *Fourth Book of Esdras*(히브리어 Ezra → 그리스어 Esdras)로 전해졌다고 한다. 1~2장은 5 Esdras로, 15~16장은 6 Esdras라고 일컬어지기도 한다. *RSV* 영문 판본은 *4 Ezra*를 *2 Esdras*와 동일한 것으로 사용한다. 우리는 저 라틴 판본의 *4 Ezra* 명칭을 따른다. 이상과 같은 4 에즈라의 문서구조와 역사적 맥락에 관한 학자들의 규명에 이르기까지 한 세기 반 이상이 걸린 것 같다.[22]

4 에즈라의 저자 에즈라(Ezra)는 이스라엘의 바빌론 포로기의 포로, 서기관·사제의 이름이다. 그는 페르시아의 왕 고레스의 칙령에 따라, 이를 계승한 왕 아르닥사싸(Artaxerxes II, B.C. 464~423) 시기에 예루살렘으로 귀환하여 유대교 공동체를 구성한 율법학자다. 4 에즈라의 저자 Ezra는 가명이다. 이는 학자들에 의해서 규명된바, A.D. 100년이 끝나기 약 30년 전에 그의 묵시록을 Ezra의 이름을 사용하여 기록한 Ezra다. 묵시론자들은 세계사의 최후시간들의 도래를 판단하고, 그 최후시간들에서부터 태초의 창조와 원시역사시기에로 자유로 왔다 갔다 한다. 그렇기 때문에 특히 폰 라트는 묵시론을 예언자들의 역사적 종말론, 예컨대 종말적 미래의 하나님의

---

22) *RSV* 서문; *ABD* Vol. 2, "Esdras, Second Book of," 611~614, 특히 611f. 참조. 우리는 *4 Ezra* 1~2장과 15~16장을 고찰하지 않고 생략한다. 3~14장에서의 Ezra의 7비전들을 위주하여 고찰하고 그 의의를 밝히고자 한다.

심판과 구원을 역사적 현재에서 이루어질 혹은 역사적 현재에 가까이 다가오는 궁극적 미래로 선포하는 역사적 종말론이 아니라고 규정한 것이다. 그는 묵시론적 종말론을 잘못 규정한 것이다. 묵시론적 종말론도 언제나 역사적 현재 혹은 시대와 직결되어 있다. 여기서는 예언자들에게서처럼 발을 딛고 설, 구체적인 역사적 현재, 즉 구원사적 현재가 없다. 그 대신 묵시론자들은 하나님의 최후 심판과 구원이라는 비전에서 세계사 전체를 태초의 창조와 시간·역사 전체의 공간과 시간의 비전으로 파악한다. 어떻게 그것이 가능한가? 창조자·구원자 영원한 하나님과의 관계의 빛에서 가능하다. 그런데 묵시론자들이 허황되게 특정한 시간·역사와 상관없이 창조의 태초 원시간에서 최후 종말시간들에로 상상적으로 떠다니는 것이 아니다. A.D. 첫 세기의 4 에즈라 저자가 B.C. 6~5세기의 Ezra와 동일시함의 이유는, 추측컨대 A.D. 70년 로마제국에 의한 예루살렘·시온과 성전 파괴를 바빌론에 의한 B.C. 587년의 예루살렘과 성전 파괴의 시기를 세계역사의 종말시기와 동일화한다는 것을 암시한다. 종말시기는 역사의 어느 단계에서도 판별될 수 있다. 4 에즈라의 종말시기의 출발점은 다니엘의 출발점과 동일하게 B.C. 587년 유다 왕국의 종말을 기점으로 삼고 있다. 다만 이 두 묵시록들이 직면한 구체적인 역사적인 시기들과 상황들이 다를 뿐이다. 우리는 4 에즈라 3~14장을 이 저자의 묵시록으로서 고찰한다.

(1) 첫째 비전(3:1~5:20)

4 에즈라의 저자는 3:1~2에서 B.C. 587년 예루살렘 붕괴 후 '30년째 되는 해' 바빌론에 거하는 에즈라로서 그의 묵시록의 첫째 비전을 시작한다. 학자들은 그해가 A.D. 70년 로마제국에 의한 예루살렘 파괴 후 30년

째 되는 해라고, 즉 A.D. 100년을 가리킨다는 것을 규명해 냈으며, 4 에즈라의 저자는 한 사제·서기관이었다고, A.D. 100년이 되기 전 마지막 10년 동안에 4 에즈라서가 기록되었다고 추정한다. 이에 근거해서 우리는 그 저자가 B.C. 587년 바빌론에 의한 예루살렘 함락의 시점을 A.D. 70년에서의 예루살렘 붕괴와 동일한 종말시간의 사건으로 규정한다고 앞에서 논했다. 다니엘이 B.C. 587년의 유다 왕국의 종말을 기점으로 바빌론을 비롯한 근동의 왕국들과 그리스 왕국들의 종말을 규정했듯이, 4 에즈라 저자는 이제 로마제국 시기의 종말을 예단하고 그의 묵시론적 종말론의 비전들을 피력한다. 주목할 것은 이스라엘의 구원사의 바로 처음과 나중이 세계사의 처음과 나중의 패러다임이라는 점이다.

4 에즈라의 저자 에즈라는 여지없이 파괴된 예루살렘·시온과 성전을 목격하고 큰 충격과 비탄에 빠져서 로마제국을 비롯한 세계사의 최후종말시간에 일어날 환란과 고통의 징조들, 창조자·구원자 하나님의 최후 심판과 구원을 비전들의 양식으로 현시받는데, 그 비전들이 해설자 천사에 대한 에즈라의 고통에 찬 질의들과 천사의 해답으로 기록된 것이다. 해석과 해답하는 천사는 지고하신 분, 야웨의 말씀에 해당한다. 해석자 천사의 중재가 필요한 이유는 인간이 우주와 역사 전체의 최후시간에 일어날 이들을 창조자·구원자 하나님의 계시 없이는 알 수 없기 때문이다. 그 일들을 이해하는 지혜는 따라서 그분으로부터 주어지는 것이다.

에즈라는 3장에서 그의 핵심적인 질의에 이르는 서론격으로, 하나님의 우주와 아담 창조와 하나님에의 불복, 원시역사, 아브라함, 출애굽과 시나이 계약법, 다윗 왕국 등, 창조와 역사를 개관하면서, 야웨께서 아담의 '악한 마음'을 제거하지 않아서 그의 후손들 이스라엘도 범죄하게 되었다고 탄식한다(3:3~27). 그런데 바빌론에 사는 사람들이 이스라엘보다 더 선해서 시온성을 정복했는가? 바빌론에서의 불의한 행위들을 보니, 에즈라는 하나님이 어떻게 바빌론의 죄인들을 참아내시는지 이해하지 못한다는 것이다(3:28~29). 이 질의는 로마제국에 해당되는 질의다. "바빌론의 행위들이 시온성의 행위들보다 더 옳다는 것인가?" "그러니 이제 우리의 악행들과 세상에 사는 사람들의 악행들을 저울에 달아보시라"고 에즈라는 하나님께 아뢴다(3:34). "당신은 실로 당신의 계명들을 준수한 (이스라엘) 개인들을 발견하실 테지만 그러한 (다른) 민족들을 발견하시지는 못 합니다"(3:36). 에즈라는 그렇게 항의하고 번민한다.

그러나 천사 우리엘(Uriel)이, "너는 지고하신 분이 행하시는 길을 이해할 수 있다고 생각하는가?" 물으니, 에즈라는 그렇다고 말한다(4:2). 천사는 에즈라가 하나님의 길을 이해하지 못한다는 것을 전제하고 있다. 에즈라는 자신의 질의의 핵심을 다시 이렇게 제기한다. 즉,

> 왜 이스라엘이 이방인들에게 비난거리로 넘겨져 버렸는가,
> 왜 당신께서 사랑하신 이 백성이
> 하나님을 부인하는 부족들에게 넘겨져 버렸는가?
> 그래서 우리의 조상들의 법이 소용없게 되어 버렸고
> 기록된 계약법들은 더 이상 존재하지 않게 되었습니다.
> 왜 우리가 세상에서 메뚜기 떼처럼 살아야 하고,
> 우리의 삶이 안개처럼 되었습니까,
> 우리는 당신의 자비를 받을 값어치가 없게 되었습니까?(4:23~24)

에즈라의 그러한 고뇌에 찬 항의와 질의에 대한 천사의 해답은 "이 시대가 종말을 향해 빨리 달리기를 재촉하고 있다"는 것이다(4:26). 즉 에즈라

의 저 질의에 대한 해답은 하나님의 최후 심판의 그의 묵시록 비전이다. 세계사의 최후시간들의 도래가 지연되는 것 같다. 에즈라가 캐묻는 악의 문제는 아담 이래로 씨 뿌려진 악의 마지막 타작 마당과 선의 결실의 최후 결정의 때가 아직 도래하지 않았다는 것이다(4:28~30). 에즈라가 조급하여, "얼마나 더 우리가 여기에 머물러 있어야 합니까?" 물으니, 예레미엘(Jeremiel) 천사장이 대답하기를, 지고하신 분이 이 시대를 저울에 달아 그 시간들을 측정하셨으니, 그는 그 측정의 시간들이 다 이루어지기까지는 기다리신다는 것이다(4:37). 마지막 날들이 다가오는데, 종말의 징조들이 나타나리니, 땅에 살아있는 자들이 공포에 사로잡힐 것이며, 진리의 길이 가리워져 보이지 않고, 불의가 창궐할 것이며, 땅이 황폐화되고 혼란에 빠질 것이라고 한다(5:1~4). 우주의 변괴현상들이 일어나리니,

> 해가 갑자기 밤중에 비칠 것이며,
> 달이 대낮에 뜰 것이고,
> 피가 수목에서 뚝뚝 떨어질 것이며,
> 돌멩이가 소리를 지를 것이며,
> 민족들이 시끄러워질 것이며,
> 별들이 떨어지리라.(5:5)

천지간에 이변들이 세계사회의 혼란을 수반할 것이며, 우주와 역사의 질서들이 요동치리라는 것이다. 에즈라가 꿈에서 깨어나니, 그의 몸이 사시나무처럼 떨리고 혼절한다. 천사가 그를 일으켜 세운다(5:14~15). 우주의 격변을 일으키는 역사의 일대 변혁의 징조들의 비전이다.

(2) 둘째 비전(5:21~6:34)

에즈라가 7일이 경과해도 여전히 슬픔에 휩싸여, 야웨의 공평성이 의심스러워 다시 야웨께 질의한다. 야웨께서 하나의 포도나무, 하나의 백합, 하나의 강, 시온성, 하나의 민족을 선택하고 사랑하고 율법을 주셨는데, 왜 이 하나를 많은 이방인들에게 넘겨주고 불명예롭게 하고 흩어지게 하셨는가이다. 적대자들이 야웨-이스라엘의 계약들을 믿는 자들을 짓밟아버렸으니, "만일 당신께서 이 백성을 미워하신다면, 이 백성이 차라리 당신의 손에서 형벌을 받아야 합니다"(5:23~30). 에즈라는 심히 괴롭다. 천사가 반문한다. "네 마음이 이스라엘에 대하여 그렇게 괴로워하는가, 네가 이스라엘을 만드신 분보다 더 이스라엘을 사랑하는가"(5:33). 에즈라가 "그럴 수는 없습니다. 그러나…… 내가 지극히 높으신 분의 심판의 길을 이해하려고 애쓰면서 매시간 나의 마음의 고뇌 때문에 괴롭습니다"(5:34). 천사가 말하기를 "너는 이해할 수 없다"고 한다. "왜 이해할 수 없습니까? 그렇다면 왜 내가 태어났습니까? 그렇다면 왜 내 어머니의 모태가 내 무덤이 되지 않았습니까, 내가 야곱의 신음과 이스라엘 백성의 쇠진함을 보지 않도록 말씀입니다"(5:35). 점차적으로 에즈라는 야웨 하나님의 이스라엘 선택과 역사적 구원의 경륜과 종말의 의미를 깨닫게 하는 징조들의 신적인 묵시를 비전으로 보며, 종말의 날들이 오면, 야웨께서 땅에 오시어 악행자들의 죗값을 추궁할 것이며, 시온의 굴욕이 다 끝나고 이 시련의 시대가 지나갈 때에, 야웨께서 기록된 책들을 펼쳐 보이면, 모든 사람들이 땅에서 일어나는 모든 분쟁들과 혼란의 이유를 알게 되리라는 것이다(6:17~14). 그 모든 일들 이후에 땅에 살아남아 있는 자들은 하나님의 구원과 세상의 마지막을 볼 것이다.
그들은 죽음을 당하지 않고 하늘로 들어 올려질(taken up)
사람들을 볼 것이며,
땅의 사람들의 마음이 다른 영으로 변하리니,
악이 말소될 것이며, 사기가 소멸될 것이기 때문이다.
성실함이 번창하고, 부패가 정복되고,
오래도록 결실 없는 진리가 계시되리라.(6:25~28)

*RSV*는 '들어 올려진다'(taken up)는, 에즈라에게도 몇 번 적용되는 말로 원시 시대의 에녹의 경우처럼 살아서 승천한다는 것을 의미한다고 한다. 그것은 이승과 저승의 이원론을 의미하지 않으며, 영원한 하나님과의 관계에서 사람이 영생할 수 있다는 것을 의미하며, 몸의 부활 혹은 역사적 부활, 즉 시간이 얼마나 경과했든 어느 때의 사람이든, 창조자·구원자 하나님과의 관계에서 모든 역사의 어느 시점에서든 혹은 최후시간들에서 그의 영원한 미래시간에로 부활할 수 있다는 것이 묵시론적 비전들에 제시되어 있다. 위에 인용된 에즈라의 비전은 혁명적인 의로운 인간의 현현을 말한다. 이러한 신적 비전이 바로 이스라엘의 부정적 종말에 직면해서 괴로워하는 에즈라의 질의에 대한 해답이다.

(3) 셋째 비전(6:35~9:25)

신적인 해답을 얻고도 에즈라는 여전히 슬퍼한다. 그는 또 다시 이전처럼 7일 동안 곡하고 단식하고서, 8일째 밤에 지극히 높으신 분께 질의를 올린다(6:35~36). 첫째, 둘째의 비전들에서처럼 에즈라는 태초의 창조에서부터 출발하여 이스라엘과 세계 역사의 최후시간들에 직면해서 동일한 문제, 즉 왜 죄 많은 민족들이 이스라엘을 지배하고 삼켜버리려 함에 있어서 창조자·구원자 하나님의 뜻이 무엇인가의 질문이다. 셋째 비전에서의 에즈라의 질문은, "만일 세계가 실로 우리(이스라엘)를 위하여 창조되었다면, 왜 우리가 우리의 세계를 상속의 유산으로서 소유하지 못한다는 말씀입니까?"이다(6:59).[23] 이 질문은 야웨 하나님의 이스라엘 백성의 선택과 '애굽의 노예의 집'에서부터의 출애굽 해방의 역사→구원사의 맥락에서 대두한 바, 그 백성의 '장자 됨'(the first born)이라는 구원사적 신앙(7:58)을 전제하고 있다. 장자권은 본래 애굽과 같은 제국의 특권으로 작용했었다는 것을 의미한다. 피억압자 이스라엘의 장자권 획득은 피억압자가 야웨 하나님의 창조의 세계, 즉 세상의 나라를 유산으로 부여받는다는 신앙을 함축하고 있으며, 이 신앙이 에즈라의 저 셋째 비전의 질문(6:59)에 전제되어 있다. 이스라엘이 야웨 하나님을 배반하고 사회에 불의한 악행을 자행했으니, 이스라엘은 종말적 멸망에 이르게 되었다는 것을 에즈라는 시인하면서도, 그래도 이스라엘의 '장자 됨'의 신적 은혜와 창조된 세상의 나라를 부여받았다는 구원사적 신앙을 견지하고 있기 때문에 세계사 최후시간들의 묵시록 비전들을 본다. 그러한 구원사적 신앙이 에즈라의 모든 비전들

23) 이 질문의 구원사적 해명이 필요하다. 6:58에 '당신의 장자'(the first born), 즉 야곱의 장자권 쟁취에 대한 앞에서의 우리의 해석을 재론할 필요가 있다. Esau에게서부터 Jacob → 이스라엘이 그 장자권을 탈취한 것이 바로 야웨 하나님의 이스라엘 선택의 행위다. 사람들이 야곱이 거짓되게 장자권을 탈취했다는 피상적인 해석을 우선 버려야 한다. Esau 자신이 장자권을 상실해 버린 것이다. 장자권은 우선적으로 통치권 혹은 세상의 유산을 차지한다는 근동의 전통의 변혁이 바로 야곱의 장자권 쟁취에서 계시된 것이다. 이스라엘도 애굽과 같은 왕국에서 노예 노역에 복속된 것이다. 야웨 하나님에 의한 이 백성의 선택과 출애굽 사건의 맥락에서 이 백성의 '장자 됨'이 선포된 것이다. 이스라엘의 구원사 자체가 그러한 혁명사에 뿌리박고 있다. 둘째 아들이 장자가 될 수 있다는 것은 고대 근동의 위계질서의 변혁이다. 피억압 노예가 장자권을 획득한 것이다.

에 전제되어 있다.

에즈라의 저 셋째 질문에 대한 하나님의 답변이 이러하다. 즉,

> 보라, 시간이 다가온다. ……
> 그 도성(예루살렘)이 지금 보이지 않으나, 나타나리라.
> 지금 감추어져 있지만 그 땅이 계시되리라.
> 악의 세력들에서부터 구원받은 모든 사람이 ……
> 내 놀라운 일들을 보리라.
> 내 아들 메시아가 계시되리니, 그와 함께 ……
> 사는 자들이 400년 동안(번역된 문서들에 따라 그 기간들이 다름, RSV 주)
> 머물러 살고 기뻐하리라.
> 그해들이 지나면 내 아들 메시아가 죽으리라. ……
> 세상은 7일간 원시 침묵에로 돌아가리라, ……
> 아무도 없던 태초에로, 7일 동안.
> 7일 후에 세상은 …… 깨워 일으켜지리라.
> 부패한 것은 소멸하리라. 땅의 먼지는 그 안에 침묵하며
> 거하는 자들 ……, 혼들을 …… 내어 주리라(부활).
> 그리고 심판대에 앉아 계신 지극히 높으신 분이 계시되리라.
> …… 보상과 상이 주어지리니,
> 의로운 행위들은 일으켜지고, 불의한 행위들은 잠 못 이루고,
> 고통과 …… 지옥의 불을 보리라. — 하략 —(7:26~44)

메시아의 도래는 세계의 최후시간에서의 심판 이후에 도래할 새 나라를 의미하는데, 이원론적인 타세계의 나라가 아니다. 악의 세력들에서부

터 구원 받은 자들의, 땅 위에 도래할 나라다. 땅의 먼지 속에 잠들어 있는 자들이 부활하여 신적인 최후 심판 앞에 세워지리라는 것은 다니엘에서처럼(12:2) 죽은 자들의 역사적 부활을 의미한다. 저승과 이승이 동일한 신적인 공간과 시간 안에서 일어나는 일들이다. 한편 메시아의 나라와 의로운 자들과 다른 한편 불의한 자들의 고통과 지옥불이 이원론적으로 보이나, 그것은 역사적인 변혁에 의해서 극복되어야 할 역사적 상황을 가리킨다. 악의 세력은 신적인 최후의 부정의 심판 아래서 영속할 수 없으므로 이원론이란 있을 수 없다. 메시아의 나라가 '400년'(4 에즈라의 아라비아 판본에는 '천년', 7:26~44에 대한 *RSV* 주)이라는 한정성을 문자대로의 시간이라고 해석되어서는 안 된다. 그 시간은 악의 세력의 소멸을 위한 시간이 오래 걸린다는 뜻이다. 창조의 시초부터 피조물 세계 안에 아담에 의해서 틈타 들어온 악의 세력의 소멸을 위해서 에즈라는 세상이 원시 창조의 시간에로 되돌아가, 창조자 하나님의 창조 직전의 침묵의 7일간 후에 다시 일으켜지리라는 것이다. 그것은 피조물 세계가 세계 최후시간에 부활하리라는 것과 같다. 여기서는 부패한 악의 세력이 소멸되리라는 것이다(7:31). 시간·역사의 궁극적 변혁이 일어나리라는 것을 의미한다. 최후 심판 후에 영원한 메시아의 나라가 도래하리라는 것을 암시한다. 최후 심판과 악의 소멸과 영원한 메시아의 나라의 도래가 바로 '하나님의 혁명'이며, 세계사의 혁명의 신호탄이다. 그러한 전체적 역사와 우주의 비전은 창조자·구원자 하나님에 의해서 결정되는 최후시간들에서 파악되는 구원사의 완성의 예언비전이다.

에즈라는 죽음과 죽은 다음에 혼들의 문제들에 관해서도 수많은 질문들을 토로하곤 하는데, 우리는 그 문제들에 관한 상당부분들을 생략하기로 한다. 몇 가지 주목할 것은 죽음과 사후의 문제들은 묵시론적인 세계사의 최후시간들에 일어날 일들의 일환이라는 것이다. 에녹, 다니엘, 에즈라의 경우들이 이승에서의 삶과 죽은 후의 혼들이 이승과 저승을 오락가락 한다. 저승의 혼들이 땅의 먼지 속에 '잠들어 있다'는 묵시론자들의 말은 이승의 사람들과 저승의 혼들이 우주와 역사의 동일한 시간과 공간에서 연결되어 있다는 것을 의미한다. 그의 최후 심판에서 살아있는 자들의 시간과 공간에로 부활한다는 묵시론자들의 표상이 바로 그러한 창조자·구원자 하나님의 시간과 공간에서 가능하다. 그래서 그들은 살아있는 자들과 죽은 자들의 시간·공간 사이를 왔다 갔다 한다. 그래도 이 양자들이 갈라지는 시점이 있다. 모든 사람들에 대한 지극히 높으신 분의 결정은 사람이 죽는다는 유한성이다. 사람이 죽으면, "그의 영(spirit)은 그의 몸을 떠나 그것을 주신 분에게로 되돌아간다." 그런데 그의 법을 지킨 자들은 거처하는 곳에서 '먼저 지극히 높으신 분의 영광을 찬양하는데', 그의 길, 그의 법을 업신여기는 자들은 고통 속에서 곧 방황하리라. 이 양자들이 갈라지는 바 일곱 가지 길 혹은 질서가 제시되어 있는데, 그 일곱 번째 길을 보자면, 후자들의 혼들은 "혼란 속에서 다 소모될 것이며, …… 지극히 높으신 분의 영광에 대한 두려움으로 …… 시들어 버릴 것이니", 최후 시간들에서의 심판 받을 때에도 그렇게 되리라(7:78~87). 전자들은 죽은 후에 곧 '불멸성'(immortality)을 영광의 보상으로 받을 것이다(7:96, 99). 이 불멸의 영생은 최후 심판의 날에 현시대가 끝나면, '불멸의 영원한 시대'(immortal age)가 시작할 것이며, "부패가 지나버리고, 죄 많은 방종이 끝나버리고, 불신앙이 단절되어 버리고, 의가 번영하고, 진리가 빛나리라"(7:113~114, 시칭을 변경시켜 번역함). 저 죽은 자들이 획득하는 '불멸성'은 이 새 시대, 즉 '불멸의 영원한 시대'에 해당되는 불멸의 영생이다. 즉 저 죽은 자들의 불멸성은 역사적 새 시대에 상응하는 역사적 부활로서 해석되어야 한다. 역사적 부활은 몸의 차원 혹은 물질의 차원을 가지는 새 시대에로의 부활이다. 다시 말하면, 추상적인, 몸과 영혼의 이원론적 불멸이 아니다. 또한 옛 시대가 끝장나 버릴 테니, 옛 시대와 새 시대의 이원론이 아니다. '영원한 새 시대'는 에즈라에게 있어서 모든 창조와 역사의 '갱신'(renewal을 가리키는, 앞에서 고찰한 7:29~31 참조), 즉 변혁을, 새 시대는 옛 시대를 대치하리니, 이원론이 성립할 수 없는, 최후 시간들에서의 인간성 변혁을 의미한다. 죽으리라는 메시아가 다시 살아날 것이다.

(4) 넷째 비전(9:26~10:59)

에즈라가 지극히 높으신 분의 지시대로 어떤 들판으로 나가서, 꽃밭에 앉아 들의 나무들의 풍족한 열매들을 먹으며 7일 지나서, 큰 소리 내어 슬피 울며 옷을 찢고 머리에 재를 쓰고 애통해하는 한 여인을 본다. 에즈라가 그 사연을 물으니, 그 여인이 남편과 30년 만에 한 아들을 얻었는데, 결혼식 때 신혼방에 들자 아들이 쓰러져 죽었다는 것이다. 그 여자는 식음을 전폐하고 죽을 때까지 애곡을 멈추지 않겠다는 것이다(9:26~10:4). 그러자 에즈라가 화를 덜컥 내고 말하기를,

> "여인들 중에서 가장 어리석은 그대는 애도를 보지 못하는가? …… 우리 모두의 어머니 시온이 깊은 슬픔과 파괴의 환란에 처해 있음을 보지 못하는가? …… 그대는 단지 하나의 아들을 위해 슬퍼하지만, 우리, 온 세상이 우리의 어머니를 위해 슬퍼하는데. 이제 땅에 물어보라. 땅이 그대에게 말하리니, 땅이야말로 땅 위에 있게 한 그렇게도 많은 사람들에 대하여 슬퍼해야 하거늘 …… 태초부터 땅에서부터 태어난 또 태어날 거의 모든 사람들이

> 멸하고, 그들 중에서 많은 무리가 파멸될 수밖에 없는데." …… 에즈라는 그 여인이 슬픔을 거두고, 하나님으로부터 아들을 되돌려 받을 수도 있으니, 남편이 사는 도시로 되돌아가라고 격려한다. 여인은 돌아가지 않고 "그 자리에서 죽겠노라"고 단언하니, 에즈라가 파괴되어버린 예루살렘과 성전의 슬픔을 생각하고 위로 받으라고 그 여인을 설득한다.(10:5~24) 그 여인이 갑자기 땅이 진동할 정도로 큰 소리를 내고 사라져 버리고, '한 세워진 도성이 있는데,' 빈 들판에 "거대한 주춧돌들의 터전이 있다." 에즈라가 두려워 큰 소리를 지르고, 시체처럼 쓰러져 있으니, 천사가 일으켜 세운다.(10:25~28)

천사가 해석하기를, 그 여인이 '세워진 도성'(established city), 즉 '시온'(10:44)이라는 것이다. 그런데 '하늘의 예루살렘'(heavenly Jerusalem, *RSV* 주)이라는 것이다. 그 여인의 30년 만에 얻은 아들은 솔로몬이 오랜 시간 후에야(=3000년) 건설하게 된 성전을 가리키는데, 로마제국에 의해서 파괴된 바 땅의 예루살렘을 가리킨다(10:46). 에즈라가 파괴된 예루살렘 성전 때문에 참으로 슬퍼하고 고통스러워하기 때문에 지극히 높으신 하나님이 찬란한 영광의 도성을 그에게 계시하여 주셨다는 것이다(10:50, 54). 저 들판의 주춧돌의 기초는 그 하늘의 예루살렘·시온의 역사의 터전이라는 것이다. 에즈라의 그 비전은 땅의 예루살렘의 붕괴 현장이다. 땅에 남아 있는 그 주춧돌은 실제로 역사 기반이다. 부활한 예루살렘은 하늘에 세워지고 그 비전은 이원론적으로 해석되어서는 안 되는, 땅에서의 구원사 전통의 궁극적인 성취를 가리킨다. 이와 같이 에즈라는 A.D. 70년에 로마에 의해서 붕괴된 예루살렘을, 즉 과거를 최후 종말시간에서의 궁극적 미래를 내다보면서 예언자적 비전을 본 것이다. 그러므로 하늘의 예루살렘은 땅의 역사적 예루살렘의 영원에로의 부활이다.

(5) 다섯째 비전(11~12장)

이 비전은 넷째 비전의 다음 날 밤 에즈라의 꿈에서의 신적인 계시인데, 바다에서부터 대두하는 바, 12날개들과 네 머리를 가진 독수리의 비전이다. 그는 모든 땅 위에 그의 날개들을 펼치는데, 그의 제국주의적 지배세력을 행사하려는 로마제국의 태세다(11:1~2, 5~6). 그의 날개들에서부터 반란을 일으키는 날개들이 발생하나, 미미한 날개들이다. 로마제국 독수리가 온 땅을 지배하고(11:3, 6), 독수리에 대한 반란들이 연속 일어난다(11:10~30). 그러나 독수리의 대가리들이 반란들을 진압하고 억압함으로써 온 땅을 통제하고 주민들을 다스린다(11:30~32). 그런데 그 대가리 하나가 사라지고, 대가리 둘이 땅을 다스리더니, 한 대가리가 다른 대가리를 삼켜버린다(11:33~35). 로마제국 독수리의 한 대가리가 승리하고 온 땅을 통치하게 된 것이다.

그때에 에즈라가 사람의 음성을 내는, 숲에서 대두하는 한 사자를 보는데, 사자가 독수리를 심판해 말하기를, "그대는 땅을 다스렸으나 진실됨이 없이 다스렸고, 온유한 자들을 괴롭혔고, 평화로운 자들을 해쳤고, 진실을 말하는 자들을 증오했고, 거짓말쟁이들을 사랑하고, 좋은 결실을 산출하는 자들의 거처들을 파괴했고, 무고한 자들의 담장들을 깔아뭉갰다"고 선언한다(11:41~42). 이제 지극히 높으신 분이 로마제국 통치자들의 시간들의 종말을 결정하셨으니,

그 시대들이 다 되었도다! ……
너, 독수리와 날개들, 너희 가장 악한 작은 날개들,
네 악독한 머리들과 사나운 손톱들,
너의 온 쓸데 없는 몸은 사라져 버리리라. 그래서
온 땅이 너의 폭행에서부터 해방되고, 생기를 얻게 되고,
땅을 창조하신 그분의 심판과 자비를 희망할 수 있으리라.
(11:44~46)

저 사자가 독수리에게 이러한 말을 하는 동안에, 독수리의 온 몸이 불타 버리고 땅은 심하게 놀라다(12:1, 3). 하나님의 자비와 구원이 땅의 피억압자들에게 열려 있다.

에즈라의 그 비전의 해석은 이러하다. 독수리 로마제국은 그리스보다 더 공포를 자아내는 왕국이다(12:13). 독수리의 대가리들은 독수리의 악행을 총괄할 것이며, 최후의 행위들을 수행하리라는 것이다(12:25). 사자는 가장 높으신 분이 마지막 날들까지 간직해 오신 바, 다윗의 후대로부터 대두할 메시아이니, 이가 독수리의 무신적인 불의와 악행을 질책한 분이며, 이스라엘의 남은 자들을 최후 심판에서 자비로 구원할 분이라는 것이다(12:31~34). 에즈라에게만 지극히 높으신 분이 이 모든 감추어진 신비로운 일들을 보여주니, 이 모든 일들을 책으로 기록하여 지혜 있는 자들에게 전하라고 이른다 (12:36~38).

(6) 여섯째 비전(13장)

에즈라는 앞 비전의 7일 후 꿈에서 이번 비전을 본다. 바람이 바다 한

가운데에서부터 한 사람의 형상이 나타나게 하는데, 하늘의 구름을 타고 나는 사람, 인자다. 그의 시선 앞에서는 모든 것이 떨고, 그의 음성을 듣는 자는 불에 녹는 초처럼 녹아 버린다(13:3~4). 사방에서 무수한 사람들의 무리, 민족들이 그에게 대적하여 전쟁을 걸려고 모여드니, 그는 "큰 산을 깎아 세워 그 위에 날아올라," "입으로부터 불을 뿜어 내고, 입술로부터 불타는 숨결을 불어내고, 혀로부터 불꽃을 쏘아내어 그 무리들을 태워 버리니," "한 줌의 재와 연기뿐이다"(13:5~11). 그다음 그 사람 인자는 산에서 내려와 "다른 평화로운 무리들을 불러 모으니," "어떤 이들은 속박되어 있고, 어떤 이들은 제물들을 가져온다"(13:12~13). 이 비전의 해석에 의하면, 북이스라엘 왕국의 멸망시 아시리아 지역 쪽으로 끌려간 이스라엘의 열 지파들과 아마도 팔레스타인으로 돌아온 무리들이다(13:39~41). 에즈라가 야웨께 왜 자신이 "바다의 중심부에서부터 나타나는 그 사람(=인자)을 보았습니까?" 하니, 야웨께서 말씀하시기를, "아무도 바다 깊이에 있는 것을 …… 알 수 없는 것처럼, 아무도 땅 위에서 나의 아들을 혹은 그와 더불어 있는 자들을 그의 날의 시간 안에서 이외에는 볼 수가 없느니라고 하신다"(13:51~52). 에즈라만이 비전으로 그 사람을 보게 된 것은 에즈라가 그의 삶을 지혜에 헌신해 왔기 때문이라는 것이다(13:53, 55). 야웨께서 "시간들과 시간들의 계절 안에서 일어나는 모든 일들을 주관하시니"(13:58), 그가 창조와 역사의 "처음이고 나중"이다. 에즈라의 묵시론적 종말론이 예언 전통을 전제하고 있다는 사실이 아주 역력하다.

(7) 마지막 일곱 번째 비전(14장)

에즈라가 오크 나무 아래 앉아 있을 때의 야웨 하나님의 계시의 비전이다. 이 비전은 모세 소명과 출애굽·시나이 산에서의 계약법 선포를 위시한 야웨의 많은 일들에 직결된 것이다(14:1~5). 그때의 시간들이 '시간들의 마지막'과 동일한 시간들로 선언되고 있으니(14:5), 야웨의 임재의 현재는 '처음과 나중'이라는 모든 역사의 통일성을 가지는 시간성으로 파악되어 있다. 에즈라에게 너는 내 말들을 비밀로 지키라(14:6)는 야웨의 분부는 여러 번 제시되어 있으며, '비밀'이라는 의미는 비전들 자체와 신적 계시와의 구별, 즉 야웨 하나님의 초월성과 계시 행위의 역사화 시점을 묵시론적 비전들 자체와 구별한다는 것을 의미한다. 다시 말하자면, 모든 역사의 마지막 시간들, 마지막 날들에 일어날 일들, 징조들과 심판의 구원이 아직은 감추어져 있으며, 이 감추어진 비밀들이 비전들의 양식들로 예언되곤 한다. 야웨께서 에즈라에게,

> 너는 사람들 가운데서 들어 올려져(taken up, 살아서, 즉 역사적으로 승천하리라는 뜻) (태초부터 있는) 나의 아들(메시아)의 …… 시간들이 끝날 때까지 함께 살리라. 시대가 젊음을 잃고 늙기 시작했다. 시대가 12부분들로 나누어져 있는데, 그중 아홉은 이미 지나갔고, 이제 열 번째 반도 지나갔으니, 이제 열 번째 반과 마지막 두 부분들이 남아 있다.(14:9~12)
>
> — 중략 —
>
> 낡은 시대에 세상이 더 약화되면 될수록 더 악의 세력들이 …… 증대하리니, 너는 이 시간들에서 서둘러 도피하거라.(14:13~17)

아무 일도 하지 말고 '도피하라'는 것은 아니다. 악의 세력들을 물리치라는 것이다. 죄 짓는 이스라엘 백성을 책망하고, 낮은 자들을 위로하라

는 것이다(14:13, 14). 하나님의 '아들' 메시아는 아직 감추어져 있으며, 최후 시간들에서 계시되리라는 것이며, 모든 역사의 죄악을 심판할 하나님의 대행자다. 하나님의 '아들' – '메시아' – '인자'는 동일한 형상, 태초의 원시간부터 최후시간까지 즉, 영원한 인간성을 지닌 하나님의 형상이다.

이제 에즈라의 7번째 마지막 특징적인 비전은 94권의 문서 기록 비전이다. 에즈라가 야웨께,

> 세상이 암흑 가운데 있고, 사람들이 빛을 잃고 있으니,
> 당신의 율법이 불태워져 버려졌기 때문에
> 당신께서 행하신 또 행하실 일들을 아무도 모릅니다.
> 만일 내가 당신께 기뻐하심이 된다면,
> 성령을 내게 보내주소서, 내가 태초부터 세상에서
> 일어난 모든 것들, 당신의 율법에 기록된 일들을 기록하오리다.
> 그래서 사람들이 길을 발견할 수 있도록, 또한
> 최후의 날들에 살고자 하는 자들이 살도록 하소서.(14:20~22)

율법에 기록된 바 모든 것은 모세오경(五經)을 가리키는데, 오경은 태초에서부터 최후시간들까지의 모든 일들을 포괄하는, 말하자면 통전적인 역사 기록을 의미한다. 모든 역사의 문제와 의의를 담지하는 과거의 역사 문서들이 영원한 미래에로 부활하는 비전이다.

야웨께서 에즈라에게 기록할 서판들을 준비하라고 명하신다. 모세의 시나이 산에서의 계약법 선포가 영원한 궁극적 미래에로 부활하는 비전이다. 에즈라가 다섯 사람들을 데리고 들판에 머물고 있는데, 야웨께서 그의 입에 부어준 '물'의 색깔이 '불'과 같았다는 것이다(14:37~39). 물과 불은 성

령에 직결되는 물질적 몸의 표식이다. 그러자 에즈라의 마음과 영의 호흡이 이해력과 지혜를 뿜어내면서, 모든 시간·역사의 기억이 그에게서 되살아 나온다(14:37~40). 그래서 그는 40일 동안에 94권의 문서들의 기록이 성취되는 비전을 본다(14:44). 그중 24권은 구약의 히브리어 경전에 해당하는, 일반 사람들을 위하여 기록된 책들이다(14:45).[24] 나중에 기록된 70권의 묵시록들은 이스라엘 백성 가운데서의 지혜로운 자들, 이해력, 샘과 지혜의 강물 줄기를 잡는 자들로 하여금 읽게 하라는 지극히 높으신 분의 분부다.

그와 같은 4 에즈라는 B.C. 5세기의 역사적 인물인 에즈라, 서기관·사제의 직분을 대행하는 묵시론자이다. 구약 경전과 이 경전의 전통에 불가분적으로 결부된 묵시록 문서들의 영원한 궁극적 의의를 세계사에 증언한다는 사실이다. 대체로 B.C. 2세기 또 4 에즈라처럼 그 시기 이후에 산출된 묵시론적 문서들, 아포크리파(Apocrypha) 익명의 문서들이 히브리 경전에 포함되어 있지 않은데, 저 4 에즈라 저자가 그것을 알고 있었는지는 불확실하나, 에즈라의 경전 개념에 비추어 보자면, 그 경전화의 한계가 보이는 것 같다.[25] 그럼에도 불구하고 경전 안에 포함된 다니엘과 히브리 경전 외

---

24) 모세오경: 창세기, 출애굽기, 레위기, 민수기, 신명기; 전(前) 예언서들: 여호수아, 판관기, 사무엘(상하), 열왕기(상하) 등 예언서들; 후 대(major) 예언서들: 이사야, 예레미아, 에제키엘; 소(minor) 12 예언서들; 문서들(writings): 시편, 잠언, 욥기, 전도서 등과 다니엘, 에즈라와 느헤미아(한 권으로 간주됨), 역대기(상하) 등등, *RSV 2 Esdras*(4 에즈라), 14:37~48의 각주 참조.

25) 필자가 히브리 경전의 한계를 논할 수는 없겠지만, 어쨌든 그 경전화 과정에 대한 학자들의 문제제기들이 있다. 구약 경전(canon)은 A.D. 90년경 72인의 유대교 장로들의 yavneh 시(Jamnia 시) 회의에서 결정되었는데, Apocrypha 문서들이 배제되었다는 것이다. *ABD* Vol. 3, "Jamni, Council of," 534. 4 에즈라는 14장에서 70권을 언급하는데, 그 70권이 다 어떠한 문서들인지 알 수 없으나, *RSV* (1894), 1545 쪽에 제시된 The APOCRYPHA의 II쪽에 15권으로 제시되어 있다. 아포크리파라는 말은 모호하지만 주로 '감추어져 있는 일들' (hidden things)을 가리키는데, 익명들을 사용하는 묵시록들이 아포크리파 문서들에 속한다. 그런데 4 에즈라(*RSV*에서의 2 Esdras)는 구약의 그리스어 번역 LXX에 또 라틴 *Vulgata*에 실려 있다. 아포크리파 문서들이 LXX와 Vulgata에 실려 있으며, Luther의 독일어 번역에 포함되어 있는데, "성서와 동등하지는 않으나, 그럼에도 불구하고 읽으면 유용하고 좋다"고 한다(*RSV*, APOCRYPHA viii). 필자는 APOCRYPHA 전체에 대해서는 말할 수 없지만 1 에녹과 4 에즈라(혹은 그 외의) 묵시록들이 경

에 보존되어 있는 1 에녹이나 4 에즈라 같은 묵시록들이 히브리 경전과 더불어 보완적으로 고려되어야 할 것이다. 다니엘과 더불어 1 에녹과 4 에즈라와 같은 묵시록들은 이스라엘의 구원사 전통의 세계사적 의의를 궁극적으로 종말론적 의미에서 증언해 주기 때문이다.

후기 유대교, 특히 헬레니즘 시기의 유대교는 여러 종족들 가운데서 특정한 예언자들이 대두하기 어려웠을 것이다. 종래의 역사적 구심체를 상실했기 때문이다. 이스라엘 역사의 장이 세계사적 무법과 불의의 소용돌이에 휘말려들어 해체되어 버린 위기에 처해서, 묵시론적 예언자들이 익명으로 이스라엘의 구원사의 궁극적인 종말적 심판과 구원의 의미를 세계사에 증언한 것이다. 그들은 예언자들이다. 그러나 그들 개개인의 이름 아래서 '말씀'으로 예언할 상황에 처해 있지 않다. "야웨께서 이렇게 말씀하신다"라는 예언자들의 선포를 들을 자가 없다. 묵시론자들은 이스라엘 역사의 종말에 대하여 비탄에 빠져 잠 못 이루고 비몽사몽간에 세계종말의 영상들을 비전으로 본다. 그러한 비전들은 이스라엘의 구원사의 종말에 입각한 세계사 전체를 함축적으로 영상화(visualize)하기 때문에, 함축적으로 이스라엘의 역사적 인물들의 이름들을 묵시록 저자들로서 채택했다고 생각된다. 어쨌든 묵시록들은 종래의 예언자들에게서 선포된바, 주로 이스라엘의 역사적 현재에 임박해 오시는 야웨 하나님의 종말적 심판과 구원의 선포의 장을 우주와 세계사 전체에로 보편화함으로써 종래의 예언 전통의 종말론을 보완해 주며, 역사 변혁 혹은 혁명을 세계 보편사적으로 주세화한 섯이다. 그러므로 묵시록들이 구약 정경에서 탈락되었지만, 구

전에서 제쳐놓아졌다는 사실을 아쉬워한다. 왜냐하면 특히 1 에녹과 4 에즈라와 같은 묵시록들은 이스라엘 구원사의 최후시간들의 세계사적 혁명과 새 미래의 의의를 증언해 주기 때문이다. 부언해 두거니와, 아포크리파 문서들이 영문학과 작품들, 예술에 끼친 영향력이 대단하다는 것이다(*RSV* APOCRYPHA xvi 이하 참조). Karl Barth는 경전의 범위는 열려 있다고 생각했다.

약과 신약 성경들과 더불어 묵시록들이 보존되어 있으니, 정경들과 결부해서 보완적으로 고려되어야 할 것 같다. 또 확실히 지적해 둘 것은 묵시록 '비전들'은 '환상', 우리 임의대로의 환상이 아니라 묵시론적 '영상'이라는 번역이 더 근접하다는 점이다.

학자들의 예언자적 종말론과 묵시론적 종말론의 일반적인 구별이 주로 전자는 이스라엘의 역사에서 발단했으나, 학자들에게서 후자는 이 역사 저편의 '타세계'의 이원론적인보다 더 '신화적' 비전들을 위주한다고 여겨진다. 이러한 추론에 따라 후자의 기원(origin)이 이스라엘 역사 이외에서 발원했다는 추정이 현대의 학자들의 일반적인 입장이다. 우리가 앞에서 이미 지적한 대로 묵시론의 '이원론'의 페르시아 기원론이 많이 논해졌으나 이제는 거의 폐기되어 있다. 그러나 모호하지만 메소포타미아 문명권의 우주론적 요인들이 묵시론에 많이 작용한다는 것이 학자들의 추정이다. 그러나 그러한 요인들의 구체적인 규명 작업이 이루어져 있지 않다. 필자도 이스라엘 역사와 메소포타미아의 문명권과의 관련성을, 묵시론과의 관련성뿐만 아니라 이스라엘 역사와의 폭넓은 관련성을 숙고해 왔다. 특히 1 에녹에서 영상화되는 '하늘의 보좌들'(heavenly thrones)은 하나님의 나라의 영상이다. 이 영상은 땅의 북이스라엘-남유다의 종말을 넘어서는, 영원한 하나님 나라의 비전이다. 그러나 그것은 이원론적인 신화적 상상의 나라가 아니라, 땅에서 확립된 이스라엘 왕국의 주제, 하나님의 왕적 주재권의 나라를 가리킨다. 다니엘에게서의 '영원한 왕국', '지극히 높으신 하나님의 왕국', 땅의 이스라엘 왕국 저편의 종말적 새 왕국, 혹은 다니엘 7장에서의 하늘의 법정에 임재하시는 지극히 높으신 분의 왕국도 땅에서 이루어진 구원사적 주제의 종말적 영상이다. 4 에즈라에서의 '인자' 혹은 '메시아' 형상들의 영상도 지극히 높으신 하나님의 왕국의 영상을 가리킨다. 창조자·구원자 야웨 하나님의 왕국은 모세오경에서부터 모든 예언서들에 함축되어 있는 주제이지만, 특히 묵시론적 종말론에서 부각된 주제다. 그러므로 묵시론적 종말론의 기원은 특히 4 에즈라에 명시되어 있듯이 창조와 이스라엘 역사에서 발단한 것이다. 묵시록들에 관한 우리의 고찰이 한정되어 있으나, 메소포타미아 문명권과의 관련성이 우리의 구약편의 시간·역사론의 결론에서 논의되어야 할 것이다. 어쨌든 창조와 역사의 최후시간들에 관한 묵시론적 종말론은 우선적으로 B.C. 8세기 이래의 예언자 전통의 종말론과 마찬가지로 이스라엘의 구원사적 기반에서 기원한 것으로 해석되어야 한다. 예언 전통에서 특유하게 부각된 바가 야웨 하나님의 '말씀' 인데, 사실상 이스라엘 족장들과 모세오경을 비롯한 구약 전체가 예언자적 성격을 가진다는 점에서 구약 자체 혹은 구원사 전체가 예언자적 '말씀' 이다. 그러나 그러한 말씀 전통에서 특히 예언자들이 창조자·구원자 야웨 하나님의 말씀 선포의 핵심이다. 이와는 달리 묵시록들의 주제는 세계 역사의 죄악에 대한 최후 심판을 넘어서는 그의 새로운 '계시'(Revelation, Offenbarung)가 주제이다. 그 계시가 온 세계에 대해서 감추어진 초월적 신비이기 때문에 묵시론자들은 그 신비의 계시 자체를 주로 구원사적 소재들과 말씀 전통의 기반 위에서 궁극적 미래에서의 하나님의 구원과 나라를 다만 영상들의 비전으로 본다. 그 비전의 주체는 하나님 자체이다. 묵시론자들의 비전은 그 계시의 주체를 직접 우러러보지 못한다는 것을 의미한다. 그래서 천사들의 해석이 필요하다. 천사들의 형상은 신화같이 보이나, 우리가 상상해내는 그러한 신화가 아니다. 그들은 그의 전령자들로서 묵시론자들에게 최후시간들에서 일어날 일들을 신적 계시들로서 해석해 준다. 그와 같이 묵시록들의 비전들이 예언자들의 말씀 선포와 다르기 때문에 학자들이 그 양자를 구별하되, 묵시록의 비전들을 구원사와 예언 전통 밖으로 내몬다. 이에 우리는 첨예하게 대립해 왔다. 묵시론자들이 내다보는 바 역사의 최후시간들이 예언자들의 미래예언의 기반에서 발원했다고 해석되어야 한다. 창조자·구원자 하나님의 말씀이 바로 그의 계시 행위의 말씀이다. 4 에즈라의 마지막 비전으로서의 구약의 성문서들 94권이 바로 말씀의 차원이다.

우리가 고찰해온 묵시록들에서의 하나님의 왕국, 인자·메시아, 부활과 같은 주제들은 신약에서의 예수 그리스도의 시간·역사의 맥락에서 재론될 것이다. 마지막으로 최후시간들(last times, latter times)과 역사 변혁의 계기로서의 묵시론적 종말론을 재확인하고자 한다.

모든 역사의 최후시간들이 세상에서의 모든 역사들의 마지막 시간들이라고 추상적으로 생각되어서는 안 된다. 많은 구약학자들과 신학자들, 사람들이 대체로 그렇게 생각하는 것 같다. 그러한 종말시간이란 허구다. 우선 이스라엘의 구원사에서의 시간은 창조자·구원자 하나님에게서 시작한다. 그가 피조물 세계와 역사를 주관하고 관계하는 차원이다. 모든 시간이 그의 자유한 결정에서 시작한다면, 종말시간도 그의 자유한 결정에 따라 일어난다. 역사의 시작도 존속도 끝도 그의 경륜에 따라 결정된다는 신앙이 구원사 종말론에서 작용한다. 예언자들과 묵시론자들이 말하는 바 하나님은 '처음이고 나중'이라는, 시간 전체의 비전이 바로 묵시론적 종말시간에서부터 태초의 창조의 시간을 직관함에서 가능하며, 우주와 역사의 최후시간들에서의 신적 심판과 구원이라는 비전의 영상이 가능하다. 그래서 1 에녹이 원시 역사에로 되돌아가 종말시간들을 내다보기도 하고, 4 에즈라가 그의 비전들에서 내내 창조의 시간부터 종말시간, 시간 전체를 오락가락한다는 사실이다. 그러나 예언자적 종말론이나 묵시론 종말론이 처음과 나중을 할 일 없이 오락가락하지 않는다. 구체적으로 특정화된 역사적 시간들과 세계 정황들에서 역사의 죄악들과 씨름하고 혼절하고 천사들의 부축을 받아 일어서서, 최후 심판과 역사 전체의 철저한 변혁의 비전을 지켜보려고 한다. 종말시간은 세계역사의 어느 때라도 하나님으로부터, 즉 미래로부터 세계에 도래할 수 있다. 어떠한 세계 상황에 도래하는가? 먼저 야웨 하나님과의 계약의 백성 이스라엘의 정치사회는 애굽에서 노예화된 이스라엘 백성의 출애굽 해방의 역사에서 출현한 사회다. 창조신앙과 설화들은 그 해방자 야웨 하나님 신앙에서 발원한 것이다. 즉 의로운 구원자 야웨 하나님이 바로 우주 만물의 창조자이시라는 창조신앙이 구원사에서 확립된다. 구원사는 노예의 집 애굽에서부터의 이스라엘의 출애굽 해방과 시나이 계약법, 즉 창조자·구원자 한 분 하나님의 이스라엘과의 관계 설정에서 정초된다. 그 관계 설정에서 피조물 세계와 역사의 가능 근거로서의 시간과 공간이 발원한다. 계약사회는 의로운 야웨 하나님이 창조와 역사의 은혜롭고 자유한 주재자라는 역사신앙에서 발원한다. 계약사회는 근동의 왕국들의 왕권들에 대한 반립에 의해서 출현했다. 이스라엘 조상들의 죄악을 열거하고 질책하곤 하는 신명기적 역사(HD)와 예언자들은 이스라엘의 야웨 하나님 신앙 파기와 '다른 신들' 즉 우상들 추종이라는 제1계명 위반을 집중적으로 공격한다. 그런데 예언자들은 이스라엘의 이러한 계명 위반을 반드시 통치자들의 횡포와 힘없고 가난한 백성들을 억압하고 등쳐먹는 불의한 정치사회적 악의 원천으로서 신적 심판 아래 세운다. 그 심판의 선포가 바로 역사 변혁 혹은 혁명의 원천이다. 그 시점은 역사의 어느 시간에서도 발단할 수 있다. 의로운 야웨 하나님에의 복종이 바로 역사 변혁의 동력이다. 통치자들이 완악하고 백성들이 무지몽매하여 예언자들의 선포들에 따라 회개하고 돌이키지 않음으로써 결국 북이스라엘은 신흥 아시리아에 의해서, 남유다는 신흥 바빌론에 의해서 멸망하게 된 것이다. 놀라운 것은 예언자들은 그러한 종말적 멸망의 원인이 한편 이스라엘의 악행들에 의해서 초래된 것이라는, 동시에 야웨 하나님의 자유한 심판과 구원사적 경륜이라는 역사신앙을 관철한다. 그 신적 경륜이 폰라트가 생각한 바 역사적 인간의 행위를 미리 신적으로 결정한다는 것으로 해석되어서는 안 된다. 그 신적 심판의 결정은 역사적 인간의 악행에 대응하는 동시적인(simultaneous) 사건이지만, 신적인 심판의 결정의 시간이 그 악행에 앞서는 것으로 말해진다. 예컨대 애굽의 파라오가 이스라엘 백성을 놓아주지 않으려는 행위를 야웨께서 자유로 그를 강퍅하게 만드셨다는 것이다(출애굽기). 이것은 그가 인간의 악행을 시간적으로 앞서 능가하고 주재한다는 뜻이다. 또 바빌론의 느부갓네살이 남유다를 멸망에 이르게 한 악행이 바로 야웨께서 유다에 대한 심판의 결정이라는 것이 예레미아를 비롯한 예언자들의 역사신앙이다. 창조자·구원자 하나님과 창조와 역사 안에서 작용하는 악은 이원론적으로 해석되어서는 안 된다. 그는 악을 주재하고 능가한다. 이 역사신앙이 바로 구원사적 역사 개념이다. 북이스라엘–남유다의 멸망이 야웨 하나님의 역사 경륜이라는 뜻이다. 그러한 역사신앙이 묵시론적 종말론에 전제되어 작용한다는 사실이 대다수의 구약학자들 혹은 그리스도교 신학자들에게서 간과되어 있다. 4 에즈라에서의 처음 세 가지 비전들에서 저자가 뼈를 깎는 고통과 슬픔 속에서 '지극히 높으신 분'께, "야웨께서 선택하신 이스라엘이 다른 민족들보다 더 악하기 때문에 멸망했는가?"라는 항의조의 질문을 거듭한다. 천사는 "네가 지극히 높으신 분보다 이스라엘을 더 사랑하느냐?"고 반문하면서, 에즈라의 비전들의 해석을 이끌어간다. 에즈라는 야웨 하나님을 핍박하는 로마제국이 아직도 기세 등등 존립하고 있기 때문에 야웨께 불평하니, 곧 로마제국을 비롯한 세계의 최후시간들의 비전들을 야웨께서 그에게 보여준 것이다.

에즈라의 요청은 그의 최후 심판의 비전이니, 모든 역사에 대한 야웨 하나님의 의의 승리, 역사에서 작동하는, 통치자들의 권력의 악의 소멸이요 의로운 자들의 영원한 승리다. 구약학자들과 거의 모든 신학자들이 '이스라엘 역사는 실패했다'고 규정한다. 실패했다! 그러나 바로 그 실패가 창조자·구원자 하나님의 창조와 역사의 경륜이다. 묵시론자들은 그 실패한 역사의 궁극적 승리를 비전의 양식으로 세계사에 증언하고 중재한 것이다. 이스라엘의 구원사는 우주와 모든 역사를 살아냈다! 그것이 모든 역사의 의로운 개혁, 변혁, 혁명의 패러다임이라는 말이다.

과거의 시간은 이미 우리가 살아있는 현재의 시간이 아니며, 미래의 시간은 아직 우리의 시간이 아니다. 우리의 임의적인 현재의 시간은 우리의 시간이라고 하나, 순식간에, 어느 사이에 지나가 버리니 현재가 우리의 시간이 아니다. 그렇게 시간의 실재성과 존속이 피조물 인간의 주관에 달려 있지 않으니, 창조자·구원자 하나님에게서부터 주어지는, 도래하는 것이기 때문이다. 우주의 순환운동은 시간 측정의 척도이기는 하나 시간의 원천은 아니다. 미래시간의 현재에로의 도래를 전제할 때에 비로소 과거와 현재의 시간들이 유한하지만 그 실재성이 파악되고 역사적 삶의 기획이 가능하다. 그런데 미래시간의 도래가 역사적 인간의 임의대로 결정되지 않는다. 예언자들의 "야웨 하나님의 말씀이 내게 임했으니" 혹은 "야웨 하나님이 이렇게 말씀하시니"라는 선포는 바로 미래로부터의 그의 도래의 시간을 가리키는 선포다. 과거와 현재의 역사적 야웨 배반–통치자들의 악행과 사회악에 직면해서 예언자들은 미래–종말적 미래로부터 하나님의 심판의 말씀을 듣고 선포한다. 악을 악으로서 투시하고 정죄할 때에 그들의 입에서 나오는 말이 하나님의 의의 말씀이라는 것을 그들은 즉각적으로 판별하고 그의 말씀이라고 선포한다. 그가 의의 원천이고 심판자라는 신앙에서 그들은 그의 말씀을 듣는다. 하나님의 말씀 → 예언자들의 말씀 선포, 하나님의 임박해오는 심판의 선포가 곧 불의한 국가와 사회의 개혁과 혁명의 계기다. 미래시간은 본질상 미래에로의 혁명의 차원이다. 이것이 역사 변혁을 수행하게 하는 진보의 차원이 아니겠는가. 예언자들은 구원사적 전통이라는 현재적 기반에서 야웨 하나님의 말씀을 미래로부터 듣고 선포한 것이다. 그러나 묵시론자들은 구원사적 현재와 말씀선포의 역사적 공간을 세계사에로 옮겨놓고, 신으로 행세하는 세계통치자들이 일으키는 전쟁들과 불의가 지배하는 혼란스러운 세계상황에 직면하여 하나님의 총체적인 최후 심판을, 총체적인 세계 변혁을 필요로 하는 상황에서, 묵시론자들은 그의 새 나라, 그의 의로운 주재권(dominion)을 집행할 인자와 같은 메시아 왕의 계시를 갈구하며 비전들로써 가시화(visualize)시킨 것이다. 그들은 이스라엘의 구원사를 모형으로, 이에 입각해서 세계사를 창조자·구원자 하나님의 의로운 최후 심판 아래 세움으로써 세계사로 하여금 변혁을 통해서 역사의 궁극적인 의로운 인류공동체를 추구하게 하는 계기를 열어준 것이다. 세계의 나라들은 세워지고 멸망하는 과정을 겪으면서 인류를 위한 의의 나라의 궁극적인 성취를 이루어내야 할 것이다. 의로운 창조자·구원자 하나님으로부터 역사적 현재에로 도래하는 시간은 그러한 역사변혁과 성취에로의 진보를 가능하게 하는 기회이며 표식이다. 그렇게 역사적인 나라들은 심판 아래서의 죽음과 부활을 체험하는 것이다. 최후 심판의 시간들에서는 창조자·구원자 하나님의 의와 의로운 자들의 영원한 부활과 악의 영원한 부정의 무(無)에로의 소멸이 결정될 것이다.

현대의 우리의 시대의 징조들을 일별해 보자. 서양의 상당수의 신학자들과 교회 지도자들이 18세기 말부터 20세기 사회주의권의 붕괴에 이르기까지 칼 마르크스의 역사혁명론과 공산주의적 궁극적인 미래의 나라에 대한 비전이 성서의 종말론과 유사하다는 사실을 놀라워했으며, 서양 신학자들 혹은 남미 해방신학자들은 그 양자의 종합을 시도하기도 했다. 그 시도들이 여기서 논의되기는 어렵다. 소련과 동유럽의 사회주의권 붕괴와 더불어 마르크스주의를 반영하는 신학자들은 역사의 뒷전으로 밀려나고 많은 고초를 겪은 듯하다. 그들의 소리가 들려오지 않는다. 어쨌든 마르크스는 *Zur Juden Frage*(유대인의 문제에 대하여)라는 글에서 '유대인의 신은 황금'이라는, 그리스도교인들에게서도 그와 똑같다는, 자본주의적 황금이 신이라는 문제를 제기했는데, 그래서 마르크스의 혁명론은 무신론의 한 계기가 된 것이라고 한다. 그는 서양 그리스도의 신 개념을 특권자들을 위한 이데올로기라고 비판했다. 그러나 그는 무신론자라고 표방하지는 않았다. 어쨌든 서양 자본주의 사회 문제에 대한 그의 그러한 통찰에서 예언자들과 묵시론자들이 살아나온다. 그의 공산주의적 궁극적인 비전, '자유한 나라'(Reich der Freiheit)는 신적인 최후 심판에서 도래할 '하나님의 왕국'의 묵시론적 비전에 비교된다. 마르크스는 '하나님'이 없는 무신론적 최후시간의 나라 비전을 보았는데, 과연 하나님 없는 궁극적인 나라가 가능한가? 그런데 마르크스가 자신을 무신론자라고 관철했는지 알 수 없다. 바르트를 비롯한 마르크스의 역사혁명론을 긍정하는 신학자들은 대체로, 마르크스의 무신론이 사실이라고 해도, 그의 무신론은 권력자 편에 편당하고 재산을 축재해온 그리스도교가 잘못했기 때문에, 마르크스주의적 무신론의 그리스도교 비판의 역할을 긍정적으로 본다. 이러한 지적은 옳다. 그러나 하나님 없이 완전한 '자유의 나라'가 이루어질 수 있을까? 이에 대해서도 상론할 수는 없으나, 예언자들과 묵시론자들에 비추어서 말하자면, 역사혁명과 궁극적인 '자유의 나라'의 비전의 미래시간의 차원이 창조자·구원자의 영원한 시간을 전제할 때에 성립된다. 마르크스 역사혁명론 자체와 그 성취가 사회역사의 정의와 의를 전제하고 있다는 사실이 주목되어야 한다. 저 예언자들과 묵시론자들의 역사신앙은 의로운 창조자·구원자 하나님과의 관계, 즉 계약관계에 뿌리박고 있는 역사적 과정에서 형성된 것이다. 마르크스의 공산주의적 '자유의 나라' 비전은 묵시론적 종말론에서 부각된 하나님의 나라 비전을 반영한다. 그 나라의 역사적 실현은 역사혁명의 최후의 단계이리라. 그런데 그 실현은 하나님 없이는 보장될 수 없다. 이 문제는 마르크스주의적 그리스도교 비판에서 발단한 무신론자들에게서 검토되어야 할 큰 과제로 남겨둔다.

끝으로, 오늘의 이스라엘의 '시온주의'는 저 예언자들과 묵시론자들의 종말론의 의미를 상실했다. '시온주의'는 팔레스타인의 아랍족과 공생관계의 사회체제 실현을 추구해야 할 것이다. 그러한 과정에서 이슬람교와의 친근성이 형성될 것 같다. 더 나가서 이스라엘이 아랍권과 서양과의 정의롭고 평화로운 새로운 관계질서의 도래를 위한 중재 역할을 수행한다면, 아마도 저 예언자들과 묵시론자들의 종말론적 세계변혁의 의의를 되살려내는 일을 성취하리라. 예언자들의 전통과 묵시론자들의 세계혁명의 비전들이 남한과 북한의 화해와 통일을 위한 새로운 계기도 열리리라.

『삼위일체 하나님과 시간』의 제 I 권 구약 편에서의 "창조자·구원자 하나님"이라는 주제가 삼위일체론의 발원의 근거이지만, 이 주제는 제 II 권 신약 편에서 논구될 것이다.

제 I 권 구약 편에 이어지는 제 II 권 신약 편에서 예수 그리스도의 시간·역사에 기초한 그리스도론, 삼위일체론, 성령과 교회 정초와 같은 주제들이 고찰될 것이다. 예수 그리스도의 시간·역사는 구약 편에서의 시간·역사 개념 없이 이해될 수 없다. 구약과 신약의 연결은 주로 '약속과 성취'라는 주제 아래서 면밀하게 고찰될 것이다.

| 결론을 대신하여

구약 편에 대한 결론은 신약 편에서의 예수 그리스도의 시간·역사에 대한 총체적 고찰 없이 논해지기 어렵다. 여기서의 결론은, 그러므로 잠정적이다. 이 결론에서 우리는 구약 편의 창조와 역사, 예언과 종말론이 메소포타미아의 수메르를 문명권과 왕국들에 어떻게 관련되어 있는가 하는 문제를 중점적으로 고찰하고자 한다. 이 문제는 구약학자들에게서 중요시되고 있으나 해명되어 있지 않다. 필자는 우리의 STB 상생방송국의 역사특강들과 상생 출판의 『환단고기』(桓檀古記)의 도움으로 수메르 문명권의 원류인, 동이족(東夷族)의 12환국, 환인(桓因)의 나라의 역사성 논증에 접하면서, 12환국에 속하는 수메르 문명권과 구약성서의 창조론–역사–예언과 종말론의 깊은 관련성을 발견하게 된 것이다. 이 점을 필자는 본론에서 논할 수 없었으므로 우선 결론 겸 부록으로 다루고자 한다. 이 문제는 독자적인 주제로서 고찰되어야 할 것 같으나, 다만 논구의 과제를 위한 방향 제시로 생각되기 바란다. 『환단고기』(桓檀古記)에 의하면, 동이족의 12환국은 인류 최초에 건국된 연방국으로서 B.C. 7000여 년경 신석기 시대에로, 혹은 B.C. 9000년경에로 소급된다는 것이다. 환국은 중원대륙 동북부 천산(天山)산맥을 끼고 동북부 요서와 요동 쪽으로 또 서쪽 중앙아시아 쪽으로 뻗어 있었다. 동이족은 백두산을 기점으로 한 한민족의 원류다. 수메르는 환국에서부터 B.C. 5000년경부터 근동의 메소포타미아 지역으로 이동하여 B.C. 4100~2900년 우룩(Uruk) 왕조를 이루었다(고기 186~187). 서양은 고고학적 발굴물들에 의해서 수메르 왕조들이 동양의 아주 오래된 왕국들 중의 하나라고 추정하고, 고대중국의 나라들에 결부시킨 것 같으며, 동이족의 12환국-환웅의 배달국-환검의 고조선의 맥과 직결된 수메르의 배경을 모른다. 환국은 하늘의 광명의 나라, 즉 하늘의 나라, 천제(天帝) 혹은 상제(上帝)의 나라, 환인(桓因)의 나라다. 환인-환웅-환검을 일본이 신화라고 규정하여 한민족의 시간·역사를 축소시켜버림으로써 한민족의 역사적 시원을 잘라버렸다. 환인은 안파견(安巴堅)이라 이름하는 역사적 인물이고 환웅천왕은 중국의 동북공정에 의해서 중국의 중화삼조당(中華三朝當)에 황제와 염제와 더불어 중국의 조상들로 추대되어 있다. 서양은 동이족의 역사를 중국의 역사로 재설정한 것이다. 이러한 역사문제 해명을 우리는 한국의 역사가들에게 맡겨둔다. 우리는 그러한 역사문제와는 달리, 동이족에서 발원한 우주론-신격화된 천제·상제 개념-민족 개념의 문제들이 어떻게 구약의 창조신앙-민족혁명-왕권 개념에 관계되는가 하는 문제들을 중점적으로 검토하고, 그 양자가 긍정적으로 합류할 수 있는 미래의 방향 설정의 시도가 우리 결론의 목표다. 마지막으로 시간 개념의 근원을 다시금 밝히려고 한다.

창세기 1, 2, 3장이 수메르 문명권과 우주론에 어떻게 관련되는가? 일반적으로 현대의 구약학은 1:1~4a 사제(P)문서의 설화에서의 우주 창조의 질서가 바빌론의 우주론의 영향을 반영하다는 것이다. 수메르를 비롯한 바빌론의 우주론은 우주 탄생(cosmogony)의 신화로 시작했는데, 그 신화적 우주론이 어떻게 역사화되는지가 주목되어야 한다.

1. 창세기 1, 2장의 창조 설화들과 우주론, 3장에서의 인간의 타락

창세기 1, 2, 3장이 수메르 문명권과 우주론에 어떻게 관련되는가? 일반적으로 현대의 구약학은 1:1~4a 사제(P)문서의 설화에서의 우주 창조의 질서가 바빌론의 우주론의 영향을 반영한다는 것이다. 수메르를 비롯한 바빌론의 우주론은 우주 탄생(cosmogony)의 신화로 시작했는데, 아마도 환웅의 배달국 시대에 발단한 천부경(후에 논할 기회가 있으리라고 생각하는 天符經)의 우주론에서부터 파생된 우주탄생설일 것이다. 창세기 1, 2장뿐만 아니라 2장의 야위스트 문서의 창조 설화들도 기원전 고대의 그러한 영향을 반영함에 틀림없다. 그러나 어떻게 이 창조신앙이 저 우주 탄생의 우주론과 구별되는가가 주목되어야 한다.

ABD Vol.2, 526 이하에 제시된 바빌론의 서사시 에누마 엘리쉬(Enuma Elish)의 우주론에 의하면, 마르둑(Marduk)이라는 남성신이 신들의 왕으로서의 대두를 서술하는데, B.C. 1750년경 바빌론의 왕 함무라비(Hammurabi)가 그렇게 마르둑을 추대했다는 것이다 '에누마 엘리쉬'는 그 시기의 문서다. 마르둑은 신들의 탄생과정(theogony)에서 태어난 신이다. 마르둑은 바다의 여신 티아맛(Tiamat)을 정복하고 이 여신의 몸을 나누어 이것을 소재로 사용하면서 하늘과 땅을 구성했다는 것이다. 구약학자들이 창세기 1:2에서의 우주의 혼돈–공허–암흑 상태가 티아맛에 관련되어 있다고 생각하는데, 그러한 조잡한 신화는 창세기 1:2에서 발견되지 않는다. 여기에서의 우주의 혼돈과 암흑의 상태는 온 땅을 뒤덮은 홍수(노아홍수)의 전설과 관련된 것 같으나 그러한 조잡한 마르둑↔티아맛 신화는 창세기 1장 설화에서 전혀 발견될 수 없다. 또 그러한 신화가 동이족에 속하는 수메르의 우주론에서도 발견될 수 없다고 생각된다. 그러나 '에누마 엘리쉬'에

포함되어 있다는 수메르-바빌론의 '3층천 우주론', 특히 '새로운 수메르의 삼위일체'(Neo-Sumerian trinity)의 구조는 하늘을 주관하는 신 아누(Anu)와 땅의 주재자 엔린(Enlin)과 에아(Ea)라는 신적 왕들로 대표되는 3단계 우주론인데, 이것은 동이족의 환웅시대의 '삼일신고(三一神誥)'에 관련되어 있는 삼위일체 상제 개념에 연결되어 있다고 생각된다. 천지인합일(天地人合一) 사상, 즉 집일함삼(執一含三)과 회삼귀일(會三歸一), 즉 三이 합하여 하나로 된다는 원리가 곧 삼위일체 유일신이다. 유일신, 천제는 인간성과 합일하므로 천지인 합일의 유일신이다. 유일신은 인격신으로 그의 역할, 즉 우주의 조화(造化)-교화(敎化)-치세(治世)의 역할에서 삼(三)이고, 그 본성에서 일(一)이다. 그러한 우주의 삼(三)수 관계는 '인간의 몸 속에 깃든', 인간의 영원한 본성을 이루니, 천지인 합일의 본성이다(고기, 407~409 참조). 유일신은 조화-교화-치세를 주관하는 인격신이기도 하고, 우주 자연과 하나, '자연, 즉 신'(Spinoza의 Deus sive natura)으로서 범신론으로 생각될 수도 있으며, 인간과 동일화될 수도 있다.

천제는 그러한 특정인간으로서 개인이지만, 자연본성에서 범신론적이다. 그러한 삼(三)수일(一)체 사상은 배달국의 제5세 환웅천황 태호복희의 역(易, 주역의 기초) 우주만물의 역관계에서의 변화무쌍하게 움직이던 역학 원리의 삼(三)수 사상에서 발원한 것 같다(고기, 401,103 참조). 삼(三)수일(一)체 유일신은 우주만물의 개체들이기도 하다. 그러므로 우주론적 유일신은 곧 다신들로 표상될 수 있으므로 가나안 땅에서의 바알 신들과 아세라 여신들과 같은 풍요신들(fertility), 근동 일대의 여러 지역 신들로 표상될 수도 있다. 그러한 신들이 통치자의 선택에 따라 통치자 자신과 그 통치자는 자신의 권력욕을 신적 권능으로 순식간에 둔갑시키고, 임의대로 백성들을 부려먹고 착취하고, 자신의 적대자들을 제거해 버리기도 한다. 왕국들의 왕권이 그렇게 문제화되곤 했으며, 오늘의 세계의 통치자들도 가진 자들도 마찬가지다. 이들에게는 자신들이 신이다. 그래도 옛 동이족의 환국은 광명의 하늘나라를 세워 인류를 교화하고 치화하고 인류를 통일하려는 놀라운 우주관, 세계관을 전파한 것이다. 그래도 환국의 신관은 문제다. 죄악을 자행하는 왕국들과 세계를 심판하고 변혁하게 하는 창조자·구원자 하나님의 초월성이 간과되었기 때문이다.

창세기 1장의 6일 창조는 피조물의 존속의 시간을 한정하는 표식, 즉 유한성의 표식, 창조자 하나님 자체와 피조물과의 구별을 결정하는 표식이다. 제7일에 그가 쉬시는 날은 피조물들의 날들과 구별하는 그의 날이다. 그는 스스로의 자유에 의하여 자신을 구별한다. 이 자아 구별이 바로 자신을 피조물 세계에 계시하는 바 그의 초월성이다. 1장의 설화에서 최초의 피조물이 '빛'(1:3)이다. 이 우주론적 설화는 아마도 수메르 종교문명의 원류, 동이족의 환국, 전설적으로 전해진 바 하늘의 광명의 나라를, 이스라엘의 바빌론 포로기에 이스라엘이 접하게 된 하늘의 광명의 나라의 '빛'을 피조물로 규정함으로써 역시 그 빛의 신화적 신격화를 지양하고 창조자 하나님의 초월성을 부각시키는 우주론적 중심의 빛이라고 생각된다. 창조의 마지막 날 6일째에 창조자의 '형상'으로 남자와 여자가 창조되었다는 말씀과 '번창하고 온 땅을 다스리라'는 창조자 하나님의 허락(1:27~28)도 저 환국의 천제의 아들 환웅의 배달국에서 발원했다는 천부경(天符經)에서의 천지인 합일(天地人合一) 사상과 천지간의 중심으로서의 인간의 다스림의 역할을 함축한 것처럼 보인다. 어쨌든 그래도 피조물 인간은 창조자 하나님과 본질상 환국의 천제와 달리 동일화되지 않으며, 창조자 하나님의 구별성과 초월성 아래서, 피조물 세계에서 이것을 통솔하는 고양된 위치에 세워진다. 그렇게 해석한다면, 대단히 미묘하게 창세기 1장은 동이족 수메르의 우주론에 반립하면서도 새롭게 그 우주론을 변혁한다는 사실이 드러난다. '삼일신고'의 유일신은 천지인 합일사상의 핵심으로서 우주와 하나이며 궁극적으로 사람과 하나이다. 창세기 1장에서의 창조자 하나님은 우주와 인간과 동본질이라고 생각될 수 없는 초월적 하나님이다. 그러므로 고대 근동을 비롯한 왕국들에서의 천체숭배와 별들의 신격화는 창세기의 창조신앙에서 배제된다. 그러한 의미에서 창세기 1장에서의 우주론은 환국의 우주론과 구별된다.

창세기 2~3장의 J 설화를 보자. 야웨 하나님의 창조된 우주 안에 에덴정원이 만들어졌는데, 거기에는 보기 좋고, 먹기 좋은 열매를 내는 나무들이 많다. 그 복판에 '생명의 나무'와 '선과 악의 지식(지혜)의 나무'도 있다. 그 정원 지점은 '동쪽'이며(2:8~9), 정원에 흐르는 네 강줄기들은 비손(pishon), 기혼(Gihon), 티그리스, 유프라테스인데(2:10~14), 비손 강은 어디서부터 흐르는 강인지 알려져 있지 않다. 어쨌든 많은 구약학자들이 추정하듯이 에덴정원은 어떤 이상향의 유토피아가 아니라 구체적인 특정한 지점을 가리킨다. 궁켈 등 여러 학자들은 메소포타미아 지점을 가리킨다고 본다. 우리의 본문에서는 이 추정이 논의되지 않았다. 그 지점은 동북쪽 어느 높은 산이 있는 곳이라고도 추정된다. 그렇다면 그 지점은 중앙아시아 천산산맥을 끼고 동북쪽으로 또 메소포타미아의 수메르까지 뻗어 있던 동이족의 12환국, 천제가 다스리는 하늘의 나라를 가리키는 것 같다. 구약학자들은 그 환국을 몰랐지만, 에녹을 연결시켜 보자면, 여기서 이스라엘의 족장들 아브라함과 이사악을 황소로, 야곱을 양으로 표식한다는 것을 우리가 제시했다. 황소는 환웅천황의 상징(아마도 토템)이라고 알려져 있는데.

이 전설이 아마도 수메르-바빌로니아에 전해졌다고 추측된다. 즉 환국이 에덴정원, 야웨 하나님이 임재하고 거니시는 하늘나라의 모형이 아닌가 하는 생각이 든다. 어쨌든 에덴정원은 신화나 유토피아가 아니라 역사적 실재를 가리키는 표식이다.

그런데 에덴정원에서 아담과 이브의 불복종의 타락이 발생한다. 역사의 죄악의 시초가 거기에서 일어난다. 에녹이 악의 기원을 하늘의 천사들의 반란으로 묘사하는 것과 동일한 것으로 생각된다. J 설화에 의하면 야웨 하나님이 아담에게 정원의 모든 나무 열매를 따먹도록 허락하되, '선과 악의 지식의 나무' 열매를 따먹지 말라고, 그것을 따먹는 날에 죽으리라는 것이다(2:16~17). 피조물 뱀이 이브를 유혹하여, 따먹으면 눈이 밝게 열려져 하나님처럼 지혜롭게 되리라고 한다(3:1~5). 그 지혜의 나무는 수메르 문명권을 통하여 전해진 환국-배달국-고조선의 천문학적 지혜와 관련된 것 같다. 그 지혜는 이미 피조물 세계에 주어져 있으나, 창조자 야웨 하나님은 그 지혜의 원천이 이 피조물 세계를 넘어서는 하나님 자신에게서 발원한다는 것을 그 나무를 따먹지 말라는 금기명령으로써 표식한다고 해석된다. 그런데 인간이 따먹고 자신이 '신과 같이 되려고', 즉 창조자 야웨 하나님의 피조물 세계의 경륜의 지혜를 인간 자신의 것으로 만들고자 불복한다. 따먹지 말라는 야웨 하나님의 계명은 피조물 인간으로 하여금 그를 시인하게 하는 관계질서의 표식이며, 인간의 최초의 자유한 결단과 행위를 촉발시키는 계기이다. 결국 인간의 불복종은 그 관계질서 파괴와 야웨 하나님의 심판 아래서의 인간의 죽음을 예시한다. 아담과 이브는 결국 에덴정원에서부터 추방되고, 야웨의 구원의 은혜 아래서 인류역사의 시조로서 대두한다(창세기 3:22~24; 4:1).

죽음의 심판 아래서 피조물 우주와 인간역사를 초월하는 야웨 하나님이 결정적으로 계시된다. 하나님의 얼굴을 보고 살아남을 자가 없다는, 구약성서의 고백은 바로 그의 심판과 초월성을 토로하는 것이다. 그럼에도 불구하고 그의 한량없는 은혜의 구원의 경륜 아래서 인간역사가 존속하며, 저 동이족의 나라들이 멸망을 거듭하면서도 시공 안에서 존속한다는 사실도 그와 같은 신적인 은혜로운 경륜 아래서 궁극적 미래의 구원의 빛 아래 선다.

B.C. 8세기 이래의 예언자들과 B.C. 4세기 이래의 묵시론자들이 다 세계사적 민족들을 옛 이스라엘과 더불어 야웨 하나님의 심판 아래 세우면서, 그의 의롭고 아름다운, 에덴정원과 같은 나라에 모여들어 그를 찬양하리라는 비전들을 선포한다. 에덴정원은 여기서 예루살렘으로서 선포된다. 야웨의 날, 창조의 원시간에, 세상에서 최초로 세워진 환국-배달국-고조선의 세계사적 의의와 인류 최초의 문명권의 유산들이 그와 같이 궁극적 종말시간에 되살아나리라! 그러나 타락과 죄악에 결부된 민족들이 어떤 궁극적 혁명 없이 영원한 미래의 구원과 나라에로 되살아나지지 않으리라.

2. 바벨탑 붕괴와 야웨 하나님의 아브라함 선택

창세기 11장의 바벨탑 붕괴의 설화에 의하면, 온 땅의 '하나의 언어'를 말하는, 동쪽에서부터의 이주민들이 티그리스-유프라테스 강 사이 평야의 시날(Shinar) 땅에 정착하여, 거기에 '한 도시(神市)와 하늘 꼭대기 안에 이어지는 탑'을 세워 그들의 '명성'을 위하여, 온 땅에서 흩어지지 않도록 하자는 것이다(11:1~4). 그들의 하나의 언어는 아마도 수메르의 설형문자인 것 같은데, 동이족이 최초로 만든 문자는 사슴의 뼈로써 표식되는 녹도문자였다고 한다. 어쨌든 설형문자도 이와 유사했을 것이라고 여겨진다. 그 이주민들이 지니는 '명성'(name)은 아마도 하늘광명의 나라 환국의 배경을 가리키는 것 같다. 바벨(Babel)은 '신의 문'(*RSV* 주)을 의미하니, 하늘의 광명의 나라 환국의 명성을 의미하는 듯하다. '신의 문'이라는 바벨탑은, 하늘의 신의 나라 건설의 표식이며, 신과 천제의 합일 사상이 그 탑 건설의 중심에 있다. 그 합일성은 천지인 합일성을 대표한다. 그런데 야웨께서 그 건설현장을 내려다 보시고, "저들이 하나의 언어를 말하고, 이제 시작이지만, 저들에게 불가능한 것이란 없구나" 하시고, "저들의 언어를 혼란스럽게 만들어 서로서로의 말을 이해하지 못하게 하여 흩어지게 했다"는 것이다(11:7~9). '바벨'이라는 말과 유사한 히브리어의 '혼동하다'라는 말에 연결된 것 같다(*RSV* 주).

그 바벨탑 설화는 이스라엘의 족장 아브라함의 대두의 배후의 동이족의 수메르→셈족 앗카디아–바빌로니아 우주론적 문명권의 문제점을 부각시킨다고 생각된다. 구약학자들은 그 점을 전혀 고려하지 않는다. 그 설화는 야웨 하나님의 아브라함 선택과 소명이 수메르→앗카디아–바빌로니아 문명권에서의 하늘 숭배사상에 대한 반립이라는 전제라고 해석되어야 한다. '신의 문'을 의미하는 바벨탑 건설은 신과 같이 되려는, 하늘의 신권을 담지하는, 메소포타미아의 수메르의 신권 왕국 건설의 상징으로 계획된 것임에 틀림없다. 저 문맥에서 그 탑이 한 도시 건설과 결부되어 있다는 것은 B.C. 4000년경의 수메르 왕국 건설 계획을 암시한다. 아마도 그 도시는 우룩(Uruk)을 가리키는 것 같다(*ABD* Vol.4, 724~725에 의하면). 아주 오래전에 세워진 우룩의 왕국의 기원은 '신의 가족'(divine family)이라고 일컬어진 것 같다(725쪽). 그 기원은 환인의 나라 환국에 속한다는 것을 가리킨다고 추측된다. '신의 문'이라는 바벨탑은 바로 그 환국의 문이 아닌가. 그 탑 건설은 좌절되었다고 해도, 우룩 왕국이 세워졌다면, 야웨 하나님이 그 왕국 건설을 허락하시되, 그 왕국의 신권을 박탈했다는 것을 의미하지 않는가. 그것은 그의 구원의 경륜이다. 그렇다면 그 왕국의 존립 기원은 야웨 하나님 자신이라는 것을 암시하지 않는가. 어쨌든 그렇게 해석된다면, 신권을 담지하는 고대 근동의 왕족들의 왕권 개념의 변화의 가능성이 바벨탑 설화에 함축되어 있다고 생각된다. 바벨탑 건설의 좌절은 야웨 하나님이 저 이주민들의 하나의 언어를 분산시켜 언어가 근동의 다른 언어들의 대두를 암시하며, 저 이주민들의 하나의 언어가 상호소통의 문제에 직면하게 되었다는 상황에 관련된 것 같다. 어쨌든 바벨탑 건설이 언어소통 문제와 결부되었다고 추측해 본다. 그러나 바벨탑 건설의 좌절의 보다 더 근본적인 원인은 언어문제가 아니라 '신의 문'을 들락날락한다는 '신의 가족'이라는, 왕국의 신권 개념에 대한 야웨 신앙의 반립이다. 이 반립은 야웨의 혁명의 시초이다.

창세기 11장 바벨탑 설화에 이어지는 11:10~32에, 야웨 하나님의 아브라함 선택과 소명(12장) 이전에 아브람(Abram → Abraham, 어의는 다 아버지를 의미한다)의 족보가 제시되어 있는데, 아마도 아브람의 조상이 메소포타미아 수메르 문명권에 속한 셈족 앗카디아(Akkadia)계에 속한 것 같다. 앗카디아–아시리아–바빌로니아가 수메르 문명권을 계승했다고, 애굽, 페르시아, 그리스도 그 문명권의 영향을 받았다고 여겨진다. 아브람의 가족은 수메르 문명권에 속하는 바빌론의 갈대아인들의 우르시(Ur)에 살고 있었다(11:31~32). '신의 문'이라는 바벨탑 건설의 좌절이 하나님과 피조물 인간과의 동일화에 대한 야웨의 심판에 의해서 발생했으며, 그 부정적 심판은 메소포타미아의 수메르 문명권 전체에 해당한다고 해석되어야 한다. 창세기 12장에서의 아브라함 선택과 소명은 그러한 심판을 전제한 사건이다. 그러한 연관성의 맥락을 주목하지 않은 구약학자들의 바벨탑 설화 해석들은 아무러한 요점을 제시해 주지 않는다.

창세기 12장에서의 야웨의 아브라함 선택과 소명 기록은 이러하다. 야웨께서 아브라함에게,

> 네 고향, 네 친척, 네 아비의 집에서부터 떠나
> 내가 지시하는 땅(가나안)으로 가거라.
> 내가 네게서부터 한 큰 민족을 이루고,
> 내가 너를 축복하고, 네 이름을 위대하게 하리라.
> 네가 (다른 민족들에게) 축복이 되리니,
> 너를 축복하는 자들을 내가 축복할 것이며,
> 너를 저주하는 자들을 저주할 것이니,
> 너로 인하여 땅의 모든 가족들(민족들)이
> 자신들을 축복하게 하리라고 말씀하신다.(12:1~3)

민족들의 시원이 아브라함 선택과 소명에서 혁명적으로 구원사적으로 결정된 것이다. 야웨의 선택은 바로 그의 선행하는 자유를 전제한다. 이 자유는 모든 피조물들의 '무에서부터의 창조'(creatio ex nihilo)의 행위와 같이, 모든 피조물 자연과의 그의 초월적 구별성을 의미한다. 그의 선택과 소명은 바로 그의 자유한 자아계시 행위이며, 인간 아브라함과 민족들과의 혁명적 관계 설정의 행위다. 이어서 *RSV*는 11:30에 대한 주에서 메소포타미아에서부터 가나안 땅에로의 인구이동이 B.C. 2000년대 초에 일어났

다는 학자들의 주장을 말해 준다. 그런데 인구이동 현상이나, 친족들에게서부터 아브라함을 조상으로 한 민족 분화의 계기가 야웨의 선택과 소명의 의의를 해명해 주지 못한다. 아브라함에게서 이루어질 한 큰 민족은 단순한 민족분화의 현상이 아니다. 아브라함이 다른 민족들을 위한 야웨 하나님의 축복을 대표하는 보편적인 조상의 표식이 되리라는 새로운 시간·역사의 미래가 예시된 것이다. 땅에서의 '모든 가족들'은 아브라함의 혈족들만을 지칭하는 것이 아니다. 여기에 구원사적인 민족의 시원의 의미가 제시되어 있다. 이 새로운 구원사적 미래가 바로 인류 최초의 나라 환국의 동이족을 비롯한 모든 민족들의 미래다. 어떻게 B.C. 11~10세기경 다윗-솔로몬 왕국 시대의 야위스트가 그러한 보편 세계사적 민족 개념의 비전을 획득했는가? 야웨의 아브라함 선택과 소명이 야웨의 보편 세계사적 민족들을 위한 구원사적 축복의 표식이라는 야위스트의 비전은 수메르 왕국을 통해서 본 하늘광명의 나라 환국의 전통에서 발단한 비전이라고 추정된다. 이 추정은 물론 가설이지만, 가설이 사실일 수 있다. 에덴정원의 지점을 동북쪽이라고 명시한 야위스트가 환국에 관한 전설을 접했음에 틀림없다고 추측되며, 아브라함 선택의 보편세계사적 민족의 출현 예시에 그 전설이 전제되어 있다. 바벨탑 건설의 좌절을 배경으로 한 아브라함 대두의 역사적 의의가 그러한 추론의 근거다. 야웨의 아브라함 선택과 소명에서 발단한 보편 세계사적 민족들의 구원사적 미래가 판관기와 왕국시대뿐만 아니라 B.C. 8세기 이래의 모든 예언자들과 묵시론적 종말론에서 되살아나온다. 그러나 환국을 비롯한 동방의 천제 개념, 신과 인간의 동일화 개념은 바벨탑 건설의 좌절에서, 또 야웨의 아브라함 선택과 소명에서 배제된다. 그러한 동일화 개념은 '자연 즉 신'이라는 범신론과 이에서 파생되는 다신론의 모태이다.

아브라함에게서 출현할 '민족'은 구원사적 의의, 즉 모든 민족들에게 야웨 하나님의 축복을 증언하고 매개해야 할 사제적 의의를 담지하는 민족이다. 아브라함 선택과 소명에서 언급된 모든 다른 민족들은 어디에서 기원했는가? 저 인용 문구에 나타난 '가족들'이라는 말이 민족들과 동의어로 쓰여 있다. 그 민족들의 시원은 인류 최초의 나라, 동이족의 환국에 함축되어 있다. 환국이 동방광명의 하늘나라를 의미한다면, 민족들의 시원은 그 나라의 백성에 해당한다. 그 나라가 하늘의 광명에서 발원하고 땅 위에 발을 딛고 있다면, 그 나라의 백성도 그렇게 하늘과 땅을 통합해 가지는 존재이며 시간·역사를 산다. 이러한 천지인 합일의 의미는 야웨 하나님의 아브라함 선택과 소명의 말씀에도 함축되어 있다. 창세기 10장에 제시되어 있는 사제 P 문서의 민족계보도, 아브라함 선택과 소명의 말씀에 나타나는 민족들도 다 창조자·구원자 하나님의 구원의 경륜에서 존속하므로 신적인 기원을 함축하고 있다. 그럼에도 불구하고 인간은 저 환국의 천제 개념처럼 본질적으로 신성을 담지하는 존재가 아니다. 환국의 천제도 민족들도 참된 초월적인 창조자·구원자 하나님을 자신들이 상상적으로 신격화시키는 우상들과 구별하지 못하기 때문에, 야웨 하나님의 아브라함 선택과 소명이 필요하다. 아브라함에게서 발원하는 '민족'은 민족들에게 혁명적인 새로운 의미를 함축하고 있으니, 창조자·구원자 야웨 하나님의 피조물 세계와 역사와 구별되는 초월성 계시이다. 이 점에서 아브라함으로부터 출현할 민족과 다른 민족들이 근원적으로 또 궁극적 미래에서 만나게 되리라.

3. 출애굽 이스라엘 백성, 야웨의 백성의 나라

출애굽 사건의 맥락에서 야웨께서 이스라엘을 '내 백성'이라고 호칭하면서, 모세로 하여금 애굽의 왕 파라오에게 가서 '내 백성을 가게 하라'고 선언하게 하신다. '야웨의 백성'이라는 호칭은 파라오에게 예속된 이스라엘 백성을 구원자 야웨 하나님이 파라오에게서 탈취하여 하나님 자신의 백성으로서 자유하게 하는, 하나님의 선택함을 받은 백성이라는 것을 의미한다. 이 백성은 아브라함–이사악–야곱의 후손으로서의 민족을 가리킨다. 이 해방된 백성은 천지인 합일과 같은 인간 자체의 자연본성에서 성립되는 혁명적인 개념이 아니라, 전적으로 구원자 야웨 하나님의 한량없이 은혜로운 선택과 관계 설정에 의해서 성립되는 해방된 백성이다. 이 백성은 출애굽 사건의 맥락에 정초되어 있으며, 판관기–왕국시대–예언 전통의 백성이다. 이러한 백성의 대두는 세계사적으로 최초의 혁명일 것이며, 말하자면 우리의 민족·민중의 역사 혁명적 패러다임에 해당되는 주제이다. 이 주제가 야웨 하나님에게서 발원하는 혁명적 민족 개념의 시원이다. 이러한 의미를 담지하는 '야웨의 백성'은 환국의 천제, 즉 하늘의 광명의 나라의 신에게서 발원하는 천제 개념에 반립이면서 새로운 미래에로의 정립이다. 이 반립이 역사 혁명 민족 혁명의 시발점이다.

저 동이족은 어디에서 발원하는가? 인류 최초의 나라, 환국의 환인(桓因) 천제에게서 발원한다. 그 나라도 선천개벽이라는 혁명적 의의를 가진다. 황량한 중원 동북·서북에서 이리저리 질서없이 헤매던 원시 민생들이 하늘 천제의 고귀한 교화(敎化)와 치세(治世)에 의하여 천지 간의 무한 공간에서 복된 영원한 삶을 살게 하는 환인 천제가 동이족의 시원이다. 환국의 출현은 석기시대를 최초의 인류 문명의 정치사회에로의 변혁을 이루어내고 새 시대를 열어놓았다. 환국의 천제라는 뜻은 땅 위의 모든 나라들과 백성들이 하나님에게서 발원한다는 인류 최초의 우주론적 직관의 역사적 주체라는 것을 의미한다. 이스라엘 백성의 출애굽 해방의 구원사적 출발점은 저 환국의 출발점으로서의 천제와 달리 노예화된 이스라엘 백성의 해방의 역사로서 시작한다는 점에서 환국의 출발점과 왕권체제를 비롯한 애굽의 왕권체제에 반립한다. 반립에도 불구하고, 나라들과 백성들 혹은 민족들의 시원이 신성을 본유하는 천제 혹은 창조자·구원자 하나님에게서 발원한다는 직관에 있어서 동일한 것으로 보이며, 이에서 이스라엘의 구원사적 출발점이 저 우주론적 천제 혹은 동방-근동의 신적인 왕권 개념을 반영한 것처럼 보인다. 어디에 그 양자의 상호 반립적 구별점이 있는가? 천제 혹은 제왕 개념이 이스라엘의 창조자 하나님 개념과 다르다. 이미 지적했듯이 동방-근동의 천제-제왕은 자연 본성적으로 신성을 본유한다고 생각됨으로써 신권을 행사하여 절대적 통치권력을 전횡하고 백성들을 임의대로 처단하고 노예화시킬 수 있으며, 실제로 그랬다. 환국이나 수메르 왕국에 노예제가 있었다는 보도는 없으나, 신적인 천제나 제왕은 역사의 죄악에 대한 판별력과 심판의 능력을 근원적으로 약화시키며, 근본적인 정치 사회혁명이란 여기서는 일어날 수 없다. 구원사와 예언 전통, 묵시론적 종말론에서 심판자 하나님의 초월성과 그의 궁극적인 종말적 구원의 나라의 도래와 같은 구원사 전통은 세계사적 역사일반에서 발견되지 않는다. 초월적 하나님은 하나님 자체를 의미하며, 동시에 모든 역사적 죄악을 변혁하고 새 미래에로 초월하는 동력이다. 다시 말해서, 초월적 하나님 신앙은 모든 역사혁명의 동력이다.

동이족의 환국은 많은 부족들을 통합한 민족의 시원으로서, 또 출애굽 이스라엘을 주축으로 가나안 땅의 이스라엘 부족들과 타부족들을 포함하여 이루어진 바 인류 최초의 민족·민중혁명을 이루어낸 이스라엘 민족은 모든 민족들의 혁명의 패러다임이다. 이 양대 역사적 실체들이 오늘의 우리 남북의 분단 상황을 넘어서는 통일문제에 대한 해답을 위해서 어떠한 의미를 가지는가? 그 양대 역사적 과거는 아주 먼 과거이지만 과거로 사라져 버리지 않고, 묵시론적 종말론의 비전, 특히 1 에녹과 4 에즈라에서처럼, 궁극적 미래에로 우리가 알게 모르게 되살아 나온다. 우리가 고찰한 1 에녹, 다니엘, 4 에즈라의 비전들에서 모든 역사의 마지막 날의 죽은 자들의 부활과 야웨 하나님의 심판의 의미는 오늘 우리의 통일 과제에서 필연적으로 만났다. 통일문제에 대한 해답은 민족분단에 결부된 민족 개념의 새로운 정립과 이념 문제 해결을 필요로 한다.

일반적으로 통일문제는 그리스도교와 신학 없이도 해결될 수 있다는 생각은 단적으로 말해서 인식 부족이다. 이 때문에 나는 통일신학을 논해왔는데, 남한교회의 뿌리 깊은 반공·반북 노선에 대한 비판 작업에 주력했으나, 비판의 성서적·신학적 기초 작업이 늘 부족했던 것이다. 우리의 본론에서의 이스라엘 구원사의 의의에 대한 모든 논의가 민족통일의 성서적 기초 작업의 첫 부분에 해당한다. 또한 민족 개념 정립을 위한 필자의 노력도 이 기초 작업에 포함되어 있다. 민족 개념은 우리 민족의 역사에서부터 도출되어야 한다. 그래서 필자는 1974~76년 유럽에서 주로 마르크스의 역사혁명론을 연구한 이후 76년 봄에 귀국하여, 우리 동시대의 국사 연구서들에서 민족 개념과 민족의 시원을 탐색했으나 허사였다. 더욱 실망했던 것은 국사학자들이 일반적인 민족 개념을 서양 근현대사의 민족국가들에서 발단한 것으로 추정한다는 사실이다. 그 민족국가들은 18세기 이래의 서양 자본주의 발달과 식민지배의 주역들이다. 오늘의 우리 한민족·조선민족과 같은 피지배 식민지 민족은 그러한 서양 민족 국가들의 민족 개념의 틀 속에서 설명될 수도 없고 또 되어서도 안 된다는 것을 한국 사학자들이 모를 리 없는데, 왜 우리 민족을 서양 식민주의 지배민족 개념의 틀에 결부시켜 보는지 참으로 의아스럽다. 나는 오랫동안 한민족, 조선민족의 시원을 찾으려는 생각을 보류하고, 통일신학을 위한 민족 개념을 민족 근현대사에서의 항일독립운동을 주축으로 또 피지배 민족들의 반제·반자본주의 해방운동들에서부터 정립하고자 했다. 그러나 민족 개념 규명의 부족함을 늘 절감했던 것이다. 지적해 둘 것은 남한에서의 '외눈박이' 진보주의자들이 민중해방과 평등권을 내세우면서도 민족해방(NL)과 절박한 통일의 과제를 몰이해할 뿐만 아니라 '민족'이란 마르크스-레닌주의 혁명에서 극복되어야 할 부르주아 계급에 속하는 단계로서 규정하는 서양 근현대 부르주아 자본주의 국가들과 피억압 민족과 민족들을 동일시하고, 우리 민족의 비극적 분단 상황의 심각성에 대한 몰인식 때문에 진보진영의 분열을 야기시킨다. 민족해방(NL)은 민중 평등권(PD) 실현을 포괄하며, 민족·민중은 민중의 총체성과 역사성을 포괄하는 불평등한 자본주의적 지배세력에 대한 변혁의 주체력을 대표하는 의식화된 민주적 대중이다. 남북의 통일 없이는, 우리 민중은 분단의 원흉 미국을 비롯한 지배세력의 쳇바퀴 안에서 돌고 돌면서 민중 평등권을 외치며 허공에다 주먹질하는 격이다.

이제 우리의 민족·민중의 역사성을 생각해 보자. 1976년부터 필자가 한국신학의 주제로서 통일신학 강연들을 전개하기 시작했을 때 민족 개념 규명과 이념 문제 해명을 풀어나가고자 했을 때, 아주 막막한 문제가 민족 개념 규명이었다. 우선 항일 민족독립운동을 민족 개념의 출발점으로 생각했으나, 우리 민족의 자주 통일의 필연성이 어떤 근거에서 설정되어야 할 것인가 하는 물음은 우리 민족의 시원을 확인할 필요가 있는데, 앞에서 언급했듯이 필자는 오늘의 한국 역사가들에게서 민족 개념을 확인할 수 없었으며 공백으로 남겨둔 것이다. 민족의 대두는 어느 역사적 출발점에서 존속해 왔는가? 우리 민족은 신석기 시대에 대두한 동이족의 환국시대 이래 흥망성쇠 멸망과 재기를 거듭하는 변천과정에서도 명맥을 지탱해 온 은혜로운 역사적 실체라고 생각된다. 인류 최초의 나라 환국에서 인류 최초의 백성·민족이라는, 여러 씨족들과 여러 부족들의 통합체로서의 민족이 대두했을 것이다. 그러한 환국의 실체는 인류 최초의 민족 혁명이다. 그러한 민족이 오늘의 우리의 민족의식에 함축된 삶의 동력이다. 옛 어른들이 말하지 않던가. "조상의 은덕으로 후손이 산다"고. 그래서 제사를 드리는 것이다. 민족의 생존은 조상에게서 받은 것이다. 생명이 창조자 하나님으로부터 받은 것이니, 조상은 그것을 매개한 것이다. 그러므로 민족의 운명은 천명이니, 필연의 운명이라는 것이다. 왜 우리의 항일독립운동선열들이 목숨을 걸고 투쟁하였는가. 민족의 운명의 필연성을 우리는 저 환국의 천제 개념과 역사성에서 배운다. 우리의 항일민족선열들은 그러한 역사를 살아냈다. 그러나 민족은 민족 조상의 은덕으로 저절로 존속하지 않는다. 역사적 존속성은 미래로부터 현재에로 도래하는 시간에 의해서 가능하며, 미래시간은 모든 과거에서부터 저절로 주어지는 것이 아니다. 과거는 이미 시간이 아니다. 미래가 현재에로 도래하기 때문에 과거의 시간성을 가지는 역사가 있다고 기억되고, 기록되고, 미래에도 존속한다고 생각될 수 있다. 태초의 원시간과 미래의 종말시간, 즉 창조자·구원자 하나님의 시간은 늘 동시성을 가지는 현재의 시간이다. 그런데 태초의 원시간과 종말시간이 피조물의 시간을 과거에서 미래에로 열어주며 피조물의 시간이 현재로 왔다가 사라지는 공허한 것이 아니라 실재성을 가지고 존속한다. 그렇기 때문에 B.C. 7000여 년 전에 건국된 동이족의 환국이 시간적 실재성을 가진다고 『환단고기』가 제창하는 것이며, B.C. 1250년경에 일어난 이스라엘 백성의 출애굽 해방도 시간·역사적 실재성을 가진다. 원시간과 종말시간, 처음과 나중을 주관하는 창조자·구원자 하나님의 시간의 실재성이 피조물의 시간이 실재성을 가지게 한다. 그러한 시간·역사의 실재성의 근거에서 우리는 우리 민족, 한민족 혹은 조선민족의 통일의 과제의 필연성을 생각한다. 우리의 민족의식과 그 실재성은 긴긴 역사적 산물이며 우리의 운명이다. 그러한 운명이 알든 모르든 필연성으로서 우리의 민족의식에서 작용한다. 우리의 민족적 운명이 분단상황을 변혁하고 넘어서지 못한다면 동이족의 긴긴 역사가 놀랍고 은혜롭다고 해도 그 의의는 과거사라는 데서 정지된 채 머물러 있을 것이다. 또 주목할 것은 이스라엘 백성을 노예화한 애굽의 왕권은 저 환국의 천제와 동일선상에 있으며 이스라엘 백성의 출애굽 해방의 사건은 애굽의 왕권과 더불어 모든 근동의 왕권을 해방자 야웨 하나님의 심판 아래 세운다. 그럼으로써 애굽을 비롯한 모든 왕국들의 왕권의 변혁을 위한 미래가 주어진다. 오늘의 우리 민족에게도 똑같다. 사실상 우리의 민족통일의 주제가 이미 민족·민중혁명의 요인을 함축하고 대두한 것이다. 필자는 1970년대에 민족·민중혁명이라는 주제를 단재 신채호 선열의 '조선독립선언'(1923년)에서의 '민중직접혁명'이라는 선언에서 발견한 것이다. 그 선언은 민족의 자주독립이 '민중직접혁명'이 없이는 불가능하다는 것을 의미한다. 단재의 그러한 절규는 소련 혁명의 파장과 영향력을 반영한다. 단재에게 있어서 민중은 곧 민족이다. 그러한 혁명적 민족 개념이 여러 가지 양식으로 항일운동 선열들에게서 발단했다. '노예의 집 애굽에서부터의' 출애굽 이스라엘의 구원사적 사건에서 그러한 혁명적 민족·민중 개념이 대두했으며, 그러한 구원사가 모든 역사의 혁명의 패러다임으로서의 의의를 가진다면 특히 남한의 통일운동권에서 대두한 '민족민중민주혁명'(NLPDR)이라는 주제의 근원적 토대가 아닌가. 칼 마르크스는 민족해방의 주제를 직접적으로 고려하지 않았다고 해도 그의 물질적 역사혁명론은 민족민중민주혁명의 초석을 놓았다. 그가 유대인들을 자본주의적 황금숭배자들이라고 공격한 사실은 그가 출애굽 사건과 가나안 땅에서의 땅의 혁명 전통의 후예라는 역사적 과거와 무관하지 않다. 그와 같이 우리가 근현대의 세계사적 민족·민중의 변혁의 의의를 까마득한 과거 환국의 동이족을 비롯한 모든 민족들을 포괄해서, 이스라엘 백성의 출애굽 해방과 예언자들과 묵시론적 종말론에 연결하여 세계의 모든 시간·역사의 혁명적 새 미래를 투사할 수 있게 하는 비전은 한 분 창조자·구원자 하나님의 구원사적 경륜에 대한 현재적 역사 신앙에서 가능하다. 창조와 역사의 한 분 하나님의 주재권은, 오늘의 혁명론자들이 생각하듯이, 불평등과 계급들을 산출해내는 자본주의 세계지배 세력들의 원천이 아니라, 이 세력들을 넘어서는 세계사회의 평등을 실현해 내는 구심점이다.

4. 고대 왕국들의 긍정성과 부정성, 종말적 하나님의 나라

종말적 '하나님의 나라'는 특히 다니엘 묵시록의 일관된 주제이다. 1 에녹의 묵시록에서의 '하늘 보좌'도 하나님의 하늘나라의 실재성을 가리킨나. 4 에즈라에서의 '하늘의 예루살렘' 비전 영상도 하나님의 임재의 영원한 도성으로서 그의 나라의 실재성을 증언하는 양식이다. 에즈라에게 땅의 예루살렘은 텅 빈 공터로 남아 있다. 하늘의 예루살렘이 다시 내려올 수 있는 미래를 열어둔 것이다. B.C. 8세기 이래의 예언자적 종말론도 모두 종말적 하나님의 나라의 성취를 여러 양식들로 대망한 것이다. 모세의 중재에 의한 시나이 계약법도 이스라엘 백성의 나라를 함축하고 있다. 왕권 통치를 폐지하고 세워진 판관기 시대의 '야웨의 백성'의 나라도 야웨의 왕권을 전제하고, 적대적인 여러 나라들의 위협에도 불구하고 200년 동안이나 존속한 나라이다. '야웨의 백성'의 나라는 인류 역사상 애굽의 왕국·제국의 왕권과 고대 근동 일대의 왕국들의 왕권에 반립했으며 야웨 하나님의 심판 아래서 비로소 동방의 왕권제의 부정성을 제기했다는 사실이 판관 기드온(Gideon)에게서 드러난다(판관기 8:23). 많은 구약학자들이 이 부정성을 열왕기 시대 이후의 DH(신명기적 역사)의 반 왕정적 자료라고 추정함에 반하여 우리는 그 부정성이 판관기 시대의 전반에 전제된 것이라고 논했다. 그 부정성은 오직 야웨께서 이스라엘 백성을 다스리신다는 전통적 신앙을 전제하고 있으니(판관기 8:23) 즉 왕권의 긍정성은 근원적으로 창조자·구원자 하나님의 은혜로운 자유한 허락으로 성립한다. 그러한 긍정성과 부정성은 모두 처음부터 DH의 구원사관의 주제이다. 판관기 시대에서부터 이스라엘 왕국시대에로의 전환을 수행한 판관 사무엘에게서 왕권의 부정성과 긍정성이 제시되어 있다(사무엘상 8장). 이제 야웨 하나님의 순전한 은혜로 이스라엘 백성에게 왕권통치가 허락된 것이다. 어떠한 의미에서 허락된 것인가? 다윗 왕을 가리켜 시편 110:4은 "너는 멜기세덱(Melchizedek)의 질서에 따라 영원한 사제이라"고 언명한다. 우리는 나중에 신약 편에서 이 주제를 상론할 것이며 우선 이스라엘에게 주어진 은혜로운 왕권의 의미를 지적해 말하자면, 다윗의 왕권은 영원한 사제 직분이니 즉 야웨 하나님의 왕권을 모든 민족들에게 중재하고 증언하라는 계명에서 세워진 왕권이다. 110:5 이하를 보자면, 그 왕권의 사제적 의미는 민족 국가들에 대한 야웨 하나님의 부정적 심판을 대행하라는 것이다. 그런데 이 부정적 심판은 이미 창조자 하나님의 긍정적인 은혜로운 허락에 의해서 존립해온 민족국가들의 왕권체제를 전제하고서, 그들의 불의한 '왕들을 야웨의 분노의 날에 산산조각내라'는 것이다(110:5~6). 다윗·이스라엘 왕권을 매개로 한 하나님의 그러한 부정적 심판은 다른 민족국가들의 변혁과 새로운 미래를 도래하게 하는 계기이다. 그것이 다윗·이스라엘 왕권의 사제적 중재 역할이다. 역으로 후기 B.C. 587년 바빌론의 느부갓네살을 통해서 남유다 왕국을 멸망에 이르게 한 계기도 묵시론적 종말론에서 세계사적으로 이스라엘 민족과 세계의 민족들에게 도래할 혁명적인 하나님의 의로운 최후의 나라의 비전과 선포의 계기가 된다.

저 환국의 나라, 하늘의 광명의 나라 전통의 이념, 땅 위의 백성들의 교화(教化), 치화(治化), 홍익인간이라는 이념은 놀랍고 은혜로운 이념으로서 동북방과 근동에 널리 전파되어 있음에 틀림없으며, 이스라엘의 바빌론 포로기를 배경으로 한 1 에녹, 다니엘, 4 에즈라의 궁극적인 종말시간에 도래할 하나님 나라 비전의 소재로서 작용했다고 추정된다. 묵시론적 종말적 하나님 나라 비전은 하나님의 전적으로 새로운 미래시간에 해당하는 비전이지만, 역사적 지평에서 여러 가지로 작용했음에 틀림없다. 종교사학파의 영향권을 반영하는 현대의 많은 구약학자들이 다윗 왕권을 비롯한 이스라엘 왕국이 아주 오랜 동방국의 신적인 왕국·왕권 개념과 '공통적인 근거(common ground)'를 가진다는 주장을 필자는 본론에서 부정했는데, 필자의 그러한 부정을 좀 수정해야 할 것 같다. '공통적 근거'가 있으나 모든 왕국들의 변혁의 필연성이 문제의 초점이다. 그러나 그 학자들은 이스라엘 왕국의 왕권 개념의 혁명적 새로운 측면을 대체로 간과한 것이다. 게다가 그들이 고대의 그러한 왕권 개념을 총체적으로 신화라고 규정한 것은 특히 구약의 구원사 전통과 묵시론적 비전들의 역사신학적 이해를 혼란스럽게 한다. 그렇게 간주하는 것은 구원사와 예언 전통의 야웨신앙과 묵시론적 종말론의 궁극적인 하나님 나라 비전을 다 인간의 상상물인 신화들에로 해소시켜 버리게 된다. 묵시론적 비전들은 하나님의 객관적 실재성을 전제하고 있으므로, 신화가 아니라, 역사신앙에서 가능하다. 이어서 특히 묵시론적 종말론의 신화적 해석에 대한 필자의 비판은 본론에서 충분히 해명되었다고 생각한다. 여기서는 묵시론적 종말론에서의 하나님의 나라 개념의 세계사적 배경으로서의 동이족의 환국에서 발원한 나라와 천제 개념이다. 이미 지적했듯이, 환인 하늘님·하느님의 나라의 천제는 모든 나라들과 민족들이 야웨 하나님에게 속한다는 이스라엘 구원사적 직관과 동일하다. 그런데 어디에서 이 양자가 결별하는가? 천제는 '유일신'이며 동시에 하늘을 비롯한 우주 자연과 동일화되는 데 반하여 이스라엘 구원사적 야웨 하나님은 피조물 우주자연과 구별되는 초월적 하나님이다. 구약성서 전통의 유일신 신앙은 바로 그 초월성의 표식이다. 이에 반하여 저 천제 개념은 범신론의 가능성을 촉발시키며, 동시에 개별 자연사물들에 따라 다신들을 대두하게 한다. 이스라엘 왕국을 포함해서, 하나님의 은혜로운 왕권을 부여받은 세계의 왕국들이 신권을 자신들의 본래적인 권리인 것처럼 자신들과 동일화하여, 백성들을 자신의 임의대로 부려먹고 노예화시키는 죄악에서, 구원사적 전통에 있어서 모든 왕국들과 왕권을 야웨 하나님의 심판 → 종말적 심판 아래 세울 때에, 그의 초월성이 예리하게 부각된다. 저 위대한 환인의 환국-환웅의 배달국-환검의 고조선도 모두 어떤 대내외적 계기들에 의해서 멸망했다. 우리는 그 계기들을 해명할 수 없으나, 어쨌든 구원사와 예언 전통에 의하면 야웨 하나님의 심판 아래서 멸망한 것이다. 구원사와 예언 전통에서는 그러한 신적 심판이 일관되게 주제화되어 있으며, 묵시론적 궁극적 종말론에서 세계사를 관통하여 철저하게 주제화한 데 반하여, 환국을 비롯한 세계사에서는 그렇지 않다.

그러한 심판에서 피조물 세계 역사를 초월하는 하나님의 타자성과 구별성이 부각된다. 바로 그의 초월성·타자성이 역사혁명의 동력이다. 고대 근동과 동방의 나라들에서 신성 혹은 신적 통치권능을 대표한 왕권은 타자로서의 초월적 의로운 하나님의 심판 아래 서지 않으니, 그 왕권 자체가 신적 권력과 동일화하기 때문이다. 통치자 자신이 그의 나라의 불의의 원천이 된다. 권력을 장악한 인간 통치자는 피통치자들을 기만하고 착취하여 자신을 정당화한다. 보도에 의하면, 인류 최초의 나라 환국이나 수메르 왕국이 노예제를 실시했다는 증거가 없다고 전해진다. 그 나라의 천제가 우주의 유일신이 모든 나라들의 최고의 통치자라는 동이족의 직관은 원초적으로 이스라엘 구원사적 왕권 개념에 함축되어 있으나, 천제가 하늘의 광명을 비롯한 우주 자연과 합일한다는 천지인 합일 개념의 대표적 표상, 아시리아와 바빌론 종교문화에로 이어졌다고 생각되는 그 천제 표상에 반하여, 바빌론의 우주론을 반영한다는 창세기 1장 P 문서는 그 우주론과 결정적으로 구별되니, 즉 하늘의 광명이 첫 피조물이라고(1:3) 선포한다. 여기서는 창조자 하나님은 하늘 광명과 우주자연을 초월한다. 다시 말하거니와, 모든 역사의 죄악에 대한 심판자 하나님은 우주자연과 역사를 초월하는 실재이며, 그의 종말적 시간에서 이루어질 그의 나라는 모든 나라들을 변혁하는 새 나라의 동력이다.

이제 민족과 나라 개념의 시원과 종말적 의미를 집중적으로 짚어볼 차례다. 이스라엘 민족과 나라의 시원은 출애굽 전통에서 발단하는데, 창조자·구원자 야웨 하나님의 이스라엘 백성 선택과 노예의 집 애굽에서부터의 구원, 이 백성과의 계약관계라는 관계질서 설정에 의하여 역사적으로 발단하며, 묵시론적 종말론에서의 하나님 나라는 그러한 관계질서의 완성을 의미하며, 세계사적 민족들과 나라들의 종말론적 혁명의 미래를 가리키는 동력으로서 파악되어야 할 것이다.

그런데 동이족의 환국이 인류 최초의 나라이며 세계의 민족 형성의 시원이라면, 동이족의 환국이 땅 위에 흩어져 있던 원시 세계에서의 혁명이 아닌가. 우리의 동학사상과 STB(상생방송국)가 주창하는 증산도에서의 '선천개벽'(先天開闢) 사상이 바로 인류 최초의 혁명에 해당한다고 생각된다. '선천'이라는 개념이 '천제' 개념과 마찬가지로 우주론적 범신론의 문제를 야기시키는 데 반립해서, 저 이스라엘 구원사적 '야웨의 백성'의 나라가 대두하지 않았겠는가. '야웨의 백성'의 나라는 물론 직접적으로 애굽이라는 제국에 반립하여 대두했지만, 근동의 여러 왕국들에 반립한 것이다. 야위스트와 문서들을 전제한 신명기적 역사(DH)가 근동에서 전해진 수메르 문명권의 원류인 동이족의 환국의 전설을 들었음에 틀림없으니, 우선 아브라함 선택과 소명이 메소포타미아의 수메르 민족의 근동에로의 이주와 바벨탑 건설에 반립해 있기 때문이다. 그러나 구원사와 예언 전통들이 단순히 반립한 것이 아니니다. 심판 아래 세운다는 것은 그의 종말적인 구원과 나라를 이들에게 중재하는 사제적 의의를 담지한다. 그렇기 때문에 묵시론적 종말론은 이스라엘 백성과 더불어 그들이 다 영원한 예루살렘에로 모여와 한 분 하나님을 경배하리라는 계시의 비전들을 본다. 그러한 묵시론적 비전들이 멀고 먼 과거의 신화에 불과한가? 그러한 해석은 구원사와 예언 전통의 의미를 완전히 상실해 버리고 만다.

북조선·조선인민공화국의 주체사상에서의 '영원한 우리 민족'이라는 민족 개념의 의미가 무엇인가? 북조선의 사회주의 체제는 마르크스–레닌주의에 의해서만 해명될 수 없다. 거기에는 '영원한 우리 민족'이라는 요인이 지배적이다. '영원한 우리 민족'은 김일성 주석을 비롯한 항일혁명 투쟁의 선열들의 민족해방 쟁취와 사회주의 체제 설정에 입각해서 획득된 실로 역사혁명적 개념이다. 마르크스–레닌 혁명의 계기가 그러한 민족 개념에 내포되어 있지만, 그러한 민족 개념은 그들의 혁명사상에로 환원될 수 없는 것이다. 그러한 '영원한 우리 민족'의 개념은 원천적으로 남한 사회에 묻혀 있는 항일민족해방운동의 선열들에게도 해당된다. 그런데 남한사회는 친미·친일 자본주의 세력 아래서 우리의 선열들의 영원한 민족사적 의미가 혼탁해져 있다. 그와 같이 우리 민족이든 다른 민족이든 민족사에서 민족의 운명을 결정하는 결정적인 사건이 일어난다면, 그와 같은 영원한 의미를 획득할 수 있다. 그런데 그러한 영원한 의미는 창조자·구원자 하나님의 영원한 시간에 관계되어 있다는 사실이 시인되어야 하리라. 어쨌든 '영원한 우리 민족'이라는 개념은 이스라엘의 출애굽–시나이계약–가나안 땅 점령–땅의 혁명과 같은 역사가 영원한 의미를 담지한다는 역사신앙과 동일선상에 있다. 김일성 주석은 북조선 체제를 지탱하는 구심점이기 때문에 그가 추앙될 수밖에 없다. 역사적으로 그 체제는 그렇게 지탱한다. 김일성 주석을 필두로 한 북조선 인민의 주체의식, 미국을 필두로 한 한·미·일의 거대한 압박과 핵전쟁 위협에 맞서온 민족 주체의식은 장장 9천여 년의 동이족의 역사적 산물임에 틀림없다. 수메르를 포함한 12 환인천제의 환국도, 환웅천자의 배달국도, 환검천손의 고조선도 다 우리가 추적할 수 없는 대내외적 죄악의 문제들에 의해서 붕괴했을 것이다. 그럼에도 불구하고 우리 민족의 '남은 자'들의 긴긴 역사적 존속은 남·북, 남조선·북조선 민족의식에 현재 살아있음에 틀림없으며, 그 과거역사가 우리의 항일 선열들과 현재의 우리의 통일의지의 동력이다. 통일은 우리 역사의 필연이고 운명이다. 고구려와 신라와 백제가 '삼한일통'(三韓一統)을 외치면서 중원 북방으로 뻗어 나가야 한다는 줄기찬 민족의식은 동이족의 역사의식의 명맥이다. 우리 민족의 그러한 역사의식 때문에 항일 민족 독립운동의 선열들이 목숨을 걸고 투쟁했으며, 분단의 멍에를 짊어진 장기수들이 20~40여 년 동안 남한의 감방에서 혹독한 시련 끝에 무수한 생명들이 죽어나가기도 했으니, 온 청춘을 민족제단에 바친 것이다. 그러한 민족은 궁극적 미래의 하나님의 나라에서 되살아날 것이다.

5. 시간과 공간, 창조자·구원자 하나님과 피조물 세계와의 관계질서

시간·공간은 하나님 자체 내의 영원한 관계질서의 차원이며, 피조물 세계와의 관계질서의 원천이다. 시간·공간의 차원 없이는 우주와 역사가 성립할 수 없다. 하나님 자체 내적 시공의 관계질서는 바로 삼위일체 하나님 존재의 차원인데, 이 주제는 신약성서에서 예수 그리스도 사건의 역사적 맥락에서 고찰될 것이다. 구약성서 편에서는 주로 창조자·구원자 하나님의 피조물 세계와의 관계질서 설정, 즉 이스라엘의 시간·역사가 고찰된 것이다.

그의 피조물 세계와의 관계질서 설정의 양식을 재확인하자면, 예언자 전통에서 부각되는 바, 하나님은 '처음과 나중'(the first and the last) 혹은 창조의 원시간(Urzeit), 원공간(Urraum, 예컨대 에덴정원)과 종말시간(Endzeit에서의 그의 구원과 하나님 나라) 사이에서의 우주와 역사의 존속의 시간성 '올람'의 두 기둥 축들(two poles)이 우주와 인간 역사의 생동과 존속의 원천이다. 그 두 기둥축들 사이에서 구체화되는 시간들과 공간들은 헤아릴 수 없다. 그 시간들과 공간들의 현상들이 영원한 창조자·구원자 하나님 자신의 무한시간·무한공간에서부터 발원하기 때문이다. 무한한 것처럼 보인다. 그렇기 때문에 호킹(Stephen Hawking)과 같은 물리학자는 우주가 유한한 것처럼 또 영원하다고 말하기도 한다. 그러나 우주의 별들이 생성하기도 소멸하기도 하고 변천한다는 것은 우주가 본질적으로 유한하다는 것을 암시한다. 그것들의 존속이 창조자·구원자 하나님의 자유한 결정에 달려 있으며, 피조물 우주와 인간이 결정하지 못한다. 4차원·3차원 시·공이, 즉 현대 물리학의 4차원 공간 개념은 우주 사물들의 움직임과 관계의 기본 측정에 해당하지만, 우주 사물들과 특히 인간역사의 시·공의 관계질서는 저 원시간과 종말시간이라는 두 기둥 축들 사이에서 구체화되고 한정되고 유한하다. 예컨대 창세기 1장 설화에서의 6일 창조가 제7일의 창조자 하나님 자신의 날에 의해서 한정되고 존속한다. 제7일은 6일 창조와 인간들의 한정된 시간의 시작이며 끝이다. 제7일을 축으로 한정된 6일이 반복 존속한다. 제7일이 예언자 전통에서의 '야웨의 날'에 해당한다. 이 경우의 '야웨의 날'은 주로 종말적 심판의 날인데, 묵시론적 종말론의 비전 영상에 의해서 태초의 창조의 원시간부터의 모든 시간을 재포착하는 종말적 심판의 날로 부각된다. 모든 날들이 창조자·구원자 하나님의 날이지만, 모든 날들과 구별되는 그의 날은 그를 모든 피조물들과 구별하는 그의 초월성과 모든 피조물과 역사의 주재권을 계시하는 날이다.

저 원시간과 종말시간 혹은 '야웨의 날' 혹은 '처음과 나중'이라는 두 기둥 축들에 의하여 모든 피조물들의 시간·공간이 한정되어 개체화한다는 것을 현대적 개념으로 표현하자면, 시간은 과거 → 현재 → 미래에로 선후 계기하는 시간성(Nacheinander-Zeitlichkeit, successive temporality)으로, 공간은 피조물들의 상호관계 혹은 사회관계의 상호적 공시간성(Miteinander-Zeitlichkeit, Co-temporality)으로 표식될 수 있다. 계기하는 시간들 사이에도 마찬가지로 공간들이 들어 있다. 사회 관계의 공시간성은 우선적으로 관계의 공간 차원이다. 계기하는 시간성에 관해서 부가해 말해 둘 것은 과거–현재–미래의 계기는 미래가 현재에 도래하기 때문에, 우리가 역사적으로는 과거 → 현재 → 미래 순으로 말할 수 있다. 우리의 과거는 이미 사라진 것이므로 현재와 미래의 시간을 산출할 수 없으며, 미래가 현재에로 도래하기 때문에 과거에서부터 현재에로 이어질 수 있으며, 미래에로의 존속의 의의가 설정될 수 있다. 그러니까 미래시간이 피조물들의 시간의 원천이다. 미래시간이 어디로부터 오는가? 순환적으로 움직여, 날이 교체되게 하는 천체계가 피조물들과 역사의 시간의 원천은 아니다. 피조물 우주가 시간의 원천일 수 없다. 천체계의 규칙적인 순환운동은 피조물들과 역사의 시간과 존속의 측정을 위한 척도를 우리에게 제공하지만 시간과 존속의 원천이 아니다. 피조물들의 시간의 원천은 창조자·구원자 하나님의 자체 내적 영원한 시간과 공간성에서부터 주어지는 그의 자유한 선물이라고 말할 수밖에 없다. 피조물들에게 주어지는, 우주와 사회역사의 관계망에서 생동하고 자유로운 우리의 시간 설계를 위하여 주어지는 시간·공간의 원천은 하나님의 불가사의한 자유와 은혜의 경륜에 속한다. 태초의 창조시간으로부터 궁극적으로 종말적 미래시간의 묵시론적 비전 영상이 바로 그러한 신적인 경륜에 대한 신앙의 산물이다.

태초의 시간과 종말시간의 두 기둥 축들 사이에서 피조물 시간들을 한정한다는 것은 위에서 논했듯이 피조물들의 역사와 존속을 가능하게 하는 긍정적 한정성을 의미한다. 반대로 우리의 시간이 미래로부터 현재에로 도래하면서 과거에로 사라져버리는, 사물들이 없음에로 돌아가 버리는 부정성을 가진다. 미래시간은 새로운 삶과 역사 변혁의 기회이지만, 과거의 일로 되어버리니 허무하고 슬프다. 그러나 유한한 시간성이 은혜롭고 유익하다. 유한한 시간성의 부정성은 우선 '무에서부터의 창조'(creatio exnihilo, 마카베오 7:28), 무에서부터 유를 창조하시는 창조자 하나님의 권능과 자유와 은혜를 시인하게 하는 표식이다. 둘째로 그러한 부정성 없이는 우리의 삶과 역사가 한편 발전–변혁–진보를 위한 결단과 행위의 계기를 가지지 못할 것이며, 다른 한편 노동자들의 노동력을 착취하고 무위도식하면서 궁궐에서 영원토록 살려는 인간의 욕심이란 변혁되어야 하고 죽어야 하기 때문이다. 왔다가 가차없이 사라지는 시간이란 슬프지만 의롭고 은혜롭다. 은혜로운 죽음은 살아있는 자들과 더불어 하나님의 미래 구원과 그의 영원한 나라에로의 부활의 희망 안에서 여전히 시간성 안에 있다.

그런데 우리의 유한한 시간성이 역사의 범죄와 결부되어 문제화된다. 범죄에 의해서 시간성은 하나님의 종말적 심판 아래서 영영 상실되어버릴 수 있다. 시간 상실은 삶과 역사의 공간 상실이며, 창조자·구원자 하나님과의 의롭고 자유한 관계질서에서부터의, 그의 시간·공간에서부터의 단절에 이르게 될 수 있다. 통치권력자들이 자신들의 정적들과 적대국들을 제거하기 위하여 전쟁들의 빌미를 조작해내어 세계의 자원을 장악하는 악의 세력이 바로 묵시론적 종말론이 선포하는 바 하나님의 최후 심판 아래서 정죄되어야 하는 절대부정에 해당된다. 묵시론적 절대부정이 바로 최종적인 세계 혁명에 해당한다. 절대부정은 창조세계의 창조질서, 의로운 시간관계질서를 부정하고 파괴하는 죄악의 세력을 부정하고 새 나라를 도래하게 하는 구원자 하나님의 구원의 혁명이다. 역사 혁명이 이스라엘 구원사에서부터 대두한 예언자적 종말론의 표상이며, 창조자·구원자 하나님과 피조물 세계와의 의로운 관계질서의 성취가 아닌가. 마르크스–엥겔스의 공산주의적 '자유의 나라'라는 비전 영상은 궁극적 하나님의 나라 비전과 마찬가지로 역사신앙의 표상이다. 궁극적 미래로부터 현재에로 도래하는 시간은 혁명의 신호이다. 마르크스-엥겔스가 간과한 것은 그러한 미래시간이 창조자·구원자 하나님의 것이라는 구약성서의 시간 개념이다. 그들의 무신론 문제는 차후에 고찰되리라.

밀알아카데미 22

삼위일체 하나님과 시간
제1권 구약 편

지은이 박순경
펴낸이 최병천

펴낸날 2014년 11월 3일(초판1쇄)

디자인 강면실 윤진선
교 정 김영옥
영 업 김만선

발행처 신앙과지성사
출판등록 제9-136(88. 1. 13)
주소 | 서울시 서대문구 연희로 177 옥산빌딩 2층
전화 | 335-6579 · 323-9867 · 323-9866(F)
E-mail | miral87@hanmail.net
홈페이지 | http://www.miral.biz

ISBN 978-89-6907-088-3 94230
ISBN 978-89-85602-50-1 (세 트)

값 30,000원